普.通.高.等.学.校
计算机教育"十三五"规划教材
立体化精品系列

办公自动化案例教程 微课版

姜帆 干彬 主编
耿强 黄雪琴 朱家荣 副主编

人民邮电出版社
北京

图书在版编目（CIP）数据

办公自动化案例教程 ： 微课版 / 姜帆， 干彬主编
. -- 北京 ： 人民邮电出版社， 2018.2(2021.6重印)
普通高等学校计算机教育“十三五”规划教材
ISBN 978-7-115-47628-9

Ⅰ. ①办… Ⅱ. ①姜… ②干… Ⅲ. ①办公自动化－高等学校－教材 Ⅳ. ①C931.4

中国版本图书馆CIP数据核字(2017)第324756号

内 容 提 要

本书全面系统地介绍了办公自动化的基础知识及其相关操作。全书共分为 15 章，主要内容包括办公自动化基础知识、制作 Word 文档、排版 Word 文档、制作 Excel 工作表、计算和分析 Excel 数据、制作 PowerPoint 演示文稿、设置并放映幻灯片、常用工具软件的使用、网络办公的应用、信息安全与系统优化以及常用办公设备的使用等。

本书内容由浅入深、循序渐进。全书采用案例的方式讲解应用软件知识，通过“上机案例”和“课后习题”加强对学习内容的训练，着重培养学生应用工具软件解决实际问题的能力。

本书可作为高等院校计算机办公相关课程的教材，也可作为社会培训的教材，同时还可供 Office 办公软件初学者自学使用。

◆ 主　　编　姜　帆　干　彬
副 主 编　耿　强　黄雪琴　朱家荣
责任编辑　邹文波
责任印制　沈　蓉　彭志环

◆ 人民邮电出版社出版发行　北京市丰台区成寿寺路 11 号
邮编　100164　电子邮件　315@ptpress.com.cn
网址　http://www.ptpress.com.cn
大厂回族自治县聚鑫印刷有限责任公司印刷

◆ 开本：787×1092　1/16
印张：18.75　2018 年 2 月第 1 版
字数：478 千字　2021 年 6 月河北第12次印刷

定价：49.80 元

读者服务热线：(010)81055256　印装质量热线：(010)81055316
反盗版热线：(010)81055315

前言

随着经济和科技的发展，办公自动化在企业人事管理、财务管理、企业招聘、产品演示与推广、生产控制等工作中起到了非常重要的作用。使用计算机进行自动化办公比传统的办公形式更为科学、高效。一名办公人员最基本的要求是熟练使用常用的办公软件。

为了帮助用户快速掌握计算机办公的基本操作，学会使用 Word、Excel、PowerPoint 等常用办公软件，我们研究了不同层次的办公人员在实际工作中的计算机的使用范围和实际应用，编写了这本《办公自动化案例教程（微课版）》。

本书内容

本书内容紧跟当下的主流技术，主要讲解了以下 6 个部分的知识。

◎ 计算机基础知识（第 1 章）：该部分主要讲解办公自动化基础与平台知识，包含办公自动化的发展、定义、特点和功能。

◎ Word 2010 办公应用（第 2 章～第 5 章）：该部分主要通过编辑公司通知、公司宣传、招聘流程、调查报告等文档，讲解 Word 2010 的基本操作，包括字符格式和段落格式的设置、图片的插入与设置、表格的使用和图文混排的方法，以及编辑目录和长文档等相关知识。

◎ Excel 2010 办公应用（第 6 章～第 8 章）：该部分主要通过制作办公用品申领表、工资表、销售统计表，讲解 Excel 2010 的基本操作，包括输入数据、设置工作表格式、使用公式与函数进行运算、筛选和数据分类汇总、用图表分析数据和打印工作表等相关知识。

◎ PowerPoint 2010 办公应用（第 9 章～第 10 章）：该部分通过制作岗前培训演示文稿和产品发布演示文稿，讲解幻灯片制作软件 PowerPoint 2010 的基本操作，包括为幻灯片添加文字、图片和表格等对象的方法，如何设置演示文稿，以及幻灯片的切换、动画效果、放映效果和打包演示文稿等相关知识。

◎ 常见软硬件操作和网络应用（第 11 章～第 14 章）：该部分主要讲解常用办公工具软件的使用、网络办公的应用、信息的安全与系统优化、办公常用设备的使用等相关操作。

◎ 综合案例（第 15 章）：该部分主要通过综合使用 Office 组件完成一个案例，学习办公自动化的流程，提升办公技巧。

本书特色

本书具有以下特色。

（1）本书设计“课堂案例→上机案例→课后习题”的“三段式”教学法，将软件知识和行业知识进行有机整合，各个环节环环相扣，浑然一体。其中，“课堂案例”以来源于职场和实际工作中的案例为主线，应用性非常强，在案例的制作过程中，穿插“提示”小栏目，为学生提供了更多解决问题的方法和更为全面的知识，引导学生尝试如何更好、更快地完成工作任务的方法；“上机案例”结合课堂案例讲解的知识点，以及实际工作的需要进行综合训练，为锻炼学生的自我总结和学习能力，在项目实训中只提供适当的操作思路及步骤提示供参考，要求学生独立完成操作，充分训练学生的动手能力；“课后习题”结合本章内容给出难度适中的上机操作题，可以让学生强化巩固所学知识。

（2）讲解深入浅出，实用性强。本书在注重系统性和科学性的基础上，突出了实用性及可操作性，对重点概念和操作方法进行详细讲解，语言流畅，内容丰富，深入浅出，符合办公自动化教学的规律，并满足了社会人才培养的要求。

（3）配有 168 个微课视频，提供上机指导与习题集。本书所有操作讲解内容均已录制成视频，并上传至“微课云课堂”，读者只需用手机扫描书中提供的二维码，便可以观看，轻松掌握相关知识。

平台支撑

“微课云课堂”（www.ryweike.com）目前包含近 50 000 个微课视频，在资源展现上分为“微课云”“云课堂”两种形式。“微课云课堂”主要有以下两个特点。

◎ 微课资源海量，持续不断更新：“微课云课堂”充分利用了出版社在信息技术领域的优势，以人民邮电出版社 60 多年的发展积累为基础，将资源分类、整理、加工以及微课化之后提供给用户。

◎ 资源精心分类，方便自主学习：“微课云课堂”相当于一个庞大的微课视频资源库，按照门类进行一级和二级分类。

本书提供微课视频、实例素材、效果文件和课后练习答案等教学资源，读者可通过扫描书中的二维码随时观看微课视频和获取课后练习答案。此外，为了方便教学，读者还可以通过人邮教育社区（www.ryjiaoyu.com）下载本书的素材和效果文件等相关教学资源。

编写分工

本书由姜帆、干彬担任主编，耿强、黄雪琴、朱家荣担任副主编，其中，姜帆编写了第 1 章～第 6 章，干彬编写了第 7 章～第 8 章，朱家荣编写第 9 章～第 10 章，耿强编写第 11 章～第 12 章，黄雪琴编写了第 13 章～第 15 章。

编者

2018 年 1 月

目录

第1章 办公自动化概述

办公自动化是现代办公发展的必然趋势。快速的文字编辑和数据处理能力，让现代办公效率得到进一步的提升。本章将介绍办公自动化的基础知识，包括办公自动化的发展、定义、特点以及功能，另外还将介绍常用的办公软件以及办公的平台——Windows 系统。

课堂学习目标

◎ 办公自动化的发展

◎ 办公自动化的定义和特点

◎ 办公自动化的功能

◎ 常用办公平台和软件

1.1 办公自动化的发展

办公自动化的发展是一个不断变化、不断更新的过程。办公自动化从开始到现在主要经历了以下几个发展阶段。

◎ 文件型（1980 年～1999 年）：人们对办公自动化的初步认识是从 20 世纪 80 年代开始。1985 年我国召开了第一次办公自动化（OA）规划会议。那时计算机数量很少，办公自动化是指单机的办公应用软件，例如 WPS、MS Office 等，当时把办公自动化称为“无纸化办公”。该阶段主要关注个体的工作行为，主要提供文档电子化等服务，所以可以将该阶段称之为“文件型办公自动化”。

◎ 流程型（2000 年～2005 年）：该阶段开始从最初的关注个体、以办公文件/档案管理为核心的文件型办公自动化，向正在成为应用主流的流程型办公自动化转变。它以工作流为中心，实现了公文流转、流程审批、文档管理、制度管理、会议管理、车辆管理、新闻发布等众多实用的功能。

◎ 知识型（2005 年～2010 年）：随着客户各种需求的产生，办公自动化的发展也出现新的气象。它以“知识管理”为思想、以“协同”为工作方式、以“门户”为技术手段，通过整合组织内的信息和资源发展出新的办公自动化系统，即“知识型办公自动化”。

◎ 第四阶段：智能型（2010 年～）：随着组织流程的固化和改进、知识的积累和应用、技术的创新和提升，办公自动化系统将会脱胎换骨，全新的“智能型办公自动化”将会成为未来的发展方向。该阶段的办公自动化更关注组织的决策效率，提供决策支持、知识挖掘、商业智能等服务。

1.2　办公自动化的定义和特点

了解了办公自动化的发展历程后，还需要了解办公自动化具体是什么，它有什么特点。下面介绍其基础知识。

1.2.1　办公自动化的定义

办公自动化（Office Automation，OA）是将现代化办公和计算机网络功能结合起来的一种新型的办公方式。办公自动化没有统一的定义，凡是在传统的办公室中采用各种新技术、新机器、新设备从事办公业务，都属于办公自动化。在行政机关中，把办公自动化叫作电子政务，企事业单位则称之为 OA。通过实现办公自动化可以优化现有的管理组织结构，调整管理体制，在提高效率的基础上，增加协同办公能力，强化决策的一致性，最后实现提高决策效能的目的。

1.2.2　办公自动化的特点

办公自动化是信息化社会的必然产物，随着 3 大核心支持技术——网络通信技术、计算机技术和数据库技术的成熟，办公自动化已具有以下 4 个方面的特点。

◎ 集成化：通过软硬件及网络的集成、人与系统的集成和单一办公系统同社会公众信息系统的集成，组成了“无缝集成”的开放式系统。

◎ 智能化：面向日常事务处理，辅助人们完成智能型劳动，如汉字识别、辅助决策等。

◎ 多媒体化：包括对数字、文字、图像、声音和动画的综合处理。

◎ 运用电子数据交换（Electronic Data Interchange，EDI）：通过计算机网络，在计算机间进行交换和自动化处理。

1.3　办公自动化的功能

工作中存在大量的文件处理业务，如公文、表格和演示文稿的制作与管理等，办公自动化将这些独立的办公职能一体化。通过提高自动化程度，从而提高办公效率，进而获得了更大的效益。

下面对其功能进行介绍。

1.3.1 文字处理

文字处理，即利用计算机处理文字的工作，是主要的文件处理业务之一。例如，常见的使用 Word 制作文档就属于文字处理。

1. 输入与编辑文字

在文字处理软件中可任意输入汉字、英文和数字等，并对其进行相应的编辑操作。主要包括设置文本格式，复制、粘贴、查找与替换文本等，还可根据需要在文档中添加图片等对象，以增加文档的可读性。图 1-1 所示为使用 Word 制作的宣传海报。

关于举办 2016 年实务培训班的通知

尼特斯尔公司（2016）3 号

各有关单位：

为配合国内商品上市交易，尼特斯尔公司与成尔期货交易所已于 2014 年开始连续两年举办了两期期保值与风险管理培训班，效果较好。为满足不同企业的需求，2016 年尼特斯尔公司继续与成尔期货交易所联合主办期保值与风险管理培训班，培训工作由尼特斯尔公司主办。

2016 年第一期实务培训班于 4 月 14 日起在成都举办。实务培训班学员针对各企业期货业务操作人员，侧重于套期保值的基本原理、交易规则及交易策略、开户及财务处理等知识，培训时间均为 30 天，欢迎派员参加。现将有关事项通知如下：

一、培训时间、报到地点安排

- 报到时间：2016 年 10 月 15 日全天报到
- 2016 年 10 月 16 日到 2016 年 11 月 16 日，培训班授课
- 报到地点：尼特斯尔酒店大堂（1017-1116 号）

二、注意事项

- 培训授课地点于四川省成都市连彭路 69 号。
- 截至 2016 年 10 月 10 日前报名并电汇培训费用的单位，注册时凭汇款底单复印件注册，领取培训资料和发票。
- 报到时请每位学员提供 2 寸证件用彩色照两张，用于办理培训证书。

中国尼特斯尔工业协会

图 1-1

2. 文档版式编辑

在一篇文档中完成基本的文字输入和编辑操作后，还可设置文档的版式，完善文档制作效果。版式的设计主要包括设置文档页面中的各项参数，包括分栏、页码以及页眉和页脚等。通过版式的设计可使文档显得更加美观、规范和专业。

3. 表格制作

表格是一种非常直观的表达方式。表格往往比一段文字的表达效果更好。在 OA 中使用表格并对其进行格式设置，不仅可以美化文档，还能增加文档的说服力。

4. 文档的智能检查

在常见的文字处理软件中都提供了基本字典、自定义字典以及用户自定义的词库，通过使用这些工具可对文档进行拼写和语法检查，以确保用户在编辑文档时能够及时纠正出现的错误。

1.3.2 数据处理

数据处理是信息处理的基础，它是指将科学研究、生产实践和社会活动等各个领域的原始数据，用一定的设备和手段，按一定的目的加工成另一种形式的数据，即利用计算机对数据进行收集、存储、加工和传播等一系列活动的组合。

1. 方便快捷的数据录入

通过电子表格可以完成数据的快速录入，而且在录入的过程中，不仅能灵活地插入数据行或列，还能对有规律的数据实现自动生成，并根据函数生成特定的基于数据表的数据，同时进行自动计算等。

2. 根据数据快速生成相关图形或图表

图形或图表能更清晰地表达数据统计的结果。对于有数据的电子表格，可根据其强大的内嵌功能自由地选择模板生成图形或图表。当表格中的数据发生变化时，图形或图表也会根据新的数据发生相应的变化。

3. 强大的数据统计功能

电子表格中提供了统计各种数据的方法，常用的数据统计功能有数据排序、筛选和分类汇总等。合理使用数据统计功能可制作出工作中需要的各种表格。

1.3.3 图形图像处理

将信息转换成图形来描述，有助于用户理解信息的具体情况，加深印象。图形是指由外部轮廓线构成的矢量图，即由计算机绘制的直线、圆、矩形、图表等；而图像是指用数字点阵方式表示的场景画面。图形图像处理的基本流程如图 1-2 所示。

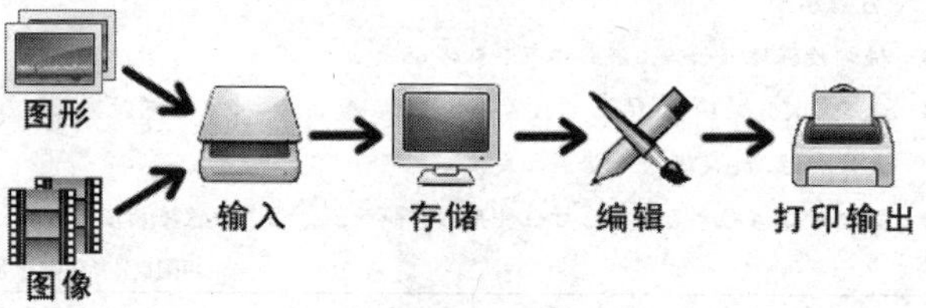

图 1-2

1. 图形和图像的输入

图形和图像的输入是图形图像处理的基础。图形和图像的输入设备有很多种，常见的图形输入设备有鼠标、数字化图形板和扫描仪等，常见的图像输入设备有扫描仪和数码相机等。

2. 图形和图像的存储和编辑

图形和图像的存储是将输入的图形或图像存储到计算机中的某个位置，存储之后即可对其进行编辑，包括裁剪大小、调整色调和转换格式等。

3. 图形和图像的识别和输出

图形图像的识别是指对图形图像的判定和区分，是图形图像处理的重要功能，如文字符号的识别和指纹鉴定等。对图形和图像进行处理后，即可将其输出到终端，常见的输出设备包括打印机等。

1.3.4 通信功能

OA 系统的通信功能实现了各个部门之间的协同工作，与传统的办公系统相比，OA 系统办公效率更高。OA 通信功能主要包括及时提醒、远程通信、远程监控和屏幕互换 4 个方面。

当工作人员远离办公室，而又需要了解单位的某些数据时，即可通过网络远程连接计算机，完成相关办公工作，如图 1-3 所示。

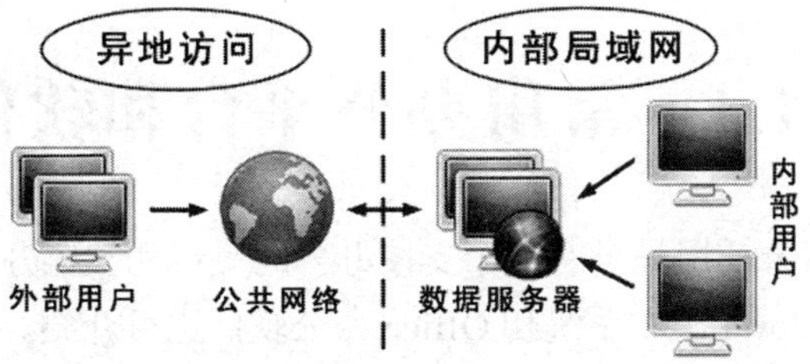

图 1–3

1.3.5 文件处理

文件处理主要指对文件这一整体形式进行的各种处理，如文件的复印、输入、存储、管理和传输，以及邮件处理等。文件处理都是一项重要工作，传统的手工文件处理方式不仅效率低、消耗大，而且会占用工作人员大量时间进行分发、追踪和催办，且无法满足办公自动化和远程办公的要求。OA 系统的文件处理系统真正实现了数字化办公，大大提高了工作效率，主要有以下两种功能。

◎ 资源共享：OA 系统的网络可使内部成员方便地共享文件，经过授权的用户可通过访问网络资源来获取文件。

◎ 文件处理流程系统化：在传统的文件处理流程中，需要专门的人员进行分发或催办工作，而在 OA 系统中，可通过基于 OA 网络的文件处理系统真正实现网络化处理，有效减少处理时间，如图 1-4 所示。

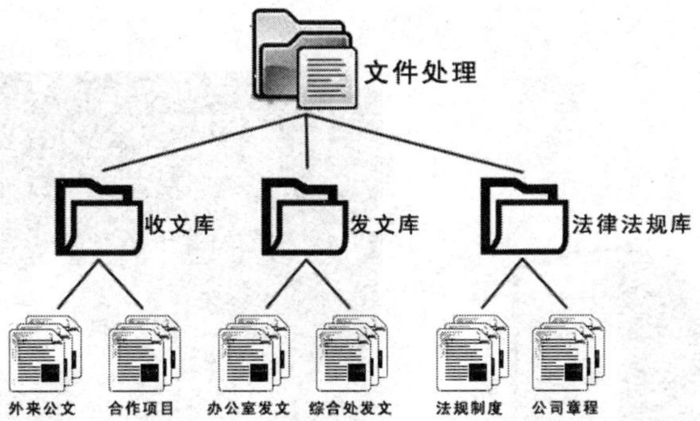

图 1–4

1. 收发文件管理

收发文件管理主要包括公文的拟定、收发、审批、归档、查询检索和打印等工作，可实现文档收发的自动化。

2. 文件输入和存储

文件输入和存储就是实现对文件的自动输入，并将输入的信息存储起来。典型的文件输入和存储是通过缩微处理设备实现的。

3. 邮件处理

邮件处理是办公活动中最频繁的活动之一，它具有非常重要的作用。随着计算机、通信和网络技术的发展，电子邮件成为主流通信方式之一，具有传递信息迅速和方便记录保存等优点。

1.4 常用办公平台和软件

实现办公自动化的必要前提是具有一个支撑办公的平台和支持办公的一系列软件。下面对办公自动化的平台——Windows 操作系统和 Office 办公软件进行介绍。

1.4.1 办公自动化的平台——Windows 操作系统

计算机是实现办公自动化的重要设备，要使计算机发挥作用，就需要安装操作系统。操作系统是办公自动化的重要平台，几乎所有的办公自动化操作都在这个平台上进行。目前，一般使用 Windows 操作系统作为办公平台，常见的 Windows 操作系统包括 Windows XP、Windows 7、Windows 8 和 Windows 10。其中 Windows 7 操作系统的使用更为广泛，本书以 Windows 7 操作系统为基础进行知识讲解。

1. 启动与退出 Windows 7

要使用 Windows 7 操作系统办公必须先启动计算机，完成办公后可退出操作系统。下面介绍启动与退出 Windows 7 的方法，其具体操作如下。

启动与退出 Windows 7

STEP 1 接通电源后，首先按下显示器的电源按钮开启显示器，然后按下主机的电源按钮，计算机将自动启动，如图 1-5 所示。

STEP 2 按下电源按钮后，计算机将进入自检状态，稍等片刻，计算机成功启动后进入桌面，此时通过键盘和鼠标便可以轻松对计算机进行操作，如图 1-6 所示。

图 1-5

图 1-6

STEP 3 将鼠标指针移动到屏幕左下角的“开始”按钮上，然后单击鼠标左键，弹出“开始”列表，再将鼠标指针移动到“关机”按钮上，如图 1-7 所示。单击鼠标左键即可关闭计算机退出 Windows 7 操作系统，如图 1-8 所示。

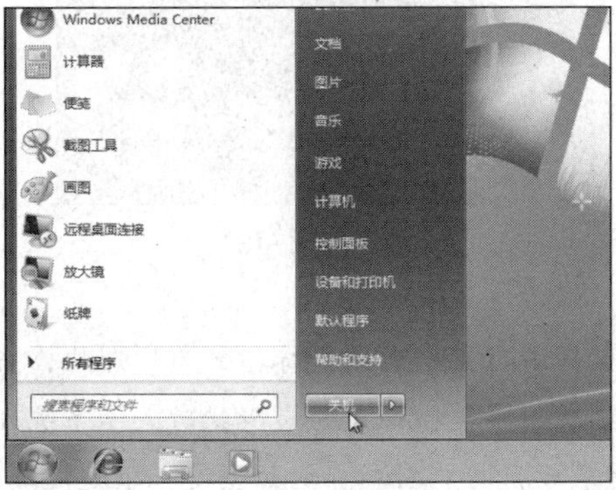

图 1-7

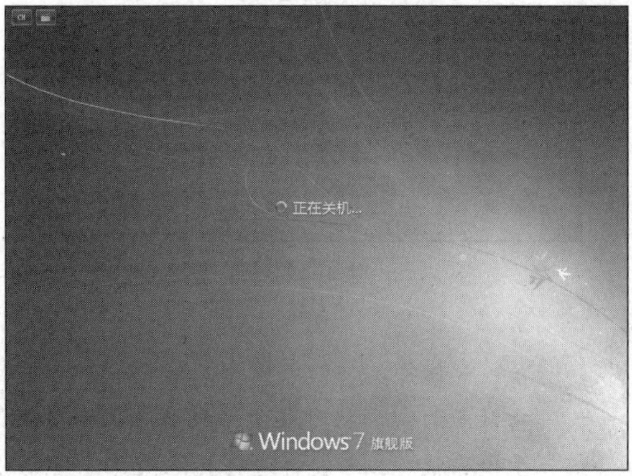

图 1-8

2. 使用鼠标操作 Windows 7

启动计算机进入系统后，便可以对其进行操作。要操作 Windows 7 系统，必须能熟练地使用计算机的主要输入设备——鼠标。只有能熟练操作鼠标，才能更好地利用计算机进行各种活动。下面介绍鼠标在 Windows 7 系统中的各类操作。

使用鼠标操作 Windows 7

◎ 单击：单击是指按一下鼠标左键，通常用于选择某个对象，如图 1-9 所示。

◎ 右击：右击是指按一下鼠标右键，会弹出一个快捷菜单供用户选择操作命令，如图 1-10 所示。

◎ 双击：双击是指快速连续地按两次鼠标左键，通常是打开某个对象，如窗口、程序等，如图 1-11 所示。

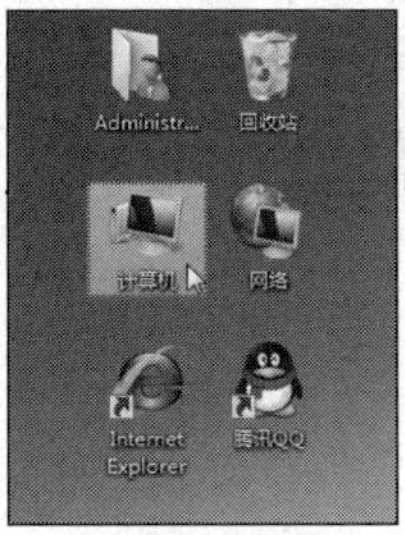

图 1-9

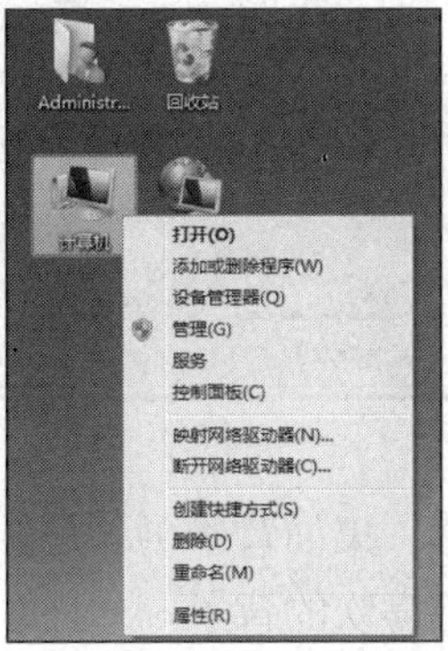

图 1-10

图 1-11

◎ 滚动：滚动滚轮是指滚动鼠标中间的滚轮，用于显示窗口中其他未显示完全的部分，如图 1-12 所示。

◎ 拖动：拖动鼠标是指按住鼠标左键不放，拖动鼠标以移动目标对象，如图 1-13 所示。

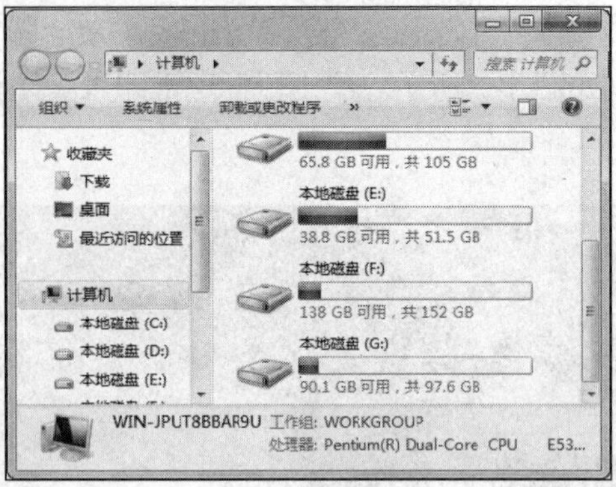

图 1-12

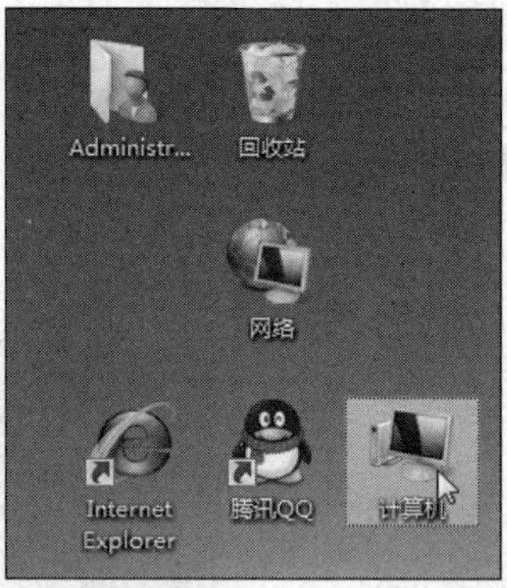

图 1-13

提示　在操作鼠标的过程中，鼠标指针的形状并非一成不变，默认鼠标指针为形状，当指针变为形状时表示系统正在执行某操作，要求用户等待；变为形状时表示系统处于忙碌状态，不能再进行其他操作；呈形状时表示鼠标指针所在的位置是一个超链接，单击将进入该链接；在移动窗口或对象时指针将呈形状，表示操作系统移动整个窗口或对象的位置。

3. Windows 7 系统桌面的操作

进入操作系统后屏幕上显示的即为桌面，它是用户对计算机进行操作的入口，桌面主要包括桌面背景、桌面图标和任务栏 3 大部分，如图 1-14 所示。

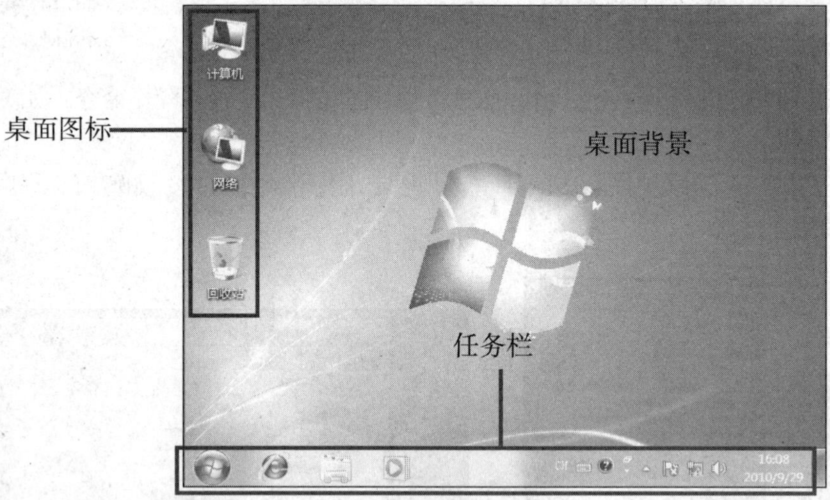

图 1-14

◎ 桌面背景：桌面背景即桌面上显示的图片。桌面背景可以是颜色、图案，也可以是一组幻灯片，还可以根据个人喜好设置为自己喜欢的背景。

◎ 桌面图标：桌面图标是打开某个程序的快捷途径，用户可通过桌面图标快速打开其对应的程序。桌面图标包括系统图标“计算机”“网络”等，如图 1-15 所示；还包括一些程序的快捷图标，如图 1-16 所示；也有单独的文件和文件夹，如图 1-17 所示。

◎ 任务栏：任务栏位于桌面的底部，由“开始”按钮、任务区、通知区和“显示桌面”按钮 4 部分组成，如图 1-18 所示。其中“开始”按钮用于打开“开始”菜单；任务区用于显示已打开的程序或文件，并可以在它们之间进行快速切换；通知区包括时钟、输入法设置按钮、网络图标、音频图标和系统正在运行的程序等；单击“显示桌面”按钮，将最小化其他窗口并快速显示桌面。

图 1–15

图 1–16

图 1–17

图 1–18

1.4.2 Office 办公软件

Office 2010 是 Microsoft 公司推出的办公软件，其方便友好的用户界面、稳定安全的文件格式、无缝高效的沟通协作功能，使它成为众多办公自动化软件中的佼佼者，并受到广大办公人员的青睐。Office 办公软件中有多个组件，在生活、学习和办公中使用最多的是 Word、Excel、PowerPoint 3 个组件。它们可以单独完成某项任务，也可以组合使用以实现软件资源共享。下面分别介绍这 3 个组件的主要用途。

1. 文档制作和编辑软件 Word

Word 2010 是一个功能强大的文档制作组件，它不但具有一整套编写工具，还具有便捷的使用界面。它常用于制作和编辑办公文档，在文字处理方面的表现十分出色，其主要功能如下。

◎ 处理文字：用 Word 可以处理日常生活和工作中的各种文字资料，它具有强大的编辑修改能力，并可以进行字体和段落等格式的设置，从而制作出各种文档，如书信、请柬、通知、备忘录、报告、协议、合同、会议记录、邀请函、启事、宣传单、招标书、投标书、提案、说明书等。图 1-19 所示为用 Word 2010 编辑的公司简介文档，图 1-20 所示为用 Word 2010 编辑的活动方案。

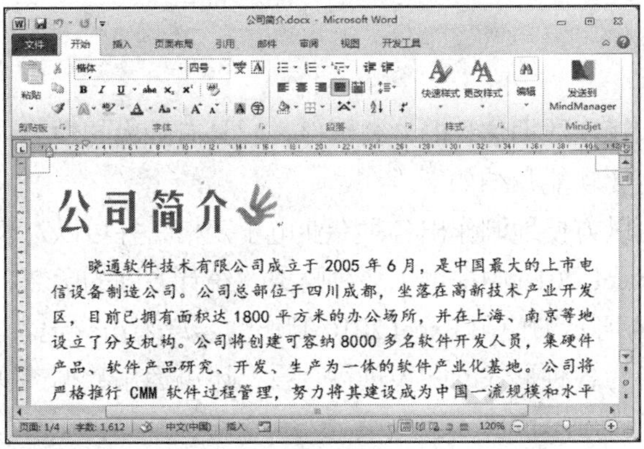

图 1–19

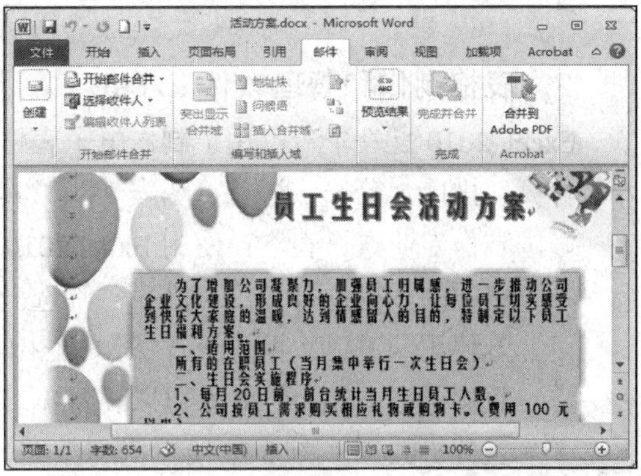

图 1–20

◎ 制作图文并茂的文档：使用 Word 可以在文档中插入图片、剪贴画、形状图形、艺术字等对象，Word 2010 提供了多种预设的图形样式，方便用户快速制作出图文并茂的办公文档。图 1-21 所示为用 Word 2010 编辑的一篇带有图形、形状的宣传单。

◎ 长文档处理：Word 一直是书籍、报刊等行业的排版软件之一，因此 Word 提供了各种长文档排版功能，包括设置页眉页脚、插入页码、组织文档结构、应用标题样式等。图 1-22 所示为一篇编辑好的劳动合同文档。

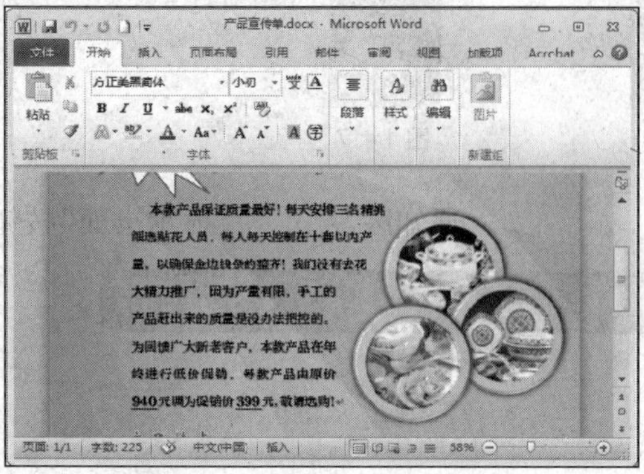

图 1-21

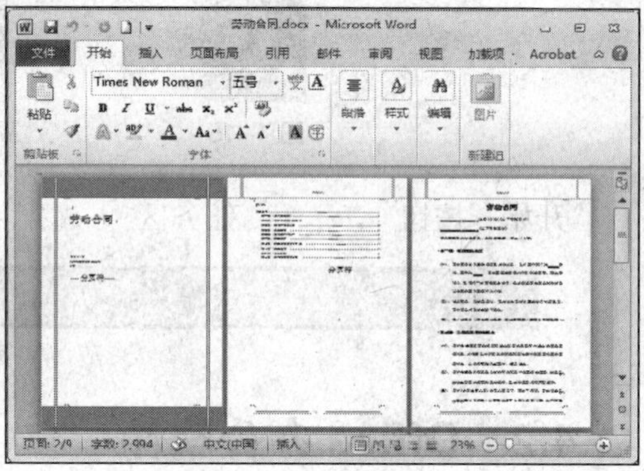

图 1-22

◎ 表格制作：使用 Word 可以制作一些简单的表格，并可为表格应用不同的预设样式，如图 1-23 所示。

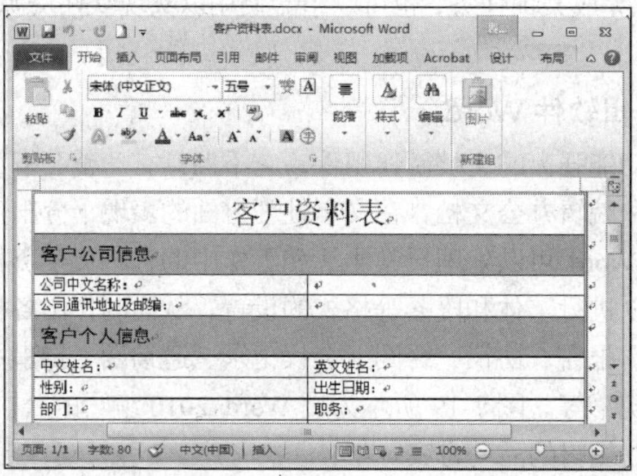

图 1-23

2. 表格制作和管理软件 Excel

Excel 2010 是一个专门用于制作电子表格和管理数据信息的办公组件，它具有强大的数据录入、计算、排序、筛选、汇总、图表功能，其主要功能归纳如下。

◎ 制作专业电子表格：使用 Excel 2010 可以方便地制作出各种专业电子表格，并可以对表格中的数据进行计算、排序、筛选。Excel 2010 中提供了多种财务、统计方面的函数，方便用户进行数据的统计操作。图 1-24 所示为使用 Excel 2010 制作的客户来访登记表。

◎ 数据分析：Excel 2010 可以将数据转换为各种形式的图表进行查看，还可运用数据透视表分析数据。图 1-25 所示为将数据转换为饼图的效果。

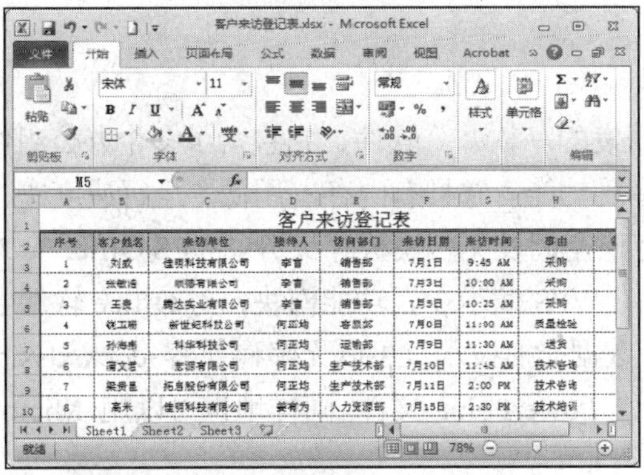

图 1–24

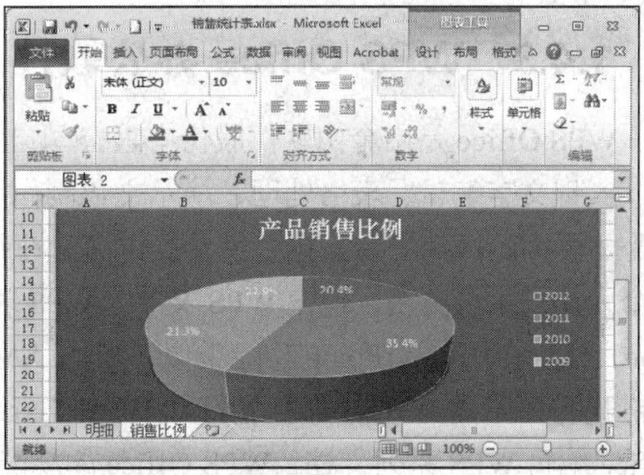

图 1–25

3. 演示文档制作和放映软件 PowerPoint

PowerPoint 2010 是一个专门用于制作演示文稿的办公组件，制作完成的演示文稿可通过投影仪等设备以幻灯片的形式展现给观众，它是公司进行会议、商务展示、培训和演讲时经常使用的一个软件。PowerPoint 2010 的主要功能是运用文字、表格、形状、图片、影片和声音等对象来展现要演示的内容，并运用动画和配色方案创建极具感染力的动态演示文稿，还可以将照片制作成电子相册供用户浏览。图 1-26 所示为用 PowerPoint 2010 制作的企业电子宣传册演示文稿。

图 1–26

4. Word/Excel/PowerPoint 结合使用

Office 2010 中各组件不仅在界面上具有统一的颜色和风格，而且各个软件之间能够协同使用，进而实现资源共享，如 Word、Excel、PowerPoint 这 3 个组件之间可互相调用资源，其协同功能主要表现在以下几个方面。

◎ 复制、粘贴功能：在 Word、Excel、PowerPoint 任意组件中可以使用复制、粘贴功能将文字、图形或表格等对象复制到另外两个组件中使用，且保留对象的格式后可再次进行编辑。

◎ 插入对象：在其中任意一个组件中运用“插入”选项卡下的插入对象功能，可以插入另外两个组件的文件，插入后也可以进行编辑，软件之间的兼容性非常强。如在 Word 2010 中可以插入 Excel 2010 表格，插入后可以在 Word 状态下进入 Excel 电子表格编辑，即显示 Excel 的所有功能选项，在用 PowerPoint 制作演示文稿时同样可以在幻灯片中插入 Word 文档和 Excel 表格。

◎ 转换功能：可以将一篇 Word 文档转换为一个演示文稿，将一个 Excel 表格转换为文字段落等。

1.4.3 WPS Office 办公软件

WPS Office 是由金山软件股份有限公司自主研发的一款办公软件，它包含了多个办公组件，可以实现文字编辑、表格处理、演示文稿制作等多种功能。它具有内存占用低、运行速度快、体积小、强大的插件平台支持、免费提供海量在线存储空间及文档模板等优势。WPS Office 个人版对个人用户永久免费，包含 WPS 文字、WPS 表格、WPS 演示 3 大功能模块，与 Office 软件中的 Word、Excel、PowerPoint 功能类似，应用 XML 数据交换技术，可以无障碍兼容 docx.xlsx.pptx 等格式的文件，能够直接保存和打开 Word、Excel 和 PowerPoint 文件。同样地也可以用 Microsoft Office 编辑 WPS 系列文档。WPS Office 的功能介绍如下。

◎ 文档创建和编辑：WPS Office 中的 WPS 文字组件和 Microsoft Office 中的 Word 类似，它也具备新建文档，输入和编辑文档的功能。图 1-27 所示为使用 WPS 文字制作的商务会议时间安排表文档。

◎ 表格制作和管理：WPS 表格组件和 Excel 一样，可以制作和编辑多种类型的表格，包括对数据的计算和分析等。图 1-28 所示为 WPS 表格制作的报销申请单表格。

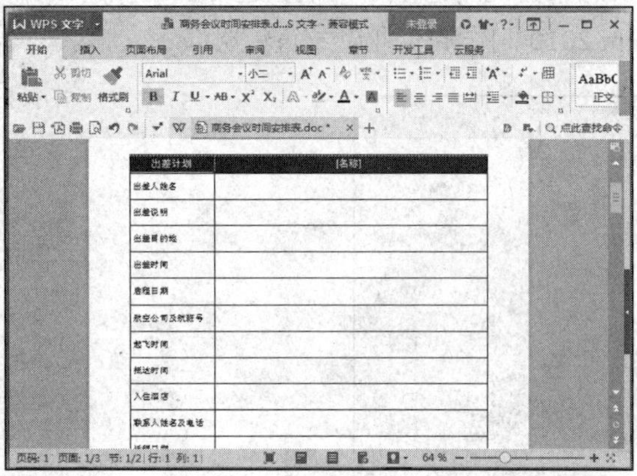

图 1-27

图 1-28

◎ 演示文稿制作和播放：WPS 演示组件可以像 PowerPoint 一样新建、编辑和播放演示文稿。图 1-29 所示为用 WPS 演示制作的公司考勤管理演示文稿。

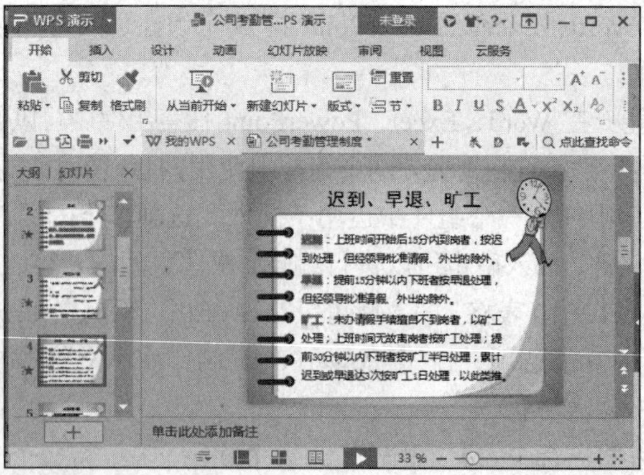

图 1-29

1.5 上机案例

1.5.1 了解 Office 办公组件

案例目标

本案例将打开计算机中安装的 Office 办公软件中的 Word 组件，并认识其操作界面，如图 1-30 所示，为以后的学习奠定基础。

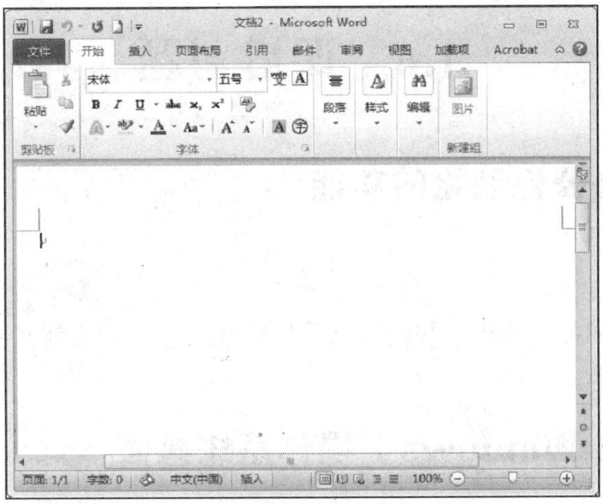

图 1-30

1.5.2 使用“计算机”窗口搜索并打开文件

使用“计算机”窗口搜索并打开文件

案例目标

本案例的目标是使用“计算机”窗口搜索并打开文件，如果在计算机中保存的文件很多，可通过搜索的方式打开文件，此方法将有效提高办公速度。本例主要练习鼠标和窗口的基本操作，主要示意图如图 1-31 所示。

图 1-31

操作思路

完成本案例，首先要打开“计算机”窗口，在搜索框中输入文件的关键字，然后用鼠标双击搜索到的相关文件选项。

STEP 1 启动计算机进入 Windows 7 操作系统，将鼠标指针移到“开始”按钮上，单击鼠标弹出“开始”菜单。

STEP 2 在系统控制区中选择“计算机”选项，打开“计算机”窗口，在搜索文本框中输入文件关键字，如这里输入制作的文件名称“年终销售总结.pptx”。

STEP 3 在显示的搜索结果中双击文件对应选项打开文件。

1.6 课后习题

1.6.1 体验办公自动化的功能

练习知识要点

练习计算机的开机和关机操作，并使用计算机管理文件，如新建文件夹，将不同类型的文件存放到不同的文件夹中等。

1.6.2 自定义 Windows 7 操作系统桌面

练习知识要点

自定义 Windows 7 操作系统桌面，首先将自己喜欢的图片设置为桌面背景，然后对桌面的图标进行排列。

第2章

制作和打印公司通知文档

本章主要介绍通知文档的制作和打印。通过本章的学习，读者可以利用 Word 进行新建和保存文档、输入文本、设置文本和段落格式，以及打印文档等操作，了解制作文档的基本操作和方法。

课堂学习目标

◎ 通知文档的基本制作

◎ 美化文档内容

◎ 打印文档

2.1 通知文档的基本制作

使用 Word 制作一篇文档，首先需要进行文档的新建和保存，然后在文档中输入文本内容，下面介绍相关的基本操作。

2.1.1 新建和保存文档

制作通知文档，首先需要新建文档，然后对其进行保存，以免造成数据的丢失。下面开始新建和保存“公司通知”文档。

新建和保存文档

STEP 1 启动 Word 2010，选择【文件】/【新建】菜单命令，然后单击右下方的“创建”按钮，如图 2-1 所示。

STEP 2 新建一个名称为“文档 2”的空白文档，选择【文件】/【保存】菜单命令，如图 2-2 所示。

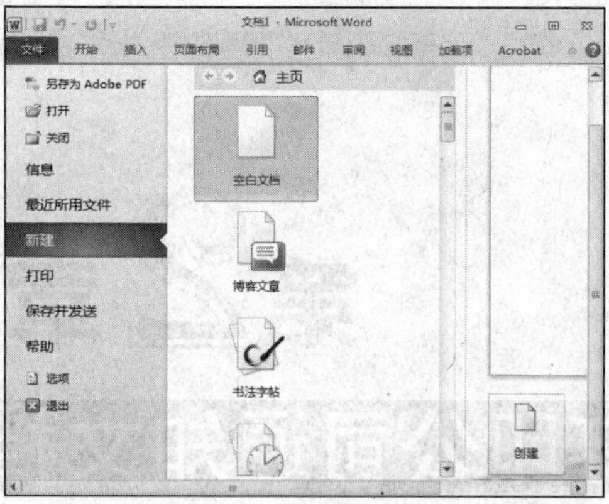

图 2-1

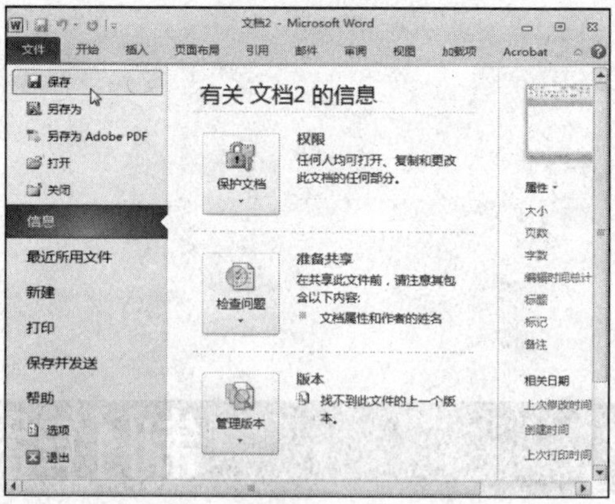

图 2-2

STEP 3 打开“另存为”对话框，在左侧的导航窗格中选择文件保存的位置，在“文件名”下拉列表框中输入文档名称“公司通知.docx”，单击“保存”按钮将文档保存在指定位置，如图 2-3 所示。

图 2-3

2.1.2 输入文本内容

输入文本的方法很简单，只需要单击文档编辑区，出现不停闪烁的光标点插入“|”后，即可在该位置输入文本，下面详细介绍输入文本的方法。

输入文本内容

STEP 1 在通知文档中将文本插入点定位到第一行，然后输入“四川蜀源投资管理有限公司”，如图 2-4 所示。

STEP 2 按【Enter】键，将文本插入点切换到第二行，输入“蜀源投资（2017）第 3 号签发人：赵晓霖”，如图 2-5 所示。

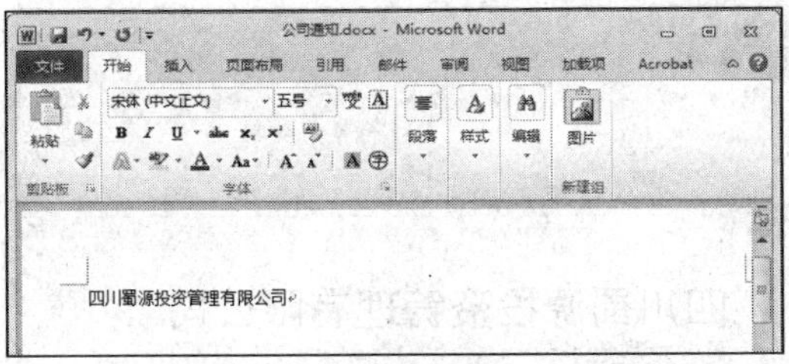

图 2-4

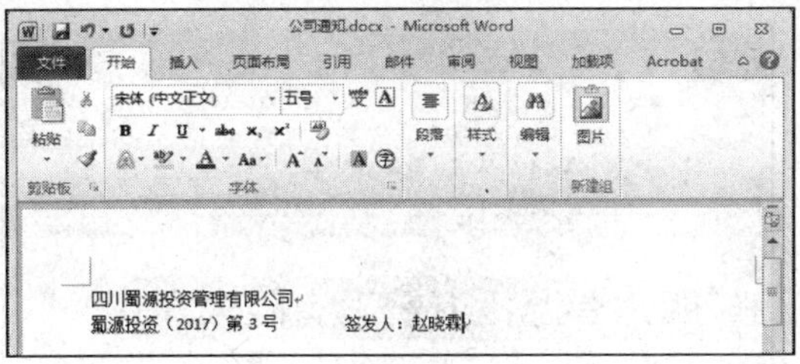

图 2-5

STEP 3 用相同的方法在文档中输入通知的相关文本内容，如图 2-6 所示。

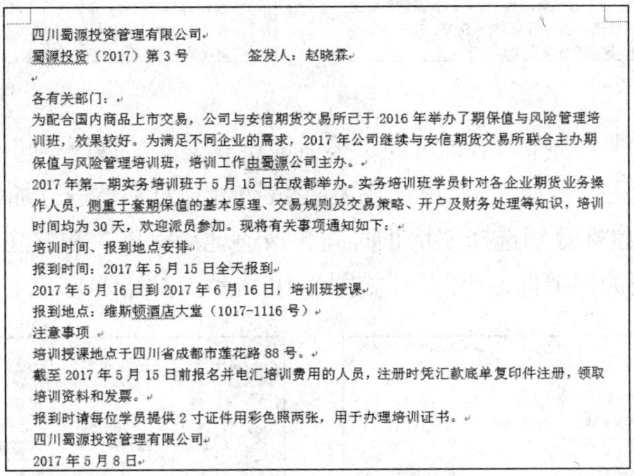
四川蜀源投资管理有限公司

蜀源投资（2017）第 3 号 签发人：赵晓霖

各有关部门：

为配合国内商品上市交易，公司与安信期货交易所已于 2016 年举办了期保值与风险管理培训班，效果较好。为满足不同企业的需求，2017 年公司继续与安信期货交易所联合主办期保值与风险管理培训班，培训工作由蜀源公司主办。

2017 年第一期实务培训班于 5 月 15 日在成都举办。实务培训班学员针对各企业期货业务操作人员，侧重于套期保值的基本原理、交易规则及交易策略、开户及财务处理等知识，培训时间均为 30 天，欢迎派员参加。现将有关事项通知如下：

培训时间、报到地点安排

报到时间：2017 年 5 月 15 日全天报到

2017 年 5 月 16 日到 2017 年 6 月 16 日，培训班授课

报到地点：维斯顿酒店大堂（1017-1116 号）

注意事项

培训授课地点于四川省成都市莲花路 88 号。

截至 2017 年 5 月 15 日前报名并电汇培训费用的人员，注册时凭汇款底单复印件注册，领取培训资料和发票。

报到时请每位学员提供 2 寸证件用彩色照两张，用于办理培训证书。

四川蜀源投资管理有限公司

2017 年 5 月 8 日

图 2-6

2.2 美化文档内容

要完成一篇完整文档的制作，不仅仅需要输入文本内容，还要根据要求对文档进行美化操作，如设置文本的字体格式、设置段落格式、设置文本的编号和项目符号以及设置通知主题词和抄送等，这样可以使文档的结构清晰、层次分明。

2.2.1 设置文本和段落格式

设置文本格式主要包括设置文本的字体格式和段落格式，下面分别介绍这些文本格式的设置方法。

设置字体格式

1. 设置字体格式

在 Word 文档中输入的文本默认字体为“宋体”，字号为“五号”。如果不对文本的格式进行设置，既不能突出重点，也毫无美观可言。因此在输入文本后，一般需要对其字体、字形、大小和颜色等进行设置。

STEP 1 拖动鼠标选择文档中第一行“四川蜀源投资管理有限公司”文本，然后在【开始】/【字体】组中的“字体”下拉列表框中选择“黑体”选项，在“字号”下拉列表框中选择“二号”选项，如图 2-7 所示。

STEP 2 选择文档第二行文本，设置其字体格式为“楷体，小四”，如图 2-8 所示。

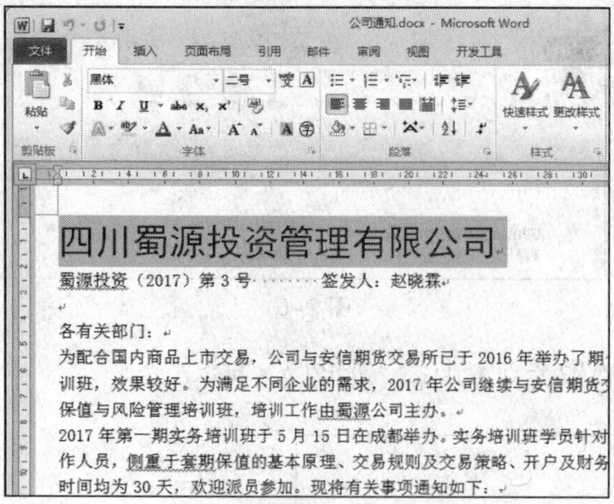

图 2–7

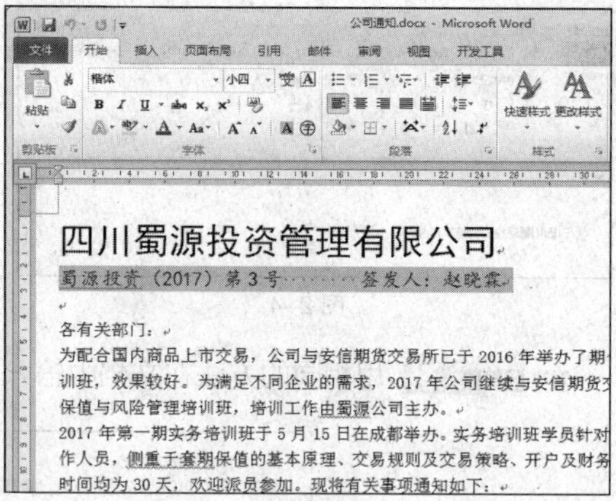

图 2–8

STEP 3 在文档中选择“培训时间、报道地点安排”“注意事项”文本，将其字体设置为“宋体，小四”，然后单击“字体”组中的“加粗”按钮 **B**，对字体进行加粗设置，如图 2-9 所示。

STEP 4 拖动鼠标分别选择“培训时间、报道地点安排”和“注意事项”下面的正文文本，将其字体格式设置为“楷体，小四”，如图 2-10 所示。

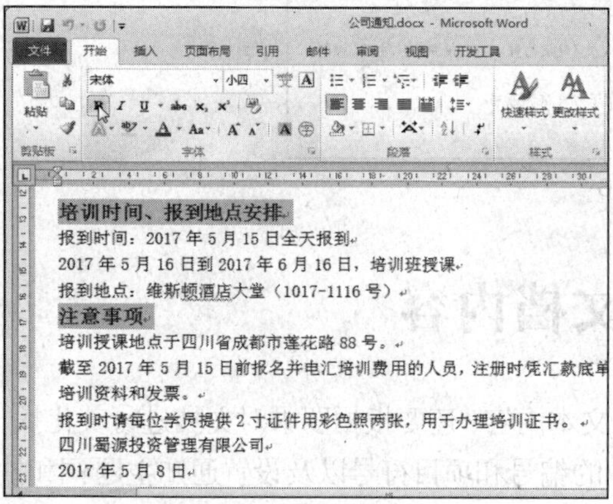

图 2–9

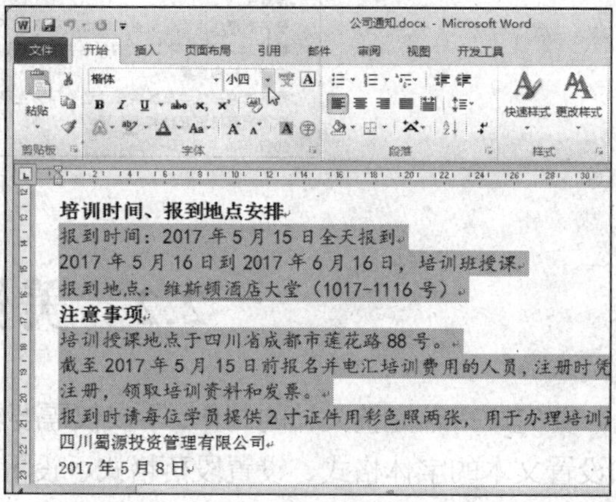

图 2–10

STEP 5 在第 3 行中按【Space】键，将文本插入点移动到最右侧，然后选择第 3 行，在【开始】/【字体】组中单击“对话框启动器”按钮，如图 2-11 所示。

STEP 6 打开“字体”对话框，在“字体”选项卡中的“所有文字”栏中的“下划线线型”下拉列表框中选择一种线型，在“下划线颜色”下拉列表框中选择“红色”选项，单击“确定”按钮，如图 2-12 所示。

STEP 7 在文档第 3 行中添加一个红色下划线，如图 2-13 所示。

2. 设置段落格式

设置段落格式可以使文档结构清晰、层次分明。在 Word 文档中输入的文本默认的对齐方式为两端对齐。用户可以根据实际需要为段落设置对齐方式、段间距、行间距和缩进方式等。

设置段落格式

STEP 1 拖动鼠标选择标题与副标题文本，单击【开始】/【段落】组中的“居中”按钮，使标题文本居中对齐，如图 2-14 所示。

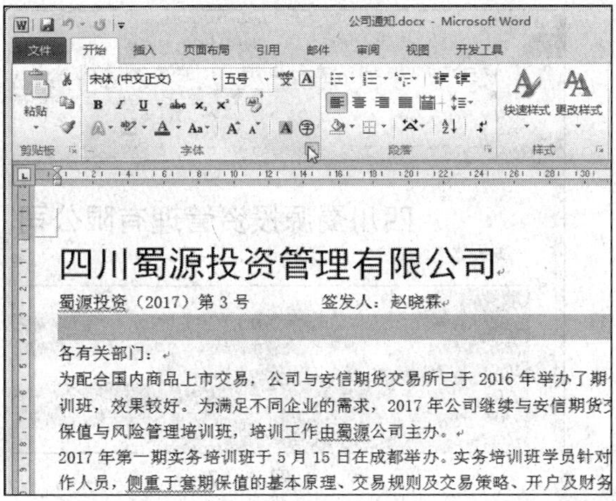

图 2-11

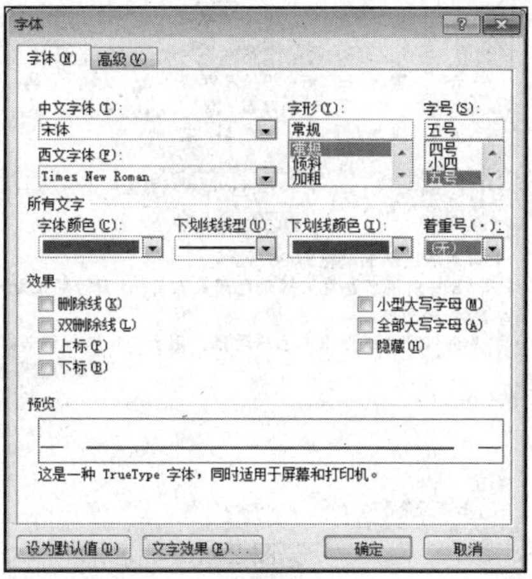

图 2-12

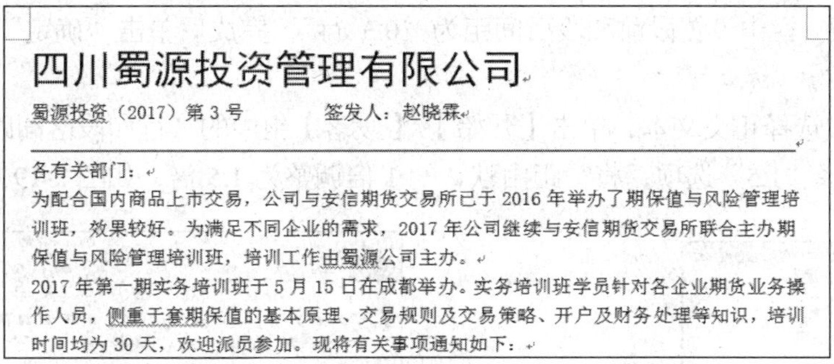

图 2-13

STEP 2 将文本插入点定位到第 2 行“蜀源投资（2017）第 3 号”和“签发人：赵晓霖”文本的中间空白处，然后连续按【Space】键，将两处的文本分别向左和向右移动，如图 2-15 所示。

图 2-14

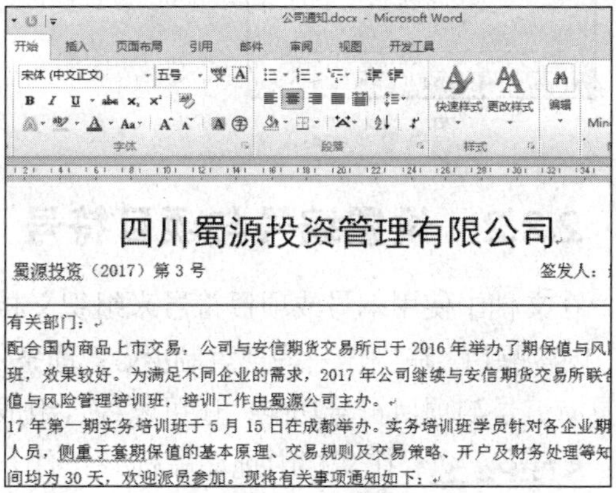

图 2-15

STEP 3 选择文档末尾的落款文本，在【开始】/【段落】组中单击“文本右对齐”按钮，设置文本为右对齐，如图 2-16 所示。

STEP 4 选择第 1、2、3 段正文部分，在【开始】/【段落】组中单击“对话框启动器”按钮，如图 2-17 所示。

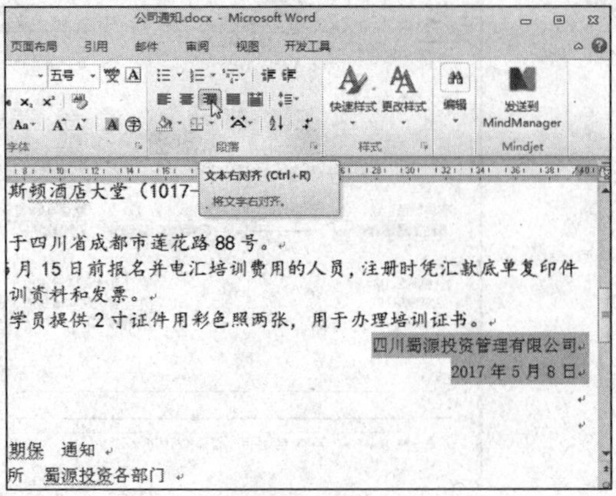

图 2-16

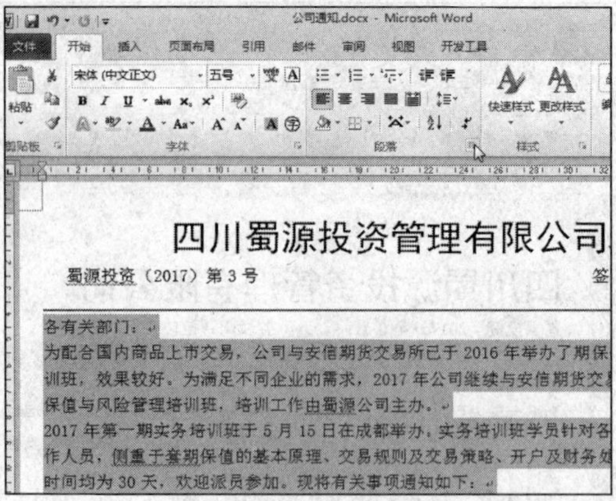

图 2-17

STEP 5 打开“段落”对话框，在“缩进”栏中设置特殊格式为“首行缩进”，磅值为“2 字符”，在“间距”栏中设置段前和段后间距为“0.3 行”，完成后单击“确定”按钮，如图 2-18 所示。

STEP 6 选择正文文本，单击【开始】/【段落】组中的“行和段落间距”按钮，在弹出的下拉列表中选择“1.5”选项，将行距由默认的 1 倍调整为 1.5 倍，如图 2-19 所示。

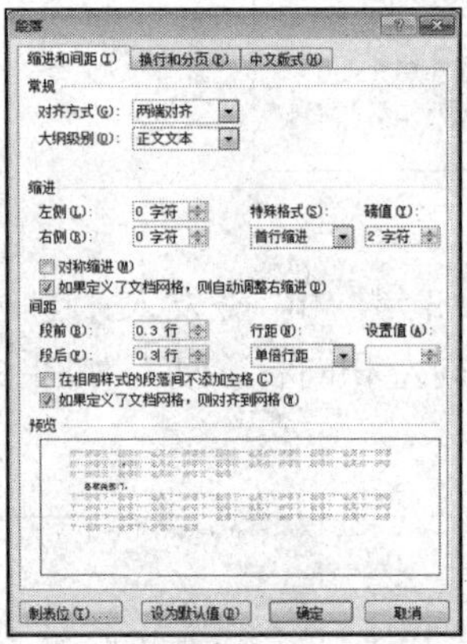

图 2-18

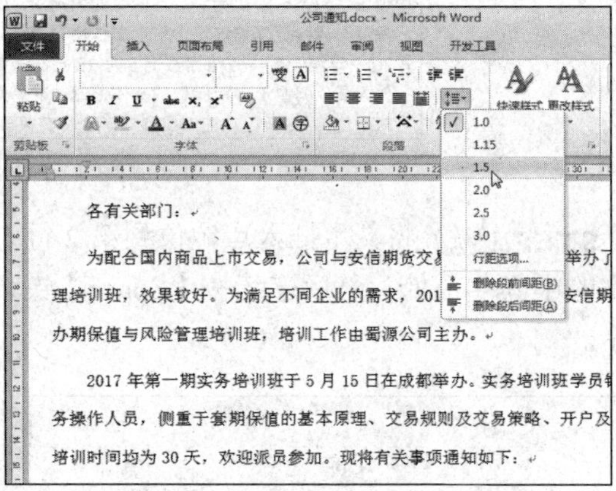

图 2-19

2.2.2 设置编号与项目符号

在文档中使用编号或项目符号来组织文档，可以使文档层次分明、条理清晰、内容醒目。在制作一些规章制度、管理条例的文档时特别有用。Word 2010 就具有编号与项目符号功能，还可以综合组成多级列表使文档一目了然。

设置编号与项目符号

STEP 1 在文档中拖动鼠标并按住【Ctrl】键，同时选择“培训时间、报道地点安排”文本和“注意事项”文本，在【开始】/【段落】组中单击“编号”按钮，在弹出的下拉列表中选择“定义新编号格式”选项，如图 2-20 所示。

STEP 2 打开“定义新编号格式”对话框，在“编号样式”下拉列表框中选择“一，二，三（简）”选项，其他保持默认设置，单击“确定”按钮，如图 2-21 所示。

图 2-20

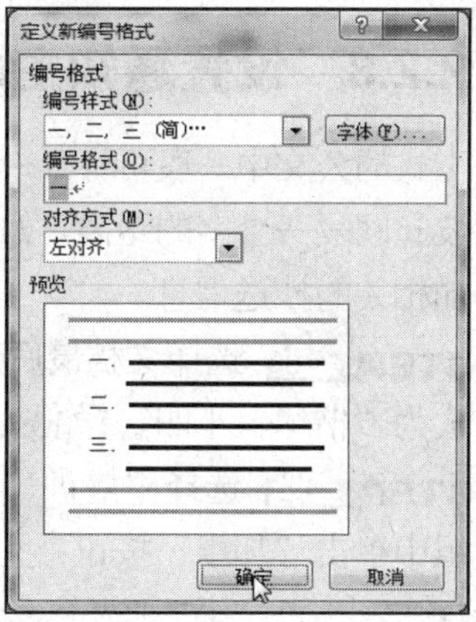

图 2-21

STEP 3 返回文档中，为选择的文本添加编号效果。再选择“培训时间、报到地点安排”和“注意事项”下面的相关文本，在【开始】/【段落】组中单击“项目符号”按钮， 在弹出的下拉列表中选择“定义新项目符号”选项，如图 2-22 所示。

STEP 4 打开“定义新项目符号”对话框，单击“符号”按钮，如图 2-23 所示。

图 2-22

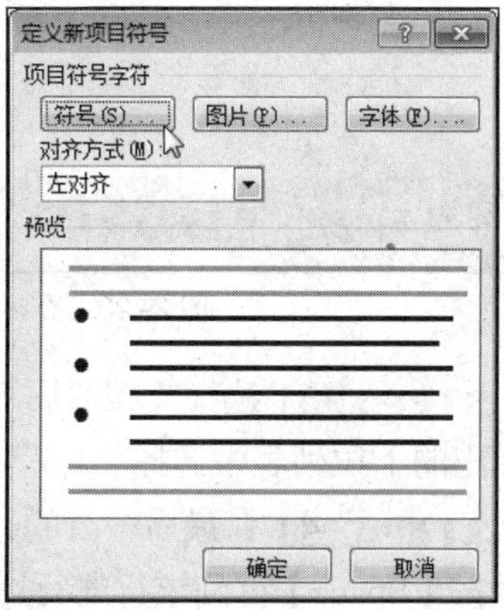

图 2-23

STEP 5 打开“符号”对话框，在下面的列表框中选择一种符号，完成后单击“确定”按钮，如图 2-24 所示。

STEP 6 返回文档中可以查看到设置项目符号后的样式，如图 2-25 所示。

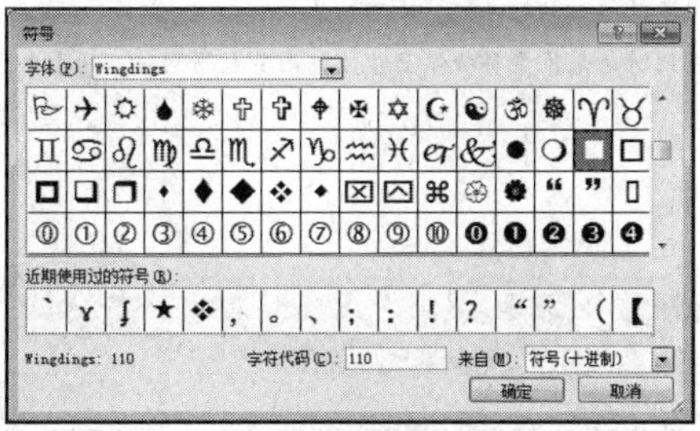

图 2-24

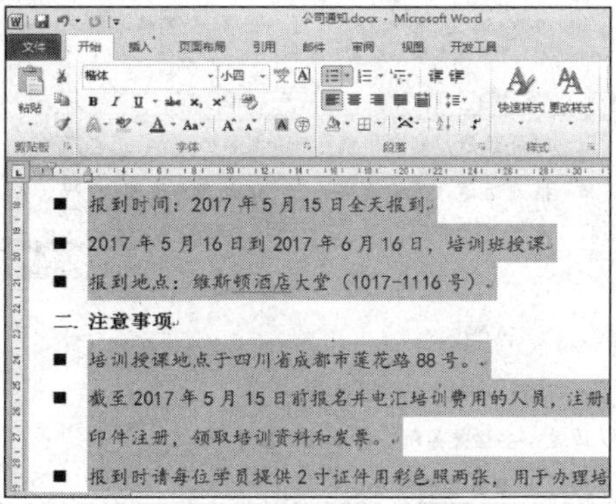

图 2-25

2.2.3　设置通知主题词和抄送

正式的公文中一般可标 1～5 个主题词，主题词词目之间不用标点分隔，而是彼此间隔一个字的距离。如果公文需发送给多个单位或部门，也可在文档中添加相关的抄送信息。

设置通知主题词和抄送

STEP 1 选择文档最后三行文本，在【开始】/【字体】组中设置其字体格式为“楷体，小四”，如图 2-26 所示。

STEP 2 选择“培训、期保、通知 ”等文本，然后在【开始】/【字体】组中单击“加粗”按钮，为文本设置加粗效果，如图 2-27 所示。

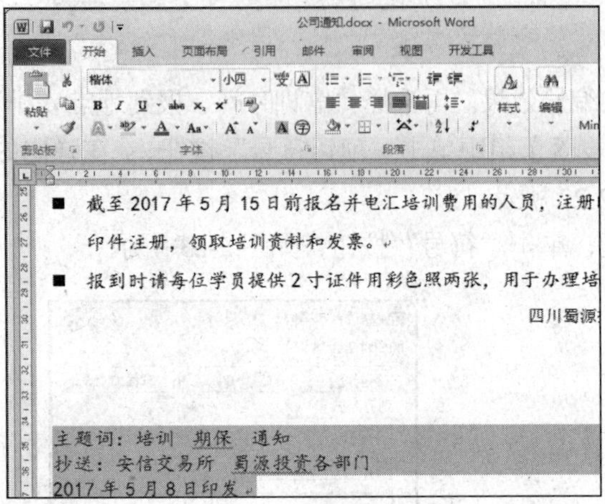

图 2-26

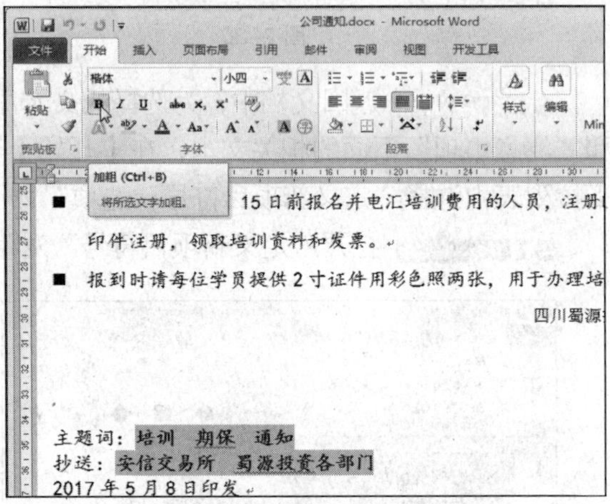

图 2-27

STEP 3 选择文档最后三行文本，单击【开始】/【段落】组中的“行和段落间距”按钮，在弹出的下拉列表中选择“1.5”选项，为段落设置行间距，如图 2-28 所示。

STEP 4 在最后一行的行首处按【Space】键到该行的行尾处，在倒数第二、三行文本末尾处按【Space】键到该行的行尾处。选择最后三行文本，单击【开始】/【字体】组中的“下划线”按钮，为文本添加下划线效果，完成文档的制作，效果如图 2-29 所示（资源包\效果\第 2 章\公司通知.docx）。

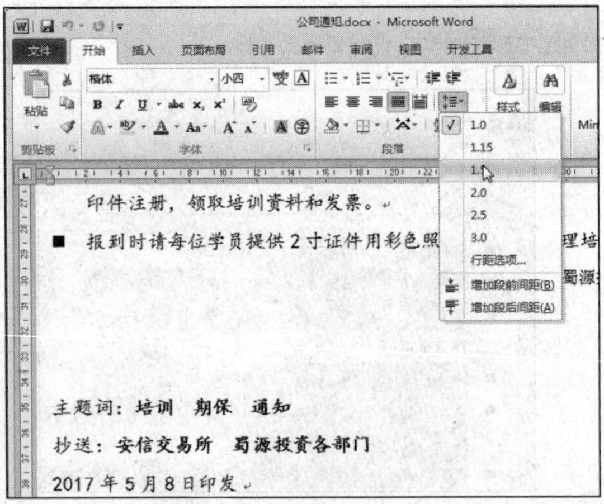

图 2-28

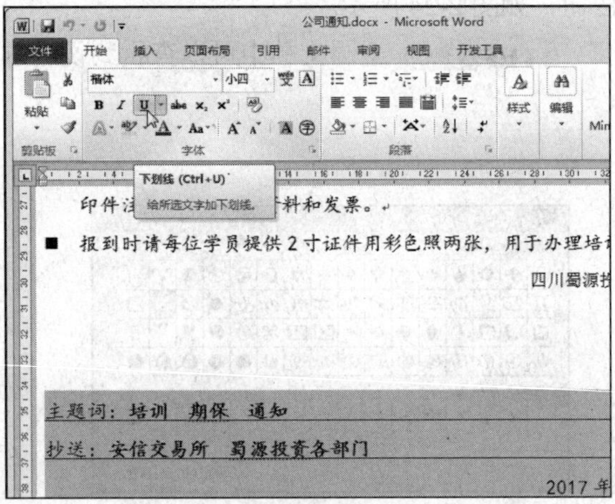

图 2-29

2.3　打印文档

在完成文本内容的编辑后，可将文档打印出来，即把制作的文档内容输出到纸张上。但是为了保证文档打印效果的正确性，并及时发现文档中隐含的错误排版样式，可在打印文档之前进行页面设置，并预览打印效果。

2.3.1　页面设置

默认情况下，Word 文档的页面大小为 16 开（18.4cm×26cm），但有时可根据文档内容的需要可自定义页面大小和格式。

页面设置

STEP 1 在【页面布局】/【页面设置】组中单击“纸张大小”按钮，在弹出的下拉列表中选择“A4”选项，设置页面大小为 A4，如图 2-30 所示。

STEP 2 在【页面布局】/【页面设置】组中单击“纸张方向”按钮，在弹出的下拉列表中选择“纵向”选项，设置文档为纵向打印，效果如图 2-31 所示。

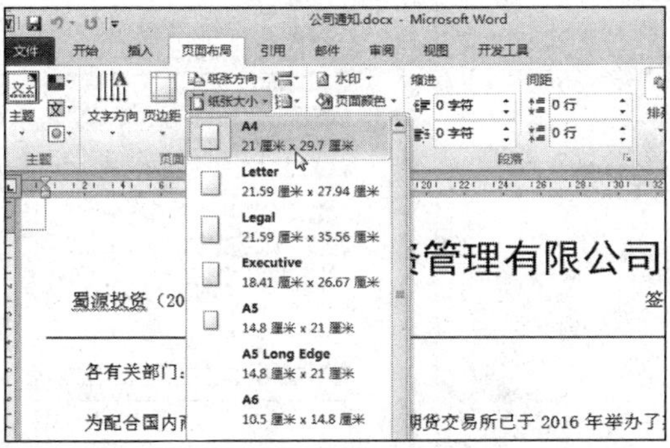

图 2-30

图 2-31

STEP 3 在【页面布局】/【页面设置】组中单击“对话框启动器”按钮，打开“页面设置”对话框，在“页边距”选项卡中设置页面的页边距，如图 2-32 所示。

STEP 4 单击“版式”选项卡，在其中设置文档的版式，如奇偶页以及页面的垂直对齐方式等，单击“确定”按钮，完成文档页面的设置，如图 2-33 所示。

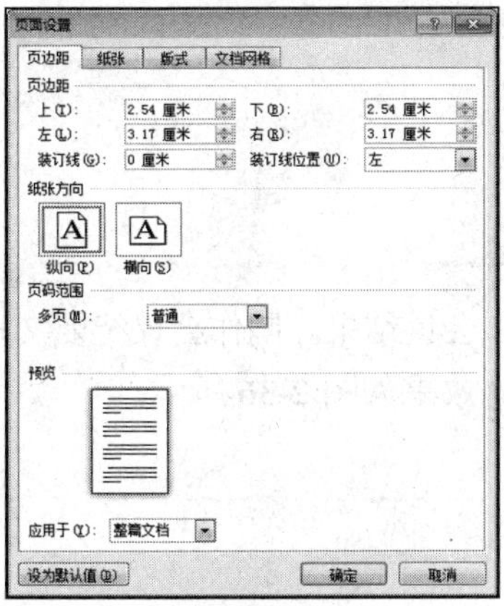

图 2-32

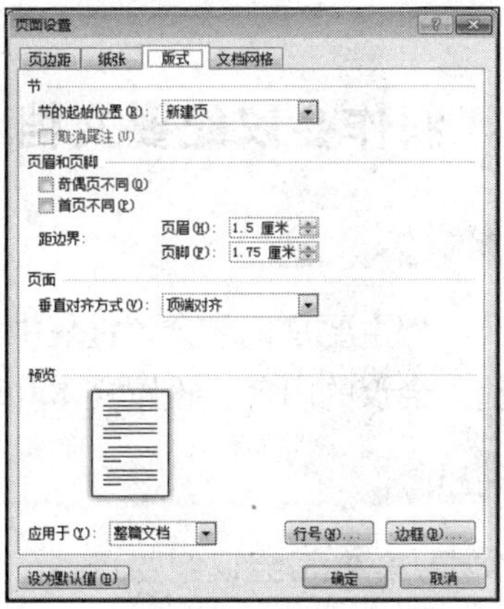

图 2-33

2.3.2　打印预览和设置

打印预览可以方便用户对文档进行修改和调整，如对待打印文档的页面范围、打印份数和纸张大小等进行设置。

打印预览和设置

STEP 1 选择【文件】/【打印】菜单命令，如图 2-34 所示。

STEP 2 打开打印页面，在右侧可以预览文档的打印效果，通过拖动下面的滑块，可以放大和缩小预览图。

STEP 3 在“打印”栏中的“份数”数值框中可以设置打印文档的份数，在“打印机”下拉列表框中可以选择连接电脑的打印机名称。

STEP 4 在“设置”栏中可以设置打印文档的页数、双面打印或单面打印、打印的方向和纸张大小等，完成后单击“打印”按钮即可将文档打印到纸张上，如图 2-35 所示。

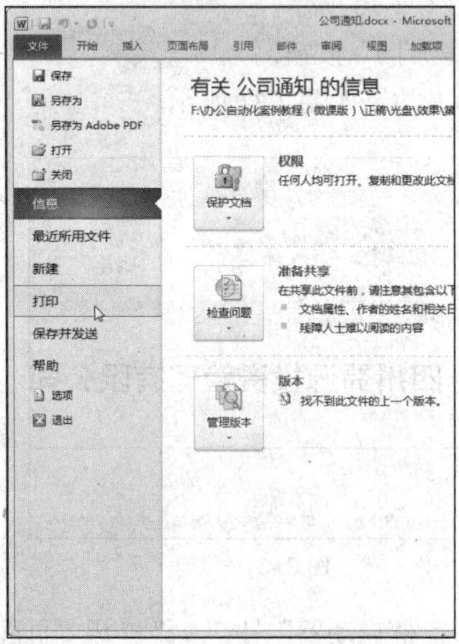

图 2-34

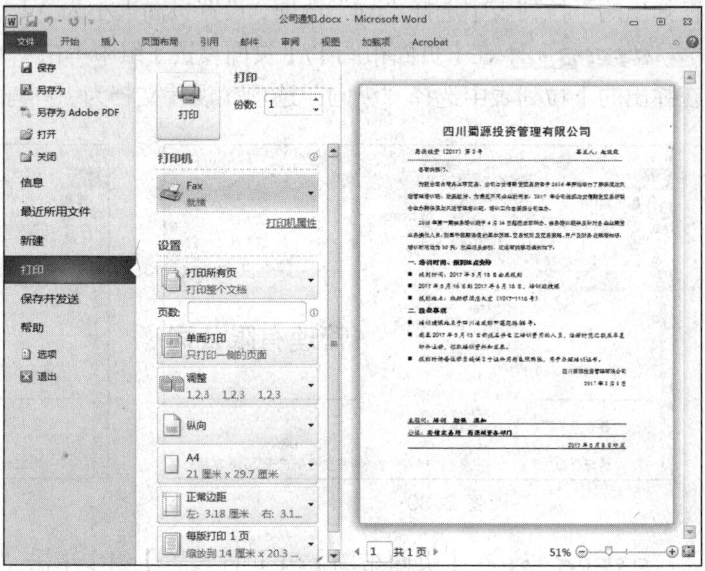

图 2-35

2.4　上机案例

2.4.1　制作会议纪要文档

案例目标

会议纪要文档主要是记录会议过程中的一些议题和会议结果。制作会议纪要文档时，本案例主操作包括输入会议的内容、设置文本和段落格式等。效果如图 2-36 所示。

效果所在位置

资源包/效果/第 2 章/会议纪要.docx。

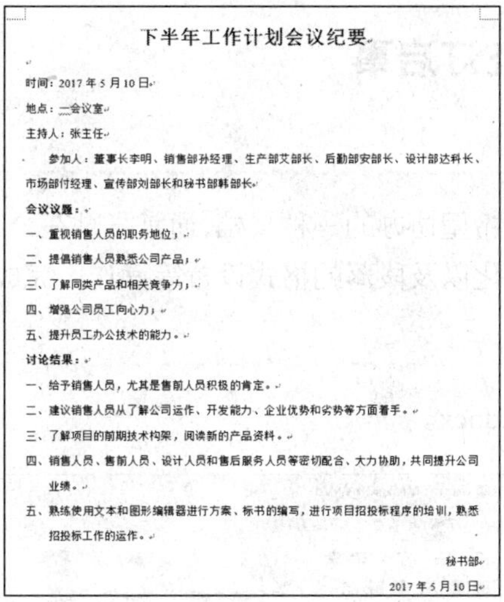

下半年工作计划会议纪要

时间：2017 年 5 月 10 日

地点：一会议室

主持人：张主任

参加人：董事长李明、销售部孙经理、生产部艾部长、后勤部安部长、设计部达科长、市场部付经理、宣传部刘部长和秘书部韩部长

会议议题：

一、重视销售人员的职务地位；

二、提倡销售人员熟悉公司产品；

三、了解同类产品和相关竞争力；

四、增强公司员工向心力；

五、提升员工办公技术的能力。

讨论结果：

一、给予销售人员，尤其是售前人员积极的肯定。

二、建议销售人员从了解公司运作、开发能力、企业优势和劣势等方面着手。

三、了解项目的前期技术构架，阅读新的产品资料。

四、销售人员、售前人员、设计人员和售后服务人员等密切配合、大力协助，共同提升公司业绩。

五、熟练使用文本和图形编辑器进行方案、标书的编写，进行项目招投标程序的培训，熟悉招投标工作的运作。

秘书部

2017 年 5 月 10 日

图 2-36

制作会议纪要文档

步骤提示

STEP 1 新建一个文档，保存为“会议纪要”，在文档中输入会议的相关文本，如图 2-37 所示。

STEP 2 设置文本标题的字体格式为“宋体，二号”，设置正文标题的字体格式为“宋体，五号，加粗”，如图 2-38 所示。

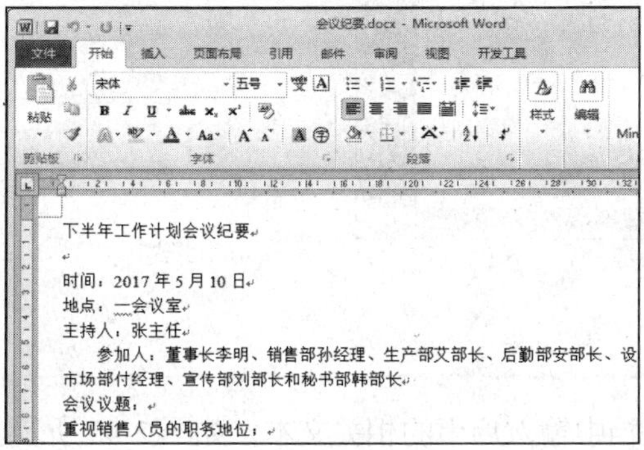

图 2-37

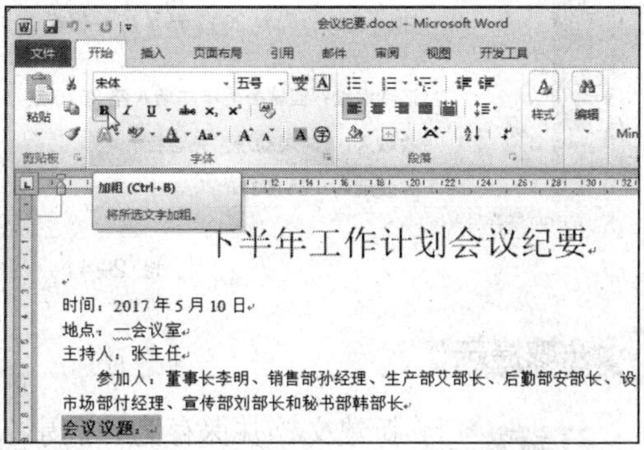

图 2-38

STEP 3 设置正文文本段落的行间距为 1.5，如图 2-39 所示。

STEP 4 为会议内容的相关文本设置编号，如图 2-40 所示。

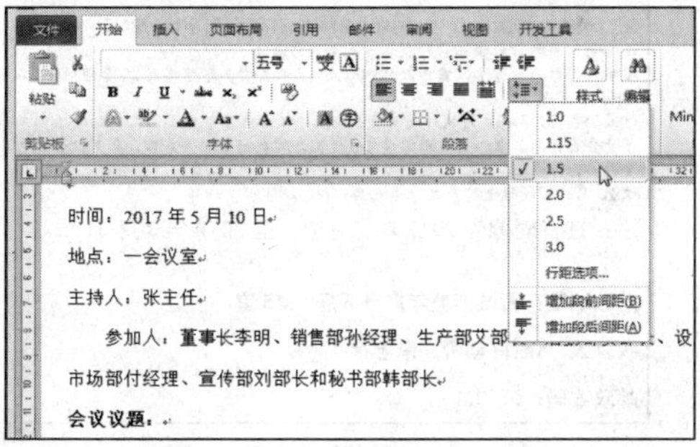

图 2-39

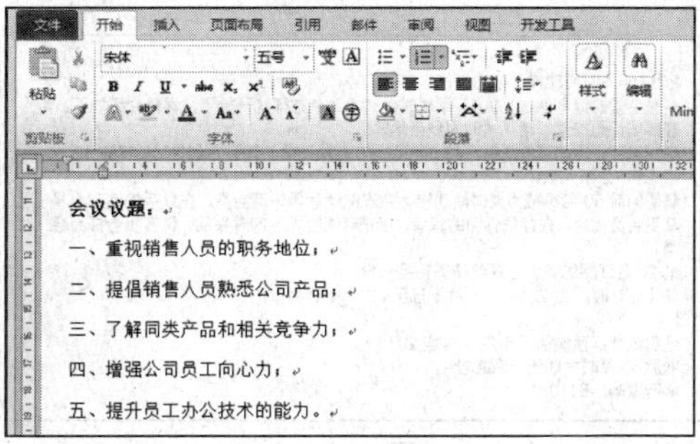

图 2-40

2.4.2 制作杂志征订启事

案例目标

启事是向公众说明事实或希望协办的一种文档，通常张贴在公共场所或刊登在报纸或刊物上。本案例主要讲解文字输入、美化以及段落的格式设置等操作，完成后的效果如图 2-41 所示。

效果所在位置

资源包/效果/第 2 章/启事.docx。

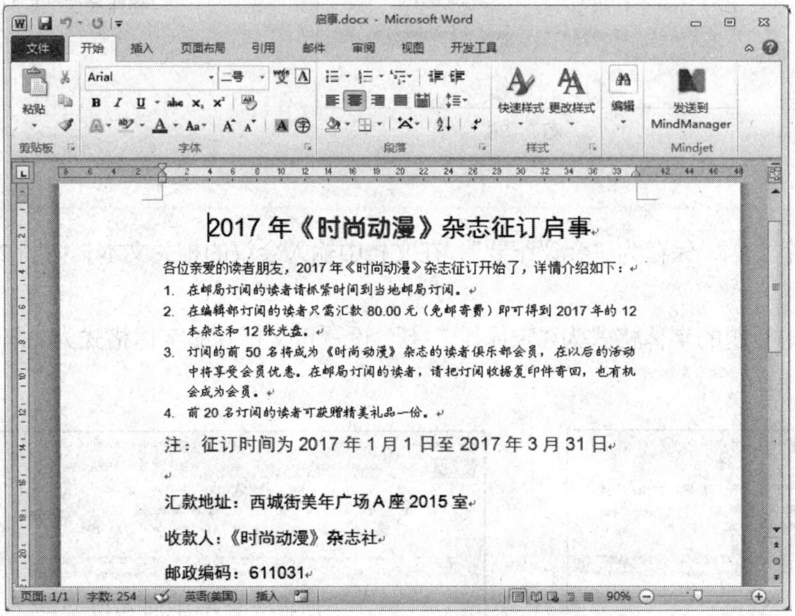

图 2-41

制作杂志征订启事

步骤提示

STEP 1 新建文档并保存为“启事”，在文档中输入启事的相关文本，如图 2-42 所示。

STEP 2 设置文本标题的字体格式为“黑体，二号”，并设置相关文本为“红色”，其他的文本依次设置为“楷体，小四”“黑体，三号”和“黑体，小三”，效果如图 2-43 所示。

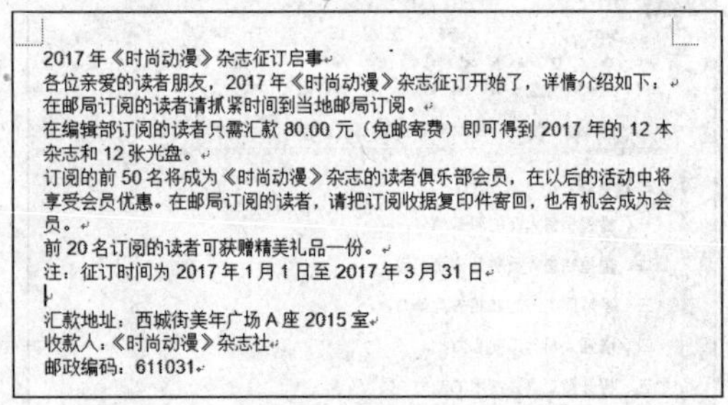

2017 年《时尚动漫》杂志征订启事
各位亲爱的读者朋友，2017 年《时尚动漫》杂志征订开始了，详情介绍如下：
在邮局订阅的读者请抓紧时间到当地邮局订阅。
在编辑部订阅的读者只需汇款 80.00 元（免邮寄费）即可得到 2017 年的 12 本杂志和 12 张光盘。
订阅的前 50 名将成为《时尚动漫》杂志的读者俱乐部会员，在以后的活动中将享受会员优惠。在邮局订阅的读者，请把订阅收据复印件寄回，也有机会成为会员。
前 20 名订阅的读者可获赠精美礼品一份。
注：征订时间为 2017 年 1 月 1 日至 2017 年 3 月 31 日
汇款地址：西城街美年广场 A 座 2015 室
收款人：《时尚动漫》杂志社
邮政编码：611031

图 2-42

2017 年《时尚动漫》杂志征订启事
各位亲爱的读者朋友，2017 年《时尚动漫》杂志征订开始了，详情介绍如下：
在邮局订阅的读者请抓紧时间到当地邮局订阅。
在编辑部订阅的读者只需汇款 80.00 元（免邮寄费）即可得到 2017 年的 12 本杂志和 12 张光盘。
订阅的前 50 名将成为《时尚动漫》杂志的读者俱乐部会员，在以后的活动中将享受会员优惠。在邮局订阅的读者，请把订阅收据复印件寄回，也有机会成为会员。
前 20 名订阅的读者可获赠精美礼品一份。
注：征订时间为 2017 年 1 月 1 日至 2017 年 3 月 31 日
汇款地址：西城街美年广场 A 座 2015 室
收款人：《时尚动漫》杂志社
邮政编码：611031

图 2-43

STEP 3 设置文本的行间距和对齐方式，效果如图 2-44 所示。

STEP 4 设置文本编号样式，效果如图 2-45 所示。

2017 年《时尚动漫》杂志征订启事

各位亲爱的读者朋友，2017 年《时尚动漫》杂志征订开始了，详情介绍如下：

在邮局订阅的读者请抓紧时间到当地邮局订阅。

在编辑部订阅的读者只需汇款 80.00 元（免邮寄费）即可得到 2017 年的 12 本杂志和 12 张光盘。

订阅的前 50 名将成为《时尚动漫》杂志的读者俱乐部会员，在以后的活动中将享受会员优惠。在邮局订阅的读者，请把订阅收据复印件寄回，也有机会成为会员。

前 20 名订阅的读者可获赠精美礼品一份。

注：征订时间为 2017 年 1 月 1 日至 2017 年 3 月 31 日。

汇款地址：西城街美年广场 A 座 2015 室

收款人：《时尚动漫》杂志社

邮政编码：611031

图 2-44

2017 年《时尚动漫》杂志征订启事

各位亲爱的读者朋友，2017 年《时尚动漫》杂志征订开始了，详情介绍如下：

1. 在邮局订阅的读者请抓紧时间到当地邮局订阅。
2. 在编辑部订阅的读者只需汇款 80.00 元（免邮寄费）即可得到 2017 年的 12 本杂志和 12 张光盘。
3. 订阅的前 50 名将成为《时尚动漫》杂志的读者俱乐部会员，在以后的活动中将享受会员优惠。在邮局订阅的读者，请把订阅收据复印件寄回，也有机会成为会员。
4. 前 20 名订阅的读者可获赠精美礼品一份。

注：征订时间为 2017 年 1 月 1 日至 2017 年 3 月 31 日。

汇款地址：西城街美年广场 A 座 2015 室

收款人：《时尚动漫》杂志社

邮政编码：611031

图 2-45

2.5 课后习题

2.5.1 制作厂房招租文档

练习知识要点

本练习将新建文档，在文档中输入文本，设置字体格式，并设置段落之间的行间距、对齐方式和项目编号等。效果如图 2-46 所示。

效果所在位置

资源包/效果/第 2 章/厂房招租.docx。

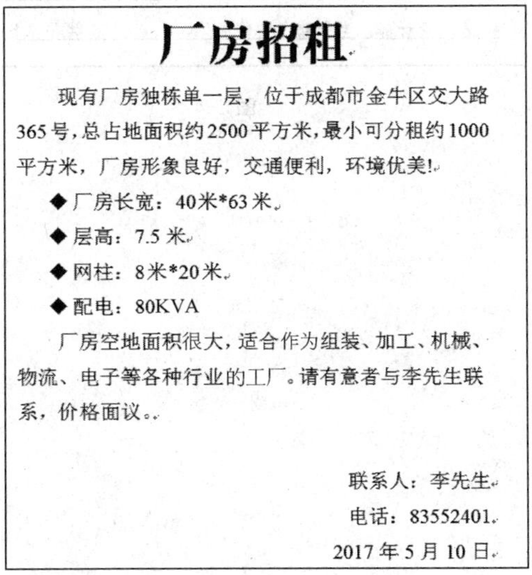
厂房招租

现有厂房独栋单一层，位于成都市金牛区交大路 365 号，总占地面积约 2500 平方米，最小可分租约 1000 平方米，厂房形象良好，交通便利，环境优美!

◆ 厂房长宽：40 米*63 米
◆ 层高：7.5 米
◆ 网柱：8 米*20 米
◆ 配电：80KVA

厂房空地面积很大，适合作为组装、加工、机械、物流、电子等各种行业的工厂。请有意者与李先生联系，价格面议。

联系人：李先生

电话：83552401

2017 年 5 月 10 日

图 2-46

2.5.2　制作联合公文文档

练习知识要点

本练习的主要内容包括新建和保存文档，输入文档文本，设置标题和正文的字体和段落格式，设置项目编号和主题词等。效果如图 2-47 所示。

效果所在位置

资源包/效果/第 2 章/联合公文.docx。

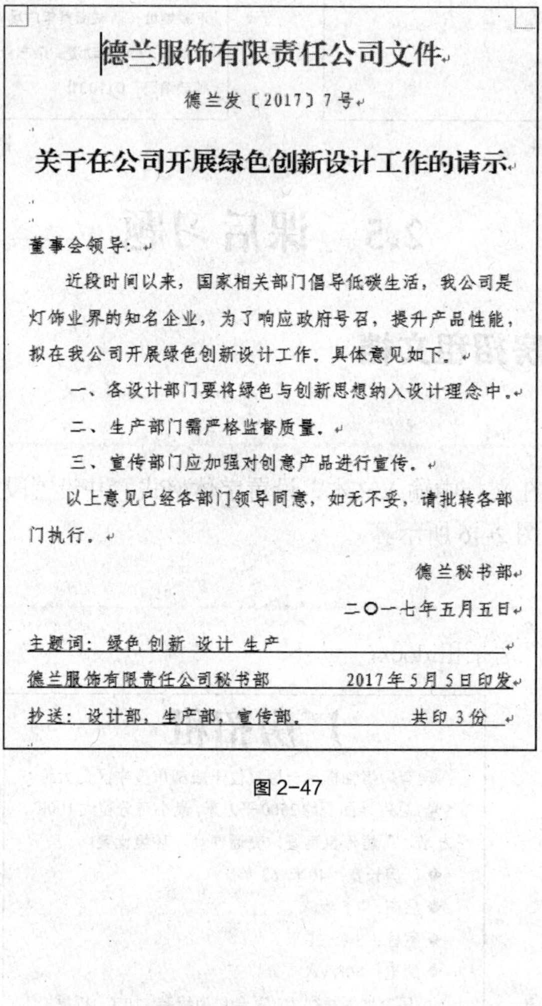

德兰服饰有限责任公司文件

德兰发〔2017〕7号

关于在公司开展绿色创新设计工作的请示

董事会领导：

近段时间以来，国家相关部门倡导低碳生活，我公司是灯饰业界的知名企业，为了响应政府号召，提升产品性能，拟在我公司开展绿色创新设计工作，具体意见如下。

一、各设计部门要将绿色与创新思想纳入设计理念中。

二、生产部门需严格监督质量。

三、宣传部门应加强对创意产品进行宣传。

以上意见已经各部门领导同意，如无不妥，请批转各部门执行。

德兰秘书部

二〇一七年五月五日

主题词：绿色 创新 设计 生产

德兰服饰有限责任公司秘书部　　2017年5月5日印发

抄送：设计部，生产部，宣传部。　　共印 3 份

图 2-47

第3章

制作公司宣传文档

本章主要介绍公司宣传文档的制作。通过本章的学习，读者可以学会在 Word 中进行新建和设置模板，插入剪贴画、图片、形状以及艺术字等操作，并根据实际需要设置相应的格式效果，从而制作出需要的文档效果。

课堂学习目标

◎ 制作文档模板
◎ 使用剪贴画和图片
◎ 使用形状
◎ 使用艺术字

3.1 制作模板文档

模板是指在 Word 中内置的包含格式和版式的文档，主要用于帮助用户快速生成特定类型的 Word 文档，提高制作文档的效率。

新建和设置模板

3.1.1 新建和设置模板

要使用模板创建文档，首先需要新建模板，然后对其版式进行设置，再保存为模板文件。下面介绍新建模板文档的具体操作。

STEP 1 启动 Word 2010，选择【文件】/【新建】菜单命令，选择“我的模板”选项，如图 3-1 所示。

STEP 2 打开“新建”对话框，在“个人模板”列表框中选择“空白文档”选项，然后单击“确定”按钮，如图 3-2 所示。

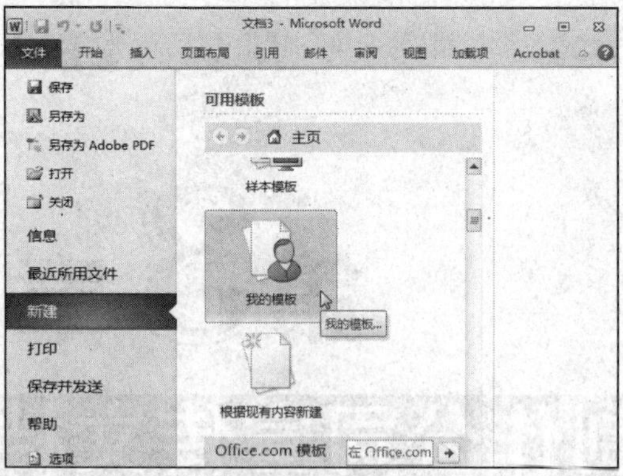

图 3–1

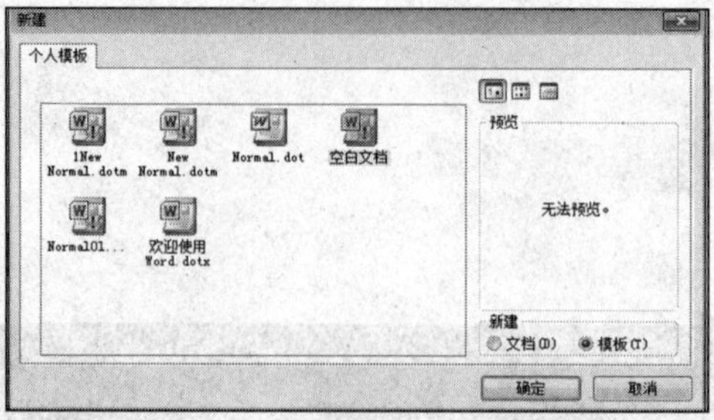

图 3–2

STEP 3 此时将新建一个文件名为“模板 1”的模板文档，在【页面布局】/【页面设置】组中单击“对话框启动器”按钮，如图 3-3 所示。

STEP 4 打开“页面设置”对话框，设置上、下页边距均为“2.5 厘米”，左、右页边距均为“3 厘米”，完成后单击“确定”按钮，如图 3-4 所示。

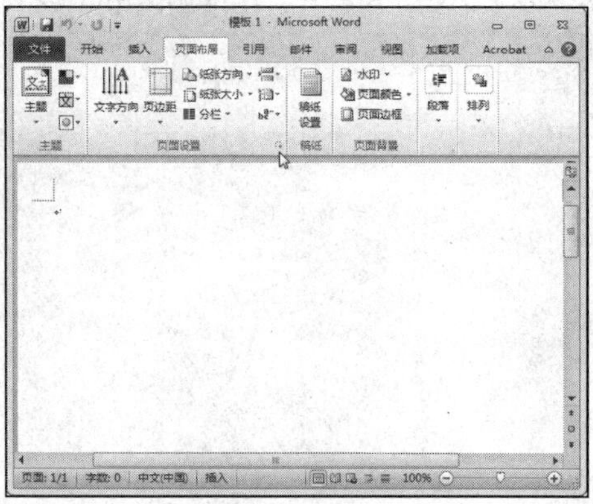

图 3–3

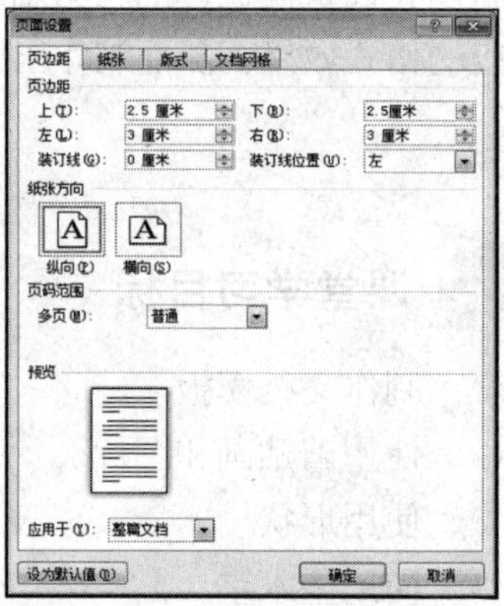

图 3–4

3.1.2 添加水印和域

为 Word 文档添加图片和文字水印可以标示文档的重要程度，引起读者的重视，或防止他人盗用。使用 Word 中的域可以实现许多复杂的工作，如为页码、图表的题注、脚注、尾注等自动编号，或按不同格式插入日期和时间等。若能熟练使用 Word 域，可增强排版的灵活性，减少许多繁琐的重复操作，提高工作效率。下面介绍在文档中使用水印和域的具体操作。

添加水印和域

STEP 1 在【页面布局】/【页面背景】组中单击“水印”按钮，在弹出的下拉列表中选择“自定义水印”选项，如图 3-5 所示。

STEP 2 打开“水印”对话框，单击选中“文字水印”单选项，在“文字”文本框中输入“晓通软件”，在“字体”下拉列表框中选择“黑体”选项，在“颜色”下拉列表框中选择“灰色”，其他保持默认设置，完成后单击“应用”按钮，并关闭对话框，如图 3-6 所示。

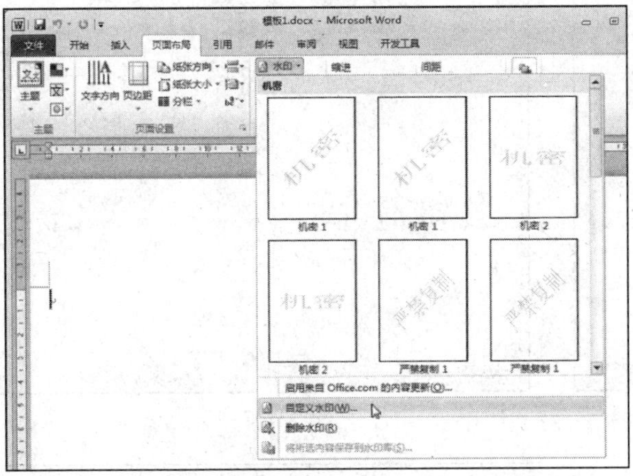

图 3–5

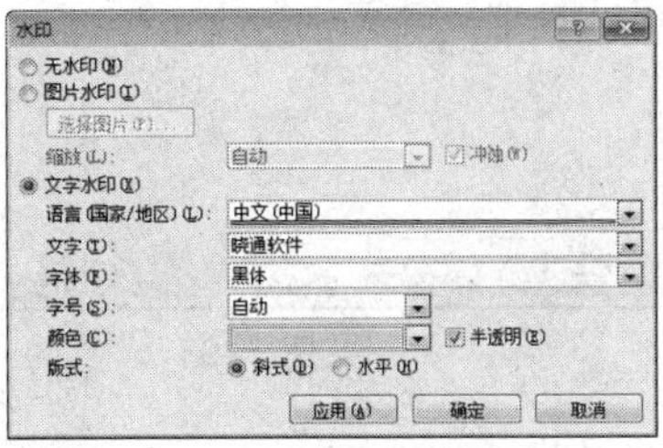

图 3–6

STEP 3 双击文档的页眉区域，进入页眉和页脚编辑状态，选择页眉中的段落标记，然后在【开始】/【段落】组中单击“边框”按钮 ，在弹出的下拉列表中选择“无框线”选项，如图 3-7 所示。

STEP 4 在【页眉和页脚 设计】/【关闭】组中单击“关闭页眉和页脚”按钮，退出页眉和页脚编辑状态，如图 3-8 所示。

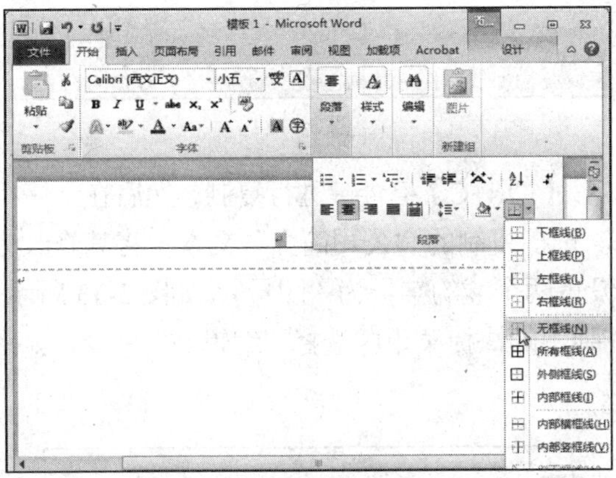

图 3–7

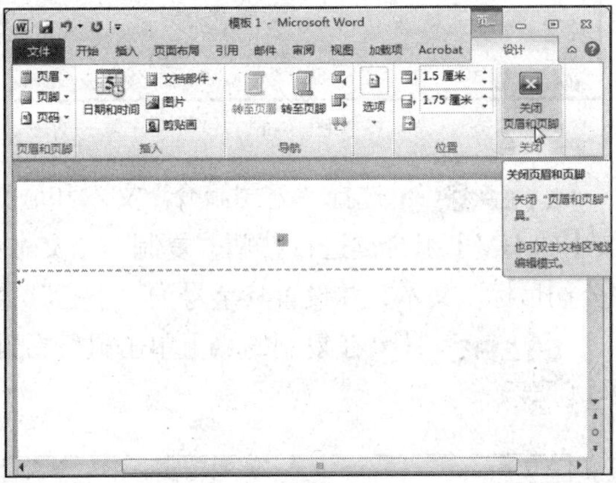

图 3–8

STEP 5 在文档中输入“公司简介”文本，设置其字体格式为“方正美黑简体、小初”，颜色为“水绿色，强调文字颜色 5，深色 25%”，如图 3-9 所示。

STEP 6 按【Enter】键换行，设置字号为“小三”，在【插入】/【文本】组中单击“文档部件”按钮，在弹出的下拉列表中选择“域”选项，如图 3-10 所示。

STEP 7 打开“域”对话框，在“类别”下拉列表中选择“文档自动化”选项，在“域名”列表框中选择“MacroButton”选项，在“显示文字”文本框中输入“在此输入公司简介”，在“宏名”列表框中选择“DoFieldClick”选项。单击“确定”按钮返回文档，如图 3-11 所示。

STEP 8 在文档中可以看到插入了一个显示“在此输入公司简介”文本的域，如图 3-12 所示。

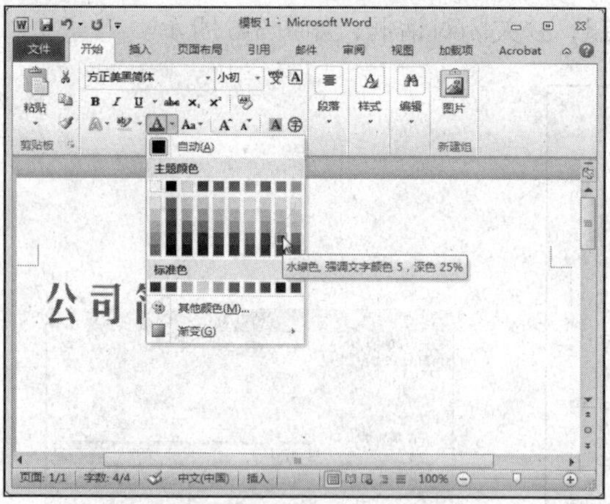

图 3-9

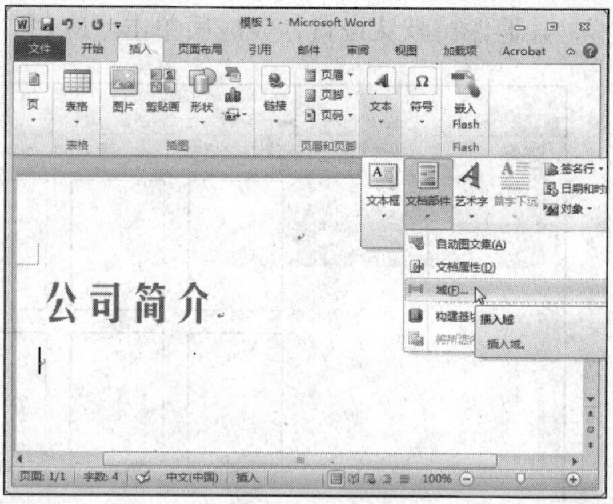

图 3-10

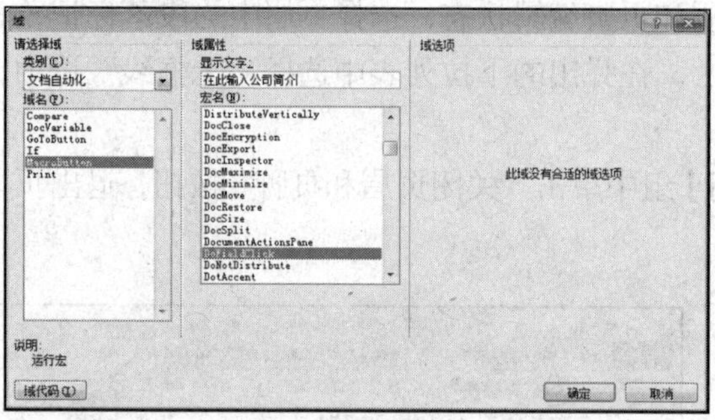

图 3-11

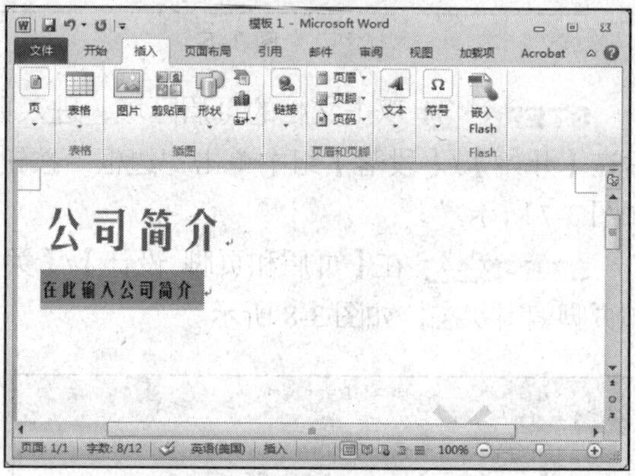

图 3-12

STEP 9 选择“公司简介”文本和域文本，按【Ctrl+C】组合键进行复制，然后在下一行按【Ctrl+V】组合键进行粘贴，复制一个文本和域。选择复制的“公司简介”文本，将其修改为“公司目标”文本，并设置其字号为“小三”，然后设置两个域的字号为“四号”，如图 3-13 所示。

STEP 10 在复制的域上单击鼠标右键，在弹出的快捷菜单中选择“编辑域”命令，如图 3-14 所示。

图 3-13

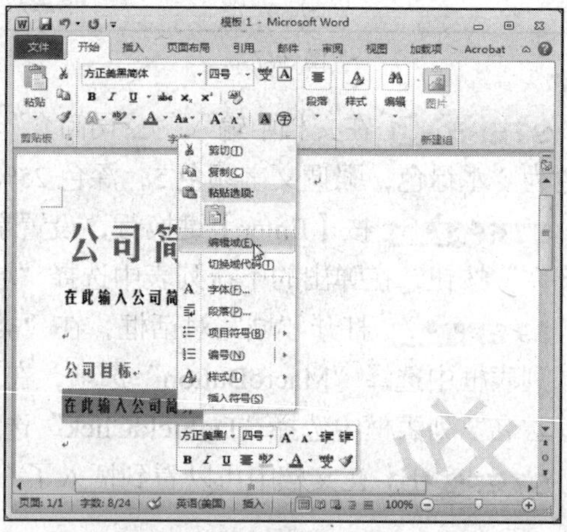

图 3-14

STEP 11 打开“域”对话框，在“显示文字”文本框中输入“在此输入公司目标”文本，然后单击“确定”按钮，如图 3-15 所示。

STEP 12 可以看到复制的域中的文本发生了改变，用相同的方法复制文本和域，修改文本为“公司承诺”“产品简介”和“联系我们”，然后依次修改域的显示文本，如图 3-16 所示。

STEP 13 单击“保存”按钮，将文档以“模板”为名称进行保存，完成模板的创建和设置（资源包\效果\第 3 章\模板.dotx）。

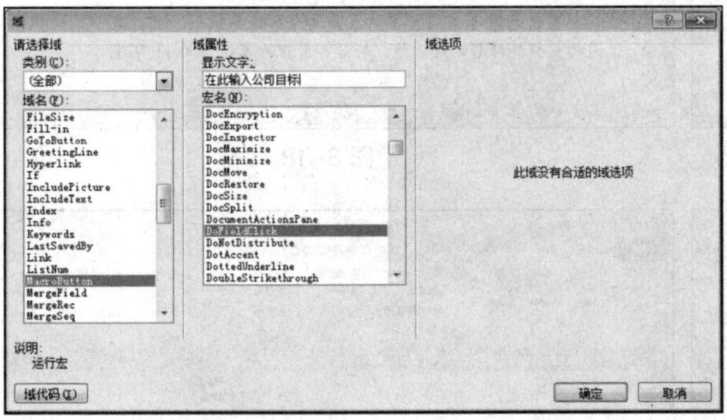

图 3-15

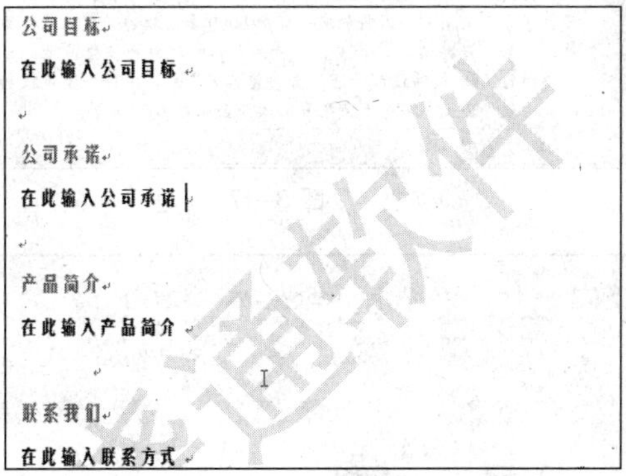

图 3-16

3.2 使用剪贴画和图片

在 Word 中可以将计算机中的图片插入到文档中，同时 Office 的剪辑管理器中还提供了许多精美的剪贴画图片，供用户使用。

3.2.1 插入和编辑剪贴画

Word 的剪辑管理器中有许多精美的剪贴画，用户可以在其中搜索所需的剪贴画并将其插入文档中，下面介绍剪贴画的插入和编辑方法。

插入和编辑剪贴画

STEP 1 双击打开“模板”文档（资源包\素材\第 3 章\模板.dotx），单击“保存”按钮，将文件保存为“公司简介.docx”文档。单击“在此输入公司简介”域，该行自动变成空白行，在其中输入公司简介的相关文本，设置字体格式为“楷体、四号，黑色”，如图 3-17 所示。

STEP 2 用同样的方法单击其他位置创建的域，然后在其中输入相应的文本，如图 3-18 所示。

STEP 3 将文本插入点定位到标题后，在【插入】/【插图】组中单击“剪贴画”按钮，如图 3-19 所示。

STEP 4 打开“剪贴画”窗格，在“搜索文字”文本框中输入“标志”文本，单击“搜索”按钮，系统自动搜索出相关的剪贴画，在列表框中选择需要的剪贴画选项，如图 3-20 所示。

STEP 5 在文档中插入选择的剪贴画。在剪贴画上单击鼠标左键，此时剪贴画四周将出现控制点，将鼠标指针移动到右下角的控制点上，按住鼠标左键不放向左上角拖动，如图 3-21 所示。

STEP 6 拖动到合适的位置后，释放鼠标左键，将剪贴画调整到适合的大小，如图 3-22 所示。

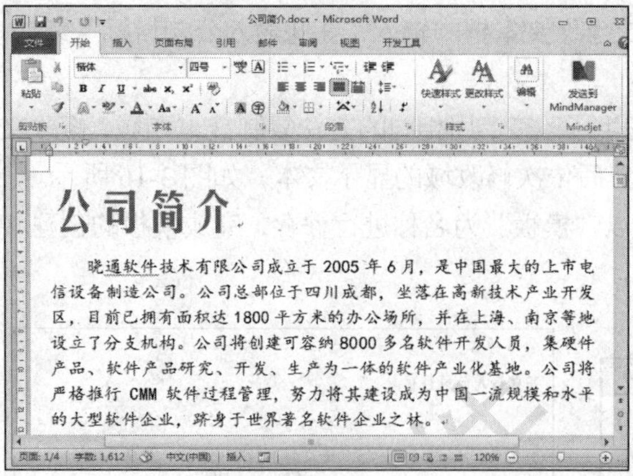

图 3-17

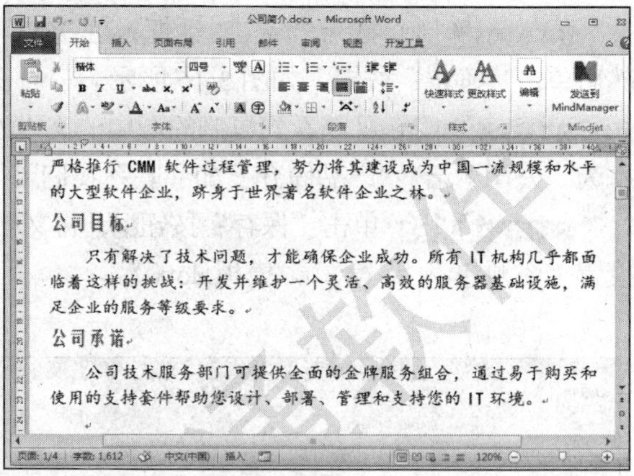

图 3-18

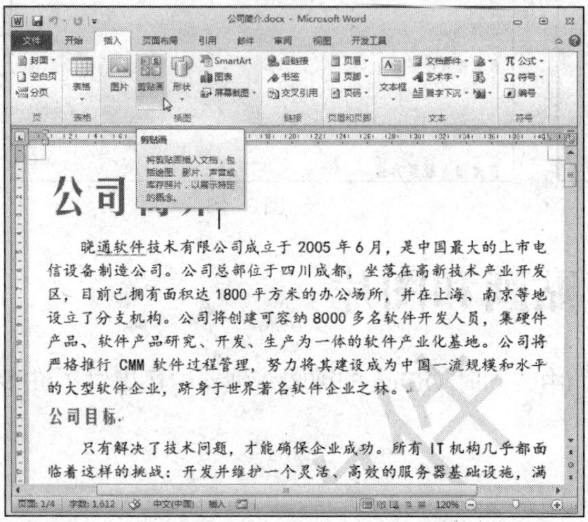

图 3-19

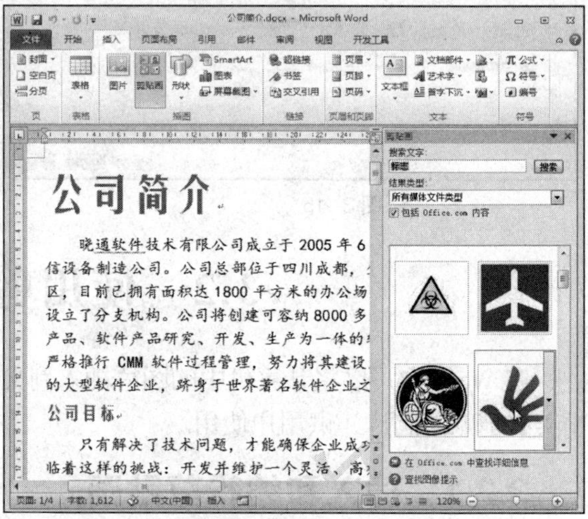

图 3-20

图 3-21

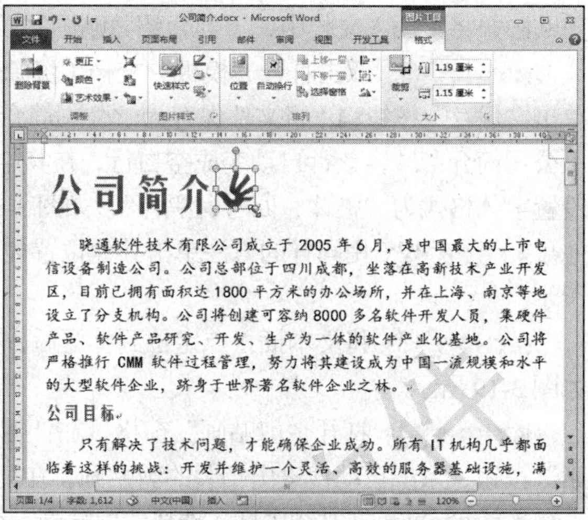

图 3-22

STEP 7 选择剪贴画，在【图片工具 格式】/【调整】组中单击“艺术效果”按钮，在弹出的下拉列表中选择“纹理化”选项，如图 3-23 所示。

STEP 8 在【图片工具 格式】/【调整】组中单击“更正”按钮，在弹出的下拉列表中的“亮度和对比度”栏中选择“亮度：+40% 对比度：-20% ”选项，如图 3-24 所示。

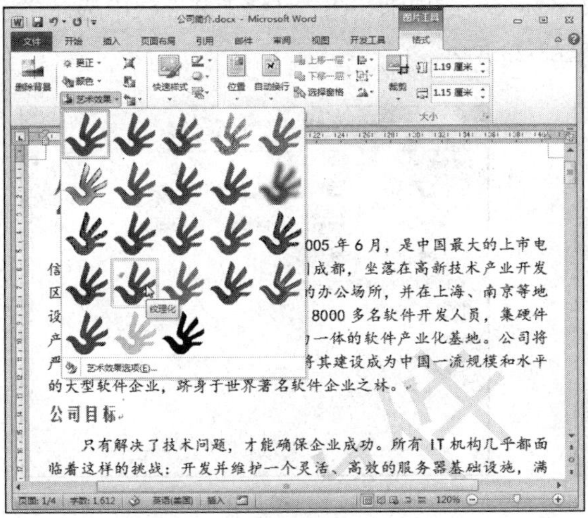

图 3-23

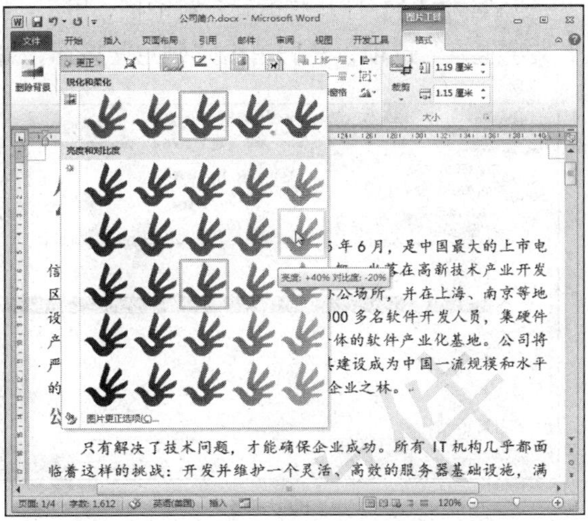

图 3-24

STEP 9 返回文档中可以查看到设置剪贴画后的具体效果，如图 3-25 所示。

公司简介

晓通软件技术有限公司成立于 2005 年 6 月，是中国最大的上市电信设备制造公司。公司总部位于四川成都，坐落在高新技术产业开发

图 3-25

3.2.2　插入和编辑图片

在 Word 中还可以将计算机中保存的图片插入到文档中，并可对插入的图片进行编辑，使其更加符合文档的要求。下面介绍插入和编辑图片的方法。

插入和编辑图片

STEP 1 将文本插入点定位到文档第二页的第一行，在【插入】/【插图】组中单击“图片”按钮，如图 3-26 所示。

STEP 2 在打开的“插入图片”对话框中选择计算机中保存的“素材.jpg”图片（资源包/素材/第 3 章/素材.jpg），然后单击“插入”按钮，如图 3-27 所示。

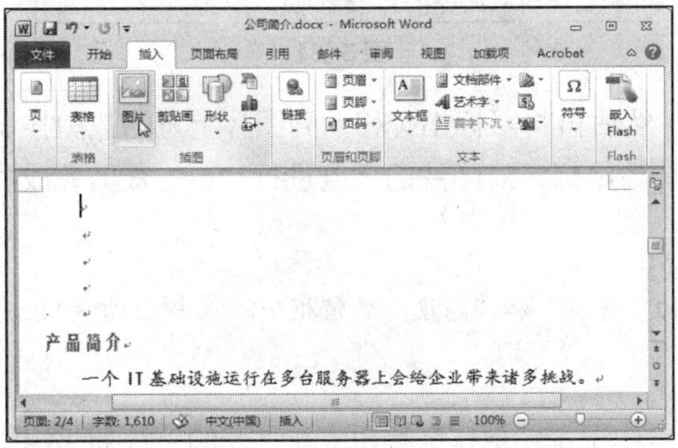

图 3-26

图 3-27

STEP 3 在文档中插入选择的图片。选择该图片，在【图片工具 格式】/【大小】组单击“对话框启动器”按钮，如图 3-28 所示。

STEP 4 打开“布局”对话框，单击“文字环绕”选项卡，在“环绕方式”栏中选择“浮于文字上方”选项，然后单击“确定”按钮，如图 3-29 所示。

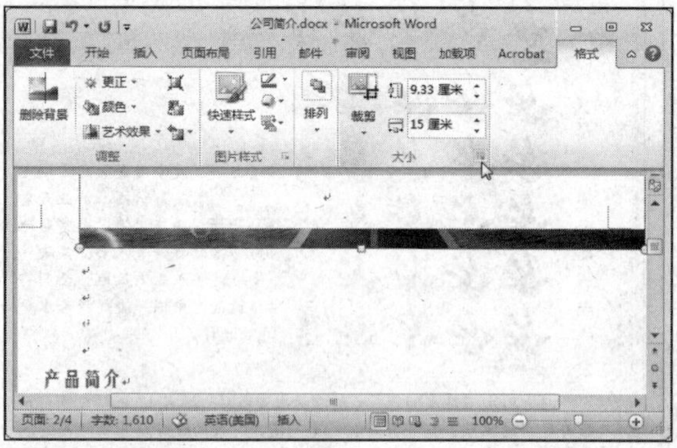

图 3–28

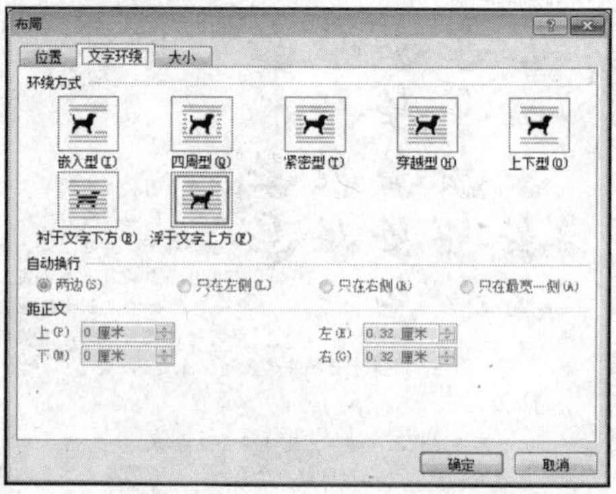

图 3–29

STEP 5 将鼠标指针移动到图片上并按住鼠标左键不放，当鼠标指针变成✥形状时，拖动鼠标将图片移动到文档顶部居中的位置，如图 3-30 所示。

STEP 6 在【图片工具 格式】/【大小】组中单击“裁剪”按钮，然后将鼠标指针移动到图片下方出现的裁剪控制点上，按住鼠标左键不放向上拖动，如图 3-31 所示。

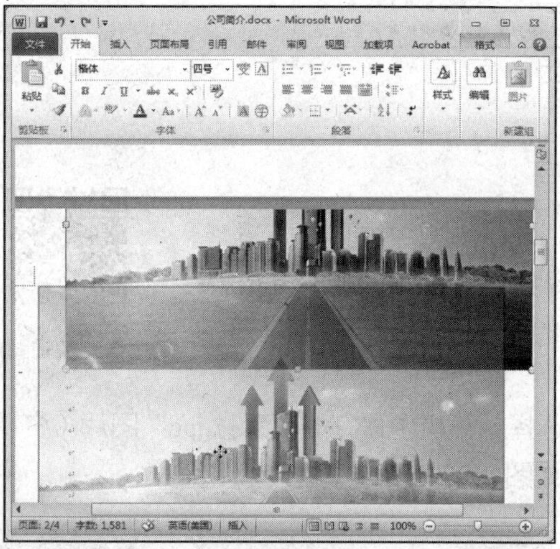

图 3–30

图 3–31

STEP 7 拖动到适当的位置后释放鼠标，然后再将鼠标指针移动到图片上方的裁剪控制点，按住鼠标左键不放向下拖动到适当的位置后释放鼠标，对图片的高度进行裁剪。裁剪完成后对图片位置进行调整，如图 3-32 所示。

> 提示
> 在【图片工具 格式】/【大小】组中的“宽度”和“高度”数值框中输入相应的数值，可以具体地调整图片宽度和高度。

STEP 8 在【图片工具 格式】/【调整】组中单击“更正”按钮，在打开的下拉列表中的

"亮度和对比度"栏中选择"亮度：0%，对比度-20%"选项，如图 3-33 所示。

图 3–32

图 3–33

STEP 9 在【图片工具 格式】/【图片样式】组中的"快速样式"列表框中选择"矩形投影"选项，如图 3-34 所示。

STEP 10 为图片设置样式效果，完成后删除图片下方的空行，将文本移动到图片的下方，如图 3-35 所示。

图 3–34

图 3–35

3.3 使用形状

使用 Word 不但可以实现插入图片、剪贴画等操作，还可自行绘制各种形状插入到文档中，如线条、正方形、椭圆、箭头、流程图、旗帜和星形等，还可以对插入的形状进行编辑，制作出更加美观的文档效果。

3.3.1 插入形状和添加文本

插入形状和添加文本

在文档中有时需要绘制一些图形来表达特殊的含义，如流程图、结构图等，这些图形可以通过 Word 中的"形状"功能来制作。下面介绍插入形状和在形状中输入文本的具体方法。

STEP 1 在文档第一页中按【Enter】键，空出几行文本，然后在【插入】/【插图】组中单击“形状”按钮，在弹出的下拉列表中选择“基本形状”栏中的“椭圆”选项，如图 3-36 所示。

STEP 2 将鼠标指针移动到文档空白处，按住【Shift】键，按住鼠标左键不放并拖动鼠标，拖动到适当的位置后释放鼠标，绘制出一个正圆形状，效果如图 3-37 所示。

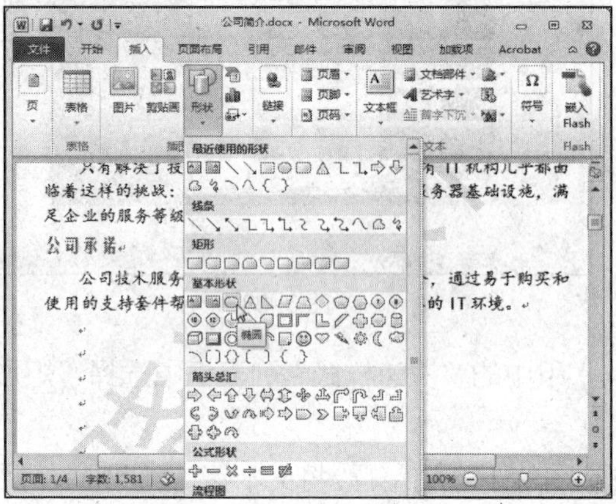

图 3-36

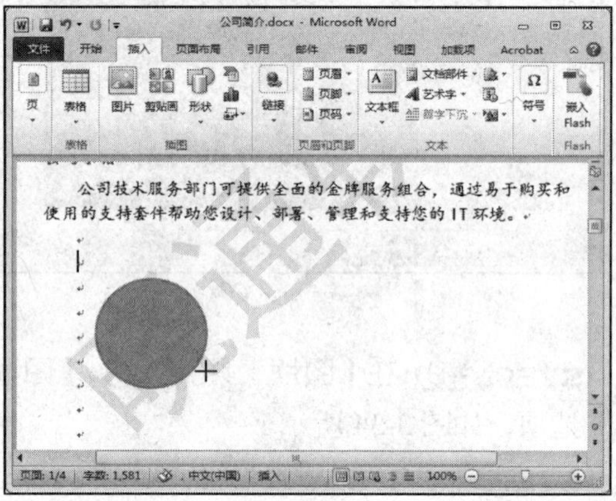

图 3-37

STEP 3 在绘制的圆形形状上单击鼠标右键，在弹出的快捷菜单中选择“添加文字”命令，如图 3-38 所示。

STEP 4 在形状中出现文本插入点，在其中输入“您”文本，然后设置其字体格式为“黑体，小初”，默认颜色为“白色”，如图 3-39 所示。

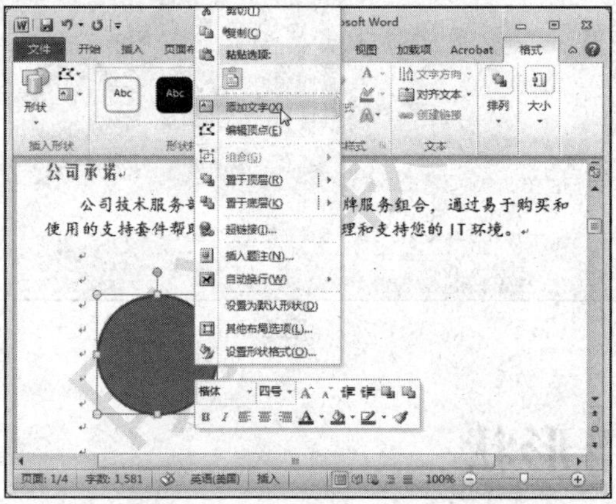

图 3-38

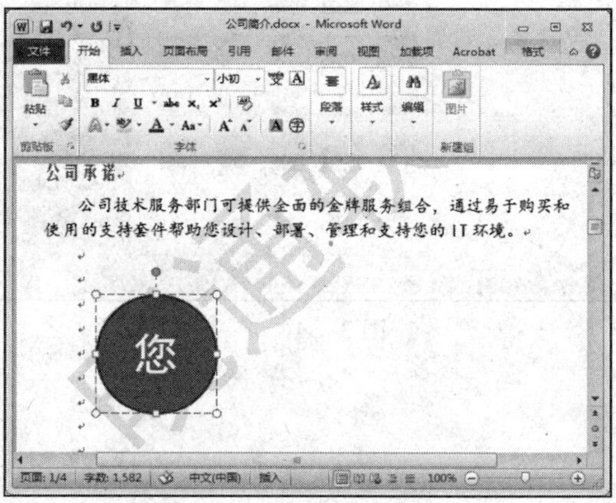

图 3-39

STEP 5 单击“形状”按钮，在弹出的下拉列表中选择“线条”栏中的“箭头”选项，如图 3-40 所示。

STEP 6 拖动鼠标，在圆形形状右侧绘制一条“箭头”形状，如图 3-41 所示。

STEP 7 用同样的方法绘制出四个椭圆，并在其中输入文本，然后绘制箭头形状连接四个椭圆，其中绘制一个“曲线双箭头连接符”形状，如图 3-42 所示。

STEP 8 单击“形状”按钮，在弹出的下拉列表中选择“标注”栏中的“线形标注 2”选项，在左侧椭圆上绘制线性标注，并输入“要求者”文本。在右侧的两个椭圆形状上方分别绘制两个线性标注形状，并在其中输入“评估人员”和“主要决策”文本，如图 3-43 所示。

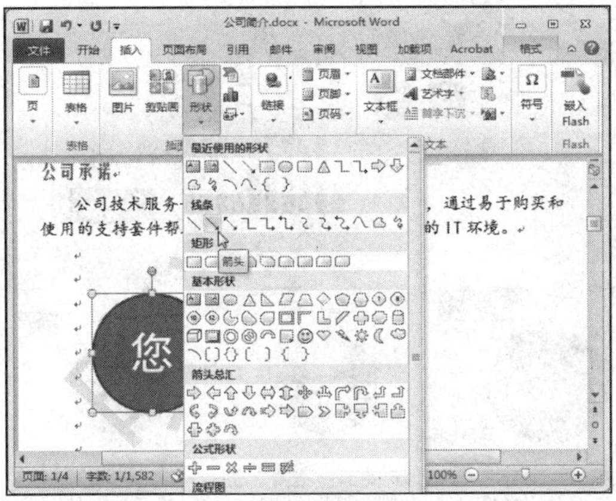

图 3–40

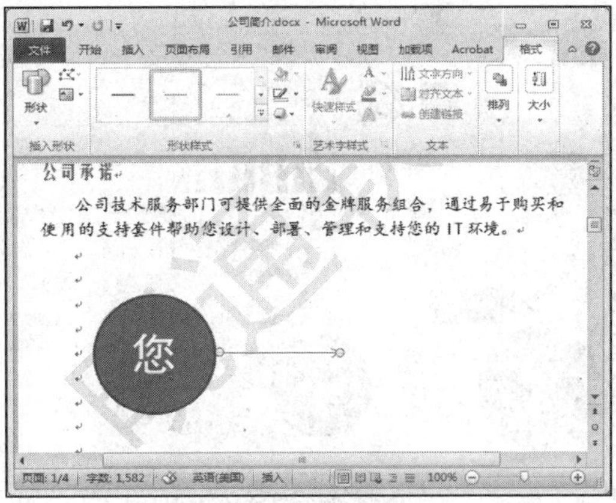

图 3–41

提示　形状的位置可以根据需要进行调整，将鼠标移动到形状上并按住鼠标左键不放进行拖动即可。

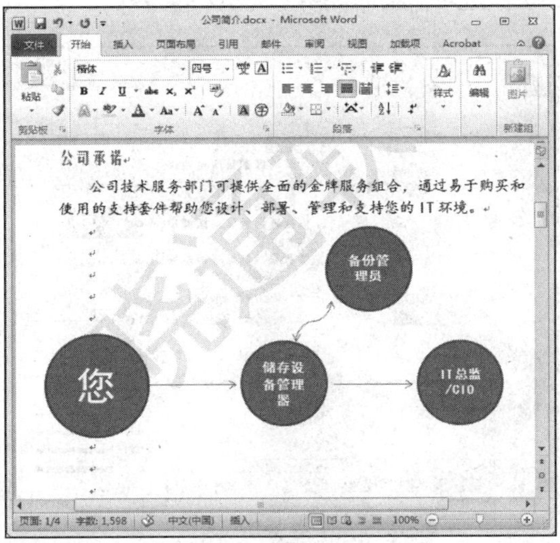

图 3–42

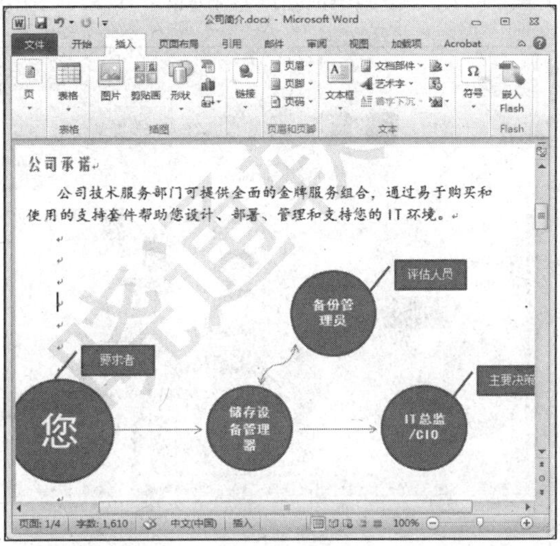

图 3–43

3.3.2　编辑和设置形状

完成形状的插入后，为了使形状更加符合文档的制作要求，可以对形状的位置、大小等进行编辑，还可以为其设置阴影效果和三维效果等。下面介绍具体编辑和设置方法。

编辑和设置形状

STEP 1 在文档中选择文本为“您”的正圆形状，在【绘图工具 格式】/【形状样式】组中单击“形状填充”按钮，在弹出的下拉列表中选择“橙色，强调文字颜色 6，深色 25%”选项，为形状设置填充颜色，如图 3-44 所示。

STEP 2 单击“形状轮廓”按钮，在弹出的下拉列表中选择“无轮廓”选项，取消形状的轮廓，如图 3-45 所示。

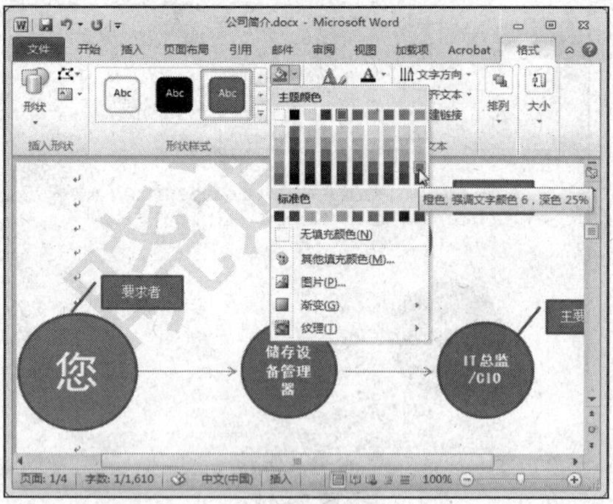

图 3-44

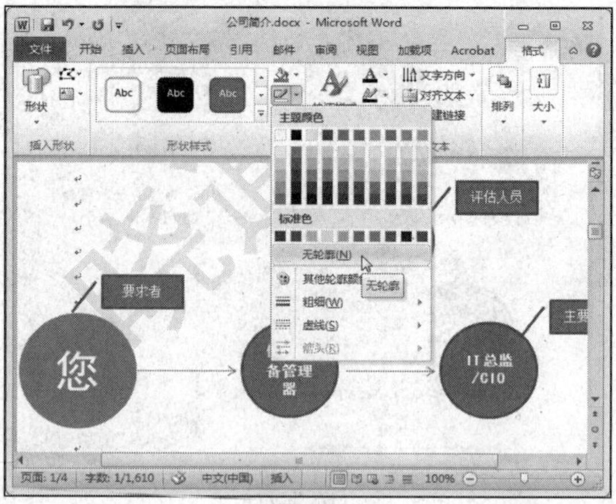

图 3-45

STEP 3 单击“形状效果”按钮，在弹出的下拉列表中选择“棱台”子菜单中的“圆”选项，设置形状的三维效果，如图 3-46 所示。

STEP 4 按住【Shift】键，然后选择两个绘制的直线箭头形状，单击“形状轮廓”按钮，在弹出的下拉列表中选择“粗细”子列表中的“4.5 磅”选项，如图 3-47 所示。

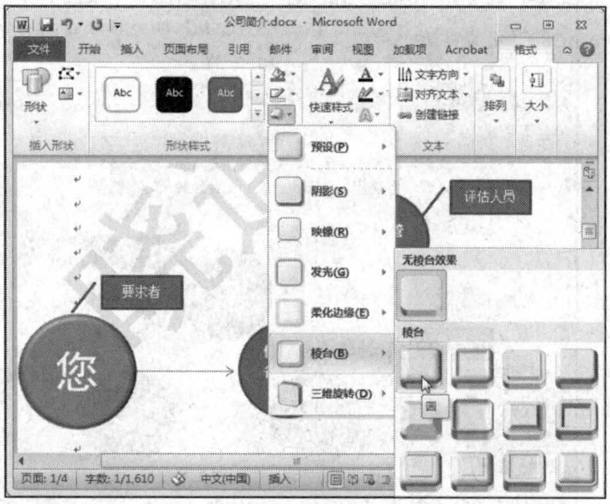

图 3-46

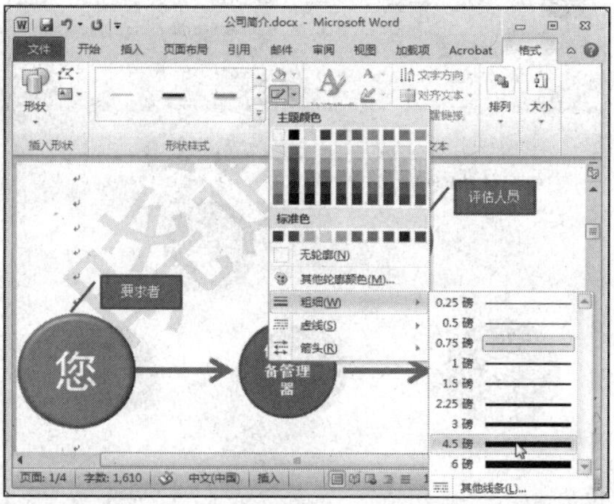

图 3-47

STEP 5 保持两个箭头形状的选择，单击“形状轮廓”按钮，在弹出的下拉列表中选择“箭头”子列表中的“箭头样式 5”选项，如图 3-48 所示。

STEP 6 单击“形状效果”按钮，在弹出的下拉列表中选择“棱台”子列表中的“冷色斜面”选项，如图 3-49 所示。

STEP 7 用同样的方法绘制“曲线双箭头连接符”形状，并设置形状轮廓的线条样式为“方点”，粗细为“2.25 磅”，如图 3-50 所示。

STEP 8 按住【Shift】键的同时选择 3 个椭圆形状，在【绘图工具 格式】/【形状样式】组中的样式列表框中选择“强烈效果-蓝色，强调颜色 1”选项。按住【Shift】键的同时选择 3 个线性标注形状，在【绘图工具 格式】/【形状样式】组中的样式列表框中选择“彩色轮廓-蓝色，强调颜色 1”选项，如图 3-51 所示。

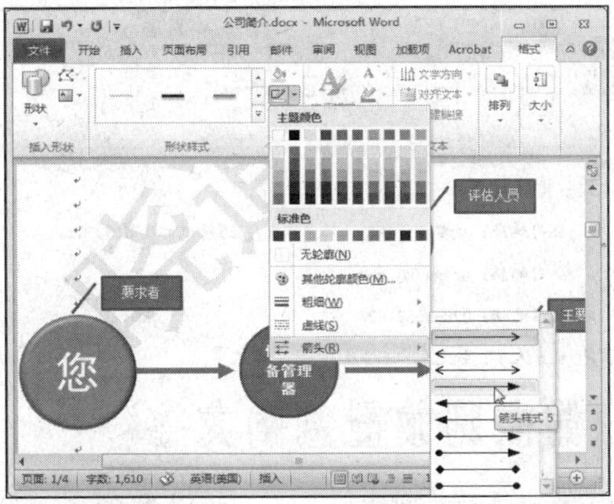

图 3-48

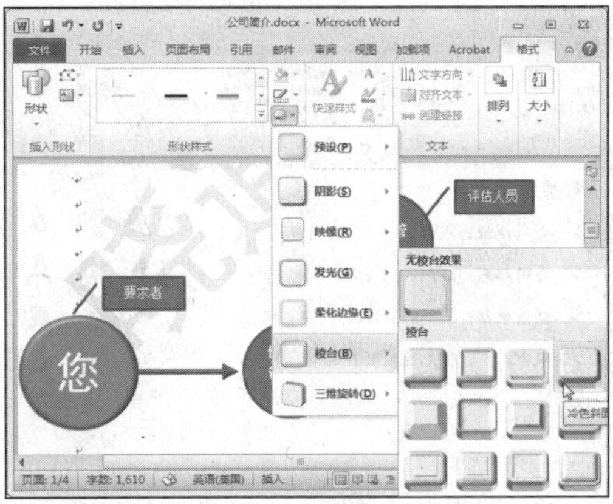

图 3-49

> 提示
>
> 在文档中创建多个形状后，为了保持它们的相对位置不变，可以将其组合成一个整体，其方法为同时选择多个形状，然后在其上单击鼠标右键，在弹出的快捷菜单中选择“组合”子菜单中的“组合”命令即可。

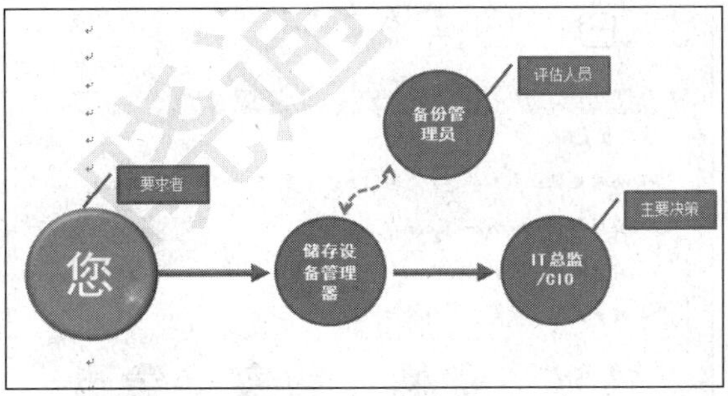

图 3-50

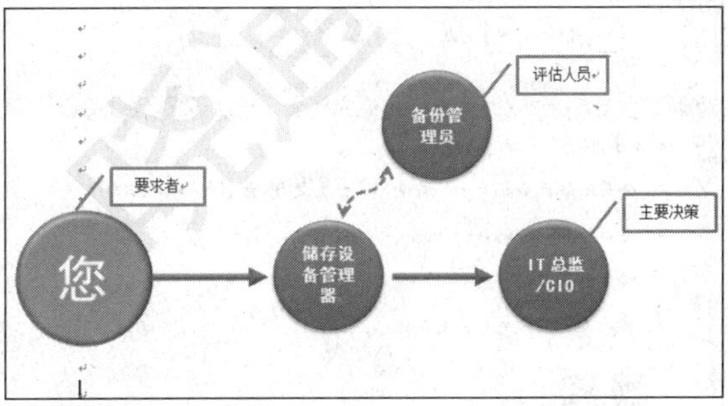

图 3-51

3.4 使用艺术字

为了美化文档，有时需要在文档中插入具有特殊艺术效果的文字，即艺术字，将艺术字插入到文档中后可对其进行编辑，使其呈现出不同的效果。

3.4.1 插入艺术字

艺术字是具有特殊艺术效果的文字，将其插入文档中可达到美化文档的作用。下面介绍艺术字的插入方法。

插入艺术字

STEP 1 将文本插入点定位到文档的末尾处，在【插入】/【文本】组中单击“艺术字”按钮，在弹出的下拉列表中选择“填充-茶色，文本 2，轮廓-背景 2”选项，如图 3-52 所示。

STEP 2 此时将自动在文档中插入一个文本框，并显示“请在此放置您的文字”文本，如图 3-53 所示。

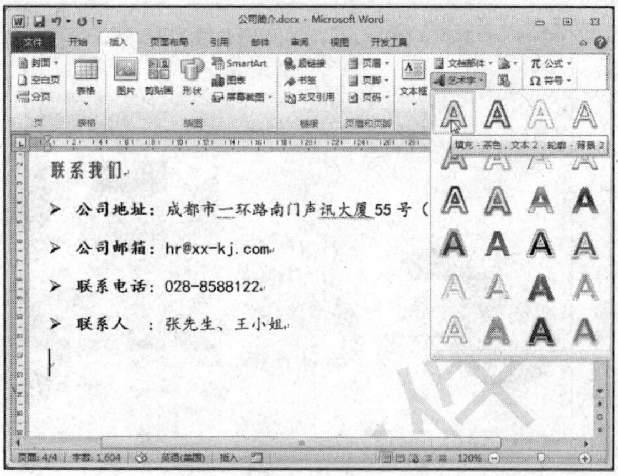

图 3-52

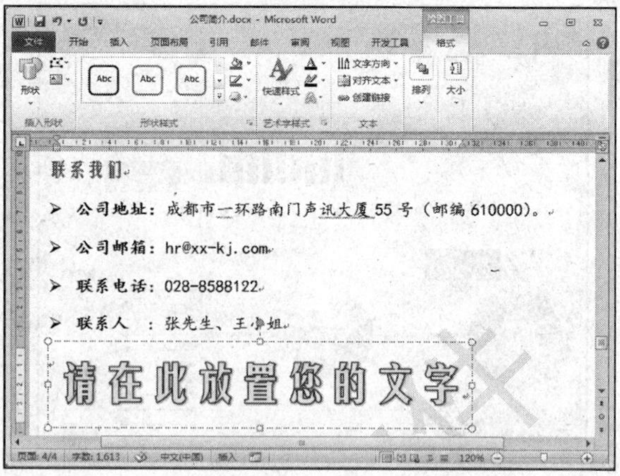

图 3-53

STEP 3 选择艺术字文本框中的“请在此放置您的文字”文本，然后输入“诚实”文本，如图 3-54 所示。

STEP 4 继续输入“守信　效率　发展”文本，完成艺术字的创建，如图 3-55 所示。

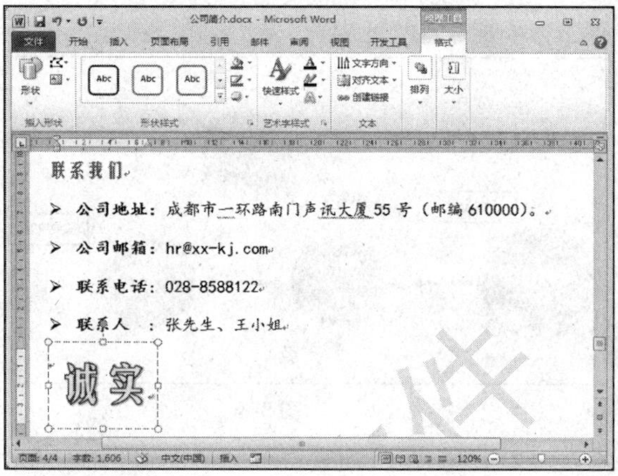

图 3-54

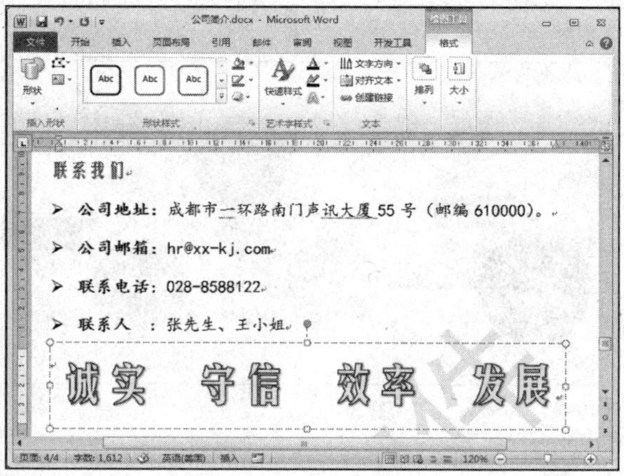

图 3-55

3.4.2 编辑艺术字

插入艺术字后，为了使艺术字效果更美观，更符合文档内容，可编辑艺术字的位置、大小和样式等。下面介绍具体编辑方法。

编辑艺术字

STEP 1 选择创建的艺术字，在【绘图工具 格式】/【艺术字样式】组中单击“文本填充”按钮，在弹出的下拉列表中选择“水绿色，强调文字颜色 5，深色 50%”选项，如图 3-56 所示。

STEP 2 在【绘图工具 格式】/【艺术字样式】组中单击“文本轮廓”按钮，在弹出的下拉列表中选择“白色，背景 1”选项，如图 3-57 所示。

STEP 3 在【绘图工具 格式】/【艺术字样式】组中单击“文本效果”按钮，在弹出的下拉列表中选择“映像”子列表中的“紧密映像，接触”选项，如图 3-58 所示。

STEP 4 返回文档可以看到设置后的艺术字效果，如图 3-59 所示。

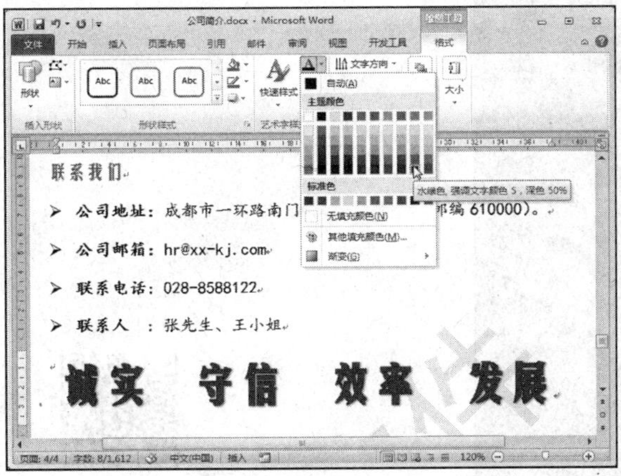

图 3-56

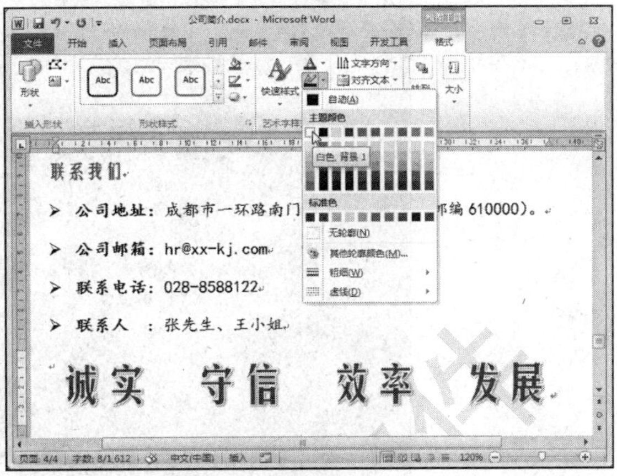

图 3-57

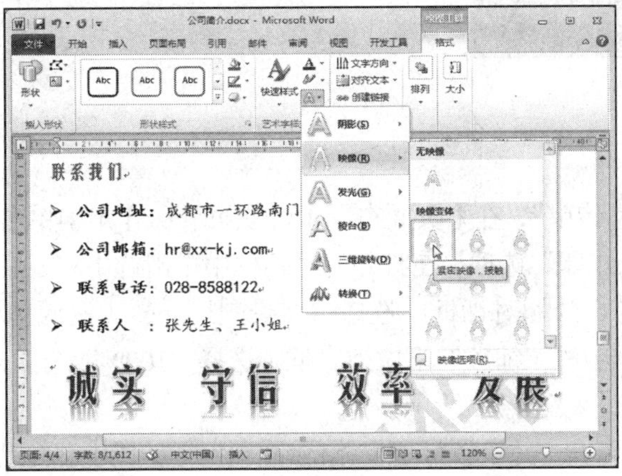

图 3-58

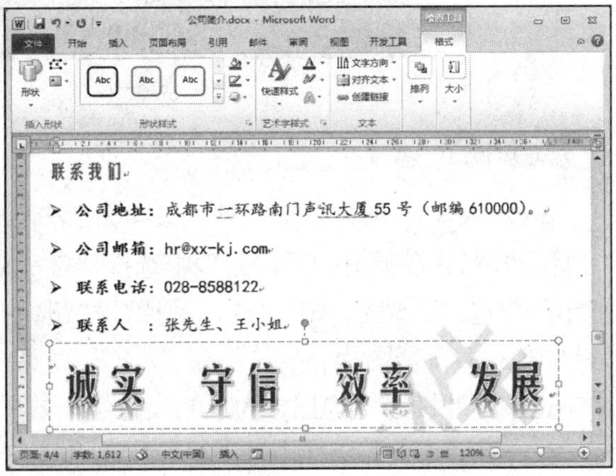

图 3-59

3.5 上机案例

3.5.1 制作产品宣传单

案例目标

本案例主要使用水印、图片和艺术字来制作产品宣传单文档。效果如图 3-60 所示。

操作思路

在文档中使用图片作为水印背景，然后输入标题和正文文本，设置字体和段落格式，并插入产品图片，设置其图片格式，最后使用艺术字制作“产品特点”文本，并输入产品正文文本。

效果所在位置

资源包/效果/第 3 章/产品宣传单.docx。

图 3-60

制作产品宣传单

步骤提示

STEP 1 新建一个文档，保存为“产品宣传单”，在【页面布局】/【页面背景】组中单击“水印”按钮，在弹出的下拉列表中选择“自定义水印”选项，在打开的对话框中单击选中“图片水印”单选项，然后单击“选择图片”按钮，在打开的对话框中选择“背景图片.jpg”（资源包/素材/第 3 章/背景图片.jpg）。并在“水印”对话框中的“缩放”下拉列表框中选择“100%”选项，撤销选中“冲蚀”复选框，为文档设置水印效果，如图 3-61 所示。

STEP 2 在文档中输入标题文本和正文文本，并设置标题文本的字体格式为“方正美黑简体，小初，红色”，正文文本的字体格式为“方正中雅宋简，四号，黑色”，如图 3-62 所示。

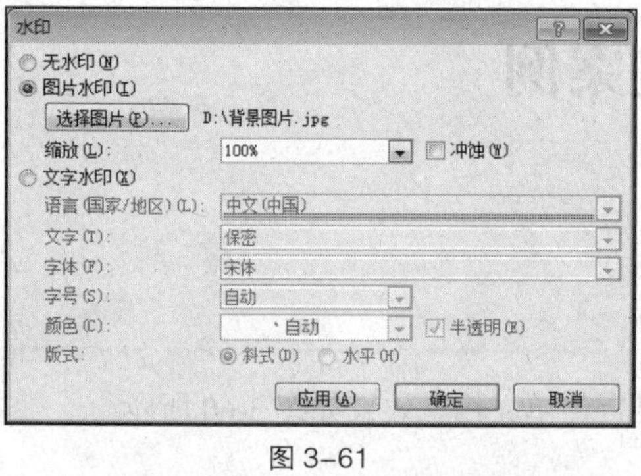

图 3-61

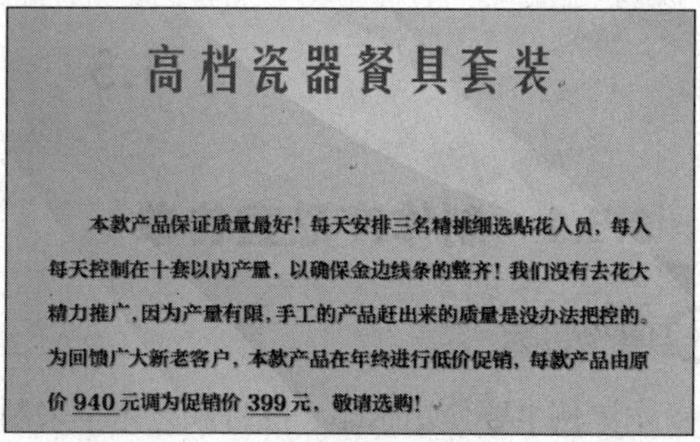

图 3-62

STEP 3 在文档中插入素材文件“1.jpg”“2.jpg”“3.jpg”（资源包/素材/第 3 章/1.jpg、2.jpg、3.jpg），将图片的文字环绕方式设置为“四周型”，然后拖动鼠标指针调整其大小和位置，再设置其图片样式为“金属椭圆”。

STEP 4 在【插入】/【插图】组中单击“形状”按钮，在弹出的下拉列表中选择“星与旗帜”栏中的“爆炸形 1”选项，在文档中绘制形状，并在其中输入“年终促销”文本，设置文本的字体格式为“华文行楷，二号，红色”，设置形状的形状样式为“彩色轮廓-红色，强调颜色 2”，并将其拖动到文档的左上角位置，如图 3-63 所示。

STEP 5 插入艺术字，并修改艺术字为“产品特点”，设置其效果格式为“填充-红色，强调文字颜色 2，粗糙棱台”。在下面输入产品特点的相关文本，并设置其字体格式，如图 3-64 所示。

图 3–63

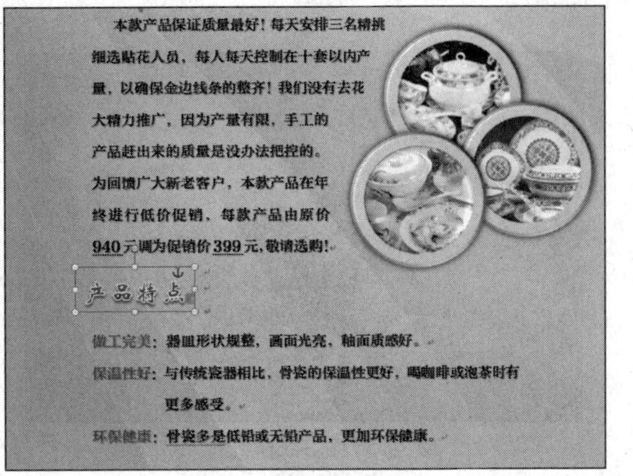

图 3–64

3.5.2 制作环境保护宣传海报

案例目标

本例将用图片、形状、艺术字等功能来制作环境保护宣传海报文档。效果如图 3-65 所示。

操作思路

插入素材图片作为文档背景，并输入文档宣传文本。绘制形状，在其中输入文本，并设置形状和文本格式。创建艺术字，修改艺术字文本并设置艺术字效果。

效果所在位置

资源包/效果/第 3 章/环境保护宣传海报.docx。

图 3–65

制作环境保护宣传海报

步骤提示

STEP 1 在文档中插入图片（资源包/素材/第 3 章/图片 1.jpg）作为文档背景，并设置其文字环绕方式为“衬于文字下方”，如图 3-66 所示

STEP 2 再次插入图片（资源包/素材/第 3 章/图片 2.jpg）到文档中，调整其位置和大小，然后在【图片工具 格式】/【调整】组中单击“删除背景”按钮，删除图片的背景效果，如图 3-67 所示。

图 3–66

图 3–67

STEP 3 在文档顶部输入“保护环境是你我共同的责任”文本，并设置字体格式为“宋体，一号，白色”，如图 3-68 所示。

STEP 4 在文档中创建一个“横卷形”形状，并在其中输入“我们只有一个地球……”文本，设置字体格式为“方正兰亭粗黑，小二，白色”，设置形状样式为“浅色 1 轮廓，彩色填充-橄榄色，强调颜色 3”，如图 3-69 所示。

图 3–68

图 3–69

STEP 5 创建艺术字，修改文本为“爱护自然 爱护地球”，并设置艺术字效果为“填充-红色，强调文字颜色 2，粗糙棱台”，如图 3-70 所示。

图 3–70

3.6 课后习题

3.6.1 制作活动方案文档

练习知识要点

本练习主要练习插入图片、艺术字和形状并设置相应格式的操作，完成活动方案文档的制作，效果如图 3-71 所示。

效果所在位置

资源包/效果/第 3 章/活动方案.docx。

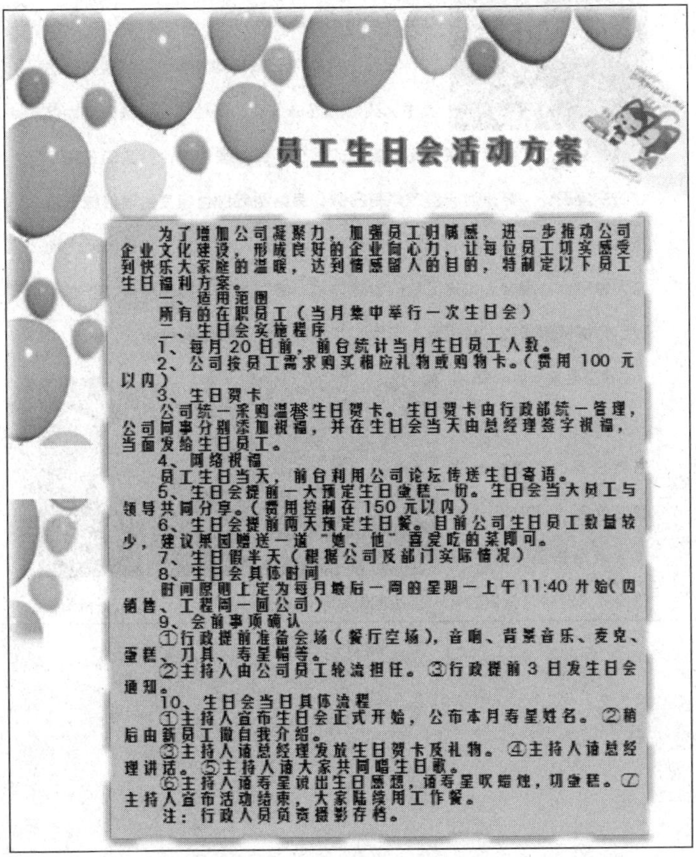

员工生日会活动方案

为了增加公司凝聚力，加强员工归属感，进一步推动公司企业文化建设，形成良好的企业向心力，让每位员工切实感受到快乐大家庭的温暖，达到情感留人的目的，特制定以下员工生日福利方案。

一、适用范围

所有的在职员工（当月集中举行一次生日会）

二、生日会实施程序

1、每月 20 日前，前台统计当月生日员工人数。

2、公司按员工需求购买相应礼物或购物卡。（费用 100 元以内）

3、生日贺卡

公司统一采购温馨生日贺卡。生日贺卡由行政部统一管理，公司同事分别添加祝福，并在生日会当天由总经理签字祝福，当面发给生日员工。

4、网络祝福

员工生日当天，前台利用公司论坛传送生日寄语。

5、生日会提前一天预定生日蛋糕一份。生日会当天员工与领导共同分享。（费用控制在 150 元以内）

6、生日会提前两天预定生日餐。目前公司生日员工数量较少，建议聚园赠送一道"她、他"喜爱吃的菜即可。

7、生日假半天（根据公司及部门实际情况）

8、生日会具体时间

时间原则上定为每月最后一周的星期一上午 11:40 开始（因销售、工程同一园公司）

9、会前事项确认

①行政提前准备会场（餐厅空场），音响、背景音乐、麦克、蛋糕、刀具、寿星帽等。

②主持人由公司员工轮流担任。③行政提前 3 日发生日会通知。

10、生日会当日具体流程

①主持人宣布生日会正式开始，公布本月寿星姓名。②稍后由新员工做自我介绍。

③主持人请总经理发放生日贺卡及礼物。④主持人请总经理讲话。⑤主持人请大家共同唱生日歌。

⑥主持人请寿星说出生日感想，请寿星吹蜡烛，切蛋糕。⑦主持人宣布活动结束，大家陆续用工作餐。

注：行政人员负责摄影存档。

图 3-71

3.6.2 制作楼盘宣传文档

练习知识要点

本练习主要是利用插入图片和文本并进行设置的方式来完成楼盘宣传文档的制作。效果如

图 3-72 所示。

效果所在位置

资源包/效果/第 3 章/楼盘宣传.docx。

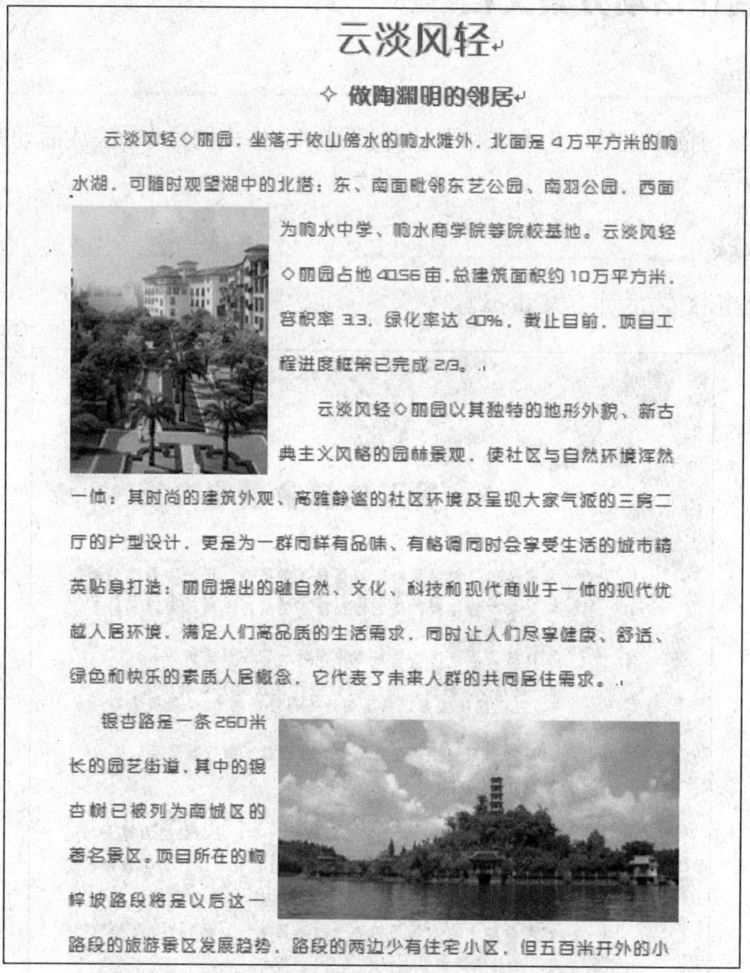

云淡风轻

✧ 做陶渊明的邻居

云淡风轻◇丽园，坐落于依山傍水的响水滩外，北面是 4 万平方米的响水湖，可随时观望湖中的北塔；东、南面毗邻东艺公园、南羽公园，西面为响水中学、响水商学院等院校基地。云淡风轻◇丽园占地 40.56 亩，总建筑面积约 10 万平方米，容积率 3.3，绿化率达 40%，截止目前，项目工程进度框架已完成 2/3。

云淡风轻◇丽园以其独特的地形外貌、新古典主义风格的园林景观，使社区与自然环境浑然一体；其时尚的建筑外观、高雅静谧的社区环境及呈现大家气派的三房二厅的户型设计，更是为一群同样有品味、有格调同时会享受生活的城市精英贴身打造；丽园提出的融自然、文化、科技和现代商业于一体的现代优越人居环境，满足人们高品质的生活需求，同时让人们尽享健康、舒适、绿色和快乐的素质人居概念，它代表了未来人群的共同居住需求。

银杏路是一条 260 米长的园艺街道，其中的银杏树已被列为南城区的著名景区。项目所在的梧梓坡路段将是以后这一路段的旅游景区发展趋势，路段的两边少有住宅小区，但五百米开外的小

图 3-72

第4章 制作招聘流程文档

本章主要介绍招聘流程文档的制作，其中主要包括使用插入和编辑 SmartArt 图形、插入和编辑表格等功能。通过本章的学习，读者可以在 Word 文档中使用 SmartArt 图形创建各种结构图，以及通过表格功能制作出各种样式的表格。

课堂学习目标

◎ 制作招聘简章

◎ 制作面试流程图

◎ 创建表格

4.1 制作招聘简章

招聘简章是在招聘前首先需要制作的文档，其中包含了招聘的岗位名称、任职条件、岗位要求以及应聘方式等内容。下面介绍招聘简章的制作过程方法。

4.1.1 创建文档内容

招聘简章文档中主要是一些文字内容，因此只需要创建文档并输入相关文本，然后对文本进行相应的设置即可。下面介绍文档内容的制作方法。

创建文档内容

STEP 1 新建并保存“招聘简章”文档，在文档中输入“公司简介”“招聘岗位：销售人员”“任职条件”“岗位要求”和“应聘方式”等文本，如图4-1所示。

STEP 2 选择“招聘岗位：销售人员”“任职条件”“岗位要求”和“应聘方式”标题文本，为其设置“一、二、三”编号样式，选择“任职条件”“岗位要求”和“应聘方式”下面的正文文本，为其设置“1.2.3.”编号样式，如图 4-2 所示。

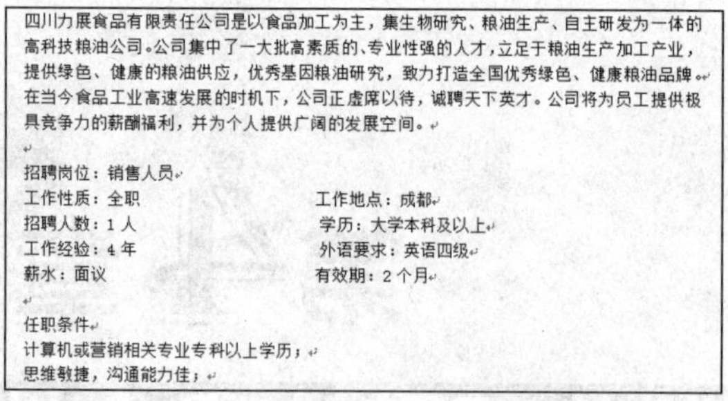

图 4-1

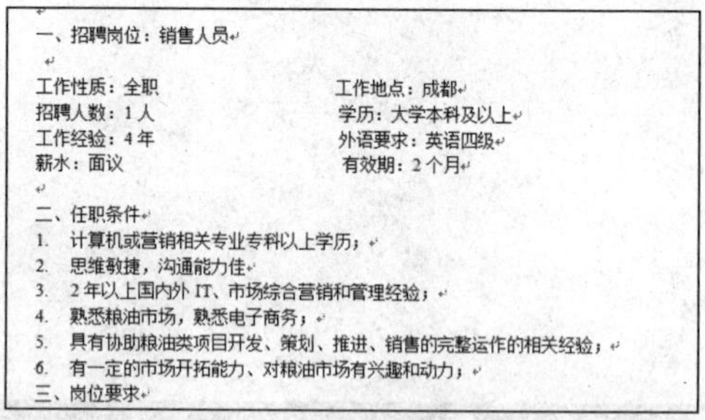

图 4-2

STEP 3 选择文档前面两段文本，设置其段落格式为“首行缩进，2 字符”，然后选择全部文本，设置其行间距为“固定值，20 磅”，如图 4-3 所示。

STEP 4 选择文档全部文本，设置其字体格式为“黑体，小四”，然后选择“招聘岗位：销售人员”“任职条件”“岗位要求”和“应聘方式”标题文本，设置其字体格式为“黑体，四号，加粗”，完成文档创建，如图 4-4 所示。

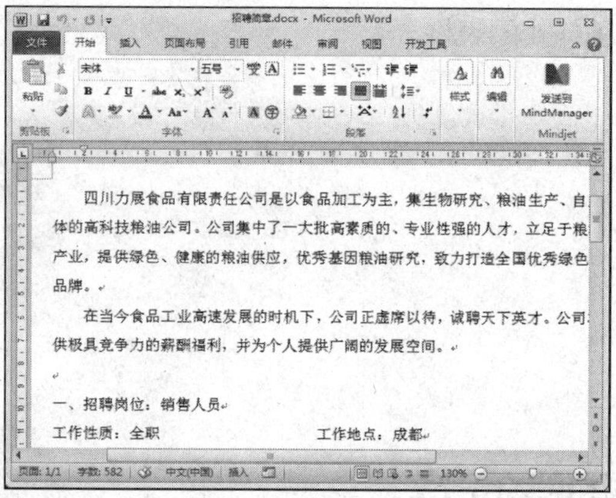

图 4-3

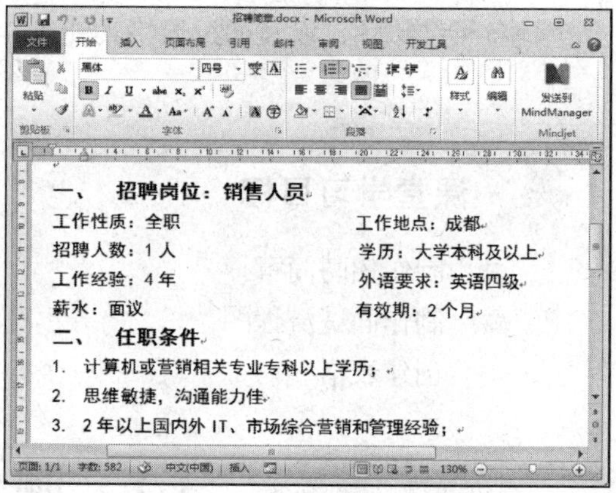

图 4-4

4.1.2 插入艺术字和背景图片

为了 Word 文档的美观，可以在文档中插入背景图片，以及为相关文本创建艺术字效果。下面介绍具体的操作方法。

插入艺术字和背景图片

STEP 1 在【插入】/【插图】组中单击“图片”按钮，如图 4-5 所示。

STEP 2 打开“插入图片”对话框，在其中选择“背景图片.jpg”选项（资源包/素材/第 4 章/背景图片.jpg），然后单击“插入”按钮，如图 4-6 所示。

STEP 3 在文档中插入图片，选择该图片，在【图片工具 格式】/【大小】组中单击“对话框启动器”按钮，打开“布局”对话框，单击“文字环绕”选项卡，在下面的“环绕方式”列表中选择“衬于文字下方”选项，然后单击“确定”按钮，如图 4-7 所示。

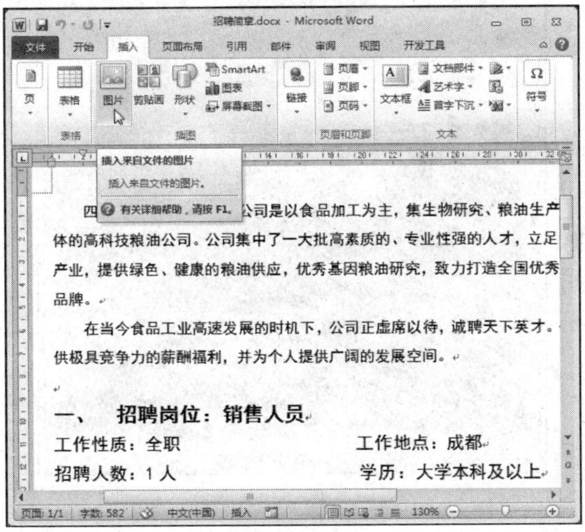

图 4-5

图 4-6

STEP 4 选择图片，拖动图片四周的控制点，调整其大小和文档页面大小一致，如图 4-8 所示。

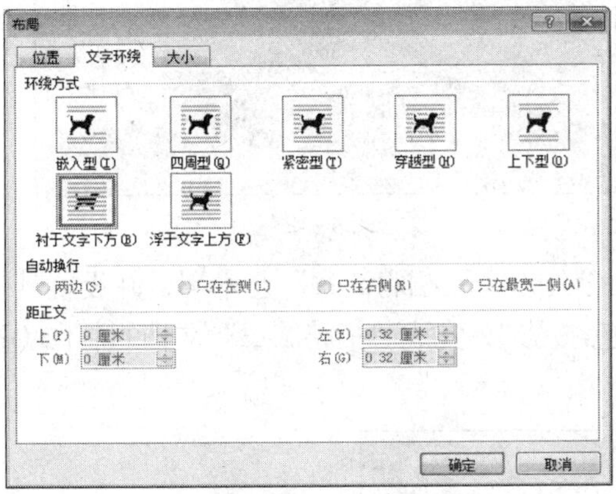

图 4-7

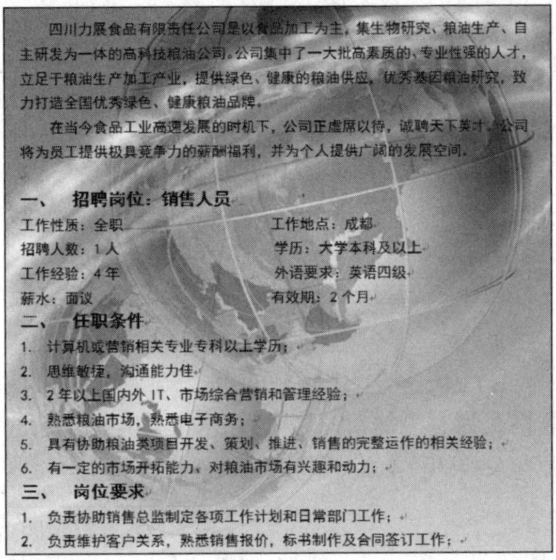

图 4-8

STEP 5 将文本插入点定位到文档第一行的最左侧，然后连续按【Enter】键，空出 4 行空白行，将文本插入点定位到第一行中，在【插入】/【文本】组中单击“艺术字”按钮，在弹出的下拉列表中选择“填充-茶色，文本 2，轮廓-背景 2”选项，如图 4-9 所示。

STEP 6 在文档的顶部插入艺术字，将其中的文本修改为“四川力展食品有限责任公司”，如图 4-10 所示。

STEP 7 拖动鼠标选择输入的文本，在【开始】/【字体】组中设置其字体格式为“汉仪大黑简，一号，加粗”，如图 4-11 所示。

STEP 8 选择艺术字，在【绘图工具 格式】/【艺术字样式】组中单击“文本效果”按钮，在弹出的下拉列表中选择“发光/蓝色，11pt 发光，强调文字颜色 1”选项，如图 4-12 所示。

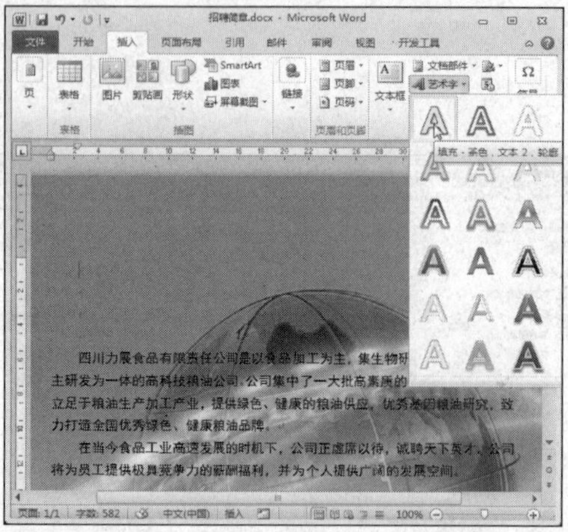

图 4-9

图 4-10

图 4-11

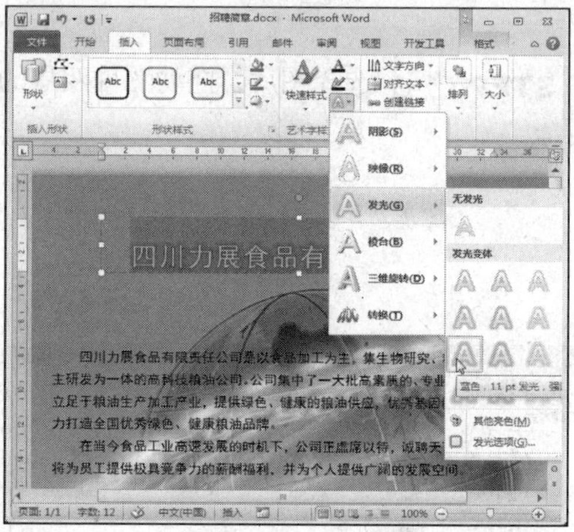

图 4-12

STEP 9 用同样的方法在公司名称文本下面创建一个“招聘简章”艺术字，并设置其字体格式为“黑体，初号”，艺术字样式为“填充，白色-投影”，完成“招聘简章”文档的制作（资源包/效果/第 4 章/招聘简章.docx），如图 4-13 所示。

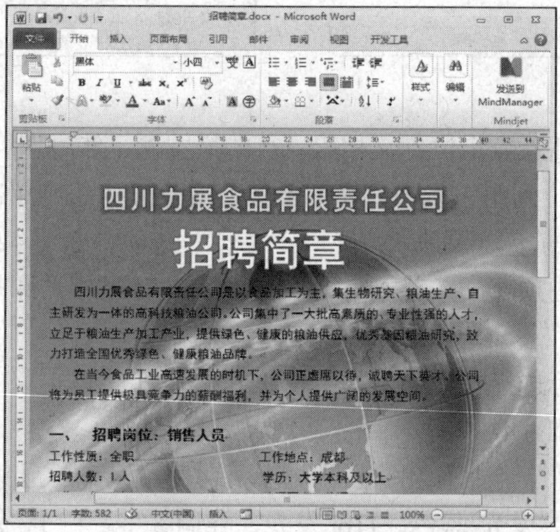

图 4-13

4.2 制作面试流程图

在编辑文档时经常需要制作一些流程图、结构图等，使用 Word 中的 SmartArt 图形功能可以快速创建这些图形。

4.2.1 插入 SmartArt 图形

SmartArt 图形是为文本设计的信息和观点的可视表现形式，使用它可以使文字之间的关联更加紧密，快速制作出具有专业水准的图形。下面介绍插入 SmartArt 的方法。

插入 SmartArt 图形

STEP 1 新建文档并保存为“面试流程”，在【页面布局】/【页面设置】组中单击“纸张方向”按钮，在弹出的下拉列表中选择“横向”选项，将页面设置为横向显示，如图 4-14 所示。

STEP 2 在文档第一行输入“招聘面试流程”文本，并设置其字体格式为“黑体，二号，加粗”，并设置为居中对齐。在下方输入面试流程的说明文本，设置其字体格式为“宋体，小四”，如图 4-15 所示。

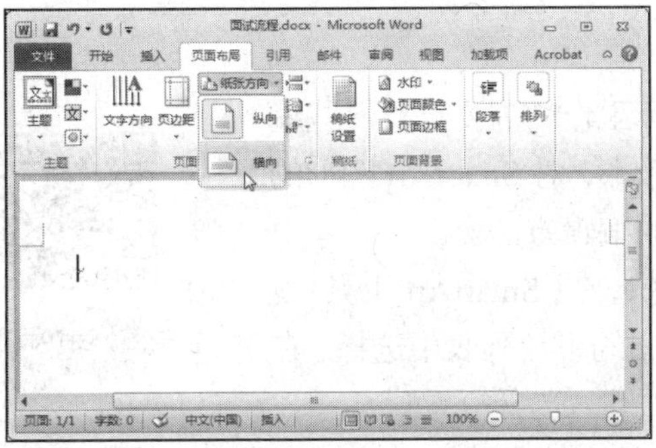

图 4-14

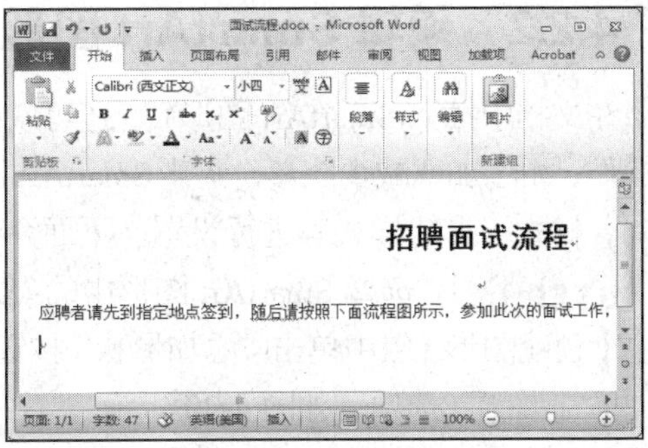

图 4-15

STEP 3 将文本插入点定位到下一行中，在【插入】/【插图】组中单击“SmartArt”按钮，如图 4-16 所示。

STEP 4 打开“选择 SmartArt 图形”对话框，在左侧列表中选择“流程”选项，在右侧列表框中选择“连续图片列表”选项，然后单击“确定”按钮，如图 4-17 所示。

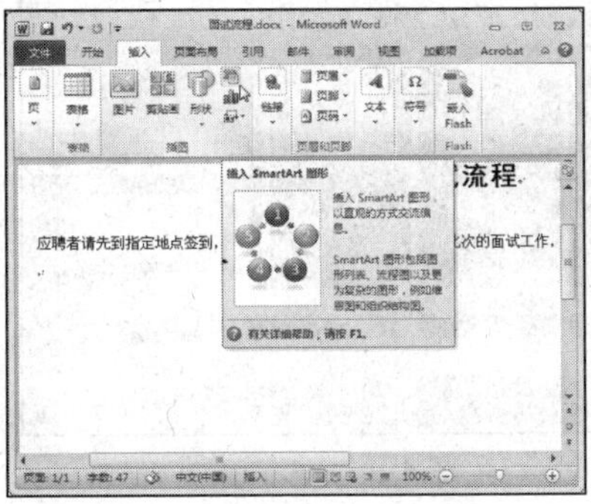

图 4-16

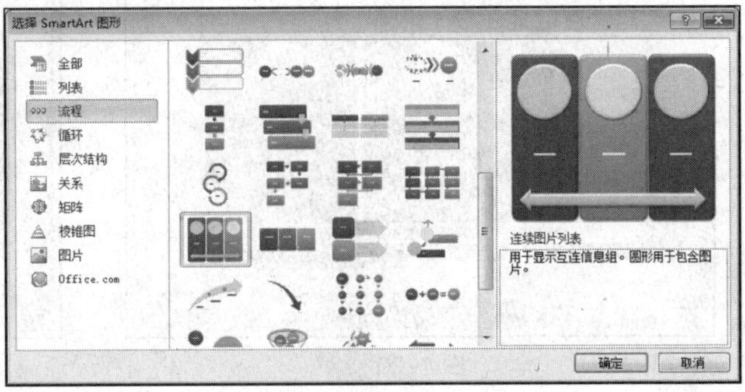

图 4-17

STEP 5 在文档中插入一个 SmartArt 流程图形，单击图形左侧的“[文本]”形状，在其中定位文本插入点，输入“签到”文本，如图 4-18 所示。

STEP 6 用同样的方法在流程图中间和右侧的形状中依次输入“初试”和“复试”文本，完成 SmartArt 图形的插入，如图 4-19 所示。

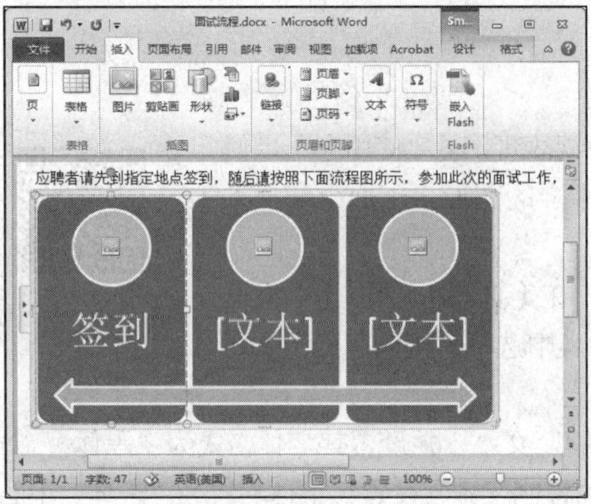

图 4-18

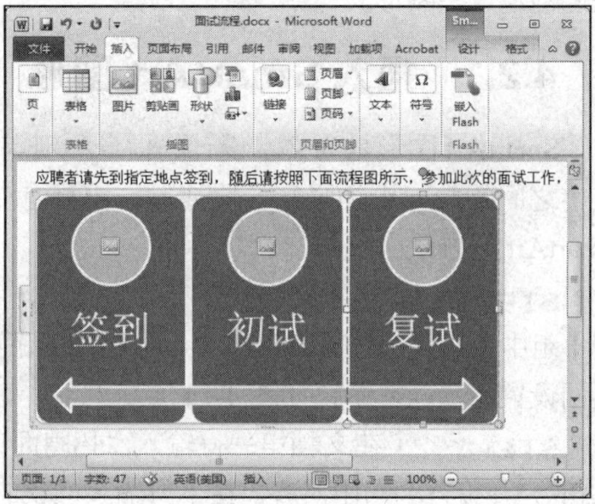

图 4-19

4.2.2 编辑 SmartArt 图形

在文档中插入 SmartArt 图形后，还可以根据实际工作的需要进行一些编辑操作，如添加或减少图形，调整 SmartArt 图形的大小，对 SmartArt 图形的布局、样式、形状样式等进行设置。下面介绍具体的编辑方法。

编辑 SmartArt 图形

STEP 1 选择 SmartArt 图形中的“复试”形状，在【SmartArt 工具 设计】/【创建图形】组中单击“添加形状”按钮，在弹出的下拉列表中选择“在后面添加形状”选项，如图 4-20 所示。

STEP 2 在“复试”形状后添加一个形状，在其上单击鼠标右键，在弹出的快捷菜单中选择“编辑文字”命令，如图 4-21 所示。

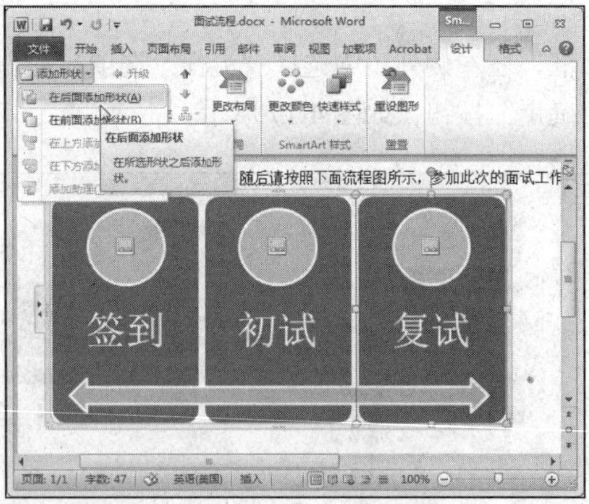

图 4-20

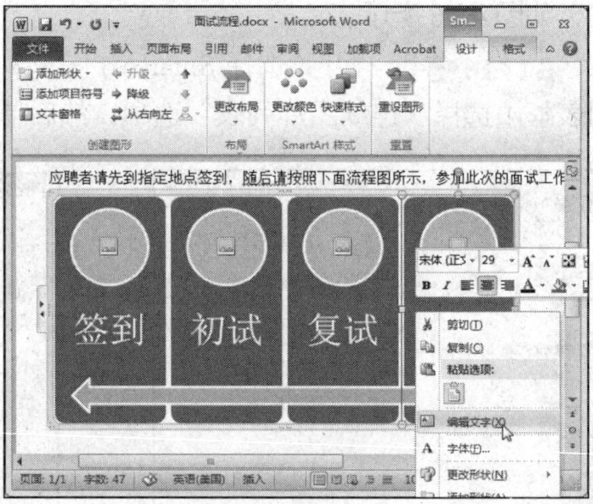

图 4-21

STEP 3 将文本插入点定位到新添加的形状中，这时在文本框中输入“筛选”文本，如

图 4-22 所示。

STEP 4 用同样的方法在“筛选”形状后添加一个形状，然后在其中输入“录用”文本，如图 4-23 所示。

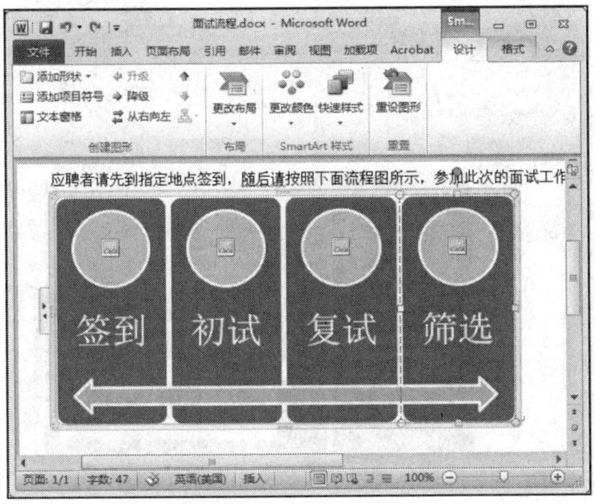

图 4-22

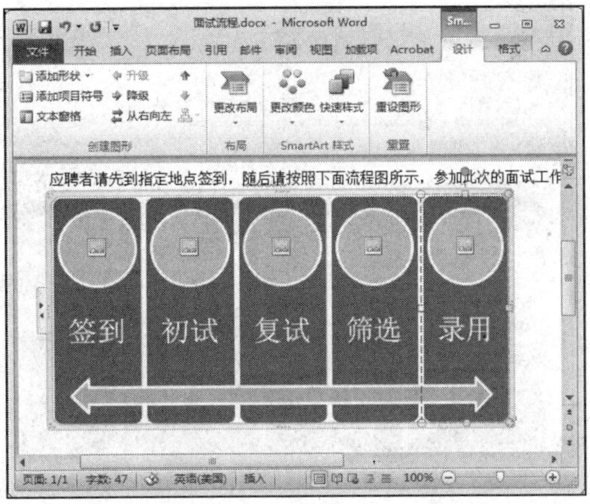

图 4-23

提示　在 SmartArt 图形中输入的文字也可以根据需要对其进行字体格式设置，设置方法与设置文本格式一致。

STEP 5 选择 SmartArt 图形，将鼠标指针移动至图形边框的右下角，按住鼠标左键不放向下拖动，拖动到合适的位置后释放鼠标，调整图形的大小，如图 4-24 所示。

STEP 6 选择 SmartArt 图形，在【SmartArt 工具 设计】/【SmartArt 样式】组中单击“更改颜色”按钮，在弹出的的下拉列表中选择“彩色范围-强调颜色 4 至 5”选项，如图 4-25 所示。

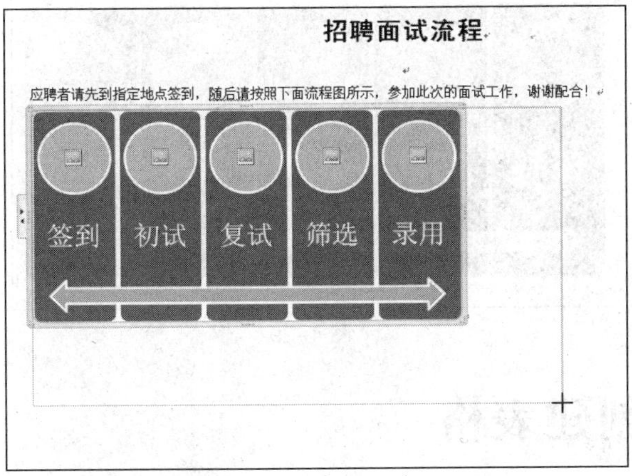

图 4-24

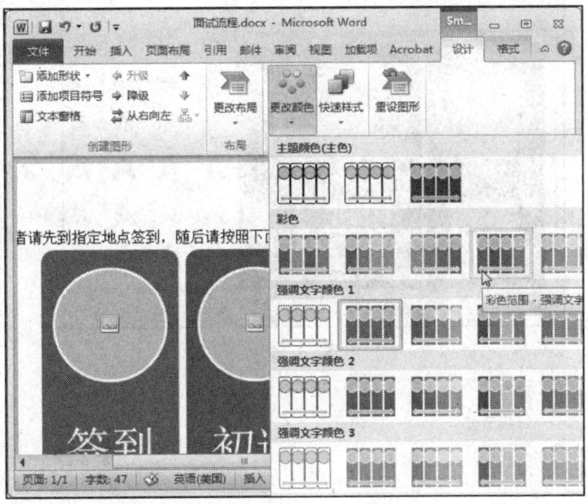

图 4-25

提示　在【图片工具 格式】/【大小】组中的数值框中输入相应的数值，可以调整图片具体的大小。

STEP 7 按住【Shift】键，依次选择图形中的 5 个形状，设置其字体格式为“方正大黑简体，36”，如图 4-26 所示。

STEP 8 在【SmartArt 工具 设计】/【SmartArt 样式】组中的“快速样式”列表框中选择“优雅”选项，为图形设置样式，如图 4-27 所示。

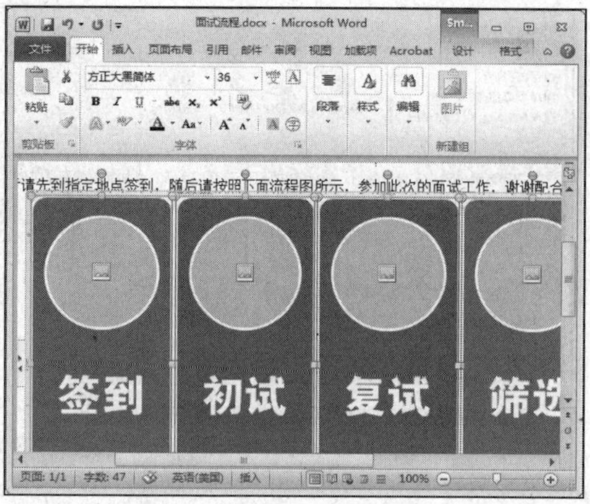

图 4-26

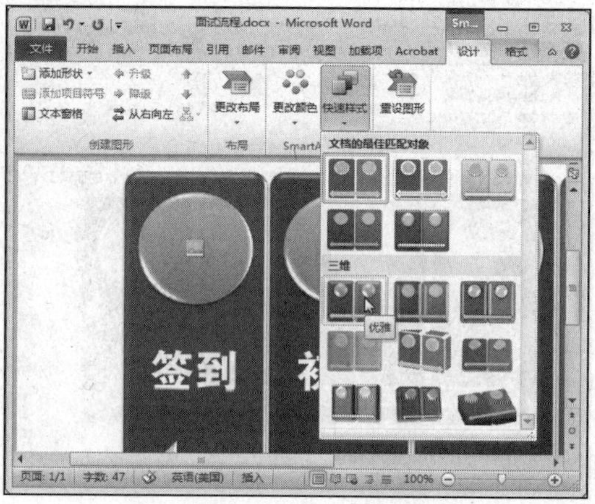

图 4-27

STEP 9 选择 SmartArt 图形，在【SmartArt 工具格式】/【艺术字样式】组中的“快速样式”列表框中选择“填充-白色，渐变轮廓-强调文字颜色 1”选项，设置文本的艺术字效果，如图 4-28 所示。

STEP 10 返回文档中可以看到使用 SmartArt 图形创建的面试流程图效果（资源包/效果/第 4 章/面试流程.docx），如图 4-29 所示。

图 4-28

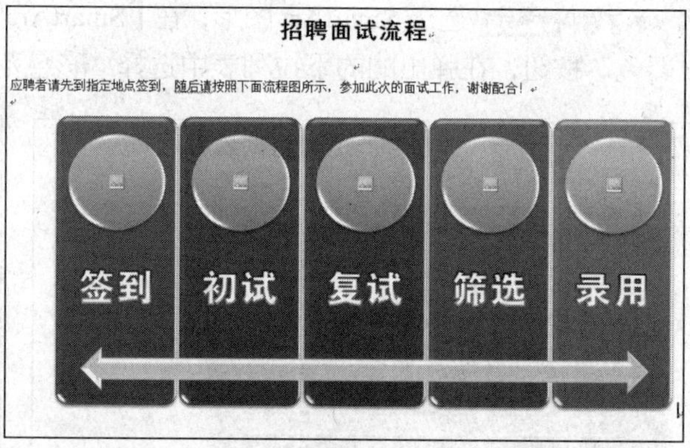

图 4-29

4.3 创建表格

用表格表达数据，可以让表格的内容看起来简洁明了、条理清晰，在 Word 中可以方便地插入所需行列数的表格，并根据需要编辑出所需的表格效果。

4.3.1 插入表格

工作中常接触到各种类型的表格，在 Word 中可以根据需要快速创建指定行列数的表格。下面介绍 Word 中创建表格的方法。

插入表格

STEP 1 新建一篇文档并保存为“应聘登记表”，在【页面布局】/【页面设置】组中单击“对话框启动器”按钮，如图 4-30 所示。

STEP 2 打开“页面设置”对话框，在“页边距”选项卡中的“上”“下”数值框中输入“2 厘米”，在“左”“右”数值框中输入“1.5 厘米”，然后单击“确定”按钮，如图 4-31 所示。

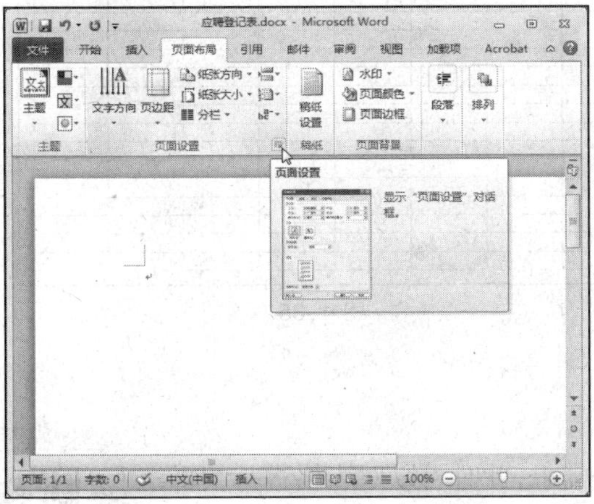

图 4–30

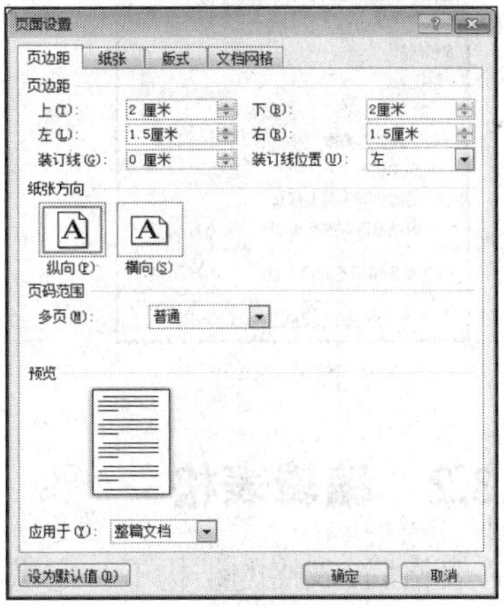

图 4–31

STEP 3 在文档第一行中输入“应聘登记表”文本，设置其字体格式为“黑体，二号”，并设置为居中对齐，如图 4-32 所示。

STEP 4 将文本插入点定位到第 3 行中，在【插入】/【表格】组中单击“表格”按钮，在弹出的下拉列表中选择“插入表格”选项，如图 4-33 所示。

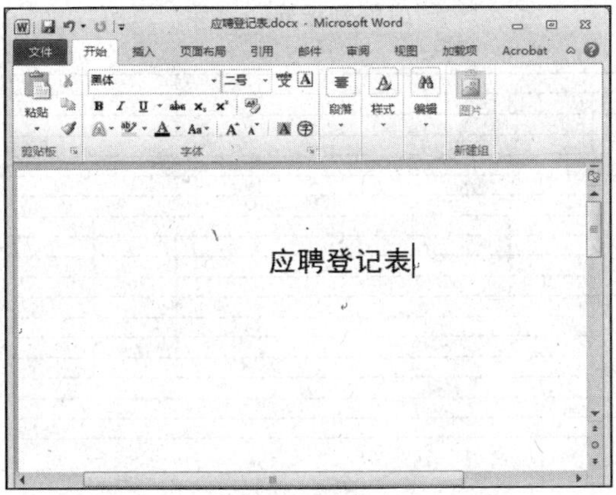

图 4–32

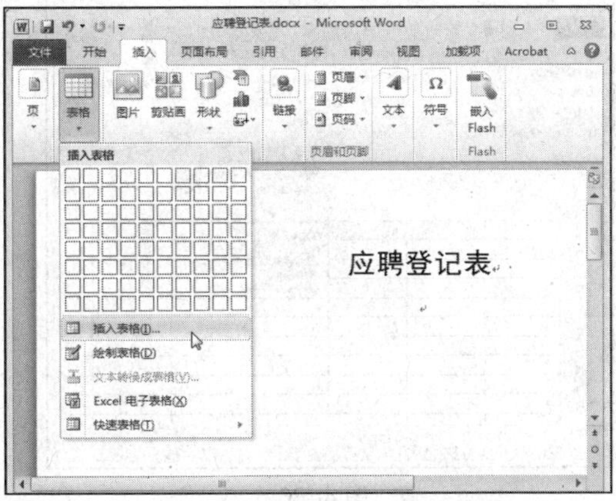

图 4–33

提示

在【插入】/【表格】组中单击“表格”按钮，在打开的下拉列表中若将鼠标指针移动到某一个方格，此时列表上方将显示出表格的列数和行数，在方格上单击即可在文档中插入相应行列数的表格；若在弹出的下拉列表中选择“Excel 电子表格”选项，可插入 Excel 表格，并切换到 Excel 工作界面状态进行数据录入和编辑操作；若选择“快速表格”选项，可插入系统内置的表格样式，如表格式列表或日历等。

STEP 5 在打开的“插入表格”对话框的“列数”和“行数”数值框中分别输入表格行列数“8”和“18”，然后单击“确定”按钮，如图 4-34 所示。

STEP 6 返回到文档中可以看到插入了 18 行 8 列的表格，如图 4-35 所示。

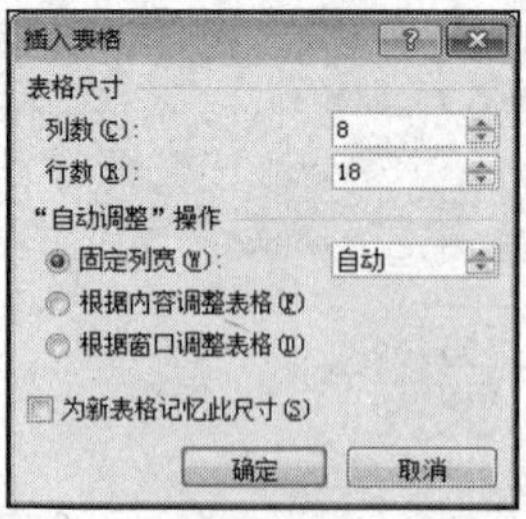

图 4-34

图 4-35

4.3.2 编辑表格

插入表格后，表格的结构不一定满足文档需求，此时可以对表格进行编辑，如合并和拆分单元格、调整行高和列宽等。下面介绍编辑表格的方法。

编辑表格

STEP 1 拖动鼠标指针选择表格第一行的第 2 列、第 3 列单元格，在【表格工具 布局】/【合并】组中单击“合并单元格”按钮，将选择的两个单元格合并为一个单元格，如图 4-36 所示。

STEP 2 用同样的方法选择表格中其他的单元格，对其进行合并操作，如图 4-37 所示。

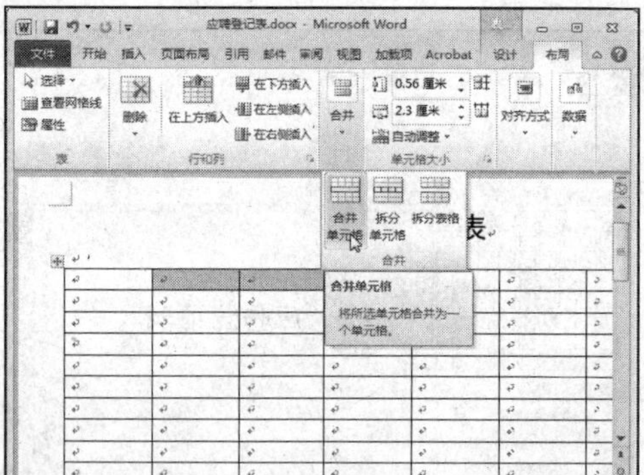

图 4-36

图 4-37

提示 在表格中可以使用拖动鼠标指针的方法来选择单元格，方法是将鼠标指针移动到第一个单元格上，然后按住鼠标左键不放，拖动到目标单元格，两个单元格之间的所有单元格即呈被选择状态。

STEP 3 拖动鼠标指针选择表格第 2 行的第 5 列、第 6 列单元格，在【表格工具 布局】

/【合并】组中单击“拆分单元格”按钮，如图 4-38 所示。

STEP 4 打开“拆分单元格”对话框，在“列数”和“行数”数值框中分别输入需要拆分的行列数“2”和“2”，然后单击“确定”按钮，如图 4-39 所示。

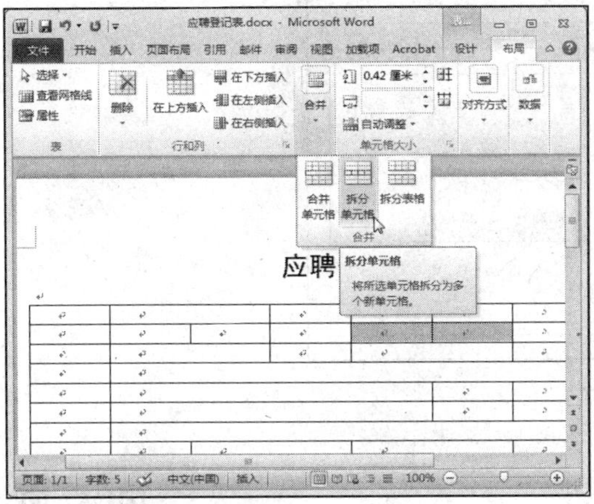

图 4–38

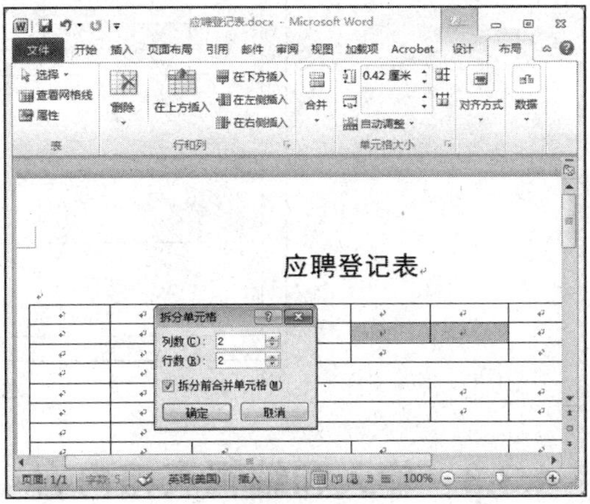

图 4–39

STEP 5 将选择的单元格拆分为两列两行的单元格。单击表格左上角的⊞图标，选择整个表格，在【表格工具 布局】/【单元格大小】组中的“高度”数值框中输入“0.8”，调整表格每行单元格的高度，如图 4-40 所示。

STEP 6 将鼠标指针移动到第 5 行和第 6 行单元格的分隔线上，当鼠标指针变成÷形状时，按住鼠标左键不放向下拖动，至合适位置后释放鼠标，手动调整单元格的行高，如图 4-41 所示。

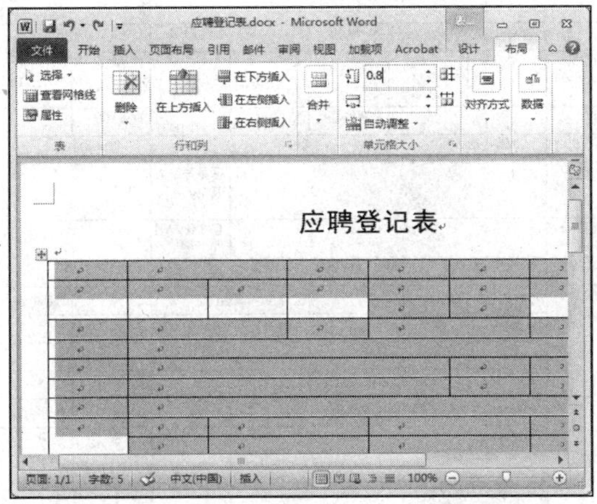

图 4–40

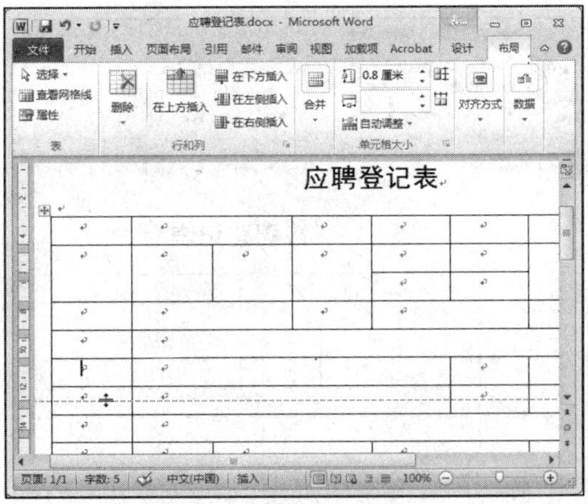

图 4–41

提示

在【表格工具 布局】/【单元格大小】组中的“宽度”数值框中输入相应的数据，可以调整单元格的列宽，或者将鼠标指针移动到单元格列的分隔线上，当鼠标指针变成+||+形状时，按住鼠标左键不放向左或向右拖动至合适位置后释放鼠标，就可以手动调整单元格的列宽。

STEP 7 用同样的方法对最后 3 行单元格的高度进行手动调整，如图 4-42 所示。

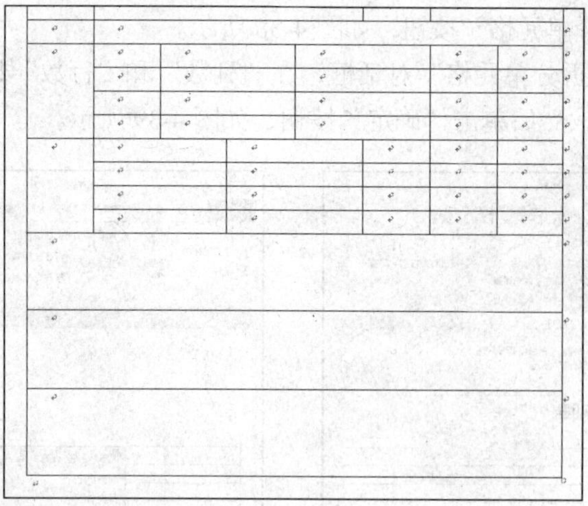

图 4-42

4.3.3　输入和编辑表格内容

完成表格的编辑后即可在其中输入相应的数据，并对表格内容进行编辑，如设置文本字体格式，设置数据对齐方式等。下面介绍输入和编辑表格内容的方法。

输入和编辑表格内容

STEP 1 将文本插入点定位到表格第一行第一列的单元格中，输入文本“姓名”，如图 4-43 所示。

STEP 2 用同样的方法在其他单元格中分别输入“性别”“出生日期”“政治面貌”等文本，如图 4-44 所示。

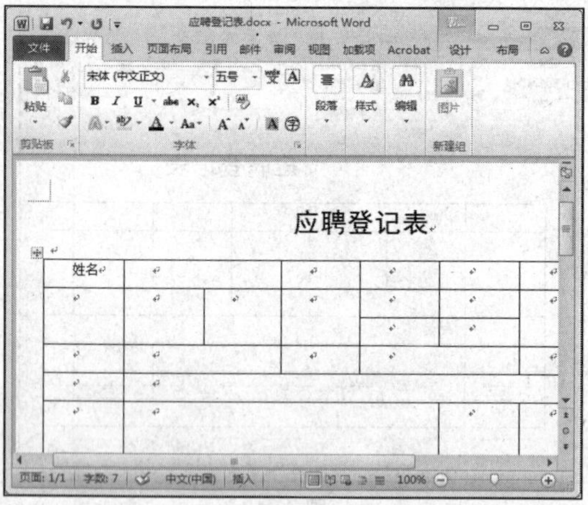

图 4-43

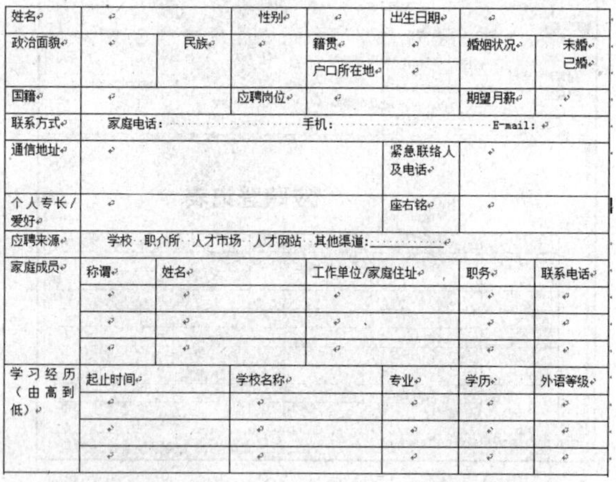

姓名		性别		出生日期		
政治面貌		民族		籍贯		婚姻状况	未婚 已婚
				户口所在地			
国籍		应聘岗位				期望月薪	
联系方式	家庭电话：　手机：　E-mail：						
通信地址				紧急联络人及电话			
个人专长/爱好				座右铭			
应聘来源	学校　职介所　人才市场　人才网站　其他渠道：						
家庭成员	称谓	姓名		工作单位/家庭住址		职务	联系电话
学习经历（由高到低）	起止时间		学校名称		专业	学历	外语等级

图 4-44

STEP 3 将文本插入点定位到“未婚”和“已婚”文本的左侧，选择【插入】/【符号】组，单击“符号”按钮，在弹出的下拉列表中选择“□”选项。然后依次将该符号插入到“应聘来源”一行的单元格中，如图 4-45 所示。

STEP 4 单击表格左上角的⊞图标，选择整个表格，在【表格工具 布局】/【对齐方式】组中单击“水平居中”按钮，将单元格中的文本水平居中对齐，如图 4-46 所示。

姓名			性别		出生日期		
政治面貌		民族		籍贯		婚姻状况	□未婚 □已婚
				户口所在地			
国籍		应聘岗位		期望月薪			
联系方式	家庭电话：……手机：……E-mail：						
通信地址				紧急联络人及电话			
个人专长/爱好				座右铭			
应聘来源	□学校 □职介所 □人才市场 □人才网站 □其他渠道：______						
家庭成员	称谓	姓名	工作单位/家庭住址		职务	联系电话	
学习经历（由高到低）	起止时间	学校名称		专业	学历	外语等级	

图 4-45

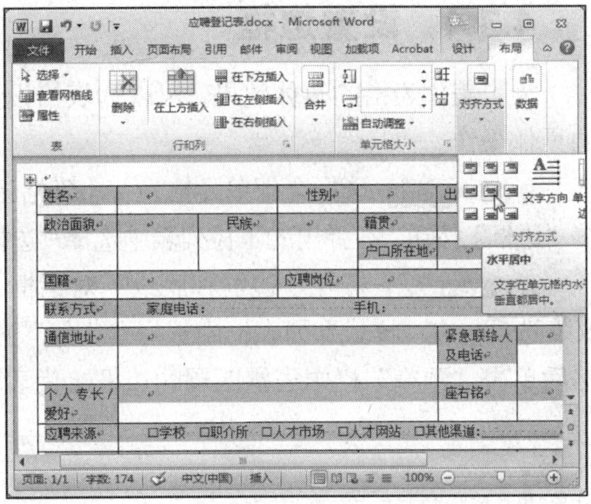

图 4-46

提示　在【表格工具 布局】/【单元格大小】组中单击“自动调整”按钮，在弹出的下拉列表中选择“根据内容自动调整表格”选项，可根据单元格中输入的文本自动调整单元格的行高和列宽。

STEP 5 选择全部单元格，设置单元格中文本的字体格式为“楷体，小四”，如图 4-47 所示。

姓名			性别		出生日期		
政治面貌		民族		籍贯		婚姻状况	□未婚 □已婚
				户口所在地			
国籍		应聘岗位			期望月薪		
联系方式	家庭电话：……手机：……E-mail：						
通信地址				紧急联络人及电话			
个人专长/爱好				座右铭			
应聘来源	□学校 □职介所 □人才市场 □人才网站 □其他渠道：______						
家庭成员	称谓	姓名	工作单位/家庭住址		职务	联系电话	
学习经历（由高到低）	起止时间	学校名称		专业	学历	外语等级	

图 4-47

4.3.4 设置边框

设置边框

为了美化表格的整体效果，可以为表格设置边框。下面介绍设置表格边框的具体操作。

STEP 1 选择全部单元格，在【表格工具 设计】/【表格样式】组中单击“边框”按钮，在弹出的下拉列表中选择“边框和底纹”选项，如图 4-48 所示。

STEP 2 打开“边框和底纹”对话框，在“边框”选项卡中的“设置”栏中选择“自定义”选项，在“样式”列表框中选择“实线”选项，在“宽度”下拉列表框中选择“1.5 磅”选项，然后单击“预览”栏中表格四周的边框，为表格设置外边框样式，如图 4-49 所示。

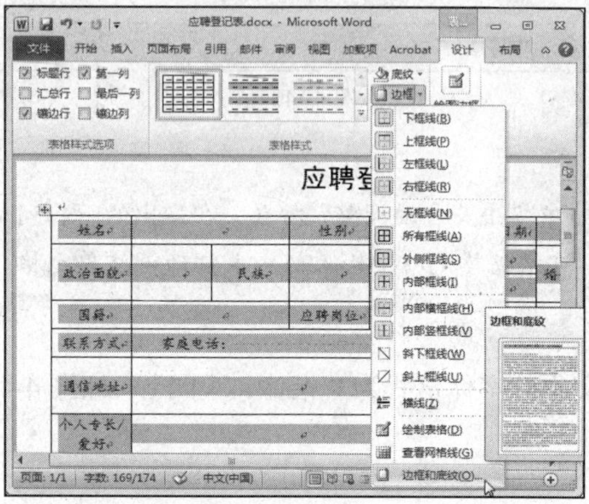

图 4-48

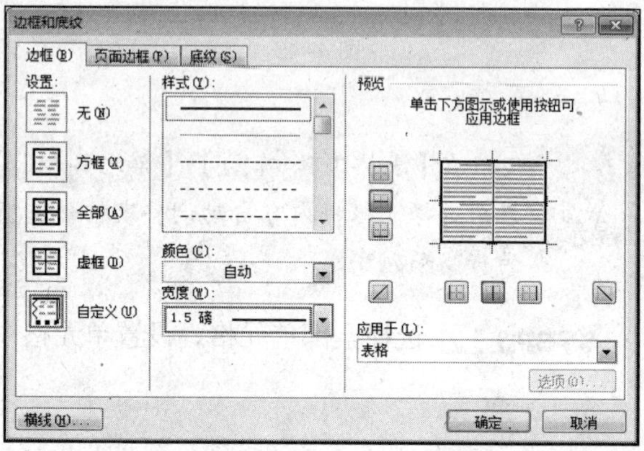

图 4-49

STEP 3 在“宽度”下拉列表框中选择“0.75 磅”选项，然后单击“预览”栏中表格中间的边框，为表格设置内边框样式，完成后单击“确定”按钮，如图 4-50 所示。

STEP 4 返回文档中可以看到设置表格边框的效果（资源包/效果/第 4 章/应聘登记表.docx），如图 4-51 所示。

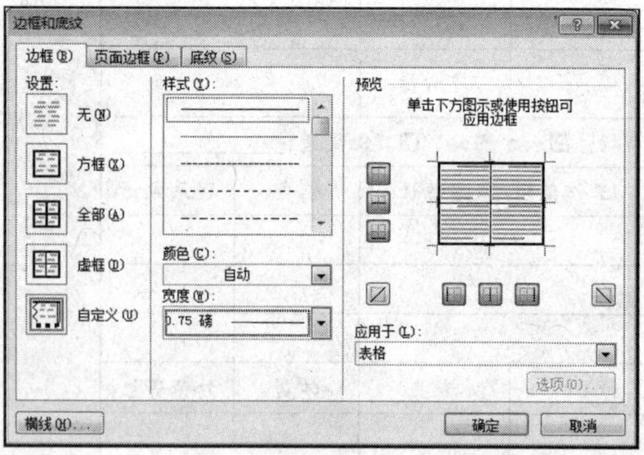

图 4-50

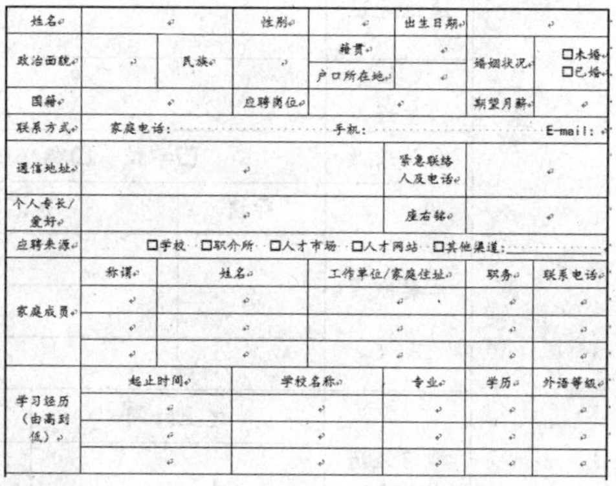

图 4-51

提示

在“边框和底纹”对话框中单击“底纹”选项卡，在“填充”栏的“颜色”下拉列表框中可以选择为表格单元格应用底纹颜色，在“图案”栏中可将单元格的底纹设置成图案效果。

4.4 上机案例

4.4.1 制作公司文化文档

案例目标

本案例主要使用 SmartArt 图形制作公司文化的宣传口号文档，如图 4-52 所示。

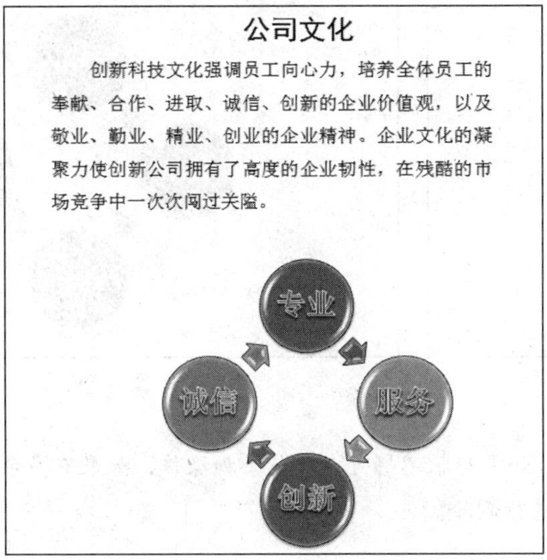
公司文化

创新科技文化强调员工向心力，培养全体员工的奉献、合作、进取、诚信、创新的企业价值观，以及敬业、勤业、精业、创业的企业精神。企业文化的凝聚力使创新公司拥有了高度的企业韧性，在残酷的市场竞争中一次次闯过关隘。

图 4-52

制作公司文化文档

操作思路

在文档中使用 SmartArt 图形来表现公司文化的几个方面，首先创建文档，输入公司文化的说明文本，然后插入 SmartArt 图形，在其中输入文本，并对 SmartArt 图形的大小、样式等进行设置。

效果所在位置

资源包/效果/第 4 章/公司文化.docx。

步骤提示

STEP 1 新建一个文档，保存为“公司文化”，在文档中输入标题文本和正文文本，并设置标题文本格式为“黑体，一号”，正文文本格式为“宋体，小二”，如图 4-53 所示。

STEP 2 将文本插入点定位到空白行中，在【插入】/【插图】组中单击“SmartArt”按钮，打开“选择 SmartArt 图形”对话框，在左侧列表中选择“循环”选项，在右侧列表框中选择“基本循环”选项，然后单击“确定”按钮，如图 4-54 所示。

STEP 3 在文档中插入 SmartArt 图形，在图形中依次输入“专业”“诚信”“创新”和“服务”文本，如图 4-55 所示。

STEP 4 选择多余的形状，按【Delete】键将其删除，如图 4-56 所示。

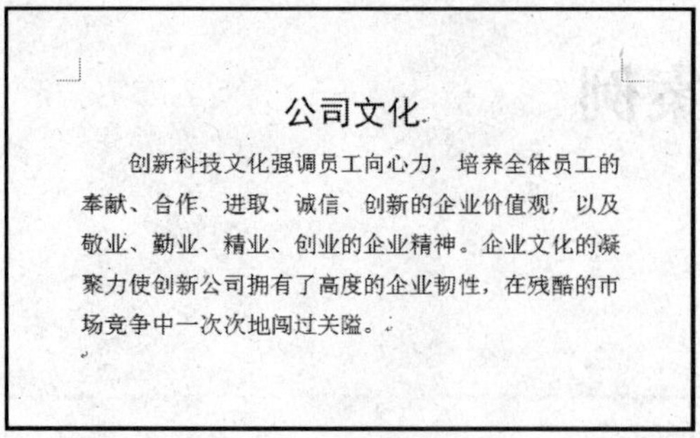
公司文化

创新科技文化强调员工向心力，培养全体员工的奉献、合作、进取、诚信、创新的企业价值观，以及敬业、勤业、精业、创业的企业精神。企业文化的凝聚力使创新公司拥有了高度的企业韧性，在残酷的市场竞争中一次次地闯过关隘。

图 4-53

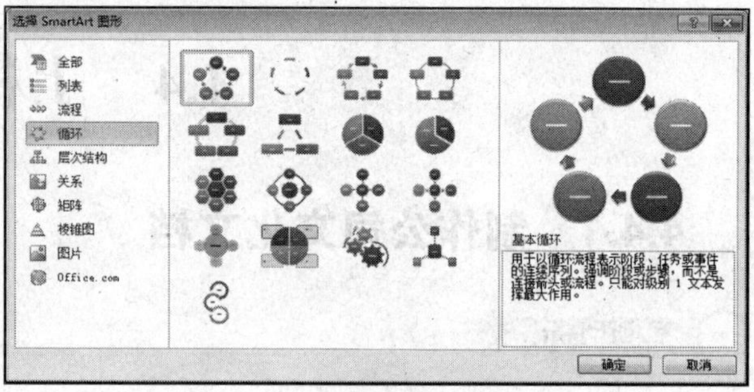

图 4-54

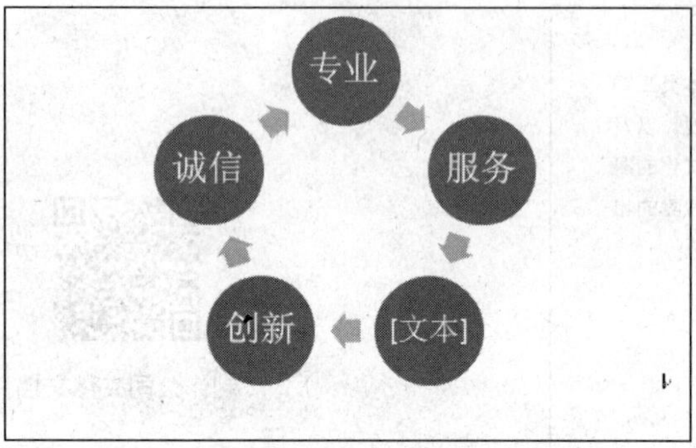

图 4-55

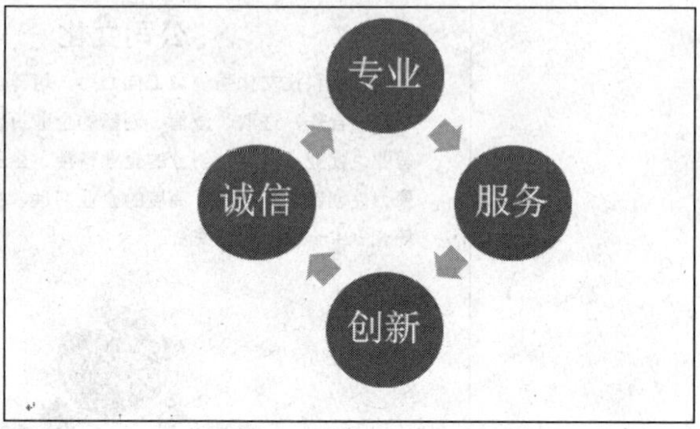

图 4-56

提示 创建 SmartArt 图形时，如果形状不够可以进行添加操作，如果有多余形状，可以选择它，直接按【Delete】键进行删除。

STEP 5 选择 SmartArt 图形，在【SmartArt 工具 设计】/【SmartArt 样式】组中单击“更改颜色”按钮，在弹出的的下拉列表中选择“彩色-强调文字颜色”选项，效果如图 4-57 所示。

STEP 6 在【SmartArt 工具 设计】/【SmartArt 样式】组中的“快速样式”列表框中选择“嵌入”选项，为图形设置样式，完成文档的制作，如图 4-58 所示。

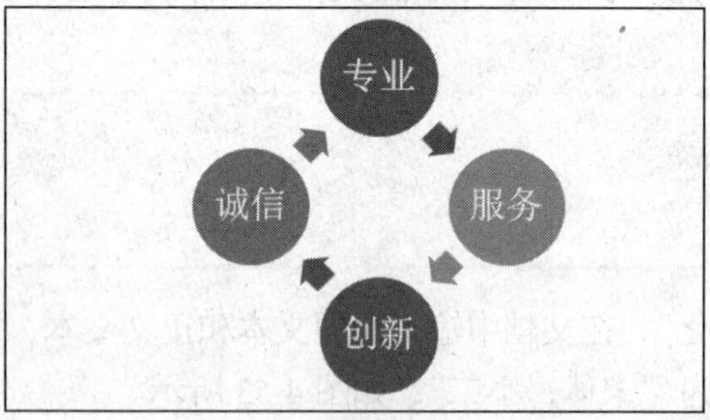

图 4-57

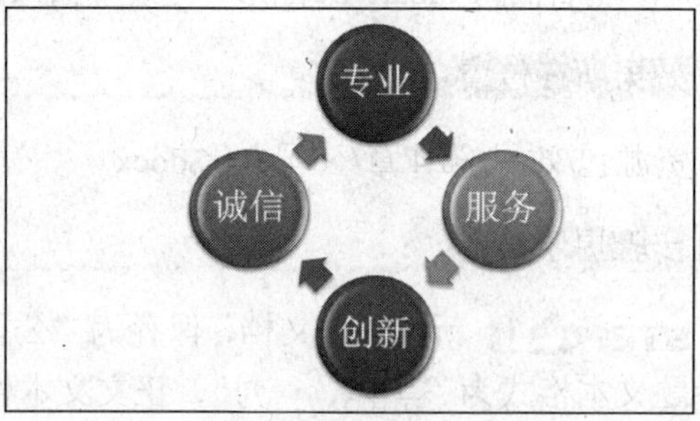

图 4-58

4.4.2 制作面试评价表

案例目标

本案例将使用表格功能创建一个“面试评价表”文档，如图 4-59 所示。

操作思路

新建文档，插入一个 27 行 8 列的表格，对其进行合并单元格、设置行高和列宽、设置边框等操作，并在表格中输入相关的文本内容，再设置文本字体格式和对齐方式。

效果所在位置

资源包/效果/第 4 章/面试评价表.docx。

面试评价表

评价人姓名： 面试时间：

姓名		性别		年龄		编号	
应聘职位		原单位					

评价方向	评价要素	评价等级				
		1（差）	2（较差）	3（一般）	4（较优）	5（优秀）
个人基本素质评价	1.仪容					
	2.表达能力					
	3.亲和力和感染力					
	4.诚实度					
	5.时间观念和纪律观念					
	6.人格成熟度					
	7.思维逻辑性、条理性					
	8.应变能力					
	9.判断分析能力					
	10.自我认识能力					
相关的工作经验和专业知识	11.工作经验					
	12.相关专业知识					
	13.学习能力					
	14.工作创造能力					
	15.所具有的专业知识和工作能力与应聘职位要求吻合度					
录用适合性评价	16.个人的工作观念					
	17.对企业的忠诚度					
	18.个性特征与企业文化的相容性					
	19.稳定性和发展潜力					
	20.职位胜任能力					
总评分						

人才优势评估	人才劣势评估

图 4–59

制作面试评价表

步骤提示

STEP 1 新建并保存“面试评价表”文档，在文档中输入“面试评价表”文本，设置其字体格式为“方正小标宋简，小二”，设置对齐方式为“居中对齐”，在第 2 行输入“评价人姓名”和“面试时间”文本，并设置其字体格式为“汉仪细圆简，五号”，如图 4-60 所示。

STEP 2 在下一行空白行中插入一个 27 行 8 列的表格，如图 4-61 所示。

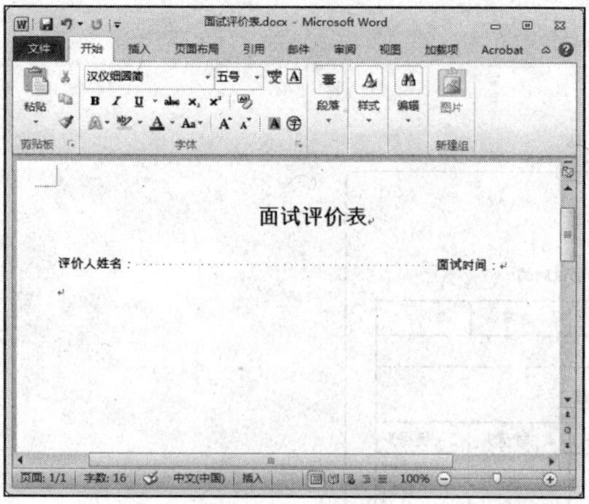

图 4-60

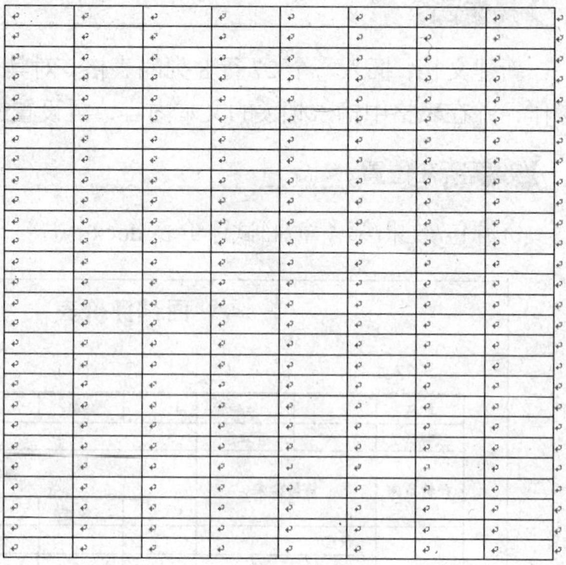

图 4-61

STEP 3 选择表格中相应的单元格，对其进行合并操作，如图 4-62 所示。

STEP 4 在表格单元格中输入相应的文本，如图 4-63 所示。

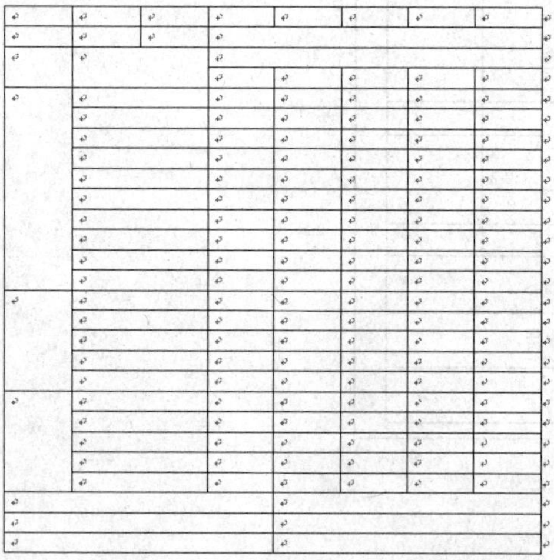

图 4-62

姓名		性别		年龄		编号
应聘职位						
评价方向	评价要素	评价等级				
		1（差）	2（较差）	3（一般）	4（较优）	5（优秀）
个人基本素质评价	1.仪容					
	2.表达能力					
	3.亲和力和感染力					
	4.诚实度					
	5.时间观念和纪律观念					
	6.人格成熟度					
	7.思维逻辑性、条理性					
	8.应变能力					
	9.判断分析能力					
	10.自我认识能力					
相关的工作经验和专业知识	11.工作经验					
	12.相关专业知识					
	13.学习能力					
	14.工作创造能力					
	15.所具有的专业知识和工作能力与应聘职位要求吻合度					
录用适合性评价	16.个人的工作观念					
	17.对企业的忠诚度					
	18.个性特征与企业文化的相容性					
	19.稳定性和发展潜力					
	20.职位胜任能力					

图 4-63

STEP 5 为单元格的行和列设置相应的行高和列宽，将部分文本的字体格式设置为“加粗”，对齐方式设置为“水平居中”，如图 4-64 所示。

STEP 6 选择整个表格，设置外边框为 1.5 磅，内边框为 0.75 磅，如图 4-65 所示。

姓名		性别		年龄		编号
应聘职位						
评价方向	评价要素	评价等级				
		1（差）	2（较差）	3（一般）	4（较优）	5（优秀）
个人基本素质评价	1.仪容					
	2.表达能力					
	3.亲和力和感染力					
	4.诚实度					
	5.时间观念和纪律观念					
	6.人格成熟度					
	7.思维逻辑性、条理性					
	8.应变能力					
	9.判断分析能力					
	10.自我认识能力					
相关的工作经验和专业知识	11.工作经验					
	12.相关专业知识					
	13.学习能力					
	14.工作创造能力					
	15.所具有的专业知识和工作能力与应聘职位要求吻合度					
录用适合性评价	16.个人的工作观念					
	17.对企业的忠诚度					
	18.个性特征与企业文化的相容性					
	19.稳定性和发展潜力					
	20.职位胜任能力					
总评分						
人才优势评估			人才劣势评估			

图 4-64

姓名		性别		年龄		编号
应聘职位						
评价方向	评价要素	评价等级				
		1（差）	2（较差）	3（一般）	4（较优）	5（优秀）
个人基本素质评价	1.仪容					
	2.表达能力					
	3.亲和力和感染力					
	4.诚实度					
	5.时间观念和纪律观念					
	6.人格成熟度					
	7.思维逻辑性、条理性					
	8.应变能力					
	9.判断分析能力					
	10.自我认识能力					
相关的工作经验和专业知识	11.工作经验					
	12.相关专业知识					
	13.学习能力					
	14.工作创造能力					
	15.所具有的专业知识和工作能力与应聘职位要求吻合度					
录用适合性评价	16.个人的工作观念					
	17.对企业的忠诚度					
	18.个性特征与企业文化的相容性					
	19.稳定性和发展潜力					
	20.职位胜任能力					
总评分						
人才优势评估			人才劣势评估			

图 4-65

4.5 课后习题

4.5.1 制作客户资料表

练习知识要点

本练习主要利用插入和编辑表格的功能完成客户资料表文档的制作，如图 4-66 所示。

效果所在位置

资源包/效果/第 4 章/客户资料表.docx。

客户资料表	
客户公司信息	
公司中文名称：	
公司通讯地址及邮编：	
客户个人信息	
中文姓名：	英文姓名：
性别：	出生日期：
部门：	职务：
公司电话：	移动电话：
传真：	电子邮件：
其他信息	

图 4-66

4.5.2 制作会议签到表

练习知识要点

本练习主要利用插入和编辑表格功能制作会议签到表文档，如图 4-67 所示。

效果所在位置

资源包/效果/第 4 章/会议签到表.docx。

会议签到表	
项目：	会议日期：
主持人：	位置/空间：

名称	标题	公司	电话	传真	电子邮件

图 4–67

第5章

制作调查报告长文档

本章主要介绍调查报告文档的制作。文档制作过程主要涉及样式的新建和应用、大纲排版的操作、外部数据的调用、批注和修订的插入、页眉和页脚的添加、分栏设置、目录的制作以及文档的安全和加密等知识。通过本章的学习，读者可以了解一些长文档的设置方法。

课堂学习目标

- ◎ 使用样式和大纲排版文档
- ◎ 调用外部其他数据
- ◎ 批注和修订文档
- ◎ 文档版面的设置
- ◎ 文档的安全与加密

5.1 使用样式和大纲排版文档

样式和大纲功能是编辑长文档时常用的功能，使用样式可以快速创建文档的文本格式和段落格式，使用大纲可以快速调整文档的结构。

新建和应用样式

5.1.1 新建和应用样式

样式即文本格式和段落格式等特性的组合。在长文档中使用样式，只需设置一次样式即可将其应用到其他相同格式的所有文本中。下面介绍新建和应用样式的操作。

STEP 1 打开“调查报告”文档（资源包/素材/第 5 章/调查报告.docx）。在【页面布局】/【页面设置】组中单击“对话框启动器”按钮，打开“页面设置”对话框，单击“页边距”选项卡，在“页边距”栏中设置上、下页边距均为“2 厘米”，内侧、外侧页边距为“3 厘米”，然后单击“确定”按钮，如图 5-1 所示。

STEP 2 在【开始】/【样式】组中单击“对话框启动器”按钮，如图 5-2 所示。

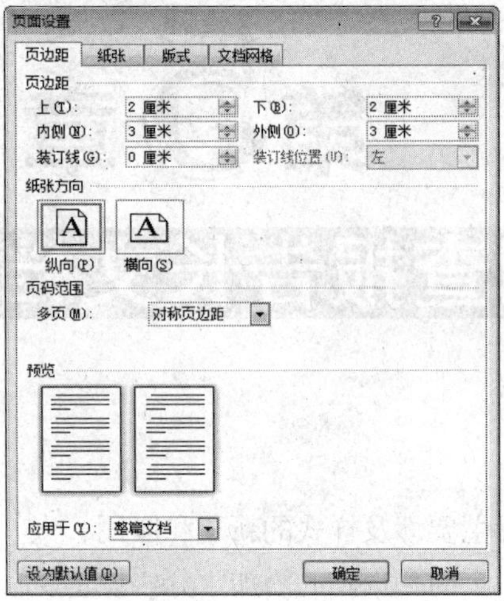

图 5-1

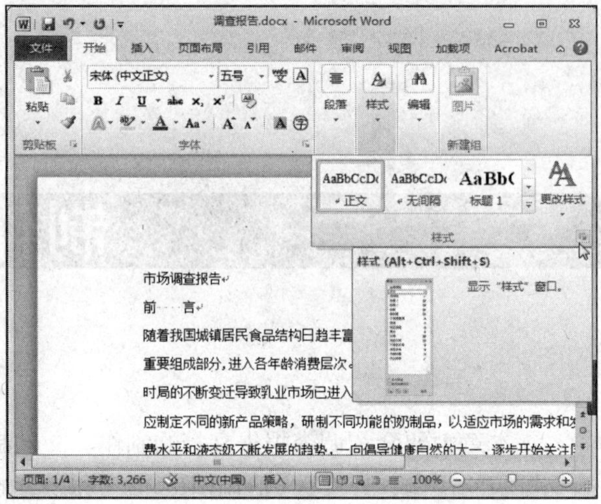

图 5-2

STEP 3 打开“样式”窗格，在其中的“标题 1”选项上单击鼠标右键，在弹出的快捷菜单中选择“修改”命令，如图 5-3 所示。

STEP 4 打开“修改样式”对话框，在“格式”栏中设置字体格式为“宋体、三号、加粗”，如图 5-4 所示。

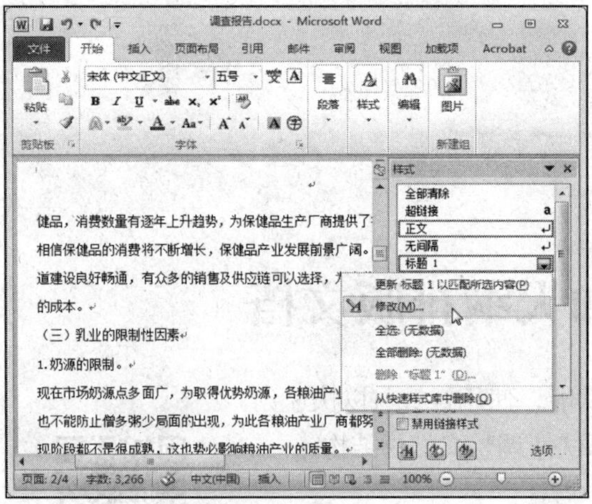

图 5-3

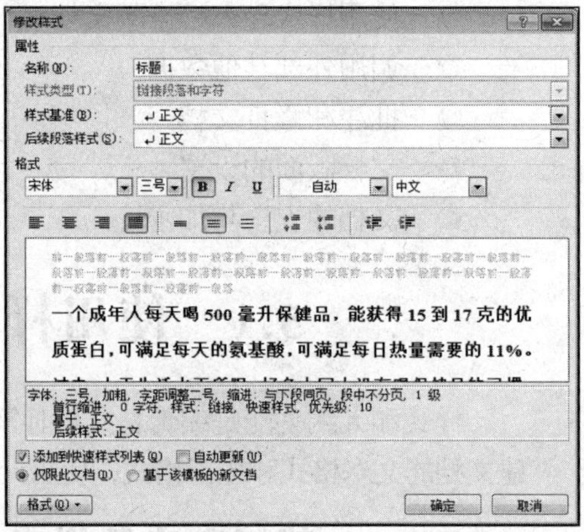

图 5-4

STEP 5 单击“格式”按钮，在弹出的下拉列表中选择“段落”选项，如图 5-5 所示。

STEP 6 打开“段落”对话框，在“间距”栏中的“段前”和“段后”数值框中都输入“0.5 行”，在“行距”下拉列表框中选择“1.5 倍行距”选项，然后单击“确定”按钮，如图 5-6 所示。

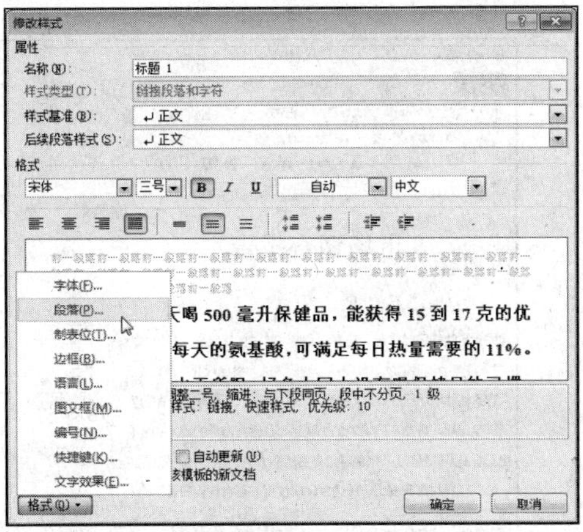

图 5–5

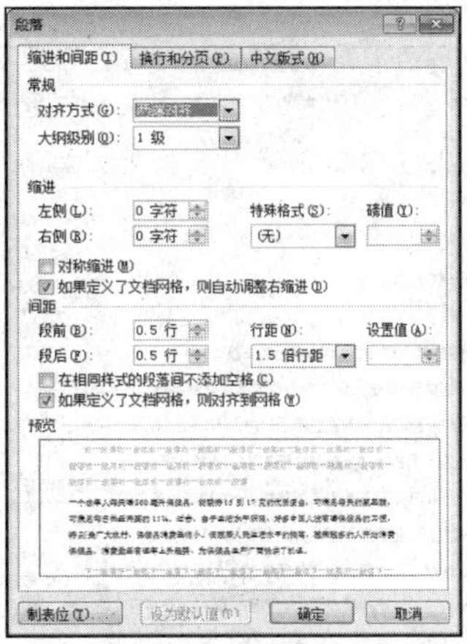

图 5–6

STEP 7 返回“样式”窗格，选择“标题 2”，并修改“标题 2”的字体格式为“宋体，四号，加粗”，“行距”为“1.5 倍行距”，“段前”“段后”间距均为“0.5 行”，如图 5-7 所示。

STEP 8 用同样的方法修改“标题 3”的字体格式为“宋体，五号，加粗”，“行距”为“1.5 倍行距”，“段前”“段后”间距均为“0.5 行”，“特殊格式”为“首行缩进、2 字符”。修改“正文”的段落间距均为“1.5 倍行距”，“段前”“段后”间距均为“0.5 行”，“特殊格式”为“首行缩进、2 字符”，如图 5-8 所示。

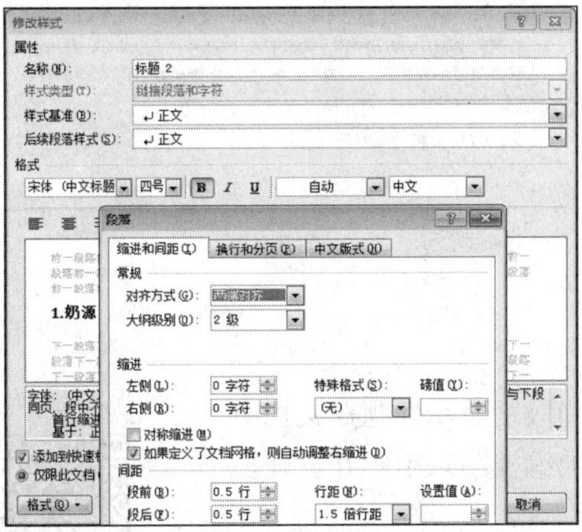

图 5–7

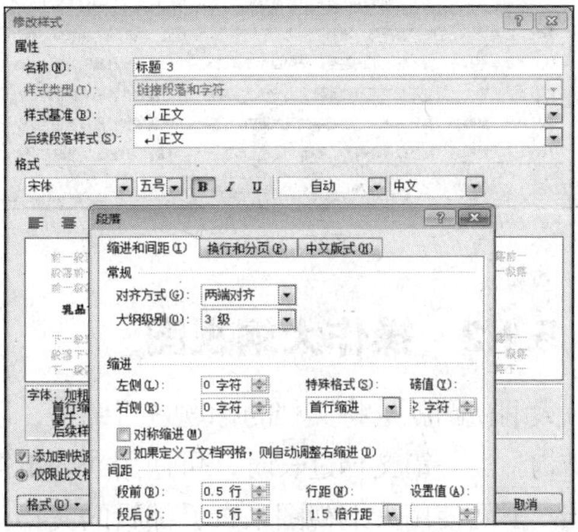

图 5–8

STEP 9 将文本插入点定位到文本第一行“市场调查报告”文本中，在“样式”窗格中选择“标题”选项，如图 5-9 所示。

STEP 10 为文本应用“标题”样式，即为文本应用“标题”样式中设置的字体和段落格式。用同样的方法选择“前言”文本，在“样式”窗格中为其应用“副标题”样式，如图 5-10 所示。

STEP 11 将文本插入点定位到正文文本中，在【开始】/【样式】组的列表框中选择“正文”选项，为正文应用样式，如图 5-11 所示。

STEP 12 用同样的方法将文本插入点定位到相应的文本中，为其应用“标题 2”和“标题 3”样式，如图 5-12 所示。

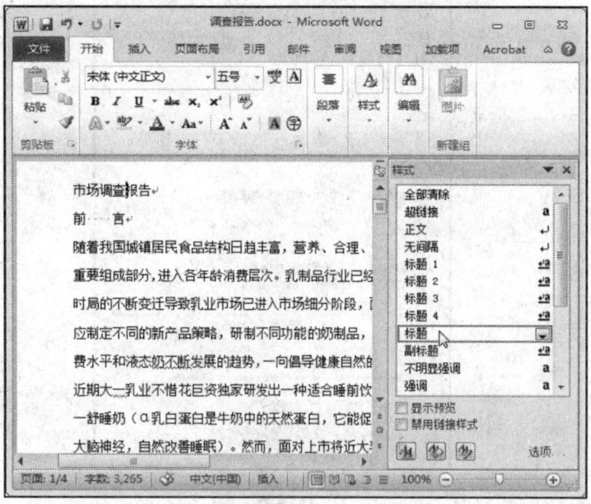

图 5-9

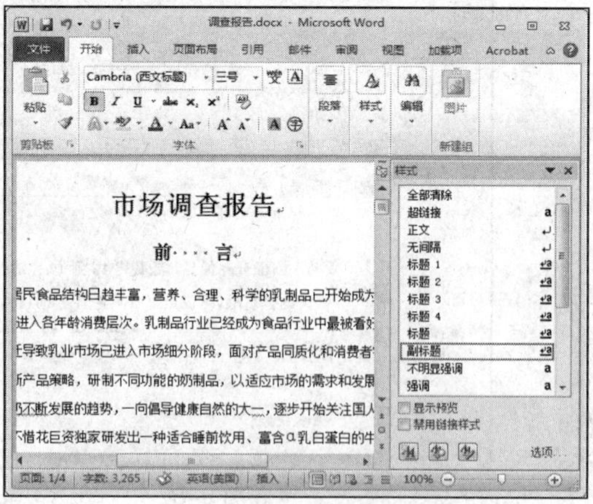

图 5-10

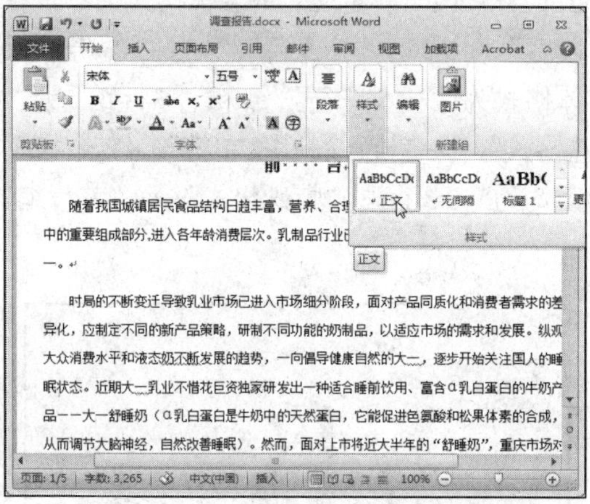

图 5-11

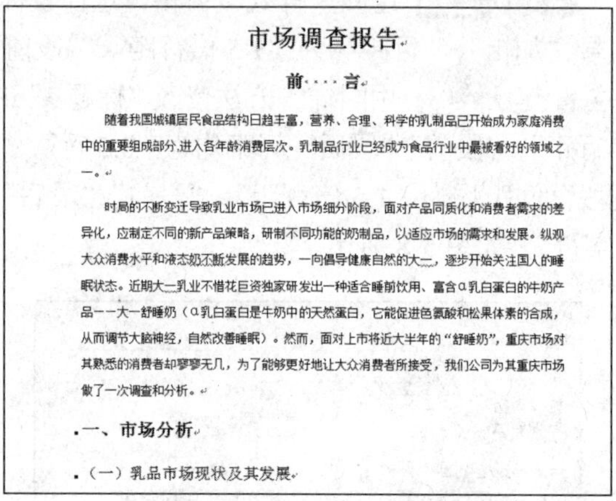

市场调查报告

前····言

随着我国城镇居民食品结构日趋丰富，营养、合理、科学的乳制品已开始成为家庭消费中的重要组成部分,进入各年龄消费层次。乳制品行业已经成为食品行业中最被看好的领域之一。

时局的不断变迁导致乳业市场已进入市场细分阶段，面对产品同质化和消费者需求的差异化，应制定不同的新产品策略，研制不同功能的奶制品，以适应市场的需求和发展。纵观大众消费水平和液态奶不断发展的趋势，一向倡导健康自然的大二，逐步开始关注国人的睡眠状态。近期大二乳业不惜花巨资独家研发出一种适合睡前饮用、富含α乳白蛋白的牛奶产品一一大一舒睡奶（α乳白蛋白是牛奶中的天然蛋白，它能促进色氨酸和松果体素的合成，从而调节大脑神经，自然改善睡眠）。然而，面对上市将近大半年的“舒睡奶”，重庆市场对其熟悉的消费者却寥寥无几，为了能够更好地让大众消费者所接受，我们公司为其重庆市场做了一次调查和分析。

一、市场分析

（一）乳品市场现状及其发展

图 5-12

5.1.2 操作大纲视图

大纲视图就是将文档的标题进行缩进，以不同的级别展示标题在文档中的结构。当一篇文档过长时，可使用 Word 提供的大纲视图来组织并管理长文档。下面使用大纲视图来查看编辑的文档。

操作大纲视图

STEP 1 在【视图】/【文档视图】组中单击“大纲视图”按钮，如图 5-13 所示。

STEP 2 进入大纲视图模式，在【大纲】/【大纲工具】组中撤销选中“仅显示首行”复选框，在“显示级别”下拉列表中选择“所有级别”选项，如图 5-14 所示。

STEP 3 将鼠标指针移动到“前言”文本前的符号上，双击鼠标，将该级别标题下的内容收缩起来，并在该文本下添加一条虚线，如图 5-15 所示。

STEP 4 定位文本插入点到样式应用错误的段落，单击 ◆ 按钮，为该段落上升一个级别，继续检查，直到完全正确，将所有级别标题收缩起来，如图 5-16 所示。单击“关闭大纲视图”按钮，返回页面视图，保存文档。

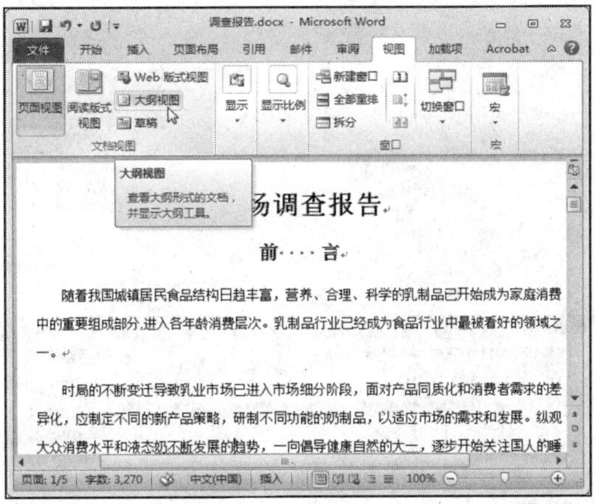

图 5-13

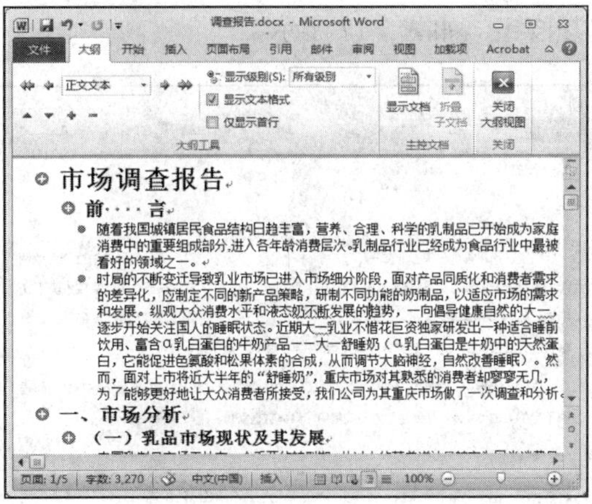

图 5-14

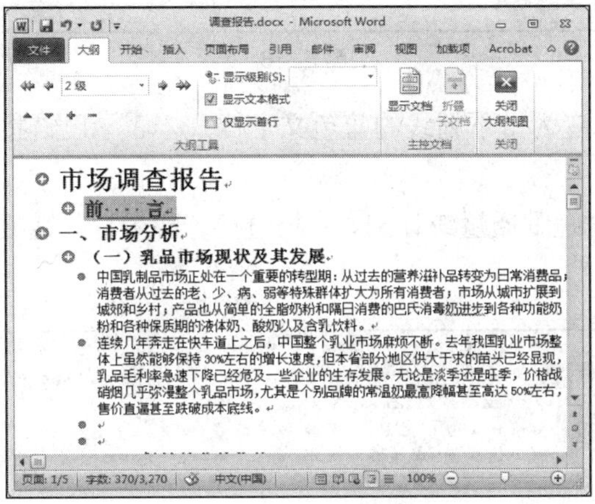

图 5-15

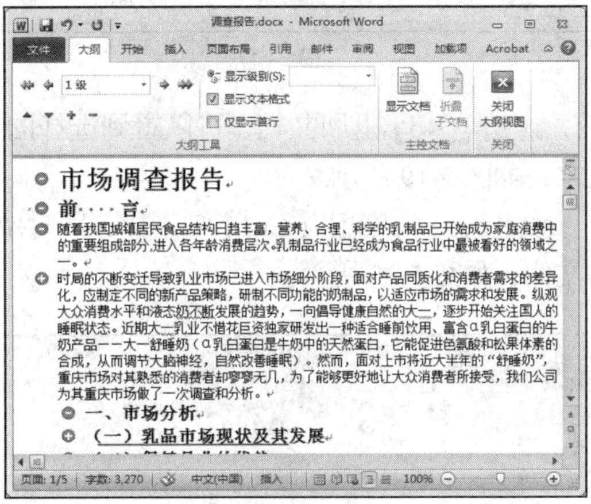

图 5-16

5.2 调用外部其他数据

编辑文档时可能会涉及使用其他资料中的一些数据，这时就需要对数据进行调用。调用数据的方法有多种，如使用超链接和插入对象等。

5.2.1 插入和使用超链接

插入和使用超链接

默认情况下，在 Word 中输入的网址和电子邮件地址将自动被转换为超链接，即字体为蓝色，带有下划线，单击它还可转换到相应的地址。根据需要可在 Word 中直接插入超链接，也可将输入的内容转换为超链接。下面介绍超链接的插入和使用方法。

STEP 1 在文档中选择“睡眠质量统计.xlsx”文本，在【插入】/【链接】组中单击“超链接”按钮，如图 5-17 所示。

STEP 2 打开“插入超链接”对话框，在“链接到”列表框中选择“现有文件或网页”选项，在中间列表框中选择“当前文件夹”选项，在“查找范围”下拉列表中选择文档路径，然后选择要链接的文档“睡眠质量统计”（资源包/素材/第 5 章/睡眠质量统计.xlsx），然后单击“确定”按钮，如图 5-18 所示。

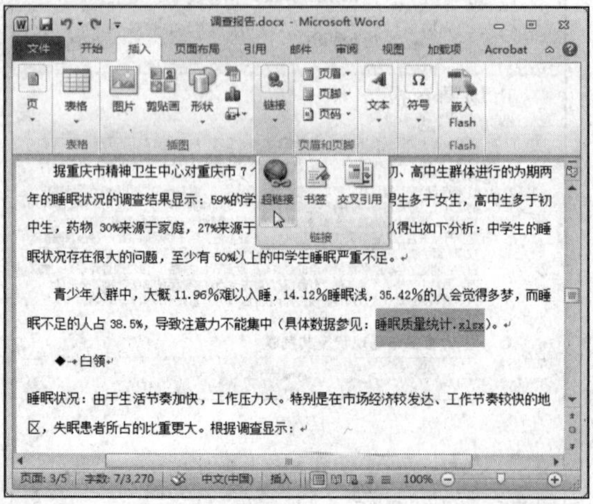

图 5-17

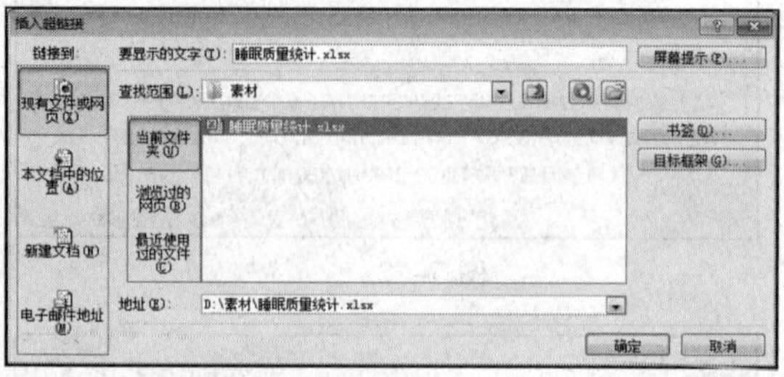

图 5-18

STEP 3 返回文档，可以看到选择的文本变为带下划线的蓝色文字样式，表示已链接到文本，如图 5-19 所示。

STEP 4 按住【Ctrl】键不放，同时单击“睡眠质量统计.xlsx”超链接，即可打开链接到的文件，如图 5-20 所示。

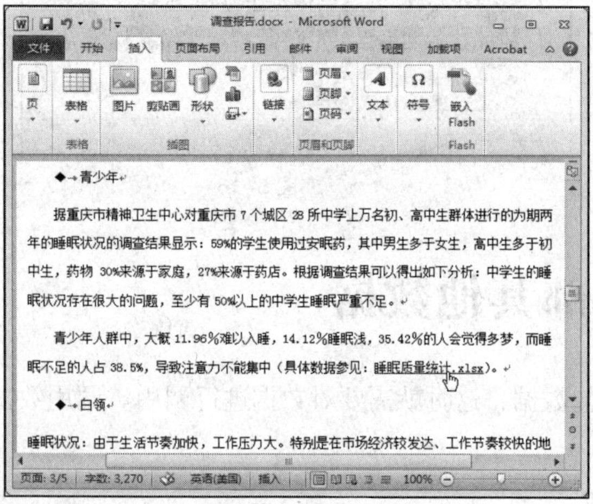

图 5-19

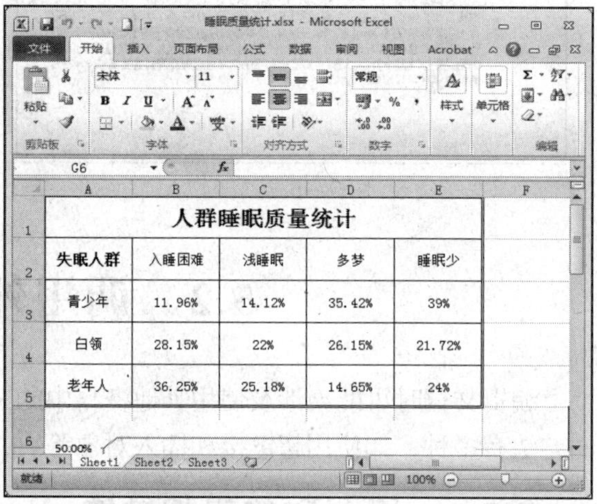

图 5-20

5.2.2 插入和使用对象

Word 可以将新建或者已有的文件作为对象插入到文档中。下面介绍插入和使用对象的方法。

插入和使用对象

STEP 1 将文本插入点定位到需要插入的对象的位置，在【插入】/【文本】组中单击“对象”按钮，在弹出的下拉列表中选择“对象”选项，如图 5-21 所示。

STEP 2 打开“对象”对话框，单击“由文件创建”选项卡，然后单击“浏览”按钮，如图 5-22 所示。

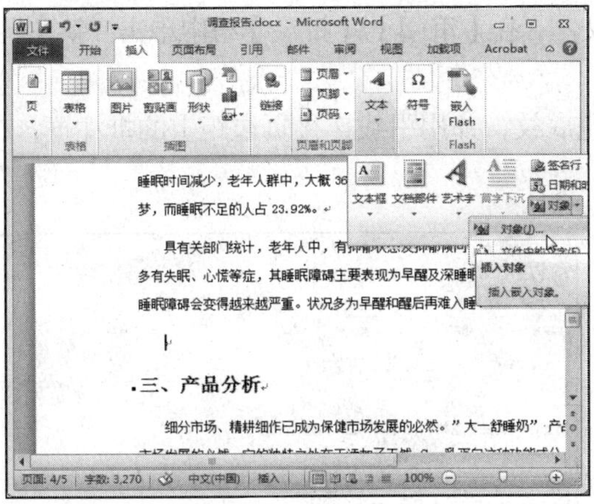

图 5-21

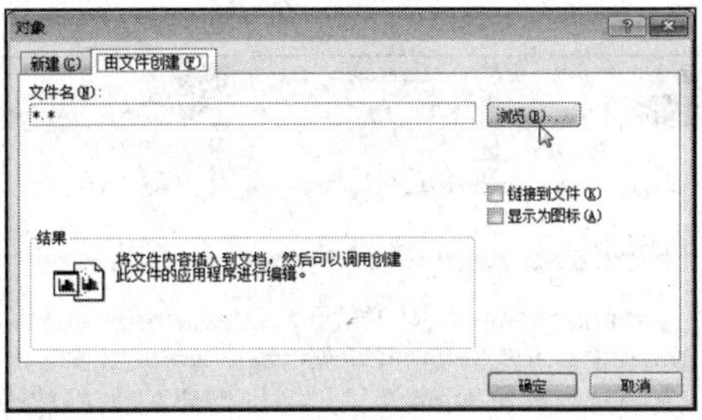

图 5-22

STEP 3 打开“浏览”对话框，在其中选择所需插入的文档的保存路径，再选择要插入的文档“睡眠质量统计”，单击“插入”按钮，如图 5-23 所示。返回“对象”对话框，单击“确定”按钮。

STEP 4 返回文档中可以看到选择的文件已被插入到当前文档中，如图 5-24 所示。

图 5-23

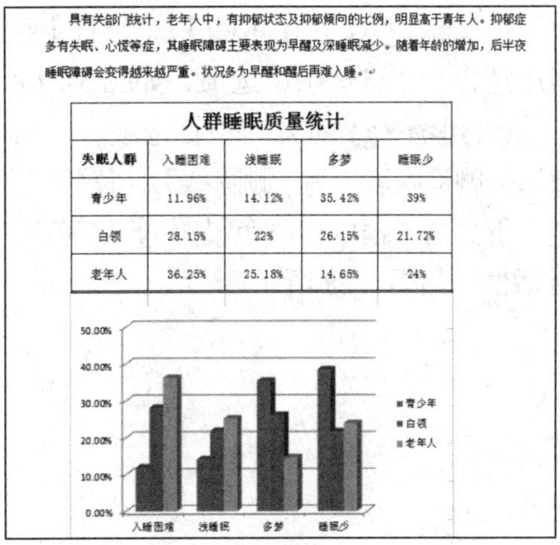

图 5-24

5.3　批注和修订文档

为了便于联机审阅，可在文档中快速创建批注和修订。批注指审阅时对文档添加的注释等信息，而修订则是指对文档做的每一个编辑的位置进行标记跟踪。

5.3.1　插入批注和修订

插入批注和修订

批注是指审阅文档时在文中空白处对文本内容进行注释。修订则是为了方便其他用户或原作者知道文档所做的修改，对文本设置修订标记来记录对文档的修改，然后再进入修订状态对文档进行编辑操作。下面介绍插入批注和修订的具体方法。

STEP 1 在文档中选择需要设置批注的文本，在【审阅】/【批注】组中单击“新建批注”按钮，如图 5-25 所示。

STEP 2 系统自动为选择的文本添加红色底纹，并用引线连接页边距上的批注框，在其中输入批注内容，如图 5-26 所示。

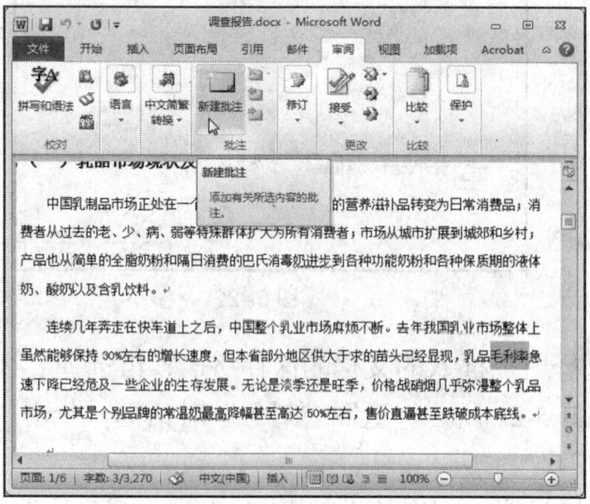

图 5-25

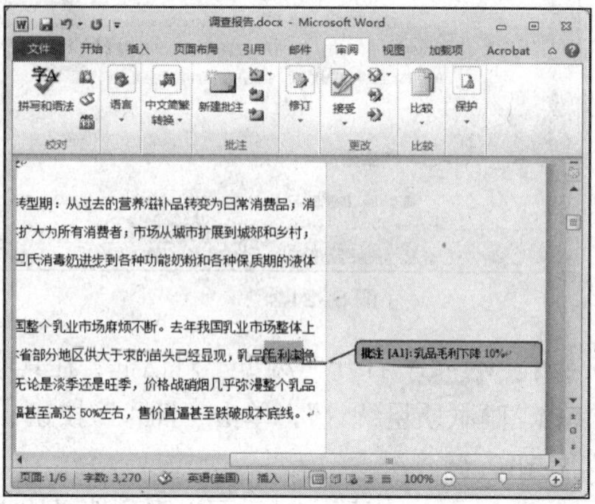

图 5-26

STEP 3 在【审阅】/【修订】组中单击“修订”按钮下方的下拉按钮，在弹出的下拉列表中选择“修订选项”选项，如图 5-27 所示。

STEP 4 打开“修订选项”对话框，在“标记”栏中设置“插入内容”标记为“单下划线”，“删除内容”为“删除线”，“修订行”为“外侧框线”，“格式”为“无”，在各选项右侧的“颜色”下拉列表框中将颜色设置为“红色”，继续设置其他修订选项，完成后单击“确定”按钮关闭对话框，如图 5-28 所示。

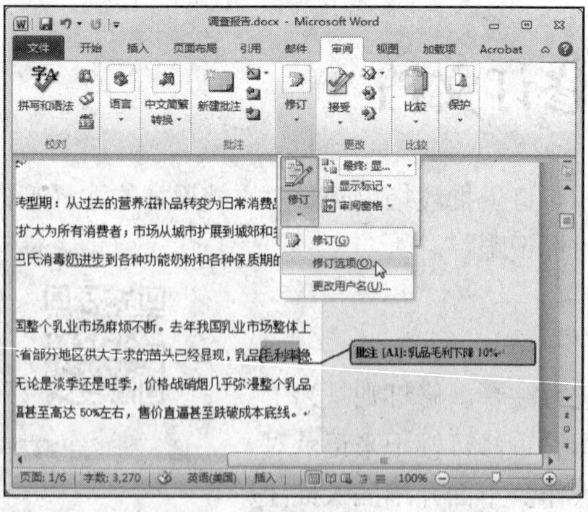

图 5-27

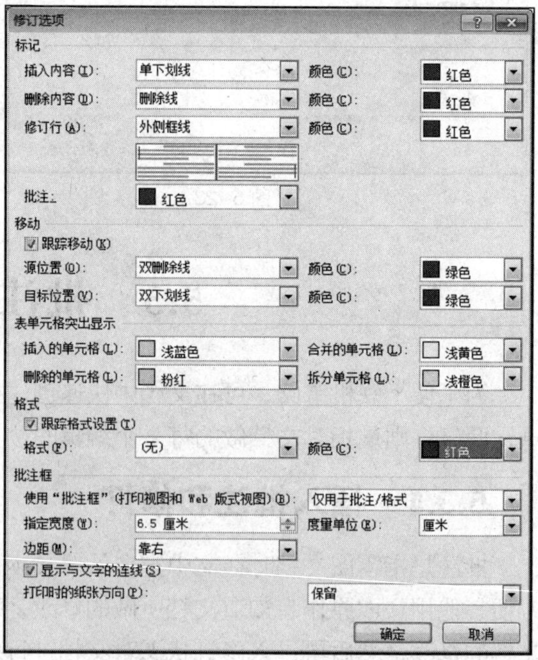

图 5-28

STEP 5 在【审阅】/【修订】组中单击“修订”按钮，如图 5-29 所示。

STEP 6 删除文档中的“无论是淡季还是旺季”时，文档自动记录删除操作，在删除的文本中间划一条红线，并以有颜色的字体显示，如图 5-30 所示。

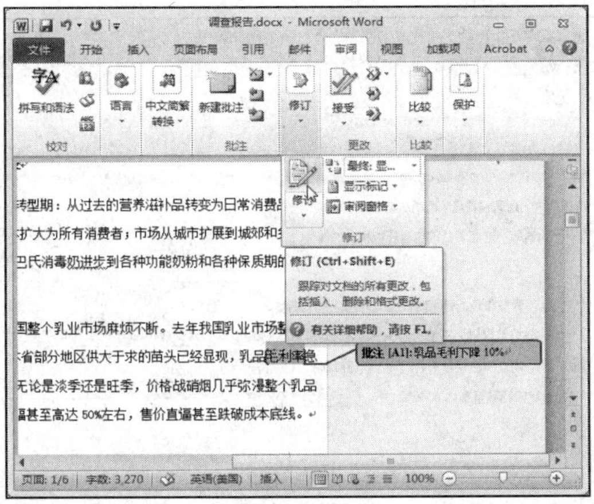

图 5–29

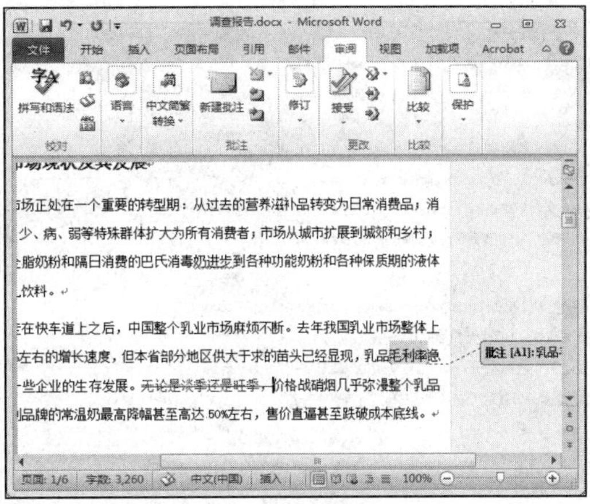

图 5–30

STEP 7 继续在后面添加“如今，”文本，此时，添加的文本为带有下划线的红色字体格式，表示该内容是新添加的文本，如图 5-31 所示。

STEP 8 用同样的方法删除下面“50”文本，添加“40”文本。选择“售价”文本，将其字号设置为“小四”，此时系统自动在右侧页边距上添加一个修订标记，并提示修改信息为“字体”，如图 5-32 所示。

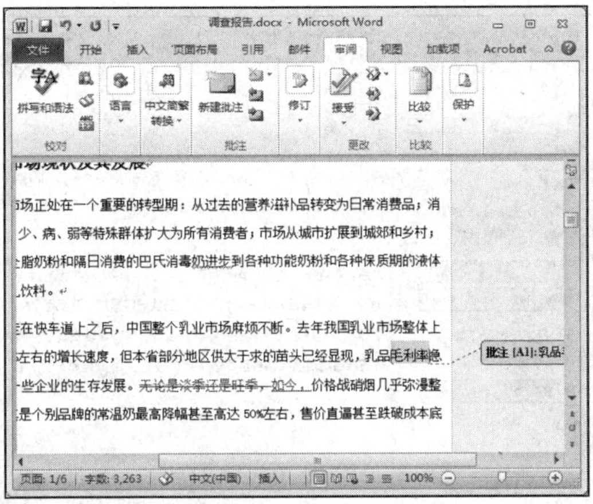

图 5–31

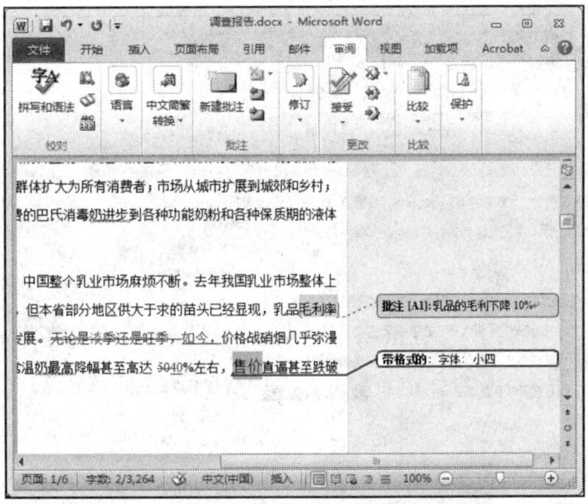

图 5–32

5.3.2 审阅批注和修订

不同的用户对同一个文档进行批注和修订后，文档都会自动记录每一个操作，而后一个操作者可以对前一个操作者的修改记录进行审阅。下面介绍审阅批注和修订的方法。

审阅批注和修订

STEP 1 在【审阅】/【修订】组中单击“显示标记”按钮，在弹出的下拉列表中选择“审阅者”选项，子列表中将显示审阅者名称。名称前有标记则表示当前显示此审阅人进行修订的文本，可通过单击取消标记，如图 5-33 所示。

STEP 2 在【审阅】/【修订】组中的“显示以供审阅”下拉列表中选择“最终状态”选项，文档自动显示所有进行修订后的最终效果，以便审阅当前文档，如图 5-34 所示。

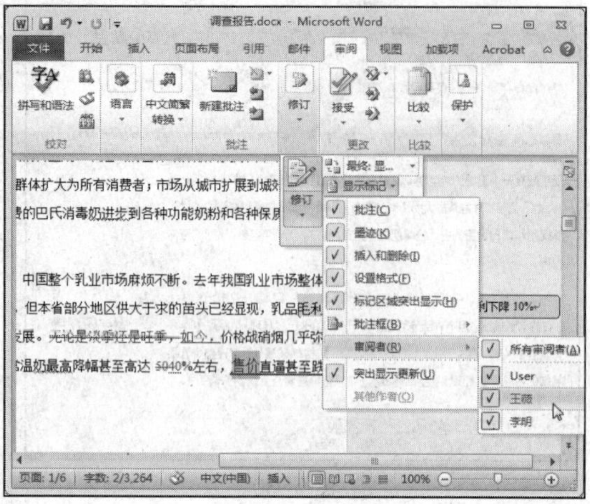

图 5–33

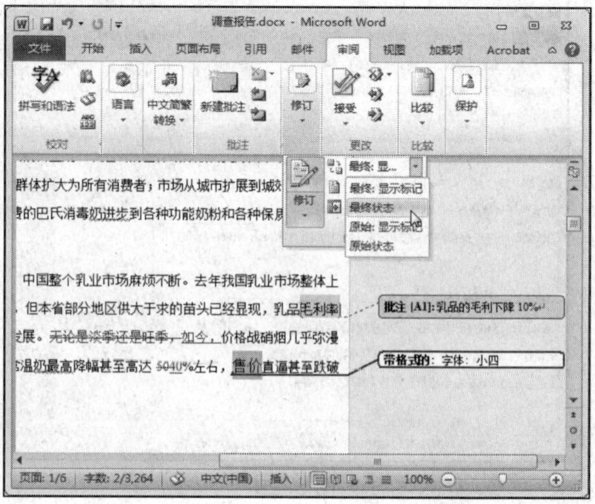

图 5–34

STEP 3 在【审阅】/【修订】组中单击“审阅窗格”按钮，在弹出的下拉列表中选择“垂直审阅窗格”选项，如图 5-35 所示。

STEP 4 在打开的窗格中显示了所有批注和修订内容，双击修订选项，文档会自动切换至文本修订处，如图 5-36 所示。

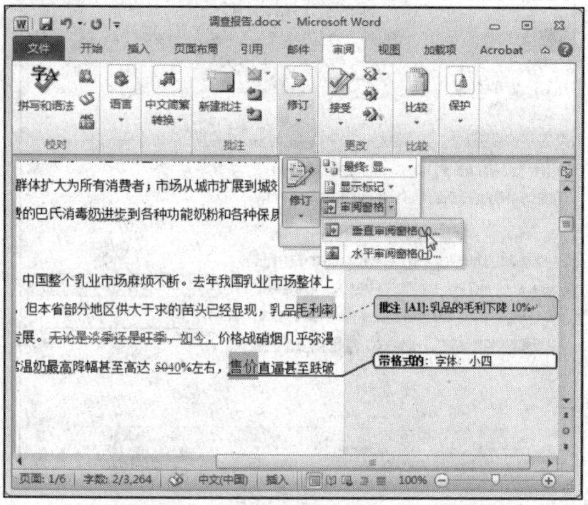

图 5–35

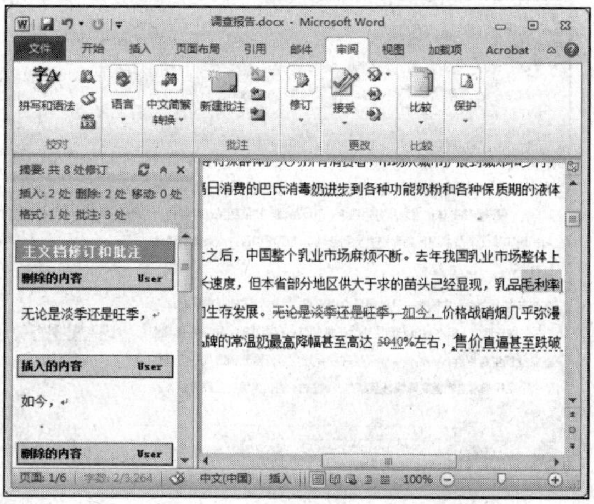

图 5–36

STEP 5 在【审阅】/【修订】组中单击“修订”按钮下方的下拉按钮，在弹出的下拉列表中选择“更改用户名”选项，如图 5-37 所示。

STEP 6 打开“Word 选项”对话框，在“用户名”文本框中输入修订者的名字，在“缩写”文本框中输入文档批注框中显示的编号缩写“U”，然后单击“确定”按钮即可，如图 5-38 所示。

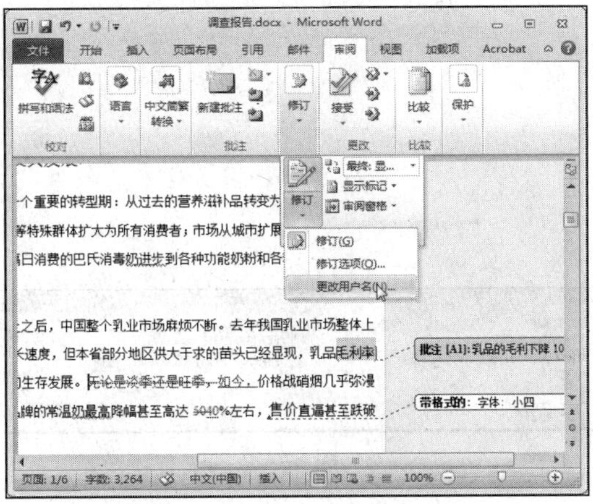

图 5-37

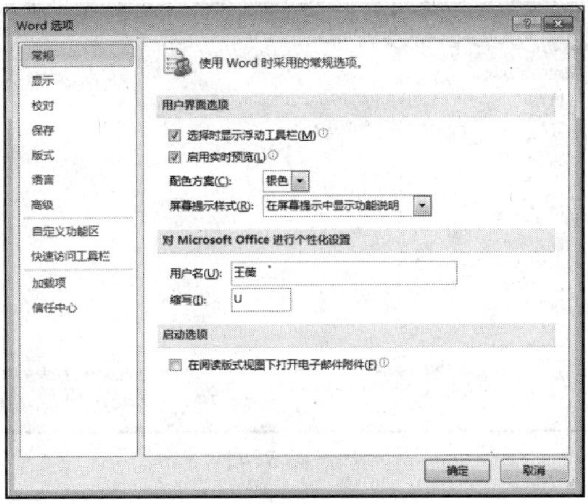

图 5-38

5.3.3 合并比较文档

通常报告、总结类文档需要同时发送给各级领导审校，在这种情况下，修订记录会分别保存在多篇文档中，如果想综合考虑所有领导的意见就需同时打开查看多篇文档。此时，可利用 Word 提供的合并文档功能将多个文件的修订记录全部合并到同一文件中。下面介绍合并比较文档的方法。

合并比较文档

STEP 1 将修订后的文档另存为“调查报告修订稿”（资源包/素材/第 5 章/调查报告修订稿.docx），在【审阅】/【比较】组中单击“合并”按钮，如图 5-39 所示。

STEP 2 打开“合并文档”对话框，单击“原文档”下拉列表框右侧的“打开”按钮，如图 5-40 所示。

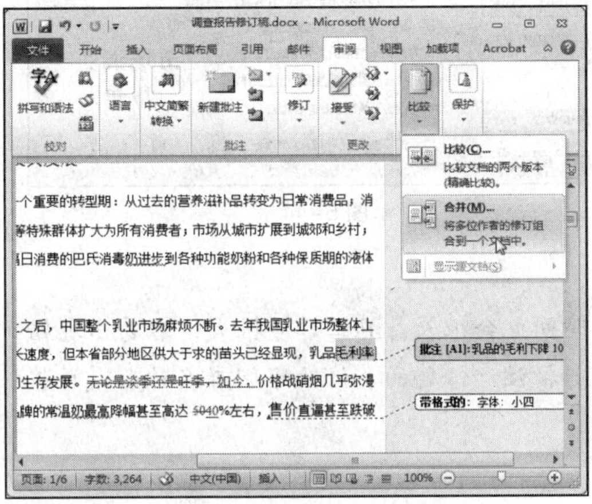

图 5-39

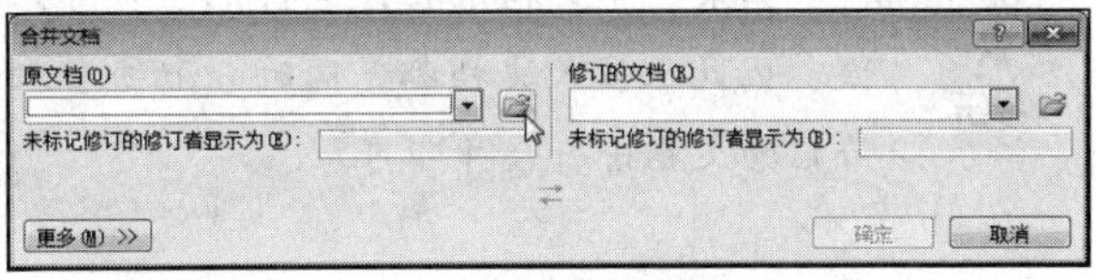

图 5-40

STEP 3 在打开的对话框中选择修订前的文档（资源包/素材/第 5 章/调查报告（未修订）.docx），单击“确定”按钮，如图 5-41 所示。

STEP 4 返回“合并文档”对话框，单击“修订的文档”下拉列表框右侧的“打开”按钮，在打开的对话框中选择修订后的文档（资源包/素材/第 5 章/调查报告修订稿.docx），单击“确定”按钮，如图 5-42 所示。

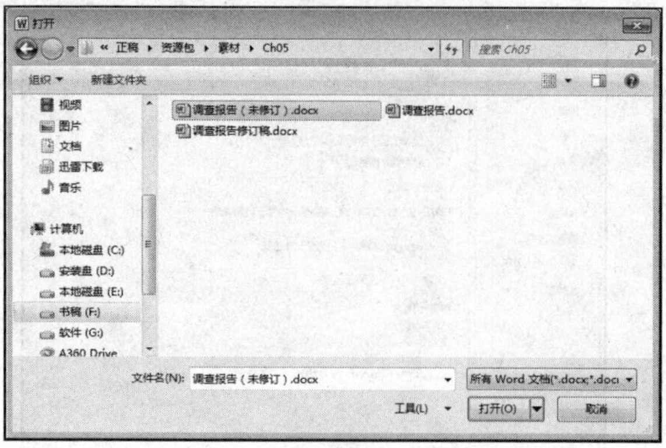

图 5-41

图 5-42

STEP 5 打开提示对话框，提示是否合并该文档，保持默认选项，单击“继续合并”按钮确认合并，如图 5-43 所示。

STEP 6 此时自动打开“合并结果 1”文档，在文档中出现 4 个窗格，左侧为审阅窗格，中间为合并的文档，右侧上下分别为原文档和修订的文档。在文档中可以查看修订文档的比较效果，如图 5-44 所示。

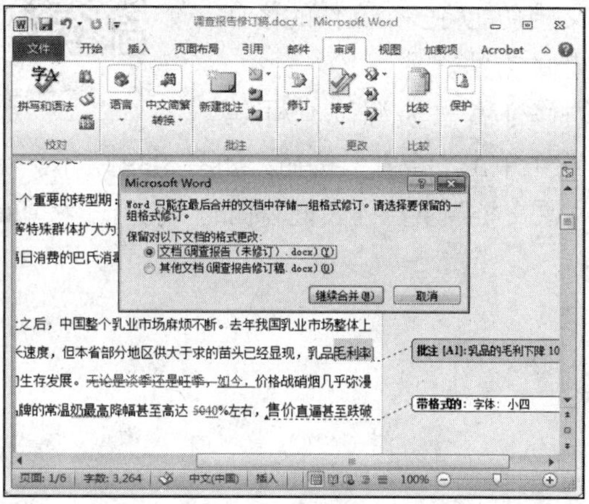

图 5-43

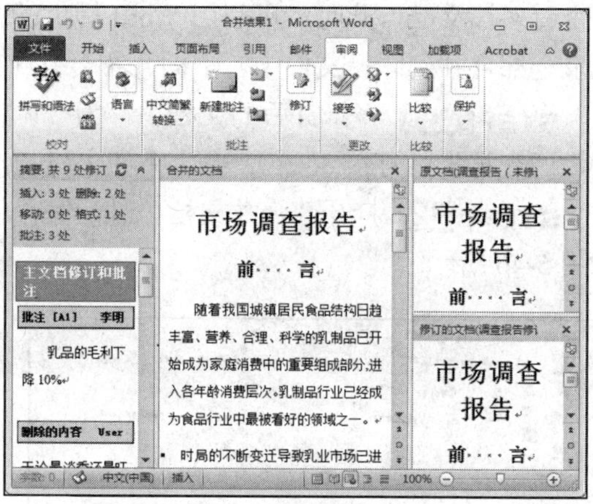

图 5-44

提示　如果一个文档很长，进行批注和修订的时间也会很长，且工作量很大，容易出现错误，因此很多长文档都是同时分配给多人进行批注和修订的。修改审阅者名称后，再将修订的文档进行合并即可。

5.3.4 接受和拒绝修订

在对文档进行修订并保留修订的标记后，为了删除这些修订的标记，就需要接受或者拒绝对修订的修改。下面介绍接受和拒绝修订的方法。

接受和拒绝修订

STEP 1 将文本插入点定位到修订的文本中，如“无论是淡季还是旺季”文本，在【审阅】/【更改】组中单击“接受”按钮，在弹出的下拉列表中选择“接受并移到下一条”选项，如图 5-45 所示。

STEP 2 文档将自动删除修订的文本，并移动到下一处修订文本中，选择“接受并移到下一条”选项继续接受对文本的修订，如图5-46所示。

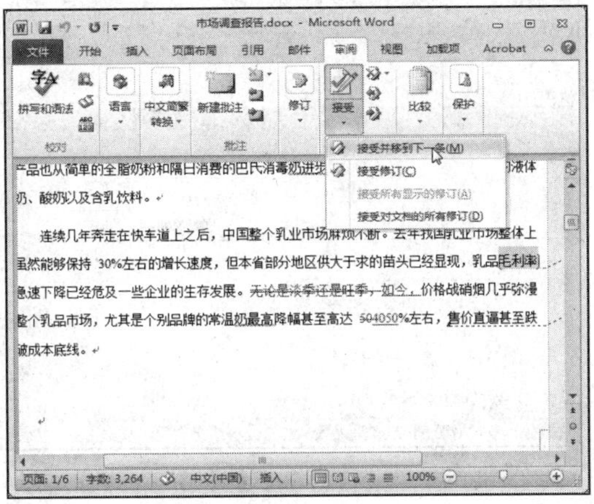

图5–45

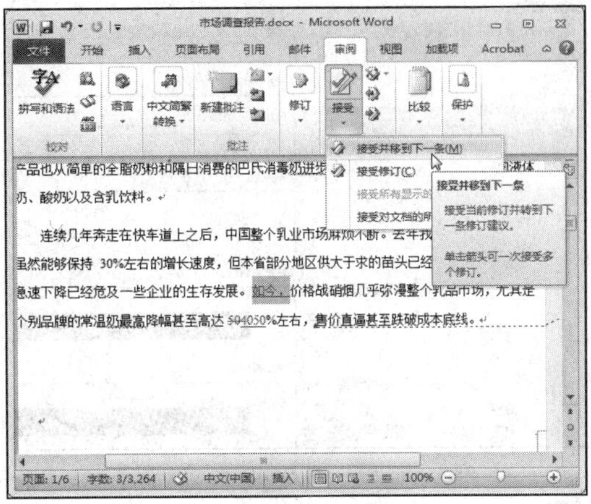

图5–46

STEP 3 使用同样的方法对文档中的修订进行接受或拒绝，如图5-47所示。

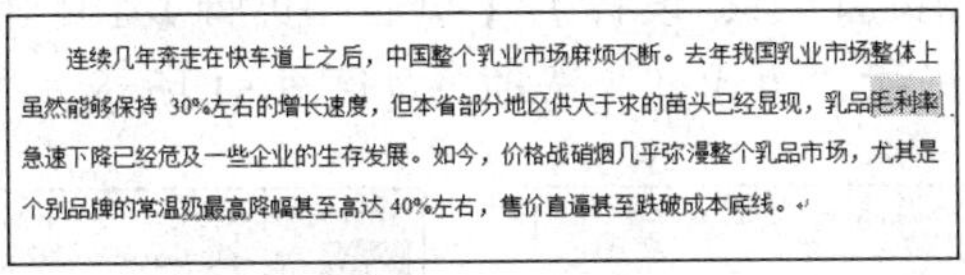
连续几年奔走在快车道上之后，中国整个乳业市场麻烦不断。去年我国乳业市场整体上虽然能够保持 30%左右的增长速度，但本省部分地区供大于求的苗头已经显现，乳品毛利率急速下降已经危及一些企业的生存发展。如今，价格战硝烟几乎弥漫整个乳品市场，尤其是个别品牌的常温奶最高降幅甚至高达 40%左右，售价直逼甚至跌破成本底线。

图5–47

提示 对文档批注的内容进行编辑后，如果需要删除批注，则可以在文档右侧选择该批注，然后在【审阅】/【批注】组中单击“删除”按钮。

5.4 文档版面的设置

在编辑长文档时，为了完善文档的结构，保持整体美观性，可以为文档的页眉和页脚添加效果，或者对文档中的文本设置分栏效果。此外，为了方便查阅文档，还可以添加目录。

5.4.1 添加页眉和页脚

在一些较长的文档中，为了便于阅读，同时传达更多的信息，会为文档添加页眉和页脚。通过设置页眉和页脚，可快速在文档的每个页面的顶部和底部区域添加固定的内容，如页码、公司徽标、文档名称、日期、作者名等。下面介绍添加页眉和页脚的具体操作。

添加页眉和页脚

STEP 1 在【插入】/【页眉和页脚】组中单击“页眉”按钮，在弹出的下拉列表中选择内置的页眉样式“反差型（奇数页）”选项，如图5-48所示。

STEP 2 文档切换到页眉和页脚视图，光标自动插入到页眉区且自动添加了两个文本框，提示输入公司名称和输入文档标题，在上面的文本框中输入“四川华乐乳制品有限公司”文本，如图 5-49 所示。

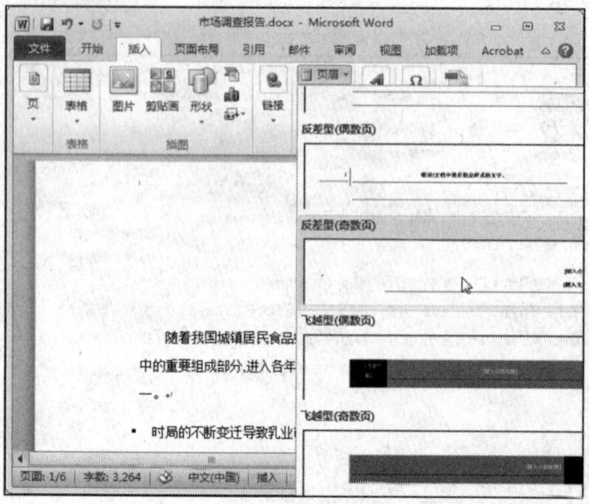

图 5-48

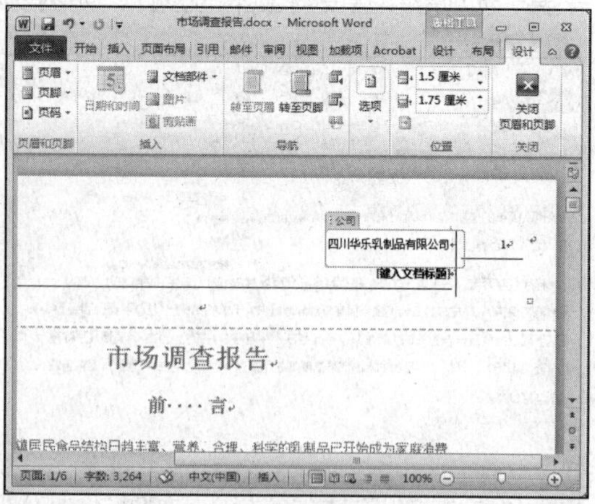

图 5-49

STEP 3 将文本插入点定位到下面的文本框中，输入“市场调查报告”文本，如图 5-50 所示。

STEP 4 在【页眉和页脚工具 设计】/【页眉和页脚】组中单击“页脚”按钮，在弹出的下拉列表中选择内置的页脚样式“边线型”选项，如图 5-51 所示。

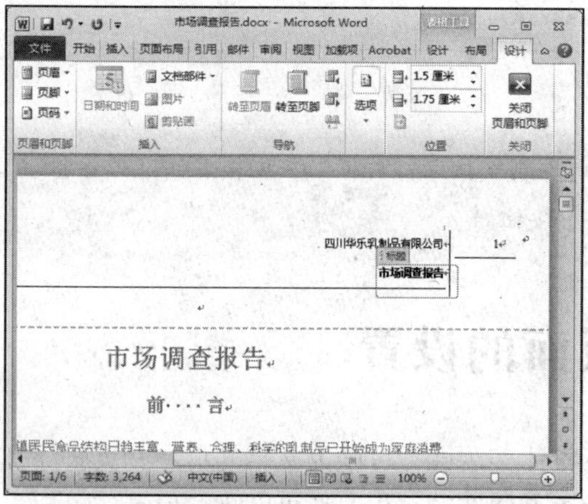

图 5-50

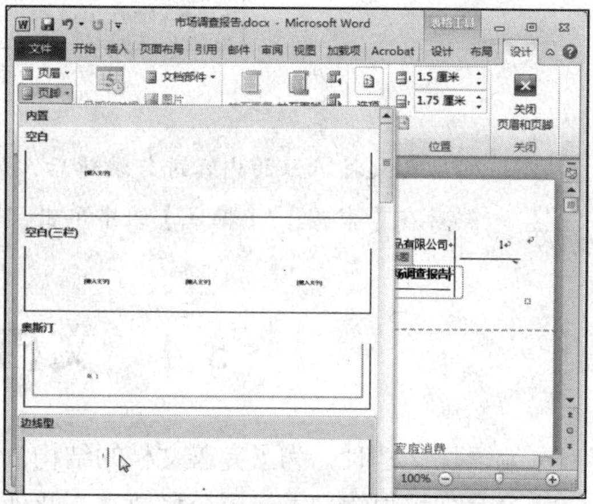

图 5-51

STEP 5 将文本插入点定位到页脚区，且自动插入页码，然后在【页眉和页脚工具 设计】/【关闭】组中单击“关闭页眉和页脚”按钮退出页眉和页脚视图，如图 5-52 所示。

STEP 6 返回文档中可看到设置页眉和页脚后的效果，如图 5-53 所示。

提示 在文档中插入页眉和页脚格式时，可以选择文档默认的几种格式，也可以根据自己的需要对页眉和页脚中文本的字体格式进行设置或者在其中插入图片等。相关的操作和在文档中进行的操作相同。另外，双击页眉或者页脚的位置，也可以进入页眉和页脚编辑状态。

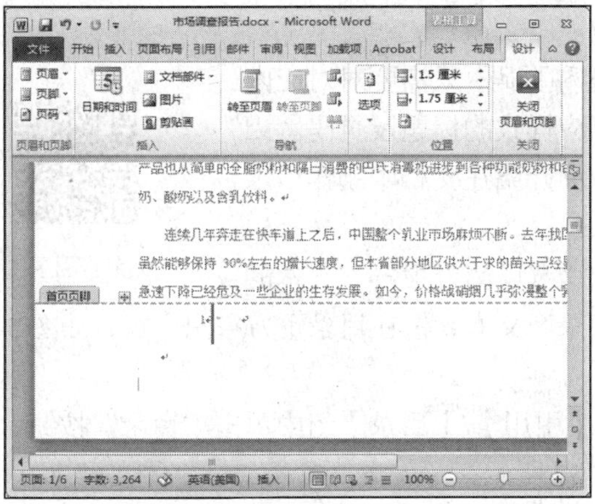

图 5–52

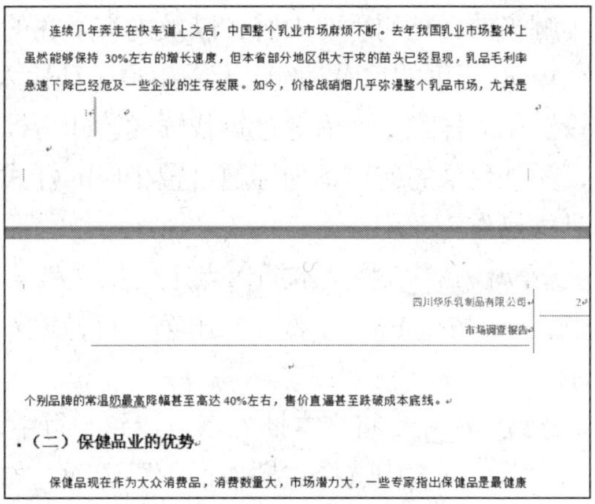

图 5–53

5.4.2 设置分栏效果

分栏排版是一种十分常用的排版方式，使用分栏排版功能可以制作出别具特色的文档版面，使整个页面更具观赏性。下面介绍在文档中将文本设置为两栏显示的方法。

设置分栏效果

STEP 1 选择文档中“青少年”“白领”“老年人”3 个项目符号标题下面的文本，在【页面布局】/【页面设置】组中单击“分栏”按钮，在弹出的下拉列表中选择“两栏”选项，如图 5-54 所示。

STEP 2 返回文档中可看到所选的文本内容以两栏显示，如图 5-55 所示。

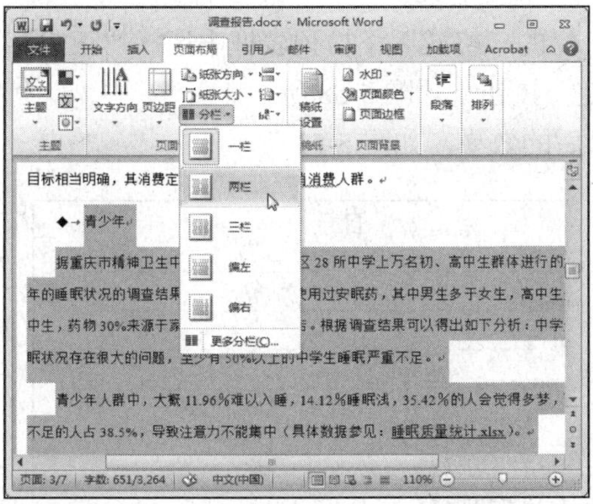

图 5–54

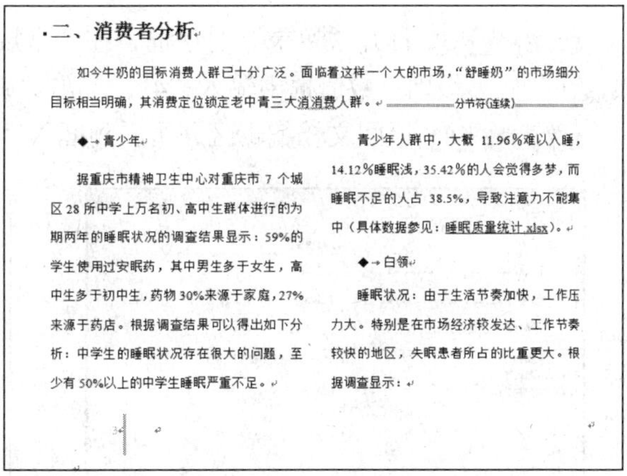

图 5–55

提示

在对文档进行分栏时，一般使用双栏排列，但在制作特殊文档，需要三栏或三栏以上排列时，可在“分栏”下拉列表中选择“更多分栏”选项，在打开的“分栏”对话框的“栏数”数值框中自定义多栏显示。

5.4.3 制作目录

目录是一种常见的文档索引方式，一般包含标题和页码两个部分，通过阅读目录，用户可快速了解当前文档的主要内容，以及内容所在的页码。

Word 提供的目录功能，无需用户手动输入内容和页码，只需要对对应内容设置相应样式，然后通过查找样式，即可提取相应样式的标题及页码。因此，添加目录的前提是为标题设置相应的样式。下面介绍在文档中制作目录的具体操作。

制作目录

STEP 1 将文本插入点定位到文档第一行“市场调查报告”文本的左侧，然后按【Enter】键，空出第一行，输入“目录”文本，再在目录下方空出一行，如图 5-56 所示。

STEP 2 将文本插入点定位到空行中，在【引用】/【目录】组中单击“目录”按钮，在弹出的下拉列表中选择“插入目录”选项，如图 5-57 所示。

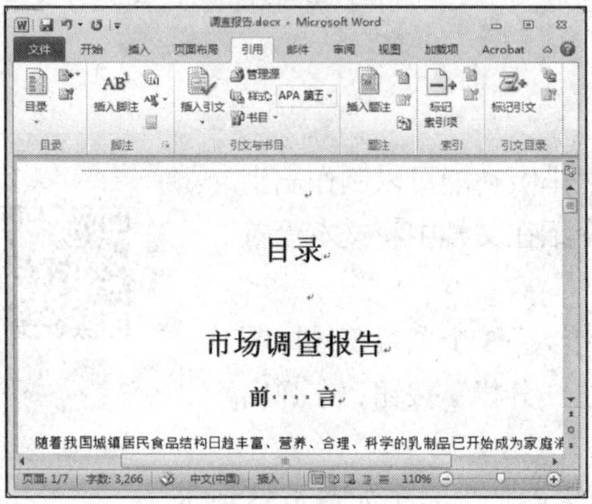

图 5–56

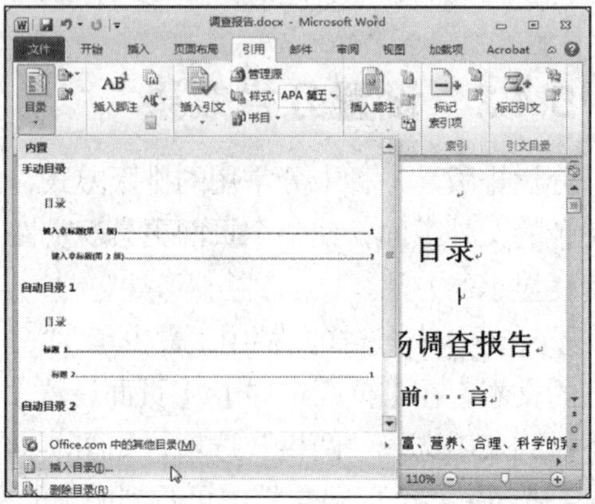

图 5–57

STEP 3 打开“目录”对话框，在“常规”栏的“格式”下拉列表框中选择“正式”选项，在“显示级别”数值框中输入“4”，单击“确定”按钮，如图 5-58 所示。

STEP 4 返回文档编辑区，可看到插入目录后的效果，如图 5-59 所示。

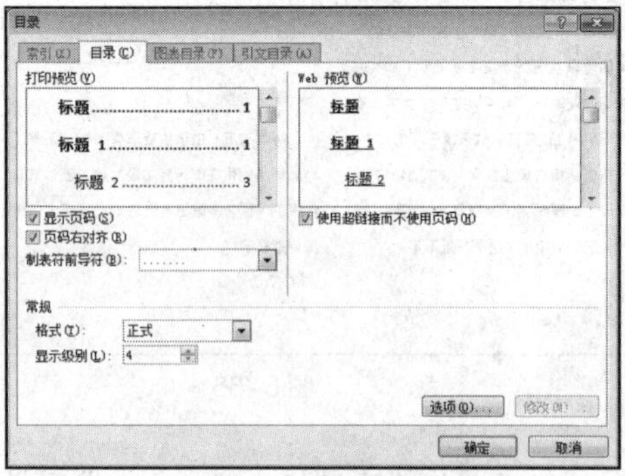

图 5–58

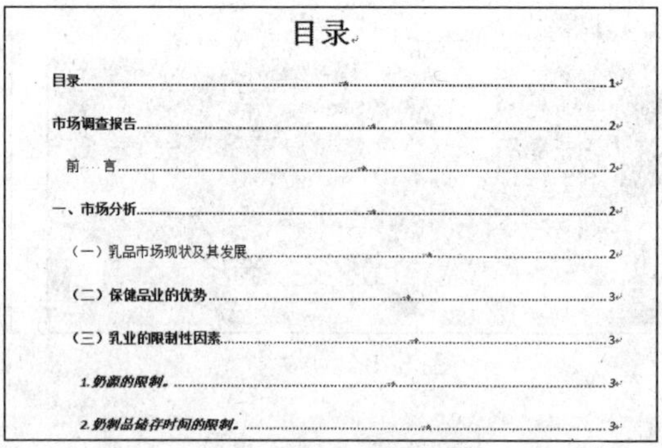

图 5–59

5.5 文档的安全与加密

在日常办公中，常常有一些比较重要或机密的文档，此时可使用 Word 的文档保护功能将其保护起来，能够有效地防止他人故意篡改或查看信息。保护文档的常用方式有两种：一是加密文档；二是设置文档的编辑权限。

5.5.1 保护文档

保护文档

为了防止他人随意查看文档信息，可通过对文档进行加密保护整个文档。下面介绍为文档设置密码的具体操作。

STEP 1 选择【文件】/【信息】菜单命令，在窗口中间位置单击“保护文档”按钮，在弹出的下拉列表中选择“用密码进行加密”选项，如图 5-60 所示。

STEP 2 在打开的“加密文档”对话框的“密码”文本框中输入密码“123456”，然后单击“确定”按钮，如图 5-61 所示。

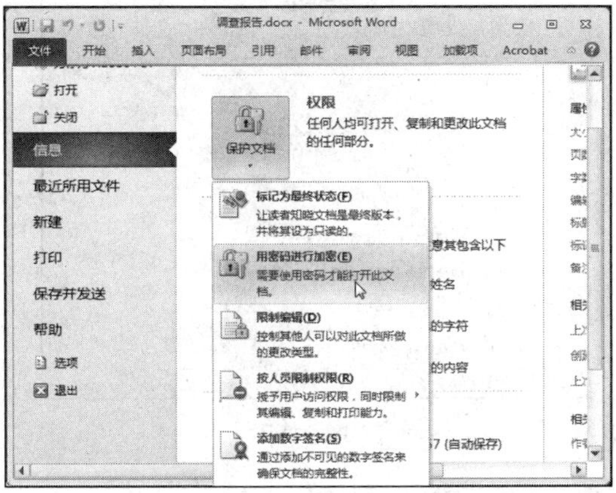

图 5-60

图 5-61

STEP 3 在打开的“确认密码”对话框的“重新输入密码”文本框中输入密码“123456”，然后单击“确定”按钮，如图 5-62 所示。

STEP 4 单击“保存”按钮保存文档，并关闭该文档，再次打开该文档时将打开“密码”对话框，在文本框中输入密码，然后单击“确定”按钮才能打开文档，如图 5-63 所示。

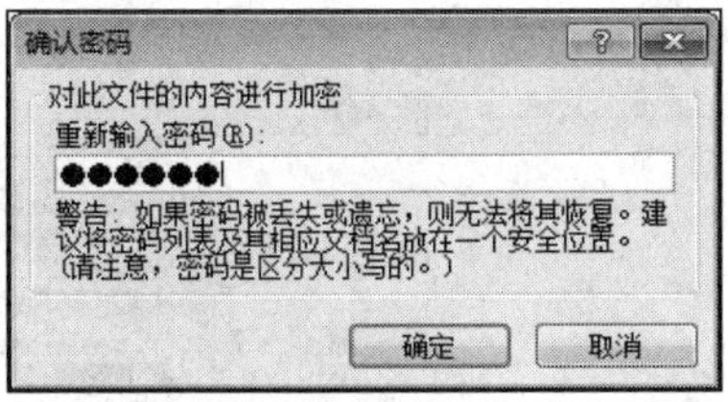

图 5-62

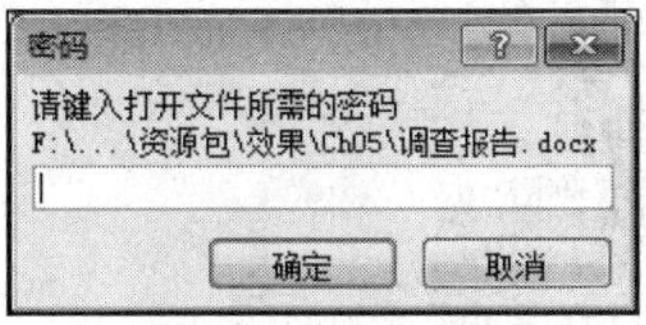

图 5-63

> **提示**　如果需要取消文档的密码，可以选择【文件】/【信息】菜单命令，在窗口中间位置单击“保护文档”按钮，在弹出的下拉列表中选择“用密码进行加密”选项。在打开的“加密文档”对话框的文本框中将输入的密码删除，然后单击“确定”按钮即可。

5.5.2 设置文档权限

为了防止插入不需要的修订和批注，可使用文档保护功能来限制审阅者对文档的操作权限，其中，主要包括让审阅者插入批注和修订或只让审阅者插入批注。下面介绍设置文档权限的具体方法。

设置文档权限

STEP 1 在【审阅】/【保护】组中单击“限制编辑”按钮，如图 5-64 所示。

STEP 2 打开“限制格式和编辑”任务窗格，在“格式设置限制”栏中单击选中“限制对选定的样式设置格式”复选框，然后单击“设置”超链接，如图 5-65 所示。

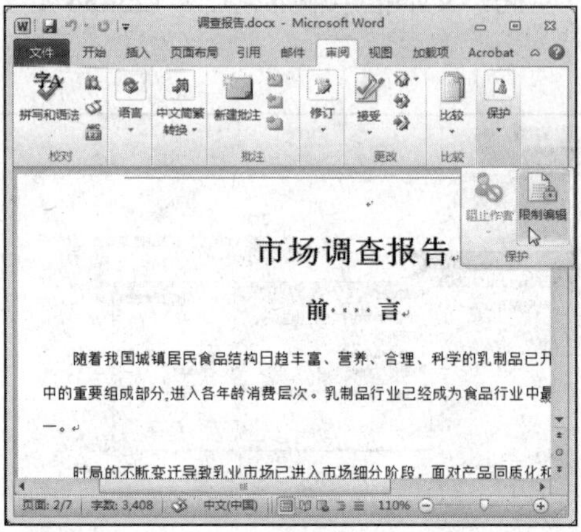

图 5-64

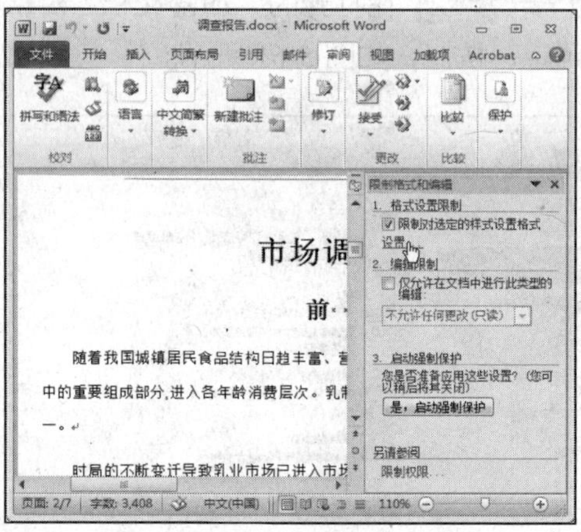

图 5-65

STEP 3 打开“格式设置限制”对话框，单击选中相应的复选框，可以指定审阅者能应用或更改哪些样式，完成后单击“确定”按钮，如图 5-66 所示。

STEP 4 在“限制格式和编辑”任务窗格的“编辑限制”栏中单击选中“仅允许在文档中进行此类型的编辑”复选框，并在下面的下拉列表框中选择“修订”选项，如图 5-67 所示。

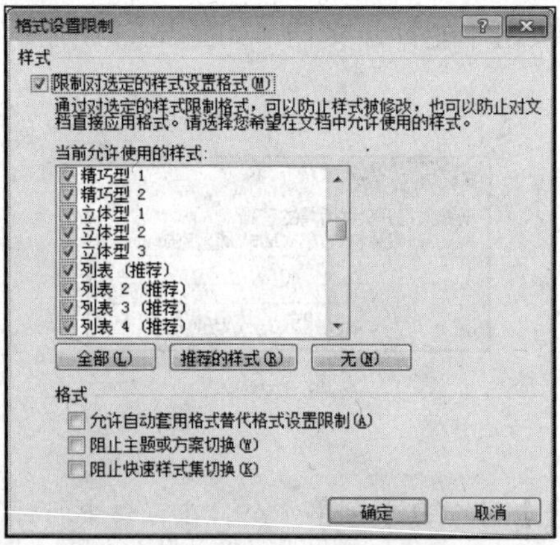

图 5-66

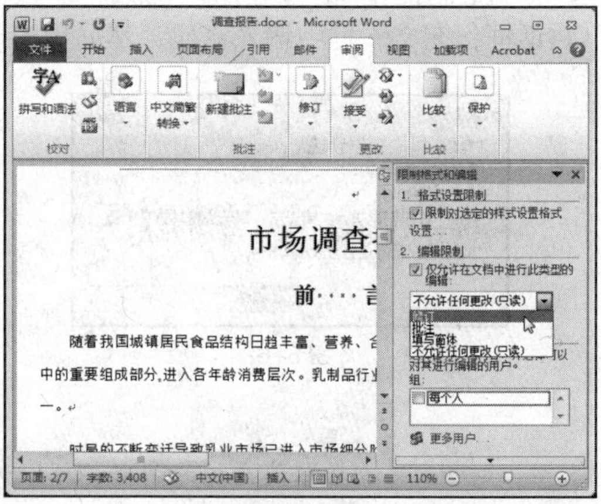

图 5-67

STEP 5 在“启动强制保护”栏中，单击“是，启动强制保护”按钮，如图 5-68 所示。

STEP 6 在打开的“启动强制保护”对话框中为文档指定密码，如输入“123456”，如

图 5-69 所示，完成文档的权限设置。设置密码后只有知道该密码的审阅者才能取消文档保护（资源包/效果/第 5 章/调查报告.docx）。

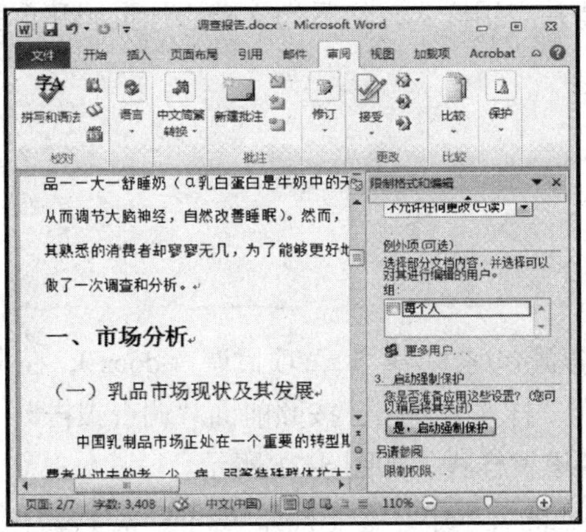

图 5-68

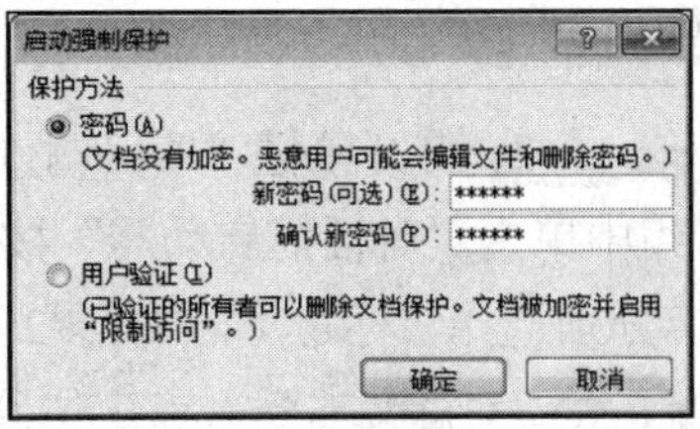

图 5-69

5.6 上机案例

5.6.1 制作项目调查报告

案例目标

本案例主要使用新建和应用样式、添加页眉和页脚以及添加目录等操作来完成项目调查报告文档的制作，如图 5-70 所示。

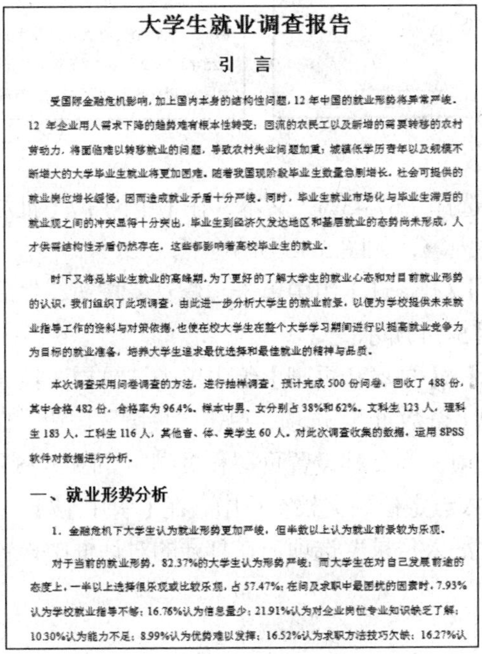

大学生就业调查报告

引　言

受国际金融危机影响，加上国内本身的结构性问题，12 年中国的就业形势将异常严峻。12 年企业用人需求下降的趋势难有根本性转变：回流的农民工以及新增的需要转移的农村劳动力，将面临难以转移就业的问题，导致农村失业问题加重；城镇低学历青年以及规模不断增大的大学毕业生就业将更加困难。随着我国现阶段毕业生数量急剧增长，社会可提供的就业岗位增长缓慢，因而造成就业矛盾十分严峻。同时，毕业生就业市场化与毕业生滞后的就业观之间的冲突显得十分突出，毕业生到经济欠发达地区和基层就业的态势尚未形成，人才供需结构性矛盾仍然存在，这些都影响着高校毕业生的就业。

时下又将是毕业生就业的高峰期，为了更好的了解大学生的就业心态和对目前就业形势的认识，我们组织了此项调查，由此进一步分析大学生的就业前景，以便为学校提供未来就业指导工作的资料与对策依据，也使在校大学生在整个大学学习期间进行以提高就业竞争力为目标的就业准备，培养大学生追求最优选择和最佳就业的精神与品质。

本次调查采用问卷调查的方法，进行抽样调查，预计完成 500 份问卷，回收了 488 份，其中合格 482 份，合格率为 96.4%。样本中男、女分别占 38%和 62%。文科生 123 人，理科生 183 人，工科生 116 人，其他音、体、美学生 60 人。对此次调查收集的数据，运用 SPSS 软件对数据进行分析。

一、就业形势分析

1．金融危机下大学生认为就业形势更加严峻，但半数以上认为就业前景较为乐观。

对于当前的就业形势，82.37%的大学生认为形势严峻；而大学生在对自己发展前途的态度上，一半以上选择很乐观或比较乐观，占 57.47%；在问及求职中最困扰的因素时，7.93%认为学校就业指导不够；16.76%认为信息量少；21.91%认为对企业岗位专业知识缺乏了解；10.30%认为能力不足；8.99%认为优势难以发挥；16.52%认为求职方法技巧欠缺；16.27%认

图 5-70

制作项目调查报告

操作思路

在文档中首先对每一级标题的样式进行创建并应用样式，然后为文档添加页眉和页脚效果，最后在首页创建文档的目录。

效果所在位置

资源包/效果/第 5 章/项目调查.docx。

步骤提示

STEP 1 打开素材“项目调查”文档（资源包/素材/第 5 章/项目调查.docx），在【开始】/【样式】组中单击“对话框启动器”按钮，打开“样式”窗格，按照前面“调查报告”文档的操作一样，分别选择“标题 1”“标题 2”等，为其设置样式，如图 5-71 所示。

STEP 2 将文本插入点定位到文档中相应的文本中，在【开始】/【样式】组中的列表框中选择相应的样式，为其应用设置的样式，如果“标题 1”“正文”等样式，如图 5-72 所示。

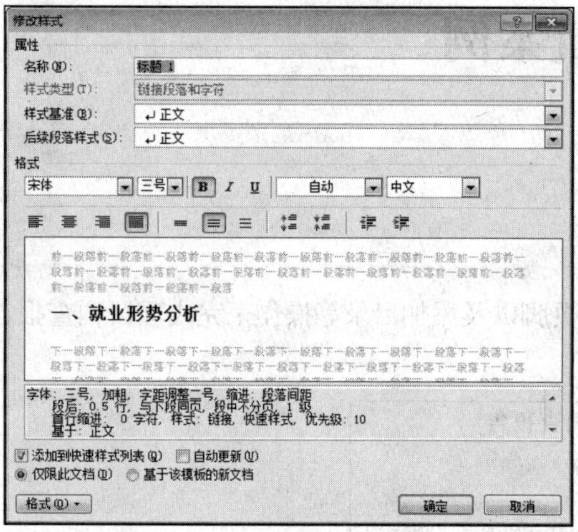

图 5–71

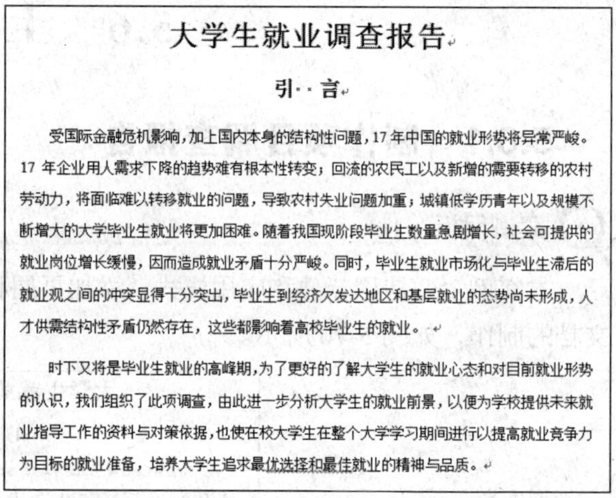

大学生就业调查报告

引 · 言

受国际金融危机影响，加上国内本身的结构性问题，17 年中国的就业形势将异常严峻。17 年企业用人需求下降的趋势难有根本性转变；回流的农民工以及新增的需要转移的农村劳动力，将面临难以转移就业的问题，导致农村失业问题加重；城镇低学历青年以及规模不断增大的大学毕业生就业将更加困难。随着我国现阶段毕业生数量急剧增长，社会可提供的就业岗位增长缓慢，因而造成就业矛盾十分严峻。同时，毕业生就业市场化与毕业生滞后的就业观之间的冲突显得十分突出，毕业生到经济欠发达地区和基层就业的态势尚未形成，人才供需结构性矛盾仍然存在，这些都影响着高校毕业生的就业。

时下又将是毕业生就业的高峰期，为了更好的了解大学生的就业心态和对目前就业形势的认识，我们组织了此项调查，由此进一步分析大学生的就业前景，以便为学校提供未来就业指导工作的资料与对策依据，也使在校大学生在整个大学学习期间进行以提高就业竞争力为目标的就业准备，培养大学生追求最优选择和最佳就业的精神与品质。

图 5–72

STEP 3 在文档中选择“67.43%”文本，在【审阅】/【批注】组中单击“新建批注”按钮，添加批注，并输入批注内容，如图 5-73 所示。

STEP 4 在【审阅】/【修订】组中单击“修订”按钮，然后在文档中添加“权威统计部门”文本，完成修订，如图 5-74 所示。

STEP 5 在【插入】/【页眉和页脚】组中单击“页眉”按钮，在弹出的的下拉列表中选择内置的页眉样式“现代型（奇数页）”选项，单击“页脚”按钮，在弹出的的下拉列表中选择内置的页脚样式“边线型”选项，为文档设置页眉和页脚，如图 5-75 所示。

STEP 6 将文本插入点定位到文档空行中，在【引用】/【目录】组中单击“目录”按钮，在弹出的下拉列表中选择“插入目录”选项，在打开的对话框中设置目录，完成目录的插入，如图 5-76 所示。

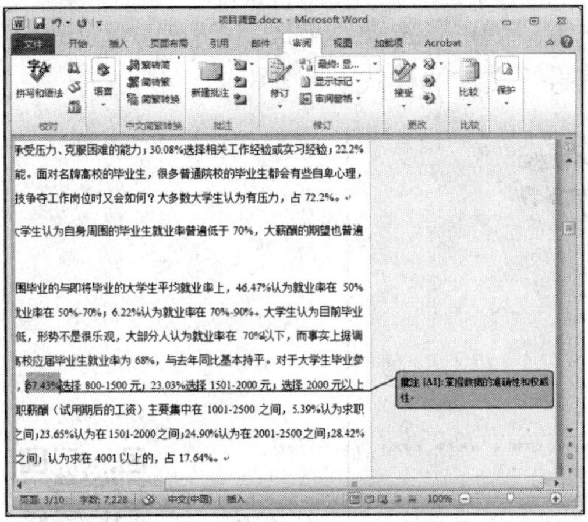

图 5–73

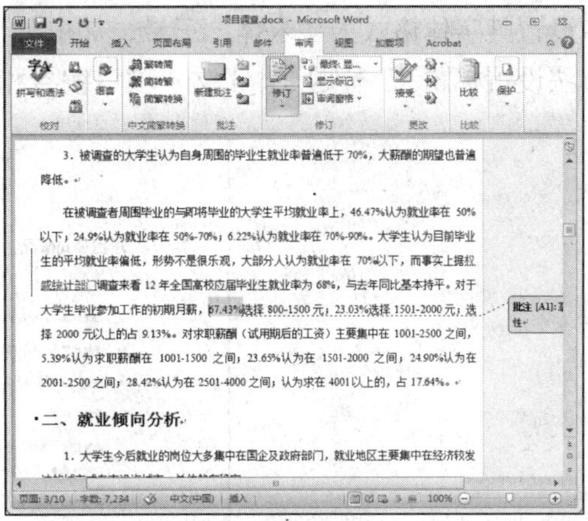

图 5–74

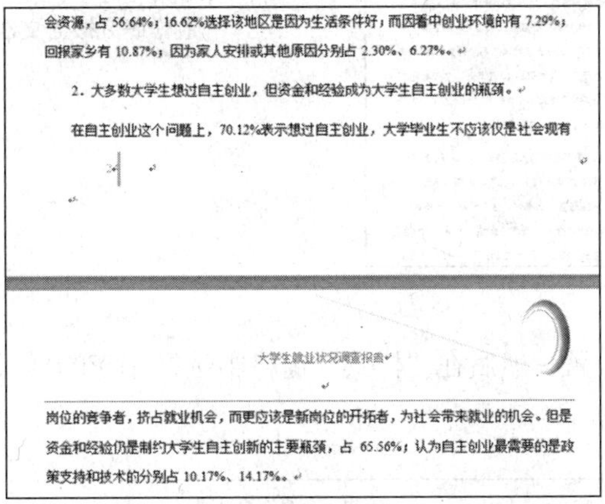

图 5–75

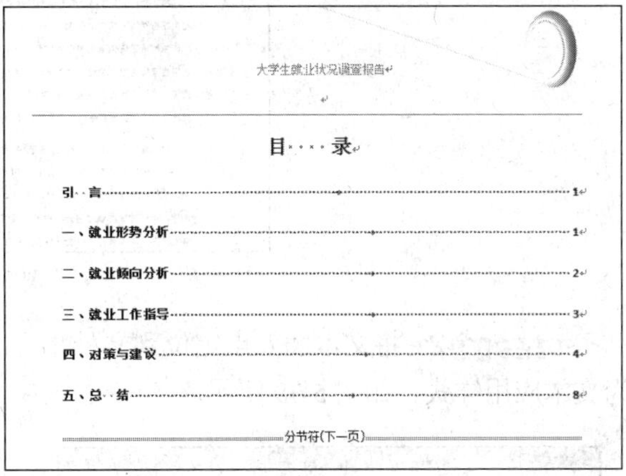

图 5–76

5.6.2 制作研究报告文档

案例目标

本案例将使用修改和应用样式、插入页眉和页脚、插入目录等操作制作研究报告文档，如图 5-77 所示。

操作思路

首先修改预设的文档样式，并将修改后的样式应用到文档中。然后为文档插入页眉和页脚，最后为文档提取目录。

效果所在位置

资源包/效果/第 5 章/研究报告.docx。

步骤提示

STEP 1 打开“研究报告”文档（资源包/素材/第 5 章/研究报告.docx），打开“样式”窗格，选择“标题 1”并单击鼠标右键，在弹出的快捷菜单中选择“修改”命令，在打开的对话框中设置其字体格式为“宋体，三号，加粗”，然后单击“确定”按钮，如图 5-78 所示。用同样的方法设置标题 2、标题 3、正文、项目编号和项目符号等文本的样式。

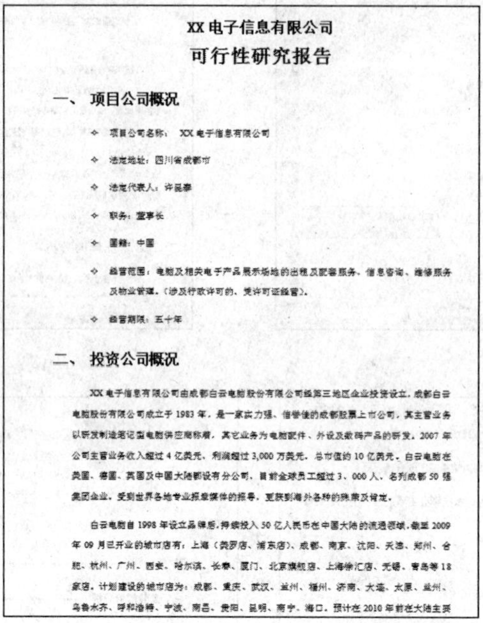
XX 电子信息有限公司

可行性研究报告

一、 项目公司概况

- 项目公司名称： XX 电子信息有限公司
- 法定地址：四川省成都市
- 法定代表人：许晟泰
- 职务：董事长
- 国籍：中国
- 经营范围：电脑及相关电子产品展示场地的出租及配套服务、信息咨询、维修服务及物业管理。（涉及行政许可的，凭许可证经营）。
- 经营期限：五十年

二、 投资公司概况

XX 电子信息有限公司由成都白云电脑股份有限公司经第三地区企业投资设立，成都白云电脑股份有限公司成立于 1983 年，是一家实力强、信誉佳的成都股票上市公司，其主营业务以研发制造笔记型电脑供应商称著，其它业务为电脑配件、外设及数码产品的研发。2007 年公司主营业务收入超过 4 亿美元、利润超过 3,000 万美元，总市值约 10 亿美元。白云电脑在美国、德国、英国及中国大陆都设有分公司，目前全球员工超过 3、000 人，名列成都 50 强集团企业，受到世界各地专业报章媒体的报导，更获到海外各种的殊荣及肯定。

白云电脑自 1998 年设立品牌后，持续投入 50 亿人民币在中国大陆的流通领域，截至 2009 年 09 月已开业的城市店有：上海（美罗店、浦东店）、成都、南京、沈阳、天津、郑州、合肥、杭州、广州、西安、哈尔滨、长春、厦门、北京旗舰店、上海徐汇店、无锡、青岛等 18 家店，计划建设的城市店为：成都、重庆、武汉、兰州、福州、济南、大连、太原、兰州、乌鲁木齐、呼和浩特、宁波、南昌、贵阳、昆明、南宁、海口，预计在 2010 年前在大陆主要

图 5-77

制作研究报告文档

STEP 2 将文本插入点定位到文档相应的位置，然后在“样式”窗格中选择相应的样式，为文本应用样式，如图 5-79 所示。

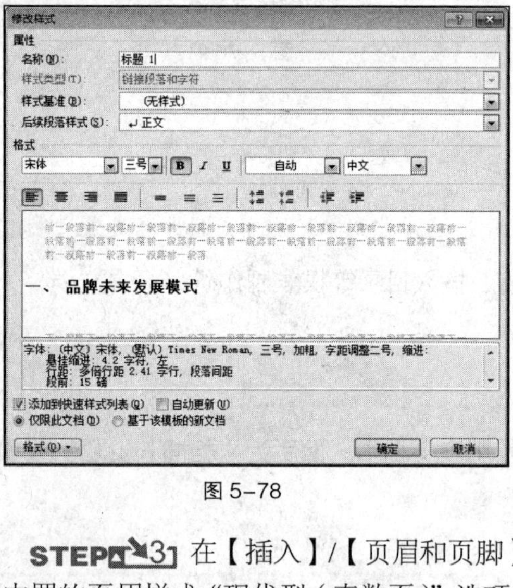

图 5-78

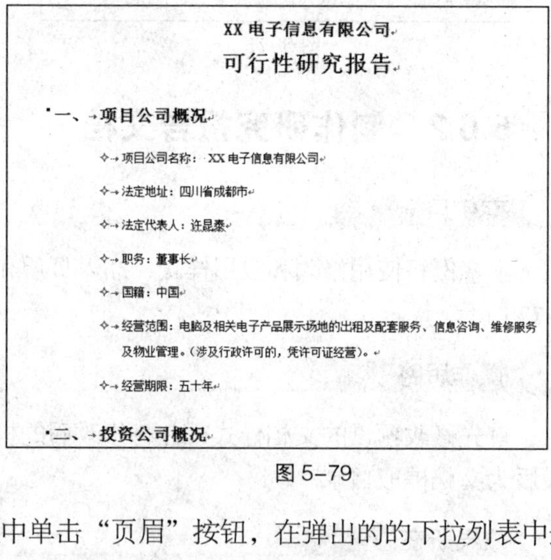
XX 电子信息有限公司

可行性研究报告

一、 项目公司概况

- 项目公司名称： XX 电子信息有限公司
- 法定地址：四川省成都市
- 法定代表人：许晟泰
- 职务：董事长
- 国籍：中国
- 经营范围：电脑及相关电子产品展示场地的出租及配套服务、信息咨询、维修服务及物业管理。（涉及行政许可的，凭许可证经营）。
- 经营期限：五十年

二、 投资公司概况

图 5-79

STEP 3 在【插入】/【页眉和页脚】组中单击“页眉”按钮，在弹出的的下拉列表中选择内置的页眉样式“现代型（奇数页）”选项，单击“页脚”按钮，在弹出的的下拉列表中选择内置的页脚样式“边线型”选项，为文档设置页眉和页脚，如图 5-80 所示。

STEP 4 将文本插入点定位到文档空行中，在【引用】/【目录】组中单击“目录”按钮，在弹出的下拉列表中选择“插入目录”选项，在打开的对话框中设置目录格式，完成目录的插入，如图 5-81 所示。

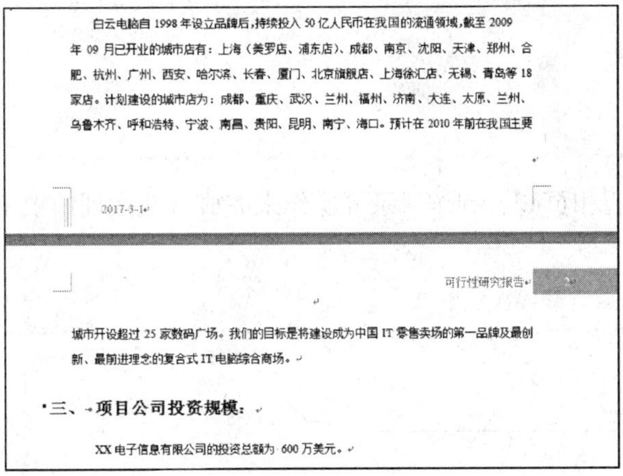
白云电脑自 1998 年设立品牌后，持续投入 50 亿人民币在我国的流通领域，截至 2009 年 09 月已开业的城市店有：上海（美罗店、浦东店）、成都、南京、沈阳、天津、郑州、合肥、杭州、广州、西安、哈尔滨、长春、厦门、北京旗舰店、上海徐汇店、无锡、青岛等 18 家店。计划建设的城市店为：成都、重庆、武汉、兰州、福州、济南、大连、太原、兰州、乌鲁木齐、呼和浩特、宁波、南昌、贵阳、昆明、南宁、海口。预计在 2010 年前在我国主要

2017-3-1

可行性研究报告

城市开设超过 25 家数码广场。我们的目标是将建设成为中国 IT 零售卖场的第一品牌及最创新、最前进理念的复合式 IT 电脑综合商场。

三、项目公司投资规模：

XX 电子信息有限公司的投资总额为 600 万美元。

图 5-80

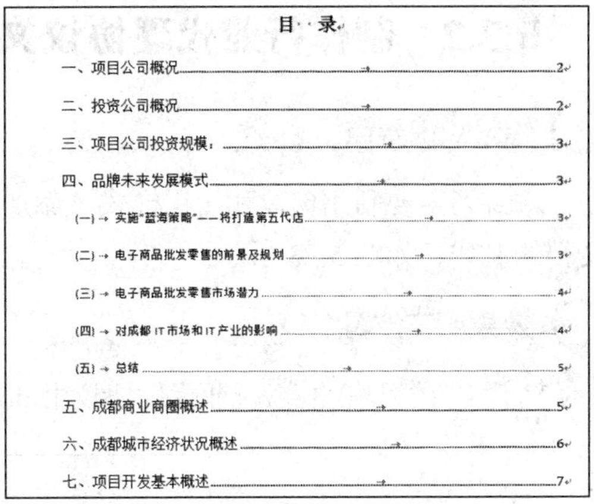
目 录

一、项目公司概况......2
二、投资公司概况......2
三、项目公司投资规模：......3
四、品牌未来发展模式......3
（一）实施“蓝海策略”——将打造第五代店......3
（二）电子商品批发零售的前景及规划......3
（三）电子商品批发零售市场潜力......4
（四）对成都 IT 市场和 IT 产业的影响......4
（五）总结......5
五、成都商业商圈概述......5
六、成都城市经济状况概述......6
七、项目开发基本概述......7

图 5-81

5.7 课后习题

5.7.1 制作劳动合同文档

练习知识要点

本练习主要利用创建和应用样式、添加页眉和页脚、制作目录等操作来完成劳动合同文档的制作，如图 5-82 所示。

效果所在位置

资源包/效果/第 5 章/劳动合同.docx。

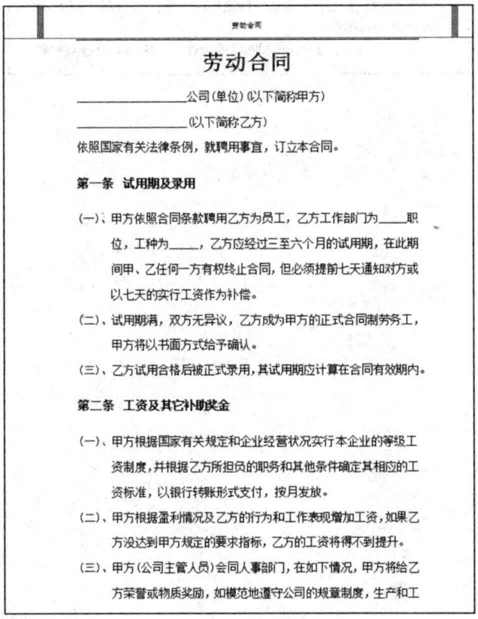
劳动合同

劳动合同

_____________公司（单位）（以下简称甲方）

_____________（以下简称乙方）

依照国家有关法律条例，就聘用事宜，订立本合同。

第一条 试用期及录用

（一）、甲方依照合同条款聘用乙方为员工，乙方工作部门为____职位，工种为____，乙方应经过三至六个月的试用期，在此期间甲、乙任何一方有权终止合同，但必须提前七天通知对方或以七天的实行工资作为补偿。

（二）、试用期满，双方无异议，乙方成为甲方的正式合同制劳务工，甲方将以书面方式给予确认。

（三）、乙方试用合格后被正式录用，其试用期应计算在合同有效期内。

第二条 工资及其它补助奖金

（一）、甲方根据国家有关规定和企业经营状况实行本企业的等级工资制度，并根据乙方所担负的职务和其他条件确定其相应的工资标准，以银行转账形式支付，按月发放。

（二）、甲方根据盈利情况及乙方的行为和工作表现增加工资，如果乙方没达到甲方规定的要求指标，乙方的工资将得不到提升。

（三）、甲方（公司主管人员）会同人事部门，在如下情况，甲方将给乙方荣誉或物质奖励，如模范地遵守公司的规章制度，生产和工

图 5-82

5.7.2 制作行业代理协议文档

练习知识要点

本练习主要利用创建和应用样式、添加页眉和页脚、制作目录等操作来完成行业代理协议书文档的制作，如图 5-83 所示。

效果所在位置

资源包/效果/第 5 章/行业代理协议书.docx。

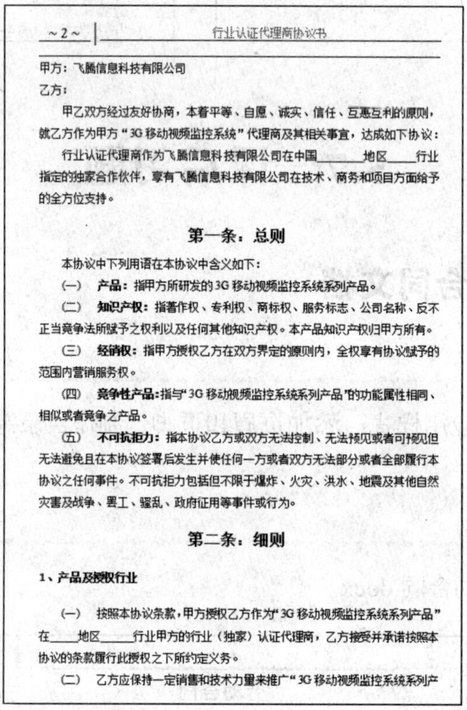

~2~ 行业认证代理商协议书

甲方：飞腾信息科技有限公司

乙方：

甲乙双方经过友好协商，本着平等、自愿、诚实、信任、互惠互利的原则，就乙方作为甲方“3G 移动视频监控系统”代理商及其相关事宜，达成如下协议：

行业认证代理商作为飞腾信息科技有限公司在中国______地区_____行业指定的独家合作伙伴，享有飞腾信息科技有限公司在技术、商务和项目方面给予的全方位支持。

第一条：总则

本协议中下列用语在本协议中含义如下：

(一) **产品：**指甲方所研发的 3G 移动视频监控系统系列产品。

(二) **知识产权：**指著作权、专利权、商标权、服务标志、公司名称、反不正当竞争法所赋予之权利以及任何其他知识产权。本产品知识产权归甲方所有。

(三) **经销权：**指甲方授权乙方在双方界定的原则内，全权享有协议赋予的范围内营销服务权。

(四) **竞争性产品：**指与“3G 移动视频监控系统系列产品”的功能属性相同、相似或者竞争之产品。

(五) **不可抗拒力：**指本协议乙方或双方无法控制、无法预见或者可预见但无法避免且在本协议签署后发生并使任何一方或者双方无法部分或者全部履行本协议之任何事件。不可抗拒力包括但不限于爆炸、火灾、洪水、地震及其他自然灾害及战争、罢工、骚乱、政府征用等事件或行为。

第二条：细则

1、产品及授权行业

(一) 按照本协议条款，甲方授权乙方作为“3G 移动视频监控系统系列产品”在_____地区_____行业甲方的行业（独家）认证代理商，乙方接受并承诺按照本协议的条款履行此授权之下所约定义务。

(二) 乙方应保持一定销售和技术力量来推广“3G 移动视频监控系统系列产

图 5-83

第6章

制作办公用品申领表格

本章主要介绍使用 Excel 创建工作表的相关操作，并使用该操作完成办公用品申领表格的制作。通过本章的学习读者可以掌握工作表和单元格的一些基本操作，如新建、重命名和删除工作表。

课堂学习目标

◎ 创建工作表
◎ 编辑工作表
◎ 使用图形
◎ 拆分和冻结工作表
◎ 保护和打印工作表

6.1 创建工作表

要在 Excel 中制作表格，首先需要创建工作簿，然后对工作簿工作表进行命名，最后在单元格中输入相应的数据。

新建工作簿和工作表

6.1.1 新建工作簿和工作表

Excel 的文件称为工作簿，一个工作簿中默认有 3 个工作表。表格的操作都是在工作簿中进行的。下面介绍创建工作簿和工作表的具体操作方法。

STEP 1 启动 Excel 2010，选择【文件】/【新建】菜单命令，在打开的页面中单击右下方的“创建”按钮，如图 6-1 所示。

STEP 2 新建一个名称为“工作簿 1”的空白工作簿，在快速访问工具栏中单击“保存”按钮，如图 6-2 所示。

图 6-1

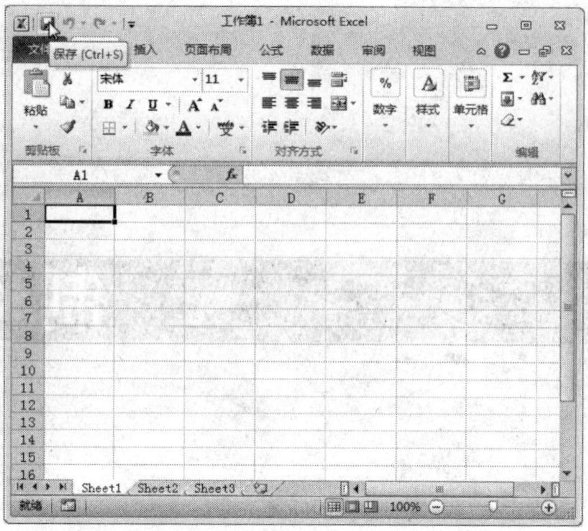

图 6-2

STEP 3 打开“另存为”对话框，在“保存位置”下拉列表框中选择保存位置，在“文件名”下拉列表框中输入名称“办公用品申领表”，单击“保存”按钮，如图 6-3 所示。

STEP 4 在“Sheet1”工作表标签上单击鼠标右键，在弹出的快捷菜单中选择“重命名”命令，如图 6-4 所示。

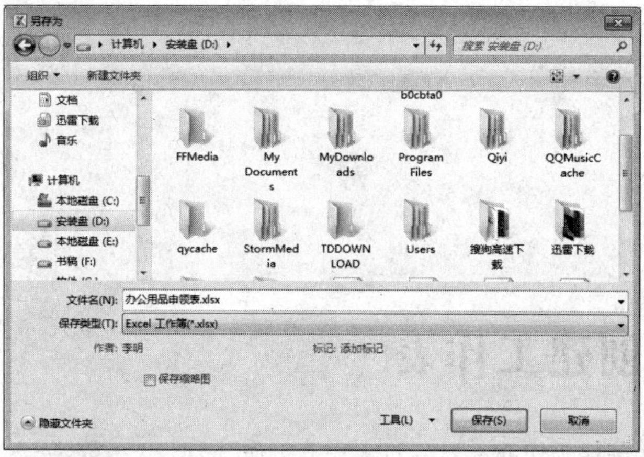

图 6-3

图 6-4

STEP 5 当工作表标签变成可编辑状态时，输入“办公用品申领表”，然后按【Enter】键完成对工作表的重命名，如图 6-5 所示。

STEP 6 按住【Shift】键，分别单击“Sheet2”和“Sheet3”工作表标签，选择两个工作表，然后单击鼠标右键，在弹出的快捷菜单中选择“删除”命令，将两个工作表删除，如图 6-6 所示。

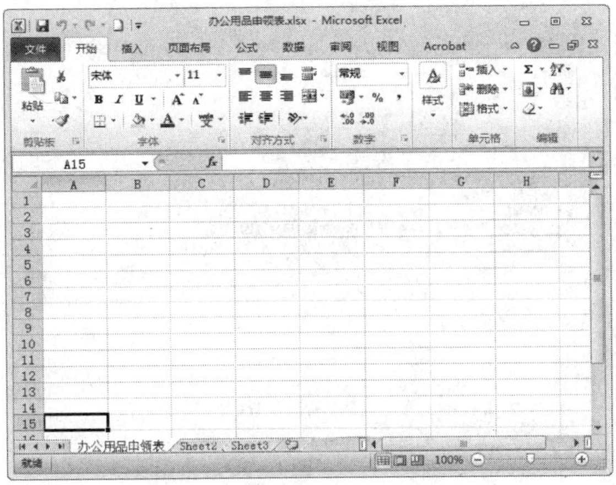

图 6–5

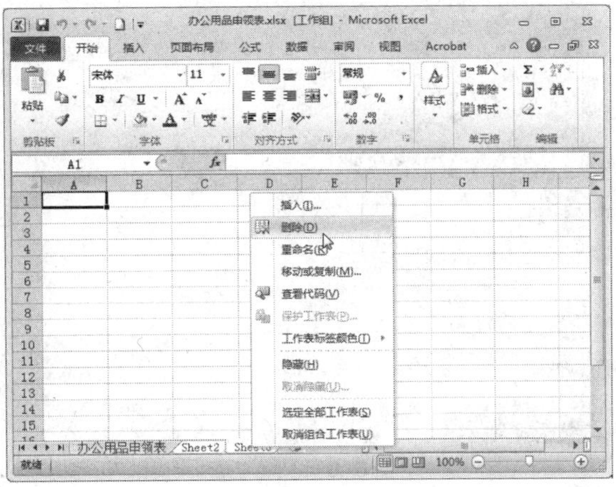

图 6–6

6.1.2　输入工作表数据

创建 Excel 工作表后，便可以在单元格中输入数据。Excel 中的数据不只是数字，它还包括了英文、汉字、符号和日期时间等内容，一般都统称为数据。下面介绍在 Excel 中输入数据的具体操作。

输入工作表数据

STEP 1 在工作表中单击选择 A1 单元格，使其呈选择状态，切换到汉字输入法，输入“办公用品申领表”文本，此时将在 A1 单元格及其编辑栏中同步显示输入的数据，如图 6-7 所示。

STEP 2 按【Enter】键，将自动跳到下一行中，并选择 A2 单元格，输入“申领部门:”文本，如图 6-8 所示。

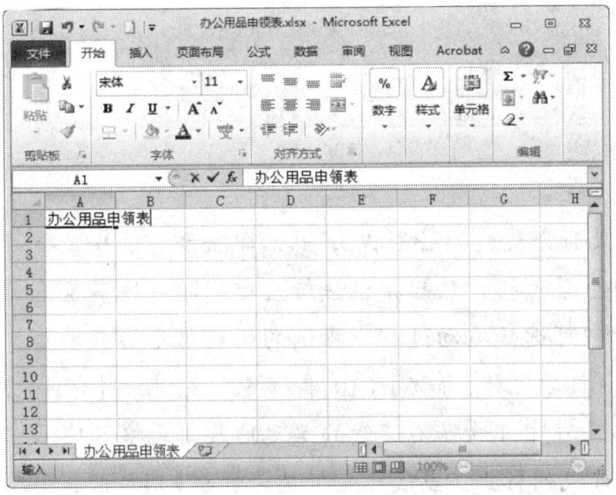

图 6–7

图 6–8

STEP 3 按【Tab】键跳转到 B2 单元格，再按【Tab】键跳转到 C2 单元格，输入“编号:”文本，如图 6-9 所示。

STEP 4 在第 3 行单元格中依次输入“物品名称”“型号特征”和“申领日期”等文本，如图 6-10 所示。

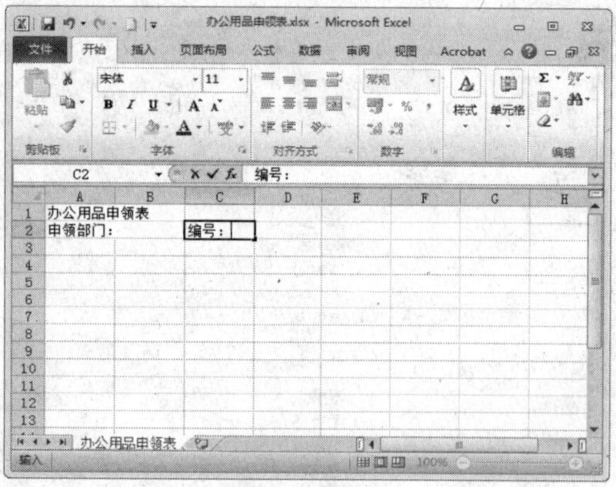

图 6-9

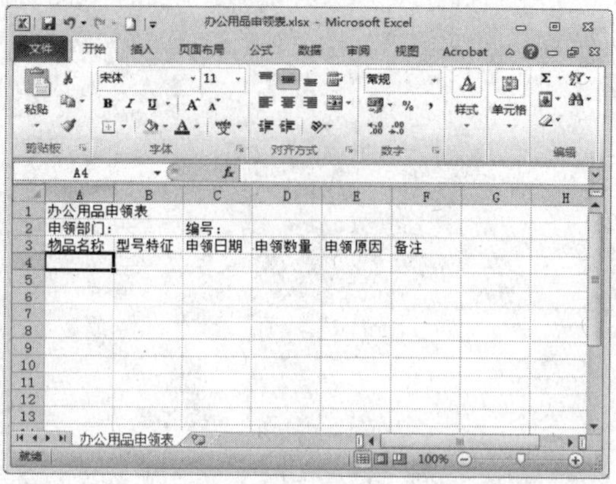

图 6-10

STEP 5 在第 13 和 14 行单元格中依次输入“经办人：”“部门负责人：”“主管领导审批：”文本，效果如图 6-11 所示。

STEP 6 在第 4 到 10 行的单元格中依次输入申领办公用品的物品名称、型号特征、申领日期等文本，效果如图 6-12 所示。

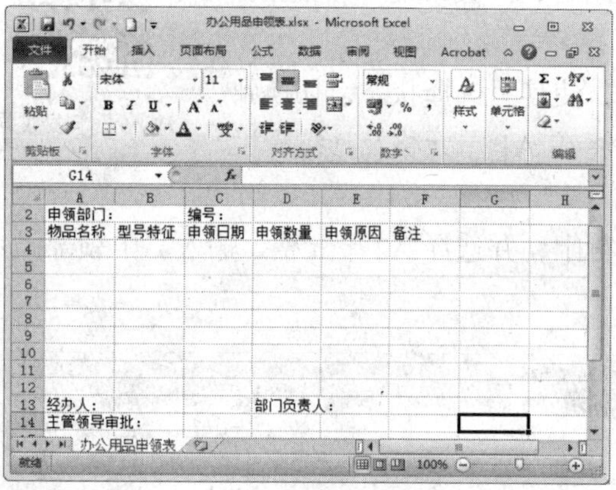

图 6-11

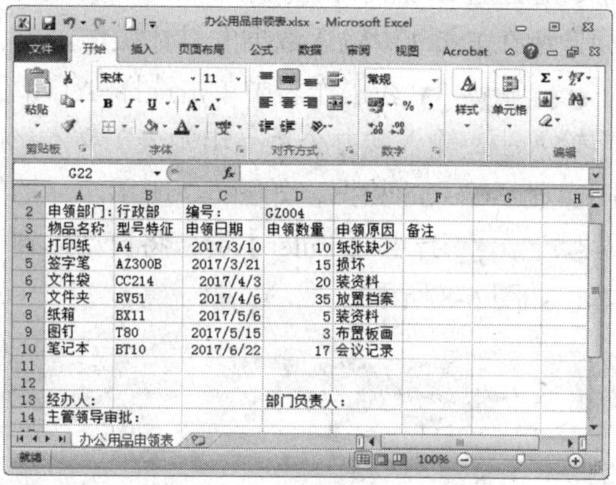

图 6-12

> **提示** 将鼠标光标移至需选择的单元格上（此时光标变为✚形状），然后单击即可选择某个单元格。先选择需选择范围内左上角的一个单元格，然后按住鼠标左键不放并拖动至需选择范围内右下角的单元格，再释放鼠标即可选择拖动过程中框选的所有单元格，单元格区域的表示方式为：起始单元格+冒号+目标单元格，如 A1:F10 单元格区域。按住【Ctrl】键不放，然后选择需要的单元格或单元格区域即可选择不连续的单元格及单元格区域。将鼠标光标移至需选择行或列单元格的行号或列标上，当鼠标光标变为➡或⬇形状时，单击鼠标即可选择该行或该列的所有单元格。

6.2 编辑工作表

在工作表中输入数据后，为了使表格更美观，还可以对工作表中的单元格进行相应的设置，如设置单元格格式、合并和拆分单元格、插入单元格、设置行高和列宽以及边框和底纹等。

6.2.1 设置单元格格式

在表格中输入数据后，可对其进行格式设置，使表格中的数据便于分析管理且美观。设置单元格格式包括设置数据类型、对齐方式、字体样式等。下面介绍格式设置的具体操作。

设置单元格格式

STEP 1 在表格中选择要设置数据类型的 C4:C10 单元格区域，然后在【开始】/【数字】组中单击“对话框启动器”按钮，如图 6-13 所示。

STEP 2 打开“设置单元格格式”对话框，在“数字”选项卡的“分类”列表框中选择“日期”选项，在“类型”列表框中选择一种所需日期格式，这里选择“2001 年 3 月 14 日”选项，单击“确定”按钮，即可将选择的类型应用于所选择的单元格中，如图 6-14 所示。

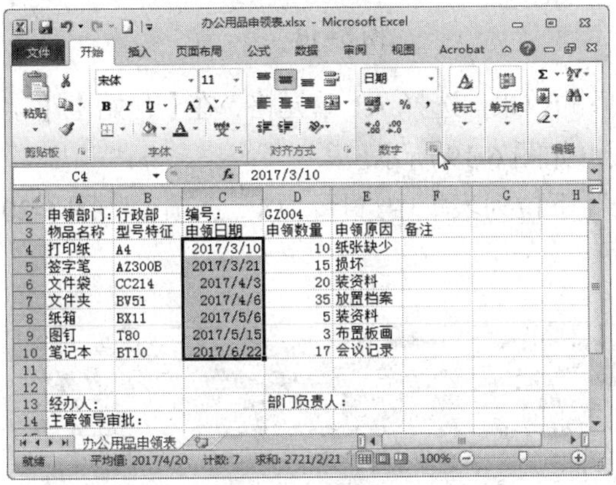

图 6-13

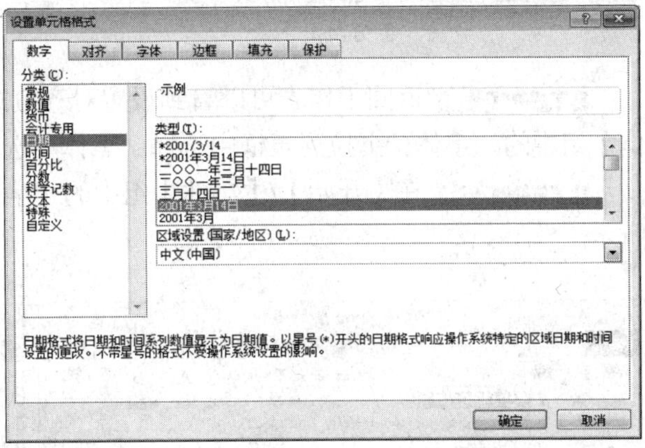

图 6-14

STEP 3 返回工作表，设置为“2001 年 3 月 14 日”日期类型后的效果如图 6-15 所示。

STEP 4 选择 D4:D10 单元格区域，使用相同的方法打开“设置单元格格式”对话框，在“数字”选项卡的“分类”列表框中选择“数值”选项，在右侧“小数位数”数值框中输入“2”，单击“确定”按钮，为单元格设置带两位小数点的数据类型，效果如图 6-16 所示。

图 6-15

图 6-16

STEP 5 选择 A2:F10 单元格区域，在【开始】/【数字】组中单击“对话框启动器”按钮，如图 6-17 所示。

STEP 6 打开“设置单元格格式”对话框，单击“对齐”选项卡，在“文本对齐方式”

栏中的“水平对齐”和“垂直对齐”下拉列表框中选择“居中”选项，设置文本在水平和垂直方向的对齐方式，完成后单击“确定”按钮，如图 6-18 所示。

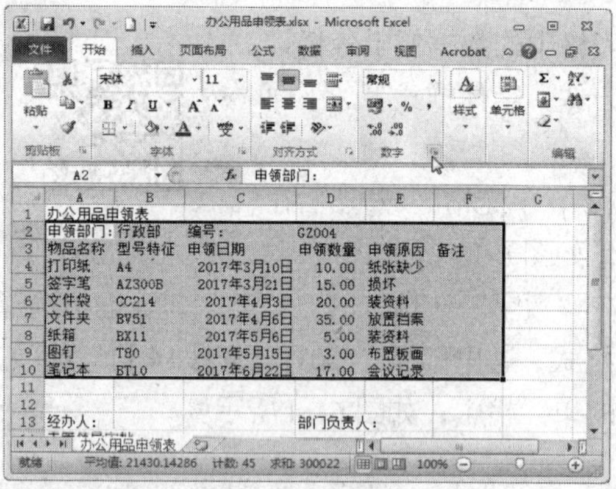

图 6–17

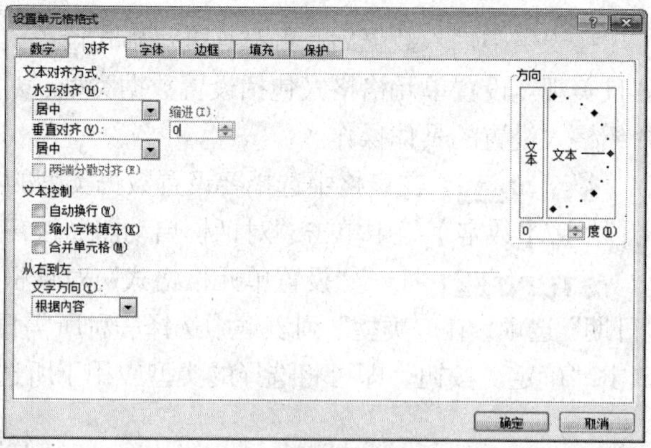

图 6–18

STEP 7 返回工作表可以看到设置对齐方式后的效果。选择 A1 单元格，在【开始】/【字体】组中的“字体”下拉列表框中选择“黑体”选项，如图 6-19 所示。

STEP 8 在【开始】/【字体】组中的“字号”下拉列表框中选择“18”选项，如图 6-20 所示。

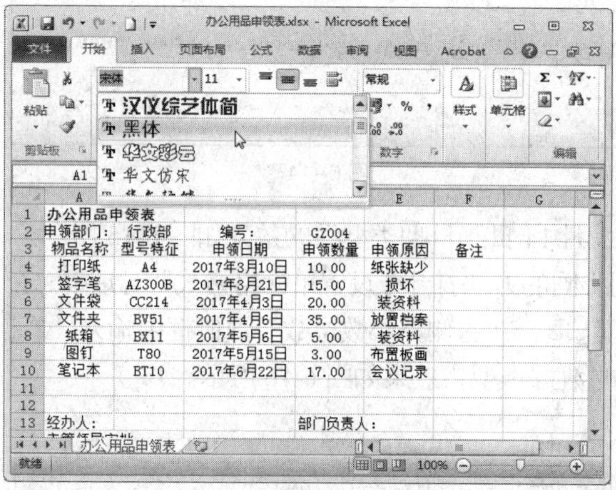

图 6–19

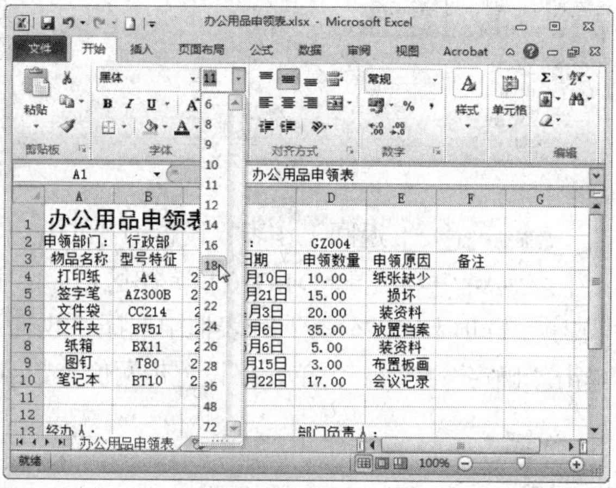

图 6–20

STEP 9 在【开始】/【字体】组中单击“颜色”按钮 A 右侧的下拉按钮，在弹出的颜色框中选择“红色”选项，如图 6-21 所示。

STEP 10 返回工作表可以看到设置的文本的字体格式效果。用同样的方法分别为 A2、C2、A13、A14、D13 单元格以及 A3:F3 单元格区域设置“宋体，11 号，加粗”的字体格式，效果如图 6-22 所示。

> **提示** 在“设置单元格格式”对话框中单击“字体”选项卡，可以对单元格中的文本进行字体、字号、颜色以及特殊格式的设置。

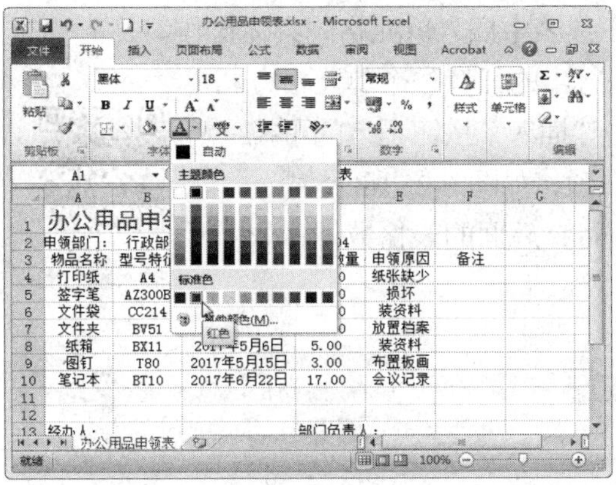

图 6-21

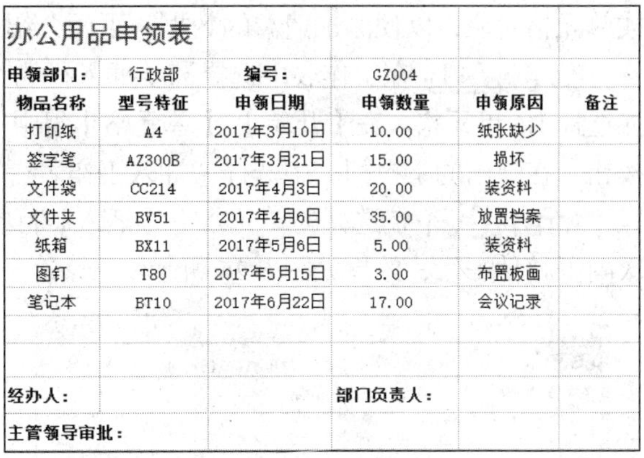

办公用品申领表					
申领部门：	行政部	编号：	GZ004		
物品名称	型号特征	申领日期	申领数量	申领原因	备注
打印纸	A4	2017年3月10日	10.00	纸张缺少	
签字笔	AZ300B	2017年3月21日	15.00	损坏	
文件袋	CC214	2017年4月3日	20.00	装资料	
文件夹	BV51	2017年4月6日	35.00	放置档案	
纸箱	BX11	2017年5月6日	5.00	装资料	
图钉	T80	2017年5月15日	3.00	布置板画	
笔记本	BT10	2017年6月22日	17.00	会议记录	
经办人：			部门负责人：		
主管领导审批：					

图 6-22

6.2.2　合并和拆分单元格

为了使制作的表格更加专业和美观，往往需要将一些单元格合并成一个单元格或者将合并后的一个单元格拆分成多个单元格。下面介绍对“办公用品申领表”中的单元格进行合并的具体操作。

合并和拆分单元格

STEP 1 在工作表中选择 A1:F1 单元格区域，在【开始】/【对齐方式】组中单击“合并后居中”按钮，如图 6-23 所示。

STEP 2 A1:F1 单元格区域合并为一个单元格，并且居中显示文本，如图 6-24 所示。用相同的方法分别选择 B13:C13、E13:F13、B14:F14 单元格区域，对其进行合并居中操作。

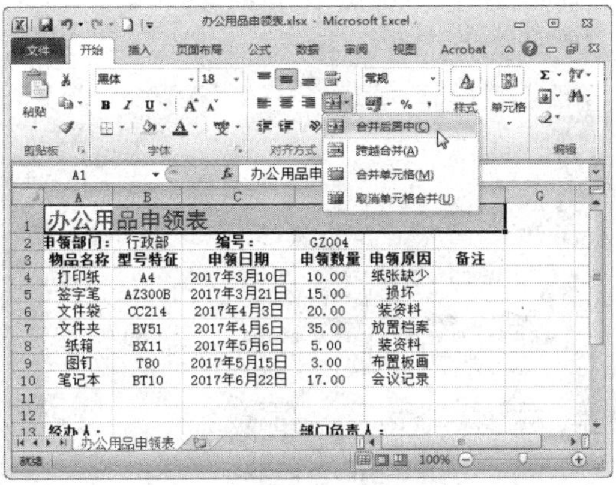

图 6-23

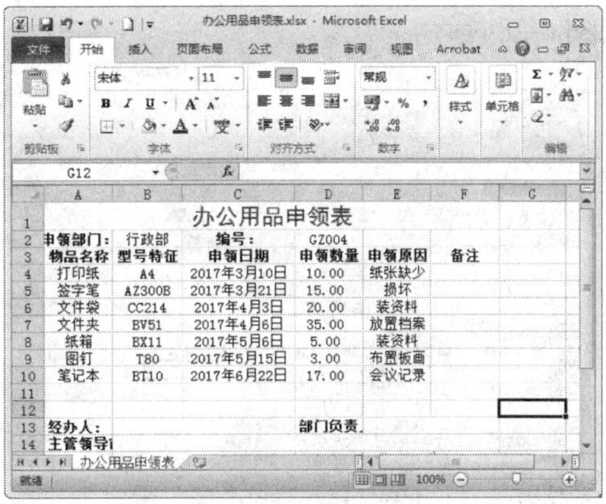

图 6-24

> **提示**　单击“合并并居中”按钮的下拉按钮，在弹出的下拉列表中还有几个选项，其中“跨越合并”表示将选择的多个单元格按行进行合并，合并后只保留单元格区域中最左上角单元格中的内容；“合并单元格”表示将所选单元格区域合并为一个新单元格，合并后的内容位置不变。

6.2.3　插入单元格

当编辑好表格后，有时需要在表格中加入一些内容，此时可在原有表格的基础上插入行、列或单元格对象，以便添加遗漏的数据。下面介绍在工作表中插入单元格的具体操作。

插入单元格

STEP 1 在工作表中选择需要插入行的下一行中的任意一个单元格，如选择 B6 单元格。在【开始】/【单元格】组中单击“插入”按钮下方的下拉按钮，在弹出的下拉列表中选择“插入工作表行”选项，如图 6-25 所示。

STEP 2 在选择的单元格上方插入一行空白行，后面的表格数据将依次向下移动一行，效果如图 6-26 所示。

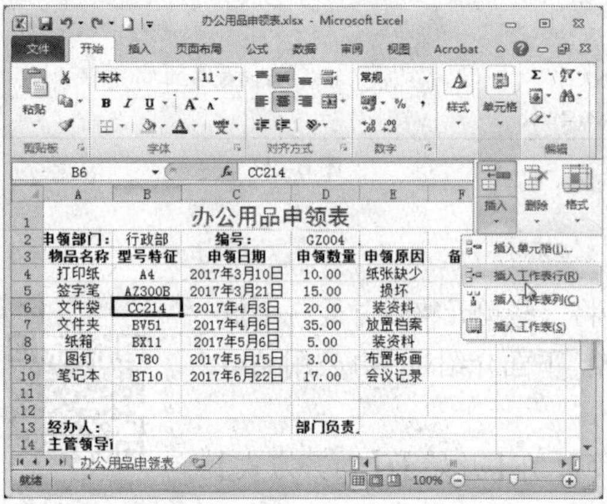

图 6-25

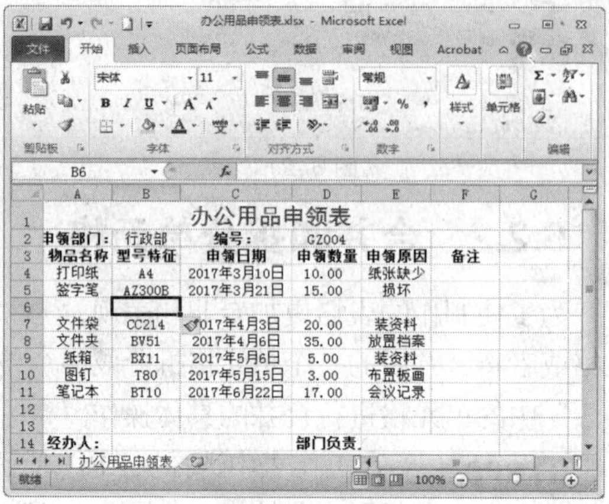

图 6-26

STEP 3 选择 F4 单元格，在【开始】/【单元格】组中单击“插入”按钮下方的下拉按钮，在弹出的下拉列表中选择“插入工作表列”选项，如图 6-27 所示。

STEP 4 在选择的单元格左侧插入一列空白列，右侧的单元格自动向右移动一格，效果如图 6-28 所示。

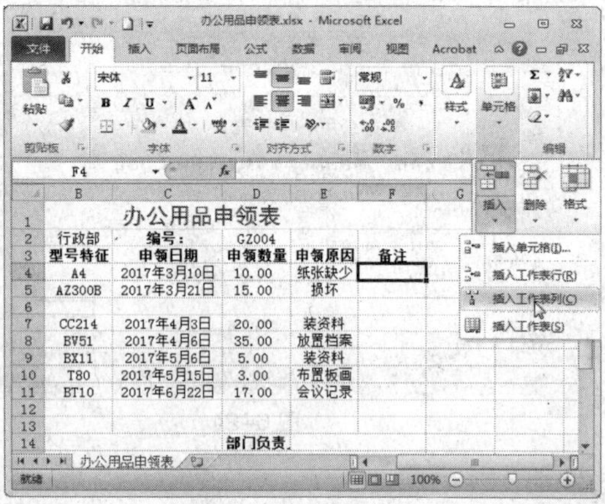

图 6-27

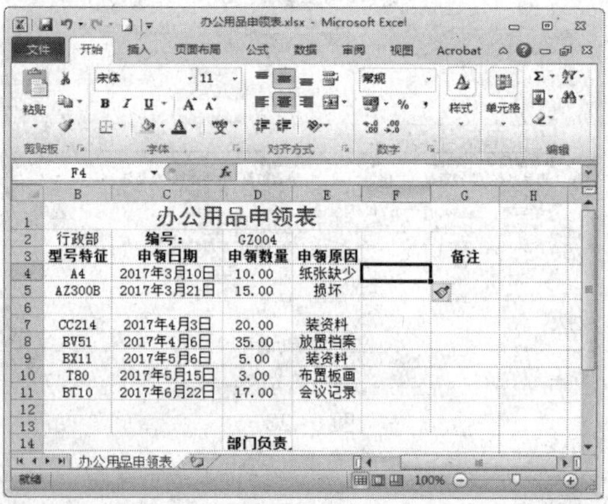

图 6-28

提示 如果要插入单元格，则在插入列表框中选择“插入单元格”选项，此时将打开“插入”对话框，选择单元格插入方式，单击选中“活动单元格右移”选项表示在当前单元格左侧插入一个单元格，单击选中“活动单元格下移”选项表示在当前单元格上侧插入一个单元格，单击“确定”按钮即可插入。

6.2.4 设置单元格行高和列宽

根据表格中数据内容的多少和美观需要，可以对表格的行高和列宽进行一些调整。下面介绍在工作表中设置单元格行高和列宽的具体操作。

设置单元格行高和列宽

STEP 1 选择工作表中第 2 行的任一个单元格，在【开始】/【单元格】组中单击“格式”按钮，在弹出的下拉列表中选择“行高”选项，如图 6-29 所示。

STEP 2 在打开的“行高”对话框中输入行高的数值，如输入“20”，完成后单击“确定”按钮应用设置，如图 6-30 所示。

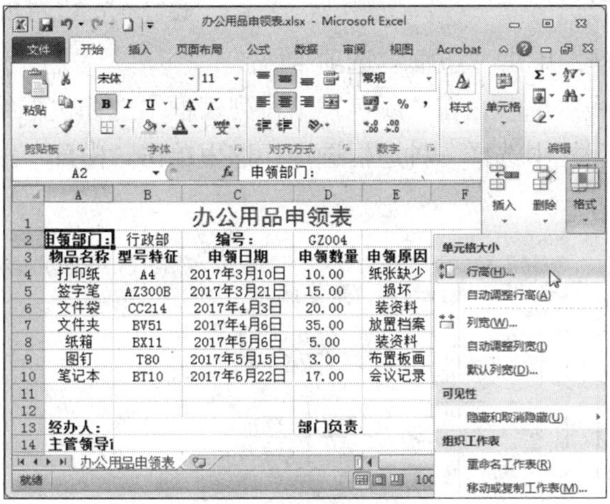

图 6-29

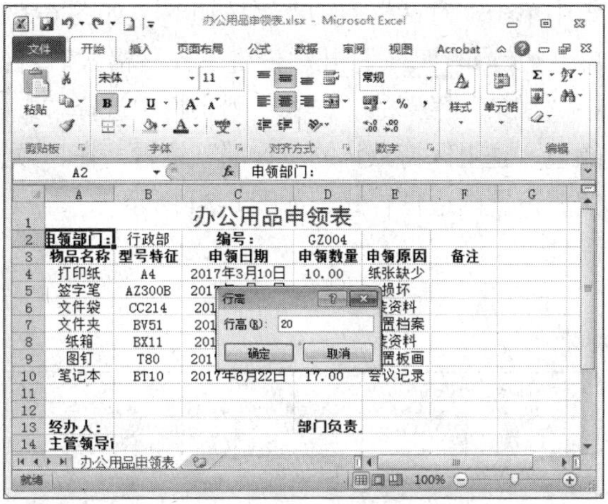

图 6-30

STEP 3 选择工作表中第一列的任意一个单元格，在【开始】/【单元格】组中单击“格式”按钮，在弹出的下拉列表中选择“列宽”选项，如图 6-31 所示。

STEP 4 在打开的“列宽”对话框中输入列宽的数值，如输入“15”，完成后单击“确定”按钮应用设置，如图 6-32 所示。可用相同的方法为工作表中其他的行和列设置行高和列宽。

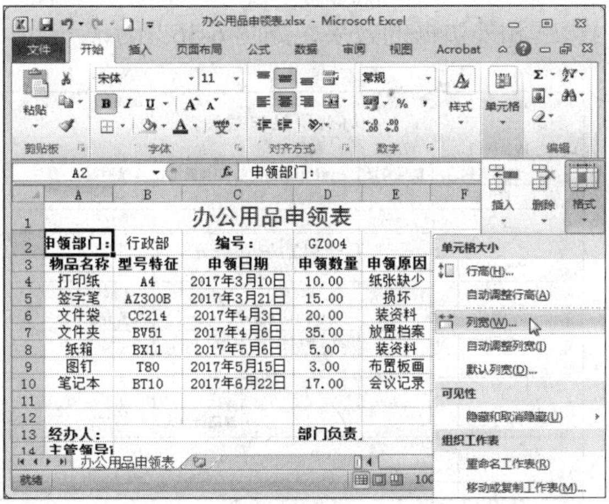

图 6-31

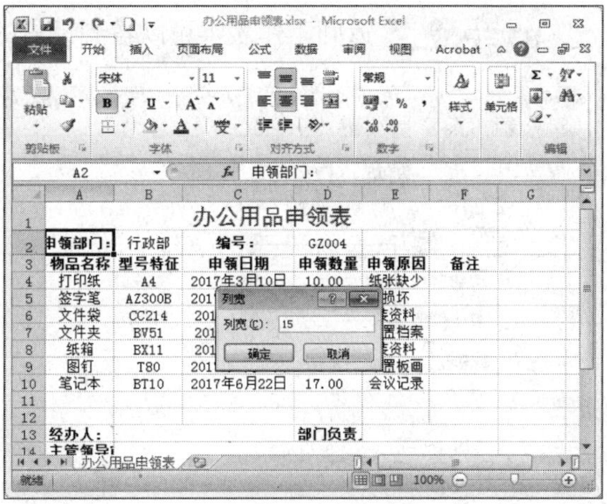

图 6-32

> 提示　将鼠标光标移至单元格行标或列标之间的分隔线，按住鼠标左键拖动，将出现数字提示用户单元格当前的行高和列宽大小，到适当位置释放鼠标即可。

6.2.5　设置单元格边框和底纹

在默认情况下，Excel 的单元格边框是不能打印出来的，因此需要对单元格边框进行粗细和颜色等设置，除了对单元格的边框进行设置外，还可以为单元格添加底纹颜色，以增强视觉效果。下面介绍设置单元格边框和底纹的具体操作。

设置单元格边框和底纹

STEP 1 在工作表中选择 A3:F14 单元格区域，在【开始】/【字体】组中单击“对话框启动器”按钮，如图 6-33 所示。

STEP 2 打开“设置单元格格式”对话框，单击“边框”选项卡，在“线条”栏下的“样式”列表框中选择“细实线”选项，在“颜色”下拉列表框中选择边框线颜色，这里保持默认的“自动”设置，在“预置”栏中选择一种边框选项，这里单击“内部”按钮，设置内边框样式，如图 6-34 所示。

图 6-33

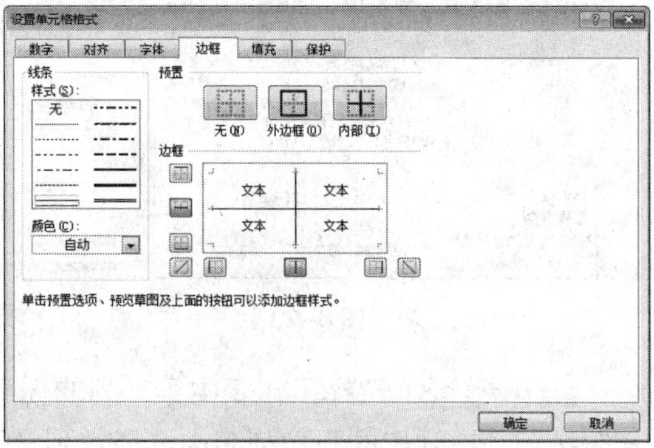

图 6-34

STEP 3 在“线条”栏下的“样式”列表框中选择“粗实线”选项，在“预置”栏中单击“外边框”按钮，设置外边框样式，然后单击“确定”按钮，如图 6-35 所示。

STEP 4 返回工作表中可以看到设置的内边框和外边框的效果，如图 6-36 所示。

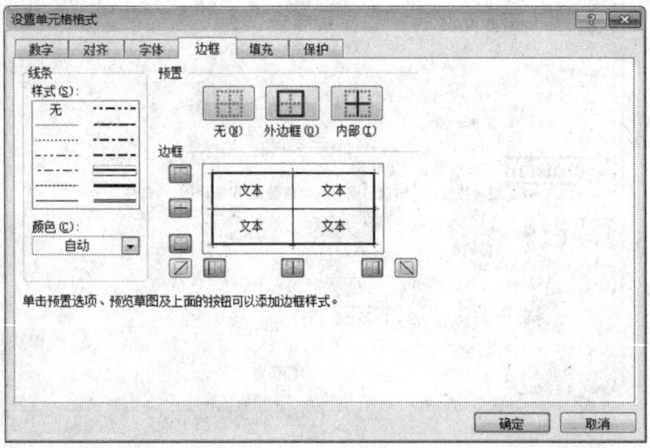

图 6-35

	A	B	C	D	E	F
1	办公用品申领表					
2	申领部门：	行政部	编号：	GZ004		
3	物品名称	型号特征	申领日期	申领数量	申领原因	备注
4	打印纸	A4	2017年3月10日	10.00	纸张缺少	
5	签字笔	AZ300B	2017年3月21日	15.00	损坏	
6	文件袋	CC214	2017年4月3日	20.00	装资料	
7	文件夹	BV51	2017年4月6日	35.00	放置档案	
8	纸箱	BX11	2017年5月6日	5.00	装资料	
9	图钉	T80	2017年5月15日	3.00	布置板画	
10	笔记本	BT10	2017年6月22日	17.00	会议记录	
11						
12						
13	经办人：			部门负责人：		
14	主管领导审批：					
15						

图 6-36

STEP 5 选择 A2:F2 单元格区域，打开“设置单元格格式”对话框，单击“填充”选项卡，在“背景色”栏中选择一种颜色，如选择“灰色”，然后单击“确定”按钮，如图 6-37 所示。

STEP 6 返回工作表中可以看到单元格区域设置的底纹效果，如图 6-38 所示。

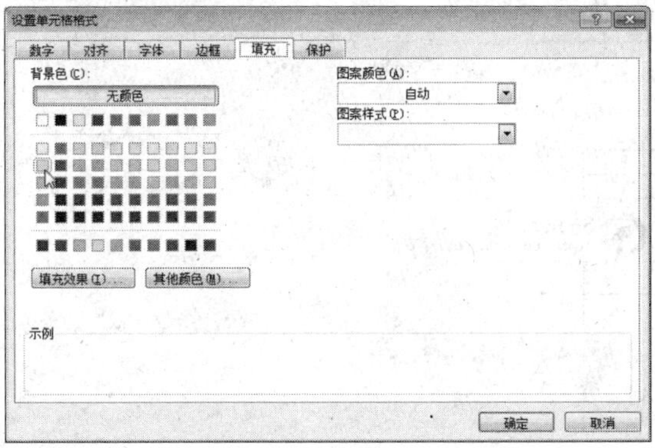

图 6-37

办公用品申领表					
申领部门：	行政部	编号：	GZ004		
物品名称	型号特征	申领日期	申领数量	申领原因	备注
打印纸	A4	2017年3月10日	10.00	纸张缺少	
签字笔	AZ300B	2017年3月21日	15.00	损坏	
文件袋	CC214	2017年4月3日	20.00	装资料	
文件夹	BV51	2017年4月6日	35.00	放置档案	
纸箱	BX11	2017年5月6日	5.00	装资料	
图钉	T80	2017年5月15日	3.00	布置板画	
笔记本	BT10	2017年6月22日	17.00	会议记录	
经办人：			部门负责人：		
主管领导审批：					

图 6-38

6.3 使用图形

在制作的表格中可能需要插入公司的图标、说明图片等图形文件，这些图片不仅让表格更个性化，也使表格更加美观。

6.3.1 插入图形

在 Excel 表格中，用户可根据需要插入相应的图片丰富表格内容。下面介绍在工作表中插入公司的标志图片的具体操作。

插入图形

STEP 1 选择 A1 单元格，在【插入】/【插图】组中单击“图片”按钮，如图 6-39 所示。

STEP 2 在打开的“插入图片”对话框的“查找范围”下拉列表框中选择图片的存放路径，在列表框中选择“图片.png”文件（资源包/素材/第 6 章/图片.png），然后单击“插入”按钮，如图 6-40 所示。

图 6-39

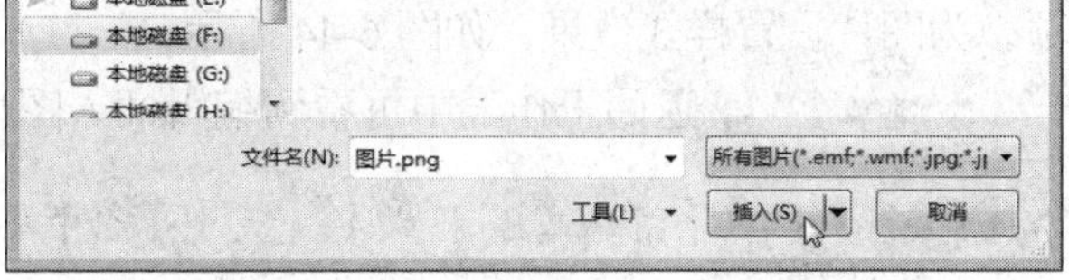

图 6-40

STEP 3 返回工作表中可以看到插入图片后的效果，如图 6-41 所示。

图 6-41

6.3.2 设置图形样式

在表格中插入图片后，其位置、大小以及样式等可能不符合表格的需要，因此插入图片后还需要对图片进行样式的设置。下面介绍设置图形样式的具体操作。

设置图形样式

STEP 1 选择插入的图片，在【图片工具 格式】/【大小】组中的“高度”数值框中输入“1 厘米”，在“宽度”数值框中输入“4 厘米”，调整图片的大小，如图 6-42 所示。

STEP 2 将鼠标光标移动到图片上，当鼠标光标变成✥形状时，按住鼠标左键向左拖动到 A1 单元格文本的右侧后释放鼠标，如图 6-43 所示。

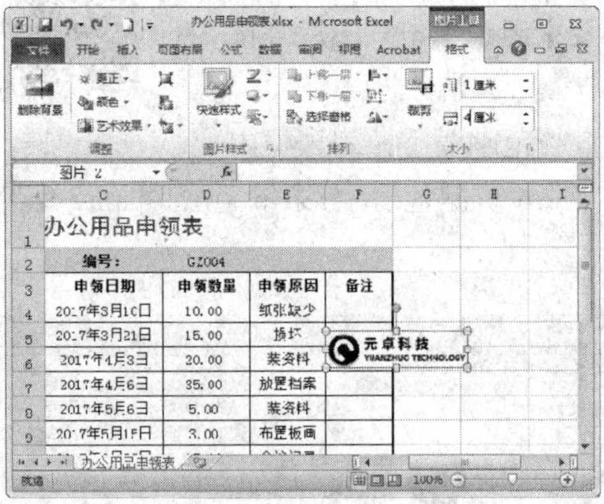

图 6-42

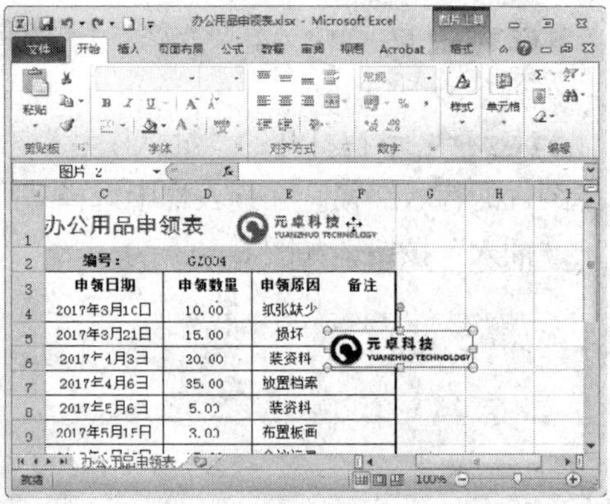

图 6-43

STEP 3 在【图片工具 格式】/【图片样式】组中的列表框中选择“映像棱台，白色”选项，为图片设置样式效果，如图 6-44 所示。

STEP 4 返回工作表中可看到编辑插入图片后的效果，如图 6-45 所示。

提示 在【图片工具 格式】/【大小】组中单击“裁剪”按钮，可以对图片多余的部分进行裁剪。

图 6-44

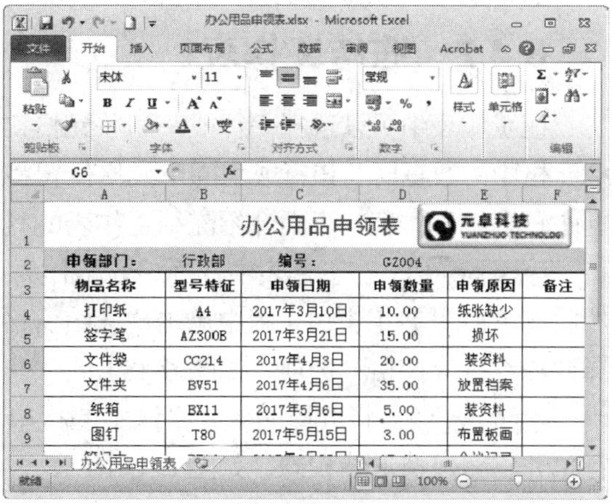

图 6-45

6.4 拆分和冻结工作表

在数据量比较大的工作表中查看数据上下左右的对应关系比较麻烦，此时可将工作表拆分为多个窗格，再在每个窗格中进行单独操作，也可不移动表头所在的行或列查看工作表的其他部分。

6.4.1 拆分工作表

当工作表的行列太多，一个屏幕不能完全显示，又需要同时查看该工作表中几个不同位置的内容时，可将工作表窗口拆分为多个窗格进行查看。下面介绍拆分工作表的具体操作。

拆分工作表

STEP 1 在工作表中选择单元格作为拆分中心，这里选择 B4 单元格，然后在【视图】/【窗口】组中单击“拆分”按钮，如图 6-46 所示。

STEP 2 工作簿将以 B4 单元格为中心拆分为 4 个窗格，在任意一个窗口中单击单元格，然后滚动鼠标滚轴即可显示出工作表中的其他数据，如图 6-47 所示。如需取消拆分窗格，则再次单击“拆分”按钮即可。

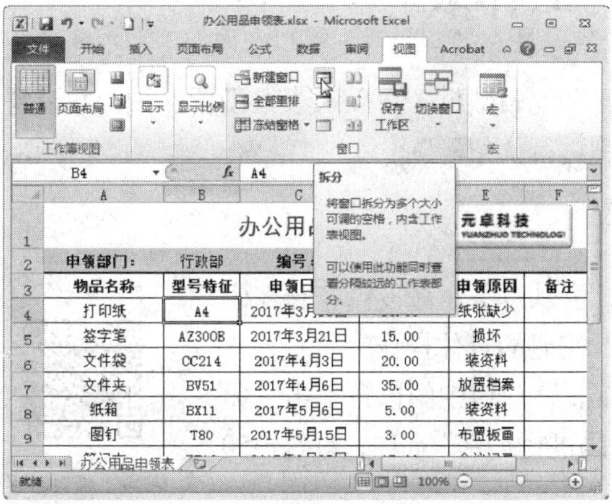

图 6-46

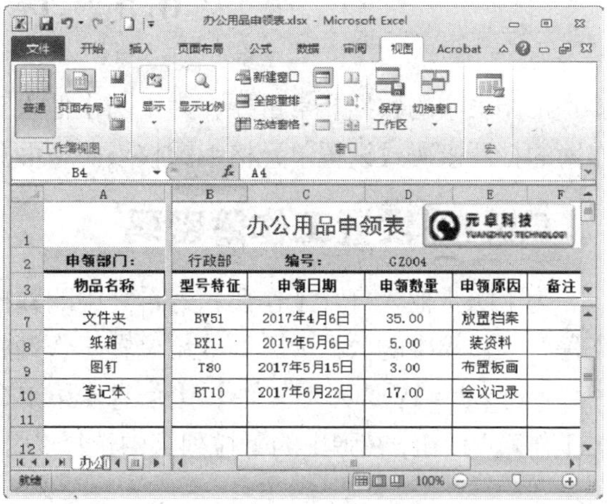

图 6-47

6.4.2 冻结工作表

在工作表中可以选择一行或一列单元格，将其进行冻结，这样在查看其他单元格中的数据时，该行或列的单元格位置将保持不变，这种方法适合查看数据比较多的工作表。下面介绍冻结工作表的具体操作。

冻结工作表

STEP 1 在工作表中选择单元格作为冻结中心，这里选择 A4 单元格，然后在【视图】/【窗口】组中单击“冻结窗格”按钮，在弹出的下拉列表中选择“冻结拆分窗格”选项，如图 6-48 所示。

STEP 2 将选择的单元格以上的行单元格进行冻结，滚动鼠标滚轴，工作表中上面的 3 行单元格将保持冻结状态，如图 6-49 所示。

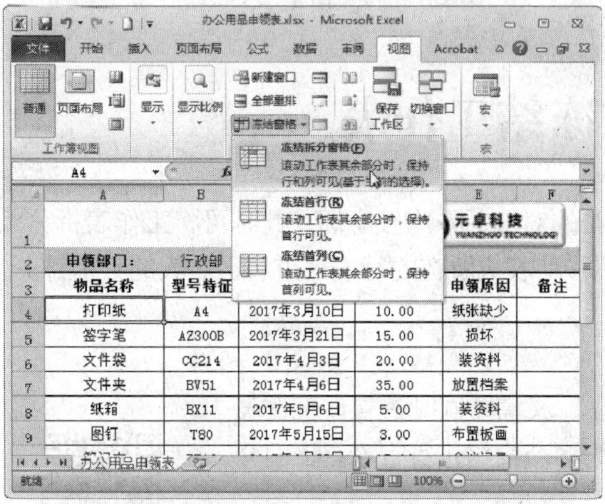

图 6-48

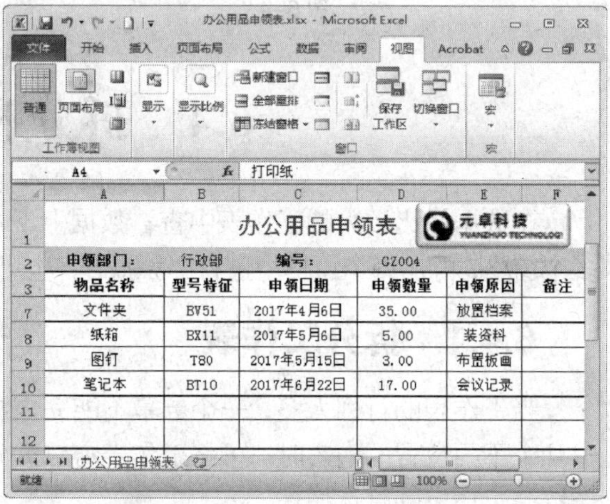

图 6-49

提示

如需取消冻结的单元格，则可以在【视图】/【窗口】组中单击“冻结窗格”按钮，在弹出的下拉列表中选择“取消冻结窗格”选项即可。

6.5 保护工作表

工作表中的数据非常重要，为了防止他人查看和编辑数据，可以对表格设置保护，如设置工作簿的打开密码或设置单元格编辑权限。下面分别进行介绍。

6.5.1 设置工作簿密码

为了防止他人打开工作簿，查看其中的数据，可以对工作簿设置打开密码来保护工作簿中的数据。下面介绍设置工作簿打开密码的具体操作。

设置工作簿密码

STEP 1 选择【文件】/【信息】菜单命令，在窗口中间位置单击“保护工作簿”按钮，在弹出的下拉列表中选择“用密码进行加密”选项，如图 6-50 所示。

STEP 2 在打开的“加密文档”对话框的“密码”文本框中输入密码“123456”，然后单击“确定”按钮，如图 6-51 所示。

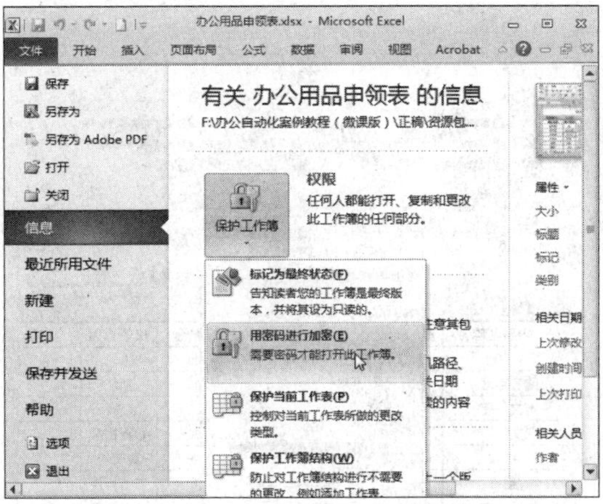

图 6-50

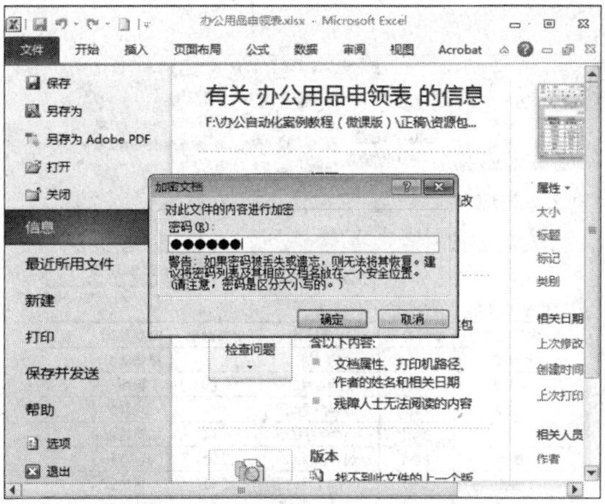

图 6-51

STEP 3 在打开的“确认密码”对话框的“重新输入密码”文本框中再次输入“123456”，然后单击“确定”按钮，如图 6-52 所示。

STEP 4 单击“保存”按钮保存工作簿，并关闭该工作簿，再次打开该工作簿时将打开“密码”对话框，在密码文本框中输入正确的密码，然后单击“确定”按钮才能打开工作簿，如图 6-53 所示。

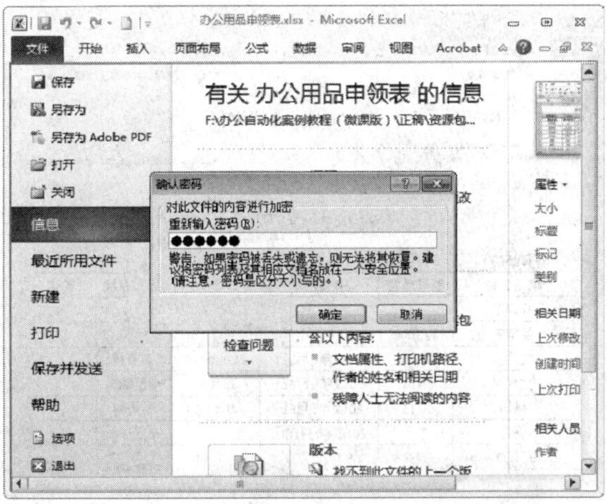

图 6-52

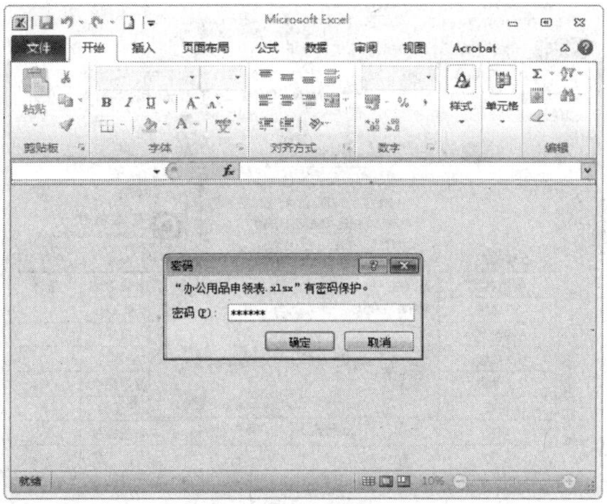

图 6-53

6.5.2 设置工作表编辑权限

为了保护好表格中数据不被他人更改或盗用，还可以对工作表的编辑权限进行设置，下面介绍其具体操作。

设置工作表编辑权限

STEP 1 在【审阅】/【更改】组中单击“保护工作表”按钮，如图 6-54 所示。

STEP 2 在打开的“保护工作表”对话框的“取消工作表保护时使用

的密码”文本框中输入取消保护工作表的密码，这里输入密码“123456”，在“允许此工作表所有用户进行”列表框中单击选中或撤销选中相应的复选框，然后单击“确定”按钮，如图 6-55 所示。

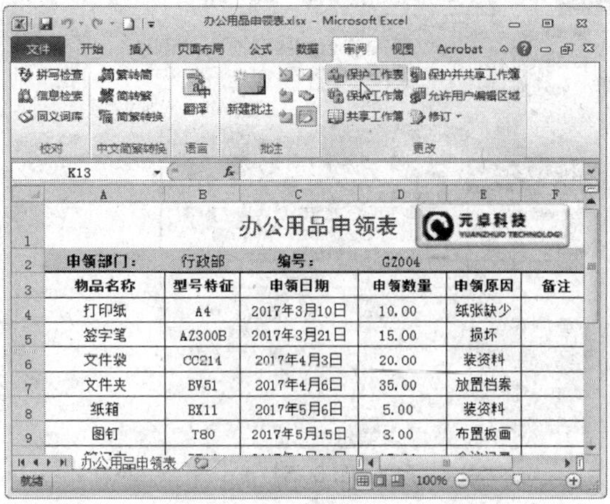

图 6–54

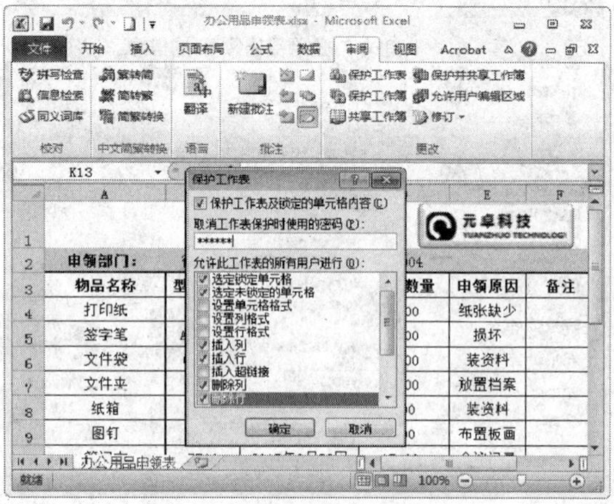

图 6–55

STEP 3 在打开的“确认密码”对话框的“重新输入密码”文本框中输入“123456”，然后单击“确定”按钮，返回工作簿中可发现相应选项卡中的按钮或命令呈灰色状态显示，即不可用状态，如图 6-56 所示。

STEP 4 在【审阅】/【更改】组中单击“保护工作簿”按钮，如图 6-57 所示。

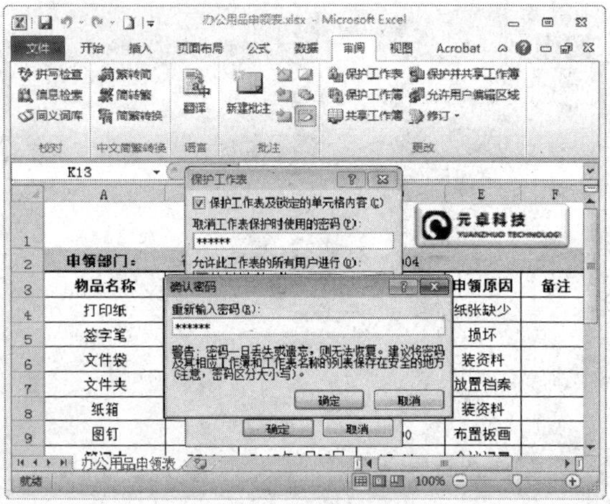

图 6–56

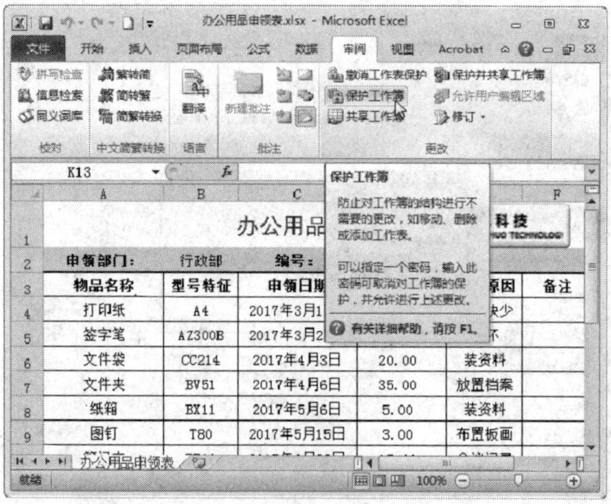

图 6–57

STEP 5 在打开的“保护结构和窗口”对话框中，单击选中“结构”复选框，在“密码”文本框中输入密码“123456”，然后单击“确定”按钮，如图 6-58 所示。

STEP 6 在打开的“确认密码”对话框的“重新输入密码”文本框中输入与前面相同的密码后单击“确定”按钮返回工作簿中，完成后再保存并关闭工作簿，如图 6-59 所示。

> **提示** 如果要撤销对工作表或工作簿的保护，可以在【审阅】/【更改】组中单击“撤销保护工作表”按钮或者“保护工作簿”按钮，在打开的对话框中输入设置的密码，即可撤销已设置的保护。

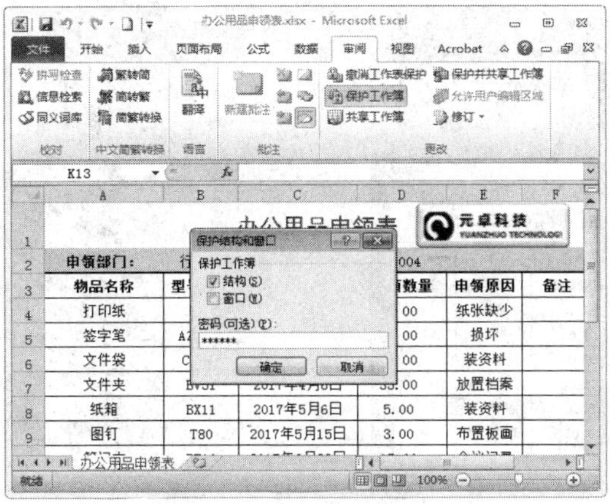

图 6–58

图 6–59

6.6 设置页面和打印工作表

在打印工作表之前一般需要对页面进行设置，并可通过预览视图预览打印效果是否满足所需要求。

6.6.1 页面设置

在打印工作表之前还应对工作表的页面进行设置，包括页边距、纸张方向和纸张大小等。下面介绍对工作表页面进行设置的具体操作。

页面设置

STEP 1 在【页面布局】/【页面设置】组中单击“纸张方向”按钮，在弹出的下拉列表中选择“横向”选项，将纸张方向设置为横向，如图 6-60 所示。

STEP 2 在【页面布局】/【页面设置】组中单击“纸张大小”按钮，在弹出的下拉列表中保持默认选择的“A4”选项，选择其他选项可以重新设置纸张大小，如图 6-61 所示。

图 6–60

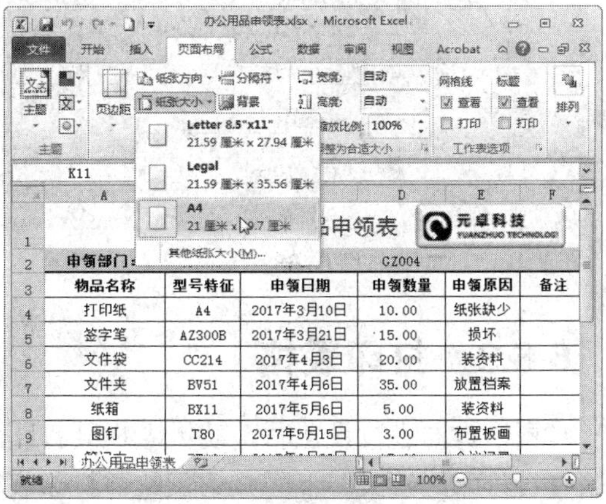

图 6–61

STEP 3 在【页面布局】/【页面设置】组中单击“页边距”按钮，在弹出的下拉列表中选择“宽”选项，设置纸张的页边距，如图 6-62 所示。

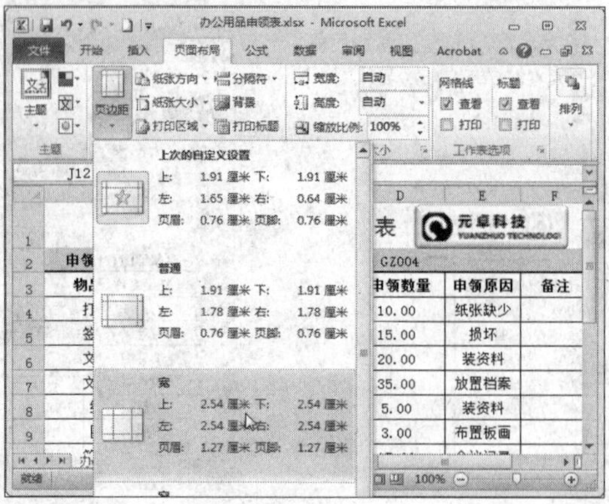

图 6–62

6.6.2 设置打印区域

如需要打印工作表的部分内容，可以通过设置打印区域来打印输出选择的单元格区域。下面介绍设置打印区域的具体操作。

设置打印区域

STEP 1 在工作表中选择 A1:F14 单元格区域，在【页面布局】/【页面设置】组中单击“打印区域”按钮，在弹出的下拉列表中选择“设置打印区域”选项，如图 6-63 所示。

STEP 2 选择的单元格区域显示为被一个虚线框包围，即完成打印区域的设置，如图 6-64 所示。

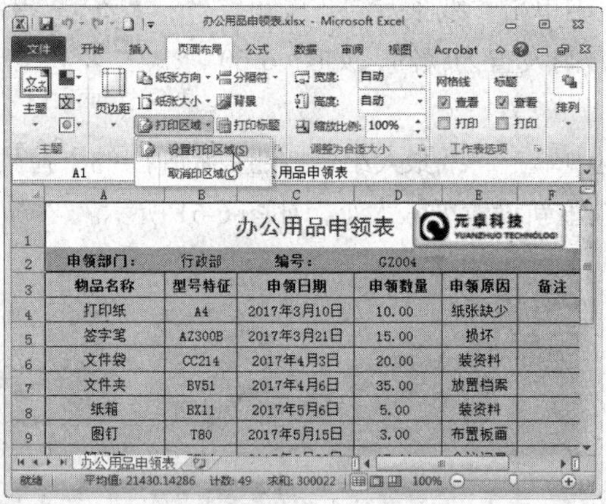

图 6–63

图 6–64

6.6.3 打印表格

对表格页面进行设置后，就可以将其打印到纸张上，在此之前可以通过预览来查看打印的效果。下面介绍预览并打印表格的具体操作。

打印表格

STEP 1 选择【文件】/【打印】菜单命令，展开“打印”界面，在右侧打印预览界面中单击右下角的“显示边距”按钮，如图 6-65 所示。

STEP 2 在预览界面中显示出相应的边框线，将鼠标光标移至左侧虚线上，当其变成✛形状时，按住鼠标左键不放向右拖动至合适的位置释放鼠标，如图 6-66 所示。

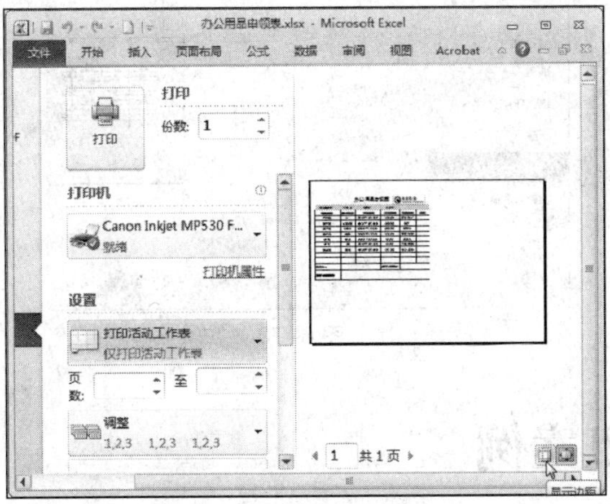

图 6–65

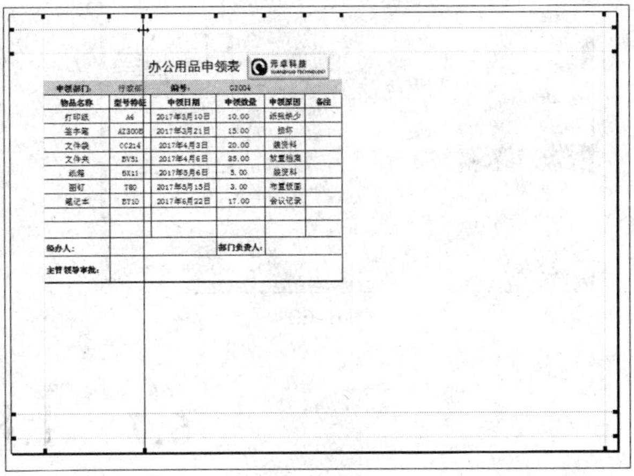

图 6–66

STEP 3 用相同的方法将鼠标光标移动到预览界面中相应的边框线上，并移动边框线，调整表格在页面中的位置，效果如图 6-67 所示。

STEP 4 将鼠标光标移至水平方向上的第 2 条虚线上，当其变成✛形状时，按住鼠标左键向下拖动至合适的位置释放鼠标，使用同样的方法将上下两侧的边距调整一致，如图 6-68 所示。

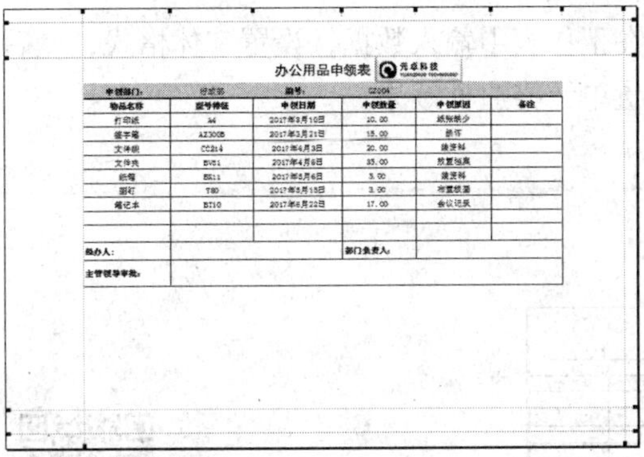

图 6–67

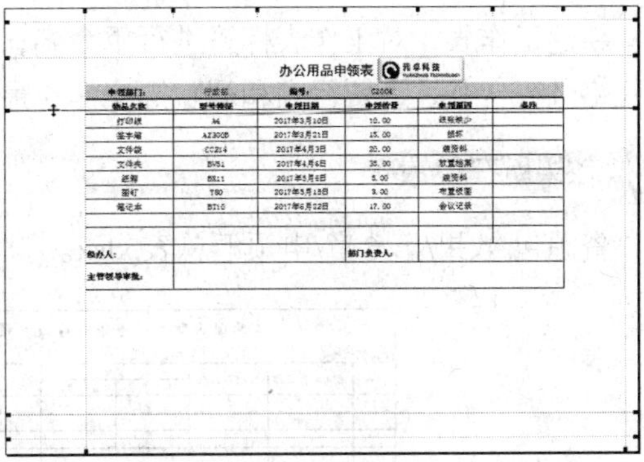

图 6–68

STEP 5 在打印界面的“打印”栏中的“份数”数值框中设置打印表格的份数，在“打印机”下拉列表框中选择打印机的名称，在“设置”栏中的下拉列表框中设置表格的打印范围，如这里选择“打印选定区域”选项，如图 6-69 所示。

STEP 6 在“调整”下拉列表框中可以设置打印表格页面的顺序，在“无缩放”下拉列表框中可以设置缩放打印表格，完成设置后单击“打印”按钮即可开始打印表格（资源包/效果/第 6 章/办公用品申领表.xlsx），如图 6-70 所示。

> **提示**　如果要打印工作表中单元格的网格线与行列号，则可以在【页面布局】/【工作表选项】组中单击选中网格线或标题下面对应的“打印”复选框即可。

图 6–69

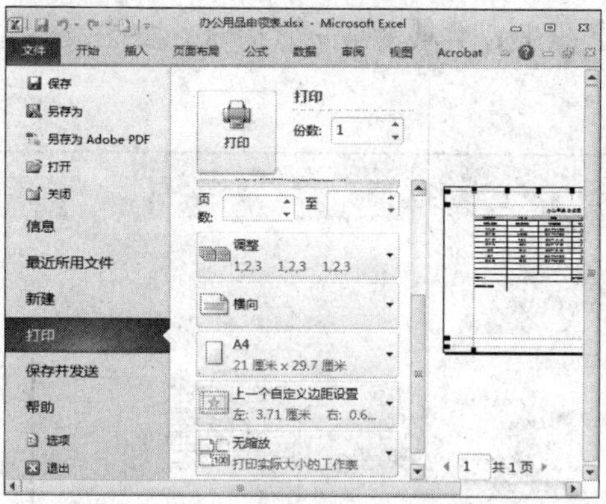

图 6–70

6.7　上机案例

6.7.1　制作申领汇总表

案例目标

本案例主要使用新建和编辑工作表的操作来完成申领汇总表的制作。效果如图 6-71 所示。

操作思路

新建工作表，对工作表标签进行重命名，然后在工作表中输入数据，设置字体格式，然后对单元格进行合并、设置行高和列宽等操作，最后设置单元格边框效果。

效果所在位置

资源包/效果/第 6 章/申领汇总表.xlsx。

工业园区职工住房保险待遇申领汇总表							
组织机构代码：			单位名称：			单位：人、元	
序号	所属单位名称	应领取人数	其中		应领取金额	其中	
			正式员工	编外员工		正式员工	编外员工
1	2	3	4	5	6	7	8
合计：							
单位负责人：							
填报人：							
填报日期：　　年　月　日							
备注：							
本表一式三份，经审核后，汇总单位留存一份，社保经办机构留存二份，其中一份转财务作为拨款依据							

图 6–71

制作申领汇总表

步骤提示

STEP 1 新建一个工作簿，保存为"申领汇总表"，将"Sheet1"工作表标签重命名为"事业单位"，并删除"Sheet2"和"Sheet3"工作表，如图 6-72 所示。

STEP 2 在 A1:H24 单元格区域中输入表格名称、表头等文本内容，如图 6-73 所示。

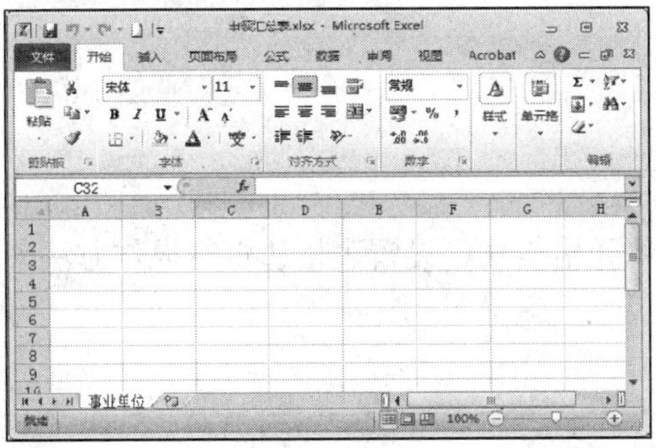

图 6–72

图 6–73

STEP 3 选择 A1:H1 单元格区域，在【开始】/【对齐方式】组中单击“合并后居中”按钮，设置文本的字体格式为“华文新魏，18 号”。用同样的方法合并其他单元格，并设置文本的字体格式为“楷体，12 号”，效果如图 6-74 所示。

STEP 4 选择工作表中相应的行和列单元格，调整其行高和列宽，效果如图 6-75 所示。

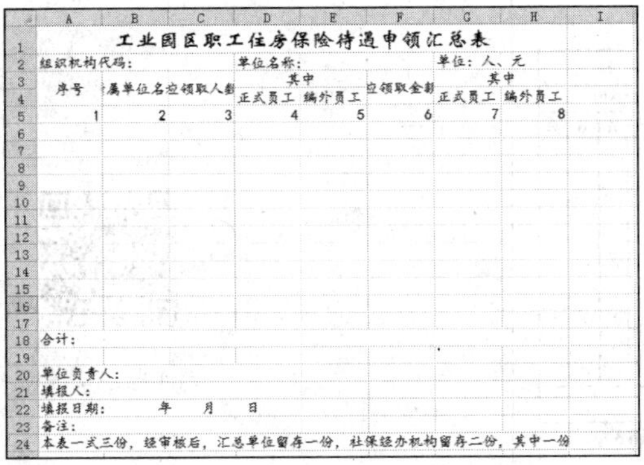

图 6–74

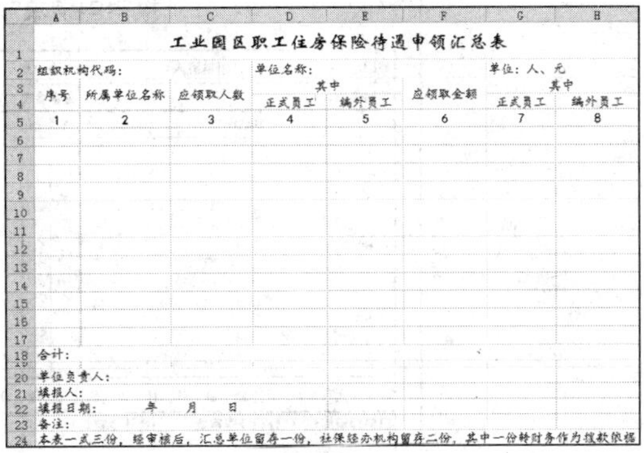

图 6–75

STEP 5 选择 A3:H18 单元格区域，单击“设置单元格格式”对话框的“边框”选项卡，在其中为单元格区域设置边框效果，并设置单元格文本的对齐方式为“居中对齐”，效果如图 6-76 所示。

STEP 6 在【页面布局】/【页面设置】组中单击“纸张方向”按钮，在弹出的下拉列表中选择“横向”选项，将纸张方向设置为横向，完成表格的创建，如图 6-77 所示。

图 6–76

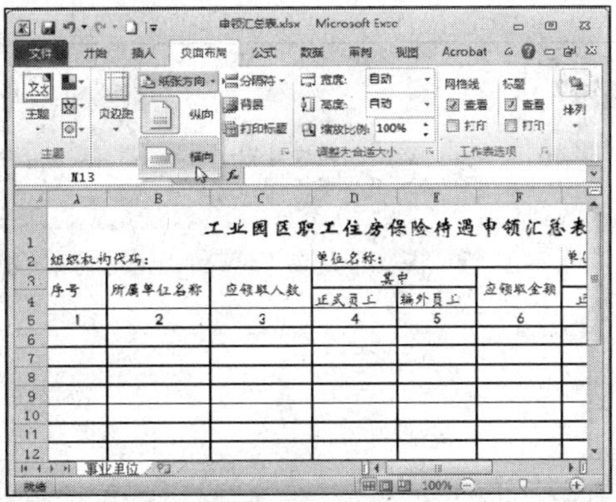

图 6–77

6.7.2 制作报销申请单

案例目标

本案例主要通过在 Excel 的创建工作表、设置单元格格式、设置表格边框等操作方法来完成报销申请单的制作。效果如图 6-78 所示。

操作思路

新建工作表，对工作表标签进行重命名，并删除多余工作表，在工作表中输入数据并设置字体格式，然后对单元格进行合并、设置行高、列宽和边框等操作。

效果所在位置

资源包/效果/第 6 章/报销申请单.xlsx。

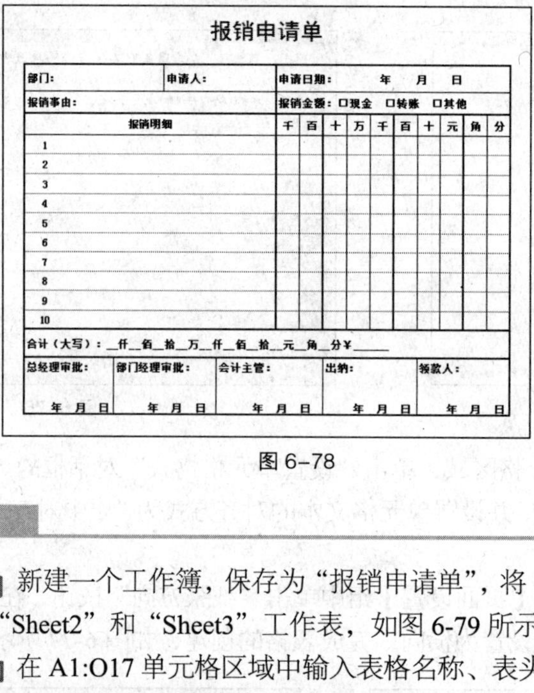

报销申请单

部门：	申请人：	申请日期： 年 月 日										
报销事由：		报销金额：□现金 □转账 □其他										
报销明细		千	百	十	万	千	百	十	元	角	分	
1												
2												
3												
4												
5												
6												
7												
8												
9												
10												
合计（大写）：__仟__佰__拾__万__仟__佰__拾__元__角__分¥_____												
总经理审批： 年 月 日	部门经理审批： 年 月 日	会计主管： 年 月 日	出纳： 年 月 日	领款人： 年 月 日								

图 6-78

制作报销申请单

步骤提示

STEP 1 新建一个工作簿，保存为“报销申请单”，将“Sheet1”工作表标签重命名为“后勤部”，并删除“Sheet2”和“Sheet3”工作表，如图 6-79 所示。

STEP 2 在 A1:O17 单元格区域中输入表格名称、表头等文本内容，如图 6-80 所示。

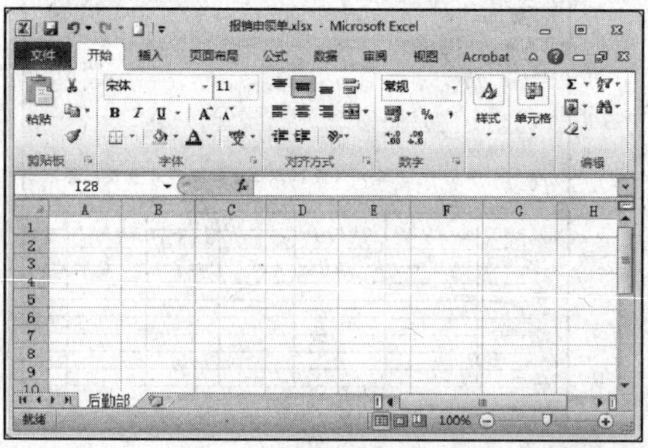

图 6-79

图 6-80

STEP 3 选择 A1:O1 单元格区域，对其进行“合并后居中”操作，然后设置文本的字体格式为“黑体，20 号”。用同样的方法合并其他单元格，并设置文本的字体格式为“宋体，11 号，加粗”，效果如图 6-81 所示。

STEP 4 选择工作表中相应的行和列单元格，调整其行高和列宽，效果如图 6-82 所示。

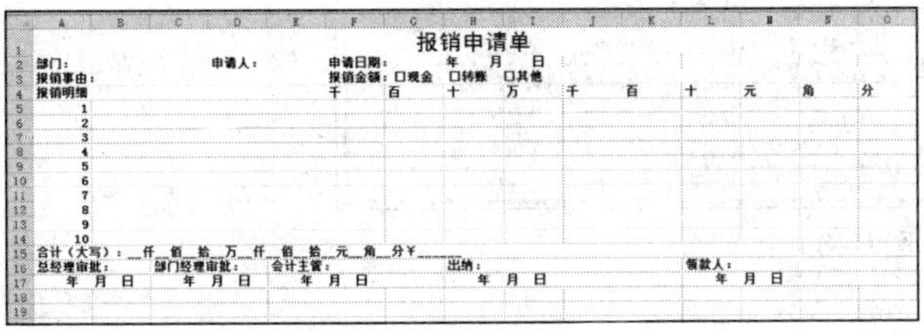

图 6-81

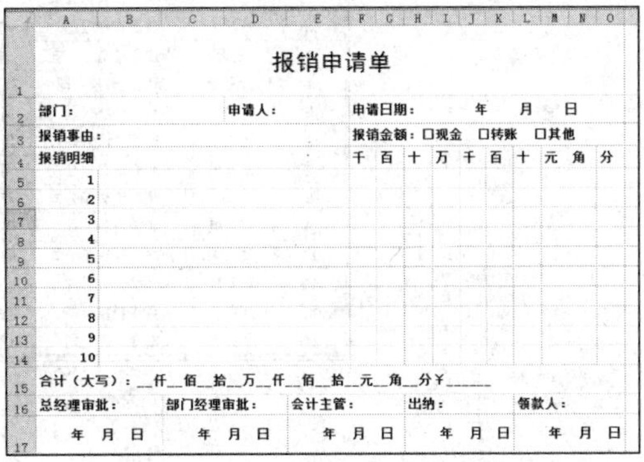

图 6-82

STEP 5 选择 A2:O17 单元格区域，单击“设置单元格格式”对话框的“边框”选项卡，在其中为单元格区域设置内边框和外边框效果，并设置单元格文本的对齐方式，效果如图 6-83 所示。

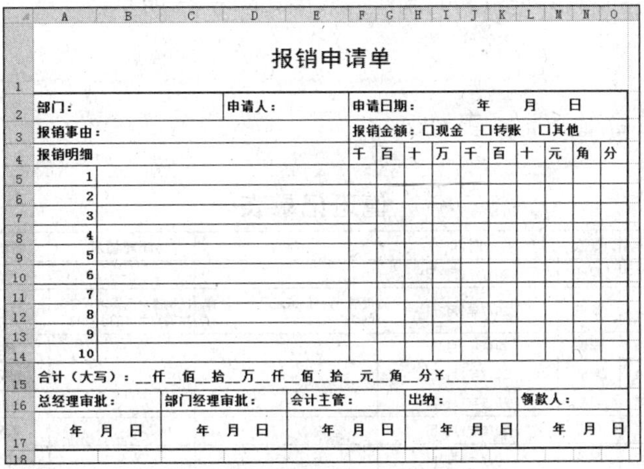

图 6-83

6.8 课后习题

6.8.1 制作客户来访登记表

练习知识要点

本练习主要通过在 Excel 中创建工作表、设置工作表标签、输入文本、设置单元格格式等操作来完成客户来访登记表的制作，效果如图 6-84 所示。

效果所在位置

资源包/效果/第 6 章/客户来访登记表.xlsx。

客户来访登记表

序号	客户姓名	来访单位	接待人	访问部门	来访日期	来访时间	事由	备注
1	刘威	佳明科技有限公司	李言	销售部	7月1日	9:45 AM	采购	✓
2	张敏浩	顺德有限公司	李言	销售部	7月3日	10:00 AM	采购	
3	王贵	腾达实业有限公司	李言	销售部	7月5日	10:25 AM	采购	
4	饶玉珊	新世纪科技公司	何正均	客服部	7月8日	11:00 AM	质量检验	
5	孙海燕	科华科技公司	何正均	运输部	7月9日	11:30 AM	送货	
6	蒲文君	宏源有限公司	何正均	生产技术部	7月10日	11:45 AM	技术咨询	
7	梁贵昆	拓启股份有限公司	何正均	生产技术部	7月11日	2:00 PM	技术咨询	
8	高米	佳明科技有限公司	姜有为	人力资源部	7月15日	2:30 PM	技术培训	
9	郑才枫	顺德有限公司	姜有为	人力资源部	7月18日	3:00 PM	技术培训	
10	贾云国	腾达实业有限公司	姜有为	生产技术部	7月20日	3:45 PM	设备维护检修	
11	蒋安辉	新世纪科技公司	王昆	客服部	7月22日	4:00 PM	质量检验	
12	郑立志	科华科技公司	王昆	生产技术部	7月25日	4:30 PM	设备维护检修	
13	罗红梅	宏源有限公司	王昆	运输部	7月28日	5:00 PM	送货	

图 6-84

6.8.2 制作值班记录表

练习知识要点

本练习主要通过在 Excel 中创建工作表、设置工作表标签、输入文本、设置文本格式、设置单元格格式等操作来完成值班记录表的制作，效果如图 6-85 所示。

效果所在位置

资源包/效果/第 6 章/值班记录表.xlsx。

值班记录表

序号	班次	时间	内容	处理情况	值班人
001	早班	2017年1月2日	–	–	范涛
002	晚班	2017年1月2日	凌晨3点，厂房后门出现异样响动	监视器中无异常，应该为猫狗之类的小动物	何忠明
003	早班	2017年1月3日	–	–	黄伟
004	晚班	2017年1月3日	–	–	刘明亮
005	早班	2017年1月4日	–	–	方小波
006	晚班	2017年1月4日	–	–	周立军
007	早班	2017年1月5日	–	–	范涛
008	晚班	2017年1月5日	–	–	何忠明
009	早班	2017年1月6日	–	–	黄伟
010	晚班	2017年1月6日	凌晨1点王主任返回厂房	在陪同下取回工作用的文件包	刘明亮
011	早班	2017年1月7日	–	–	黄伟
17	晚班	2017年1月7日	–	–	刘明亮
013	早班	2017年1月8日	–	–	方小波
014	晚班	2017年1月8日	–	–	周立军
015	早班	2017年1月9日	–	–	范涛
016	晚班	2017年1月9日	陈德明与17点返回厂房	在其办公室过夜	何忠明

图 6-85

第7章 制作工资表格

本章主要介绍创建与计算工资表的相关操作。通过本章的学习，读者可以了解在 Excel 中设置数据类型、填充数据、使用公式和函数计算数据，以及工作条的制作和打印方法。

课堂学习目标

◎ 设置数字类型
◎ 填充编号数据
◎ 使用公式
◎ 使用函数
◎ 制作和打印工资条

7.1 输入数据

在工作表中输入一些特殊的数据，如“000”时，一般不能直接输入，需要设置数字的类型。在数据量大的工作表中输入一些有规律的数据时，可以使用填充数据的方法来快速进行输入。下面分别进行介绍。

设置数字类型

7.1.1 设置数字类型

在单元格中输入如“001”等编号数据时，一般只能显示为“1”，此时可以通过设置数据类型来解决这个问题。下面介绍在员工工资表中设置数据类型的具体操作。

STEP 1 打开“员工工资表”工作簿（资源包/素材/第 7 章/员工工资表.xlsx），选择 A5:A20 单元格区域，然后在【开始】/【数字】组中单击“对话框启动器”按钮，如图 7-1 所示。

STEP 2 打开“设置单元格格式”对话框，在“数字”选项卡中左侧“分类”列表框中选择“自定义”选项，在右侧“类型”文本框中输入“000”，然后单击“确定”按钮，如图 7-2 所示。

图 7–1

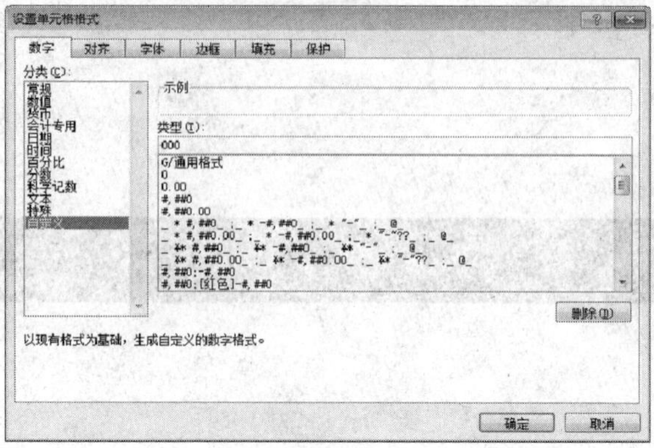

图 7–2

STEP 3 选择 C5:O20 单元格区域，然后在【开始】/【数字】组中单击“对话框启动器”按钮，如图 7-3 所示。

STEP 4 打开“设置单元格格式”对话框，在“数字”选项卡中左侧“分类”列表框中选择“数值”选项，在右侧“小数位数”数值框中输入“2”，然后单击“确定”按钮，如图 7-4 所示。

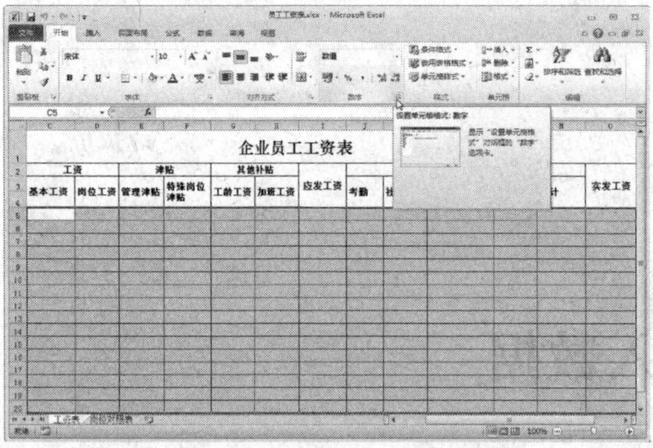

图 7–3

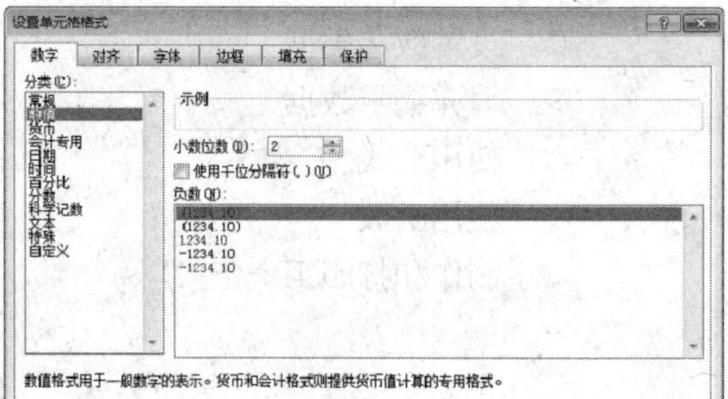

图 7–4

7.1.2 填充编号数据

在工作表中输入一些如 1、2、3 等有规律的数据时，可以使用填充数据的方法来快速完成输入。下面介绍在工作表中填充编号数据的具体操作。

填充编号数据

STEP 1 在 A5 单元格中输入“001”，A6 单元格中输入“002”。选择 A5:A6 单元格区域，将鼠标光标移动到 A6 单元格的右下角的控制柄上，当鼠标指针变成+形状时，按住鼠标左键不放，向下拖动到 A20 单元格中，如图 7-5 所示。

STEP 2 释放鼠标后，可以看到 A5:A20 单元格区域中按规律填充了编号，效果如图 7-6 所示。

图 7–5

企业员工工资表

编号	姓名	工资		津贴		其他补贴		应发工资
		基本工资	岗位工资	管理津贴	特殊岗位津贴	工龄工资	加班工资	
001								
002								
003								
004								
005								
006								
007								
008								
009								
010								
011								
012								
013								
014								
015								
016								
合计								

图 7–6

7.2 计算数据

计算数据是 Excel 的重要功能之一，在 Excel 中不仅可以编辑公式进行一般的加、减、乘、除四则运算，还可利用函数对数据进行准确而快速的运算处理，如求和、求最大值、求平均值等常用计算操作。

7.2.1 使用公式

在 Excel 中，公式是对工作表中的数据进行计算和操作的等式，它以等号“=”开始，其后是公式的表达式，如“=A1+A2+A3”。下面介绍公式的相关概念和输入方法。

单元格的引用

1. 单元格的引用

使用公式计算数据时，需要对参与计算的单元格进行引用。在 Excel 中可以引用同一个工作表中的单元格、或其他工作表中的单元格以及其他工作簿中的单元格，虽然引用不同位置的单元格的样式不一样，但其结构类似。下面介绍不同位置的单元格的引用样式。

◎ 同一工作表中引用：如果 B2 单元格要引用 C2 单元格中的值，则在 B2 单元格中输入“=C2”即可。

◎ 不同工作表中引用：如果 B2 单元格要引用 Sheet2 工作表的 C2 单元格中的值，则可在 B2 单元格中输入“=Sheet2!C2”。

◎ 不同工作簿中引用：引用其他工作簿中工作表的单元格数据的方法与引用其他工作表的单元格数据类似，一般格式为：“='工作簿存储地址[工作簿名称]工作表名称'! 单元格地址”。

◎ 引用单元格名称：如果为引用的单元格定义了名称，则可以直接引用定义的名称，如“=资产-债务”表示名为“资产”的单元格减去名为“债务”的单元格的值。

◎ 引用单元格区域名称：如果为单元格区域定义了名称，也可以引用该名称进行计算，如“=Week1+Week2”表示计算名为 Week1 和 Week2 的单元格区域的总值。

2. 输入公式

输入公式

在单元格中输入公式进行数值计算的方法与在单元格中输入数据的方法类似。公式也以输入“=”符号开头，然后输入参与计算的单元格地址和运算符号即可。下面介绍在工作表中输入公式对数据进行计算的具体操作。

STEP 1 在“员工工资表”工作表中的 B5:F20 单元格区域中输入姓名、基本工资、岗位工资、管理津贴、特殊岗位津贴等数据。选择存放计算结果的单元格，如 G5 单元格，然后输入符号“=”，如图 7-7 所示。

STEP 2 选择参与计算的第一个单元格，如选择“岗位对照表”工作表中的 E3 单元格，其单元格地址“岗位对照表!E3”将显示在编辑栏中，同时该单元格周围将出现闪烁的虚线框，如图 7-8 所示。

图 7–7

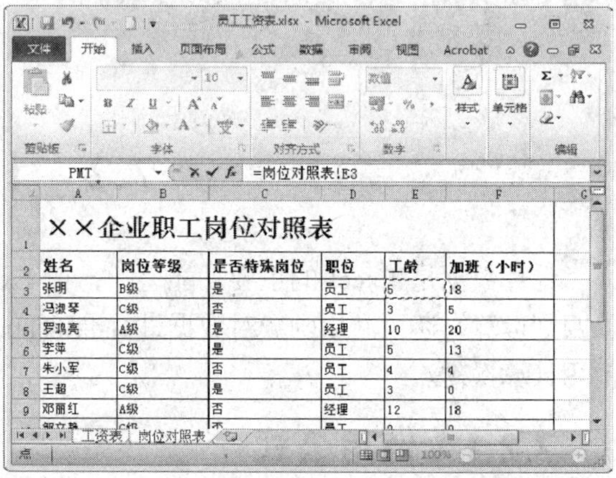

图 7–8

STEP 3 按【Shift+8】组合键输入乘号“*”，然后在其后面输入“50”，完成公式的输入，如图 7-9 所示。

STEP 4 按【Ctrl+Enter】组合键，在 G5 单元格中将计算出公式结果，如图 7-10 所示。

图 7–9

图 7–10

STEP 5 将鼠标光标移动到 G5 单元格右下角的控制柄上，当鼠标光标变成✚形状时，向下拖动鼠标光标到 G20 单元格，如图 7-11 所示。

STEP 6 释放鼠标，将在 G6:G20 单元格区域中计算并显示出其他员工的“工龄工资”，如图 7-12 所示。

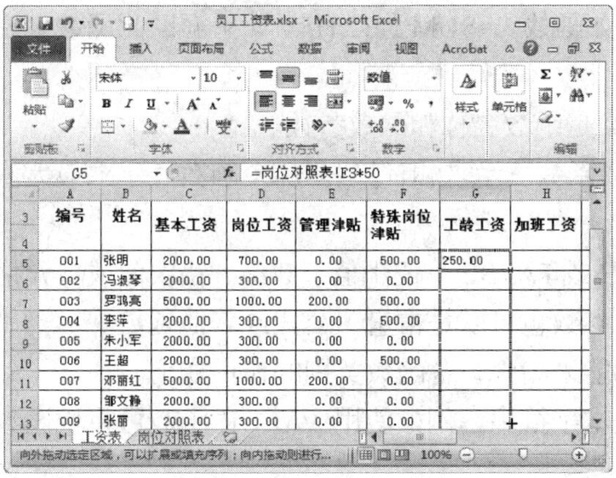

编号	姓名	基本工资	岗位工资	管理津贴	特殊岗位津贴	工龄工资	加班工资
001	张明	2000.00	700.00	0.00	500.00	250.00	
002	冯淑琴	2000.00	300.00	0.00	0.00		
003	罗鸿亮	5000.00	1000.00	200.00	500.00		
004	李萍	2000.00	300.00	0.00	500.00		
005	朱小军	2000.00	300.00	0.00	0.00		
006	王超	2000.00	300.00	0.00	500.00		
007	邓丽红	5000.00	1000.00	200.00	0.00		
008	郜文静	2000.00	300.00	0.00	0.00		
009	张丽	2000.00	300.00	0.00	0.00		

图 7-11

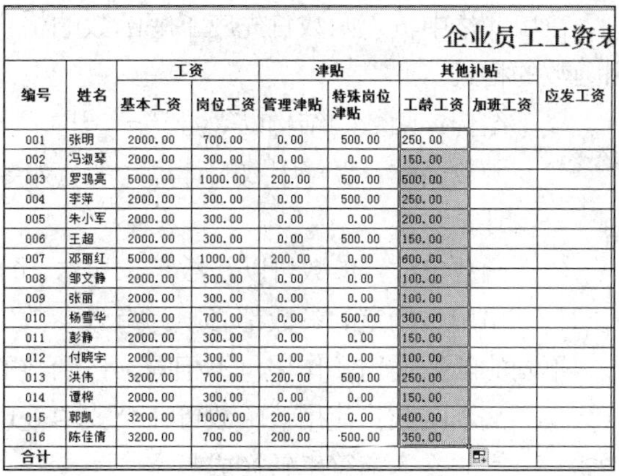

企业员工工资表

编号	姓名	工资		津贴		其他补贴		应发工资
		基本工资	岗位工资	管理津贴	特殊岗位津贴	工龄工资	加班工资	
001	张明	2000.00	700.00	0.00	500.00	250.00		
002	冯淑琴	2000.00	300.00	0.00	0.00	150.00		
003	罗鸿亮	5000.00	1000.00	200.00	500.00	500.00		
004	李萍	2000.00	300.00	0.00	500.00	250.00		
005	朱小军	2000.00	300.00	0.00	0.00	200.00		
006	王超	2000.00	300.00	0.00	500.00	150.00		
007	邓丽红	5000.00	1000.00	200.00	0.00	600.00		
008	郜文静	2000.00	300.00	0.00	0.00	100.00		
009	张丽	2000.00	300.00	0.00	0.00	100.00		
010	杨雪华	2000.00	700.00	0.00	500.00	300.00		
011	彭静	2000.00	300.00	0.00	0.00	150.00		
012	付晓宇	2000.00	300.00	0.00	0.00	100.00		
013	洪伟	3200.00	700.00	200.00	500.00	250.00		
014	谭桦	2000.00	300.00	0.00	0.00	150.00		
015	郭凯	3200.00	1000.00	200.00	0.00	400.00		
016	陈佳倩	3200.00	700.00	200.00	500.00	350.00		
合计								

图 7-12

STEP 7 选择 H5 单元格，在其中输入公式"=岗位对照表!F3*20"，然后按【Ctrl+Enter】组合键计算出第一个员工的加班工资，如图 7-13 所示。

STEP 8 将鼠标光标移动到 H5 单元格右下角的控制柄上，当鼠标光标变成+形状时，向下拖动鼠标光标到 H20 单元格，释放鼠标计算出其他员工的加班工资，如图 7-14 所示。

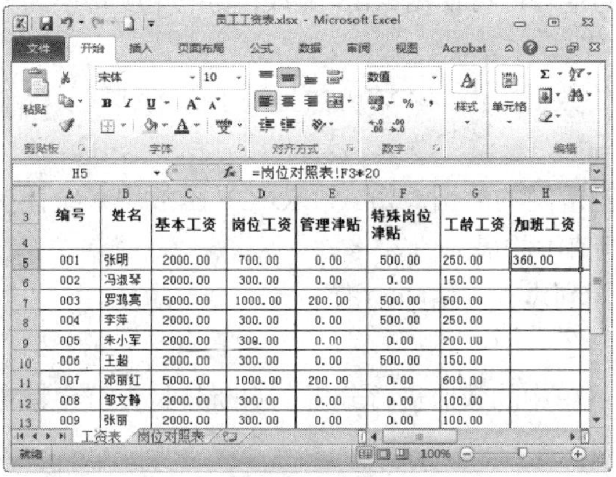

编号	姓名	基本工资	岗位工资	管理津贴	特殊岗位津贴	工龄工资	加班工资
001	张明	2000.00	700.00	0.00	500.00	250.00	360.00
002	冯淑琴	2000.00	300.00	0.00	0.00	150.00	
003	罗鸿亮	5000.00	1000.00	200.00	500.00	500.00	
004	李萍	2000.00	300.00	0.00	500.00	250.00	
005	朱小军	2000.00	300.00	0.00	0.00	200.00	
006	王超	2000.00	300.00	0.00	500.00	150.00	
007	邓丽红	5000.00	1000.00	200.00	0.00	600.00	
008	郜文静	2000.00	300.00	0.00	0.00	100.00	
009	张丽	2000.00	300.00	0.00	0.00	100.00	

图 7-13

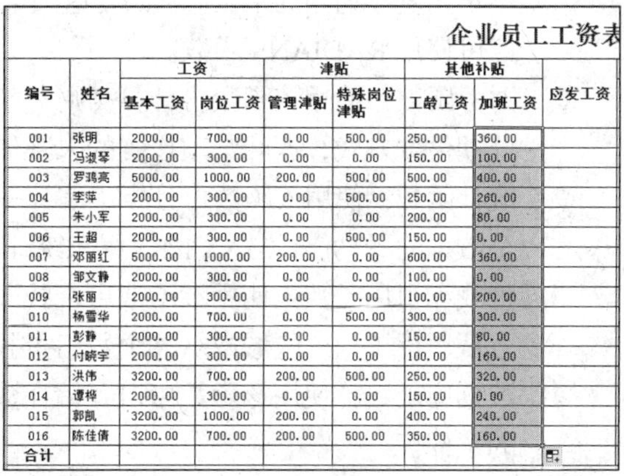

企业员工工资表

编号	姓名	工资		津贴		其他补贴		应发工资
		基本工资	岗位工资	管理津贴	特殊岗位津贴	工龄工资	加班工资	
001	张明	2000.00	700.00	0.00	500.00	250.00	360.00	
002	冯淑琴	2000.00	300.00	0.00	0.00	150.00	100.00	
003	罗鸿亮	5000.00	1000.00	200.00	500.00	500.00	400.00	
004	李萍	2000.00	300.00	0.00	500.00	250.00	260.00	
005	朱小军	2000.00	300.00	0.00	0.00	200.00	80.00	
006	王超	2000.00	300.00	0.00	500.00	150.00	0.00	
007	邓丽红	5000.00	1000.00	200.00	0.00	600.00	360.00	
008	郜文静	2000.00	300.00	0.00	0.00	100.00	0.00	
009	张丽	2000.00	300.00	0.00	0.00	100.00	200.00	
010	杨雪华	2000.00	700.00	0.00	500.00	300.00	300.00	
011	彭静	2000.00	300.00	0.00	0.00	150.00	80.00	
012	付晓宇	2000.00	300.00	0.00	0.00	100.00	160.00	
013	洪伟	3200.00	700.00	200.00	500.00	250.00	320.00	
014	谭桦	2000.00	300.00	0.00	0.00	150.00	0.00	
015	郭凯	3200.00	1000.00	200.00	0.00	400.00	240.00	
016	陈佳倩	3200.00	700.00	200.00	500.00	350.00	160.00	
合计								

图 7-14

> **提示** 选择含有公式的单元格，将鼠标光标移动到右下角的控制柄上，按住鼠标左键不放，向下拖动鼠标光标到最后一个存放计算结果的单元格，然后释放鼠标即可通过复制的公式计算出相应单元格中的结果。

7.2.2 使用函数

公式是由用户自行设计的对工作表进行计算和处理的表达式，而函数则是 Excel 预定义的特殊公式，因此利用函数可以简化公式，提高工作效率。下面介绍函数的相关功能和分类，以及函数的使用方法。

1. 函数的功能和分类

函数是一种预定义的公式，通过使用一些称为参数的数值以特定的顺序或结构进行的计算。

在单元格中输入函数首先应了解函数的格式，如函数“=SUM（B2:H5）”，下面以此函数来说明函数的格式。

◎ 结构：函数的结构以等号“=”开始，后面是函数名称和函数参数。

◎ 函数名称：表示函数的计算功能，如SUM函数表示求和计算、MAX函数表示求最大值计算。

◎ 函数参数：参数可以是数字、文本、TRUE或FALSE等逻辑值、数组、错误值或单元格引用。指定的参数都必须为有效参数值。参数也可以是常量、公式或其他函数。

不同的函数类别，作用也不相同，按函数的功能来划分，各函数类别的作用如下。

◎ 文本函数：使用该函数可在公式中处理文本字符串。例如使用VALUE函数可将代表数字的文本字符串转换成数字。

◎ 逻辑函数：使用该函数可测试是否满足某条件，并判断逻辑值。该类函数包含AND、FALSE、IF、IFERROR、NOT、OR和TRUE这7个函数，其中IF函数的使用最广泛。

◎ 日期和时间函数：使用该函数可分析或处理与日期和时间有关的数据。如DATE函数用来返回代表特定日期的序列号；TIME函数用来返回某一特定时间的小数值。

◎ 数学与三角函数：使用该函数可计算数学和三角方面的数据，其中三角函数采用弧度而不是角度作为角的单位。例如要返回数字的绝对值可使用ABS函数；要把角度转换为弧度可使用RADIANS函数。

◎ 财务函数：使用该函数可计算与财务相关的数据。例如FV函数是基于固定利率及等额分期付款方式，返回某项投资的未来值。

◎ 统计函数：使用该函数可分析、统计一定范围内的数据，如AVERAGE函数用来统计多个数据的平均值，MAX函数用来统计一组值中的最大值。

◎ 查找和引用函数：使用该函数可查找或引用列表、表格中的指定值。如LOOKUP函数可从单行（列）区域或从一个数组查找值。

◎ 数据库函数：使用该函数可对存储在数据清单中的数值进行分析，判断其是否符合特定的条件等。

◎ 信息函数：使用该函数可帮助用户鉴定单元格中的数据所属类型是否为空。

◎ 工程函数：使用该函数可以处理复杂的数字，并在不同的记数体系和测量体系中进行转换，主要用在工程应用程序中。该类函数的使用还必须执行加载宏命令。

◎ 多维数据集函数：该类函数是Excel 2010新增的函数，主要用来对多维数据进行计算，如CUBEMEMBER函数的功能是返回多维数据集中的成员或元组，用来验证成员或元组是否存在于多维数据集内。

◎ 其他函数：Excel中罗列了一些常用的函数，还有一些函数没有出现，如命令、自定义、宏控件和DDE/外部。另外还有一些使用加载宏创建的函数。

2. 使用SUM函数统计应发工资

使用SUM函数统计应发工资

了解了函数的相关概念后，下面介绍以SUM函数统计工资表中的应发工资数据的具体操作。

STEP 1 在工作表中选择存放计算结果的I5单元格，然后在【公式】/【函数库】组中单击“插入函数”按钮，如图7-15所示。

STEP 2 在打开的“插入函数”对话框的“或选择类别”下拉列表框中选择“常用函数”选项，然后在下面的列表框中选择“SUM”选项，单击“确定”按钮，如图 7-16 所示。

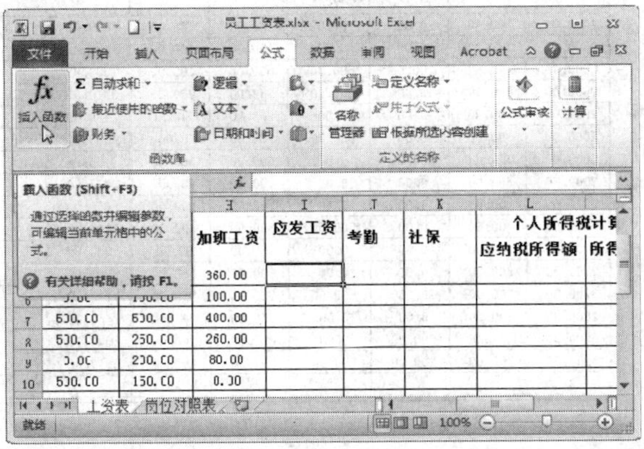

图 7–15

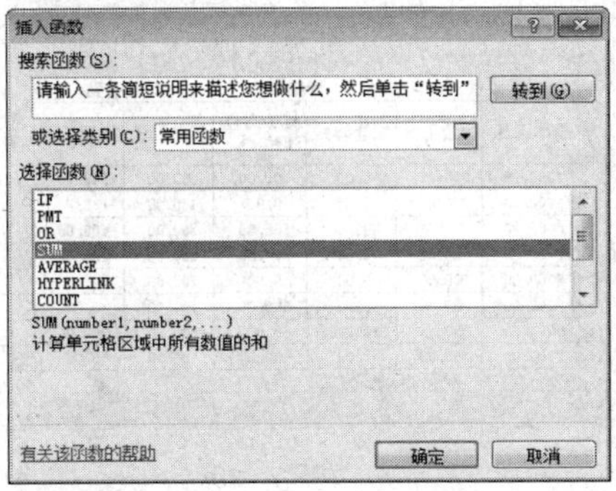

图 7–16

STEP 3 打开“函数参数”对话框，单击“Number1”参数框旁的按钮，如图 7-17 所示。

STEP 4 将对话框折叠，在工作表中拖动鼠标光标选择要参与计算的 C5:H5 单元格区域，然后单击“函数参数”对话框的按钮展开该对话框，如图 7-18 所示。

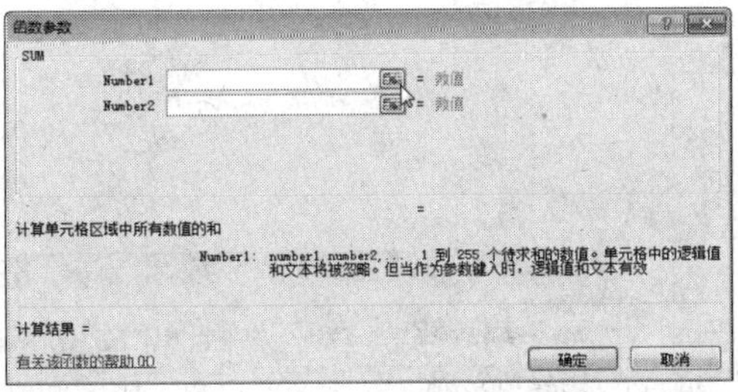

图 7–17

图 7–18

STEP 5 在“函数参数”对话框中单击“确定”按钮，返回工作表中，可以看到 I5 单元格中的计算结果，并且在编辑栏中将显示计算的函数“=SUM(C5:H5)”，如图 7-19 所示。

STEP 6 将鼠标光标移动到 I5 单元格的右下角的控制柄上，当光标变成+形状时，向下拖动鼠标光标到 I20 单元格，释放鼠标就能计算出其他员工的应发工资，如图 7-20 所示。

> **提示** 在 Excel 中对多个数据快速求和，除了使用 SUM 函数之外，还可以使用“自动求和”功能 **Σ** 。将鼠标光标定位到需要求和的单元格，如上例的 I5 单元格，选择【开始】/【编辑】组，单击“自动求和”按钮 **Σ** ，此时将自动引用该单元格前的连续数字单元格区域，即 C5:H5，按【Enter】键完成数据的计算。

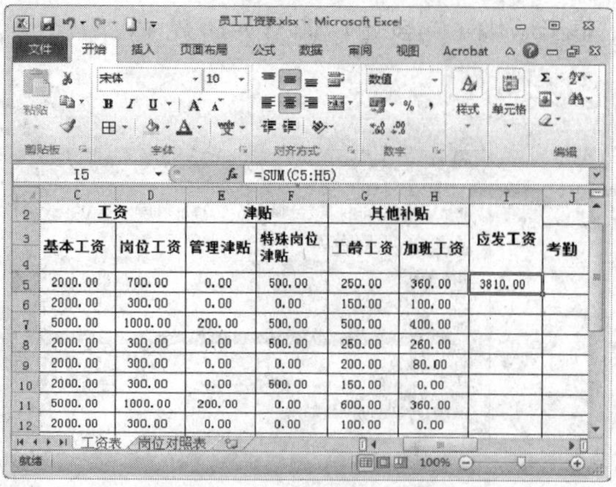

图 7-19

工资		津贴		其他补贴		应发工资	考勤
基本工资	岗位工资	管理津贴	特殊岗位津贴	工龄工资	加班工资		
2000.00	700.00	0.00	500.00	250.00	360.00	3810.00	
2000.00	300.00	0.00	0.00	150.00	100.00	2550.00	
5000.00	1000.00	200.00	500.00	500.00	400.00	7600.00	
2000.00	300.00	0.00	500.00	250.00	260.00	3310.00	
2000.00	300.00	0.00	0.00	200.00	80.00	2580.00	
2000.00	300.00	0.00	500.00	150.00	0.00	2950.00	
5000.00	1000.00	200.00	0.00	600.00	360.00	7160.00	
2000.00	300.00	0.00	0.00	100.00	0.00	2400.00	
2000.00	300.00	0.00	0.00	100.00	200.00	2600.00	
2000.00	700.00	0.00	500.00	300.00	300.00	3800.00	
2000.00	300.00	0.00	0.00	150.00	80.00	2530.00	
2000.00	300.00	0.00	0.00	100.00	160.00	2560.00	
3200.00	700.00	200.00	500.00	250.00	320.00	5170.00	
2000.00	300.00	0.00	0.00	150.00	0.00	2450.00	
3200.00	1000.00	200.00	0.00	400.00	240.00	5040.00	
3200.00	700.00	200.00	500.00	350.00	160.00	5110.00	

图 7-20

3. 使用 IF 函数计算个税

使用 IF 函数可以轻松计算出个人所得税数据。下面介绍使用 IF 函数的具体操作。

使用 IF 函数计算个税

STEP 1 在工作表中选择存放计算结果的 L5 单元格，然后在【公式】/【函数库】组中单击“插入函数”按钮，如图 7-21 所示。

STEP 2 在打开的“插入函数”对话框的“或选择类别”下拉列表框中选择“逻辑”选项，然后在下面的列表框中选择“IF”选项，单击“确定”按钮，如图 7-22 所示。

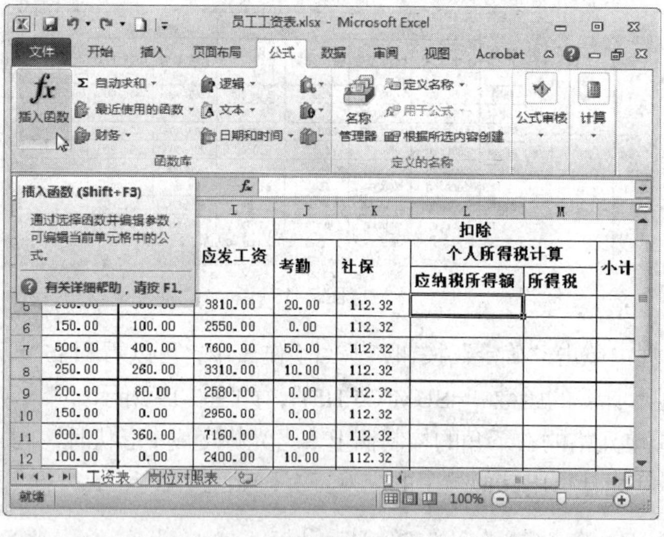

图 7-21

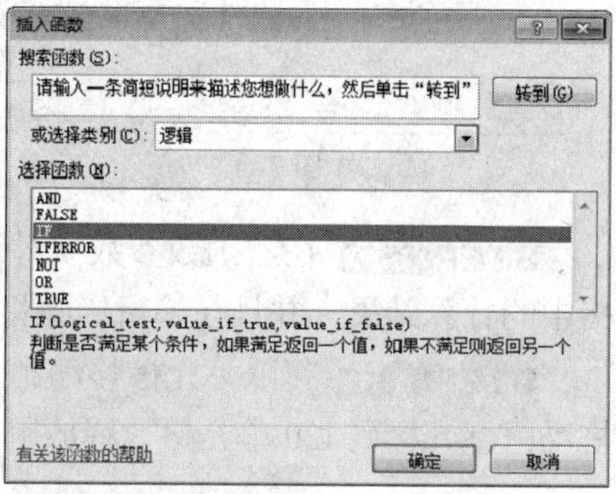

图 7-22

STEP 3 打开“函数参数”对话框，在“Logical_test”参数框中输入“(I5-K5-3500)<0”，在“Value_if_true”参数框中输入“0”，在“Value_if_false”参数框中输入“I5-K5-3500”，完成后单击“确定”按钮，如图 7-23 所示。

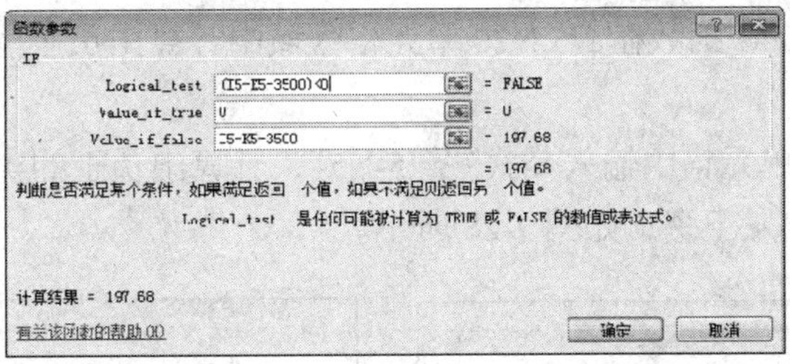

图 7-23

STEP 4 返回工作表中可以看到 L5 单元格中计算的数据结果，如图 7-24 所示。

图 7-24

提示 “=IF((I5-K5-3500)<0,0,I5-K5-3500)”是一个逻辑判断函数，含义是根据规定工资大于3500，多出的部分需要缴纳个税，因此应发工资数据减去社保数据如果小于 3500 则不计算个税，如果大于 3500 则计算出多出的数据，根据该数据再计算出需要缴纳的个税。

STEP 5 将鼠标光标移动到 L5 单元格的右下角的控制柄上，当鼠标光标变成+形状时，向下拖动鼠标光标到 L20 单元格，释放鼠标计算出其他员工的应纳税所得额，如图 7-25 所示。

STEP 6 在 M5 单元格中输入函数“=IF(L5<0,0,IF(L5<1500,L5*3%,L5*10%-105))”，计算出“所得税”，并使用复制公式的方法计算出其他员工的所得税税额，如图 7-26 所示。

企业员工工资表

贴	其他补贴		应发工资	扣除			
						个人所得税计算	
特殊岗位津贴	工龄工资	加班工资		考勤	社保	应纳税所得额	所得税
500.00	250.00	360.00	3810.00	20.00	112.32	197.68	
0.00	150.00	100.00	2550.00	0.00	112.32	0.00	
500.00	500.00	400.00	7600.00	50.00	112.32	3987.68	
500.00	250.00	260.00	3310.00	10.00	112.32	0.00	
0.00	200.00	80.00	2580.00	0.00	112.32	0.00	
500.00	150.00	0.00	2950.00	0.00	112.32	0.00	
0.00	600.00	360.00	7160.00	0.00	112.32	3547.68	
0.00	100.00	0.00	2400.00	10.00	112.32	0.00	
0.00	100.00	200.00	2600.00	20.00	112.32	0.00	
500.00	300.00	300.00	3800.00	0.00	112.32	187.68	
0.00	150.00	80.00	2530.00	0.00	112.32	0.00	
0.00	100.00	160.00	2560.00	10.00	112.32	0.00	
500.00	250.00	320.00	5170.00	30.00	112.32	1557.68	
0.00	150.00	0.00	2450.00	0.00	112.32	0.00	
0.00	400.00	240.00	5040.00	20.00	112.32	1427.68	
500.00	350.00	160.00	5110.00	0.00	112.32	1497.68	

图 7-25

M5 =IF(L5<0,0,IF(L5<1500,L5*3%,L5*10%-105))

企业员工工资表

	F	G	H	I	J	K	L	M	
2	贴	其他补贴		应发工资	扣除				
3	特殊岗位津贴	工龄工资	加班工资		考勤	社保	个人所得税计算		小计
4							应纳税所得额	所得税	
5	500.00	250.00	360.00	3810.00	20.00	112.32	197.68	5.93	
6	0.00	150.00	100.00	2550.00	0.00	112.32	0.00	0.00	
7	500.00	500.00	400.00	7600.00	50.00	112.32	3987.68	293.77	
8	500.00	250.00	260.00	3310.00	10.00	112.32	0.00	0.00	
9	0.00	200.00	80.00	2580.00	0.00	112.32	0.00	0.00	
10	500.00	150.00	0.00	2950.00	0.00	112.32	0.00	0.00	
11	0.00	600.00	360.00	7160.00	0.00	112.32	3547.68	249.77	
12	0.00	100.00	0.00	2400.00	10.00	112.32	0.00	0.00	
13	0.00	100.00	200.00	2600.00	20.00	112.32	0.00	0.00	
14	500.00	300.00	300.00	3800.00	0.00	112.32	187.68	5.63	
15	0.00	150.00	80.00	2530.00	0.00	112.32	0.00	0.00	
16	0.00	100.00	160.00	2560.00	10.00	112.32	0.00	0.00	
17	500.00	250.00	320.00	5170.00	30.00	112.32	1557.68	50.77	
18	0.00	150.00	0.00	2450.00	0.00	112.32	0.00	0.00	
19	0.00	400.00	240.00	5040.00	20.00	112.32	1427.68	42.83	
20	500.00	350.00	160.00	5110.00	0.00	112.32	1497.68	44.93	
21									

图 7-26

STEP 7 使用 SUM 函数在 N5:N20 单元格区域中计算出员工需要扣除的“小计”数据，如图 7-27 所示。

STEP 8 在 O5 单元格中输入公式“=I5-N5”，计算出员工的实发工资，并用复制公式的方法计算出其他员工的实发工资，如图 7-28 所示。

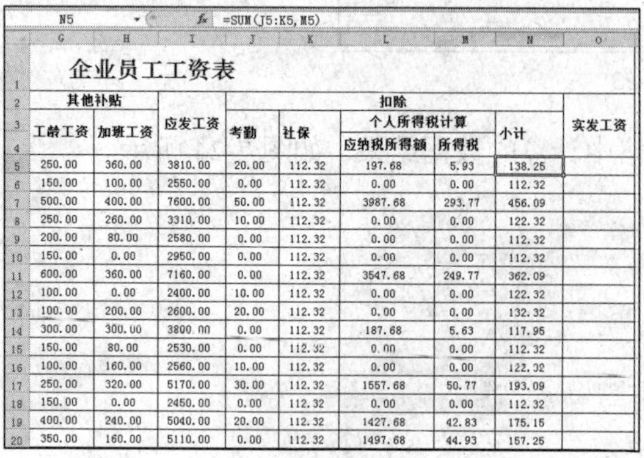

N5 =SUM(J5:K5,M5)

企业员工工资表

其他补贴：工龄工资	其他补贴：加班工资	应发工资	扣除：考勤	扣除：社保	扣除：个人所得税计算：应纳税所得额	扣除：个人所得税计算：所得税	扣除：小计	实发工资
250.00	360.00	3810.00	20.00	112.32	197.68	5.93	138.25	
150.00	100.00	2550.00	0.00	112.32	0.00	0.00	112.32	
500.00	400.00	7600.00	50.00	112.32	3987.68	293.77	456.09	
250.00	260.00	3310.00	10.00	112.32	0.00	0.00	122.32	
200.00	80.00	2580.00	0.00	112.32	0.00	0.00	112.32	
150.00	0.00	2950.00	0.00	112.32	0.00	0.00	112.32	
600.00	360.00	7160.00	0.00	112.32	3547.68	249.77	362.09	
100.00	0.00	2400.00	10.00	112.32	0.00	0.00	122.32	
100.00	200.00	2600.00	20.00	112.32	0.00	0.00	132.32	
300.00	300.00	3800.00	0.00	112.32	187.68	5.63	117.95	
150.00	80.00	2530.00	0.00	112.32	0.00	0.00	112.32	
100.00	160.00	2560.00	10.00	112.32	0.00	0.00	122.32	
250.00	320.00	5170.00	30.00	112.32	1557.68	50.77	193.09	
150.00	0.00	2450.00	0.00	112.32	0.00	0.00	112.32	
400.00	240.00	5040.00	20.00	112.32	1427.68	42.83	175.15	
350.00	160.00	5110.00	0.00	112.32	1497.68	44.93	157.25	

图 7-27

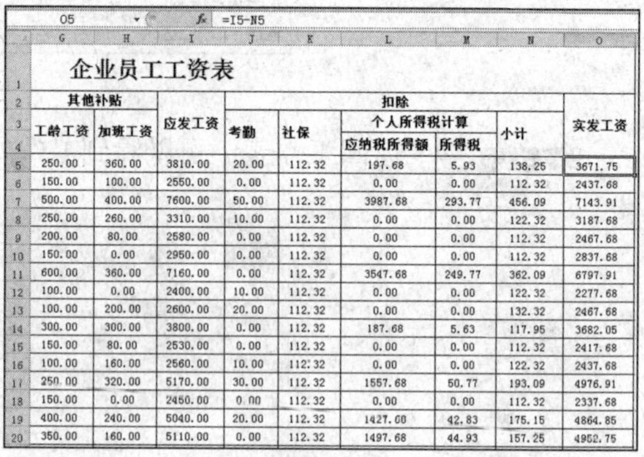

O5 =I5-N5

企业员工工资表

其他补贴：工龄工资	其他补贴：加班工资	应发工资	扣除：考勤	扣除：社保	扣除：个人所得税计算：应纳税所得额	扣除：个人所得税计算：所得税	扣除：小计	实发工资
250.00	360.00	3810.00	20.00	112.32	197.68	5.93	138.25	3671.75
150.00	100.00	2550.00	0.00	112.32	0.00	0.00	112.32	2437.68
500.00	400.00	7600.00	50.00	112.32	3987.68	293.77	456.09	7143.91
250.00	260.00	3310.00	10.00	112.32	0.00	0.00	122.32	3187.68
200.00	80.00	2580.00	0.00	112.32	0.00	0.00	112.32	2467.68
150.00	0.00	2950.00	0.00	112.32	0.00	0.00	112.32	2837.68
600.00	360.00	7160.00	0.00	112.32	3547.68	249.77	362.09	6797.91
100.00	0.00	2400.00	10.00	112.32	0.00	0.00	122.32	2277.68
100.00	200.00	2600.00	20.00	112.32	0.00	0.00	132.32	2467.68
300.00	300.00	3800.00	0.00	112.32	187.68	5.63	117.95	3682.05
150.00	80.00	2530.00	0.00	112.32	0.00	0.00	112.32	2417.68
100.00	160.00	2560.00	10.00	112.32	0.00	0.00	122.32	2437.68
250.00	320.00	5170.00	30.00	112.32	1557.68	50.77	193.09	4976.91
150.00	0.00	2450.00	0.00	112.32	0.00	0.00	112.32	2337.68
400.00	240.00	5040.00	20.00	112.32	1427.68	42.83	175.15	4864.85
350.00	160.00	5110.00	0.00	112.32	1497.68	44.93	157.25	4952.75

图 7-28

7.3 制作和打印工资条

完成员工工资表的制作后，会将员工的工资数据制作成工资条，并打印出来发放给员工。下面介绍工资条的制作和打印操作。

7.3.1 制作工资条

工资条需要一个表头对应一个员工的工资数据。下面介绍制作工资条的具体操作。

制作工资条

STEP 1 在工作表中单击工作表标签上的“插入工作表”按钮，新建一个工作表，并将其重命名为“工资条”，然后在 A1:O1 单元格区域中输入“编号”“姓名”和“基本工资”等文本，效果如图 7-29 所示。

STEP 2 在“工资表”工作表中选择 A5:O20 单元格区域，将其复制到“工资条”工作表的 A2:O17 单元格区域中（使用“粘贴值”的方法），如图 7-30 所示。

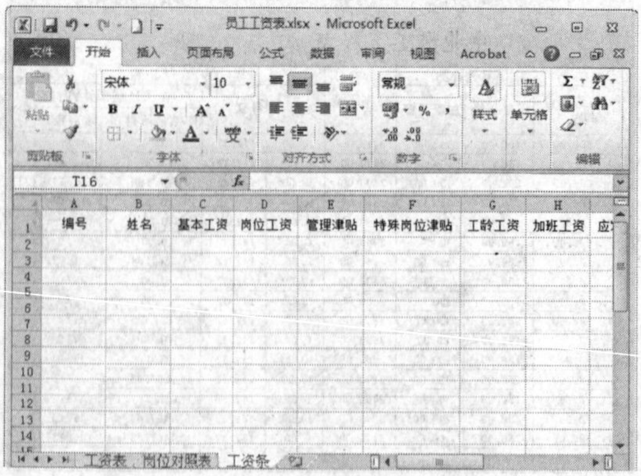

图 7-29

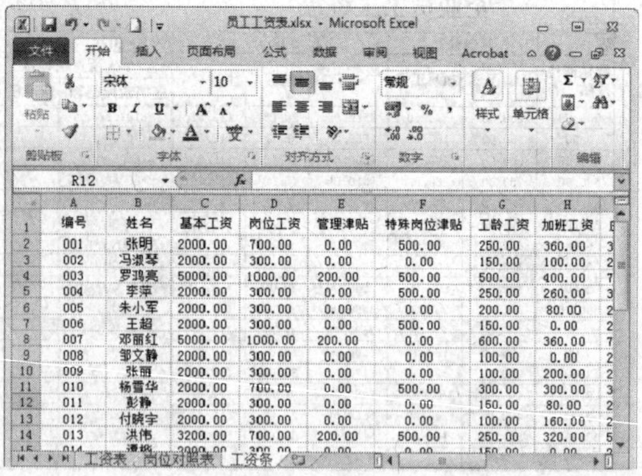

编号	姓名	基本工资	岗位工资	管理津贴	特殊岗位津贴	工龄工资	加班工资
001	张明	2000.00	700.00	0.00	500.00	250.00	360.00
002	冯淑琴	2000.00	300.00	0.00	0.00	150.00	100.00
003	罗鸿亮	5000.00	1000.00	200.00	500.00	500.00	400.00
004	李萍	2000.00	300.00	0.00	500.00	250.00	260.00
005	朱小军	2000.00	300.00	0.00	0.00	200.00	80.00
006	王超	2000.00	300.00	0.00	500.00	150.00	0.00
007	邓丽红	5000.00	1000.00	200.00	0.00	600.00	360.00
008	邹文静	2000.00	300.00	0.00	0.00	100.00	0.00
009	张丽	2000.00	300.00	0.00	0.00	100.00	200.00
010	杨雪华	2000.00	700.00	0.00	500.00	300.00	300.00
011	彭静	2000.00	300.00	0.00	0.00	150.00	80.00
012	付晓宇	2000.00	300.00	0.00	0.00	100.00	160.00
013	洪伟	3200.00	700.00	200.00	500.00	250.00	320.00

图 7-30

STEP 3 选择 A1:O1 单元格区域，复制单元格中的文本，然后在 A18:O32 单元格区域中粘贴多行该文本，效果如图 7-31 所示。

	A	B	C	D	E	F	G	H	I
1	编号	姓名	基本工资	岗位工资	管理津贴	特殊岗位津贴	工龄工资	加班工资	应发工资
2	001	张明	2000.00	700.00	0.00	500.00	250.00	360.00	3810.00
3	002	冯淑琴	2000.00	300.00	0.00	0.00	150.00	100.00	2550.00
4	003	罗鸿亮	5000.00	1000.00	200.00	500.00	500.00	400.00	7600.00
5	004	李萍	2000.00	300.00	0.00	500.00	250.00	260.00	3310.00
6	005	朱小军	2000.00	300.00	0.00	0.00	200.00	80.00	2580.00
7	006	王超	2000.00	300.00	0.00	500.00	150.00	0.00	2950.00
8	007	邓丽红	5000.00	1000.00	200.00	0.00	600.00	360.00	7160.00
9	008	邹文静	2000.00	300.00	0.00	0.00	100.00	0.00	2400.00
10	009	张丽	2000.00	300.00	0.00	0.00	100.00	200.00	2600.00
11	010	杨雪华	2000.00	700.00	0.00	500.00	300.00	300.00	3800.00
12	011	彭静	2000.00	300.00	0.00	0.00	150.00	80.00	2530.00
13	012	付晓宇	2000.00	300.00	0.00	0.00	100.00	160.00	2560.00
14	013	洪伟	3200.00	700.00	200.00	500.00	250.00	320.00	5170.00
15	014	谭桦	2000.00	300.00	0.00	0.00	150.00	0.00	2450.00
16	015	郭凯	3200.00	1000.00	200.00	0.00	400.00	240.00	5040.00
17	016	陈佳倩	3200.00	700.00	200.00	500.00	350.00	160.00	5110.00
18	编号	姓名	基本工资	岗位工资	管理津贴	特殊岗位津贴	工龄工资	加班工资	应发工资
19	编号	姓名	基本工资	岗位工资	管理津贴	特殊岗位津贴	工龄工资	加班工资	应发工资
20	编号	姓名	基本工资	岗位工资	管理津贴	特殊岗位津贴	工龄工资	加班工资	应发工资
21	编号	姓名	基本工资	岗位工资	管理津贴	特殊岗位津贴	工龄工资	加班工资	应发工资
22	编号	姓名	基本工资	岗位工资	管理津贴	特殊岗位津贴	工龄工资	加班工资	应发工资
23	编号	姓名	基本工资	岗位工资	管理津贴	特殊岗位津贴	工龄工资	加班工资	应发工资
24	编号	姓名	基本工资	岗位工资	管理津贴	特殊岗位津贴	工龄工资	加班工资	应发工资
25	编号	姓名	基本工资	岗位工资	管理津贴	特殊岗位津贴	工龄工资	加班工资	应发工资
26	编号	姓名	基本工资	岗位工资	管理津贴	特殊岗位津贴	工龄工资	加班工资	应发工资
27	编号	姓名	基本工资	岗位工资	管理津贴	特殊岗位津贴	工龄工资	加班工资	应发工资
28	编号	姓名	基本工资	岗位工资	管理津贴	特殊岗位津贴	工龄工资	加班工资	应发工资
29	编号	姓名	基本工资	岗位工资	管理津贴	特殊岗位津贴	工龄工资	加班工资	应发工资
30	编号	姓名	基本工资	岗位工资	管理津贴	特殊岗位津贴	工龄工资	加班工资	应发工资
31	编号	姓名	基本工资	岗位工资	管理津贴	特殊岗位津贴	工龄工资	加班工资	应发工资
32	编号	姓名	基本工资	岗位工资	管理津贴	特殊岗位津贴	工龄工资	加班工资	应发工资

图 7-31

STEP 4 在 P1:P4 单元格区域中依次输入 0、1、2、3，然后填充值到 P17 单元格中。用相同的方法在 P18:P19 单元格区域中依次输入 1.1、2.1，然后填充值到 P32 单元格中，效果如图 7-32 所示。

	G	H	I	J	K	L	M	N	O	P
1	工龄工资	加班工资	应发工资	考勤	社保	应纳税所得额	所得税	小计	实发工资	0
2	250.00	360.00	3810.00	20.00	112.32	197.68	5.93	138.25	3671.75	1
3	150.00	100.00	2550.00	0.00	112.32	0.00	0.00	112.32	2437.68	2
4	500.00	400.00	7600.00	50.00	112.32	3987.68	293.77	456.09	7143.91	3
5	250.00	260.00	3310.00	10.00	112.32	0.00	0.00	122.32	3187.68	4
6	200.00	80.00	2580.00	0.00	112.32	0.00	0.00	112.32	2467.68	5
7	150.00	0.00	2950.00	0.00	112.32	0.00	0.00	112.32	2837.68	6
8	600.00	360.00	7160.00	0.00	112.32	3547.68	249.77	362.09	6797.91	7
9	100.00	0.00	2400.00	10.00	112.32	0.00	0.00	122.32	2277.68	8
10	100.00	200.00	2600.00	20.00	112.32	0.00	0.00	132.32	2467.68	9
11	300.00	300.00	3800.00	0.00	112.32	187.68	5.63	117.95	3682.05	10
12	150.00	80.00	2530.00	0.00	112.32	0.00	0.00	112.32	2417.68	11
13	100.00	160.00	2560.00	10.00	112.32	0.00	0.00	122.32	2437.68	12
14	250.00	320.00	5170.00	30.00	112.32	1557.68	50.77	193.09	4976.91	13
15	150.00	0.00	2450.00	0.00	112.32	0.00	0.00	112.32	2337.68	14
16	400.00	240.00	5040.00	20.00	112.32	1427.68	42.83	175.15	4864.85	15
17	350.00	160.00	5110.00	0.00	112.32	1497.68	44.93	157.25	4952.75	16
18	工龄工资	加班工资	应发工资	考勤	社保	应纳税所得额	所得税	小计	实发工资	1.1
19	工龄工资	加班工资	应发工资	考勤	社保	应纳税所得额	所得税	小计	实发工资	2.1
20	工龄工资	加班工资	应发工资	考勤	社保	应纳税所得额	所得税	小计	实发工资	3.1
21	工龄工资	加班工资	应发工资	考勤	社保	应纳税所得额	所得税	小计	实发工资	4.1
22	工龄工资	加班工资	应发工资	考勤	社保	应纳税所得额	所得税	小计	实发工资	5.1
23	工龄工资	加班工资	应发工资	考勤	社保	应纳税所得额	所得税	小计	实发工资	6.1
24	工龄工资	加班工资	应发工资	考勤	社保	应纳税所得额	所得税	小计	实发工资	7.1
25	工龄工资	加班工资	应发工资	考勤	社保	应纳税所得额	所得税	小计	实发工资	8.1
26	工龄工资	加班工资	应发工资	考勤	社保	应纳税所得额	所得税	小计	实发工资	9.1
27	工龄工资	加班工资	应发工资	考勤	社保	应纳税所得额	所得税	小计	实发工资	10.1
28	工龄工资	加班工资	应发工资	考勤	社保	应纳税所得额	所得税	小计	实发工资	11.1
29	工龄工资	加班工资	应发工资	考勤	社保	应纳税所得额	所得税	小计	实发工资	12.1
30	工龄工资	加班工资	应发工资	考勤	社保	应纳税所得额	所得税	小计	实发工资	13.1
31	工龄工资	加班工资	应发工资	考勤	社保	应纳税所得额	所得税	小计	实发工资	14.1
32	工龄工资	加班工资	应发工资	考勤	社保	应纳税所得额	所得税	小计	实发工资	15.1

图 7-32

STEP 5 选择 P 列中的全部单元格，然后在【数据】/【排序和筛选】组中单击“升序”按钮（排序操作将在下一章进行具体介绍），效果如图 7-33 所示。

STEP 6 在打开的“排序提醒”对话框中直接单击“确定”按钮，返回工作表中即可看到制作的工资条效果，如图 7-34 所示。

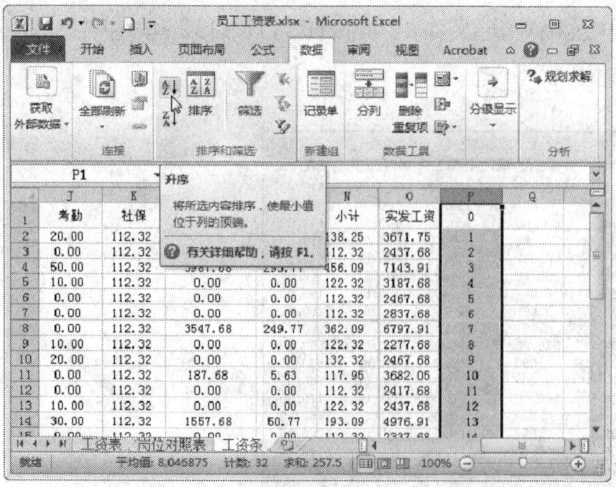

图 7-33

	A	B	C	D	E	F	G	H	I
1	编号	姓名	基本工资	岗位工资	管理津贴	特殊岗位津贴	工龄工资	加班工资	应发工资
2	001	张明	2000.00	700.00	0.00	500.00	250.00	360.00	3810.00
3	编号	姓名	基本工资	岗位工资	管理津贴	特殊岗位津贴	工龄工资	加班工资	应发工资
4	002	冯淑琴	2000.00	300.00	0.00	0.00	150.00	100.00	2550.00
5	编号	姓名	基本工资	岗位工资	管理津贴	特殊岗位津贴	工龄工资	加班工资	应发工资
6	003	罗鸿亮	5000.00	1000.00	200.00	500.00	500.00	400.00	7600.00
7	编号	姓名	基本工资	岗位工资	管理津贴	特殊岗位津贴	工龄工资	加班工资	应发工资
8	004	李萍	2000.00	300.00	0.00	500.00	250.00	260.00	3310.00
9	编号	姓名	基本工资	岗位工资	管理津贴	特殊岗位津贴	工龄工资	加班工资	应发工资
10	005	朱小军	2000.00	300.00	0.00	0.00	200.00	80.00	2580.00
11	编号	姓名	基本工资	岗位工资	管理津贴	特殊岗位津贴	工龄工资	加班工资	应发工资
12	006	王超	2000.00	300.00	0.00	500.00	150.00	0.00	2950.00
13	编号	姓名	基本工资	岗位工资	管理津贴	特殊岗位津贴	工龄工资	加班工资	应发工资
14	007	邓丽红	5000.00	1000.00	200.00	0.00	600.00	360.00	7160.00
15	编号	姓名	基本工资	岗位工资	管理津贴	特殊岗位津贴	工龄工资	加班工资	应发工资
16	008	邹文静	2000.00	300.00	0.00	0.00	100.00	0.00	2400.00
17	编号	姓名	基本工资	岗位工资	管理津贴	特殊岗位津贴	工龄工资	加班工资	应发工资
18	009	张丽	2000.00	300.00	0.00	0.00	100.00	200.00	2600.00
19	编号	姓名	基本工资	岗位工资	管理津贴	特殊岗位津贴	工龄工资	加班工资	应发工资
20	010	杨雪华	2000.00	700.00	0.00	500.00	300.00	300.00	3800.00
21	编号	姓名	基本工资	岗位工资	管理津贴	特殊岗位津贴	工龄工资	加班工资	应发工资
22	011	彭静	2000.00	300.00	0.00	0.00	150.00	80.00	2530.00
23	编号	姓名	基本工资	岗位工资	管理津贴	特殊岗位津贴	工龄工资	加班工资	应发工资
24	012	付晓宇	2000.00	300.00	0.00	0.00	100.00	160.00	2560.00
25	编号	姓名	基本工资	岗位工资	管理津贴	特殊岗位津贴	工龄工资	加班工资	应发工资
26	013	洪伟	3200.00	700.00	200.00	500.00	250.00	320.00	5170.00
27	编号	姓名	基本工资	岗位工资	管理津贴	特殊岗位津贴	工龄工资	加班工资	应发工资
28	014	谭桦	2000.00	300.00	0.00	0.00	150.00	0.00	2450.00
29	编号	姓名	基本工资	岗位工资	管理津贴	特殊岗位津贴	工龄工资	加班工资	应发工资
30	015	郭凯	3200.00	1000.00	200.00	0.00	400.00	240.00	5040.00

图 7-34

STEP 7 在工作表中选择 P 列中的单元格，按【Delete】键将其中的数据删除，然后选择 A1:O32 单元格区域，为其设置边框效果，并调整单元格的行高，完成工资条的制作，如图 7-35 所示。

	A	B	C	D	E	F	G	H	I	J	K	L	M	N	O
1	编号	姓名	基本工资	岗位工资	管理津贴	特殊岗位津贴	工龄工资	加班工资	应发工资	考勤	社保	应纳税所得额	所得税	小计	实发工资
2	001	张明	2000.00	700.00	0.00	500.00	250.00	360.00	3810.00	20.00	112.32	197.68	5.93	138.25	3671.75
3	编号	姓名	基本工资	岗位工资	管理津贴	特殊岗位津贴	工龄工资	加班工资	应发工资	考勤	社保	应纳税所得额	所得税	小计	实发工资
4	002	冯淑琴	2000.00	300.00	0.00	0.00	150.00	100.00	2550.00	0.00	112.32	0.00	0.00	112.32	2437.68
5	编号	姓名	基本工资	岗位工资	管理津贴	特殊岗位津贴	工龄工资	加班工资	应发工资	考勤	社保	应纳税所得额	所得税	小计	实发工资
6	003	罗鸿亮	5000.00	1000.00	200.00	500.00	500.00	400.00	7600.00	50.00	112.32	3987.68	293.77	456.09	7143.91
7	编号	姓名	基本工资	岗位工资	管理津贴	特殊岗位津贴	工龄工资	加班工资	应发工资	考勤	社保	应纳税所得额	所得税	小计	实发工资
8	004	李萍	2000.00	300.00	0.00	500.00	250.00	260.00	3310.00	10.00	112.32	0.00	0.00	122.32	3187.68
9	编号	姓名	基本工资	岗位工资	管理津贴	特殊岗位津贴	工龄工资	加班工资	应发工资	考勤	社保	应纳税所得额	所得税	小计	实发工资
10	005	朱小军	2000.00	300.00	0.00	0.00	200.00	80.00	2580.00	0.00	112.32	0.00	0.00	112.32	2467.68
11	编号	姓名	基本工资	岗位工资	管理津贴	特殊岗位津贴	工龄工资	加班工资	应发工资	考勤	社保	应纳税所得额	所得税	小计	实发工资
12	006	王超	2000.00	300.00	0.00	500.00	150.00	0.00	2950.00	0.00	112.32	0.00	0.00	112.32	2837.68
13	编号	姓名	基本工资	岗位工资	管理津贴	特殊岗位津贴	工龄工资	加班工资	应发工资	考勤	社保	应纳税所得额	所得税	小计	实发工资
14	007	邓丽红	5000.00	1000.00	200.00	0.00	600.00	360.00	7160.00	0.00	112.32	3547.68	249.77	362.09	6797.91

图 7-35

7.3.2 打印工资条

工资条制作好以后，就可以通过打印机将其打印到纸张上，然后将每个员工的工资条裁剪下来分别进行发放。下面介绍打印工资条的具体操作。

打印工资条

STEP 1 在“工资条”工作表中的【页面布局】/【页面设置】组中单击“纸张方向”按钮，在弹出的下拉列表中选择“横向”选项，如图 7-36 所示。

STEP 2 选择【文件】/【打印】菜单命令，打开“打印”界面，在右侧“打印预览”界面的右下角单击“显示边距”按钮，显示出边距线，将鼠标光标移动到最左侧的边距线上并按住鼠标左键向左移动，到合适位置释放鼠标，如图 7-37 所示。

STEP 3 将鼠标光标分别移动到页面的上下边距线上，按住鼠标左键分别向上和向下移动边距线，将工作表中数据调整到一页上，效果如图 7-38 所示。

STEP 4 在“打印”栏中的“份数”数值框中设置打印份数，在“打印机”下拉列表框中选择打印机名称，单击“打印”按钮即可将工作表打印出来（资源包/效果/第 7 章/员工工资表.xlsx），如图 7-39 所示。

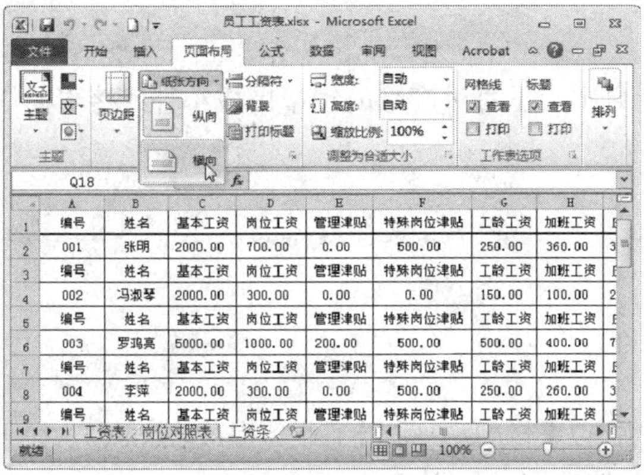

图 7-36

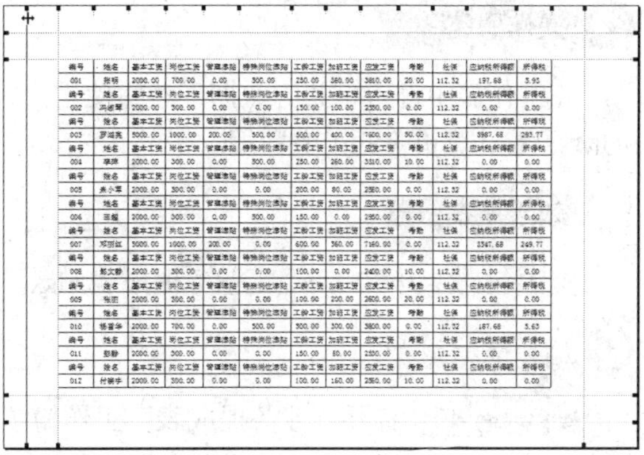

图 7-37

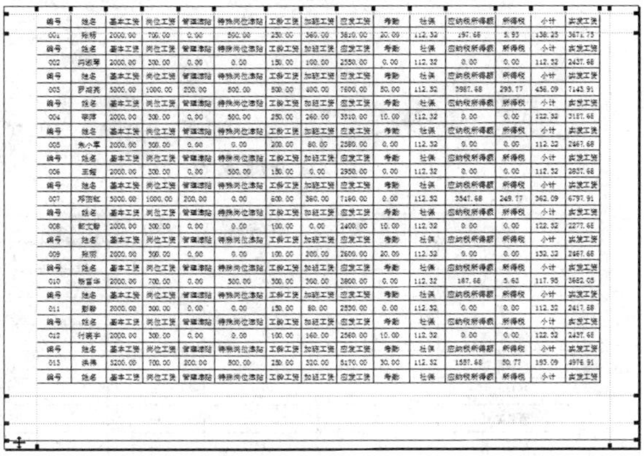

图 7-38

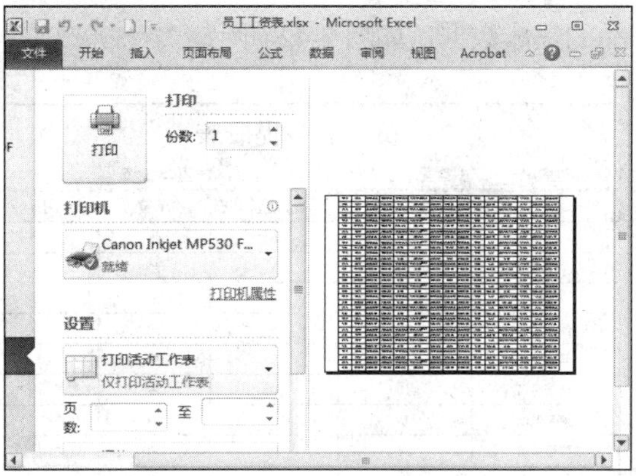

图 7-39

7.4 上机案例

7.4.1 计算业务提成表

案例目标

本案例主要在 Excel 中使用公式和函数计算业务提成表中的数据。效果如图 7-40 所示。

员工业务提成表				
姓名：	罗雪莹		基本工资：	2000
项目	销售数量	提成金额	单位	小计
卡	10	5	张	50
座机	5	5	台	25
手机	25	10	台	250
预存话费	50	5	户	250
新装套餐	10	5	户	50
新装宽带	15	10	户	150
新装电话	5	5	户	25
宽带续费	25	10	户	250
新装电话	20	5	户	100
本月工资合计：		¥3,150.00		

图 7-40

计算业务提成表

操作思路

在工作表中输入相关的数据，然后使用公式计算出员工每种产品的销量提成小计，接着使用 SUM 函数计算员工的工资数据。

效果所在位置

资源包/效果/第 7 章/员工业务提成表.xlsx。

步骤提示

STEP 1 打开“业务提成表”工作簿（资源包/素材/第 7 章/员工业务提成表.xlsx），在工作表中输入“销售数量”“提成金额”以及“单位”等数据，如图 7-41 所示。

STEP 2 在 E4 单元格中输入公式“=B4*C4”，按【Ctrl+Enter】组合键计算出第一个产品的提成数据，如图 7-42 所示。

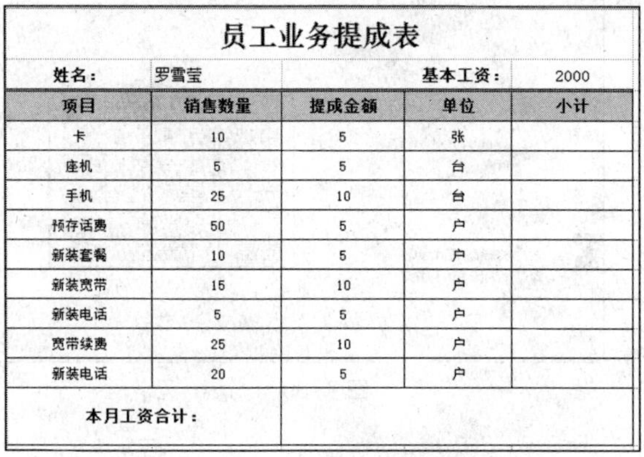

员工业务提成表

姓名：	罗雪莹		基本工资：	2000
项目	销售数量	提成金额	单位	小计
卡	10	5	张	
座机	5	5	台	
手机	25	10	台	
预存话费	50	5	户	
新装套餐	10	5	户	
新装宽带	15	10	户	
新装电话	5	5	户	
宽带续费	25	10	户	
新装电话	20	5	户	
本月工资合计：				

图 7-41

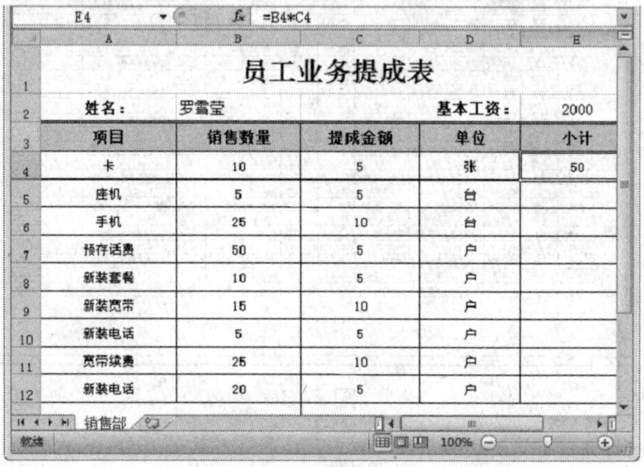

E4 =B4*C4

员工业务提成表

姓名：	罗雪莹		基本工资：	2000
项目	销售数量	提成金额	单位	小计
卡	10	5	张	50
座机	5	5	台	
手机	25	10	台	
预存话费	50	5	户	
新装套餐	10	5	户	
新装宽带	15	10	户	
新装电话	5	5	户	
宽带续费	25	10	户	
新装电话	20	5	户	

图 7-42

STEP 3 使用复制公式的方法计算出其他产品的提成数据，如图 7-43 所示。

STEP 4 在 C13 单元格中输入公式“=E2+SUM(E4:E12)”，计算出该员工的工资合计数据，如图 7-44 所示。

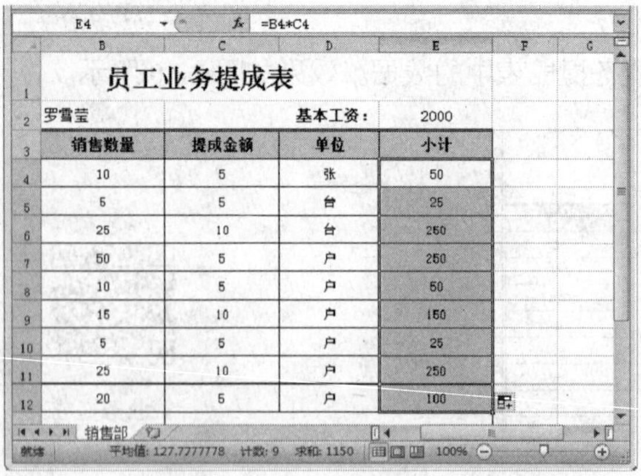

E4 =B4*C4

员工业务提成表

罗雪莹		基本工资：	2000
销售数量	提成金额	单位	小计
10	5	张	50
5	5	台	25
25	10	台	250
50	5	户	250
10	5	户	50
15	10	户	150
5	5	户	25
25	10	户	250
20	5	户	100

平均值：127.7777778 计数：9 求和：1150

图 7-43

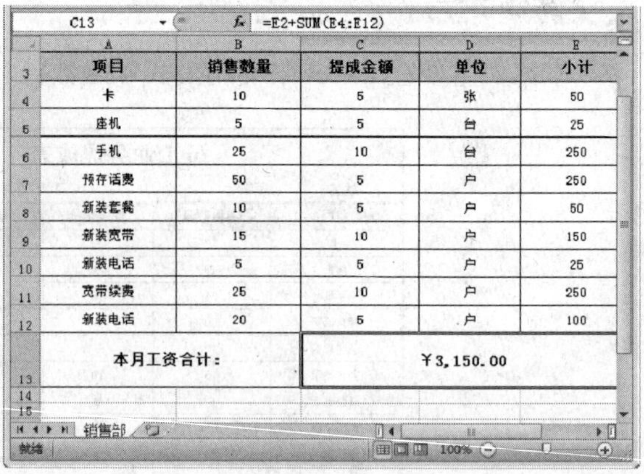

C13 =E2+SUM(E4:E12)

项目	销售数量	提成金额	单位	小计
卡	10	5	张	50
座机	5	5	台	25
手机	25	10	台	250
预存话费	50	5	户	250
新装套餐	10	5	户	50
新装宽带	15	10	户	150
新装电话	5	5	户	25
宽带续费	25	10	户	250
新装电话	20	5	户	100
本月工资合计：		￥3,150.00		

图 7-44

7.4.2 计算工资汇总表

案例目标

本案例主要在 Excel 中使用各种函数计算出工资汇总表中的工资总和、平均工资、最高工资以及最低工资数据。效果如图 7-45 所示。

操作思路

新建工作表，对工作表标签进行重命名，并删除多余工作表，在工作表中输入数据并设置字体格式，然后对单元格进行合并、设置行高和列宽、设置边框等操作。

效果所在位置

资源包/效果/第 7 章/工资汇总表.xlsx。

公司本年度工资汇总表

编号	姓名	去年工资总和	工资总和	平均工资	最高工资	最低工资
001	张明	47,962.20	45,267.30	3,772.28	4,722.30	2,528.10
002	冯淑琴	35,692.80	41,308.20	3,442.35	4,340.70	2,480.40
003	罗鸿亮	31,231.20	46,078.20	3,839.85	4,722.30	2,528.10
004	李萍	54,654.60	39,686.40	3,307.20	4,531.50	2,385.00
005	朱小军	40,173.70	43,740.90	3,645.08	4,579.20	2,862.00
006	王超	54,096.90	41,022.00	3,418.50	4,770.00	2,480.40
007	邓丽红	29,558.10	39,924.90	3,327.08	4,770.00	2,385.00
008	邹文静	50,750.70	46,269.00	3,855.75	4,531.50	2,623.50
009	张丽	34,616.10	41,117.40	3,426.45	4,531.50	2,480.40
010	杨雪华	42,942.90	41,022.00	3,418.50	4,436.10	2,575.80
011	彭静	49,635.30	45,744.30	3,812.03	4,674.60	2,623.50
012	付晓宇	39,077.60	43,740.90	3,645.08	4,722.30	2,385.00
013	洪伟	46,289.10	40,831.20	3,402.60	4,722.30	2,385.00
014	谭桦	45,173.70	43,740.90	3,645.08	4,770.00	2,432.70
015	郭凯	40,731.40	43,311.60	3,609.30	4,674.60	2,718.90
016	陈佳倩	44,104.20	40,735.20	3,394.60	4,770.00	2,432.70

图 7-45

计算工资汇总表

步骤提示

STEP 1 打开“工资汇总表”工作簿（资源包/素材/第 7 章/工资汇总表.xlsx），在 D3 单元格中选择 SUM 函数，并选择“每月工资明细”工作表中的 B3:M3 单元格区域为计算参数，计算出第一个员工的工资总和数据，并使用复制公式的方法计算出其他员工的工资总和，如图 7-46 所示。

STEP 2 在 E3 单元格中选择 AVERAGE 函数，并选择“每月工资明细”工作表中的 B3:M3 单元格区域为计算参数，计算出第一个员工的平均工资数据，并使用复制公式的方法计算出其他员工的平均工资，如图 7-47 所示。

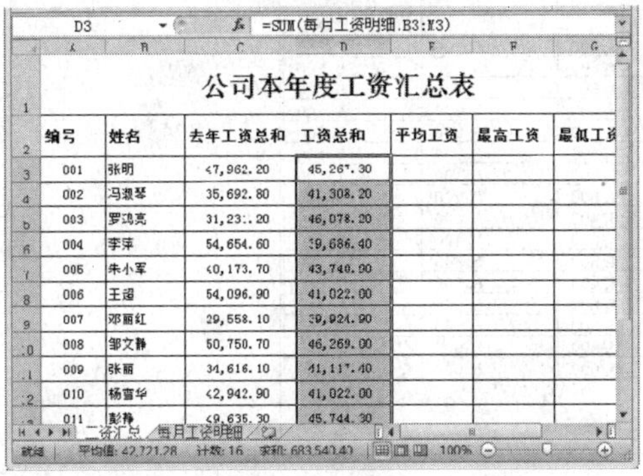

图 7-46

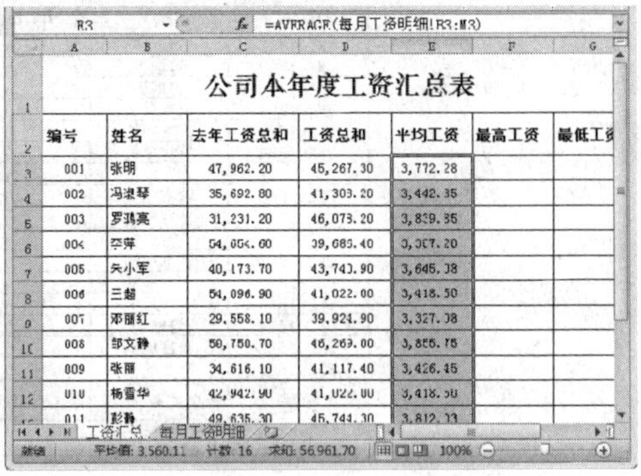

图 7-47

STEP 3 在 F3 单元格中选择 MAX 函数，并选择“每月工资明细”工作表中的 B3:M3 单元格区域为计算参数，计算出第一个员工的最高工资数据，再使用复制公式的方法计算出其他员工的最高工资，如图 7-48 所示。

STEP 4 在 G3 单元格中选择 MIN 函数，并选择“每月工资明细”工作表中的 B3:M3 单元格区域为计算参数，计算出第一个员工的最低工资数据，再使用复制公式的方法计算出其他员工的最低工资，如图 7-49 所示。

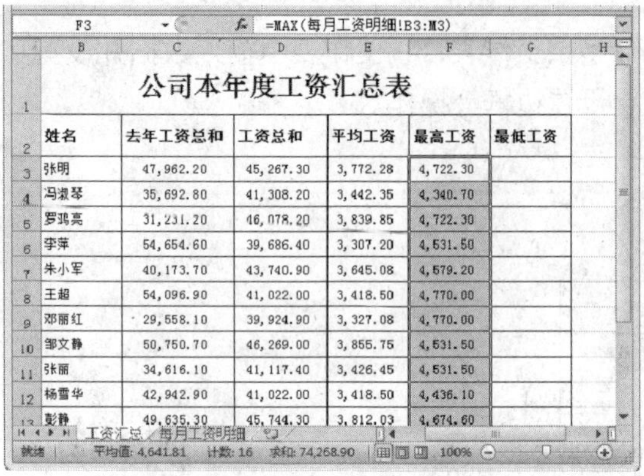

图 7-48

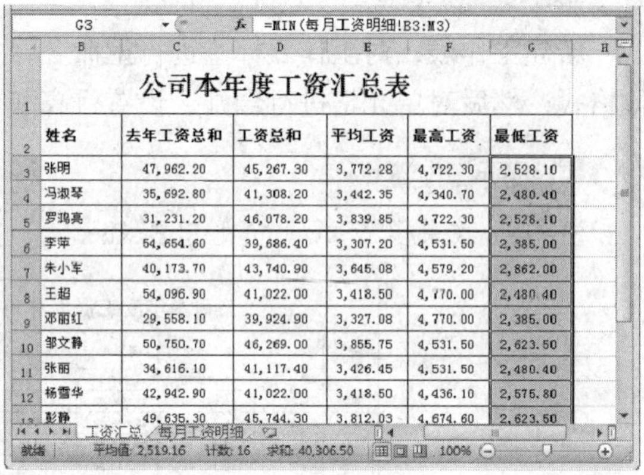

图 7-49

7.5 课后习题

7.5.1 计算产品库存表

练习知识要点

本练习主要在 Excel 中使用公式和函数计算出产品的库存数据。效果如图 7-50 所示。

效果所在位置

资源包/效果/第 7 章/产品库存表.xlsx。

产品库存表（单位：件）					
产品编号	产品类别	上月库存	本月销量	本月进货	本月库存
BN201501	竹地板	4,900	3,400	6,100	7,600
BN201502	竹地板	5,200	4,800	5,200	5,600
BN201503	竹地板	6,100	4,800	5,200	6,500
BN201504	软木地板	3,900	5,000	5,300	4,200
BN201505	实木地板	5,200	5,200	3,900	3,900
BN201506	复合地板	6,100	4,900	3,900	5,100
BN201507	软木地板	4,900	3,400	6,100	7,600
BN201508	软木地板	5,200	4,800	5,200	5,600
BN201509	复合地板	4,300	3,400	6,100	7,000
BN201510	复合地板	4,800	5,200	3,400	3,000
BN201511	软木地板	5,000	4,800	5,300	5,500
BN201512	实木地板	4,300	3,400	6,100	7,000
BN201513	实木地板	6,100	4,800	5,200	6,500
BN201514	竹地板	5,000	5,000	5,000	5,000
BN201515	复合地板	5,200	5,200	3,900	3,900
BN201516	软木地板	5,000	5,000	5,000	5,000
平均库存	最小库存	最大库存			
5,563	3,000	7,600			

图 7-50

7.5.2 计算员工培训成绩表

练习知识要点

本练习主要在 Excel 中使用公式和函数计算员工培训的总分和等级。效果如图 7-51 所示。

效果所在位置

资源包/效果/第 7 章/培训成绩表.xlsx。

员工培训成绩表							
姓名	理论	团队	思维	创新	操作	总分	等级
姚姚	80.00	99.00	85.00	91.00	87.00	442.00	优秀
吴明	91.00	85.00	65.00	86.00	90.00	417.00	一般
蔡小凤	75.00	90.00	86.00	95.00	77.00	423.00	一般
尉黎	88.00	76.00	73.00	78.00	85.00	400.00	一般
刘宋	95.00	90.00	81.00	91.00	84.00	441.00	优秀
黄莺	86.00	88.00	79.00	80.00	92.00	425.00	一般
王爽	71.00	80.00	82.00	89.00	86.00	408.00	一般

图 7-51

第8章 制作销售统计表

本章主要介绍使用 Excel 对销售统计表进行管理和分析的相关操作。通过对本章内容的学习，读者可以掌握 Excel 中通过排序、筛选、分类汇总等操作利用数据透视表、透视图对表格进行管理和数据分析，并且可以创建图表来显示数据的趋势。

课堂学习目标

◎ 排序数据
◎ 筛选数据
◎ 分类汇总数据
◎ 创建数据透视表和透视图
◎ 创建和编辑图表

8.1 创建销售统计表格

销售统计表格主要用于记录产品销售的名称、销量、销售额等数据。下面对表格的数据进行输入和编辑，并对数据进行计算。

8.1.1 输入和编辑表格数据

创建销售统计表格前需要新建工作簿，然后输入并编辑表格数据。下面介绍输入和编辑销售统计表的具体操作。

输入和编辑表格数据

STEP 1 新建工作簿，将其保存为“销售统计表”，将“Sheet1”工作表重命名为“明细”，并删除其他工作表。在工作表中输入表格名称和表头文本，效果如图 8-1 所示。

STEP 2 在 A3:G23 单元格区域中依次输入产品名称、产品编号、产品规格、重量、出厂年份、单价和销量的数据，并设置单元格的数据类型，如图 8-2 所示。

图 8-1

企业产品销售统计表

	A	B	C	D	E	F	G	H
2	产品名称	产品编号	产品规格	重量	出厂年份	单价	销量	销售额
3	357克特制熟饼	XLWM2012001	357克×84饼/件	357克	2017	￥791.8	91	
4	357克精品熟饼	XLWM2012002	357克×84饼/件	357克	2017	￥556.4	87	
5	500克藏品普洱	XLWM2012003	500克×9罐/件	500克	2017	￥1,016.5	89	
6	357克金尊熟饼	XLWM2012004	400克×84片/件	400克	2017	￥791.8	76	
7	357克壹号熟饼	XLWM2012005	357克×84饼/件	357克	2016	￥567.1	100	
8	357克青饼	XLWM2012006	357克×84饼/件	357克	2016	￥577.8	79	
9	357克秋茶青饼	XLWM2012007	357克×84饼/件	357克	2016	￥642.0	92	
10	500克茶王春芽散茶	XLWM2012008	500克×9罐/件	500克	2016	￥791.8	74	
11	500克传统香竹茶	XLWM2012009	500克×24支/件	500克	2016	￥663.4	61	
12	250克青砖	XLWM2012010	250克×80块/件	250克	2016	￥952.3	74	
13	357克珍藏熟饼	XLWM2012011	357克×84饼/件	357克	2016	￥984.4	92	
14	357克老树青饼	XLWM2012012	357克×84饼/件	357克	2016	￥631.3	77	
15	400克茶王春芽青饼	XLWM2012013	400克×84饼/件	400克	2015	￥545.7	60	
16	400克金印珍藏青饼	XLWM2012014	400克×84饼/件	400克	2015	￥995.1	58	
17	400克金印茶王青饼	XLWM2012015	400克×84饼/件	400克	2015	￥856.0	71	
18	357克茶王青饼	XLWM2012016	357克×84饼/件	357克	2015	￥930.9	96	
19	500克金尊青沱	XLWM2012017	500克×24沱/件	500克	2015	￥535.0	79	
20	357克早春青饼	XLWM2012018	357克×84饼/件	357克	2014	￥930.9	78	
21	500克珍藏青沱	XLWM2012019	500克×24沱/件	500克	2014	￥877.4	84	
22	357克珍藏青饼	XLWM2012020	357克×84饼/件	357克	2014	￥963.0	97	
23	500克精选普洱散茶	XLWM2012021	500克×40包/件	500克	2014	￥738.3	88	

图 8-2

STEP 3 选择 A1:H1 单元格区域，然后在【开始】/【对齐方式】组中单击“合并后居中”按钮，将单元格区域合并居中。使用同样的方法设置 A24:F24 单元格区域，并右对齐文本内容，如图 8-3 所示。

STEP 4 选择 A2:H24 单元格区域，为其添加边框效果，如图 8-4 所示。

企业产品销售统计表

	A	B	C	D	E	F	G	H
2	产品名称	产品编号	产品规格	重量	出厂年份	单价	销量	销售额
3	357克珍藏青饼	XLWM2012020	357克×84饼/件	357克	2014	￥963.0	97	
4	357克珍藏熟饼	XLWM2012011	357克×84饼/件	357克	2016	￥984.4	92	
5	500克藏品普洱	XLWM2012003	500克×9罐/件	500克	2017	￥1,016.5	89	
6	357克茶王青饼	XLWM2012016	357克×84饼/件	357克	2015	￥930.9	96	
7	500克珍藏青沱	XLWM2012019	500克×24沱/件	500克	2014	￥877.4	84	
8	357克早春青饼	XLWM2012018	357克×84饼/件	357克	2014	￥930.9	78	
9	357克特制熟饼	XLWM2012001	357克×84饼/件	357克	2017	￥791.8	91	
10	250克青砖	XLWM2012010	250克×80块/件	250克	2016	￥952.3	74	
11	500克精选普洱散茶	XLWM2012021	500克×40包/件	500克	2014	￥738.3	88	
12	400克金印茶王青饼	XLWM2012015	400克×84饼/件	400克	2015	￥856.0	71	
13	357克金尊熟饼	XLWM2012004	400克×84片/件	400克	2017	￥791.8	76	
14	357克秋茶青饼	XLWM2012007	357克×84饼/件	357克	2016	￥642.0	92	
15	500克茶王春芽散茶	XLWM2012008	500克×9罐/件	500克	2016	￥791.8	74	
16	400克金印珍藏青饼	XLWM2012014	400克×84饼/件	400克	2015	￥995.1	58	
17	357克壹号熟饼	XLWM2012005	357克×84饼/件	357克	2016	￥567.1	100	
18	357克老树青饼	XLWM2012012	357克×84饼/件	357克	2016	￥631.3	77	
19	357克精品熟饼	XLWM2012002	357克×84饼/件	357克	2017	￥556.4	87	
20	357克青饼	XLWM2012006	357克×84饼/件	357克	2016	￥577.8	79	
21	500克金尊青沱	XLWM2012017	500克×24沱/件	500克	2015	￥535.0	79	
22	500克传统香竹茶	XLWM2012009	500克×24支/件	500克	2016	￥663.4	61	
23	400克茶王春芽青饼	XLWM2012013	400克×84饼/件	400克	2015	￥545.7	60	
24						合计		

图 8-3

企业产品销售统计表

	A	B	C	D	E	F	G	H
2	产品名称	产品编号	产品规格	重量	出厂年份	单价	销量	销售额
3	357克特制熟饼	XLWM2012001	357克×84饼/件	357克	2017	￥791.8	91	
4	357克精品熟饼	XLWM2012002	357克×84饼/件	357克	2017	￥556.4	87	
5	500克藏品普洱	XLWM2012003	500克×9罐/件	500克	2017	￥1,016.5	89	
6	357克金尊熟饼	XLWM2012004	400克×84片/件	400克	2017	￥791.8	76	
7	357克壹号熟饼	XLWM2012005	357克×84饼/件	357克	2016	￥567.1	100	
8	357克青饼	XLWM2012006	357克×84饼/件	357克	2016	￥577.8	79	
9	357克秋茶青饼	XLWM2012007	357克×84饼/件	357克	2016	￥642.0	92	
10	500克茶王春芽散茶	XLWM2012008	500克×9罐/件	500克	2016	￥791.8	74	
11	500克传统香竹茶	XLWM2012009	500克×24支/件	500克	2016	￥663.4	61	
12	250克青砖	XLWM2012010	250克×80块/件	250克	2016	￥952.3	74	
13	357克珍藏熟饼	XLWM2012011	357克×84饼/件	357克	2016	￥984.4	92	
14	357克老树青饼	XLWM2012012	357克×84饼/件	357克	2016	￥631.3	77	
15	400克茶王春芽青饼	XLWM2012013	400克×84饼/件	400克	2015	￥545.7	60	
16	400克金印珍藏青饼	XLWM2012014	400克×84饼/件	400克	2015	￥995.1	58	
17	400克金印茶王青饼	XLWM2012015	400克×84饼/件	400克	2015	￥856.0	71	
18	357克茶王青饼	XLWM2012016	357克×84饼/件	357克	2015	￥930.9	96	
19	500克金尊青沱	XLWM2012017	500克×24沱/件	500克	2015	￥535.0	79	
20	357克早春青饼	XLWM2012018	357克×84饼/件	357克	2014	￥930.9	78	
21	500克珍藏青沱	XLWM2012019	500克×24沱/件	500克	2014	￥877.4	84	
22	357克珍藏青饼	XLWM2012020	357克×84饼/件	357克	2014	￥963.0	97	
23	500克精选普洱散茶	XLWM2012021	500克×40包/件	500克	2014	￥738.3	88	
24						合计		

图 8-4

8.1.2 计算表格数据

表格中的销售额是根据销量和单价的数据计算出来的。下面介绍在工作表对销售额和合计金额进行计算的具体操作。

计算表格数据

STEP 1 在 H3 单元格中输入公式“=F3*G3”，然后按【Ctrl+Enter】组合键，计算出第一个产品的销售额，如图 8-5 所示。

STEP 2 使用复制公式的方法，在 H4:H23 单元格区域中计算出其他产品的销售额，如图 8-6 所示。

H3　=F3*G3

企业产品销售统计表							
产品名称	产品编号	产品规格	重量	出厂年份	单价	销量	销售额
357克特制熟饼	XLWM2012001	357克×84饼/件	357克	2017	￥791.8	91	￥72,053.8
357克精品熟饼	XLWM2012002	357克×84饼/件	357克	2017	￥556.4	87	
500克藏品普洱	XLWM2012003	500克×9饼/件	500克	2017	￥1,016.5	89	
357克金尊熟饼	XLWM2012004	400克×84片/件	400克	2017	￥791.8	76	
357克壹号熟饼	XLWM2012005	357克×84饼/件	357克	2016	￥567.1	100	
357克青饼	XLWM2012006	357克×84饼/件	357克	2016	￥577.8	79	
357克秋茶青饼	XLWM2012007	357克×84饼/件	357克	2016	￥642.0	92	
500克茶王春芽散茶	XLWM2012008	500克×9饼/件	500克	2016	￥791.8	74	
500克传统香竹茶	XLWM2012009	500克×24支/件	500克	2016	￥663.4	61	
250克青砖	XLWM2012010	250克×80块/件	250克	2016	￥952.3	74	
357克珍藏熟饼	XLWM2012011	357克×84饼/件	357克	2016	￥984.4	92	
357克老树青饼	XLWM2012012	357克×84饼/件	357克	2016	￥631.3	77	
400克茶王春芽青饼	XLWM2012013	400克×84饼/件	400克	2015	￥545.7	60	
400克金印珍藏青饼	XLWM2012014	400克×84饼/件	400克	2015	￥995.1	58	
400克金印茶王青饼	XLWM2012015	400克×84饼/件	400克	2015	￥856.0	71	
357克茶王青饼	XLWM2012016	357克×84饼/件	357克	2015	￥930.9	96	
500克金尊青沱	XLWM2012017	500克×24沱/件	500克	2015	￥535.0	79	
357克早春青饼	XLWM2012018	357克×84饼/件	357克	2014	￥930.9	78	
500克珍藏青沱	XLWM2012019	500克×24沱/件	500克	2014	￥877.4	84	
357克珍藏青饼	XLWM2012020	357克×84饼/件	357克	2014	￥963.0	97	
500克精选普洱散茶	XLWM2012021	500克×40包/件	500克	2014	￥738.3	88	
					合计		

图 8-5

H3　=F3*G3

企业产品销售统计表							
产品名称	产品编号	产品规格	重量	出厂年份	单价	销量	销售额
357克特制熟饼	XLWM2012001	357克×84饼/件	357克	2017	￥791.8	91	￥72,053.8
357克精品熟饼	XLWM2012002	357克×84饼/件	357克	2017	￥556.4	87	￥48,406.8
500克藏品普洱	XLWM2012003	500克×9饼/件	500克	2017	￥1,016.5	89	￥90,468.5
357克金尊熟饼	XLWM2012004	400克×84片/件	400克	2017	￥791.8	76	￥60,176.8
357克壹号熟饼	XLWM2012005	357克×84饼/件	357克	2016	￥567.1	100	￥56,710.0
357克青饼	XLWM2012006	357克×84饼/件	357克	2016	￥577.8	79	￥45,646.2
357克秋茶青饼	XLWM2012007	357克×84饼/件	357克	2016	￥642.0	92	￥59,064.0
500克茶王春芽散茶	XLWM2012008	500克×9饼/件	500克	2016	￥791.8	74	￥58,593.2
500克传统香竹茶	XLWM2012009	500克×24支/件	500克	2016	￥663.4	61	￥40,467.4
250克青砖	XLWM2012010	250克×80块/件	250克	2016	￥952.3	74	￥70,470.2
357克珍藏熟饼	XLWM2012011	357克×84饼/件	357克	2016	￥984.4	92	￥90,564.8
357克老树青饼	XLWM2012012	357克×84饼/件	357克	2016	￥631.3	77	￥48,610.1
400克茶王春芽青饼	XLWM2012013	400克×84饼/件	400克	2015	￥545.7	60	￥32,742.0
400克金印珍藏青饼	XLWM2012014	400克×84饼/件	400克	2015	￥995.1	58	￥57,715.8
400克金印茶王青饼	XLWM2012015	400克×84饼/件	400克	2015	￥856.0	71	￥60,776.0
357克茶王青饼	XLWM2012016	357克×84饼/件	357克	2015	￥930.9	96	￥89,366.4
500克金尊青沱	XLWM2012017	500克×24沱/件	500克	2015	￥535.0	79	￥42,265.0
357克早春青饼	XLWM2012018	357克×84饼/件	357克	2014	￥930.9	78	￥72,610.2
500克珍藏青沱	XLWM2012019	500克×24沱/件	500克	2014	￥877.4	84	￥73,701.6
357克珍藏青饼	XLWM2012020	357克×84饼/件	357克	2014	￥963.0	97	￥93,411.0
500克精选普洱散茶	XLWM2012021	500克×40包/件	500克	2014	￥738.3	88	￥64,970.4
					合计		

图 8-6

STEP 3 在 G24 单元格中插入函数 SUM，并选择 G3:G23 单元格区域为计算参数，在单元格中计算出合计销量，如图 8-7 所示。

STEP 4 在 H24 单元格中插入函数 SUM，并选择 H3:H23 单元格区域为计算参数，在单元格中计算出合计销售额，如图 8-8 所示。

G24　=SUM(G3:G23)

企业产品销售统计表							
产品名称	产品编号	产品规格	重量	出厂年份	单价	销量	销售额
357克特制熟饼	XLWM2012001	357克×84饼/件	357克	2017	￥791.8	91	￥72,053.8
357克精品熟饼	XLWM2012002	357克×84饼/件	357克	2017	￥556.4	87	￥48,406.8
500克藏品普洱	XLWM2012003	500克×9饼/件	500克	2017	￥1,016.5	89	￥90,468.5
357克金尊熟饼	XLWM2012004	400克×84片/件	400克	2017	￥791.8	76	￥60,176.8
357克壹号熟饼	XLWM2012005	357克×84饼/件	357克	2016	￥567.1	100	￥56,710.0
357克青饼	XLWM2012006	357克×84饼/件	357克	2016	￥577.8	79	￥45,646.2
357克秋茶青饼	XLWM2012007	357克×84饼/件	357克	2016	￥642.0	92	￥59,064.0
500克茶王春芽散茶	XLWM2012008	500克×9饼/件	500克	2016	￥791.8	74	￥58,593.2
500克传统香竹茶	XLWM2012009	500克×24支/件	500克	2016	￥663.4	61	￥40,467.4
250克青砖	XLWM2012010	250克×80块/件	250克	2016	￥952.3	74	￥70,470.2
357克珍藏熟饼	XLWM2012011	357克×84饼/件	357克	2016	￥984.4	92	￥90,564.8
357克老树青饼	XLWM2012012	357克×84饼/件	357克	2016	￥631.3	77	￥48,610.1
400克茶王春芽青饼	XLWM2012013	400克×84饼/件	400克	2015	￥545.7	60	￥32,742.0
400克金印珍藏青饼	XLWM2012014	400克×84饼/件	400克	2015	￥995.1	58	￥57,715.8
400克金印茶王青饼	XLWM2012015	400克×84饼/件	400克	2015	￥856.0	71	￥60,776.0
357克茶王青饼	XLWM2012016	357克×84饼/件	357克	2015	￥930.9	96	￥89,366.4
500克金尊青沱	XLWM2012017	500克×24沱/件	500克	2015	￥535.0	79	￥42,265.0
357克早春青饼	XLWM2012018	357克×84饼/件	357克	2014	￥930.9	78	￥72,610.2
500克珍藏青沱	XLWM2012019	500克×24沱/件	500克	2014	￥877.4	84	￥73,701.6
357克珍藏青饼	XLWM2012020	357克×84饼/件	357克	2014	￥963.0	97	￥93,411.0
500克精选普洱散茶	XLWM2012021	500克×40包/件	500克	2014	￥738.3	88	￥64,970.4
					合计	1703	

图 8-7

H24　=SUM(H3:H23)

企业产品销售统计表							
产品名称	产品编号	产品规格	重量	出厂年份	单价	销量	销售额
357克特制熟饼	XLWM2012001	357克×84饼/件	357克	2017	￥791.8	91	￥72,053.8
357克精品熟饼	XLWM2012002	357克×84饼/件	357克	2017	￥556.4	87	￥48,406.8
500克藏品普洱	XLWM2012003	500克×9饼/件	500克	2017	￥1,016.5	89	￥90,468.5
357克金尊熟饼	XLWM2012004	400克×84片/件	400克	2017	￥791.8	76	￥60,176.8
357克壹号熟饼	XLWM2012005	357克×84饼/件	357克	2016	￥567.1	100	￥56,710.0
357克青饼	XLWM2012006	357克×84饼/件	357克	2016	￥577.8	79	￥45,646.2
357克秋茶青饼	XLWM2012007	357克×84饼/件	357克	2016	￥642.0	92	￥59,064.0
500克茶王春芽散茶	XLWM2012008	500克×9饼/件	500克	2016	￥791.8	74	￥58,593.2
500克传统香竹茶	XLWM2012009	500克×24支/件	500克	2016	￥663.4	61	￥40,467.4
250克青砖	XLWM2012010	250克×80块/件	250克	2016	￥952.3	74	￥70,470.2
357克珍藏熟饼	XLWM2012011	357克×84饼/件	357克	2016	￥984.4	92	￥90,564.8
357克老树青饼	XLWM2012012	357克×84饼/件	357克	2016	￥631.3	77	￥48,610.1
400克茶王春芽青饼	XLWM2012013	400克×84饼/件	400克	2015	￥545.7	60	￥32,742.0
400克金印珍藏青饼	XLWM2012014	400克×84饼/件	400克	2015	￥995.1	58	￥57,715.8
400克金印茶王青饼	XLWM2012015	400克×84饼/件	400克	2015	￥856.0	71	￥60,776.0
357克茶王青饼	XLWM2012016	357克×84饼/件	357克	2015	￥930.9	96	￥89,366.4
500克金尊青沱	XLWM2012017	500克×24沱/件	500克	2015	￥535.0	79	￥42,265.0
357克早春青饼	XLWM2012018	357克×84饼/件	357克	2014	￥930.9	78	￥72,610.2
500克珍藏青沱	XLWM2012019	500克×24沱/件	500克	2014	￥877.4	84	￥73,701.6
357克珍藏青饼	XLWM2012020	357克×84饼/件	357克	2014	￥963.0	97	￥93,411.0
500克精选普洱散茶	XLWM2012021	500克×40包/件	500克	2014	￥738.3	88	￥64,970.4
					合计	1703	￥1,328,790.2

图 8-8

8.2 管理表格数据

Excel 不但是制作表格的软件，而且还是数据管理、分析和整理的软件。在 Excel 中可以对表格中的数据进行有规律的排序、筛选，并且可以通过汇总数据的方式来对数据进行整理。

8.2.1 排序数据

表格制作完成后，若需要了解表格中数据的变化，如产品销售额的排序，年度产品销售的情况等。通过 Excel 中的排序功能，可以将表格中的数据从大到小或从小到大进行排列，这样有助于快速直观地了解数据并更便捷地查找所需数据。

1. 单条件排序

单条件排序就是指选择工作表中某一列进行某一个条件的排序，单元格中可以对数值、文本、日期和时间等数据进行排序。下面介绍在工作表中对销售额进行降序排序的具体操作。

单条件排序

STEP 1 选择 H3 单元格，然后使用鼠标光标拖动到 A23 单元格，选择 H3:A23 单元格区域，然后在【数据】/【排序和筛选】组中单击“降序”按钮 Z↓A，如图 8-9 所示。

STEP 2 Excel 就会按照选择的单元格所在的“销售额”列对单元格区域中的销售额数据从大到小进行排列，效果如图 8-10 所示。

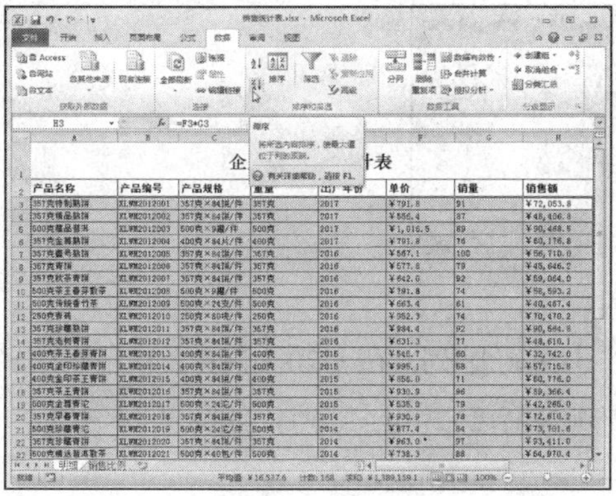

图 8-9

企业产品销售统计表

产品名称	产品编号	产品规格	重量	出厂年份	单价	销量	销售额
357克珍藏青饼	XLWM2012020	357克×84饼/件	357克	2014	¥963.0	97	¥93,411.0
357克珍藏熟饼	XLWM2012011	357克×84饼/件	357克	2016	¥984.4	92	¥90,564.8
500克藏品普洱	XLWM2012003	500克×9罐/件	500克	2017	¥1,016.5	89	¥90,468.5
357克茶王青饼	XLWM2012016	357克×84饼/件	357克	2015	¥930.9	96	¥89,366.4
500克珍藏青沱	XLWM2012019	500克×24沱/件	500克	2014	¥877.4	84	¥73,701.6
357克早春青饼	XLWM2012018	357克×84饼/件	357克	2014	¥930.9	78	¥72,610.2
357克特制熟饼	XLWM2012001	357克×84饼/件	357克	2017	¥791.8	91	¥72,053.8
250克青砖	XLWM2012010	250克×80块/件	250克	2016	¥952.3	74	¥70,470.2
500克精选普洱散茶	XLWM2012021	500克×40包/件	500克	2014	¥738.3	88	¥64,970.4
400克金印茶王青饼	XLWM2012015	400克×84饼/件	400克	2015	¥856.0	71	¥60,776.0
357克金尊熟饼	XLWM2012004	400克×84片/件	400克	2017	¥791.8	76	¥60,176.8
357克秋茶青饼	XLWM2012007	357克×84饼/件	357克	2016	¥642.0	92	¥59,064.0
500克茶王春芽散茶	XLWM2012008	500克×9罐/件	500克	2016	¥791.8	74	¥58,593.2
400克金印珍藏青饼	XLWM2012014	400克×84饼/件	400克	2015	¥995.1	58	¥57,715.8
357克壹号熟饼	XLWM2012005	357克×84饼/件	357克	2016	¥567.1	100	¥56,710.0
357克老树青饼	XLWM2012012	357克×84饼/件	357克	2016	¥631.3	77	¥48,610.1
357克精品熟饼	XLWM2012002	357克×84饼/件	357克	2017	¥556.4	87	¥48,406.8
357克青饼	XLWM2012006	357克×84饼/件	357克	2016	¥577.8	79	¥45,646.2
500克金尊青沱	XLWM2012017	500克×24沱/件	500克	2015	¥535.0	79	¥42,265.0
500克传统香竹茶	XLWM2012009	500克×24支/件	500克	2016	¥663.4	61	¥40,467.4
400克茶王春芽青饼	XLWM2012013	400克×84饼/件	400克	2015	¥545.7	60	¥32,742.0
					合计	1703	¥1,328,790.2

图 8-10

> **提示**
>
> 对文本进行排序是按照其拼音的首个字母进行排列，日期和时间是按照从早到晚或从晚到早进行排列。在【数据】/【排序和筛选】组中单击“降序”按钮可进行降序排列，单击“升序”按钮可以进行升序排列。对单列进行排序后，其他单元格中与列对应的数据也会相应地根据排序结果作出调整，保证一行单元格中的数据对应。

2. 多条件排序

在进行单条件排序时，如果遇到数据相同的情况，则无法排出先后顺序。而通过多条件排序就可以设置多个条件对类似的数据进行排序。下面介绍在工作表中对销量和销售额数据进行排序的具体操作。

多条件排序

STEP 1 在工作表中选择 A2:H23 单元格区域，然后在【数据】/【排序和筛选】组中单击“排序”按钮，如图 8-11 所示。

STEP 2 打开“排序”对话框，在“主要关键字”下拉列表框中选择“销量”选项，在“排序依据”和“次序”下拉列表框中分别选择“数值”和“降序”选项，然后单击“添加条件”按钮添加次要关键字，如图 8-12 所示。

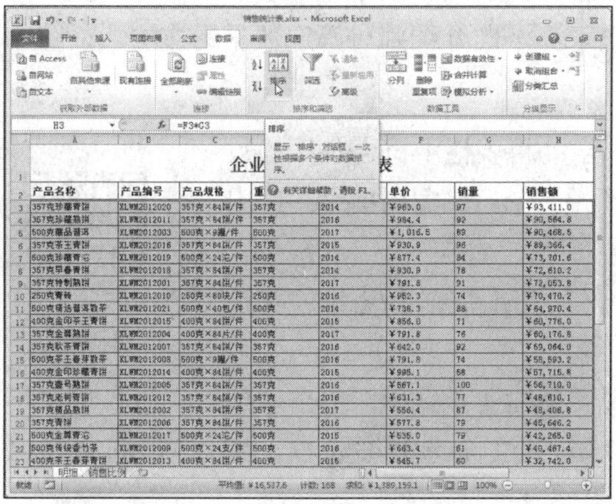

图 8-11

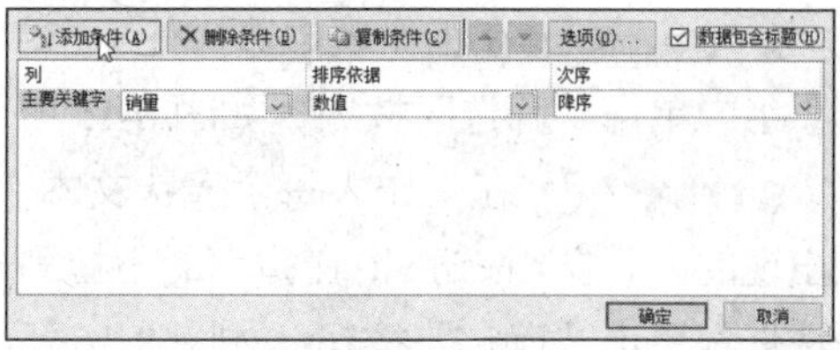

图 8-12

STEP 3 在“次要关键字”下拉列表框中选择“销售额”选项，在“排序依据”和“次序”下拉列表框中分别选择“数值”和“降序”选项，然后单击“确定”按钮，如图 8-13 所示。

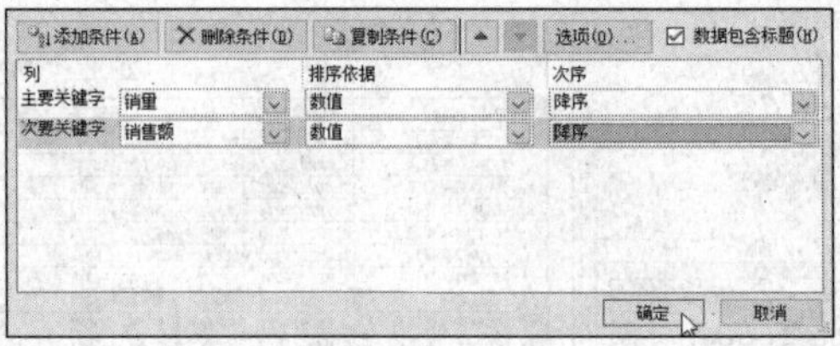

图 8–13

STEP 4 返回工作表中销量和销售额按照从大到小进行排列。在 G20 和 G21 单元格中销量数据相同的情况下，将以 H20 和 H21 单元格中的销售额数据进行降序排列，如图 8-14 所示。

企业产品销售统计表

产品名称	产品编号	产品规格	重量	出厂年份	单价	销量	销售额
357克壹号熟饼	XLWM2012005	357克×84饼/件	357克	2016	￥567.1	100	￥56,710.0
357克珍藏青饼	XLWM2012020	357克×84饼/件	357克	2014	￥963.0	97	￥93,411.0
357克茶王青饼	XLWM2012016	357克×84饼/件	357克	2015	￥930.9	96	￥89,366.4
357克珍藏熟饼	XLWM2012011	357克×84饼/件	357克	2016	￥984.4	92	￥90,564.8
357克秋茶青饼	XLWM2012007	357克×84饼/件	357克	2016	￥642.0	92	￥59,064.0
357克特制熟饼	XLWM2012001	357克×84饼/件	357克	2017	￥791.8	91	￥72,053.8
500克藏品普洱	XLWM2012003	500克×9罐/件	500克	2017	￥1,016.5	89	￥90,468.5
500克精选普洱散茶	XLWM2012021	500克×40包/件	500克	2014	￥738.3	88	￥64,970.4
357克精品熟饼	XLWM2012002	357克×84饼/件	357克	2017	￥556.4	87	￥48,406.8
500克珍藏青沱	XLWM2012019	500克×24沱/件	500克	2014	￥877.4	84	￥73,701.6
357克青饼	XLWM2012006	357克×84饼/件	357克	2016	￥577.8	79	￥45,646.2
500克金尊青沱	XLWM2012017	500克×24沱/件	500克	2015	￥535.0	79	￥42,265.0
357克早春青饼	XLWM2012018	357克×84饼/件	357克	2014	￥930.9	78	￥72,610.2
357克老树青饼	XLWM2012012	357克×84饼/件	357克	2016	￥631.3	77	￥48,610.1
357克金尊熟饼	XLWM2012004	400克×84片/件	400克	2017	￥791.8	76	￥60,176.8
250克青砖	XLWM2012010	250克×80块/件	250克	2016	￥952.3	74	￥70,470.2
500克茶王春芽散茶	XLWM2012008	500克×9罐/件	500克	2016	￥791.8	74	￥58,593.2
400克金印茶王青饼	XLWM2012015	400克×84饼/件	400克	2015	￥856.0	71	￥60,776.0
500克传统香竹茶	XLWM2012009	500克×24支/件	500克	2016	￥663.4	61	￥40,467.4
400克茶王春芽青饼	XLWM2012013	400克×84饼/件	400克	2015	￥545.7	60	￥32,742.0
400克金印珍藏青饼	XLWM2012014	400克×84饼/件	400克	2015	￥995.1	58	￥57,715.8
					合计	1703	￥1,328,790.2

图 8–14

提示

在单元格中对数据进行排序时，一般不允许合并的单元格参与排序操作，因此在选择含有合并单元格参与排序时，Excel 会打开提示对话框进行提示。

8.2.2 筛选数据

在分析表格数据时，常常需要查看表格中具有某些特定条件的数据，如只显示销售额在 30 000 以上的产品名称等。如果表格中的数据过多，查找这些特定条件的数据就变得很困难。通过 Excel 中的筛选功能就可以快速将符合条件的数据筛选出来。下面介绍几种筛选数据的方法。

1. 自动筛选

自动筛选数据就是根据用户设定的筛选条件，自动将表格中符合条件的数据显示出来，而将表格中的其他数据进行隐藏。下面介绍在工作表中筛选出“出厂年份”为“2017”的销售数据的具体操作。

自动筛选

STEP 1 在工作表中选择任一个单元格，然后在【数据】/【排序和筛选】组中单击“筛选”按钮，如图 8-15 所示。

STEP 2 在工作表每个表头文本右侧出现“下拉”按钮，单击“出厂年份”单元格右侧出现的“下拉”按钮，在弹出的下拉列表中撤销选中“(全选)”复选框，然后单击选中“2017”复选框，单击“确定”按钮，如图 8-16 所示。

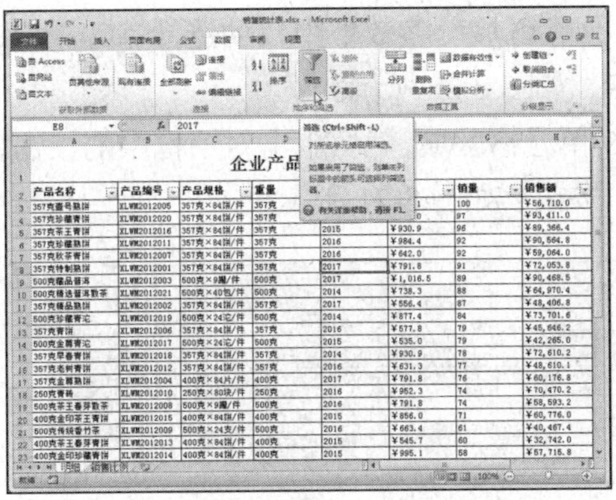

图 8–15

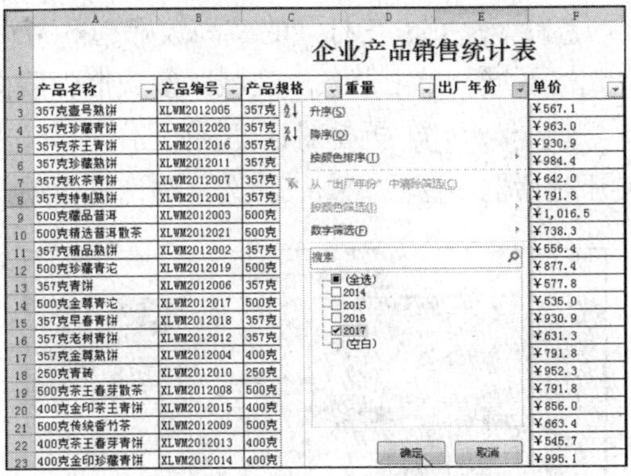

图 8–16

STEP 3 返回工作表中可以看到工作表只显示出“出厂年份”为 2017 的产品销售数据，“出厂年份”单元格右侧的“下拉”按钮变成“筛选下拉”按钮，如图 8-17 所示。

图 8–17

> 提示　如果要取消对工作表中数据的筛选，可以再次在【数据】/【排序和筛选】组中单击“筛选”按钮。

2. 高级筛选

在进行自动筛选时，还可以定义自己的筛选条件，然后根据该条件对数据进行筛选。下面介绍在工作表中筛选出销量大于 80，销售额大于 40 000 的销售数据的具体操作。

高级筛选

STEP 1 在工作表中的 B28:C29 单元格区域中分别输入筛选的条件“销量>80，销售额>40 000”，如图 8-18 所示。

STEP 2 在工作表中选择 A2:H23 单元格区域，然后在【数据】/【排序和筛选】组中单击“高级”按钮，如图 8-19 所示。

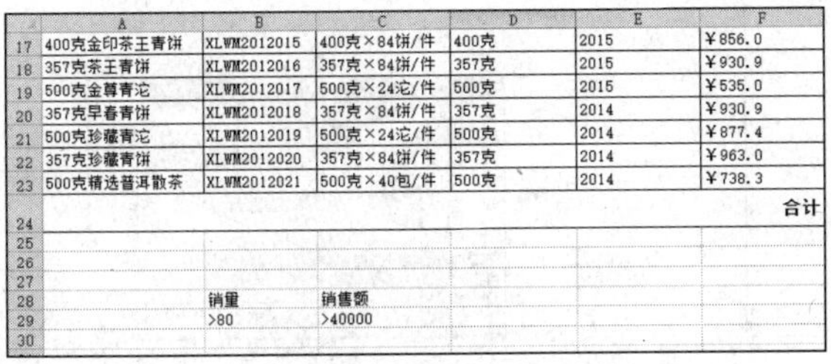

图 8–18

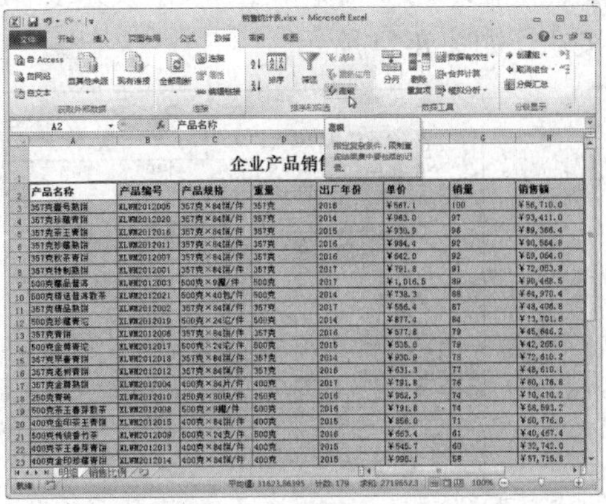

图 8–19

STEP 3 在打开的“高级筛选”对话框中的“列表区域”参数框中自动选择参与筛选的单元格区域，单击“条件区域”参数框中后面的按钮，如图 8-20 所示。

STEP 4 折叠对话框，在工作表中选择 B28:C29 单元格区域，然后单击对话框中的按钮展开对话框，返回“高级筛选”对话框，单击“确定”按钮，如图 8-21 所示。

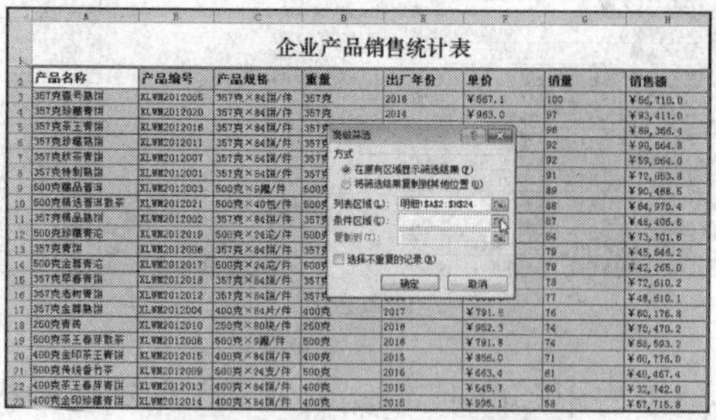

图 8-20

图 8-21

STEP 5 返回工作表中可以查看到筛选出销量大于 80，销售额大于 40 000 的所有销售数据，如图 8-22 所示。

图 8-22

3. 自定义筛选

Excel 可以对单元格中数字、文本、颜色、日期或时间进行筛选，进行筛选时，还可以自定义筛选条件，筛选出符合条件的数据。下面介绍在工作表中筛选出销售额在 50 000 到 90 000 之间数据的具体操作。

自定义筛选

STEP 1 在工作表中选择 A2:H23 单元格区域，然后在【数据】/【排序和筛选】组中单击“筛选”按钮。单击“销售额”单元格右侧的“下拉”按钮，在弹出的下拉列表中选择“数字筛选”选项，在子列表中选择“介于”选项，如图 8-23 所示。

STEP 2 在打开的“自定义自动筛选方式”对话框中的“大于或等于”选项右侧下拉列表框中输入“50 000”，在“小于或等于”选项右侧下拉列表框中输入“90 000”，然后单击“确定”按钮，如图 8-24 所示。

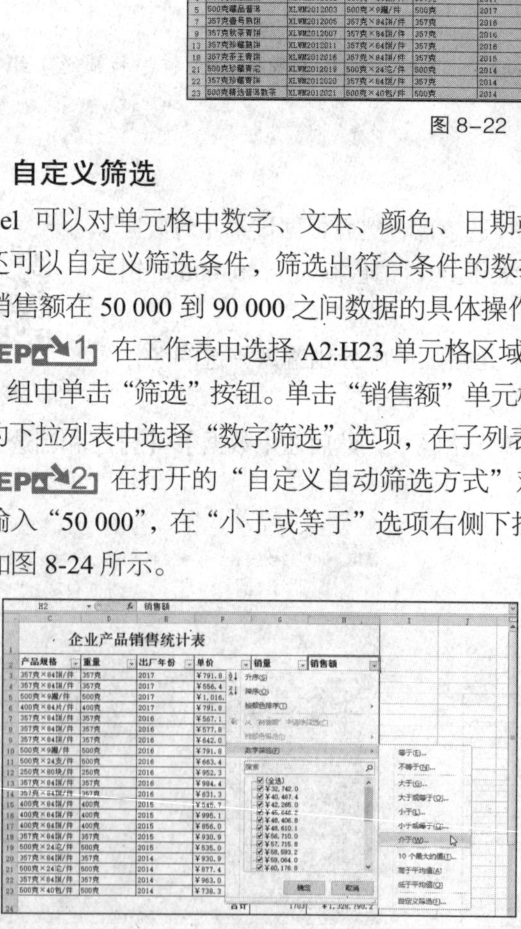

图 8-23

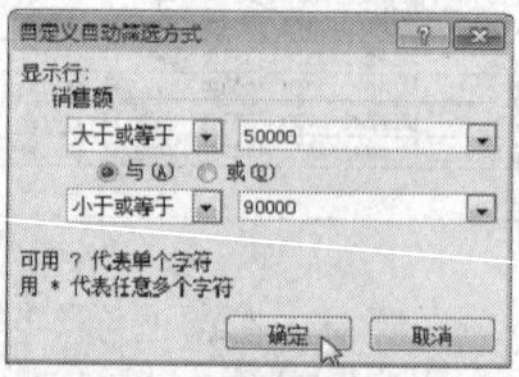

图 8-24

STEP 3 返回工作表中可以查看到其中筛选出销售额在 50 000~90 000 之间的数据，如图 8-25 所示。

企业产品销售统计表

产品名称	产品编号	产品规格	重量	出厂年份	单价	销量	销售额
357克特制熟饼	XLWM2012001	357克×84饼/件	357克	2017	¥791.8	91	¥72,053.8
357克金尊熟饼	XLWM2012004	400克×84片/件	400克	2017	¥791.8	76	¥60,176.8
357克壹号熟饼	XLWM2012005	357克×84饼/件	357克	2016	¥567.1	100	¥56,710.0
357克秋茶青饼	XLWM2012007	357克×84饼/件	357克	2016	¥642.0	92	¥59,064.0
500克茶王春芽散茶	XLWM2012008	500克×9罐/件	500克	2016	¥791.8	74	¥58,593.2
250克青砖	XLWM2012010	250克×80块/件	250克	2016	¥952.3	74	¥70,470.2
400克金印珍藏青饼	XLWM2012014	400克×84饼/件	400克	2015	¥995.1	58	¥57,715.8
400克金印茶王青饼	XLWM2012015	400克×84饼/件	400克	2015	¥856.0	71	¥60,776.0
357克茶王青饼	XLWM2012016	357克×84饼/件	357克	2015	¥930.9	96	¥89,366.4
357克早春青饼	XLWM2012018	357克×84饼/件	357克	2014	¥930.9	78	¥72,610.2
500克珍藏青沱	XLWM2012019	500克×24沱/件	500克	2014	¥877.4	84	¥73,701.6
500克精选普洱散茶	XLWM2012021	500克×40包/件	500克	2014	¥738.3	88	¥64,970.4

图 8-25

> **提示** 对于工作表列中内容是文本的单元格，可以使用筛选文本的方法对数据进行筛选，具体操作方法是：单击文本所在列表头单元格右侧的"下拉"按钮，在弹出的下拉列表中选择"文本筛选"选项，在子列表中选择相应的选项，在打开的对话框中进行文本筛选的设置，即可对相应的数据进行筛选。

8.2.3 使用条件格式查找数据

在工作中常需要对表格中的一些特殊数据进行分析，如查找表格中销售额超过 3000 的员工或年龄在 40 岁以下的员工等。通过 Excel 中颜色刻度、数据条和图标集等条件格式可以在工作表中突出显示需要关注的单元格或单元格区域。下面介绍在工作表中使用条件格式将销售额在 50 000～90 000 之间的数据以红色文本进行显示的具体操作。

使用条件格式查找数据

STEP 1 在工作表中选择 H2:H23 单元格区域，然后在【开始】/【样式】组中单击"条件格式"按钮，在弹出的下拉列表中选择"突出显示单元格规则"选项，在子列表中选择"介于"选项，如图 8-26 所示。

STEP 2 在打开的"介于"对话框左侧的参数框中输入"50 000"，在右侧参数框中输入"90 000"，然后在"设置为"下拉列表框中选择"红色文本"选项，完成后单击"确定"按钮，如图 8-27 所示。

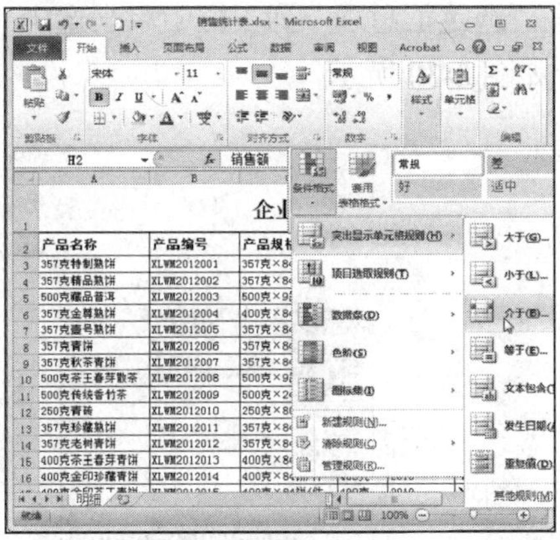

图 8-26

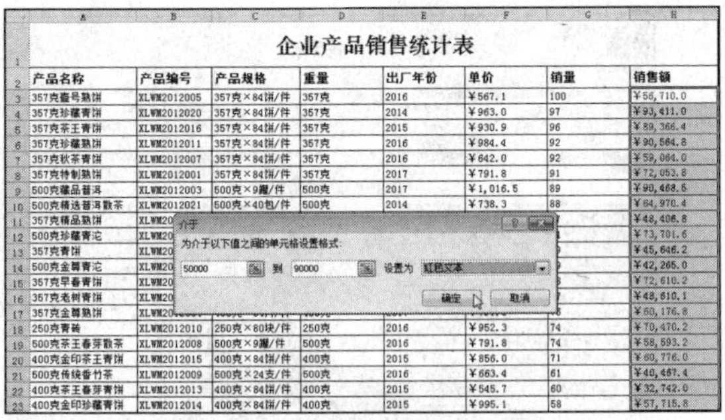

图 8-27

STEP 3 返回工作表中可以看到销售额中介于 50 000 和 90 000 之间的数据变成红色，如图 8-28 所示。

企业产品销售统计表							
产品名称	产品编号	产品规格	重量	出厂年份	单价	销量	销售额
357克壹号熟饼	XLWM2012005	357克×84饼/件	357克	2016	¥567.1	100	¥56,710.0
357克珍藏青饼	XLWM2012020	357克×84饼/件	357克	2014	¥963.0	97	¥93,411.0
357克茶王青饼	XLWM2012016	357克×84饼/件	357克	2015	¥930.9	96	¥89,366.4
357克珍藏熟饼	XLWM2012011	357克×84饼/件	357克	2016	¥984.4	92	¥90,564.8
357克秋茶青饼	XLWM2012007	357克×84饼/件	357克	2016	¥642.0	92	¥59,064.0
357克特制熟饼	XLWM2012001	357克×84饼/件	357克	2017	¥791.8	91	¥72,053.8
500克藏品普洱	XLWM2012003	500克×9罐/件	500克	2017	¥1,016.5	89	¥90,468.5
500克精选普洱散茶	XLWM2012021	500克×40包/件	500克	2014	¥738.3	88	¥64,970.4
357克精品熟饼	XLWM2012002	357克×84饼/件	357克	2017	¥556.4	87	¥48,406.8
500克珍藏青沱	XLWM2012019	500克×24沱/件	500克	2014	¥877.4	84	¥73,701.6
357克青饼	XLWM2012006	357克×84饼/件	357克	2016	¥577.8	79	¥45,646.2
500克金尊青沱	XLWM2012017	500克×24沱/件	500克	2015	¥535.0	79	¥42,265.0
357克早春青饼	XLWM2012018	357克×84饼/件	357克	2014	¥930.9	78	¥72,610.2
357克老树青饼	XLWM2012012	357克×84饼/件	357克	2016	¥631.3	77	¥48,610.1
357克金尊熟饼	XLWM2012004	400克×84片/件	400克	2017	¥791.8	76	¥60,176.8
250克青砖	XLWM2012010	250克×80块/件	250克	2016	¥952.3	74	¥70,470.2
500克茶王春芽散茶	XLWM2012008	500克×9罐/件	500克	2016	¥791.8	74	¥58,593.2
400克金印茶王青饼	XLWM2012015	400克×84饼/件	400克	2015	¥856.0	71	¥60,776.0
500克传统香竹茶	XLWM2012009	500克×24支/件	500克	2016	¥663.4	61	¥40,467.4
400克茶王春芽青饼	XLWM2012013	400克×84饼/件	400克	2015	¥545.7	60	¥32,742.0
400克金印珍藏青饼	XLWM2012014	400克×84饼/件	400克	2015	¥995.1	58	¥57,715.8
					合计	1703	¥1,328,790.2

图 8-28

提示

在【开始】/【样式】组中单击“条件格式”按钮，在弹出的下拉列表中选择“数据条”选项可以让单元格中的数据以数据条的形式来显示数据的变化。选择“色阶”选项，可以让不同的数据以不同颜色来显示。

8.2.4 分类汇总数据

数据的分类汇总是指当表格中的记录越来越多，且出现相同类别的记录时，将相同项目的记录集合在一起，分门别类地进行汇总。通过 Excel 的分类汇总功能，用户可以更直观地查看表格中的数据信息。

1. 创建分类汇总

创建分类汇总

在创建分类汇总之前，应先选择需分类汇总的数据并进行排序，然后选择排序后的任一单元格，再在【数据】/【分级显示】组中单击“分类汇总”按钮，在打开的“分类汇总”对话框中进行相应的设置。下面介绍在“销售统计表”工作簿中以“日期”为分类字段创建分类汇总的具体操作。

STEP 1 在工作表中选择 A2:H23 单元格区域，然后在【数据】/【分级显示】组中单击“分类汇总”按钮，如图 8-29 所示。

STEP 2 在打开的“分类汇总”对话框的“分类字段”下拉列表框中选择“出厂年份”选项，在“汇总方式”下拉列表框中选择“求和”选项，在“选定汇总项”列表框中单击选中“销售额”复选框，其他保持默认设置，单击“确定”按钮，如图 8-30 所示。

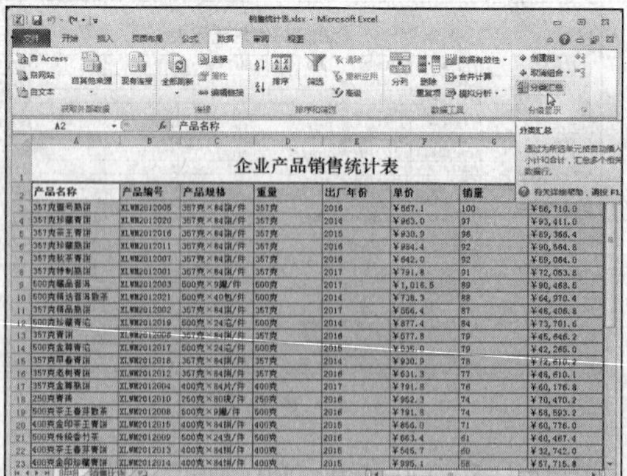

图 8-29

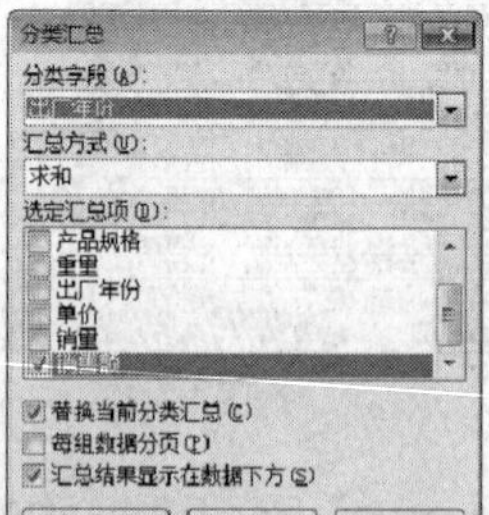

图 8-30

STEP 3 完成分类汇总后，相同日期的汇总结果将显示在相应的日期下方，最后会将所有费用进行总计并显示在工作表的最后一行，如图 8-31 所示。

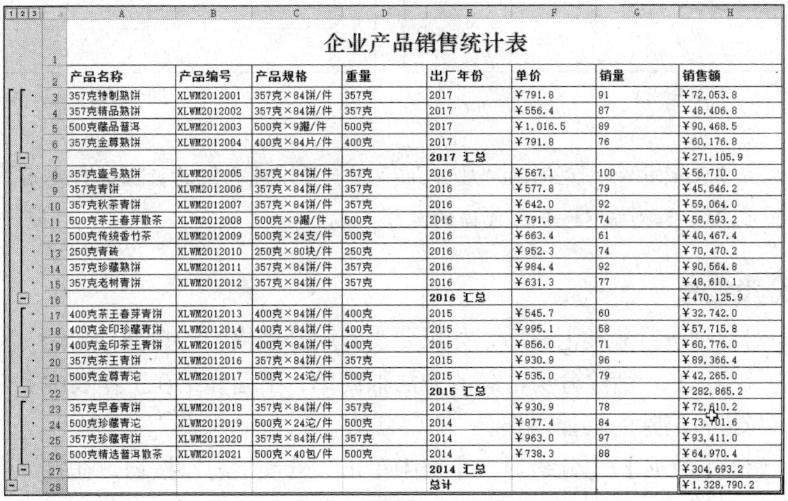

企业产品销售统计表

产品名称	产品编号	产品规格	重量	出厂年份	单价	销量	销售额
357克特制熟饼	XLWM2012001	357克×84饼/件	357克	2017	¥791.8	91	¥72,053.8
357克精品熟饼	XLWM2012002	357克×84饼/件	357克	2017	¥556.4	87	¥48,406.8
500克藏品普洱	XLWM2012003	500克×9罐/件	500克	2017	¥1,016.5	89	¥90,468.5
357克金尊熟饼	XLWM2012004	400克×84片/件	400克	2017	¥791.8	76	¥60,176.8
				2017 汇总			¥271,105.9
357克壹号熟饼	XLWM2012005	357克×84饼/件	357克	2016	¥567.1	100	¥56,710.0
357克青饼	XLWM2012006	357克×84饼/件	357克	2016	¥577.8	79	¥45,646.2
357克秋茶青饼	XLWM2012007	357克×84饼/件	357克	2016	¥642.0	92	¥59,064.0
500克茶王春芽散茶	XLWM2012008	500克×9罐/件	500克	2016	¥791.8	74	¥58,593.2
500克传统香竹茶	XLWM2012009	500克×24支/件	500克	2016	¥663.4	61	¥40,467.4
250克青砖	XLWM2012010	250克×80块/件	250克	2016	¥952.3	74	¥70,470.2
357克珍藏熟饼	XLWM2012011	357克×84饼/件	357克	2016	¥984.4	92	¥90,564.8
357克老树青饼	XLWM2012012	357克×84饼/件	357克	2016	¥631.3	77	¥48,610.1
				2016 汇总			¥470,125.9
400克茶王春芽青饼	XLWM2012013	400克×84饼/件	400克	2015	¥545.7	60	¥32,742.0
400克金印珍藏青饼	XLWM2012014	400克×84饼/件	400克	2015	¥995.1	58	¥57,715.8
400克金印茶王青饼	XLWM2012015	400克×84饼/件	400克	2015	¥856.0	71	¥60,776.0
357克茶王青饼	XLWM2012016	357克×84饼/件	357克	2015	¥930.9	96	¥89,366.4
500克金尊青沱	XLWM2012017	500克×24沱/件	500克	2015	¥535.0	79	¥42,265.0
				2015 汇总			¥282,865.2
357克早春青饼	XLWM2012018	357克×84饼/件	357克	2014	¥930.9	78	¥72,610.2
500克珍藏青沱	XLWM2012019	500克×24沱/件	500克	2014	¥877.4	84	¥73,701.6
357克珍藏青饼	XLWM2012020	357克×84饼/件	357克	2014	¥963.0	97	¥93,411.0
500克精选普洱散茶	XLWM2012021	500克×40包/件	500克	2014	¥738.3	88	¥64,970.4
				2014 汇总			¥304,693.2
				总计			¥1,328,790.2

图 8-31

2. 显示或隐藏分类汇总

为了方便查看数据，在对数据进行分类汇总后，在工作表的左侧有 3 个显示不同级别分类汇总的按钮1、2和3，单击它们可显示分类汇总和总计的汇总。单击按钮+和-可以显示和隐藏单个分类汇总的明细行。下面介绍在工作表中隐藏或显示汇总数据的具体操作。

显示或隐藏分类汇总

STEP 1 在进行了分类汇总的工作表的左上角单击按钮1，如图 8-32 所示。

STEP 2 工作表中的所有分类数据将被隐藏，只显示出分类汇总后的总计记录，如图 8-33 所示。

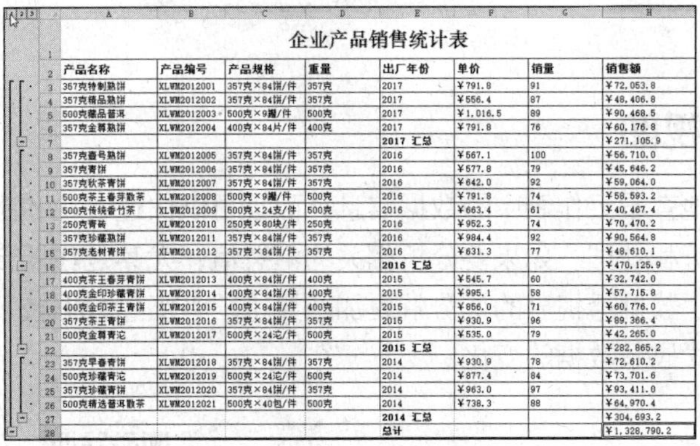

企业产品销售统计表

产品名称	产品编号	产品规格	重量	出厂年份	单价	销量	销售额
357克特制熟饼	XLWM2012001	357克×84饼/件	357克	2017	¥791.8	91	¥72,053.8
357克精品熟饼	XLWM2012002	357克×84饼/件	357克	2017	¥556.4	87	¥48,406.8
500克藏品普洱	XLWM2012003	500克×9罐/件	500克	2017	¥1,016.5	89	¥90,468.5
357克金尊熟饼	XLWM2012004	400克×84片/件	400克	2017	¥791.8	76	¥60,176.8
				2017 汇总			¥271,105.9
357克壹号熟饼	XLWM2012005	357克×84饼/件	357克	2016	¥567.1	100	¥56,710.0
357克青饼	XLWM2012006	357克×84饼/件	357克	2016	¥577.8	79	¥45,646.2
357克秋茶青饼	XLWM2012007	357克×84饼/件	357克	2016	¥642.0	92	¥59,064.0
500克茶王春芽散茶	XLWM2012008	500克×9罐/件	500克	2016	¥791.8	74	¥58,593.2
500克传统香竹茶	XLWM2012009	500克×24支/件	500克	2016	¥663.4	61	¥40,467.4
250克青砖	XLWM2012010	250克×80块/件	250克	2016	¥952.3	74	¥70,470.2
357克珍藏熟饼	XLWM2012011	357克×84饼/件	357克	2016	¥984.4	92	¥90,564.8
357克老树青饼	XLWM2012012	357克×84饼/件	357克	2016	¥631.3	77	¥48,610.1
				2016 汇总			¥470,125.9
400克茶王春芽青饼	XLWM2012013	400克×84饼/件	400克	2015	¥545.7	60	¥32,742.0
400克金印珍藏青饼	XLWM2012014	400克×84饼/件	400克	2015	¥995.1	58	¥57,715.8
400克金印茶王青饼	XLWM2012015	400克×84饼/件	400克	2015	¥856.0	71	¥60,776.0
357克茶王青饼	XLWM2012016	357克×84饼/件	357克	2015	¥930.9	96	¥89,366.4
500克金尊青沱	XLWM2012017	500克×24沱/件	500克	2015	¥535.0	79	¥42,265.0
				2015 汇总			¥282,865.2
357克早春青饼	XLWM2012018	357克×84饼/件	357克	2014	¥930.9	78	¥72,610.2
500克珍藏青沱	XLWM2012019	500克×24沱/件	500克	2014	¥877.4	84	¥73,701.6
357克珍藏青饼	XLWM2012020	357克×84饼/件	357克	2014	¥963.0	97	¥93,411.0
500克精选普洱散茶	XLWM2012021	500克×40包/件	500克	2014	¥738.3	88	¥64,970.4
				2014 汇总			¥304,693.2
				总计			¥1,328,790.2

图 8-32

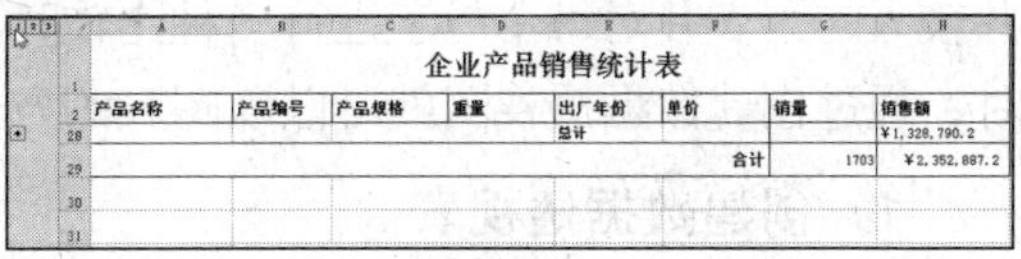

企业产品销售统计表

产品名称	产品编号	产品规格	重量	出厂年份	单价	销量	销售额
				总计			¥1,328,790.2
					合计	1703	¥2,352,887.2

图 8-33

STEP 3 在工作表的左上角单击按钮2，如图 8-34 所示。

STEP 4 工作表将以出厂年份的日期进行分类，汇总每年的销售额，如图 8-35 所示。

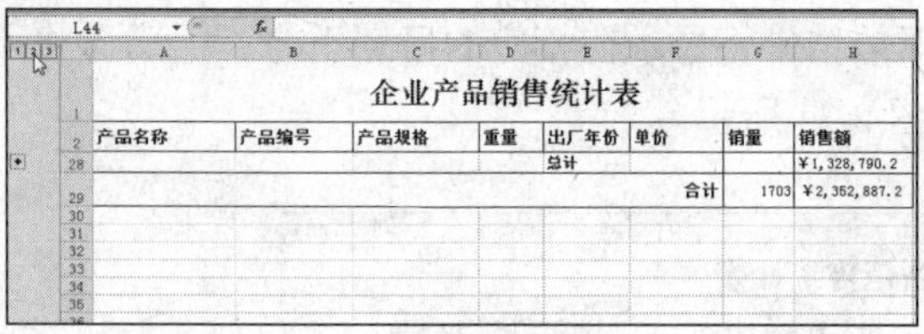

图 8-34

图 8-35

提示　在分类汇总中单击左侧的“展开”按钮+可以展开汇总数据进行查看，单击“收缩”按钮-可以收缩数据，只查看数据的汇总。

3. 清除分类汇总

在工作表中对数据进行分类汇总后，如果要查看原来表格中的数据，则需要先清除创建的分类汇总。清除分类汇总的方法很简单，下面介绍在工作表中将创建的分类汇总进行清除的具体操作。

清除分类汇总

STEP 1 在【数据】/【分级显示】组中单击“分类汇总”按钮，在打开的“分类汇总”对话框中单击“全部删除”按钮，如图 8-36 所示。

STEP 2 工作表中将清除所有汇总数据，并显示出原表格中的全部数据，如图 8-37 所示。

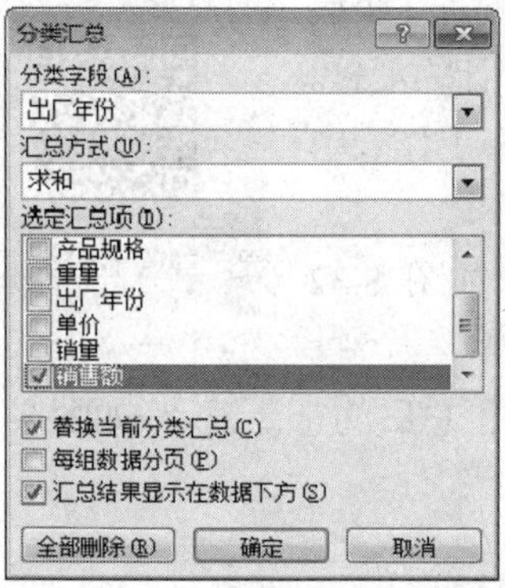

图 8-36

产品名称	产品编号	产品规格	重量	出厂年份	单价	销量	销售额
357克壹号熟饼	XLWM2012005	357克×84饼/件	357克	2016	¥567.1	100	¥56,710.0
357克珍藏青饼	XLWM2012020	357克×84饼/件	357克	2014	¥963.0	97	¥93,411.0
357克茶王青饼	XLWM2012016	357克×84饼/件	357克	2015	¥930.9	96	¥89,366.4
357克珍藏熟饼	XLWM2012011	357克×84饼/件	357克	2016	¥984.4	92	¥90,564.8
357克秋茶青饼	XLWM2012007	357克×84饼/件	357克	2016	¥642.0	92	¥59,064.0
357克特制熟饼	XLWM2012001	357克×84饼/件	357克	2017	¥791.8	91	¥72,053.8
500克藏品普洱	XLWM2012003	500克×9罐/件	500克	2017	¥1,016.5	89	¥90,468.5
500克精选普洱散茶	XLWM2012021	500克×40包/件	500克	2014	¥738.3	88	¥64,970.4
357克精品熟饼	XLWM2012002	357克×84饼/件	357克	2017	¥556.4	87	¥48,406.8
500克珍藏青沱	XLWM2012019	500克×24沱/件	500克	2014	¥877.4	84	¥73,701.6
357克青饼	XLWM2012006	357克×84饼/件	357克	2016	¥577.8	79	¥45,646.2
500克金尊青沱	XLWM2012017	500克×24沱/件	500克	2015	¥535.0	79	¥42,265.0
357克早春青饼	XLWM2012018	357克×84饼/件	357克	2014	¥930.9	78	¥72,610.2
357克老树青饼	XLWM2012012	357克×84饼/件	357克	2016	¥631.3	77	¥48,610.1
357克金尊熟饼	XLWM2012004	400克×84片/件	400克	2017	¥791.8	76	¥60,176.8
250克青砖	XLWM2012010	250克×80块/件	250克	2016	¥952.3	74	¥70,470.2
500克茶王春芽散茶	XLWM2012008	500克×9罐/件	500克	2016	¥791.8	74	¥58,593.2
400克金印茶王青饼	XLWM2012015	400克×84饼/件	400克	2015	¥856.0	71	¥60,776.0
500克传统香竹茶	XLWM2012009	500克×24支/件	500克	2016	¥663.4	61	¥40,467.4
400克茶王春芽青饼	XLWM2012013	400克×84饼/件	400克	2015	¥545.7	60	¥32,742.0
400克金印珍藏青饼	XLWM2012014	400克×84饼/件	400克	2015	¥995.1	58	¥57,715.8
					合计	1703	¥1,328,790.2

图 8-37

8.2.5 创建数据透视表和透视图

数据透视表的主要特点就是能非常直观地查看工作表中的数据信息，而且可以快速合并和比较大量数据，从而快速地对这些数据进行分析和处理。如果要分析相关的汇总值，尤其是在要合并较大的列表并对每个数字进行多种比较时，数据透视表的优势就更加凸显了。当汇总数据较多时，通过创建数据透视图就可以以图表的方式显示数据的变化。

1. 创建数据透视表

Excel 2010 中采用了“一站式”的方法创建数据透视表。下面介绍在工作表中创建数据透视表的具体步骤。

创建数据透视表

STEP 1 在【插入】/【表格】组中单击“数据透视表”下方的下拉按钮，在弹出的下拉列表中选择“数据透视表”选项，如图 8-38 所示。

STEP 2 在打开的“创建数据透视表”对话框的“表/区域”参数框后面单击按钮，如图 8-39 所示。

图 8-38

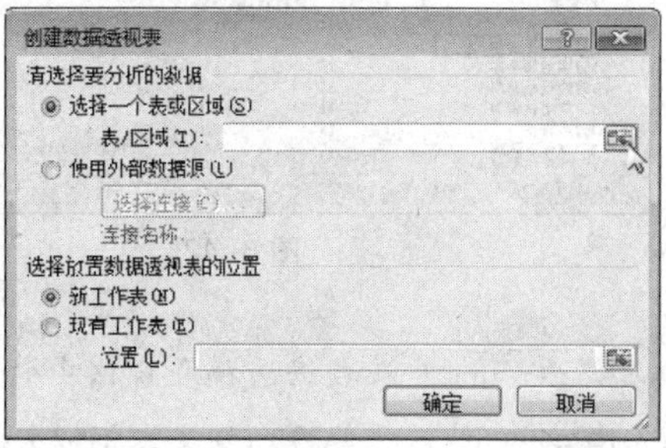

图 8-39

STEP 3 对话框折叠后，在工作表中选择 A2:H23 单元格区域，然后单击“创建数据透视表”对话框中的按钮，如图 8-40 所示。

STEP 4 返回“创建数据透视表”对话框，单击选中“现有工作表”单选项，然后在“位置”参数框中选择 A27 单元格，设置透视表存放的起始位置，完成后单击“确定”按钮，如图 8-41 所示。

图 8-40

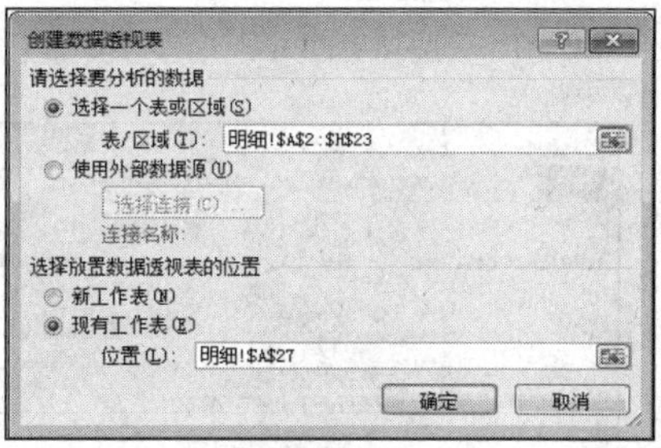

图 8-41

STEP 5 返回工作表中可以看到创建的空白数据透视表，并打开“数据透视表字段列表”任务窗格，此时需要在透视表中添加数据，在窗格中的“选择要添加到报表的字段”列表框中单击选中“出厂年份”复选框，然后将其拖动到下面的“报表筛选”文本框中。用同样方法将“产品名称”拖动到“行标签”文本框中，将“销量”和“销售额”拖动到“数值”文本框中，如图 8-42 所示。

STEP 6 在工作表中可以看到创建的数据透视表，如图 8-43 所示。

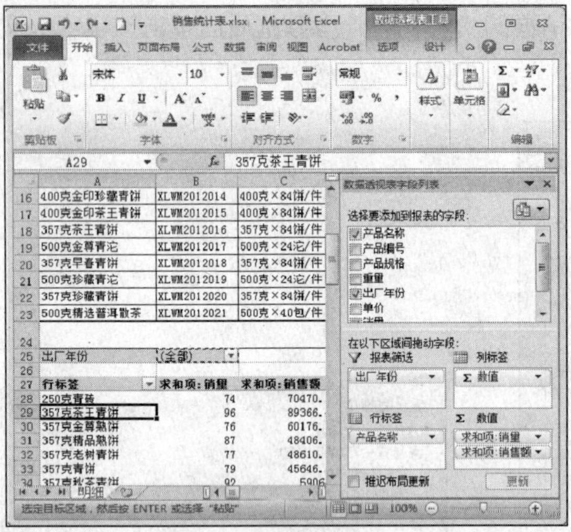

图 8-42

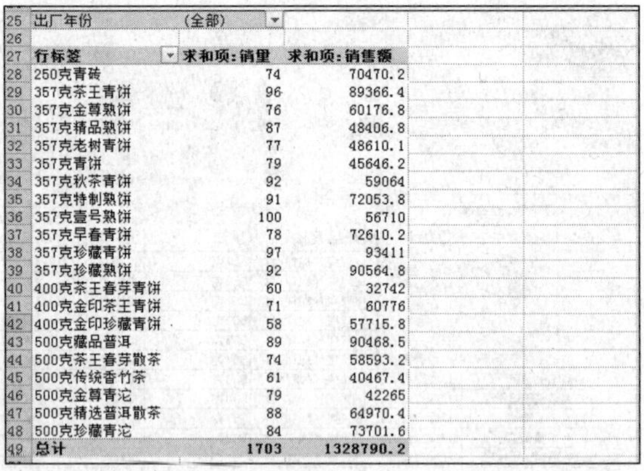

出厂年份	(全部)	
行标签	求和项：销量	求和项：销售额
250克青砖	74	70470.2
357克茶王青饼	96	89366.4
357克金尊熟饼	76	60176.8
357克精品熟饼	87	48406.8
357克老树青饼	77	48610.1
357克青饼	79	45646.2
357克秋茶青饼	92	59064
357克特制熟饼	91	72053.8
357克壹号熟饼	100	56710
357克早春青饼	78	72610.2
357克珍藏青饼	97	93411
357克珍藏熟饼	92	90564.8
400克茶王春芽青饼	60	32742
400克金印茶王青饼	71	60776
400克金印珍藏青饼	58	57715.8
500克藏品普洱	89	90468.5
500克茶王春芽散茶	74	58593.2
500克传统香竹茶	61	40467.4
500克金尊青沱	79	42265
500克精选普洱散茶	88	64970.4
500克珍藏青沱	84	73701.6
总计	1703	1328790.2

图 8-43

提示　在数据透视表窗格中的添加的字段如果需要删除，则可以在文本框中选择该字段，然后将其拖动到文本框以外即可。

2. 创建数据透视图

创建数据透视图的方法很简单，如果要在没有创建数据透视表的工作簿中创建数据透视图，则可以通过选择工作表中的单元格数据进行创建，如果在创建了数据透视表的工作簿中创建图表，则可以直接单击相关按钮即可完成。下面介绍在已经创建了数据透视表中的工作表中创建数据透视图的具体操作。

创建数据透视图

STEP 1 选择数据透视表中的任意单元格，然后在【数据透视表工具 选项】/【工具】组中单击“数据透视图”按钮，如图 8-44 所示。

STEP 2 在打开的“插入图表”对话框中左侧选择“条形图”选项，在右侧选择条形图中第一个“簇状条形图”选项，然后单击“确定”按钮，如图 8-45 所示。

图 8-44

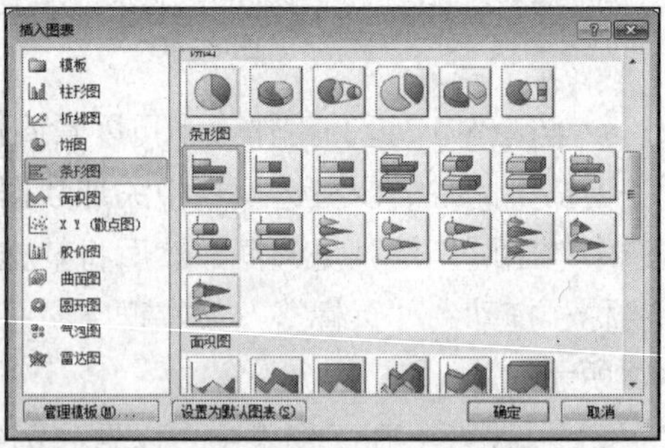

图 8-45

STEP 3 在工作表中创建一个针对数据透视表的数据透视图，效果如图 8-46 所示。

STEP 4 选择创建的数据透视图，然后在【数据透视图工具 布局】/【标签】组中单击“图表标题”按钮，在弹出的下拉列表中选择“图表上方”选项，如图 8-47 所示。

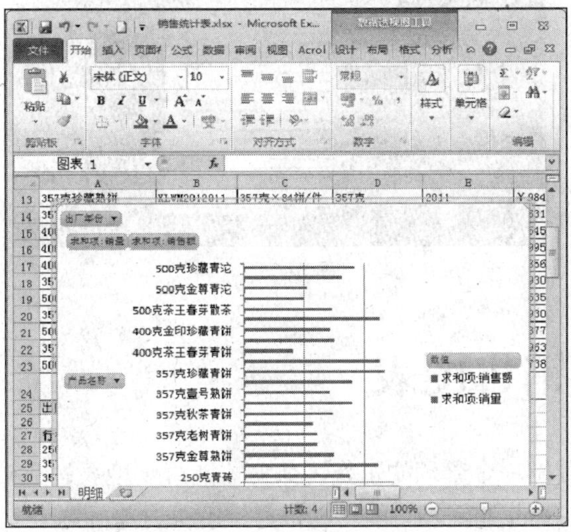

图 8-46

图 8-47

STEP 5 数据透视图创建一个标题，将标题的文本修改为“销售预测数据透视图”，然后设置其字体格式为“黑体，18 号”，如图 8-48 所示。

STEP 6 选择数据透视图中的数据系列，然后在【数据透视图工具 设计】/【快速样式】组中的下拉列表框中为数据系列选择一种样式，这里选择“样式 18”选项，如图 8-49 所示。

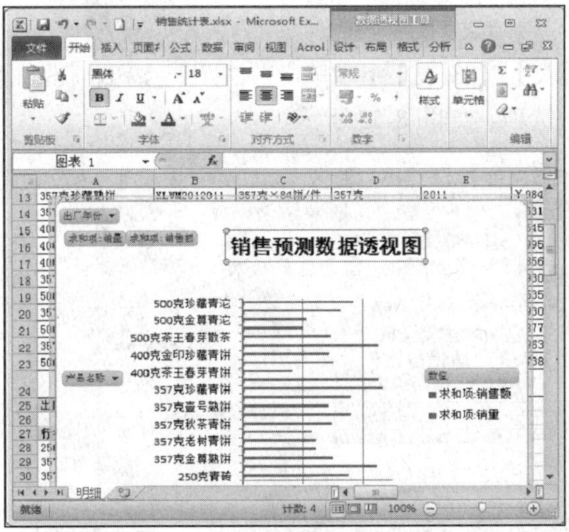

图 8-48

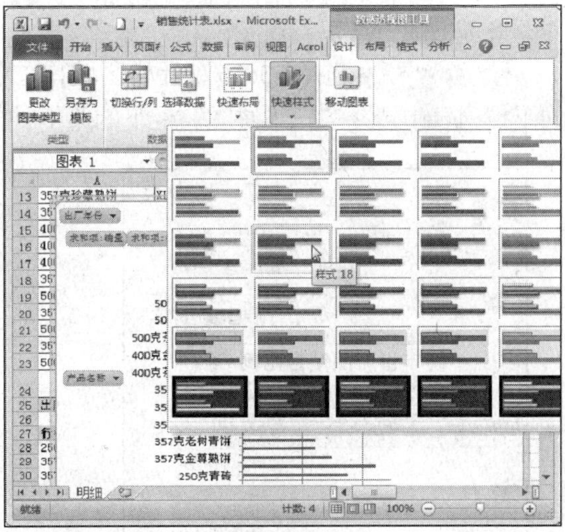

图 8-49

STEP 7 选择数据透视图的图表区，然后在【数据透视图工具 格式】/【形状样式】组中的下拉列表框中选择“强烈效果-蓝色，强调颜色 1”选项，如图 8-50 所示。

STEP 8 在工作表可以看到设置数据透视图的最终效果，如图 8-51 所示。

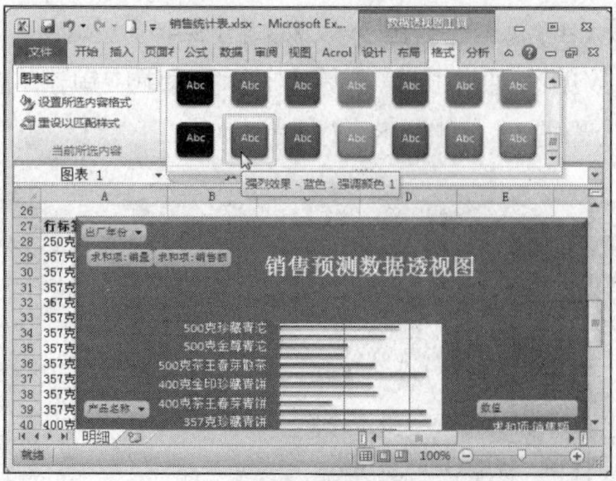

图 8–50

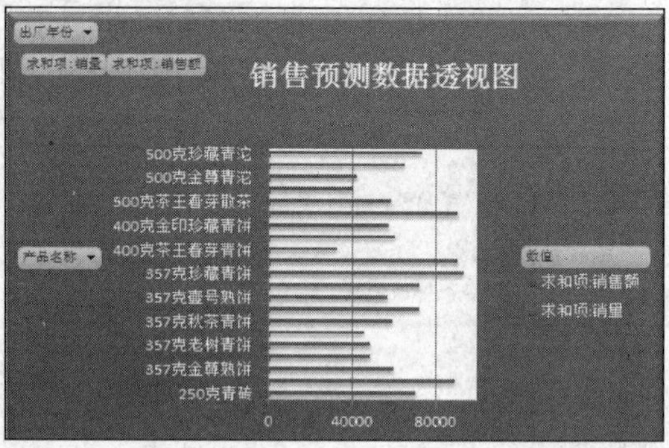

图 8–51

8.3　制作销售图表

Excel 表格中枯燥的数据对分析人员来说无疑是一个繁琐的工作，如何才能直观地表达数据的发展和占比，如何对数据进行比较分析，使用 Excel 的图表功能可以很好地解决这些问题。

8.3.1　创建图表

Excel 中的图表都是依据工作表中的数据来生成的，从而使数据的变化或对比变得一目了然。下面介绍在 Excel 中创建图表的具体操作。

创建图表

STEP 1 在工作表中单击工作表标签上的“插入工作表”按钮新建一个工作表，并将其重命名为“销售比例”，然后在 A1:C6 单元格区域中输入如图 8-52 所示的数据。

STEP 2 选择 C3:C6 单元格区域，在【插入】/【图表】组中单击“饼图”按钮，在弹出的下拉列表中选择“三维饼图”栏下的第 1 种类型选项，如图 8-53 所示。

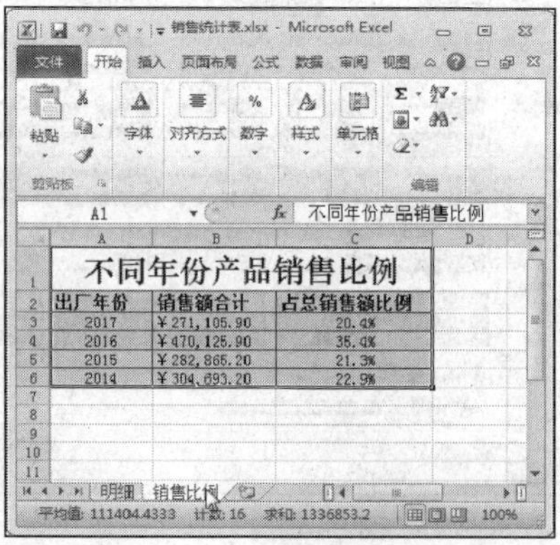

图 8–52

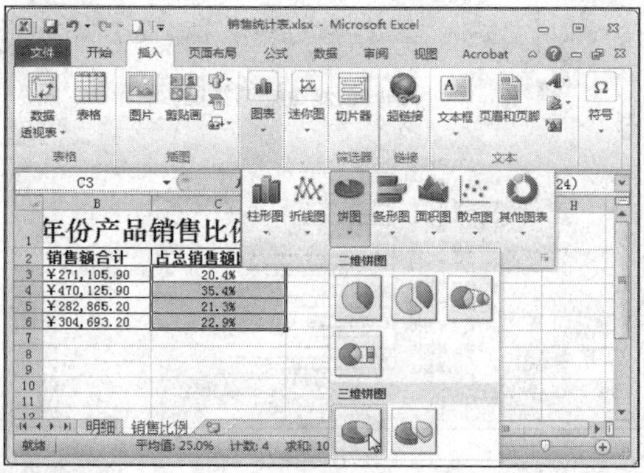

图 8–53

STEP 3 在工作表中创建一个饼图图表，选择创建的图表，然后在【图表工具 布局】/【标签】组中单击“图表标题”按钮，在弹出的下拉列表中选择“图表上方”选项，如图 8-54 所示。

STEP 4 选择创建的图表标题，将其中的文本修改为“产品销售比例”，如图 8-55 所示。

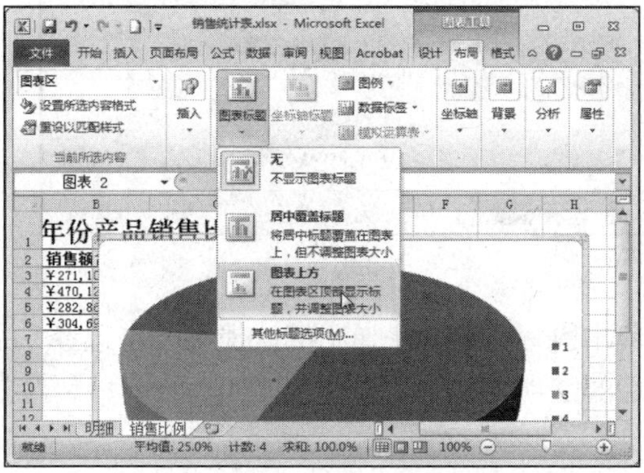

图 8–54

图 8–55

STEP 5 在图表的数据区域单击鼠标右键，在弹出的快捷菜单中选择“选择数据”命令，如图 8-56 所示。

STEP 6 在打开的“选择数据源”对话框左侧“图例项（系列）”列表框中单击“编辑”按钮，如图 8-57 所示。

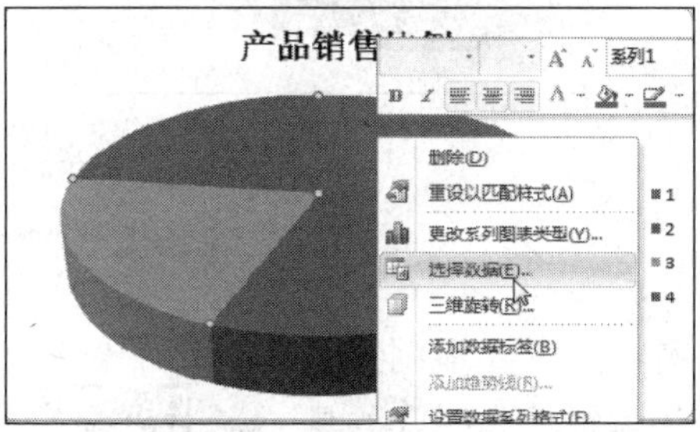

图 8–56

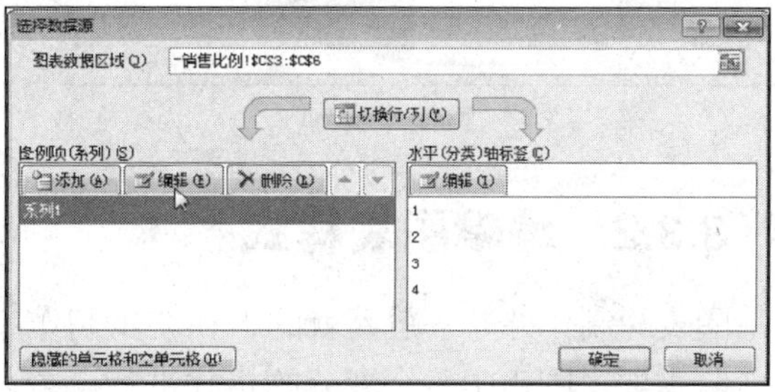

图 8–57

STEP 7 打开“编辑数据系列”对话框，将“系列名称”文本框中的内容删除，然后重新引用 C2 单元格中的内容，单击“确定”按钮，如图 8-58 所示。

STEP 8 返回“选择数据源”对话框，单击右侧的“编辑”按钮，如图 8-59 所示。

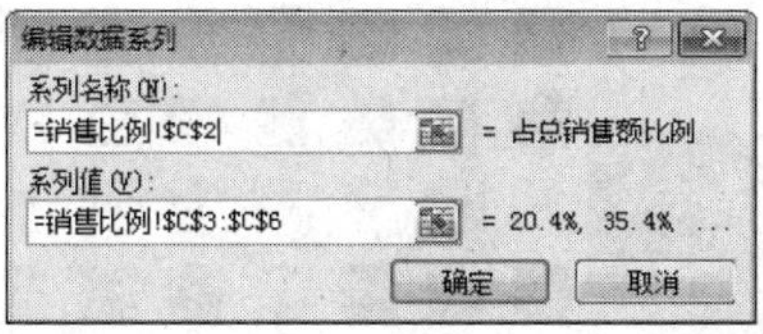

图 8–58

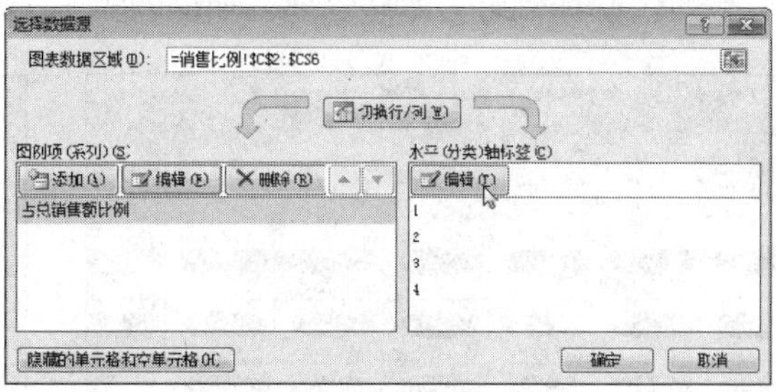

图 8–59

STEP 9 打开“轴标签”对话框，将“轴标签区域”文本框中的内容引用为 A3:A6 单元格区域中的内容，单击“确定”按钮，如图 8-60 所示。

STEP 10 返回“选择数据源”对话框，单击“确定”按钮，如图 8-61 所示。

图 8-60

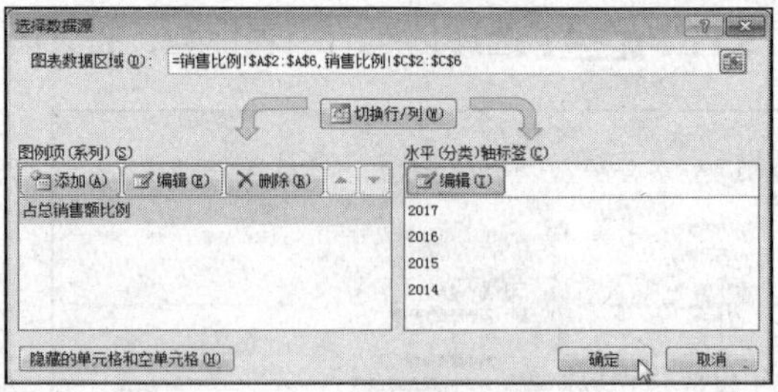

图 8-61

STEP 11 返回工作表，在饼图数据区域上单击鼠标右键，在弹出的快捷菜单中选择“添加数据标签”命令，为数据区域添加数据标签，如图 8-62 所示。

STEP 12 返回工作表中可以看到创建的图表，如图 8-63 所示。

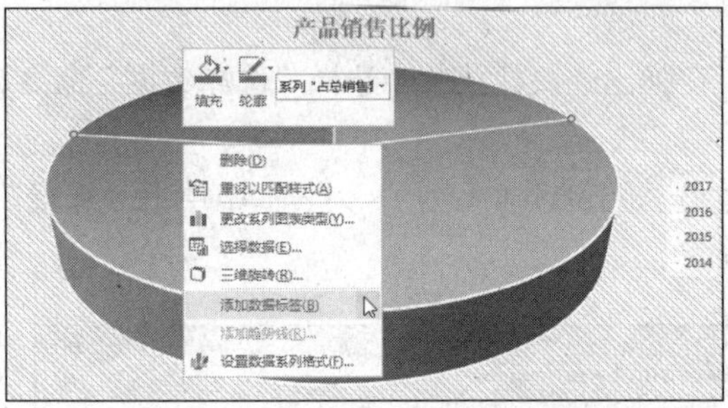

图 8-62

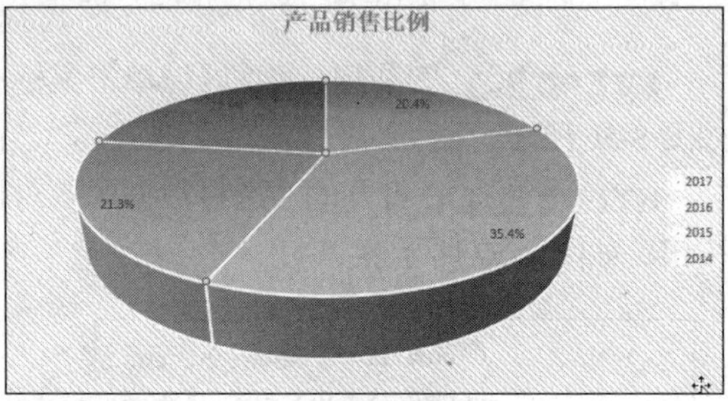

图 8-63

8.3.2 编辑图表样式

图表的制作并非一蹴而就的，在初步制作完成后，有时还需要根据图表的实际需要对图表中各个部分的格式进行设置。下面介绍编辑图表样式的具体操作。

编辑图表样式

STEP 1 选择整个图表，在【图表工具 设计】/【图表样式】组中的下拉列表框中选择“样式 13”选项，如图 8-64 所示。

STEP 2 在图表的空白位置单击鼠标左键，在【图表工具 格式】/【形状样式】组中的下拉列表框中选择“强烈效果-蓝色，强调颜色 1”选项，为图表设置背景效果，如图 8-65 所示。

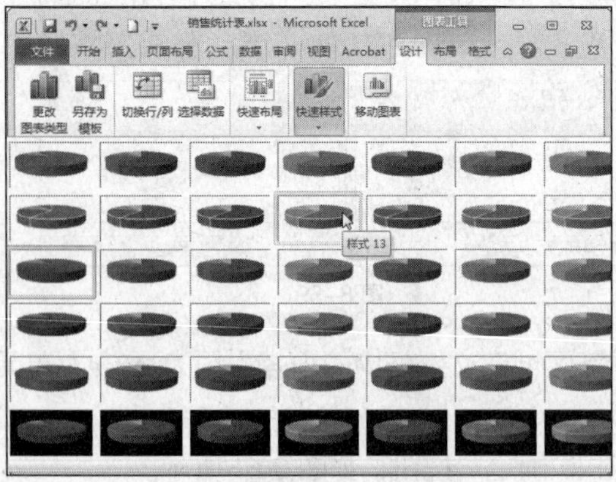

图 8-64

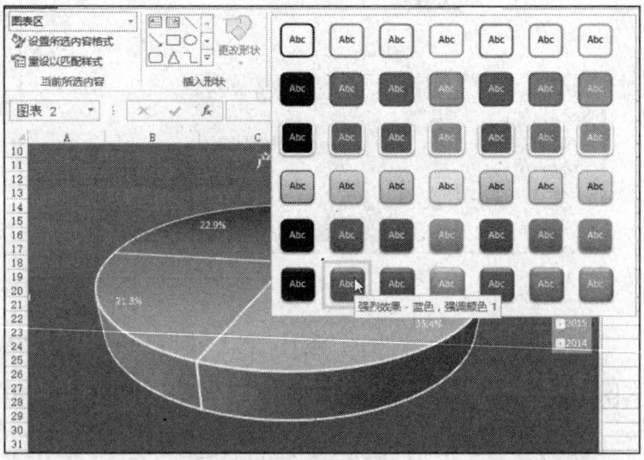

图 8-65

STEP 3 在数据区域上单击鼠标右键，在弹出的快捷菜单中选择“三维旋转”命令，如图 8-66 所示。

STEP 4 在打开的对话框中将 y 轴和透视的角度均设置为“25° ”，单击“关闭”按钮，如图 8-67 所示。

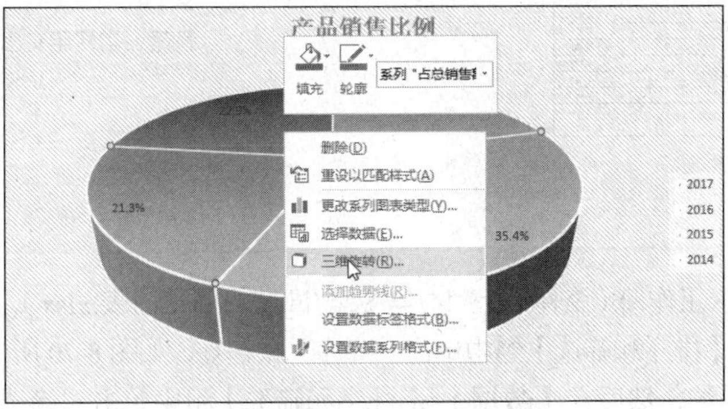

图 8-66

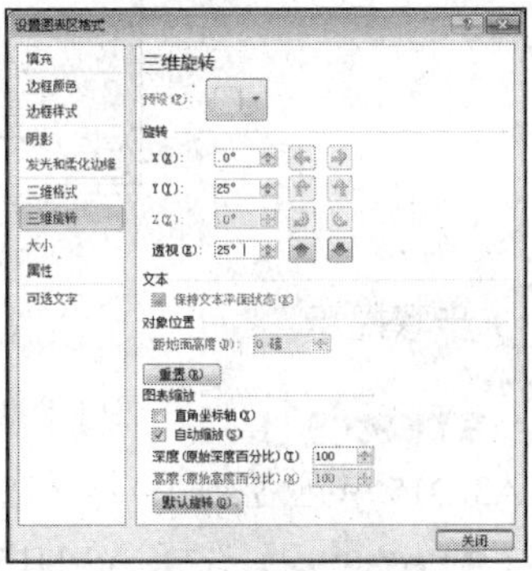

图 8-67

STEP 5 返回工作表，重新调整饼图绘图区的大小和图例的位置，使饼图更加美观，完成图表的制作（资源包/第 8 章/效果/销售统计表.xlsx），如图 8-68 所示。

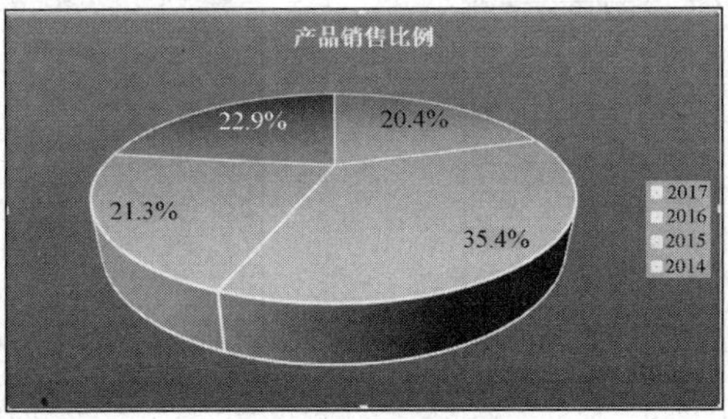

图 8-68

8.4 上机案例

8.4.1 管理日常费用支出表

案例目标

本案例主要在 Excel 中使用排序、筛选和分类汇总对工作表中的数据进行管理和分析。效果如图 8-69 所示。

操作思路

先对工作表中的金额降序排列，然后再对金额大于 500 元的数据进行筛选，最后对工作表中的数据按照费用项目进行分类汇总。

效果所在位置

资源包/效果/第 8 章/日常费用支出表.xlsx。

图 8-69

管理日常费用支出表

步骤提示

STEP 1 打开“日常费用支出表”工作簿（资源包/素材/第 8 章/日常费用支出表.xlsx），选择 A3:D15 单元格区域，然后在【数据】/【排序和筛选】组中单击“降序”按钮，如图 8-70 所示。

STEP 2 选择 A2:D15 单元格区域，然后在【数据】/【排序和筛选】组中单击“筛选”按钮，单击 D2 单元格右侧的“下拉”按钮，在弹出的下拉列表中选择“数字筛选”选项，在子列表中选择“大于”选项，在打开的对话框中设置筛选大于 500 的数据，如图 8-71 所示。

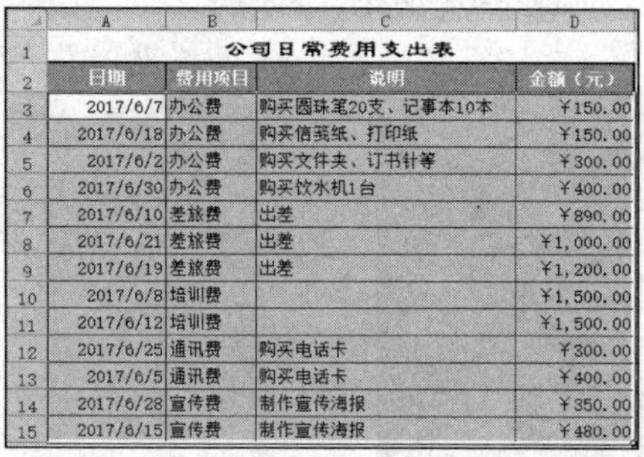

图 8-70

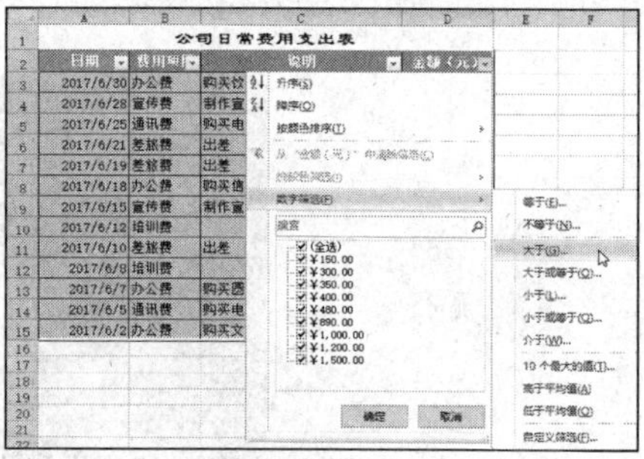

图 8-71

STEP 3 选择 A2:D15 单元格区域，然后在【数据】/【分级显示】组中单击“分类汇总”按钮，在打开的“分类汇总”对话框的“分类字段”下拉列表框中选择“费用项目”选项，在“汇总方式”下拉列表框中选择“求和”选项，在“选定汇总项”列表框中单击选中“金额（元）”复选框，再单击“确定”按钮，如图 8-72 所示。

STEP 4 在工作表中成功创建分类汇总，对汇总数据进行查看，如图 8-73 所示。

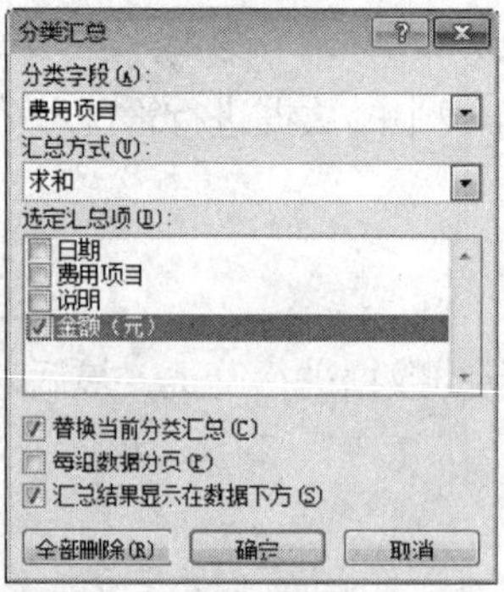

图 8-72

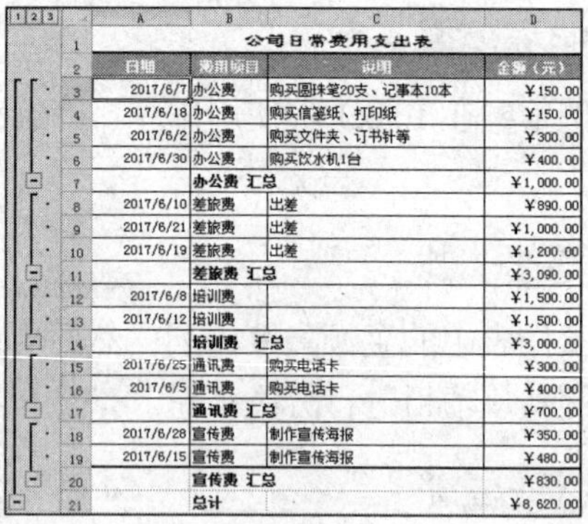

图 8-73

8.4.2 制作产品销量分布图

案例目标

本案例主要在工作表中使用数据创建一个销量分布图表。效果如图 8-74 所示。

操作思路

在工作表中选择数据，然后创建一个销量分布的雷达图，最后创建图表标题，设置数据系列、绘图区和图表区的格式效果。

效果所在位置

资源包/效果/第 8 章/销量分布统计表.xlsx。

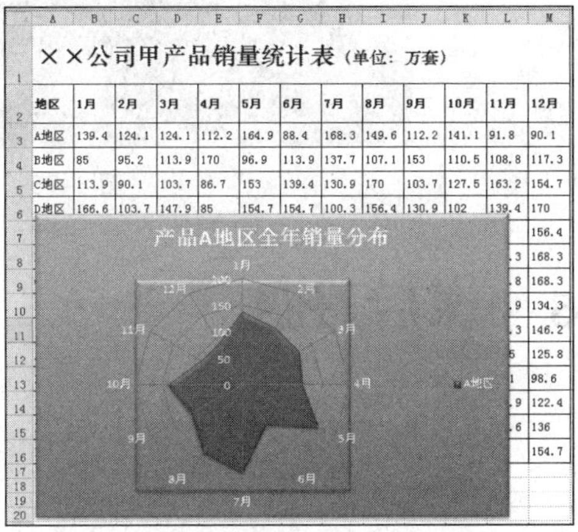

图 8–74

制作产品销量分布图

步骤提示

STEP 1 打开“销量分布统计表”工作簿（资源包/素材/第 8 章/销量分布统计表.xlsx），选择 B2:M3 单元格区域，在【插入】/【图表】组中单击“其他图表”按钮，在弹出的下拉列表中选择“雷达图”栏下的第 3 种类型图表选项，如图 8-75 所示。

STEP 2 在工作表中创建一个雷达图表，将图表标题修改为“产品 A 地区全年销量分布”，如图 8-76 所示。

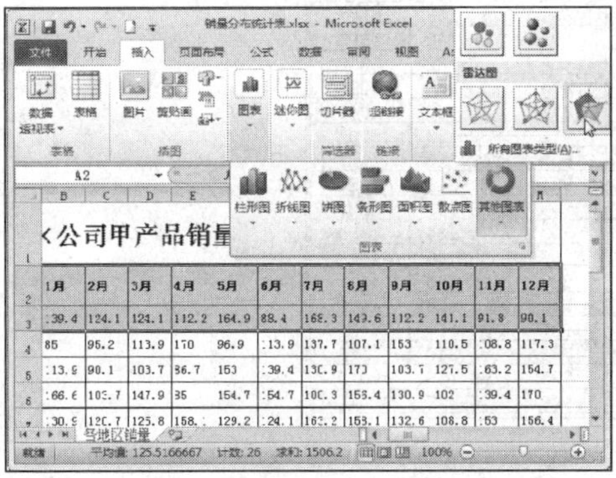

图 8–75

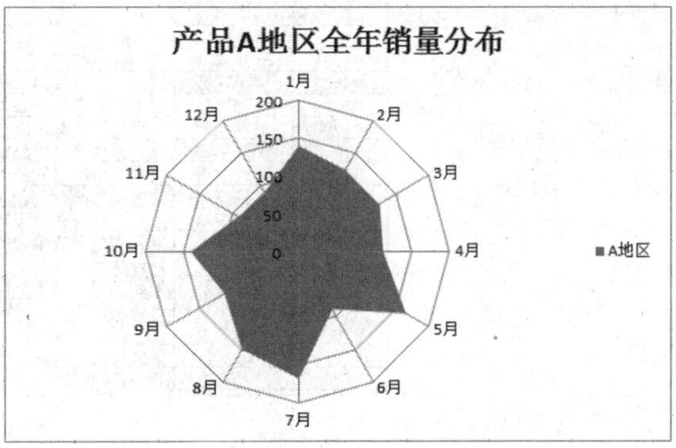

图 8–76

STEP 3 在【图表工具 设计】/【图表样式】组中的列表框中选择“样式 28”选项，为图表数据系列设置样式，如图 8-77 所示。

STEP 4 选择图表绘图区，在【图表工具 格式】/【形状样式】组中的列表框中选择“强烈效果-橙色，强调颜色 6”选项。选择图表区为其设置“强烈效果-橄榄色，强调颜色 3”样式，如图 8-78 所示。

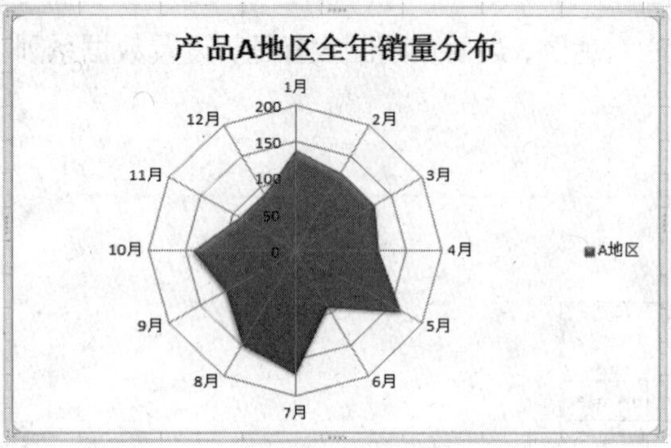

图 8-77

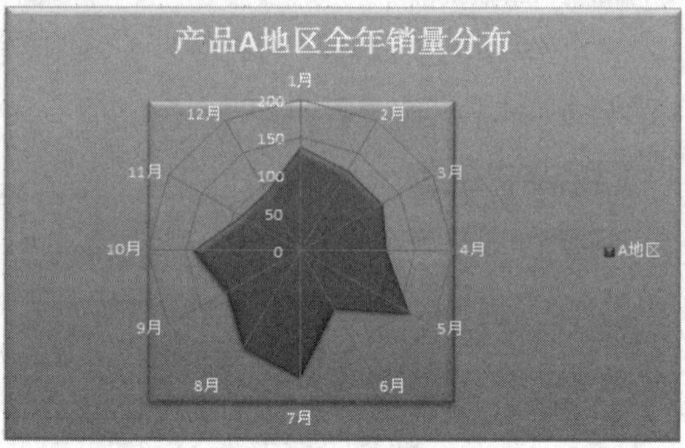

图 8-78

8.5 课后习题

8.5.1 管理房产信息表

练习知识要点

本练习主要在 Excel 中使用排序和筛选来管理房产信息表中的数据。效果如图 8-79 所示。

效果所在位置

资源包/效果/第 8 章/房产信息表.xlsx。

世纪房产中心信息表

编号	项目名称	开发商	产品类	总户数	面积	销售价
HJ018	花样新城	兴元房地产有限公司	小高层	825	27-330	6410
HJ016	翡翠城	兴元房地产有限公司	电梯公寓	580	160-275	6224
HJ017	幸福彼岸	兴元房地产有限公司	小高层	910	77-176	6040
HJ019	山中小镇	兴元房地产有限公司	电梯公寓	864	42-138	5777
HJ002	华夏新城	东湖实业有限公司	电梯公寓	699	28-260	5695
HJ004	外滩	东湖实业有限公司	小高层	758	96-188	5358
HJ013	城市花园	盛大房地产有限公司	电梯公寓	600	35-145	5223
HJ014	西贵坊	盛大房地产有限公司	小高层	673	38-152	5043
HJ008	七零八零	万可房地产有限公司	电梯公寓	774	30-153	5005
HJ005	加州半岛	万可房地产有限公司	电梯公寓	600	40-223	4931
HJ010	阳光小筑	宝利房地产有限公司	电梯公寓	824	31-240	4930
HJ015	年轻岁月	盛大房地产有限公司	小高层	949	35-193	4853
HJ007	金色港湾	万可房地产有限公司	商铺	843	44-164	4605
HJ011	幸福丽景	宝利房地产有限公司	小高层	990	50-280	4568
HJ020	现代人家	兴元房地产有限公司	小高层	828	45-124	4540
HJ009	沙河源	宝利房地产有限公司	商铺	596	61-224	4488
HJ006	大城小室	万可房地产有限公司	小高层	967	30-160	4431
HJ003	新建大厦	东湖实业有限公司	商铺	737	56-240	4146
HJ012	加州湾	盛大房地产有限公司	电梯	795	55-150	4013
HJ001	左邻右舍	东湖实业有限公司	小高层	908	40-175	3945

图 8-79

8.5.2 创建员工销售业绩图表

练习知识要点

本练习主要通过 Excel 的图表功能创建一个员工销售业绩图表。效果如图 8-80 所示。

效果所在位置

资源包/效果/第 8 章/员工销售业绩.xlsx。

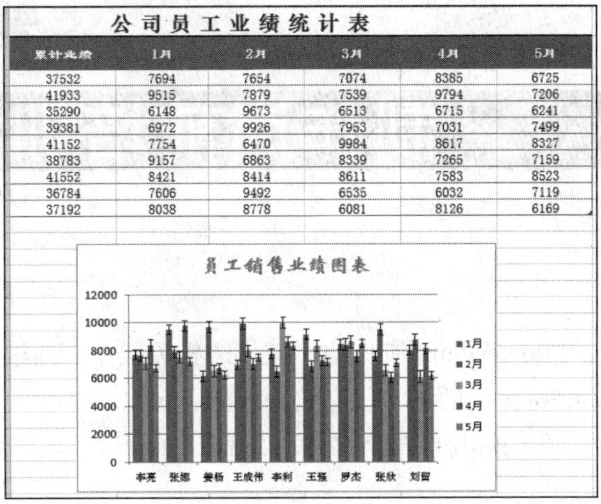

公 司 员 工 业 绩 统 计 表

累计业绩	1月	2月	3月	4月	5月
37532	7694	7654	7074	8385	6725
41933	9515	7879	7539	9794	7206
35290	6148	9673	6513	6715	6241
39381	6972	9926	7953	7031	7499
41152	7754	6470	9984	8617	8327
38783	9157	6863	8339	7265	7159
41552	8421	8414	8611	7583	8523
36784	7606	9492	6535	6032	7119
37192	8038	8778	6081	8126	6169

图 8-80

第9章

制作岗前培训演示文稿

本章主要介绍利用 PowerPoint 制作演示文稿的相关操作。通过对本章内容的学习，读者可以掌握在 PowerPoint 中创建演示文稿，添加、删除、移动和复制幻灯片，输入和编辑幻灯片内容，以及在幻灯片中插入图片、SmartArt 图形、表格和图表等操作。

课堂学习目标

◎ 创建和保存演示文稿

◎ 创建和编辑幻灯片

◎ 丰富幻灯片内容

9.1 创建和保存演示文稿

演示文稿是指用 PowerPoint 软件制作的文件，在很多情况下人们也将演示文稿称为幻灯片。下面介绍演示文稿的创建和保存操作。

9.1.1 根据模板创建演示文稿

通过样本模板创建的演示文稿不仅专业而且美观，下面介绍利用“培训”样本模板创建演示文稿的具体操作。

根据模板创建演示文稿

STEP 1 进入 PowerPoin 2010 工作界面后，选择【文件】/【新建】菜单命令，在界面中选择“样本模板”选项，如图 9-1 所示。

STEP 2 在打开的列表中选择“培训”选项，然后单击“创建”按钮，如图 9-2 所示。

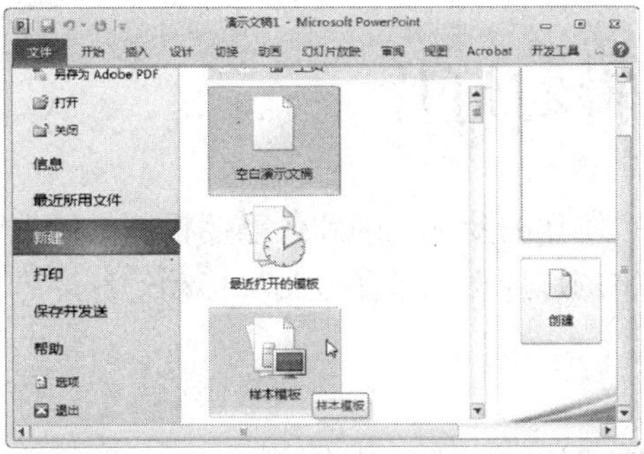

图 9-1

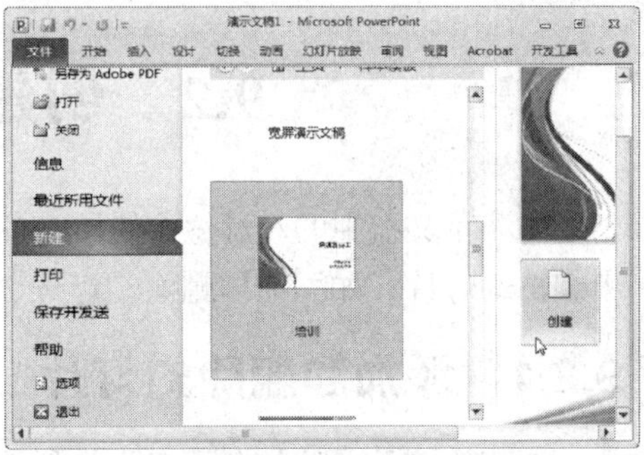

图 9-2

STEP 3 系统自动新建一个具备整体框架的演示文稿，其中包括多张带格式的幻灯片、备注内容和节标题等，如图 9-3 所示。

图 9-3

9.1.2 保存演示文稿

完成所有幻灯片的编辑操作后，应及时将其保存到计算机中，方便以后查看或修改。下面介绍保存演示文稿的的具体操作。

保存演示文稿

STEP 1 单击工作界面上的“保存”按钮或按【Ctrl+S】组合键，打开“另存为”对话框，在“保存位置”下拉列表中选择演示文稿的保存位置，在“文件名”文本框中输入文稿名称“岗前培训演示文稿”，单击“保存”按钮，如图 9-4 所示。

STEP 2 返回 PowerPoint 工作界面，在标题栏中显示保存后的演示文稿名称，如图 9-5 所示。

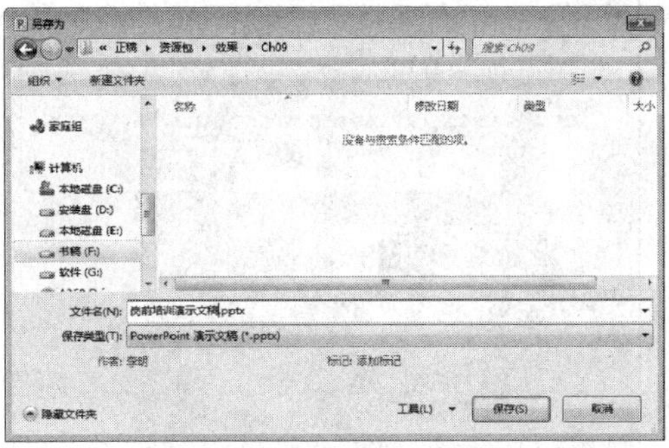

图 9-4

图 9-5

9.2　创建和编辑幻灯片

创建的演示文稿中的幻灯片不是所有的内容都符合制作的要求，因此还需要根据具体内容来进一步编辑幻灯片，如添加和删除幻灯片、输入和编辑幻灯片文本以及复制和移动幻灯片等。

9.2.1　添加和删除幻灯片

前面新建的演示文稿包含了多张幻灯片，对于不需要的幻灯片可以将其删除，而其中没有的幻灯片则需要进行添加。另外，由于文稿内容较少，所以不需要使用节来组织幻灯片，因此，还要将演示文稿中的所有节删除，同时，还可将幻灯片中的备注内容删除，下面介绍添加和删除幻灯片的具体操作。

添加和删除幻灯片

STEP 1 单击操作界面下方任务栏中的“幻灯片浏览”按钮，切换至幻灯片浏览视图，如图 9-6 所示。

STEP 2 单击第 1 张幻灯片上方的“默认节”标题，在【开始】/【幻灯片】组中单击“节”按钮，在弹出的下拉列表中选择“删除所有节”选项，将演示文稿中的节删除，如图 9-7 所示。

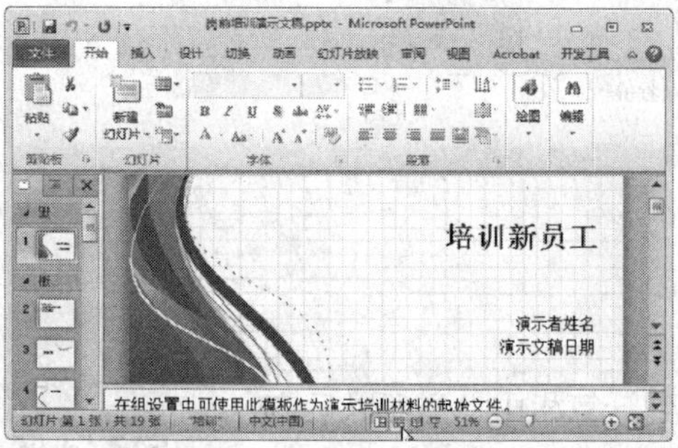

图 9–6

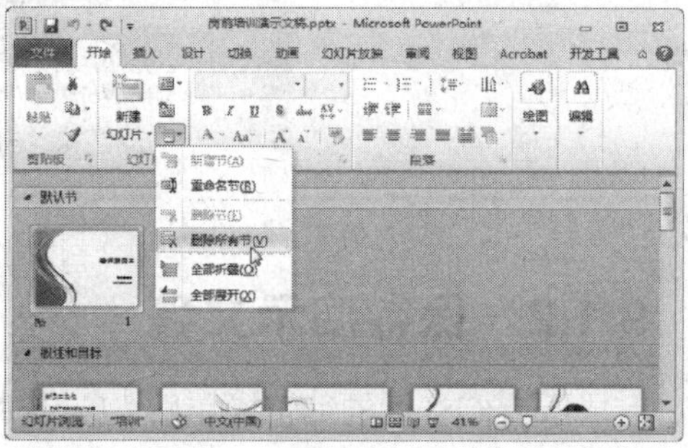

图 9–7

STEP 3 在幻灯片浏览视图中，按住【Ctrl】键不放，然后选择第 2、3、8、11、14、15、16、17、18、19 多张幻灯片，在所选的任意一张幻灯片上单击鼠标右键，在弹出的快捷菜单中选择“删除幻灯片”命令，将幻灯片删除，如图 9-8 所示。

STEP 4 在【视图】/【演示文稿视图】组中单击“备注页”按钮，切换至备注页视图，如图 9-9 所示。

图 9–8

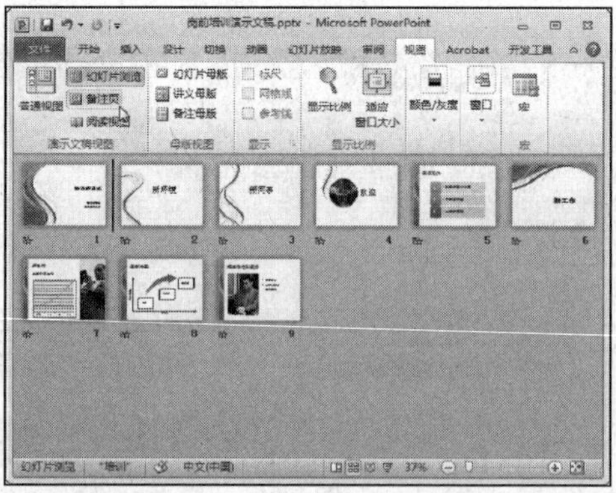

图 9–9

STEP 5 选择幻灯片中的“备注页”文本框后，按【Delete】键删除备注内容。按照相同的操作方法，删除其他幻灯片中的备注内容，如图 9-10 所示。

STEP 6 切换至普通视图后，选择“幻灯片/大纲”任务窗格中的第 4 张幻灯片。在【开始】/【幻灯片】组中单击“新建幻灯片”按钮下方的下拉按钮，在弹出的下拉列表中选择“两栏内容”选项，如图 9-11 所示。

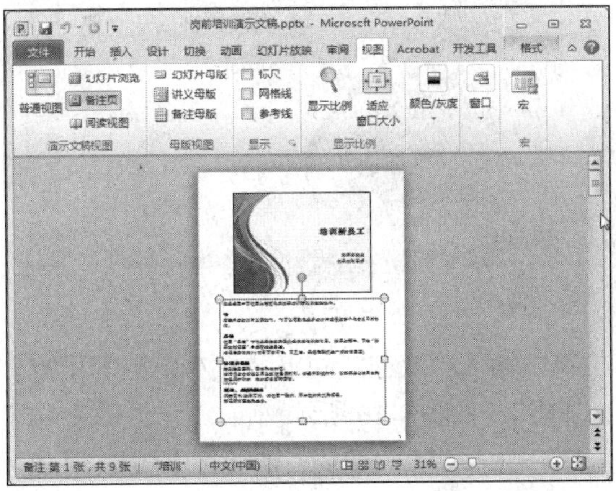

图 9-10

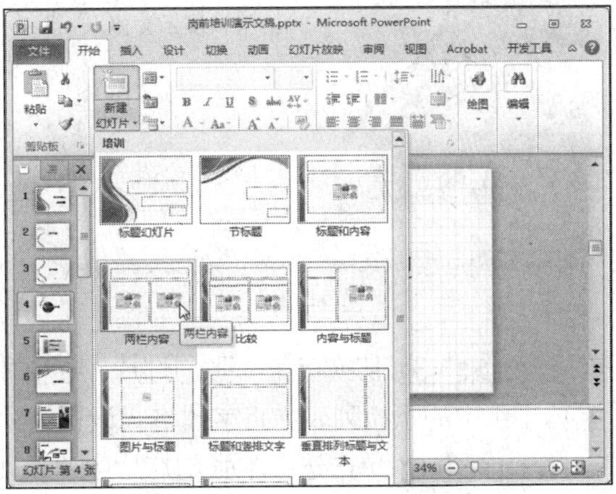

图 9-11

STEP 7 在第 4 张幻灯片下面插入 1 个“两栏内容”的幻灯片，如图 9-12 所示。

STEP 8 按照相同的操作方法，在第 8 张幻灯片的后面插入 1 张“标题、内容与文本”幻灯片，如图 9-13 所示。

图 9-12

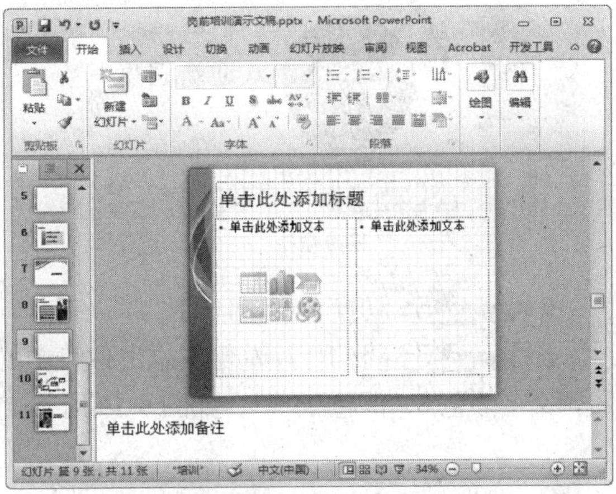

图 9-13

9.2.2 输入和编辑文本

演示文稿中的文本可以根据实际的需要进行输入或编辑，并根据排版需求选择合适的幻灯片版式。下面介绍在演示文稿中输入和编辑文本的具体操作。

输入和编辑文本

STEP 1 选择“幻灯片/大纲”任务窗格中的第 1 张幻灯片，在“标题”占位符中输入文本“岗前培训演示文稿”，在“副标题”占位符中输入文本“李明”“2017-6-12”，如图 9-14 所示。

STEP 2 在【开始】/【字体】组中的“字体”下拉列表中将标题文本的字体设置为“黑体”，在“字号”下拉列表中将副标题文本的字号设置为“28”，如图 9-15 所示。

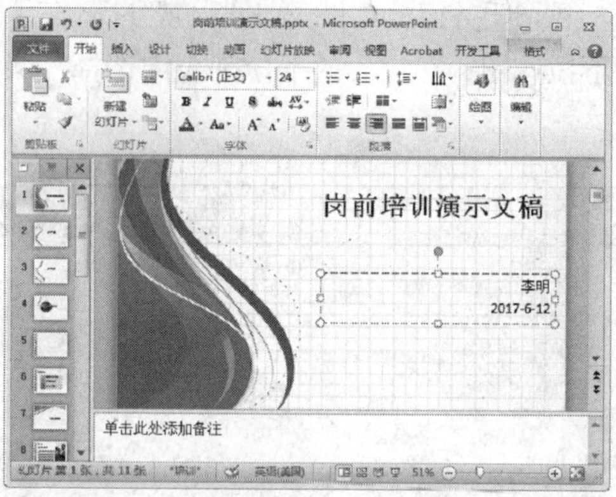

图 9–14

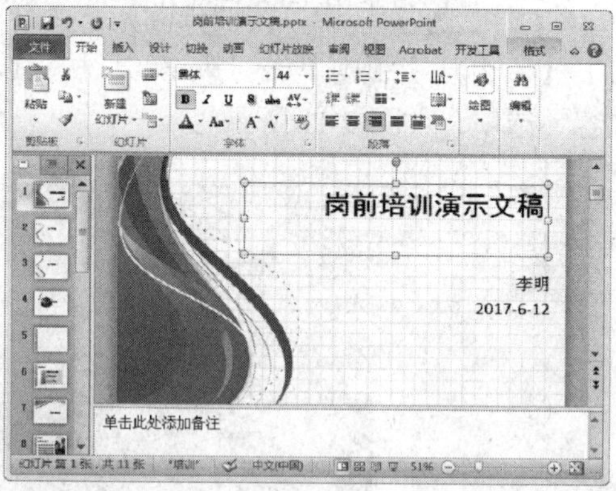

图 9–15

STEP 3 切换至第 4 张幻灯片，在文本占位符中输入“欢迎新同事”文本，在【开始】/【字体】组中的下拉列表中将字体格式设置为“54，加粗”，如图 9-16 所示。

STEP 4 单击选中本张幻灯片中“欢迎新同事”文本左边的图片，然后按【Delete】键将图片删除，如图 9-17 所示。

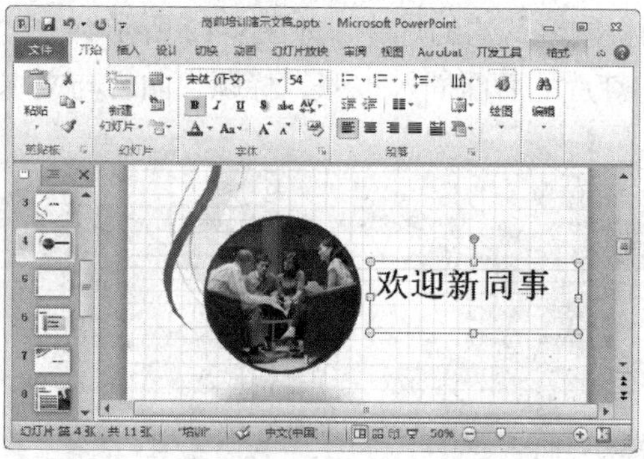

图 9–16

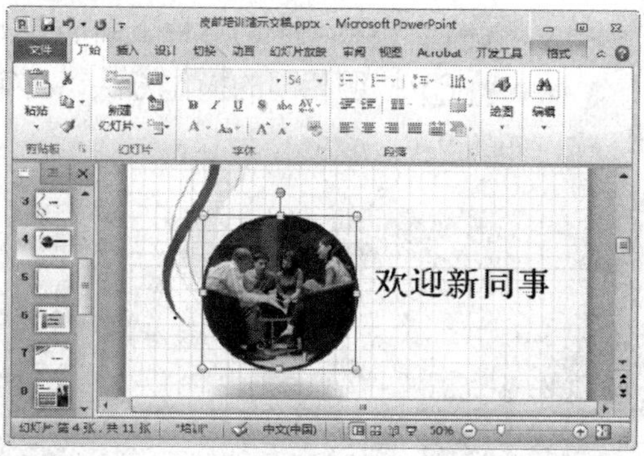

图 9–17

STEP 5 切换至第 5 张幻灯片，在其中分别输入所需的标题和正文文本，如图 9-18 所示。

STEP 6 将幻灯片左侧文本占位符中的标题字体格式设置为“加粗、文字阴影和橙色，强调文字颜色 6，深色 25%”，如图 9-19 所示。

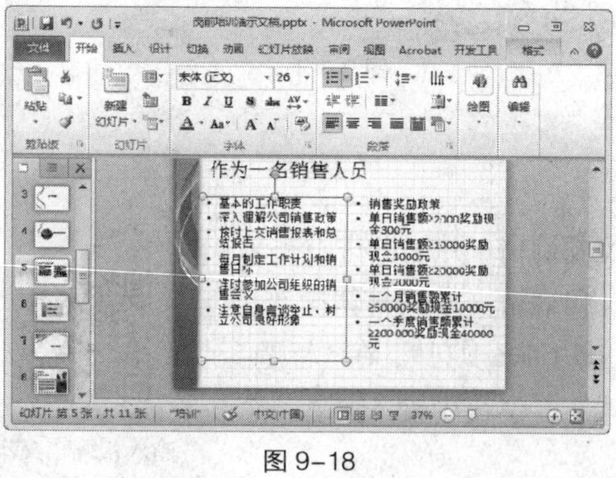

图 9–18

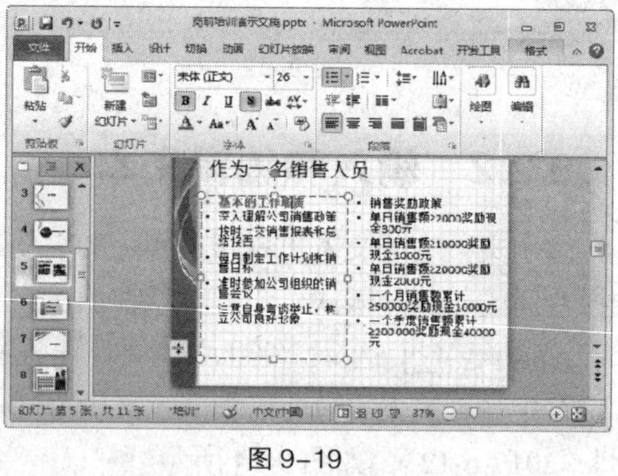

图 9–19

STEP 7 选择标题下面的全部文本，在【开始】/【段落】组中单击“项目符号”按钮 ，右侧的下拉按钮，为左侧文本占位符中的段落文本添加“选中标记项目符号”样式，如图 9-20 所示。

STEP 8 保持文本的选择状态，单击【开始】/【段落】组中的“对话框启动器”按钮 ，打开“段落”对话框中的“缩进和间距”选项卡，在“间距”栏中将“段前”设置为“12 磅”；“行距”设置为“1.5 倍行距”，单击“确定”按钮应用设置，如图 9-21 所示。

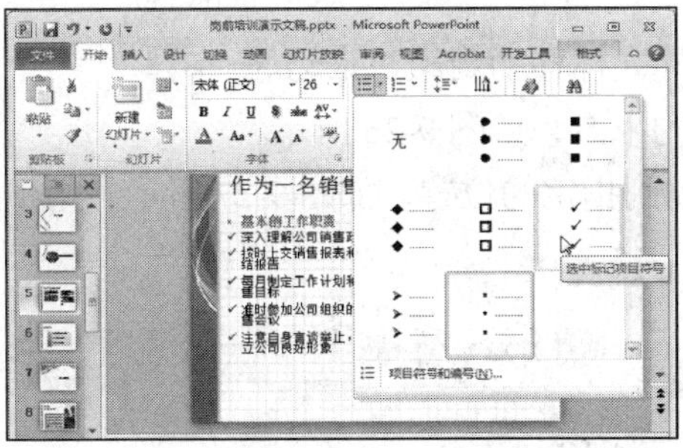

图 9-20

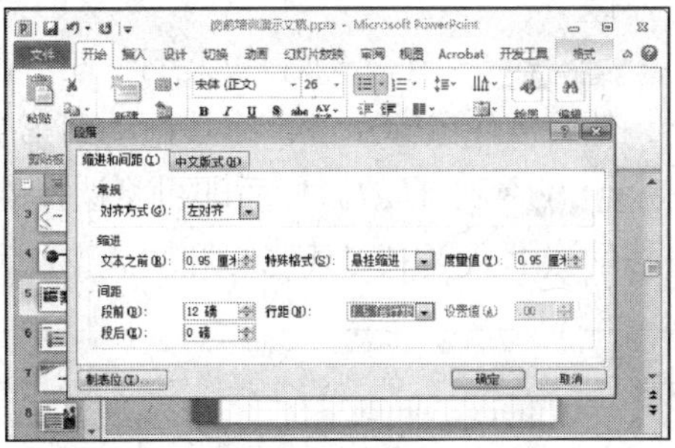

图 9-21

STEP 9 返回幻灯片中可以看到设置的段落效果格式。按照相同的操作方法，将幻灯片右侧文本占位符中的文本和段落格式设置为与左侧文本占位符相同的格式，如图 9-22 所示。

STEP 10 切换至第 9 张幻灯片，分别在标题和正文占位符中输入相应文本，如图 9-23 所示。

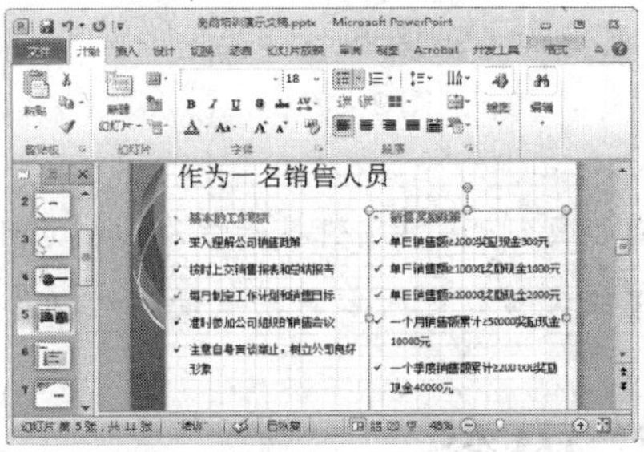

图 9-22

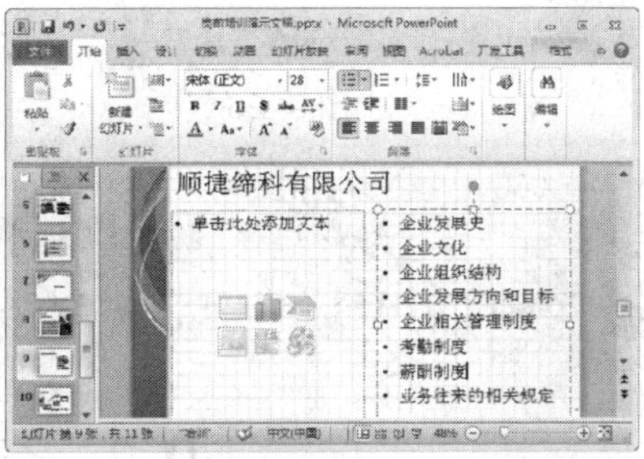

图 9-23

STEP 11 选择正文占位符中的最后 3 行文本。单击【开始】/【段落】组中的“提高列表级别”按钮 ，将所选文本的列表级别设置为 2 级，如图 9-24 所示。

STEP 12 在最后一张幻灯片中输入相应文本内容后，选择左侧图片，按【Delete】键将其删除，如图 9-25 所示。

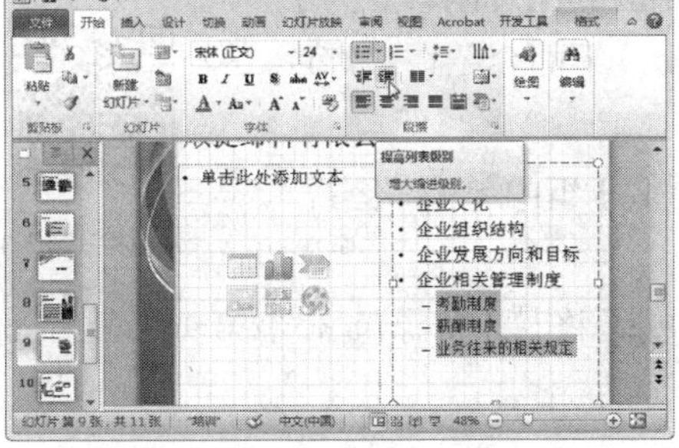

图 9-24

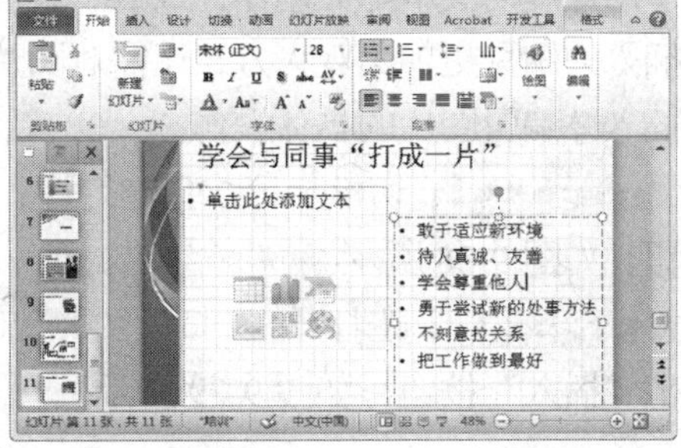

图 9-25

9.2.3 移动和复制幻灯片

在演示文稿中，如果创建的幻灯片的位置不正确，可以采用移动的方法使其置于正确的位置；如果需要创建格局相同的幻灯片，可以采用复制幻灯片的方法进行快速创建，复制后再对其内容进行修改。下面介绍移动和复制幻灯片的具体操作。

移动和复制幻灯片

STEP 1 在“幻灯片/大纲”任务窗格中将鼠标光标移动到第 2 张幻灯片上，然后按住鼠标左键，将其拖动到第 7 张幻灯片的下方，如图 9-26 所示。

STEP 2 释放鼠标后即可将选择的幻灯片移动到指定的位置，如图 9-27 所示。用相同的方法移动演示文稿中的其他幻灯片。

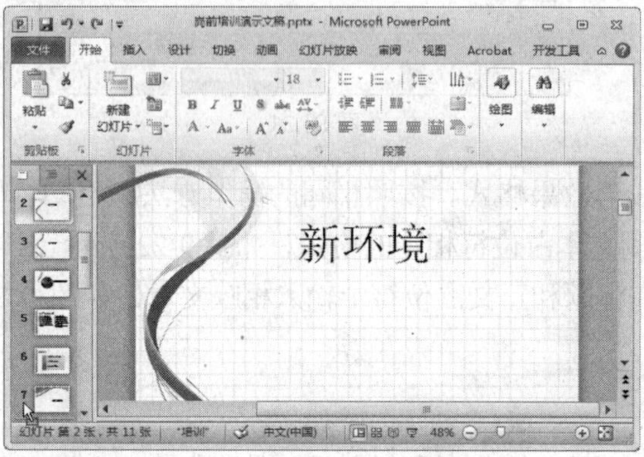

图 9-26

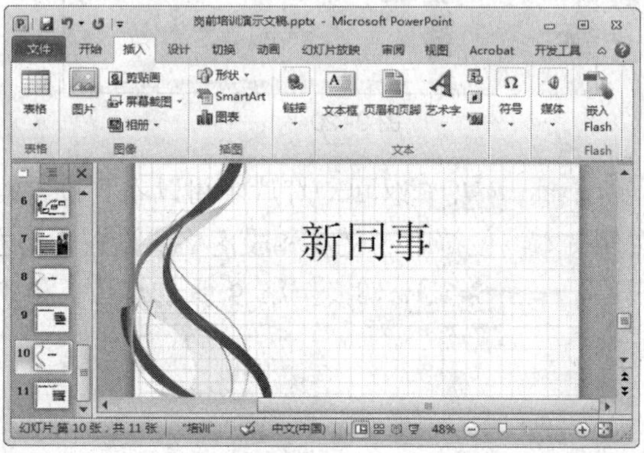

图 9-27

提示　选择幻灯片后，按住【Ctrl】键再拖动幻灯片，可以复制幻灯片。选择幻灯片，按【Ctrl+X】或【Ctrl+C】组合键，在目标位置处按【Ctrl+V】组合键，也可以移动或复制幻灯片。

9.3 丰富幻灯片内容

PowerPoint 中包含了很多图形对象，只要巧妙地加以运用，就可以制作出内容丰富又美观的幻灯片。下面介绍在幻灯片中插入图片、SmartArt 图形、表格以及图表的具体操作。

9.3.1 插入并编辑图片

幻灯片的文本部分制作完成后，就需要在其中插入相应的图片内容。为了使插入的图片更加美观大方，还需对图片进行适当的编辑。下面介绍在幻灯片中插入并编辑图片的具体操作。

插入并编辑图片

STEP 1 切换至第 2 张幻灯片，在【插入】/【图像】组中单击“图片”按钮，如图 9-28 所示。

STEP 2 在打开的“插入图片”对话框中选择“鼓掌”图片（资源包/素材/第 9 章/鼓掌.jpg），单击“插入”按钮，如图 9-29 所示。

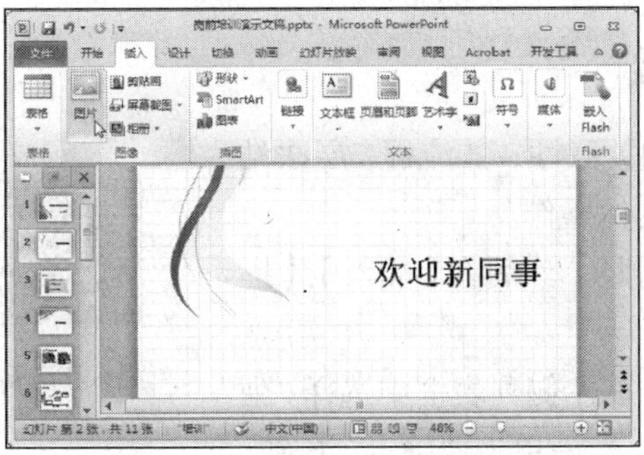

图 9-28

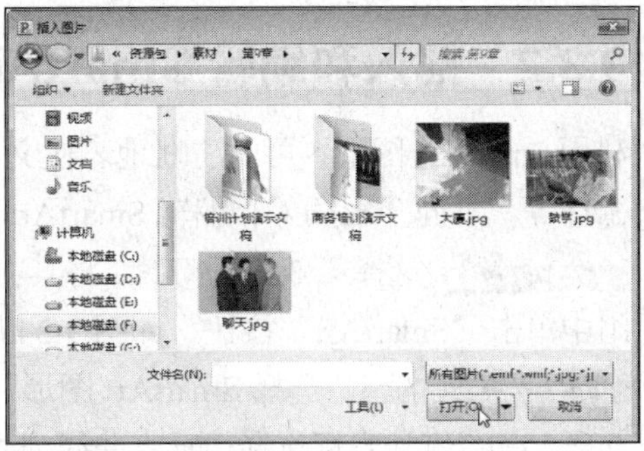

图 9-29

STEP 3 将图片插入到幻灯片中。选择图片，在【图片工具 格式】/【图片样式】组中单击“快速样式”按钮，在弹出的下拉列表框中选择“棱台形椭圆，黑色”选项，效果如图 9-30 所示。

STEP 4 选择图片，在【图片工具 格式】/【大小】组中的“高度”数值框中输入“6.58 厘米”，在“宽度”数值框中输入“10.6 厘米”，设置图片的高度和宽度，如图 9-31 所示。

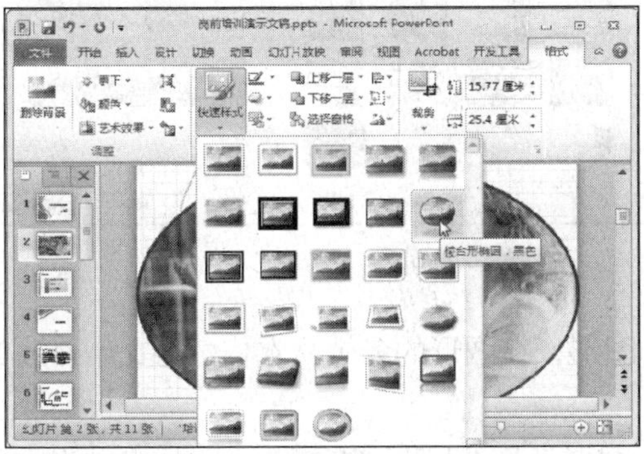

图 9-30

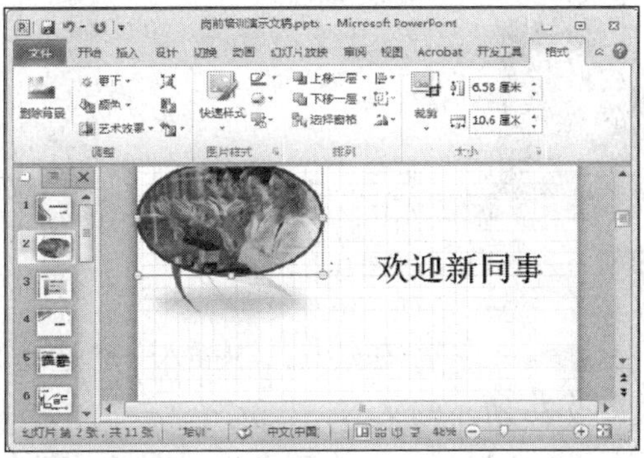

图 9-31

STEP 5 将鼠标光标移动到图片上方，然后按住鼠标左键，将其移动到适当的位置，效果如图 9-32 所示。

STEP 6 切换至第 9 张幻灯片，在其中插入“大厦”图片（资源包/素材/第 9 章/大厦.jpg），然后使用上述方法为其设置“映像圆角矩形”图片样式，效果如图 9-33 所示。用同样的方法切换至最后一张幻灯片，在其中插入“聊天”图片（资源包/素材/第 9 章/聊天.jpg），将图片设置为“柔化边缘矩形”样式，再将其“宽度”设置为“10.4 厘米”，将其移动到文字左侧。

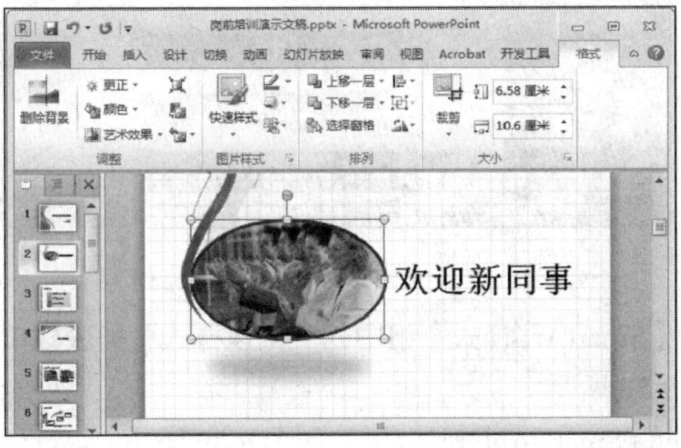

图 9-32

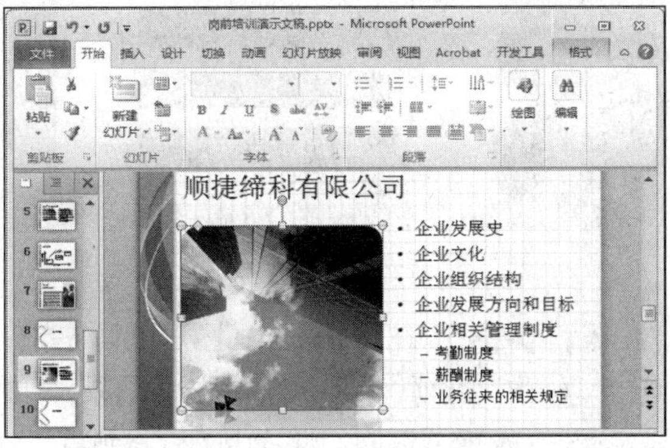

图 9-33

9.3.2 插入和编辑 SmartArt 图形

插入和编辑
SmartArt 图形

利用 SmartArt 图形，可以清晰地表达文字之间的关联性，如流程、层次结构和循环等。下面介绍插入和编辑 SmartArt 图形的具体操作。

STEP 1 选择第 3 张幻灯片，将其中的图形删除，然后在【插入】/【插图】组中单击“SmartArt”按钮，如图 9-34 所示。

STEP 2 打开“选择 SmartArt 图形”对话框，在左侧列表框中选择“列表”选项，在右侧列表框选择“垂直曲线列表”选项，然后单击“确定”按钮，如图 9-35 所示。

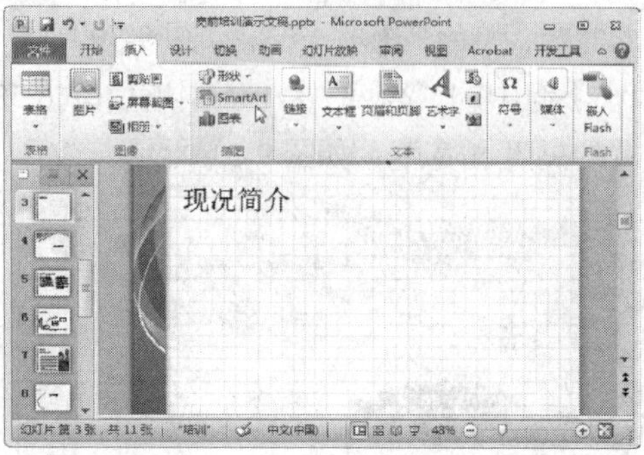

图 9-34

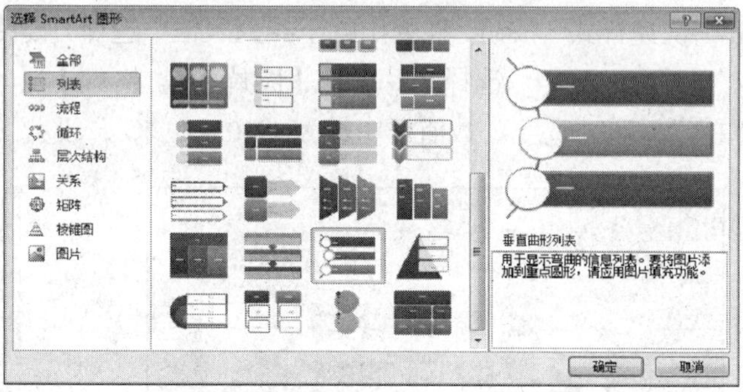

图 9-35

STEP 3 在幻灯片中插入一个选择 SmartArt 图形，在图形的各个文本框中将文本修改为如图 9-36 所示的文本。

STEP 4 选择 SmartArt 图形，在【SmartArt 图形工具 设计】/【SmartArt 样式】组中单击“更改颜色”按钮，在弹出的下拉列表中选择“彩色-强调文字颜色”选项，为图形设置颜色效果，如图 9-37 所示。

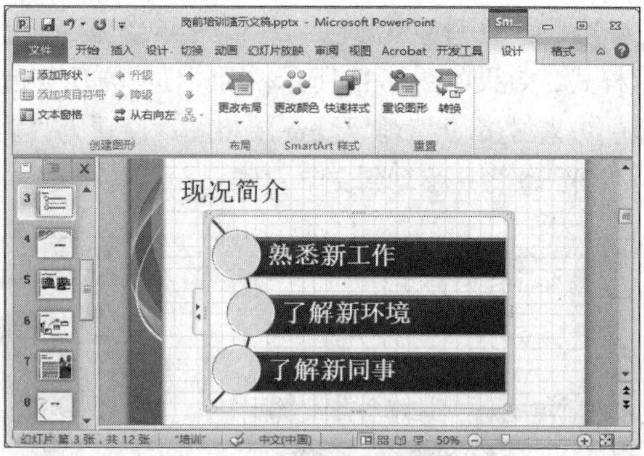

图 9-36

图 9-37

STEP 5 在【SmartArt 图形工具 设计】/【SmartArt 样式】组中的“快速样式”列表框中选择“优雅”选项，为图形设置样式效果，如图 9-38 所示。

STEP 6 返回幻灯片中可以看到重新创建的 SmartArt 图形效果，如图 9-39 所示。

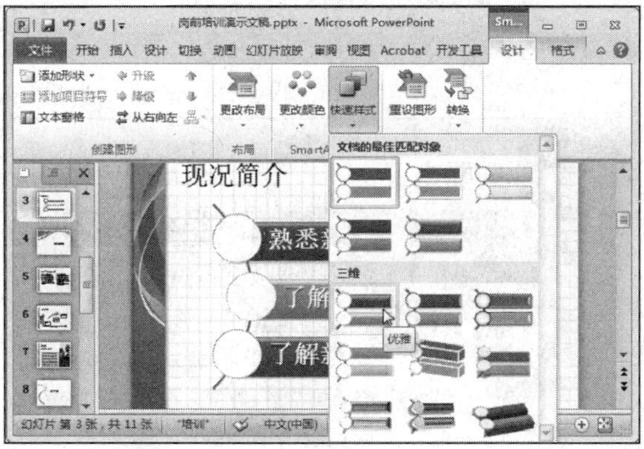

图 9-38

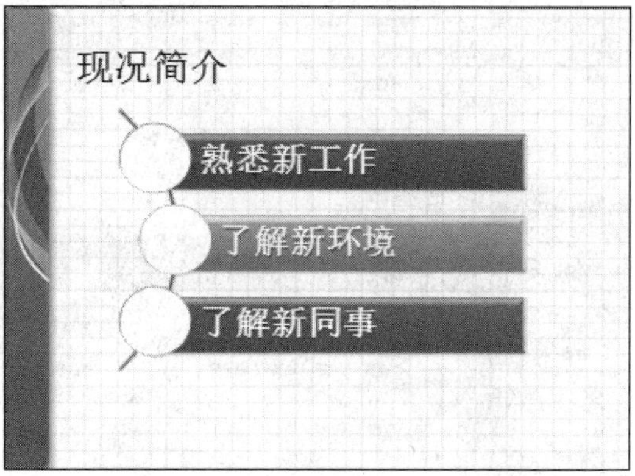

图 9-39

9.3.3 创建表格和图表

在幻灯片中可以插入表格与图表对数据进行说明，使幻灯片内容更具说服力。下面介绍在幻灯片中创建表格和图表的具体操作。

1. 创建表格

在幻灯片中只需按照需要设置插入表格的行列数，即可在其中插入对应的表格，然后在其中对表格以及其中的文本内容进行编辑即可完成创建。下面介绍创建和编辑表格的具体操作。

创建表格

STEP 1 在第 9 张幻灯片下面新建一张幻灯片，在幻灯片标题占位符中单击“插入表格”按钮或者在【插入】/【表格】组中单击“表格”按钮下方的下拉按钮，在弹出的下拉列表中选择“插入表格”选项，如图 9-40 所示。

STEP 2 打开“插入表格”对话框，在“列数”数值框中输入“9”，在“行数”数值框中输入“4”，然后单击“确定”按钮，如图 9-41 所示。

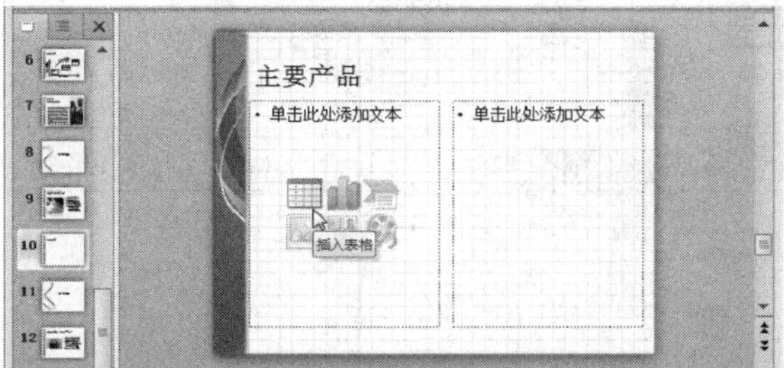

图 9-40

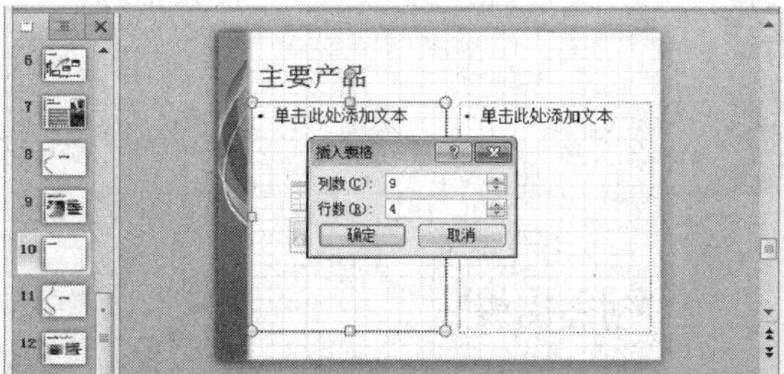

图 9-41

STEP 3 在幻灯片中插入一个 9 列 4 行的表格，在表格中依次输入相应的文本，如图 9-42 所示。

STEP 4 选择表格第一行中的单元格，在【表格工具 布局】/【合并】组中单击“合并单元格”按钮，将单元格合并。选择单元格中的文本，设置其字体格式为“黑体，28 号，加粗，居中对齐”，并适当调整单元格的行高，如图 9-43 所示。

图 9–42

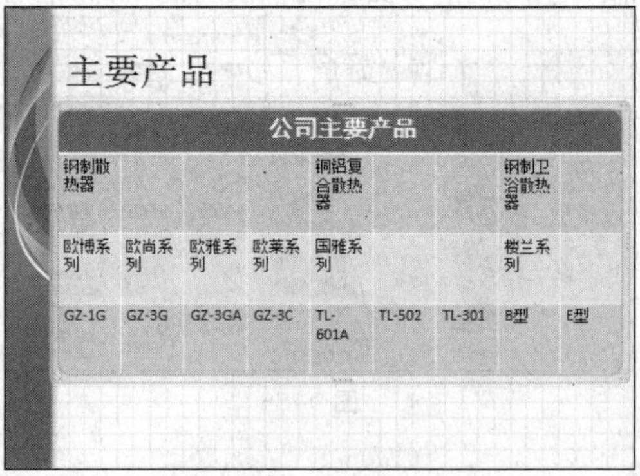

图 9–43

STEP 5 用同样的方法合并其他单元格，并设置居中对齐方式以及调整行高和列宽，设置后的效果如图 9-44 所示。

STEP 6 选择表格，在【表格工具 设计】/【表格样式】组中的“样式”列表框中选择“中度样式 2-强调 5”选项，为表格设置样式效果，完成表格的创建，如图 9-45 所示。

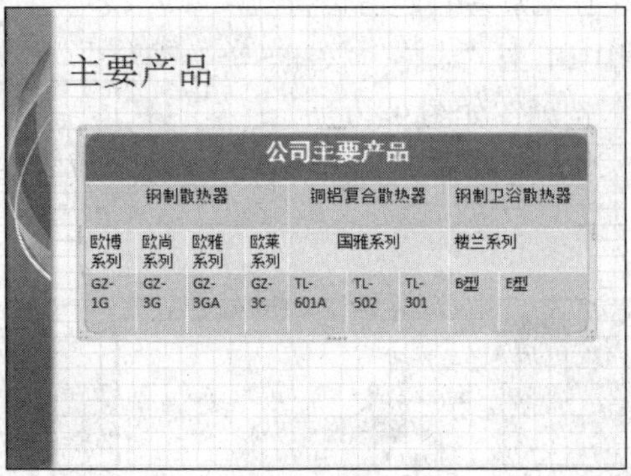

图 9–44

图 9–45

2. 创建图表

在幻灯片中插入图表的数据源实际上是通过 Excel 输入的，这也体现出 PowerPoint 与 Excel 表格数据之间是可以相互关联的。下面介绍在幻灯片中插入图表的具体操作。

创建图表

STEP 1 在第 7 张幻灯片中将图表删除，然后在【插入】/【插图】组中单击“图表”按钮，如图 9-46 所示。

STEP 2 打开“插入图表”对话框，在左侧列表框中选择“折线图”选项，在右侧列表框中选择“折线图”栏中的第 2 种图表类型，然后单击“确定”按钮，如图 9-47 所示。

STEP 3 在幻灯片中插入图表的同时，打开 Excel 表格，将表格中的数据修改为如图 9-48 所示的效果。然后退出 Excel。

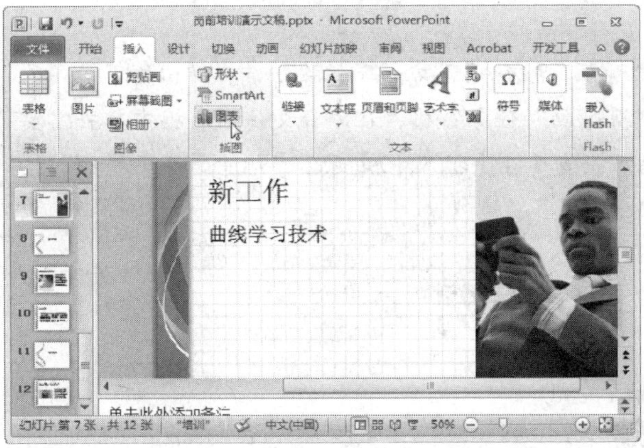

图 9-46

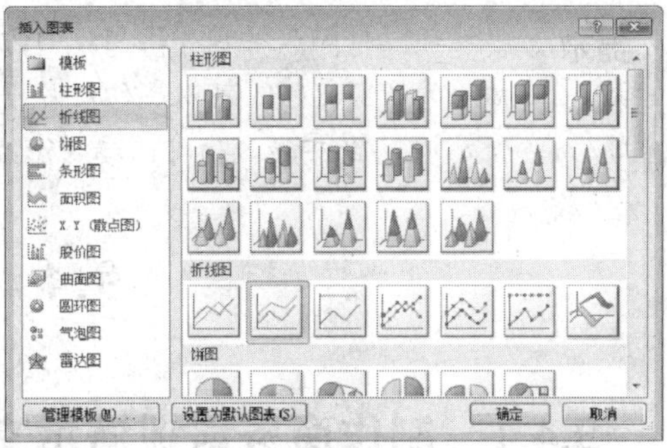

图 9-47

STEP 4 返回幻灯片中可以看到修改后的图表效果，选择图表，在【图表工具 设计】/【图表样式】组中的“快速样式”列表框中选择“样式 26”选项，为图表数据系列设置样式效果，如图 9-49 所示。

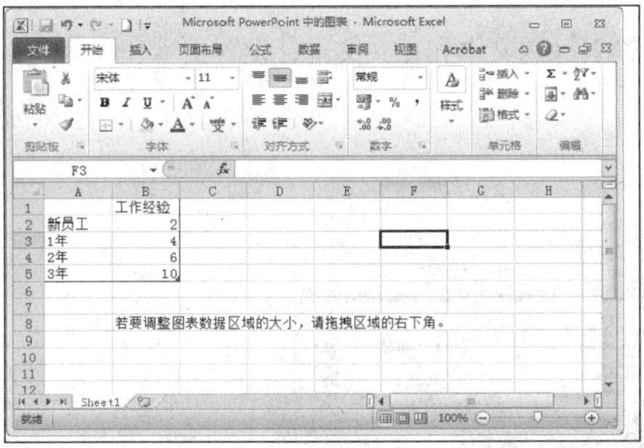

图 9-48

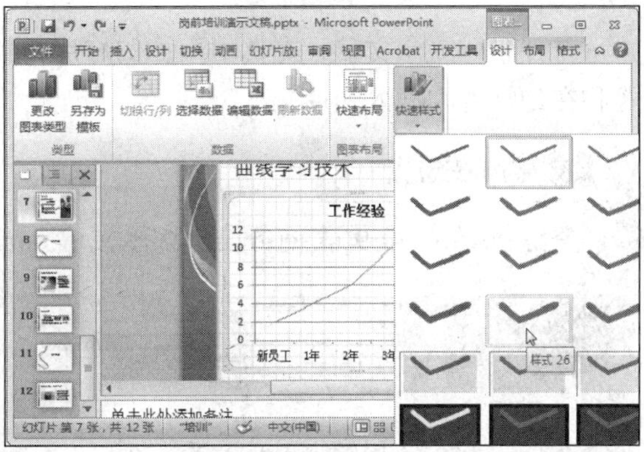

图 9-49

STEP 5 选择图表，在【图表工具 格式】/【形状样式】组中的列表框中选择“强烈效果-水绿色，强调颜色 5”选项，如图 9-50 所示。

STEP 6 返回幻灯片中可以看到为图表设置背景样式的效果，如图 9-51 所示。

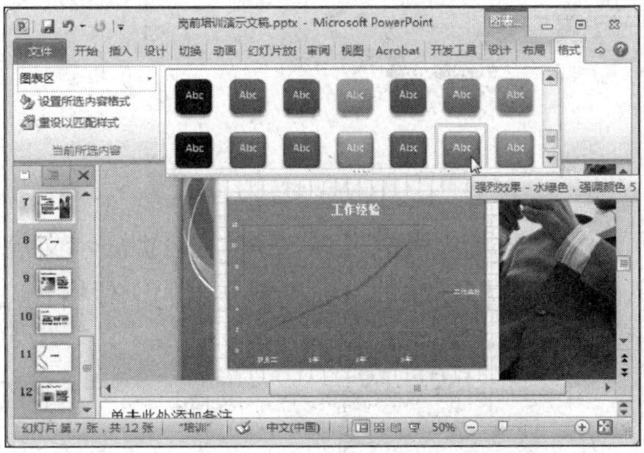

图 9-50

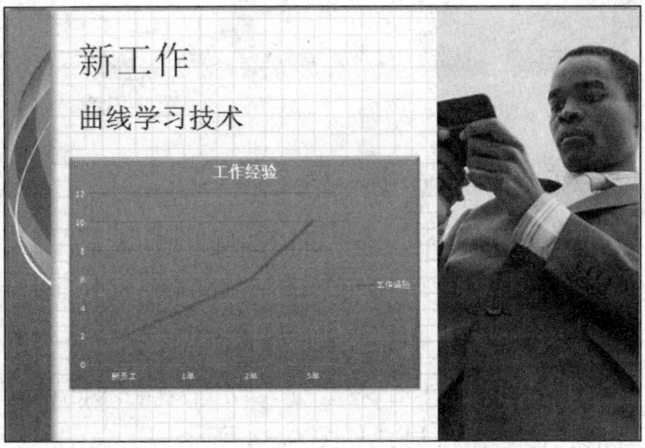

图 9-51

提示　在【插入】/【媒体】组中单击“音频”按钮下方的下拉按钮，在弹出的下拉列表中选择“剪贴画音频”选项，打开“剪贴画”任务窗格，在声音文件列表框中单击需要插入的音频选项，可以在幻灯片中插入声音。在【插入】/【媒体】组中单击“视频”按钮下方的下拉按钮可以插入影片。

9.4　上机案例

9.4.1　制作商务培训演示文稿

案例目标

本案例主要使用 PowerPoint 制作商务培训演示文稿。效果如图 9-52 所示。

操作思路

打开素材演示文稿，在其中添加幻灯片，并输入标题文本和正文文本，设置文本和段落的格式和在幻灯片中插入图片。

效果所在位置

资源包/效果/第 9 章/商务培训演示文稿.pptx。

制作商务培训演示文稿

图 9–52

步骤提示

STEP 1 打开“商务培训演示文稿”演示文稿（资源包/素材/第 9 章/商务培训演示文稿/商务培训演示文稿.pptx），在第 1 张幻灯片中输入标题、副标题文本，并设置文本的字体格式，如图 9-53 所示。

STEP 2 在第 2 张幻灯片中输入标题文本，并在下面输入正文文本，设置正文文本的段落格式和项目符号，如图 9-54 所示。

图 9-53

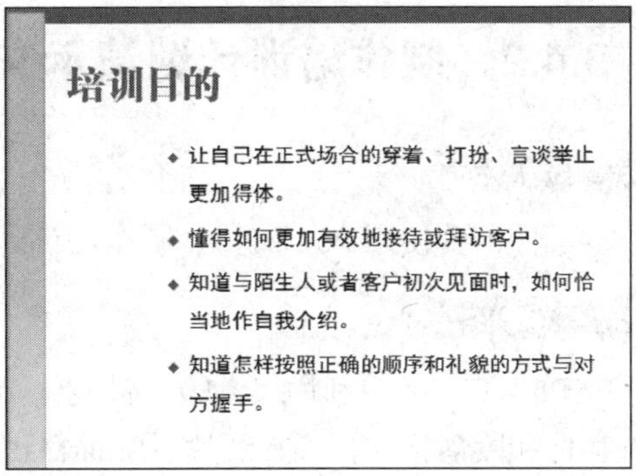
培训目的
让自己在正式场合的穿着、打扮、言谈举止更加得体。
懂得如何更加有效地接待或拜访客户。
知道与陌生人或者客户初次见面时，如何恰当地作自我介绍。
知道怎样按照正确的顺序和礼貌的方式与对方握手。

图 9-54

STEP 3 复制第 3 张幻灯片，然后将其粘贴到第 7 张、第 11 张和第 16 张幻灯片，并依次修改文本为“个人礼仪篇”“社交礼仪篇”“公务礼仪篇”和“谢谢大家!”，如图 9-55 所示。

STEP 4 新建一个“两栏内容”的第 4 张幻灯片，在其中输入标题和正文文本，设置标题字体格式和正文文本的段落格式，如图 9-56 所示。

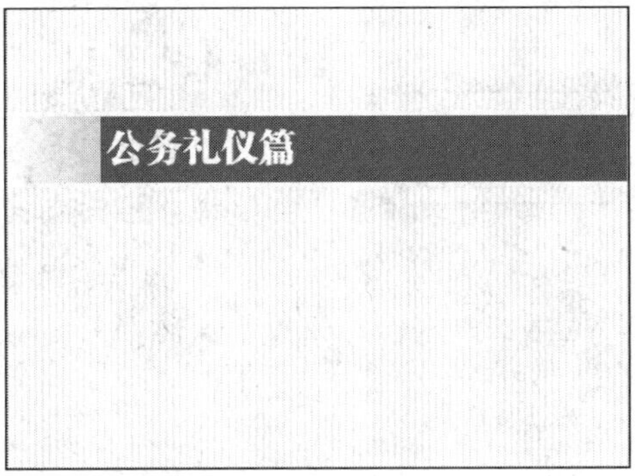
公务礼仪篇

图 9-55

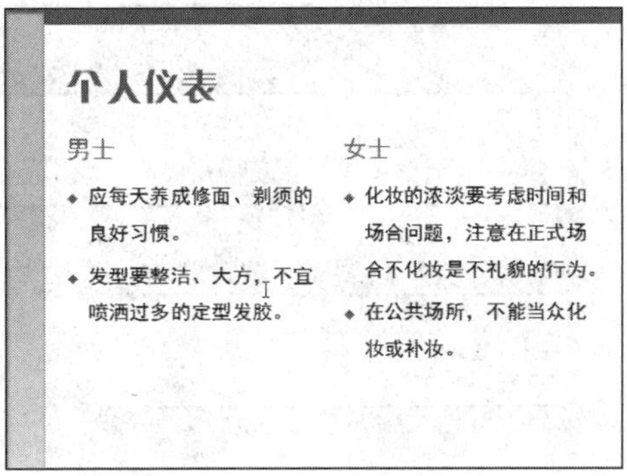
个人仪表
男士
应每天养成修面、剃须的良好习惯。
发型要整洁、大方，不宜喷洒过多的定型发胶。
女士
化妆的浓淡要考虑时间和场合问题，注意在正式场合不化妆是不礼貌的行为。
在公共场所，不能当众化妆或补妆。

图 9-56

STEP 5 新建幻灯片，输入标题文本并设置格式，然后在其中插入图片（资源包/素材/第 9 章/商务培训演示文稿/站姿.jpg、坐姿.jpg），并调整图片的大小和样式，分别放在对应的“站姿”和“坐姿”下，如图 9-57 所示。

STEP 6 新建幻灯片，输入标题和正文文本，并设置格式，然后在右侧插入图片（资源包/素材/第 9 章/商务培训演示文稿/礼仪.jpg），并设置图片的格式，如图 9-58 所示。

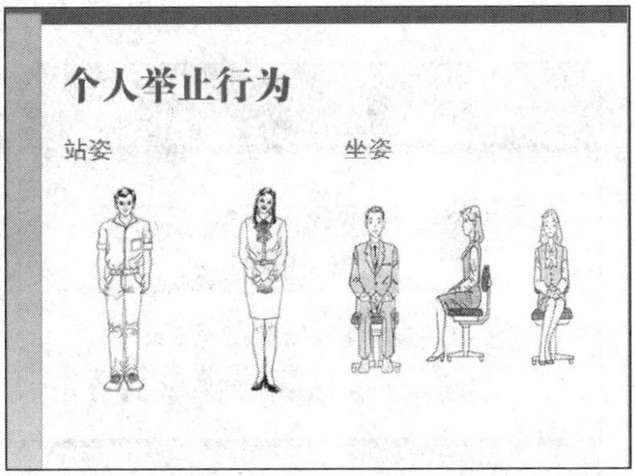

图 9-57

图 9-58

9.4.2　制作培训计划演示文稿

案例目标

本案例主要使用 PowerPoint 制作培训计划演示文稿。效果如图 9-59 所示。

操作思路

在 PowerPoint 中利用提供的素材文件新建幻灯片，然后在幻灯片中输入标题和正文文本，并设置字体和段落格式，插入图片、SmartArt 图形和表格，并设置相应的格式。

效果所在位置

资源包/效果/第 9 章/培训计划演示文稿.pptx。

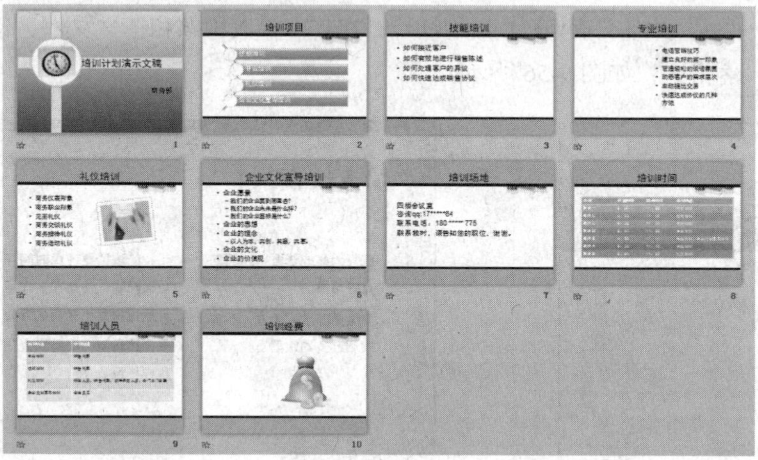

图 9-59

制作培训计划
演示文稿

步骤提示

STEP 1 打开“培训计划演示文稿”演示文稿（资源包/素材/第 9 章/培训计划演示文稿/培训计划演示文稿.pptx），选择第 1 张幻灯片，在其中输入标题和副标题文本，并设置文本字体格式，如图 9-60 所示。

STEP 2 在第 2 张幻灯片中插入 SmartArt 图形，并在其中输入文本，然后设置其样式效果，如图 9-61 所示。

图 9-60

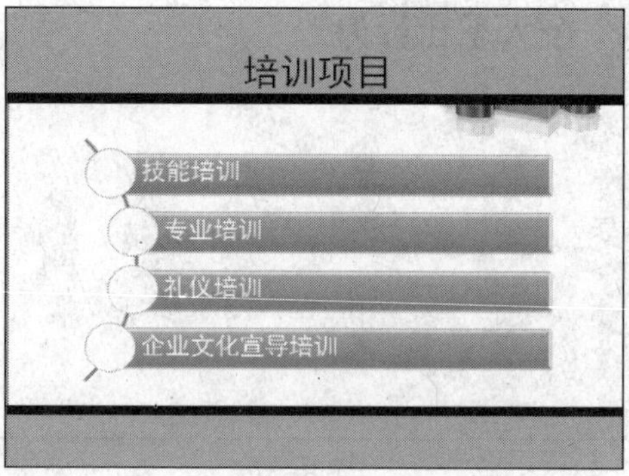

图 9-61

STEP 3 新建幻灯片，输入标题文本，并在下面输入正文文本，设置正文文本的段落格式和项目符号，如图 9-62 所示。

STEP 4 新建幻灯片，插入 4 列 8 行的表格，并在表格中输入文本，然后设置表格的样式效果，如图 9-63 所示。

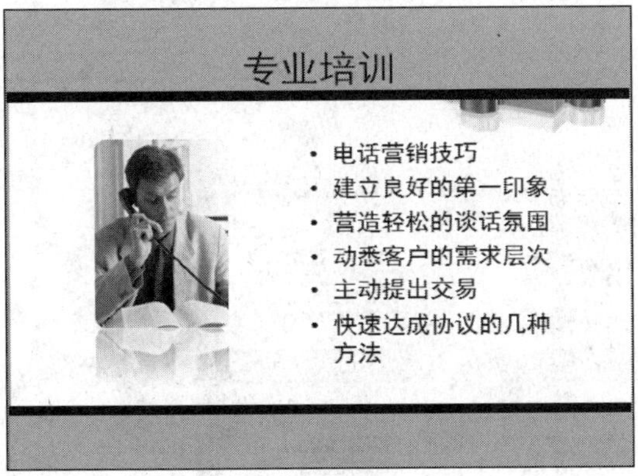

图 9-62

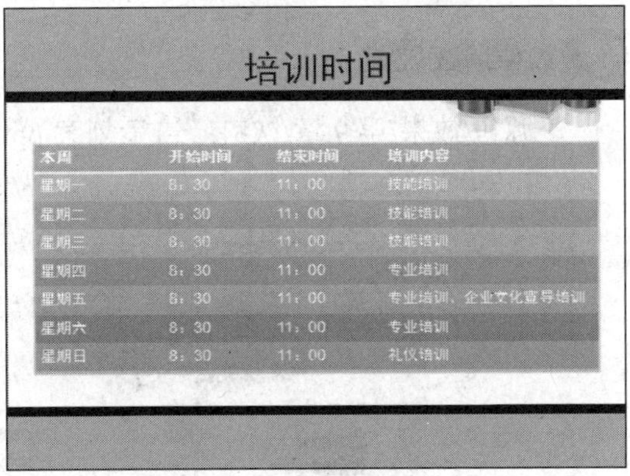

图 9-63

9.5 课后习题

9.5.1 制作公益广告策划案演示文稿

练习知识要点

本练习主要在 PowerPoint 中制作公益广告策划案演示文稿。效果如图 9-64 所示。

效果所在位置

资源包/效果/第 9 章/公益广告策划案.pptx。

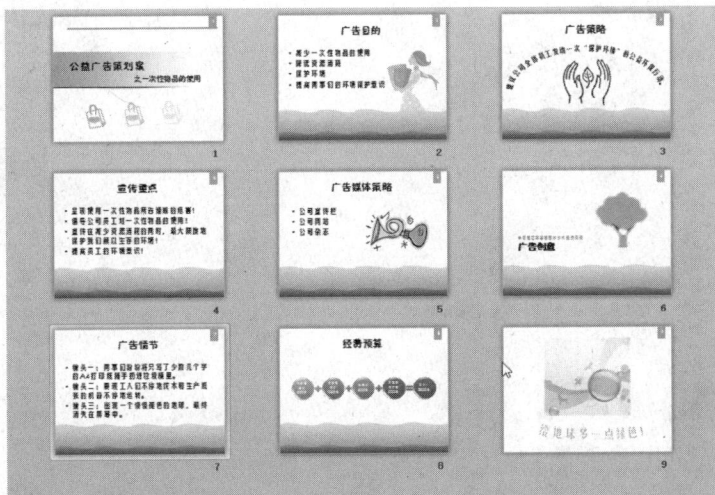

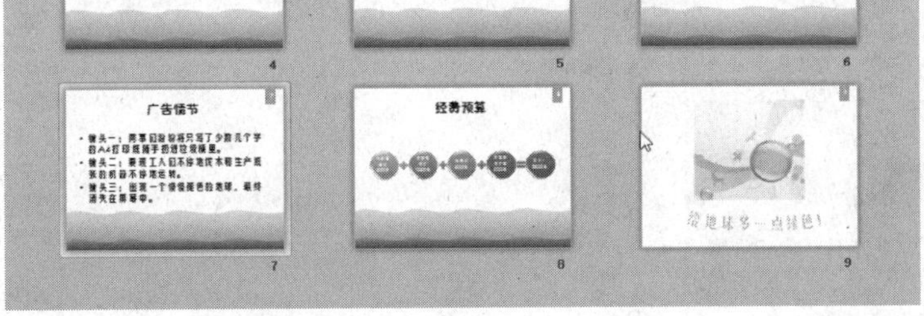

图 9-64

9.5.2　制作饮料广告策划案演示文稿

练习知识要点

本练习主要是使用 PowerPoint 制作饮料广告策划案演示文稿。效果如图 9-65 所示。

效果所在位置

资源包/效果/第 9 章/饮料广告策划案.pptx。

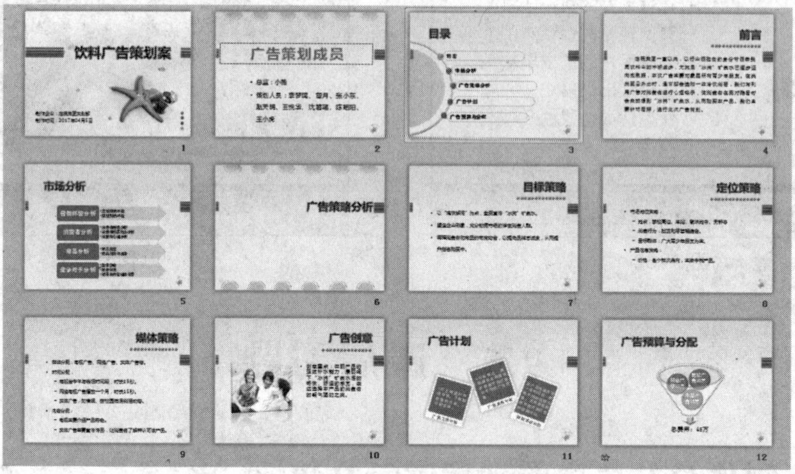

图 9-65

第10章 制作市场营销策划演示文稿

本章的主要内容是介绍使用 PowerPoint 制作市场营销策划演示文稿的相关操作。通过对本章内容的学习，读者可以了解在 PowerPoint 中制作幻灯片母版，设置幻灯片切换方案，添加幻灯片动画、超链接和动作按钮，以及设置放映类型、排练计时、幻灯片放映和打包等操作。

课堂学习目标

◎ 制作幻灯片母版
◎ 设置幻灯片动画
◎ 制作交互式幻灯片
◎ 演示文稿的放映设置

10.1 制作幻灯片母版

如果要将同一背景、标志、标题文本及主要文字格式运用到演示文稿的每张幻灯片中，可以使用 PowerPoint 的幻灯片母版功能。

10.1.1 幻灯片母版类型

幻灯片母版是用于统一和存储幻灯片信息的模板信息，通过加工模板，可快速生成相同样式的幻灯片，从而提高工作效率，减少重复输入。PowerPoint 中的母版有 3 种类型，它们分别是幻灯片母版、讲义母版和备注母版，而它们的作用和视图都不相同。

1. 幻灯片母版

在【视图】/【母版视图】组中单击“幻灯片母版”按钮，便可查看幻灯片母版，如图 10-1 所示。其中在母版中包含了标题、文本对象、日期、页脚和数字 5 种占位符，在母版中更改和设置的内容将应用于同一演示文稿中的所有幻灯片。

2. 讲义母版

在【视图】/【母版视图】组中单击“讲义母版”按钮，进入讲义母版视图，如图 10-2 所示。在讲义母版中，可查看一页里显示的多张幻灯片，也可设置页眉和页脚的内容并调整其位置，以及改变幻灯片的放置方向等。当需要将幻灯片作为讲义稿打印装订成册时，可使用讲义母版形式将其打印出来。

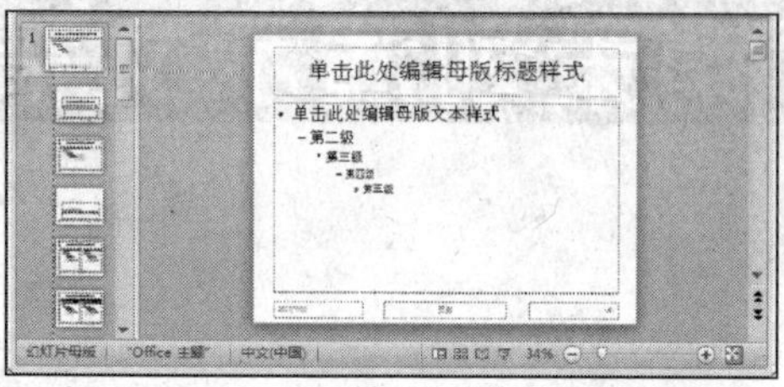

图 10-1

图 10-2

3. 备注母版

在【视图】/【母版视图】组中单击“备注母版”按钮就可进入备注母版视图，如图 10-3 所示。在备注母版视图中可以将幻灯片和备注显示在同一页面中查看。

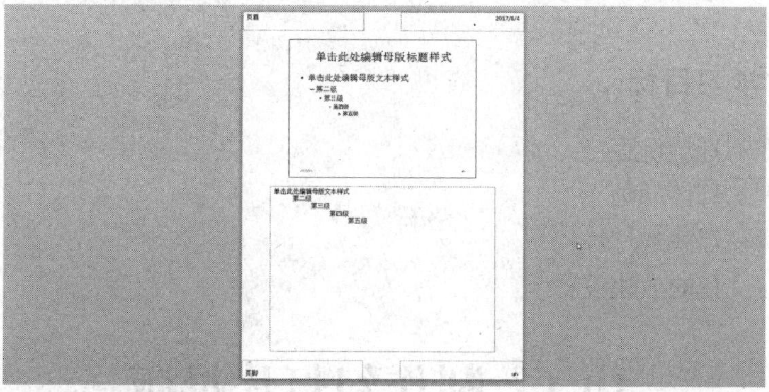

图 10-3

10.1.2 设计幻灯片母版

幻灯片母版是最常用的母版，通常用来制作具有统一标志、背景、占位符格式以及各级标题文本的格式等。制作幻灯片母版实际上就是在母版视图下设置占位符格式、项目符号、背景以及页眉页脚。

设置占位符格式

1. 设置占位符格式

新建幻灯片并选择幻灯片版式后，占位符的位置总是固定的，并且默认在其中输入的文本为宋体。实际上占位符的大小与位置、文本格式以及填充效果都是可以改变的，这样就不需要为各张幻灯片逐一进行格式设置。下面介绍在幻灯片中设置占位符格式的具体操作。

STEP 1 打开“市场营销策划案”演示文稿（资源包/素材/第 10 章/市场营销策划案.pptx），在【视图】/【母版视图】组中单击“幻灯片母版”按钮，如图 10-4 所示。

STEP 2 进入“幻灯片母版”视图，选择第 1 张幻灯片，单击选择“标题”占位符，定位插入光标，在【开始】/【字体】组中设置“字体”为“黑体”，“字号”为“36”，单击“加粗”按钮 **B**，单击“字体颜色”按钮右侧的下拉按钮，在弹出的颜色下拉列表中选择“靛蓝，强调文字颜色 5，深色 25%”选项，在【开始】/【段落】组中单击“左对齐”按钮，如图 10-5 所示。

图 10–4

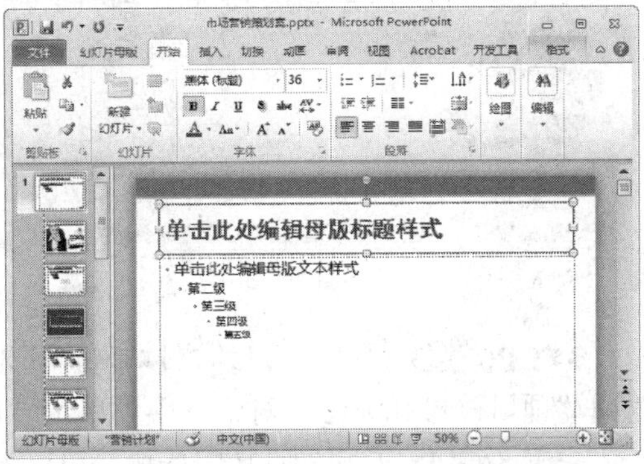

图 10–5

STEP 3 在“母版”中单击“单击此处编辑母版文本样式”占位符，设置其文本的字体格式为“微软雅黑，24 号，黑色”，如图 10-6 所示。

STEP 4 选择正文占位符，将鼠标光标移到右边的边线上并按住鼠标左键不放，将其向左方拖动，缩小文本框，如图 10-7 所示。

图 10–6

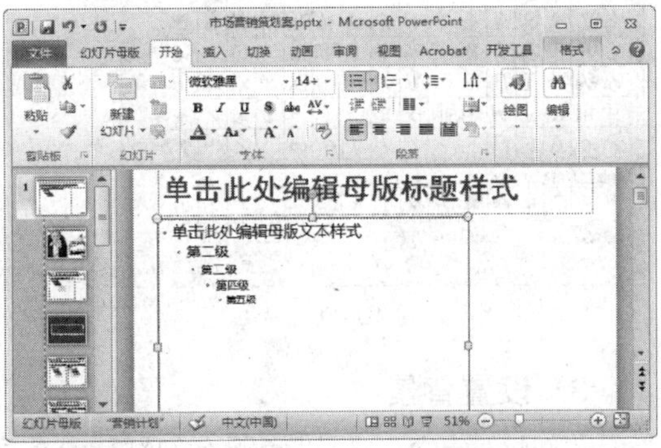

图 10–7

2. 设置项目符号

项目符号是指文本占位符中各级文本前面的符号样式，如•、–、■、◆、➤等。在母版中可统一设置母版的项目符号的图案、大小及颜色等。下面介绍在“市场营销策划案”演示文稿的母版视图中，将默认的文本占位符项目符号更改为自定义的项目符号的具体操作。

设置项目符号

STEP 1 进入幻灯片母版视图，将文本插入点定位到正文第一级标题中，在【开始】/【段落】组中单击“项目符号”按钮右侧的下拉按钮，在弹出的下拉列表中选择“项目符号和编号”选项，如图 10-8 所示。

STEP 2 打开“项目符号和编号”对话框的“项目符号”选项卡，单击“自定义”按钮，如图 10-9 所示。

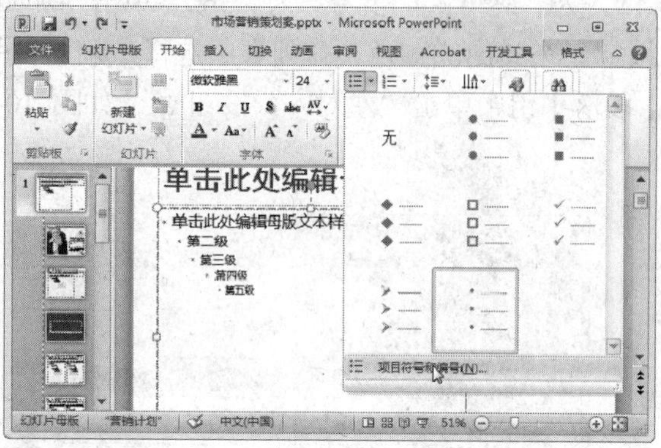

图 10-8

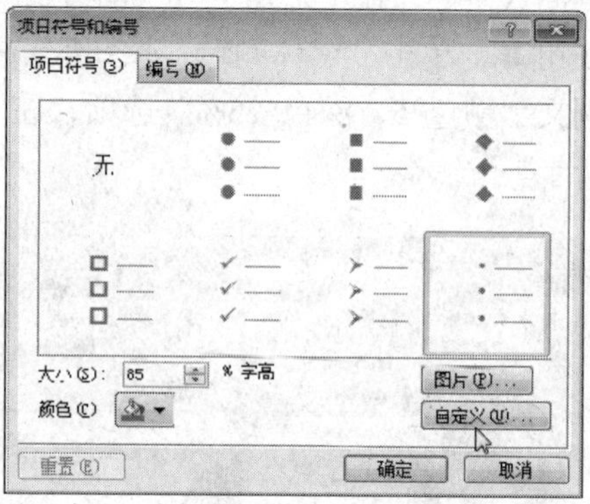

图 10-9

STEP 3 打开“符号”对话框，在列表框中选择一种符号样式，然后单击“确定”按钮，返回“项目符号和编号”对话框中再单击“确定”按钮，如图 10-10 所示。

STEP 4 返回幻灯片母版中，可以看到文本项目符号已经修改为设置的样式，如图 10-11 所示。

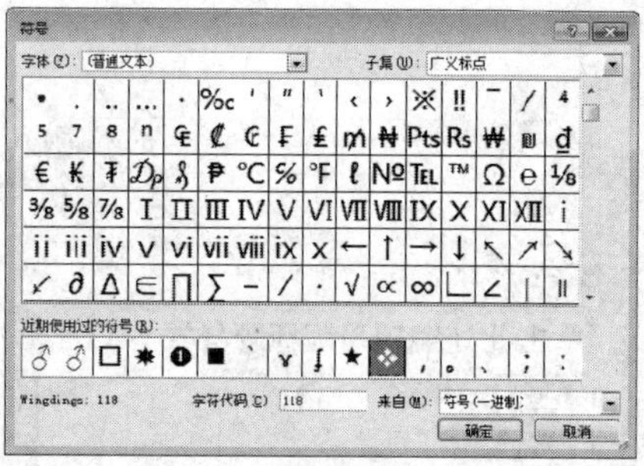

图 10-10

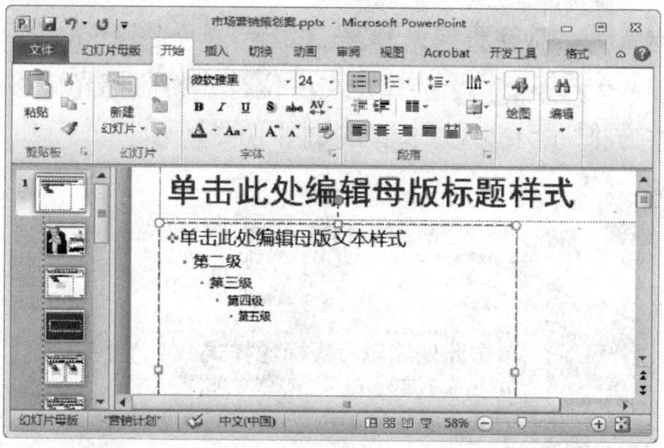

图 10-11

3. 设置背景

在幻灯片母版中可以为所有幻灯片设置同样的背景色或背景图片。下面介绍在幻灯片母版视图中设置幻灯片背景的具体操作。

STEP 1 进入幻灯片母版视图，在【幻灯片母版】/【背景】组中单击“背景样式”按钮，在弹出的下拉列表中选择“样式 2”选项，如图 10-12 所示。

STEP 2 在幻灯片母版视图中为每一张幻灯片设置相同的背景样式效果，如图 10-13 所示。

设置背景

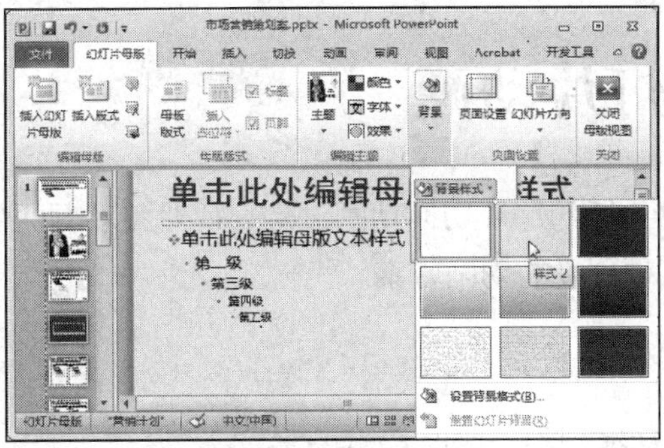

图 10-12

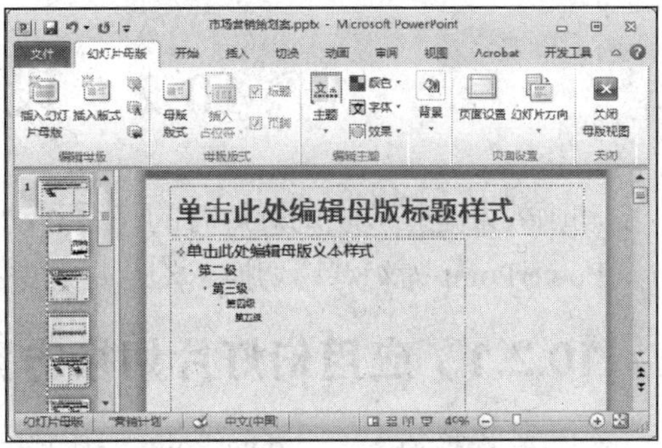

图 10-13

4. 设置页眉和页脚

幻灯片的页眉和页脚区域主要用于添加一些统一的附加信息，如演示日期、演讲者或幻灯片编号等，这可以使该幻灯片看起来更加专业。下面介绍将“市场营销策划案”演示文稿的页眉内容设置为“市场营销策划方案”，设置时间为“2017 年 7 月 8 日”的具体操作。

设置页眉和页脚

STEP 1 进入幻灯片母版视图，在【插入】/【文本】组中单击“页眉和页脚”按钮，如图 10-14 所示。

STEP 2 打开“页眉和页脚”对话框的“幻灯片”选项卡，单击选中“日期和时间”复选框。单击选中激活的“固定”单选项，在下方的文本框中输入“2017 年 7 月 8 日”，单击选中“页脚”复选框，在下方的文本框中输入“市场营销策划方案”，然后单击选中“标题幻灯片中不显示”复选框，单击“全部应用”按钮，如图 10-15 所示。

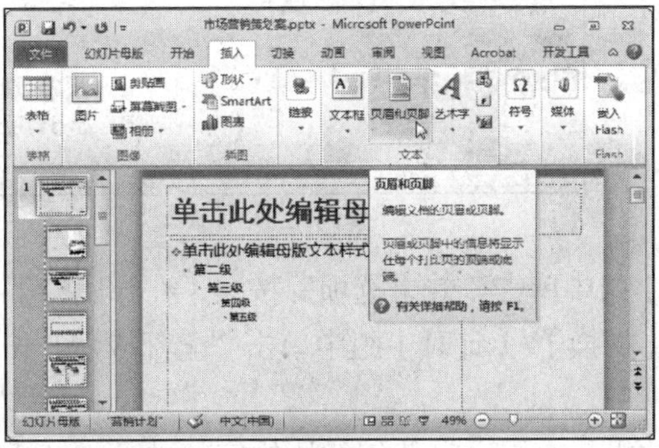

图 10-14

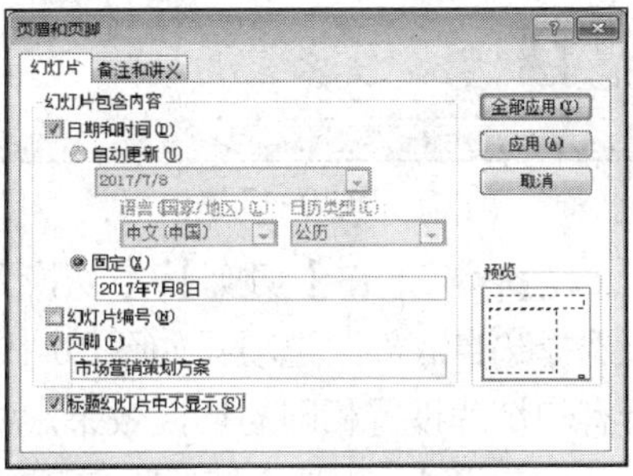

图 10-15

STEP 3 返回母版编辑状态，按住【Shift】键选择已包括内容的“日期区”和“页眉区”两个占位符，然后将其字体格式设置为“黑体，14 号，白色”，如图 10-16 所示。完成后在【幻灯片母版】/【关闭】组中单击“关闭母版视图”按钮，退出母版视图。

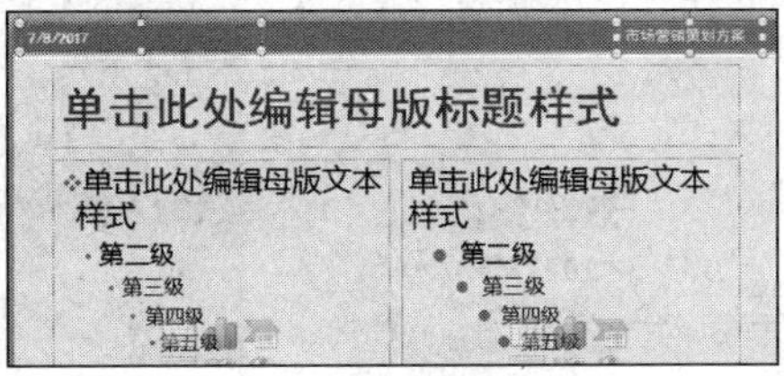

图 10-16

10.2　设置幻灯片动画

动画效果是指放映幻灯片时的一系列动作，主要包括幻灯片切换动画、幻灯片对象动画两部分。PowerPoint 为幻灯片切换、幻灯片对象提供了多种预设的动画方案。

10.2.1　应用幻灯片切换方案

幻灯片切换方案是 PowerPoint 为幻灯片从一张切换到另一张时提供的多种多样的动态视觉显示方式，使得幻灯片在播放时更加生动、活泼。下面介绍为幻灯片添加“轨道”切换效果，并将其换片方式设置为“3”秒后自动播放的具体操作。

应用幻灯片切换方案

STEP 1 在【切换】/【切换到此幻灯片】组中单击“切换方案”按钮，在弹出的下拉列表中选择“动态内容”栏中的“轨道”选项，如图 10-17 所示。

STEP 2 在【切换】/【计时】组中的“换片方式”栏中撤销选中“单击鼠标时”复选框，单击选中“设置自动换片时间”复选框，并利用微调按钮，将数值框中的数值参数设置为“00:03.00”，如图 10-18 所示。

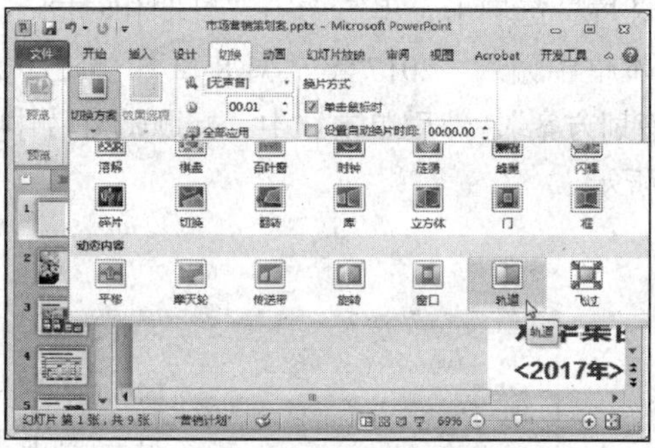

图 10-17

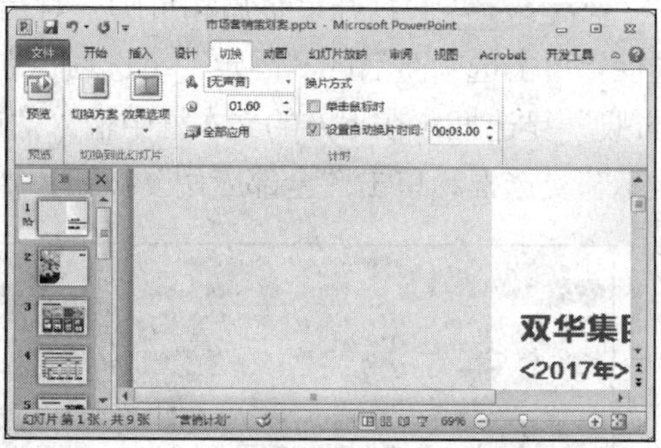

图 10-18

STEP 3 在【切换】/【切换到此幻灯片】组中单击“效果选项”按钮，在弹出的下拉列表中选择“自底部”选项，如图 10-19 所示。在【切换】/【计时】组中单击“全部应用”按钮，为所有幻灯片设置相同的切换效果。

STEP 4 此时幻灯片将自动播放设置的效果，查看文字从幻灯片的底部进入幻灯片的切换效果，如图 10-20 所示。

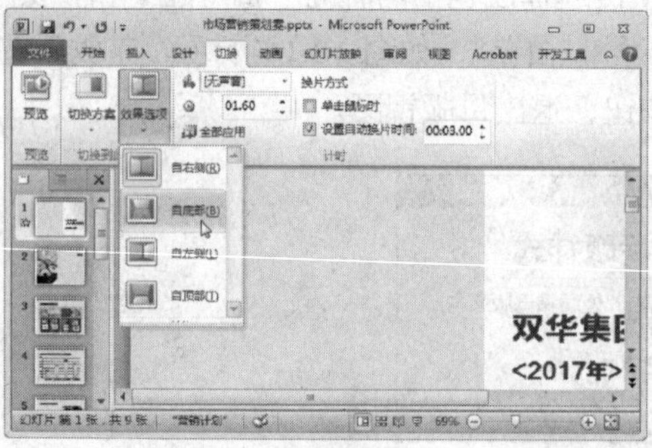

图 10-19

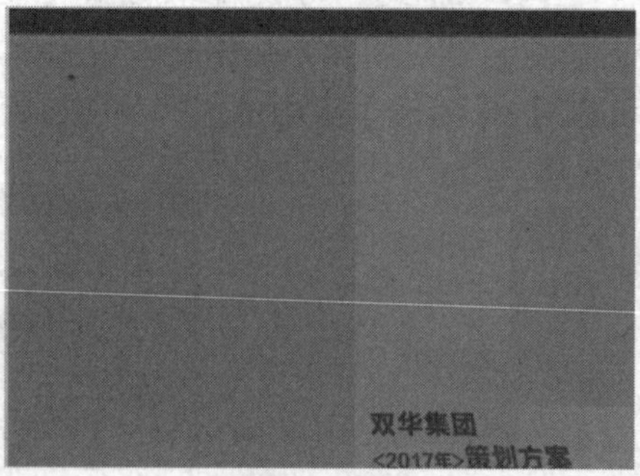

图 10-20

10.2.2 为幻灯片对象添加动画效果

幻灯片切换方案效果是对整张幻灯片的进入和离开方式进行设置后的效果，除此之外，用户也可以对幻灯片中的各个对象设置动画效果（即对象进入和退出屏幕时的动态效果）。

1. 快速为对象添加动画效果

PowerPoint 提供了几种常用的幻灯片对象动画效果，在幻灯片中选择对象后，再选择预设的动画即可为该对象快速设置动画效果。下面介绍快速添加动画的具体操作。

快速为对象添加动画效果

STEP 1 选择第 2 张幻灯片中的 SmartArt 图形，在【动画】/【高级动画】组中单击“添加动画”按钮，在弹出的下拉列表中的“进入”栏中选择“浮入”选项，如图 10-21 所示。

STEP 2 在 SmartArt 图形的左上角出现“1”字样的符号，表示添加动画的播放顺序在第一位，单击【动画】/【预览】组中的【动画】/【预览】下拉按钮可预览设置的动画效果，如图 10-22 所示。使用相同方法为第 5 张幻灯片中的文本框依次添加“浮入”动画效果。

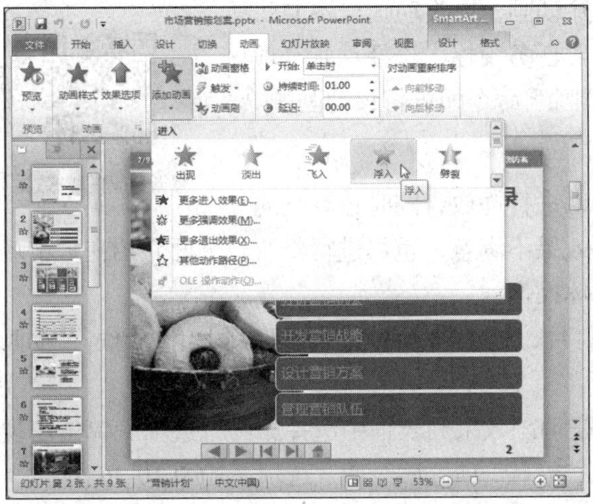

图 10-21

图 10-22

2. 自定义动画

在“动画样式”下拉列表框中的动画只有几种样式，可以通过自定义动画来制作出更丰富多样的动画效果。下面在介绍在演示文稿中自定义动画的具体操作。

自定义动画

STEP 1 选择第 8 张幻灯片，选择其中的图片对象，在【动画】/【高级动画】组中单击“添加动画”按钮，再在弹出的下拉列表中选择“更多进入效果”选项，如图 10-23 所示。

STEP 2 在打开的“添加进入效果”对话框的“基本型”栏中选择“百叶窗”选项，单击“确定”按钮即可为图片添加动画效果，如图 10-24 所示。

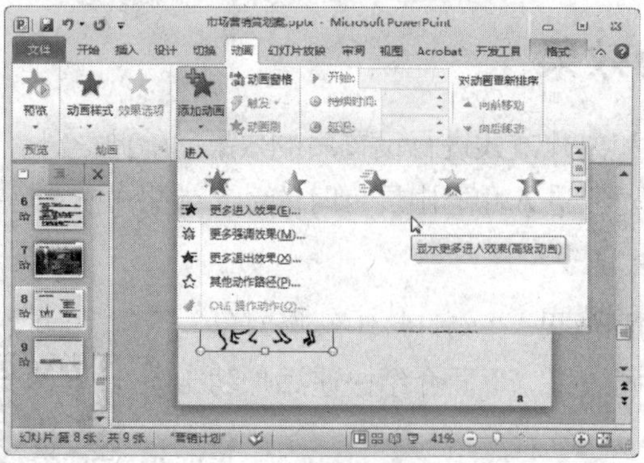

图 10-23

图 10-24

10.2.3 设置幻灯片动画效果

为对象添加动画效果后，这些动画并不是一成不变的，用户还可以根据需要对这些动画进行编辑，如更改动画的类别、删除动画、设置动画播放顺序等。

1. 更改与删除动画

若添加的动画效果不理想，可选择更改或删除动画，更改动画与添加动画的操作相同。删除动画的方法为：在“动画窗格”任务窗格中选择动画选项，然后单击鼠标右键，在弹出的下拉菜单中选择“删除”命令即可将该动画删除。

修改动画播放效果

2. 修改动画播放效果

默认添加的动画会在播放完上一个动画后自动进行播放，同时该动画的播放速度也是固定的，如用户对这些默认的动画效果不满意，也可进行修改。下面介绍在“市场营销策划案”演示文稿中修改动画播放效果的具体操作。

STEP 1 在幻灯片窗格中选择第 5 张幻灯片，在【动画】/【高级动画】组中单击“动画窗格”按钮，如图 10-25 所示。

STEP 2 打开“动画窗格”任务窗格，在动画效果列表框中选择第一个选项。单击出现的“下拉”按钮，在弹出的下拉列表框中选择“从上一项之后开始”选项，如图 10-26 所示。

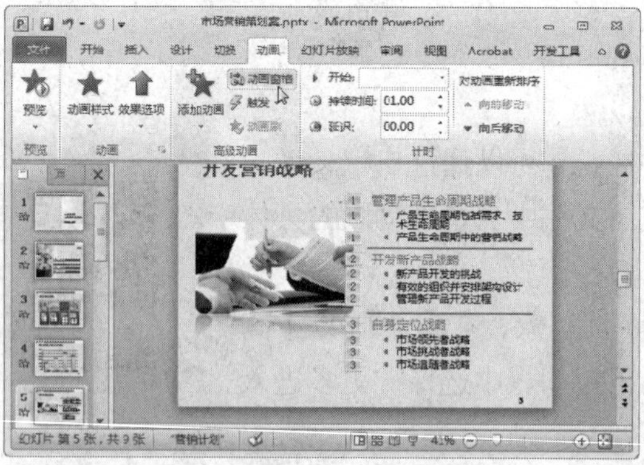

图 10-25

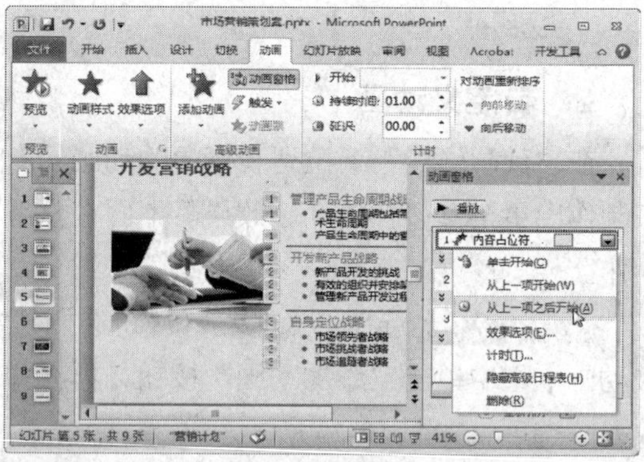

图 10-26

STEP 3 在动画窗格中的第 2 个选项上单击鼠标右键，在弹出的快捷菜单中选择“效果选项”命令，如图 10-27 所示。

STEP 4 在打开的“上浮”对话框中单击“计时”选项卡。在“期间”下拉列表框中选择“中速（2 秒）”选项。单击“触发器”按钮展开相关选项，单击选中“单击下列对象时启动效果”单选项，在其后的下拉列表框中选择“内容占位符 10：管理产品生命周期战略”选项，即需要单击“管理产品生命周期战略”文本框才显示下面的文本框的动画效果，如图 10-28 所示。使用相同方法，为“自身定位战略”文本动画设置“内容占位符 9：开发新产品战略”的触发器。

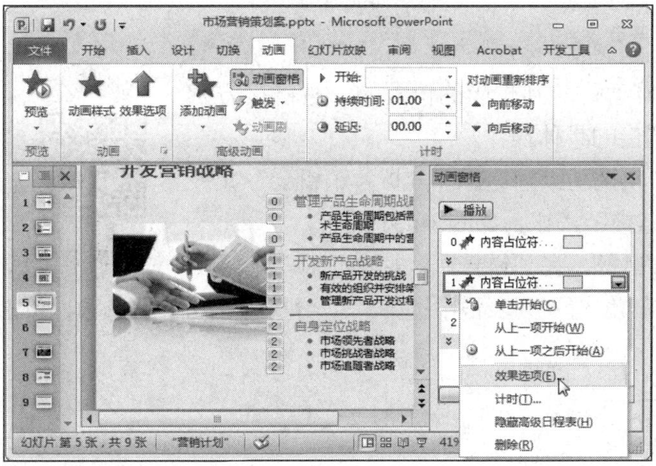

图 10-27

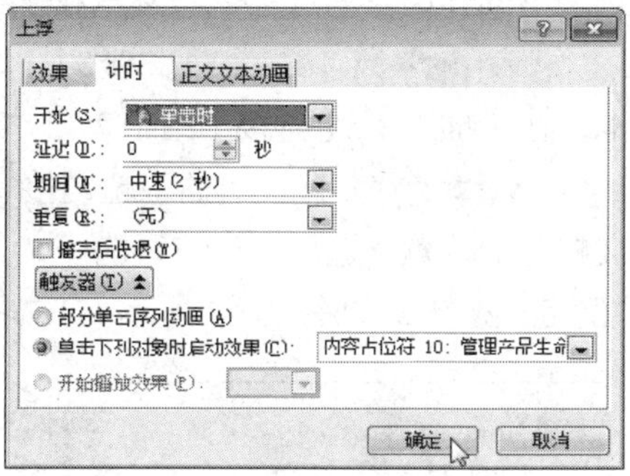

图 10-28

3. 设置动画播放顺序

制作出满意的动画效果，可能需要不断地查看动画之间的衔接效果是否合理，如设置的播放顺序效果不理想，应及时进行调整。由于动画效果列表中各选项排列的先后顺序就是动画播放的先后顺序，因此要修改动画的播放顺序，应通过调整动画效果列表中各选项的位置来完成。下面介绍在演示文稿中更改动画播放顺序的具体操作。

设置动画播放顺序

STEP 1 选择第 5 张幻灯片，使用上述方法为幻灯片左侧的图片添加“浮入”动画效果，在动画窗格中选择为图片创建的动画效果，如图 10-29 所示。

STEP 2 单击窗格下方“重新排序”栏中的“下移”按钮，将它的播放顺序下移一位，直到移动到窗格的最下面，即将该动画的播放顺序设置为最后，如图 10-30 所示。

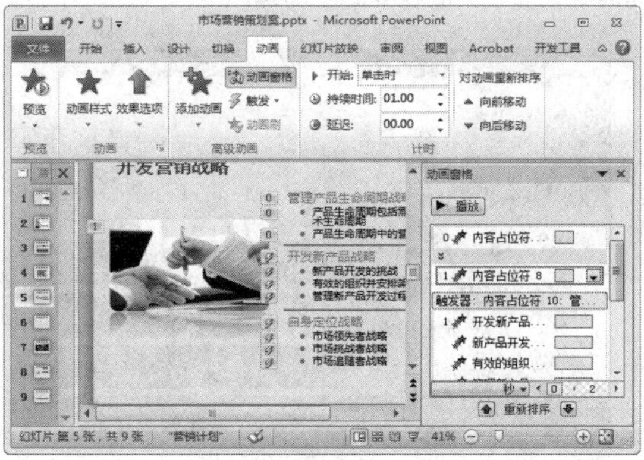

图 10-29

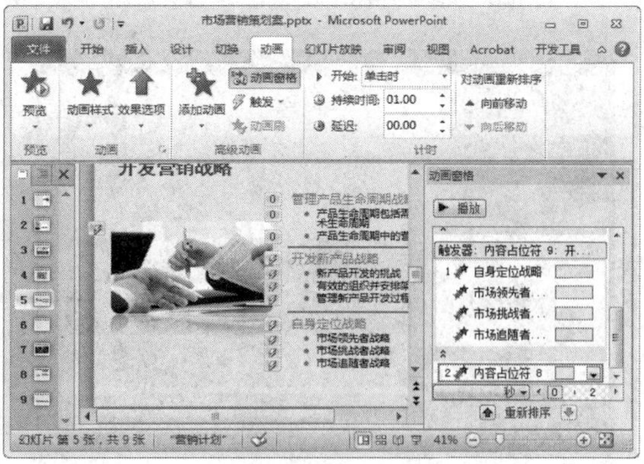

图 10-30

10.3 制作交互式幻灯片

在 PowerPoint 中可以创建多种交互式的幻灯片，如在幻灯片中为文本添加超链接，单击该链接即可自动跳转到相应的幻灯片中；在幻灯片中也可以创建动作按钮，可以通过各个动作按钮链接各张幻灯片。在单击鼠标或鼠标光标移过时就可以切换到下一张幻灯片。

10.3.1 添加超链接

超链接是一种通过单击链接文本而自动跳转到相应的位置的一种链接方式。下面介绍在幻灯片中为文本设置超链接的具体操作。

添加超链接

STEP 1 切换至第 2 张幻灯片后，拖动鼠标选择“分析营销机会”文本，在【插入】/【链接】组中单击“超链接”按钮，如图 10-31 所示。

STEP 2 打开“插入超链接”对话框，在“链接到”栏中选择“本文档中的位置”选项，在“请选择文档中的位置”列表框中选择“3. 分析营销机会”选项，单击“确定”按钮，如图 10-32 所示。

图 10-31

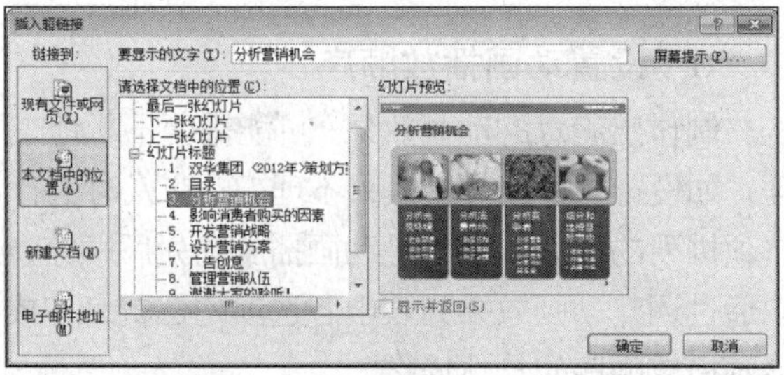

图 10-32

STEP 3 按【Shift+F5】组合键放映当前幻灯片，然后将鼠标光标定位在包含超链接的文本上，当其变为手形状时，单击鼠标便可快速跳转至链接的幻灯片，效果如图 10-33 所示。

STEP 4 使用相同的方法，分别选择幻灯片中的“开放营销战略”“设计营销方案”和“管理营销队伍”文本添加超链接，并链接到文本对应的幻灯片，如图 10-34 所示。

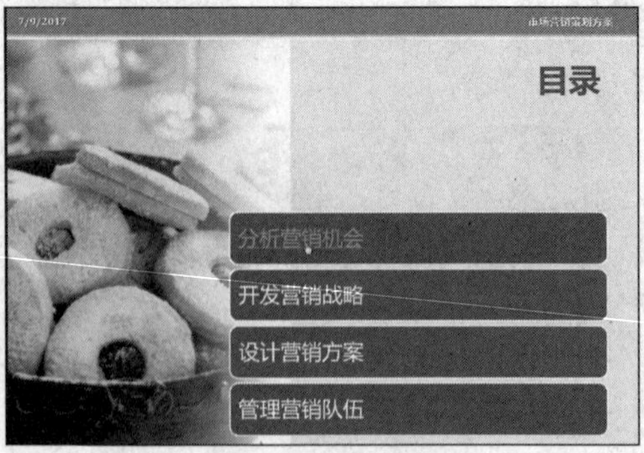

图 10-33

图 10-34

10.3.2 创建动作按钮

在幻灯片中创建动作按钮，可以通过各个动作按钮链接各幻灯片，在单击鼠标或鼠标光标移过时就可以切换到相应的幻灯片。下面介绍在演示文稿中创建动作按钮的具体操作。

创建动作按钮

STEP 1 在【视图】/【母版视图】组中单击“幻灯片母版”按钮，进入幻灯片母版视图，选择第 1 张幻灯片，在【插入】/【插图】组中单击“形状”按钮，在弹出的下拉列表中选择“动作按钮”栏中第一个选项，如图 10-35 所示。

STEP 2 将鼠标光标移动到幻灯片的左下角，并拖动鼠标绘制一个“后退或前一项”动作按钮，如图 10-36 所示。

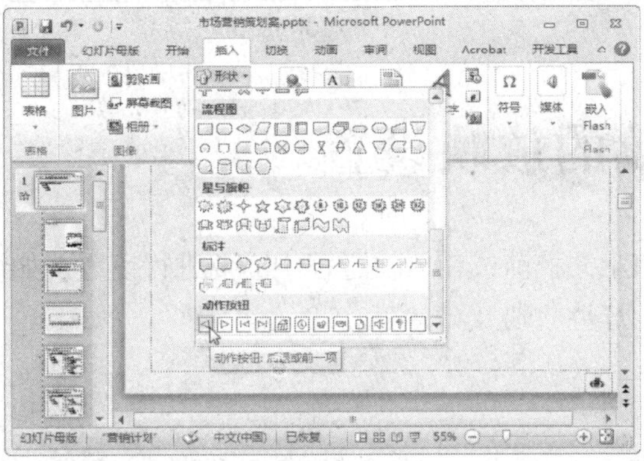

图 10-35

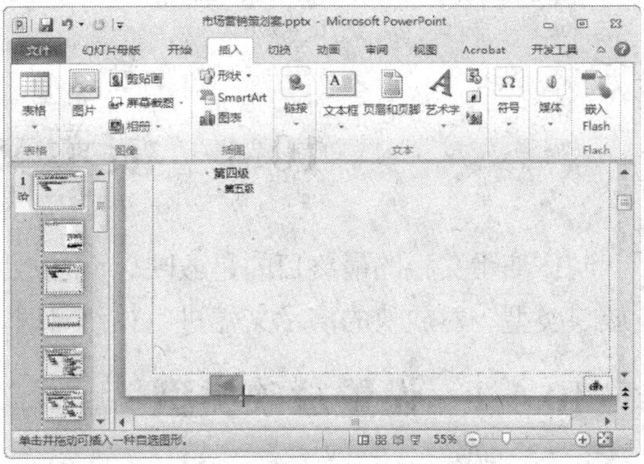

图 10-36

STEP 3 释放鼠标后将自动打开“动作设置”对话框，在其中保持默认设置，单击“确定”按钮，如图 10-37 所示。

STEP 4 返回幻灯片中，选择绘制的动作按钮，在【绘图工具 格式】/【形状样式】组的列表框中选择“细微效果-青绿，强调颜色 1”选项，为形状添加样式，如图 10-38 所示。

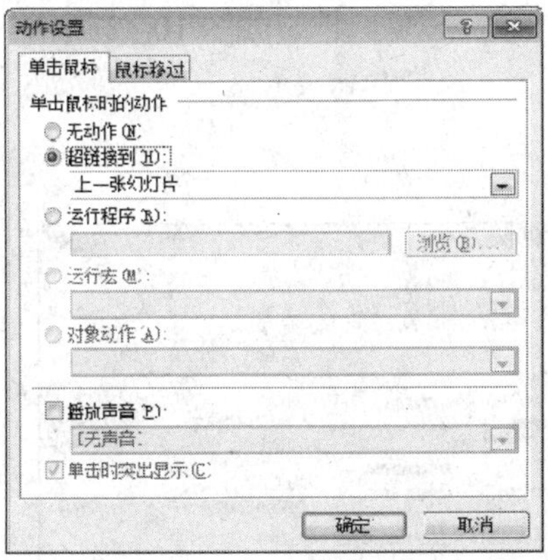

图 10-37

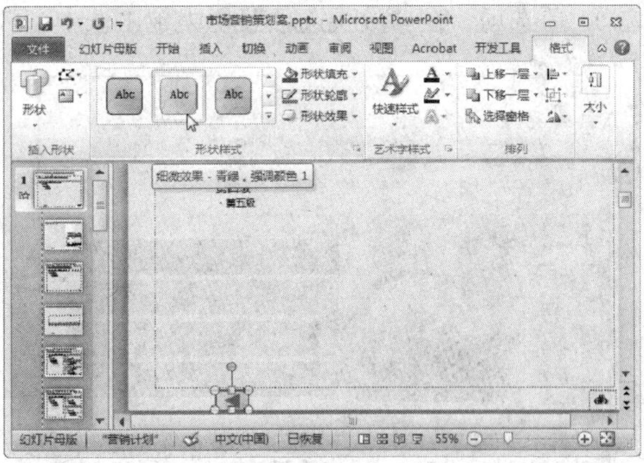

图 10-38

STEP 5 用相同的方法在幻灯片的左下角绘制“前进或下一项”“开始”“结束”和“第一张”动作按钮，并设置链接和外观样式，如图 10-39 所示。

STEP 6 退出母版视图，按【F5】键浏览幻灯片的放映，单击其中的各个动作按钮可进行向前翻页、向后翻页等切换操作，如图 10-40 所示。

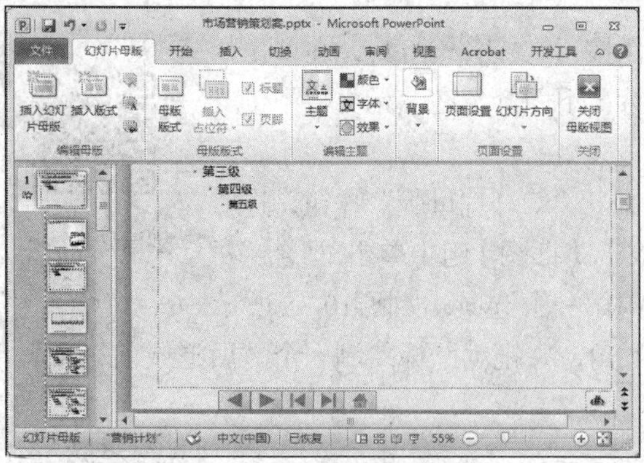

图 10-39

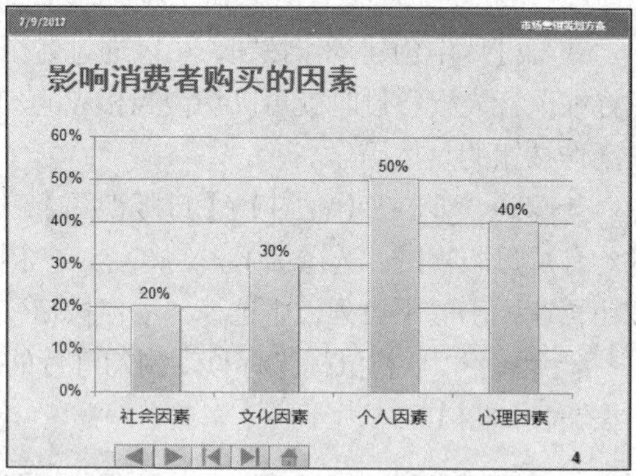

图 10-40

10.4　演示文稿的放映设置

制作演示文稿的最终目的是放映，而在放映演示文稿前或在放映过程中需要进行设置，如设置放映类型、对放映的演示文稿进行排练计时、幻灯片放映及打包等。

10.4.1　设置放映类型

幻灯片放映类型包括演讲者放映（全屏幕）、观众自行浏览（窗口）和在展台浏览（全屏幕）等 3 种方式，它们分别适合在不同的场合下使用。下面介绍在演示文稿设置放映类型的具体操作。

设置放映类型

STEP 1 在演示文稿中的【幻灯片放映】/【设置】组中单击“设置幻灯片放映”按钮，如图 10-41 所示。

STEP 2 打开“设置放映方式”对话框，在“放映类型”栏中单击选中“演讲者放映（全屏幕）”单选项，在“放映选项”栏中单击选中“放映时不加旁白”复选框，如图 10-42 所示。

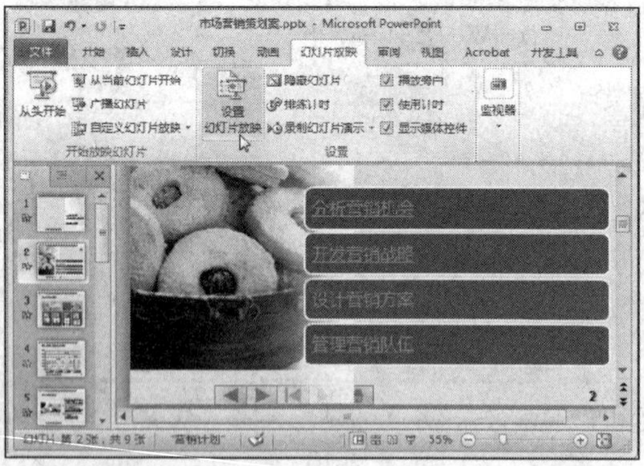

图 10-41

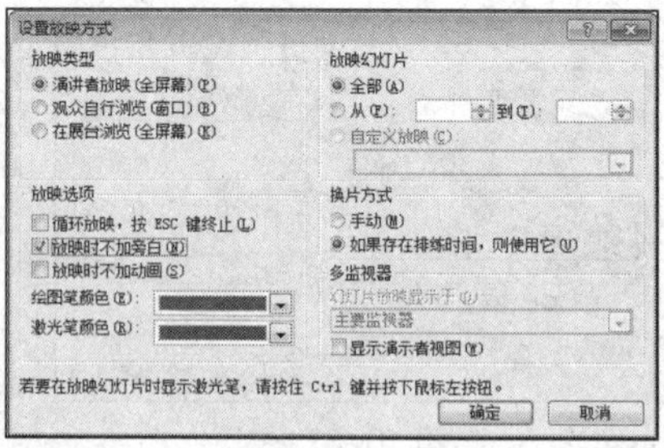

图 10-42

STEP 3 在“换片方式”栏中单击选中“手动”单选项，单击“确定”按钮，如图 10-43 所示。

STEP 4 完成了放映方式的设置后，按【F5】键播放幻灯片，观看设置放映方式后的效果，如图 10-44 所示。

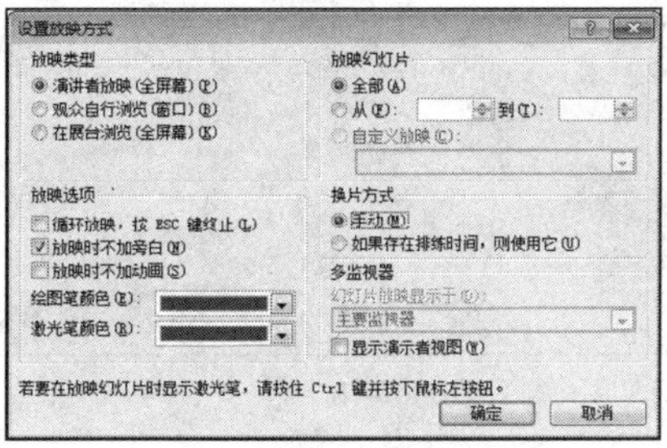

图 10–43

图 10–44

10.4.2 设置排练计时

使用排练计时可以为每一张幻灯片中的对象设置具体放映时间，开始放映演示文稿时，就可按设置好的时间和顺序进行放映，而无需用户手动操作，从而实现演示文稿的自动放映。下面介绍在演示文稿中设置排练计时的具体操作。

设置排练计时

STEP 1 在【幻灯片放映】/【设置】组中单击“排练计时”按钮，如图 10-45 所示。

STEP 2 进入放映排练状态，幻灯片将全屏放映，同时打开“录制”工具栏并自动为该幻灯片计时，此时可单击鼠标左键或按【Enter】键放映下一个对象，如图 10-46 所示。

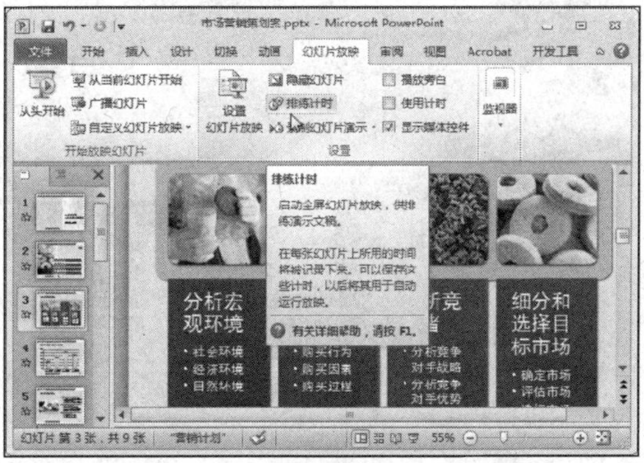

图 10–45

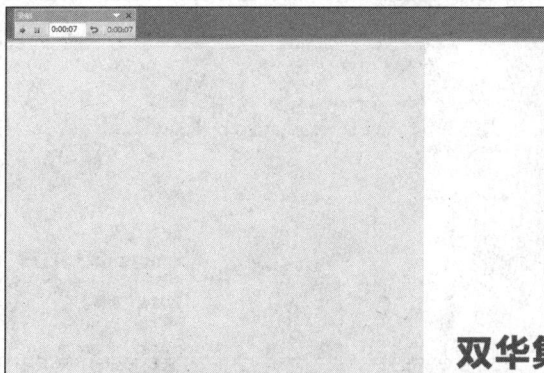

图 10–46

STEP 3 单击鼠标左键或单击“录制”栏中的“下一项”按钮切换到第 2 张幻灯片后，“录制”栏中的时间又将从头开始为该张幻灯片的放映进行计时，如图 10-47 所示。

STEP 4 按照同样的方法对演示文稿中的每张幻灯片放映时间进行计时，放映完毕后将打开提示对话框，提示总共的排练计时时间，并询问是否保留幻灯片的排练时间，单击“是”按钮进行保存，PowerPoint 自动切换到“幻灯片浏览”视图中，并在每张幻灯片的左下角显示放映该张幻灯片所需的时间，如图 10-48 所示。

图 10-47

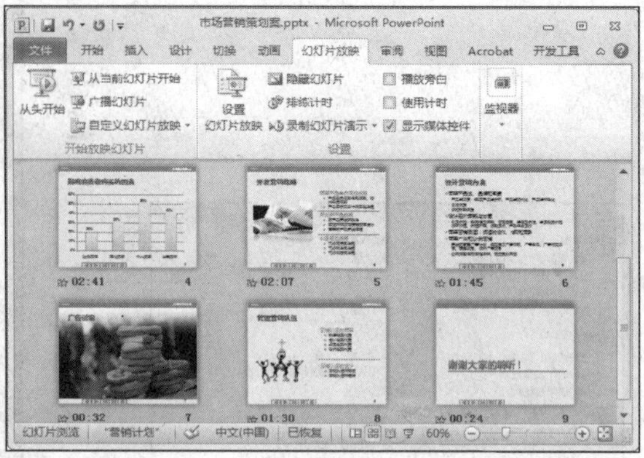

图 10-48

10.4.3 幻灯片放映及打包

演示文稿制作完成以后，就可以进行放映，如果需要在其他还算机上进行放映，可以将制作的演示文稿打包，这样可以内嵌字体等，就不会出现因其他计算机上缺少字体而跳版等现象。打包演示文稿分为将演示文稿压缩到 CD 或文件夹两种，其中压缩到 CD 要求计算机中配置有刻录光驱，而打包成文件夹没有这项要求。下面介绍对演示文稿进行放映和打包的具体操作。

幻灯片放映及打包

STEP 1 在【幻灯片放映】/【开始放映幻灯片】组中单击“从头开始”按钮，开始放映幻灯片，如图 10-49 所示。

STEP 2 在放映幻灯片过程中可以单击鼠标右键，在弹出的快捷菜单中选择“指针选项”命令，在弹出的子菜单中选择“笔”命令，如图 10-50 所示。

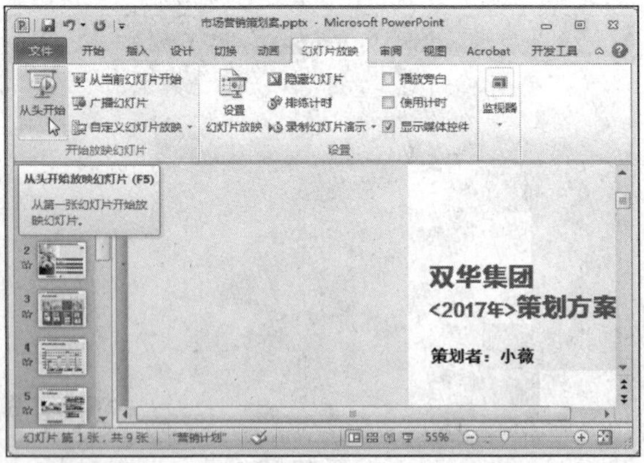

图 10-49

图 10-50

STEP 3 移动光标到幻灯片的文本处，拖动鼠标，在该文本上绘制一个圆圈，讲解幻灯片时可以通过该方式对文本进行阐述，如图 10-51 所示。

STEP 4 在幻灯片下方单击动作按钮中的“前进/下一项”按钮▶，可以切换到下一个动画或下一张幻灯片，如图 10-52 所示。

图 10-51

图 10-52

STEP 5 选择【文件】/【保存并发送】/【将演示文稿打包成 CD】菜单命令，然后单击右侧的“打包成 CD”按钮，如图 10-53 所示。

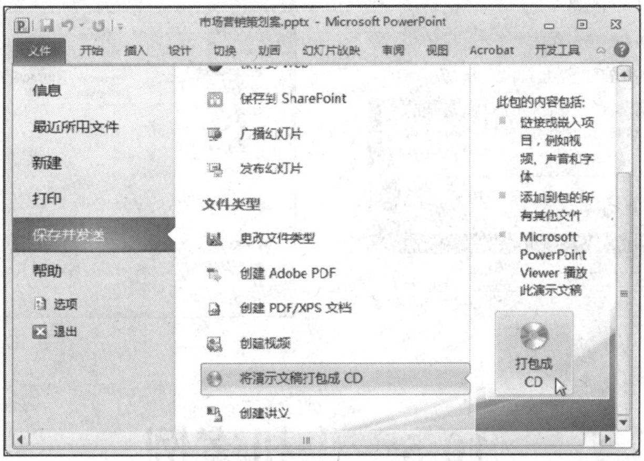

图 10-53

STEP 6 打开“打包成 CD”对话框，单击“复制到文件夹”按钮，打开“复制到文件夹”对话框，在“文件夹名称”文本框中输入“市场营销策划案”文本，在“位置”文本框中设置文件保存位置，其他保持默认设置，单击“确定”按钮，如图 10-54 所示。

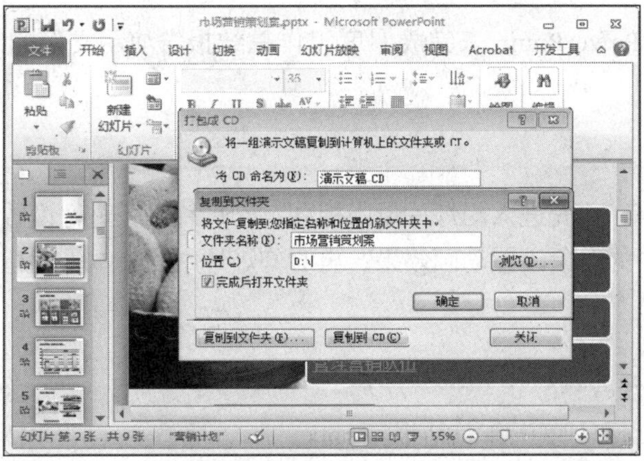

图 10-54

STEP 7 打开对话框看到提示是否一起打包链接文件，单击“是”按钮，如图 10-55 所示。

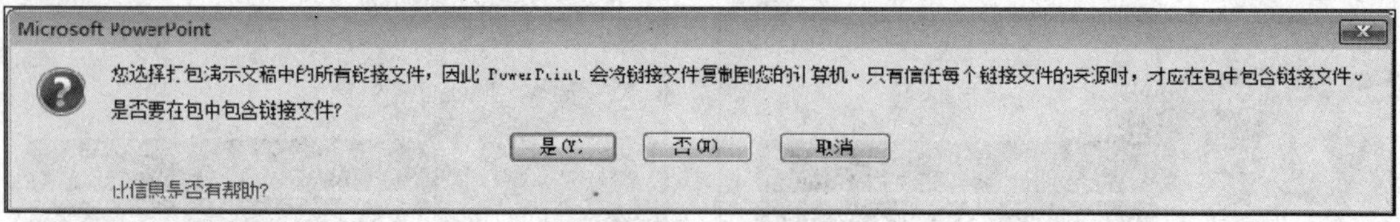

图 10-55

STEP 8 系统开始自动打包演示文稿，完成后返回“打包成 CD”对话框，单击“关闭”按钮，如图 10-56 所示。

STEP 9 打包后将自动打开“市场营销策划案”文件夹（资源包/效果/第 10 章/市场营销策划案.pptx），如图 10-57 所示。

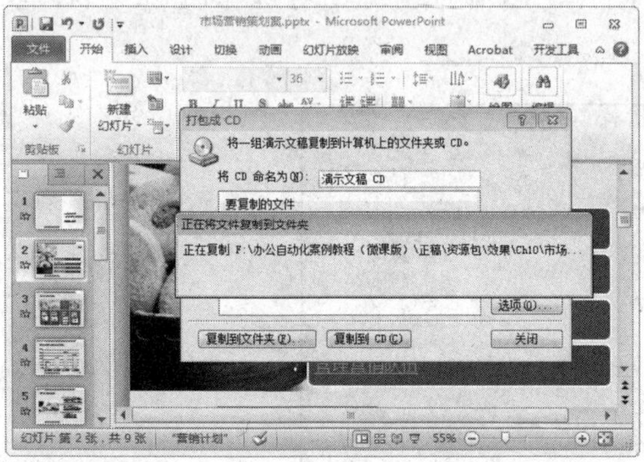

图 10-56

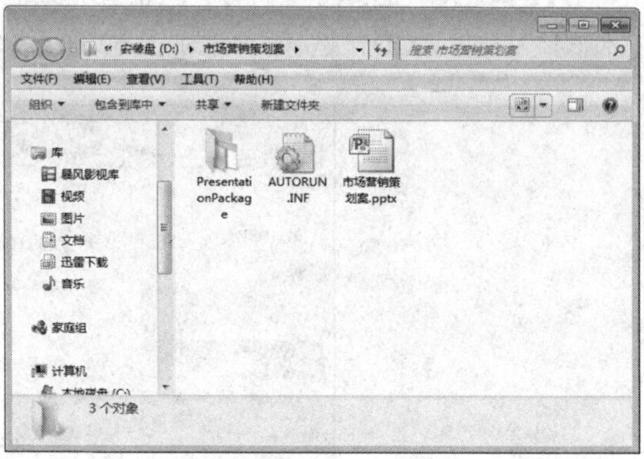

图 10-57

10.5 上机案例

10.5.1 制作月度总结报告演示文稿

案例目标

本案例主要使用 PowerPoint 来完成月度工作总结报告演示文稿的制作。效果如图 10-58 所示。

操作思路

打开素材演示文稿，首先进入幻灯片母版视图对幻灯片母版进行设置，然后设置幻灯片的切换方案，并对幻灯片中的对象设置动画效果，再对幻灯片中的文本设置超链接，最后对幻灯片进行排练计时。

效果所在位置

资源包/效果/第 10 章/月度工作总结报告.pptx。

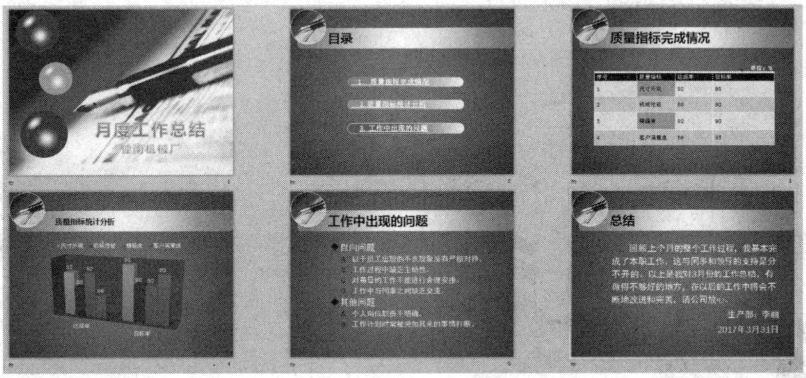

制作月度总结
报告演示文稿

图 10-58

步骤提示

STEP 1 打开“月度工作总结报告”演示文稿（资源包/素材/第 10 章/月度工作总结报告.pptx），在【视图】/【母版视图】组中单击“幻灯片母版”按钮，进入幻灯片母版视图，选择第 1 张幻灯片，将标题占位符中的文本格式设置为“微软雅黑，40，加粗，黑色”，将下面正文占位符中的格式设置为“黑体，20”，标题文本的字号为“28”，正文字号为“20”，并为其设置项目符号，如图 10-59 所示。

STEP 2 在【切换】/【切换到此幻灯片】组中单击“切换方案”按钮，在弹出的下拉菜单中选择“细微型”栏中的“擦除”选项，然后单击“全部应用”按钮，为幻灯片设置切换方案，如图 10-60 所示。

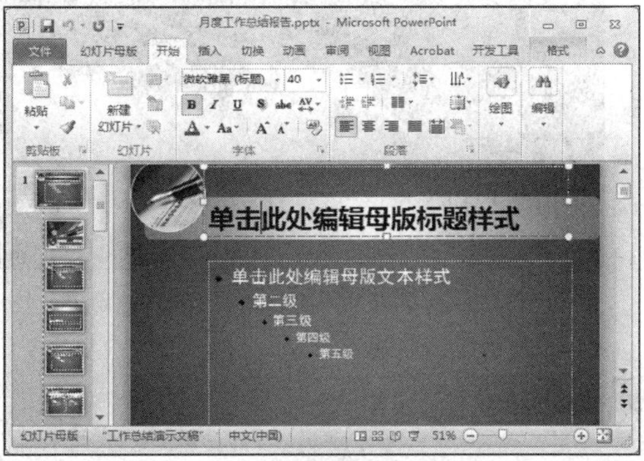

图 10-59

图 10-60

STEP 3 退出母版，选择第 1 张幻灯片中的“月度工作总结”文本，在【动画】/【高级动画】组中单击“添加动画”按钮，在弹出的下拉列表中选择“飞入”选项，为其设置动画效果，用同样的方法为其他幻灯片中的对象设置动画效果，如图 10-61 所示。

STEP 4 打开“动画窗格”任务窗格，在动画选项上单击鼠标右键，在弹出的快捷菜单中选择“效果选项”命令，在打开的对话框中对动画进行设置，如图 10-62 所示。

STEP 5 切换至第 2 张幻灯片后，拖动鼠标选择“1.质量指标完成情况”文本，单击【插入】/【链接】组中的“超链接”按钮，打开“插入超链接”对话框，在“链接到”栏中选择“本文档中的位置”选项，在“请选择文档中的位置”列表框中选择“3. 质量指标完成情况”选项，单击“确定”按钮，为文本添加超链接，如图 10-63 所示。用同样的方法为其他文本添加超链接。

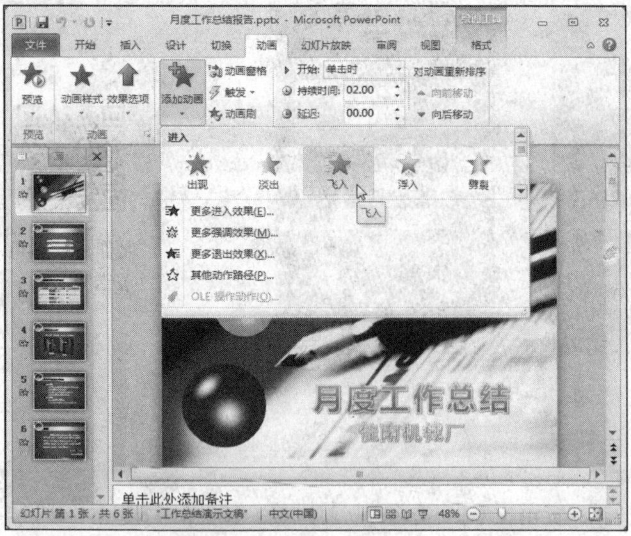

图 10-61

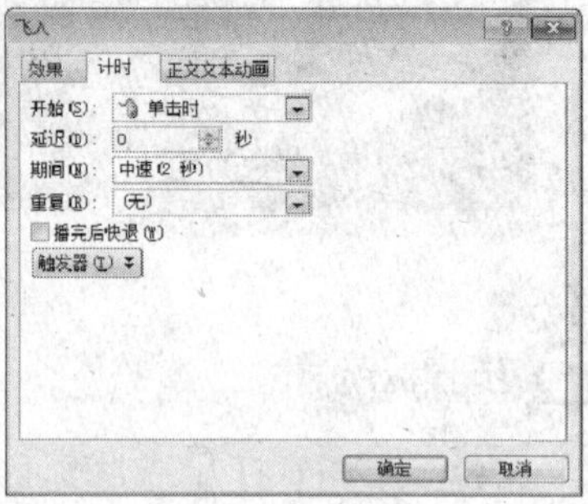

图 10-62

STEP 6 在【幻灯片放映】/【设置】组中单击“排练计时”按钮，对幻灯片进行排练计时操作，如图 10-64 所示。

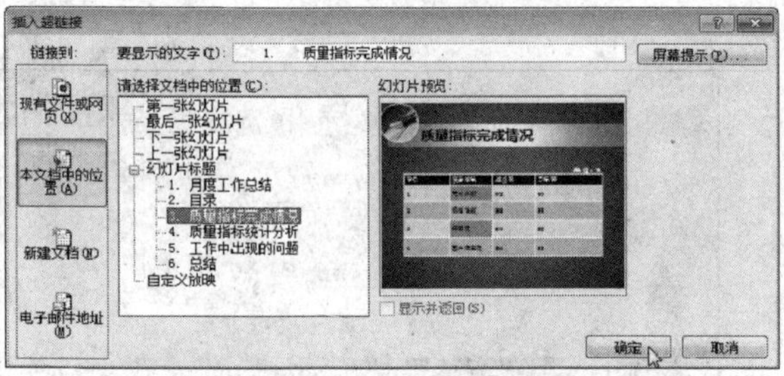

图 10-63

图 10-64

10.5.2　制作实习工作总结报告演示文稿

案例目标

本案例主要使用 PowerPoint 来完成实习工作总结报告演示文稿的制作。效果如图 10-65 所示。

操作思路

在 PowerPoint 中利用提供的素材文件，新建幻灯片，然后在幻灯片中输入标题和正文文本，并设置字体和段落格式，插入图片、SmartArt 图形和表格，并设置相应的格式。

效果所在位置

资源包/效果/第 10 章/实习工作总结报告.pptx。

图 10–65

制作实习工作总结报告演示文稿

步骤提示

STEP 1 打开“实习工作总结报告”演示文稿（资源包/素材/第 10 章/实习工作总结报告.pptx），在【视图】/【母版视图】组中单击“幻灯片母版”按钮，进入幻灯片母版视图，选择第 1 张幻灯片，将标题占位符中的文本格式设置为“微软雅黑，44，白色”，将下面正文占位符中的文本格式设置为“黑体，黑色”，设置标题文本的字号为“32”，如图 10-66 所示。

STEP 2 在【切换】/【切换到此幻灯片】组中单击“切换方案”按钮，在弹出的下拉菜单中选择“动态内容”栏中的“窗口”选项，然后单击“全部应用”按钮，为幻灯片设置切换方案，如图 10-67 所示。

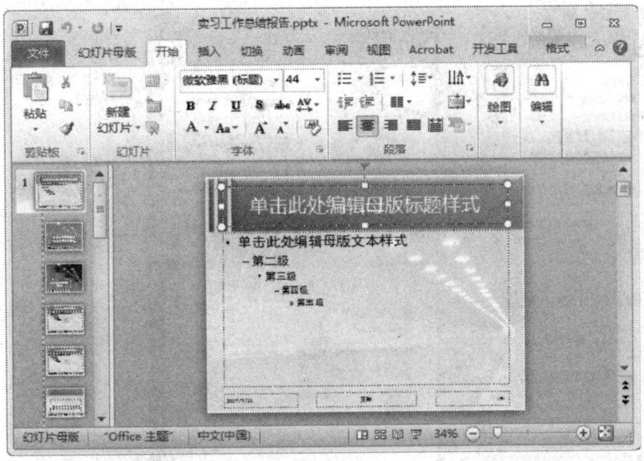

图 10–66

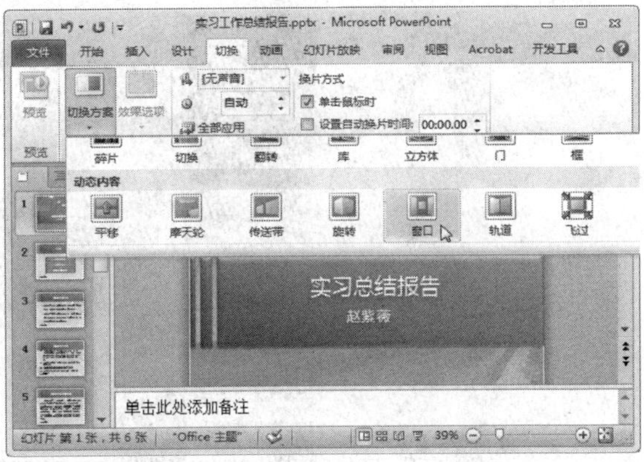

图 10–67

STEP 3 退出幻灯片母版，选择第 1 张幻灯片中的“实习总结报告”文本，在【动画】/【高级动画】组中单击“添加动画”按钮，在弹出的下拉列表中选择“放大/缩小”选项，为其设置动画效果，用同样的方法为其他幻灯片中的对象设置动画效果，如图 10-68 所示。

STEP 4 选择【文件】/【保存并发送】/【将演示文稿打包成 CD】菜单命令，然后单击右侧的“打包成 CD”按钮，在打开的对话框中设置打包演示文稿，如图 10-69 所示。

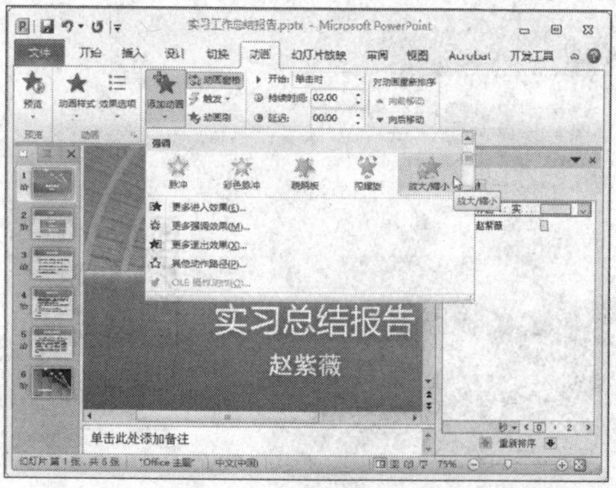

图 10-68

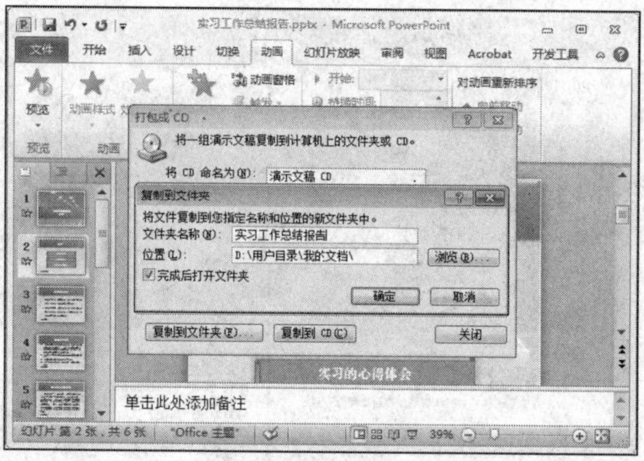

图 10-69

10.6　课后习题

10.6.1　制作岗位职责说明书演示文稿

练习知识要点

本练习主要是使用 PowerPoint 的母版、幻灯片切换、幻灯片动画等功能来完成岗位职责说明书演示文稿的制作。效果如图 10-70 所示。

效果所在位置

资源包/效果/第 10 章/岗位职责说明书.pptx。

图 10-70

10.6.2　制作绩效管理手册演示文稿

练习知识要点

本练习主要是使用 PowerPoint 的母版、幻灯片切换、幻灯片动画等功能来完成绩效管理手册演示文稿的制作。效果如图 10-71 所示。

效果所在位置

资源包/效果/第 10 章/绩效管理手册.pptx。

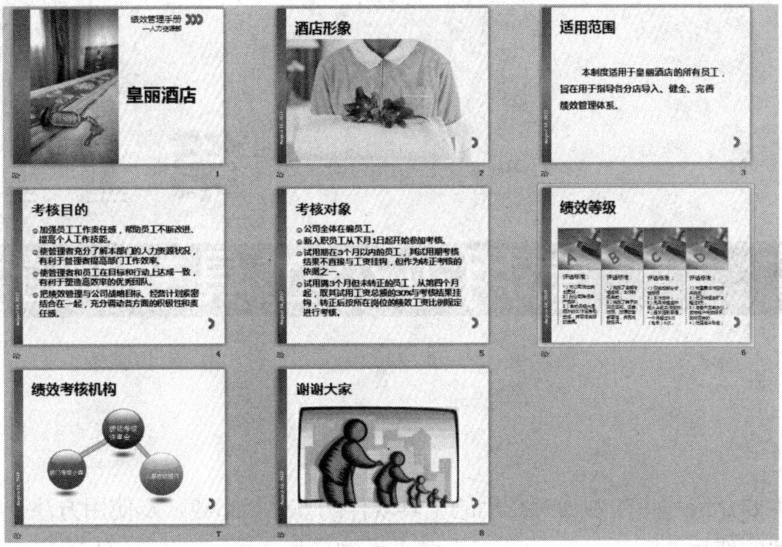

图 10–71

第 11 章 常用办公工具软件的使用

本章主要介绍一些在办公时常用的工具软件的安装、卸载以及使用方法，如 WinRAR 解压缩软件的使用、图片处理软件光影魔术手的使用、PDF 编辑软件 Adobe Acrobat 的使用等。

课堂学习目标

◎ 工具软件的安装和卸载
◎ 文件解压缩软件的使用
◎ 图片处理软件的使用
◎ PDF 编辑软件 Adobe Acrobat 的使用

11.1 工具软件的安装和卸载

办公自动化需要通过计算机系统中的一系列软件辅助完成，由于系统自带的软件功能有限，在办公中要达到更多的目的，就需要在系统中安装其他实用的软件。所以，作为办公人员需要掌握常用工具软件的安装与卸载操作。

11.1.1 获取工具软件的安装程序

选择需要安装的软件后，在安装前必须先获取该软件的安装程序，安装程序的后缀名一般为.exe。获取软件的方法通常有以下 3 种。

◎ 购买：一般在软件经销商处可以购买到软件的安装光盘。需要注意的是，千万不要购买盗版软件，因为盗版软件不仅得不到软件商的技术支持，还可能存在危害计算机安全的病毒程序等。

◎ 网上下载：对于一些共享软件或免费软件，很多网站上都提供了下载链接，可根据需要进行下载。但在下载时要小心网络病毒，知名度较高的网站在安全性方面会更有保障。

◎ 赠送：购买软件或计算机方面的书籍时会赠送一些经授权许可的共享软件，或作者自行开发的软件。

提示　一些软件有自己的“身份证”，即安装序列号或注册码，常用于在安装时输入以继续安装，或在安装后输入以激活软件。大部分软件都将安装序列号印刷在光盘包装盒上，用户可在包装盒上直接获取安装序列号。一些共享软件可通过网站或手机注册的方法获得安装序列号或注册码。免费软件则不需要注册码，直接安装即可。

11.1.2　安装工具软件

安装工具软件

在计算机中安装不同软件的方法基本相似，由于安装过程智能化，用户只需根据软件的安装提示进行操作即可。但是有的软件在安装时，需要输入安装序列号或注册码。下面介绍在计算机中安装“迅雷”软件的一般方法。

STEP 1 打开“迅雷”安装程序的保存位置，双击程序图标启动安装程序，如图 11-1 所示。

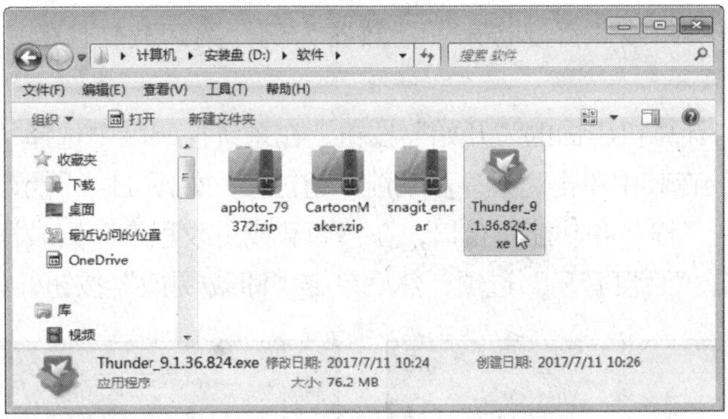

图 11-1

STEP 2 在打开的安装界面中的左下角设置程序的安装位置，然后单击“开始安装”按钮，如图 11-2 所示。

图 11-2

STEP 3 开始安装软件，并在界面的右下角显示安装进度，如图 11-3 所示。

STEP 4 安装完成后，将自动启动“迅雷”软件，并打开其操作界面，如图 11-4 所示。在桌面上双击“迅雷”图标也可以启动该软件。

图 11-3

图 11-4

11.1.3 卸载工具软件

计算机系统中的软件并不是越多越好，在办公中为了节省系统资源，可以将无法正常使用或不经常使用的软件从计算机中卸载。卸载软件主要通过控制面板进行，下面以卸载“百度音乐”播放器为例介绍卸载软件的一般方法。

卸载工具软件

STEP 1 单击计算机桌面的“开始”按钮，在系统控制区中选择“控制面板”选项，打开“控制面板”窗口，在其中单击“程序和功能”超链接，如图 11-5 所示。

STEP 2 打开“程序和功能”窗口，在“卸载或更改程序”列表框中可查看在计算机中安装的软件，这里选择“百度音乐”选项，然后单击“卸载/更改”按钮，如图 11-6 所示。

图 11-5

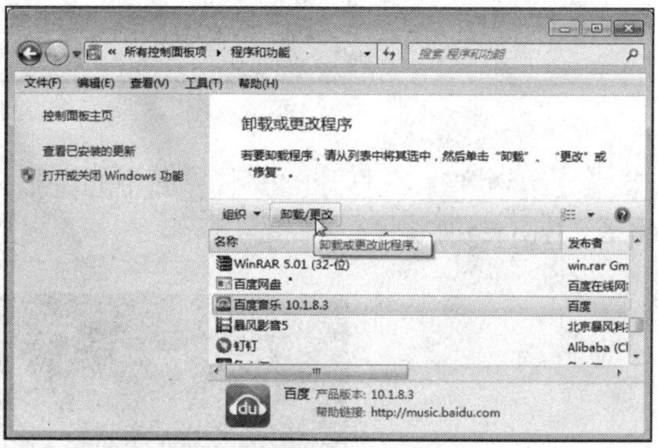

图 11-6

STEP 3 打开“百度音乐”卸载对话框，在其中设置需要保留的选项，然后单击“开始卸载”按钮确认卸载，如图 11-7 所示。

STEP 4 开始卸载软件，并显示卸载进度，如图 11-8 所示。卸载完成后，打开提示对话框提示软件被卸载，单击“完成”按钮即可。

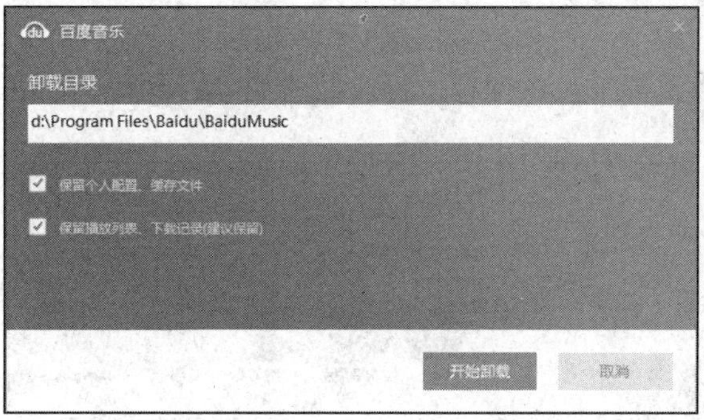

图 11-7

图 11-8

11.2　文件解压缩软件的使用

压缩是将计算机中一些占用硬盘空间较大的文件通过特殊的编码方式缩小的操作，而将这些压缩的文件还原成最初大小的操作则称为解压。常用的压缩解压软件主要为 WinRAR，下面介绍使用 WinRAR 压缩与解压文件的具体操作方法。

11.2.1　使用 WinRAR 压缩文件

使用 WinRAR 压缩文件

有的文件占用的磁盘空间过大，当用户需要在网络中传输某些大文件时，可先将文件进行压缩，减小文件大小，以节省传输时间。下面将计算机中的“软件”文件夹进行压缩操作。

STEP 1 选择【开始】/【所有程序】/【WinRAR】/【WinRAR】菜单命令，启动 WinRAR 软件，在主界面的地址栏中选择文件的保存位置，然后在下方列表框中选择要进行压缩的文件，这里选择“软件”文件夹，单击“添加”按钮，如图 11-9 所示。

STEP 2 打开“压缩文件名和参数”对话框，在“压缩文件名”文本框中可以重新输入压缩后的文件名，这里保持默认设置，单击“确定”按钮，如图 11-10 所示。

图 11-9

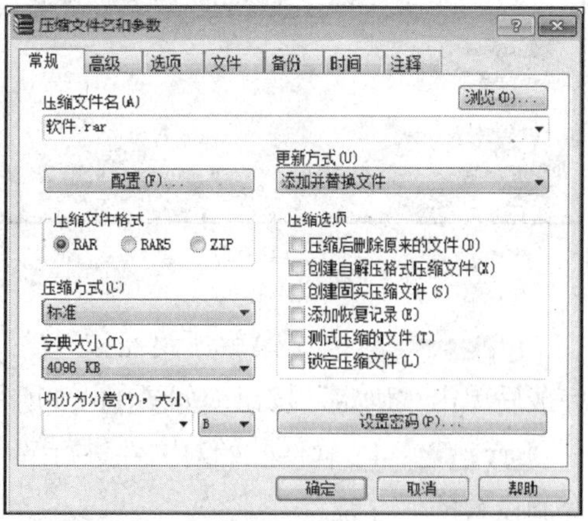

图 11-10

STEP 3 系统开始对选择的文件进行压缩，并显示压缩进度，如图 11-11 所示。根据文件的大小，压缩的时间会有所不同。

STEP 4 完成压缩后，压缩文件将被保存到原文件的保存位置，如图 11-12 所示。

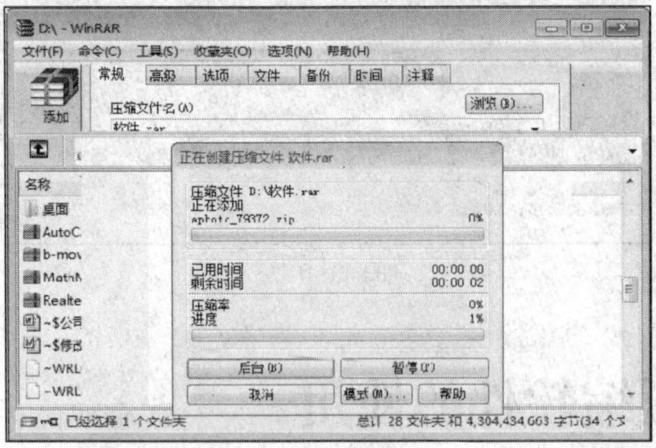

图 11–11

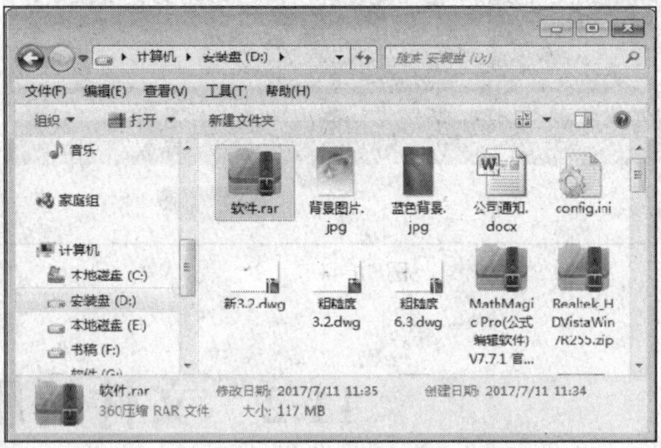

图 11–12

11.2.2 使用 WinRAR 解压文件

使用 WinRAR 解压文件

在网络中下载的多数文件都是经过压缩的，其文件图标显示为。下载压缩文件后，要使用该文件，首先需要对文件进行解压。下面将对计算机中的压缩文件进行解压。

STEP 1 打开压缩文件的保存位置，双击该文件，如图 11-13 所示。

STEP 2 打开 WinRAR 窗口，在下面的列表框中选择压缩文件中需要解压的文件，然后单击“解压到”按钮，如图 11-14 所示。

图 11–13

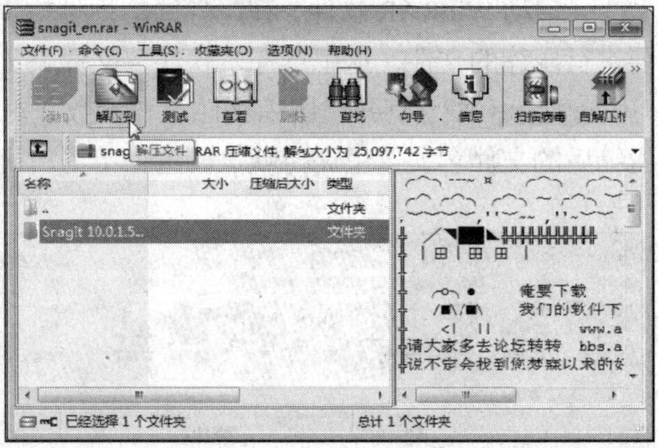

图 11–14

STEP 3 打开“解压路径和选项”对话框，在其中设置解压文件的保存位置和其他选项，完成后单击“确定”按钮，如图 11-15 所示。

STEP 4 软件开始对文件进行解压，并显示解压进度，如图 11-16 所示，解压后的文件保存到设置的保存位置。

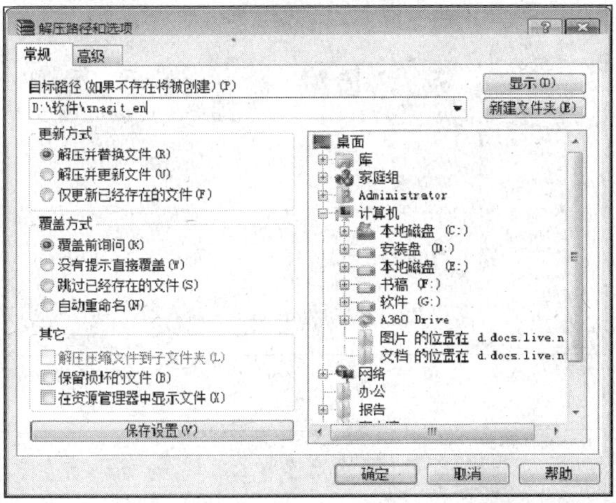

图 11-15

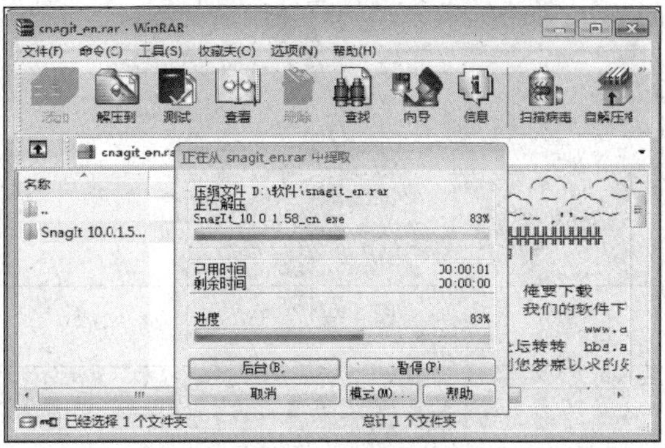

图 11-16

> **提示**　安装 WinRAR 软件后，其功能将自动添加到右键快捷菜单，在需要解压的文件上单击鼠标右键，在弹出的快捷菜单中选择“解压到当前文件夹”或“解压到‘软件’”命令将直接解压；选择“解压文件”命令，将打开“解压路径和选项”对话框，设置解压文件名称和保存位置后即可进行解压。在压缩文件时，也可使用对应的右键快捷菜单命令完成，选择“添加到压缩文件”命令，将打开“压缩文件名和参数”对话框，选择“添加到‘文件名称’”命令将以原名称直接进行压缩。

11.3　图片处理软件的使用

为了实现快速的图片处理操作，可以在计算机中安装一款占用体积小、方便实用的图片处理软件，对工作中的图片进行浏览查看或简单编辑。图片处理软件有很多，这些软件的功能和使用方法大同小异。下面主要介绍一款简单、实用的软件——光影魔术手。

11.3.1　浏览图片

浏览图片

光影魔术手具有强大的图片处理功能，可以快速浏览保存在计算机中的所有图片，其操作十分简单。下面使用光影魔术手查看计算机中“图片”文件夹中的图片。

STEP 1 双击“光影魔术手”快捷图标，启动光影魔术手，单击“浏览图片”按钮，如图 11-17 所示。

STEP 2 在窗口左侧打开文件夹窗格，依次展开图片所在的“图片”文件夹选项，在右侧界面可浏览该文件夹中所有图片的缩略图，如图 11-18 所示。

STEP 3 双击任意一张图片的缩略图，返回光影魔术手的主界面，查看其大图，如图 11-19 所示。

STEP 4 单击下方的“下一张”按钮浏览下一张大图，如图 11-20 所示。

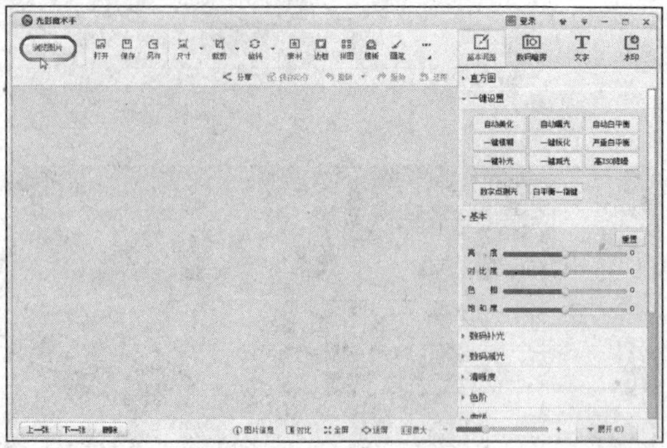

图 11-17

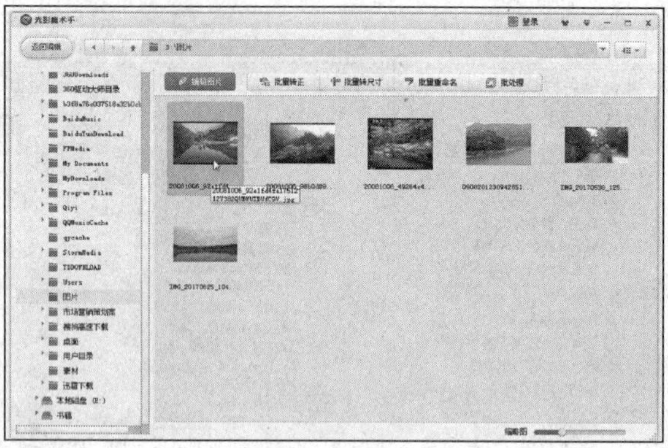

图 11-18

图 11-19

图 11-20

11.3.2 编辑图片

编辑图片

在日常办公中，有时需要展示某些活动照片或发布公司产品照片，由于拍摄技巧等原因，拍摄出照片的效果可能不尽如人意，如曝光度不够或照片形式单调等。此时可对照片进行美化，使照片更加美观。下面介绍使用光影魔术手对图片进行编辑美化的方法。

STEP 1 在光影魔术手窗口中打开需要编辑的图片，然后单击“裁剪”按钮，如图 11-21 所示。

STEP 2 进入裁剪状态，将鼠标移动到图片上并拖动鼠标绘制一个矩形，将需要保留的图片部分框选到矩形框内，完成后单击“确定”按钮，完成对图片的裁剪，如图 11-22 所示。

图 11-21

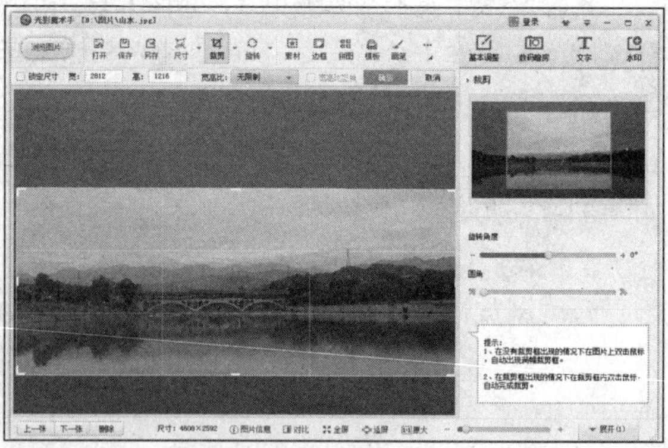

图 11-22

STEP 3 在窗口右侧的“基本”栏中可以拖动滑块调整图片的亮度、对比度、色相和饱和度，如图 11-23 所示。

STEP 4 在窗口上方单击“边框”按钮，在弹出的下拉列表中选择“轻松边框”选项，如图 11-24 所示。

图 11-23

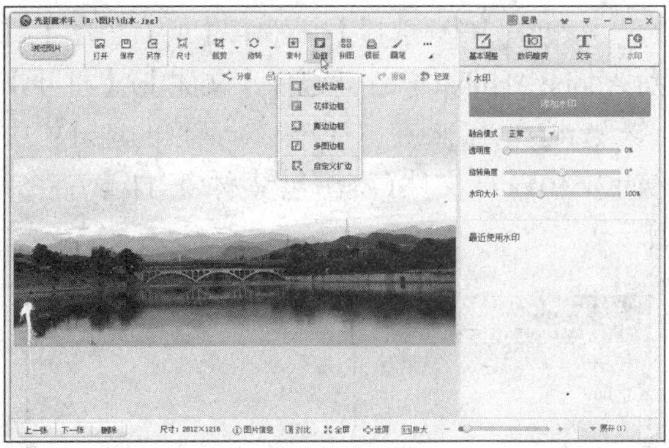

图 11-24

提示　在光影魔术手界面中的右上方单击“文字”按钮T，在打开的窗格中的文本框中输入文本，即可在编辑的图片上添加文本，在窗格中还可以设置文本的格式。

STEP 5 在窗口右侧打开的边框列表中选择一种边框，如图 11-25 所示。

STEP 6 为图片添加边框效果，设置完成后单击“确定”按钮，完成对图片的编辑，如图 11-26 所示。

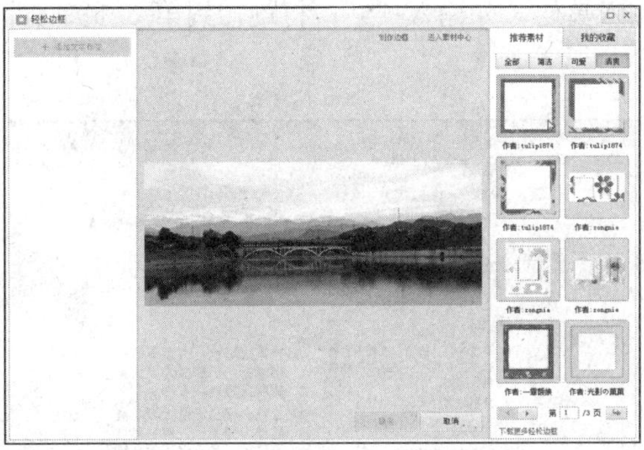

图 11-25

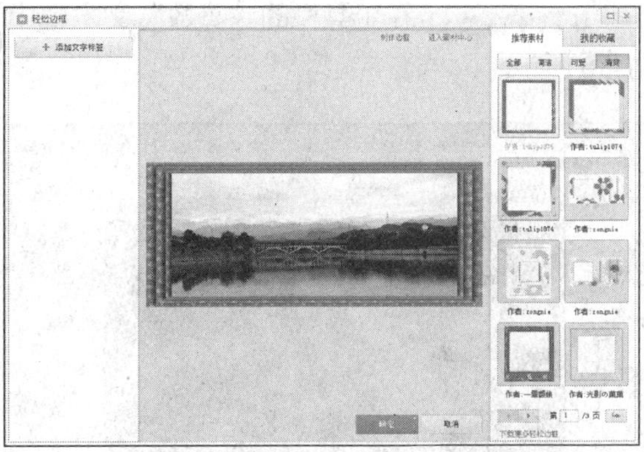

图 11-26

11.4　PDF 编辑软件 Adobe Acrobat 的使用

PDF 格式是一种全新的电子文档格式，该格式能如实地保留文档的字体和图像效果。使用 Adobe Acrobat 可快速地创建、编辑、转换、阅读和打印 PDF 文档。

11.4.1 查看 PDF 文件

查看 PDF 文件

前面介绍了将演示文稿文档转换为 PDF 文件的方法，如果要查看转换后的 PDF 文档，就需要使用 Adobe Acrobat 软件。下面介绍使用 Adobe Acrobat 查看“商务培训演示文稿.pdf”文件的具体方法。

STEP 1 选择【开始】/【所有程序】/【Adobe Acrobat】选项或双击桌面的快捷图标，启动 Adobe Acrobat 软件，选择【文件】/【打开】菜单命令，如图 11-27 所示。

STEP 2 在“打开”对话框的地址栏中选择文件保存位置，在列表框中选择“商务培训演示文稿.pdf”文件（资源包/素材/第 11 章/商务培训演示文稿.pdf），单击“打开”按钮，如图 11-28 所示。

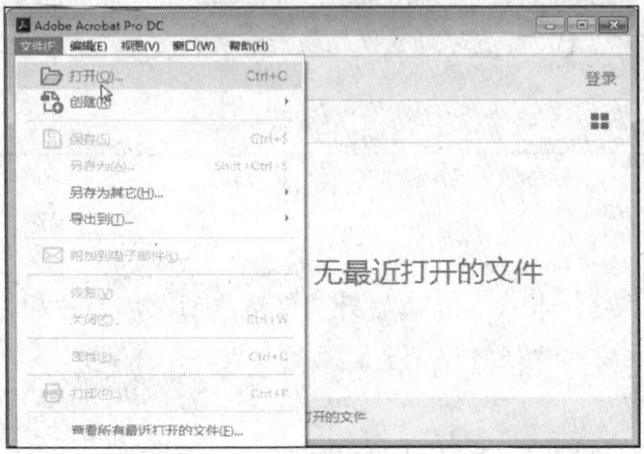

图 11-27

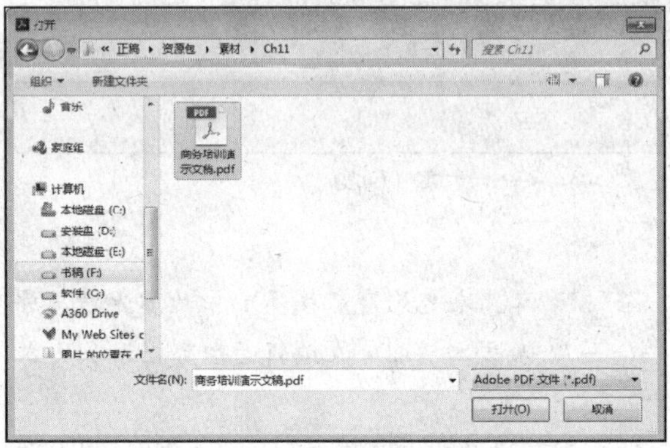

图 11-28

STEP 3 打开文件，在软件窗口中默认显示第 1 页，滚动鼠标滚轮可以依次进行查看，如图 11-29 所示。

STEP 4 在工具栏的“页数”文本框中输入页码，如输入“5”，将跳转到第 5 页，如图 11-30 所示。

图 11-29

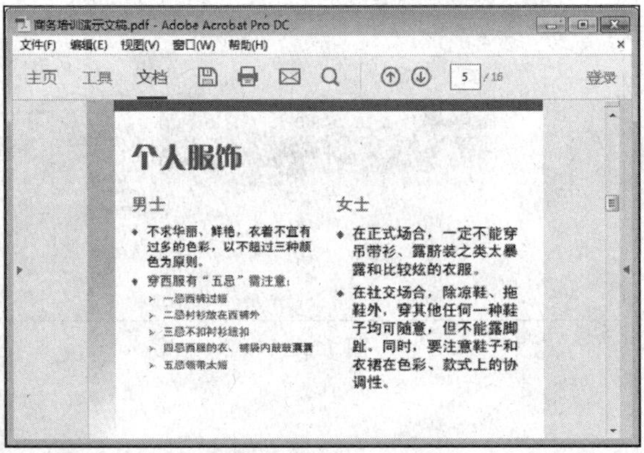

图 11-30

STEP 5 将鼠标移动到界面中，自动显示出浮动工具栏，单击“显示/隐藏页面缩略图”按钮，如图 11-31 所示。

STEP 6 在窗口的左侧将显示文档页面的缩略图，如图 11-32 所示。

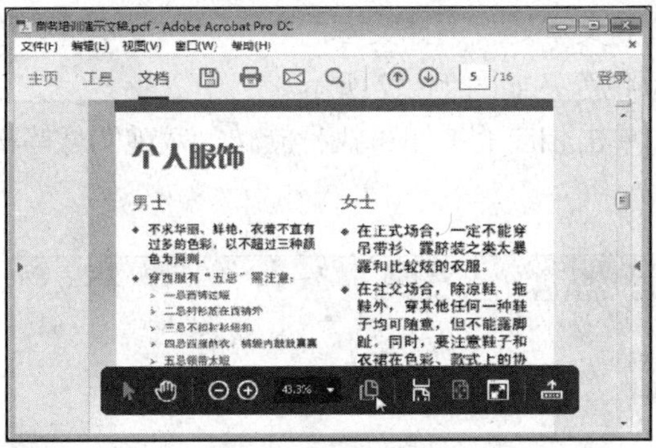

图 11-31

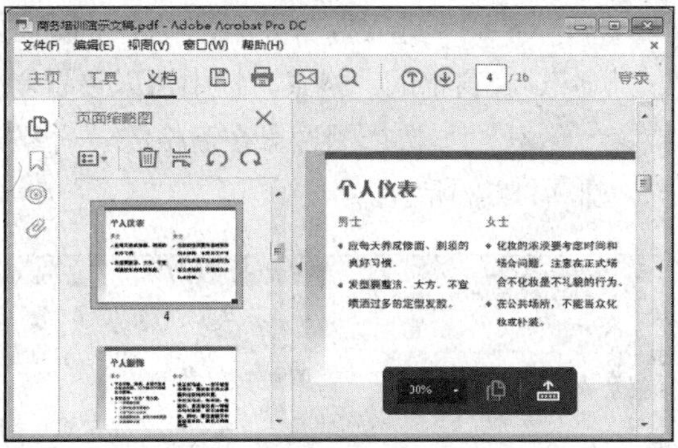

图 11-32

STEP 7 单击“关闭”按钮关闭“页面缩略图”窗格。单击“以阅读模式查看文件”按钮，如图 11-33 所示。

STEP 8 工作界面将隐藏工具栏等部分，只显示文档页面，如图 11-34 所示。

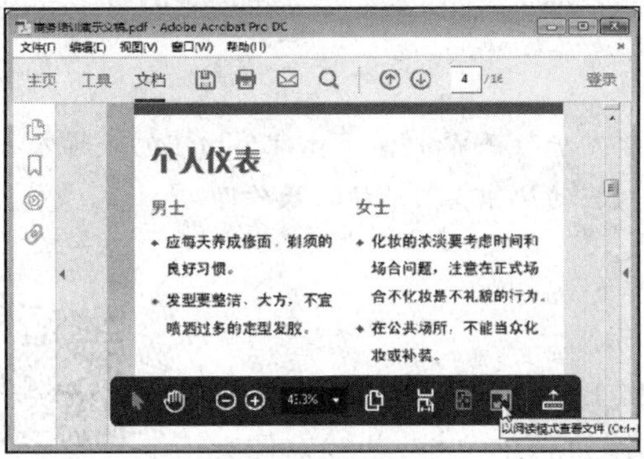

图 11-33

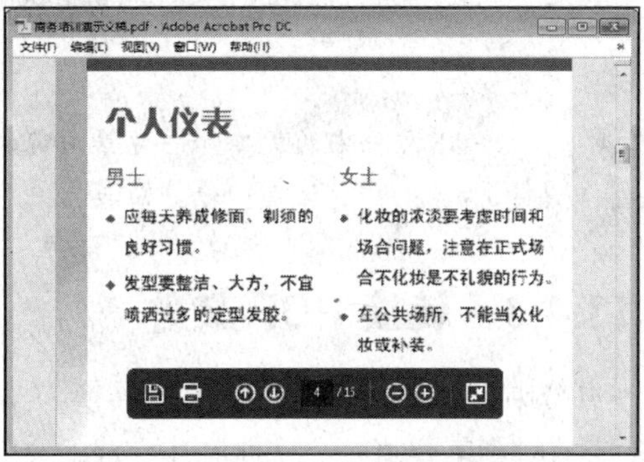

图 11-34

11.4.2 编辑 PDF 文件

编辑 PDF 文件

打开 PDF 文档后，使用 Adobe Acrobat 软件可对文字和图像等内容进行编辑操作，其方法与在 Word 中编辑文本和图片的方法相似。在实际办公中使用 Adobe Acrobat 编辑 PDF 文档的情况较少，这里只做简单介绍。

STEP 1 打开 PDF 文档后，单击上方的“工具”选项卡，如图 11-35 所示。

STEP 2 在窗口右侧打开的窗格中选择“编辑 PDF”选项，如图 11-36 所示。

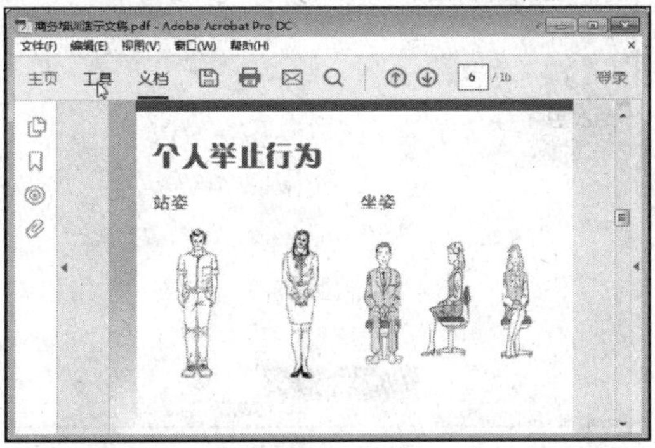

图 11-35

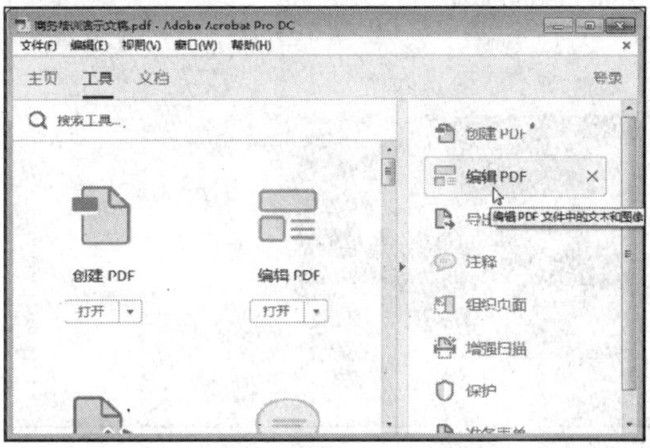

图 11-36

STEP 3 进入编辑界面，将文本插入点定位到文本处或选择文本内容，可对文本进行修改、删除，在窗格的“格式”栏中可以设置字体、颜色等，如图 11-37 所示。

STEP 4 选择图片，在窗格的“对象”栏中单击相应的按钮可执行旋转、裁剪图像等操作，如图 11-38 所示。

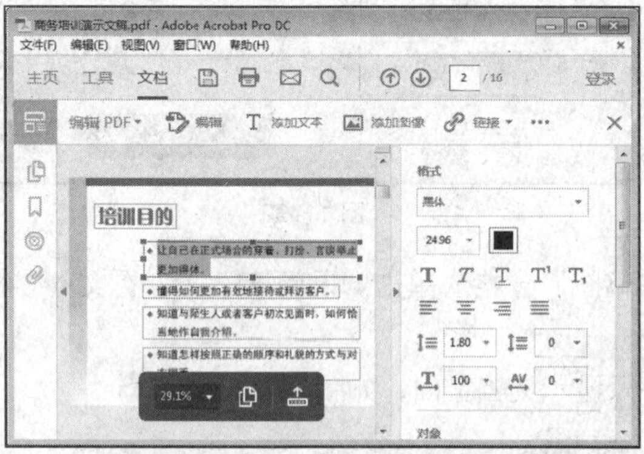

图 11-37

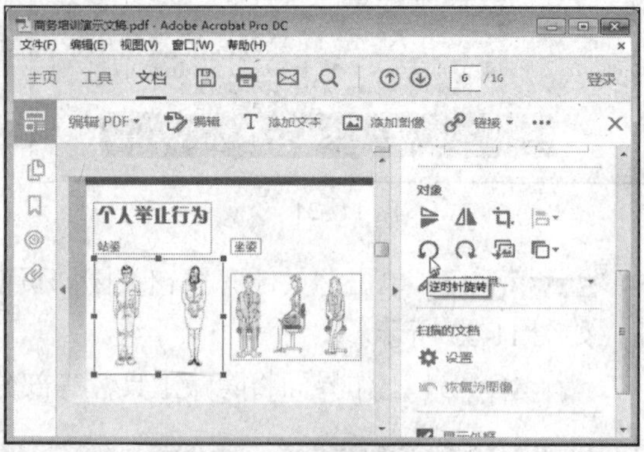

图 11-38

提示

PDF 文档中的文本和图片等内容的编辑方法与在 Word 或 PowerPoint 中的编辑方法相似，首先选择文本或图像，单击工具栏中对应的按钮，然后执行操作即可。

11.4.3 转换 PDF 文件

转换 PDF 文件

在办公中，有时需要将 PDF 文档转换为 Word、Excel、PowerPoint 等格式的文件，有时则需要将办公软件制作完成的文件转换为 PDF 文档。无论对什么格式的文件进行转换，其方法均十分相似。下面将“商务培训演示文稿.pdf”文件转换为 PowerPoint 演示文稿进行编辑或放映，然后将前面章节制作的“劳动合同.docx”转换为 PDF 文档进行查看。

STEP 1 打开“商务培训演示文稿.pdf”文档后，在 Adobe Acrobat 工作面板中选择“导出 PDF”选项，如图 11-39 所示。

STEP 2 在打开的“导出 PDF”工作界面中选择导出文件的格式为“Microsoft PowerPoint”选项，单击下方的“导出”按钮，如图 11-40 所示。

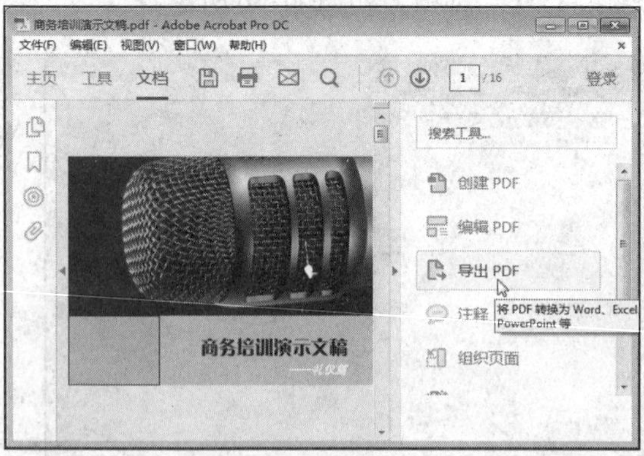

图 11-39

图 11-40

STEP 3 打开“导出”对话框，设置导出文件的保存位置和名称，单击“保存”按钮，如图 11-41 所示。

STEP 4 开始导出文件，导出完成后，将自动打开“商务培训演示文稿.pptx”演示文稿，如图 11-42 所示。

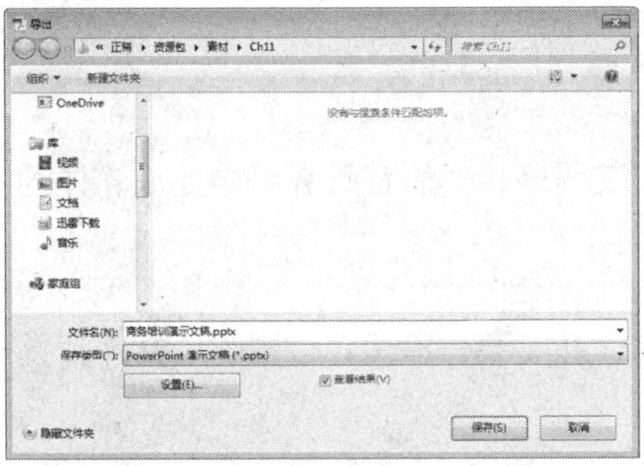

图 11-41

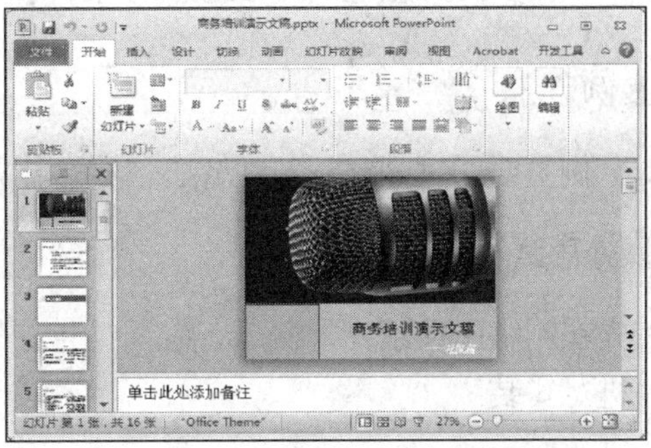

图 11-42

STEP 5 返回 PDF 文档界面，在工具面板中选择“创建 PDF”选项，在打开的“创建 PDF”界面中单击“选择文件”超链接，如图 11-43 所示。

STEP 6 在“打开”对话框中选择需要转换的文件保存位置，然后选择“劳动合同”文件（资源包/素材/第 11 章/劳动合同.docx），单击“打开”按钮，如图 11-44 所示。

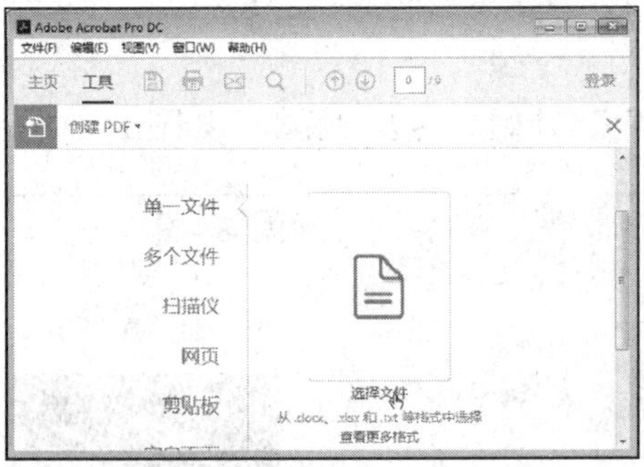

图 11-43

图 11-44

STEP 7 返回“创建 PDF”界面，单击“创建”按钮，如图 11-45 所示。

STEP 8 开始转换，转换完成后可查看 PDF 文档效果，如图 11-46 所示。选择【文件】/【保存】菜单命令，将文档保存。

图 11-45

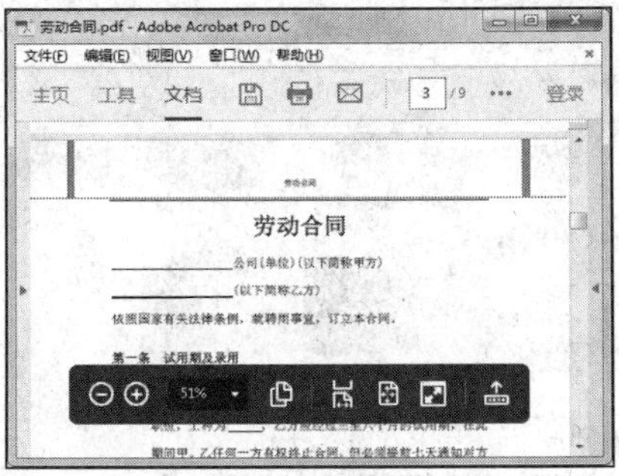

图 11-46

11.5 上机案例

11.5.1 下载和安装翻译软件

案例目标

本案例主要通过网络下载并解压“有道词典”安装程序，然后在计算机中完成软件的安装。

操作思路

首先在网络中搜索并下载“有道词典”安装程序，在安装程序保存位置解压文件，并启动安装程序进行安装。

步骤提示

下载和安装翻译软件

STEP 1 打开网页浏览器，在网页中搜索“有道词典”，并打开下载页面，在页面中单击下载链接，如图 11-47 所示。

STEP 2 启动迅雷下载软件，开始对“有道词典”的安装程序进行下载，如图 11-48 所示。

STEP 3 下载完成后，打开保存文件的窗口，双击安装程序的压缩文件，如图 11-49 所示。

STEP 4 打开压缩文件，双击其中的安装程序，开始对其进行解压，如图 11-50 所示。

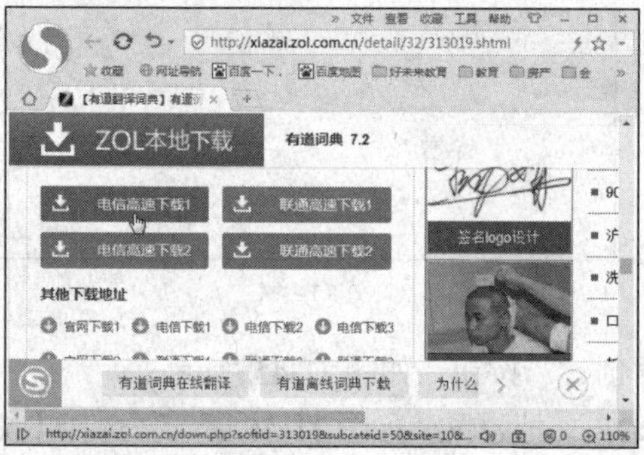

图 11-47

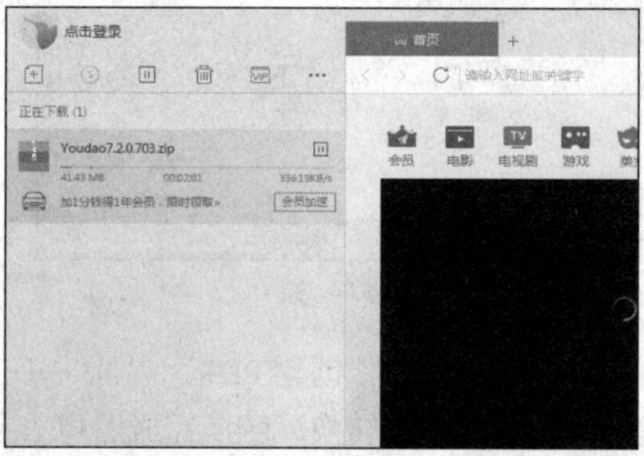

图 11-48

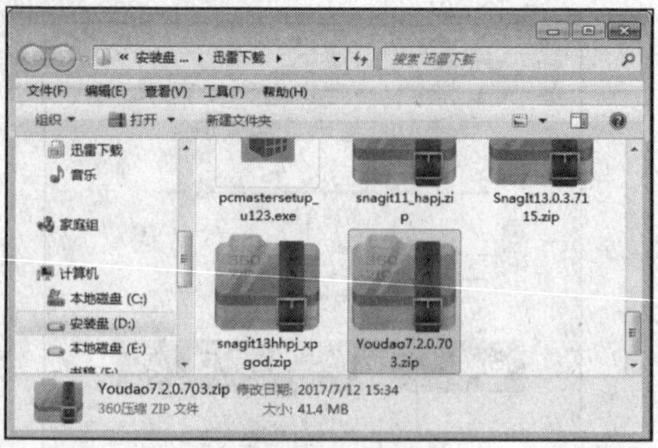

图 11-49

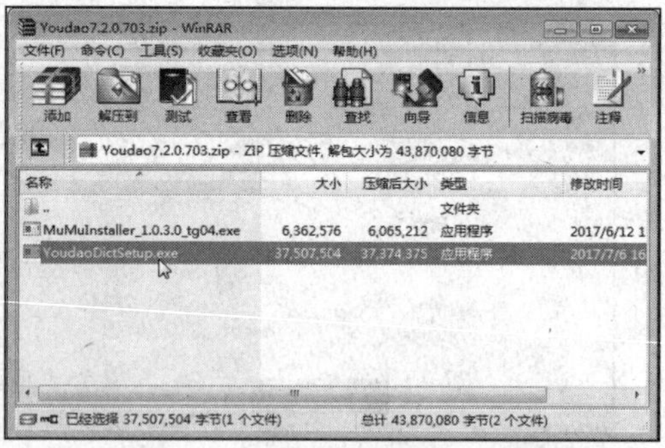

图 11-50

STEP 5 打开软件安装程序的安装界面，单击“快速安装”按钮，文件开始自动进行安装，如图 11-51 所示。

STEP 6 安装完成后打开提示界面，单击“查词去”按钮，可以启动“有道词典”软件，如图 11-52 所示。

图 11-51

图 11-52

11.5.2 加密压缩公司文件

案例目标

本案例要求根据情况使用 WinRAR 软件加密压缩公司的保密性文件，为公司一些保密型资料添加密码，以确保即使资料泄露，也不会立即造成太大的损失。

操作思路

本案例按压缩文件的操作步骤进行即可，启动 WinRAR 软件后，设置压缩文件密码，然后添加公司文件进行压缩操作。

步骤提示

STEP 1 选择多个要压缩的文件夹，单击鼠标右键，在弹出的快捷菜单中选择“添加到压缩文件”命令，如图 11-53 所示。

STEP 2 打开“压缩文件名和参数”对话框，在“常规”选项卡中设置压缩文件名称和保存路径，然后单击“设置密码”按钮，如图 11-54 所示。

加密压缩公司文件

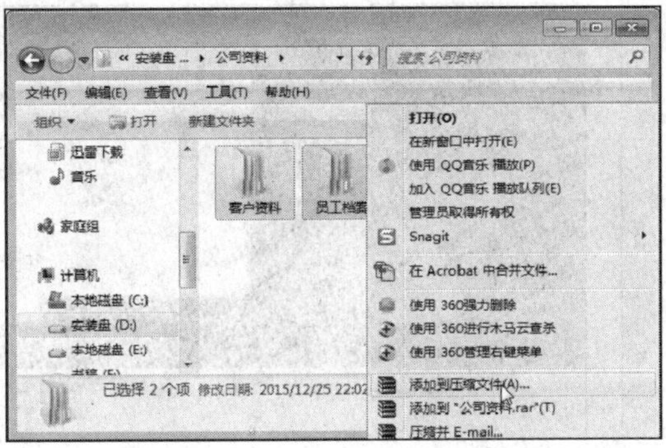

图 11-53

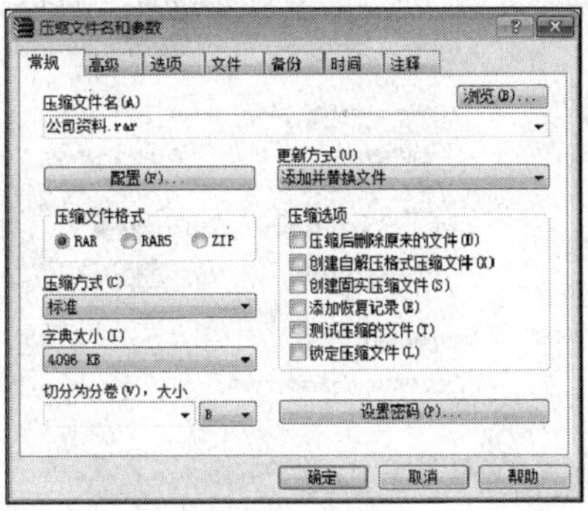

图 11-54

STEP 3 打开“输入密码”对话框，在“输入密码”文本框中输入加密密码，在“再次输入密码以确认”文本框中输入相同的密码，选中“加密文件名”复选框，单击“确定”按钮，如图 11-55 所示。

STEP 4 文件开始进行压缩，如图 11-56 所示。压缩完成后，双击打开压缩文件，将会打开“输入密码”对话框，在其中输入正确密码才能进行解压，如图 11-57 所示。

图 11-55

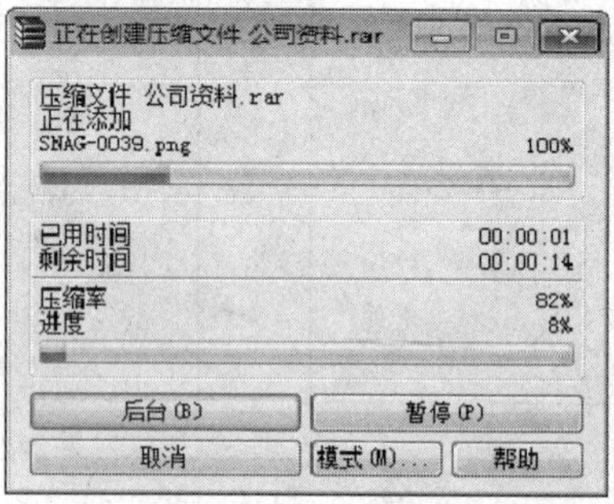

图 11-56

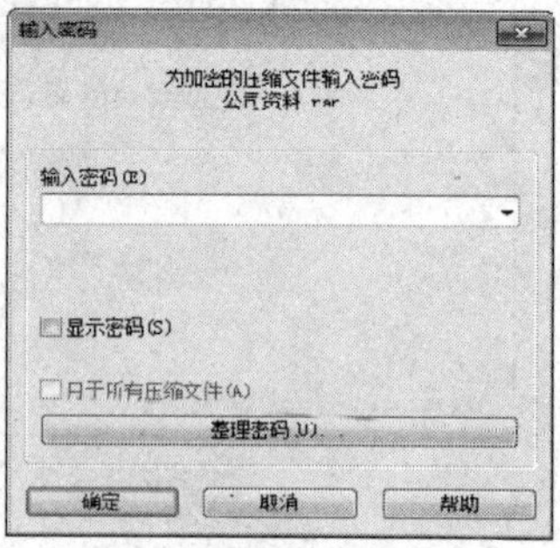

图 11-57

11.6　课后习题

11.6.1　在计算机中安装 QQ 软件

练习知识要点

QQ 是用于公司内部同事或与外部客户的沟通联系的办公必备软件，本练习将演示如何在计算机中安装 QQ 软件，如图 11-58 所示。

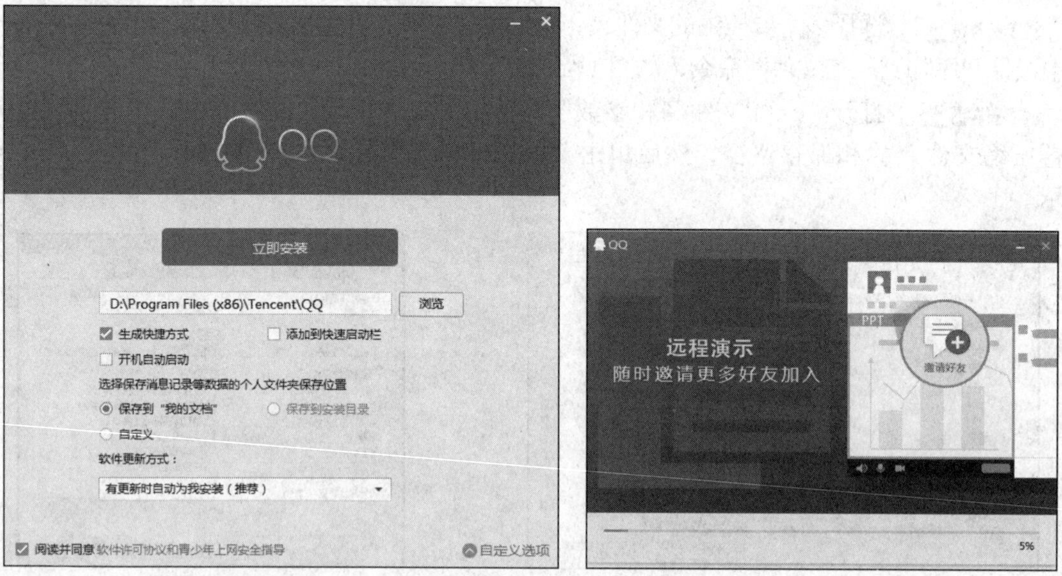

图 11-58

11.6.2 将 PDF 文件转换为演示文稿

练习知识要点

本练习将使用 Adobe Acrobat 软件对 PDF 文件进行编辑，然后再将其转换为演示文稿，如图 11-59 所示。

效果所在位置

资源包/素材/第 11 章/产品说明.pdf。

图 11-59

第12章 网络办公的应用

本章主要介绍网络办公中涉及的一些知识和操作，包括计算机网络的基础知识、局域网和无线网的组建、网络中资源的共享、资源的搜索和下载，以及 QQ、网盘和微信公众号在办公中的使用。

课堂学习目标

◎ 计算机网络概述

◎ 组建办公局域网络

◎ 共享网络资源

◎ 网络办公的日常操作

12.1 计算机网络概述

如今的网络已经成为人们生活和办公中不可缺少的一部分，网络的发展改变了传统办公的方式，提高了办公的效率。下面介绍计算机网络的发展、功能、特点及分类。

12.1.1 计算机网络的发展

互联网又叫因特网，英文名为 Internet，是至今为止最庞大的计算机网络，它几乎将全世界的网络和计算机连接在一起，因此互联网是全球信息资源的总汇。它以相互交流资源信息为目的，基于一些共同的协议，通过路由器和公共线路互联而成，是一个信息资源和服务共享的集合。

互联网起源于美国，最初是为了帮助美军研究人员利用计算机进行信息交流，美国国防部远景研究规划局于1968年提出了研制ARPANET的计划，该网于1971年2月建成，为Internet的发展奠定了基础。20世纪80年代中期，ARPANET成功建成，美国国家科学基金会为鼓励各大学与研究机构等共享主机资源，决定建立计算机科学网，即NSFNET，该网络与ARPANET一起构成了美国的两个主干网。随着人类社会的进步和各行各业对资源共享和信息交流的需要，逐渐形成了国际互联网。

如今，互联网的高速发展将人类社会带进了一个瞬息万变的网络信息时代，进入网络就好像进入了一个五彩缤纷的万花筒，令人眼花缭乱。用户可以利用网络同世界各地的用户自由通信和交换信息，如收发电子邮件、聊天、浏览新闻、购物、听音乐、玩游戏等。

12.1.2 计算机网络的功能和特点

互联网由多个计算机网络相互连接而成，互联网上的资源非常丰富，任何人进入互联网都可以使用这些资源，例如，从互联网上获取信息资料、免费软件，在互联网上发布公告、宣传产品，以及参加各种小组讨论等。

在互联网的建立和发展过程中，互联网始终采取一种非常开放的策略。它对开发者和用户都没有限制，任何人和机构既可使用它，也可作为开发者为它的发展做出贡献。

计算机之间要进行信息交流还需要依赖某种协议，即TCP/IP协议。它是Internet最基本的协议，是Internet国际互联网络的基础，它是由网络层的IP协议和传输层的TCP协议组成。

结合互联网的各个特点，它的功能主要体现在以下几个方面。

◎ 资源共享：它是组建互联网的目标之一，因为很多资源，如大型数据库、巨型计算机等，单个用户难以负担其成本，所以必须实行资源共享。资源共享既包括硬件资源的共享，如打印机、各种存储设备等，也包括软件资源的共享，如程序、数据库等。资源共享可以避免重复投资和劳动，从而提高资源的利用率。

◎ 数据通信：它是互联网的基础功能之一，可以为网络用户提供网络通信功能。互联网可以传输数据、声音、视频、图像等多媒体资源，利用网络通讯功能，还可以收发电子邮件、召开视频会议等。

◎ 系统处理能力：对于大量科学计算问题，往往会通过一定的算法，把任务分配到网络系统的子系统中。由于种种原因，计算机系统之间的忙闲程度是不均匀的，如果网络中某个计算机负荷过重，就可以将任务通过网络传输到其他计算机系统中，这样就提高了整个网络的处理能力。

◎ 综合信息服务：在现代社会中，大到一个国家，小到一个企业或部门，每时每刻都会产生大量的信息，而网络支持文字、图像、声音、视频信息的采集、存储、传输和处理。因此网上视频点播、网络游戏、网上购物、网上电视直播、网上医院、虚拟社区、电子商务等项目，逐步走进了人们的生活、学习、工作中。

12.1.3 计算机网络的分类

计算机网络常见的分类依据是网络覆盖的地理范围，按照这种分类方法，可将计算机网络分为局域网、广域网和城域网3类。

◎ 局域网（Local Area Network）：简称 LAN，它是连接近距离计算机的网络，覆盖范围为几米到数公里。例如办公室或实验室的网、同一建筑物内的网及校园网等。

◎ 广域网（Wide Area Network）：简称 WAN，其覆盖的地理范围为几十公里到几千公里，覆盖一个国家、地区或横跨几个洲，形成国际性的远程网络。例如我国的公用数字数据网（China DDN）、电话交换网（PSDN）等。

◎ 城域网（Metropolitan Area Network）：简称 MAN，它是介于广域网和局域网之间的一种高速网络，覆盖范围为几十公里。

在网络技术不断更新的今天，用网络互连设备将各种类型的广域网、城域网和局域网互联起来，就形成了互联网的网中网。互联网的出现，使计算机网络从局部到全国进而将全世界连成一片，这就是 Internet。Internet 是世界上发展速度最快、应用最广泛和规模最大的公共计算机信息网络系统，它提供了数万种服务，被世界各国计算机信息界称为未来信息高速公路的雏形。

12.2 组建办公局域网络

如需使用网络进行办公，首先需要将办公中的计算机组织起来，组成一个局域网络，这样有利于在办公中进行文件的传输和资源的共享。

12.2.1 组建办公局域网络

组建办公局域网络

通过组建局域网，就能够实现统一化的管理，加快产品的研发进程，从而满足企业内部的交流和互动的需求。利用局域网实现共享上网，在节省网费的同时也提高了资源利用率。下面介绍组建局域网的相关操作。

STEP 1 首先准备好连接网络的网线，然后用网线将 ADSL（调制解调器）的 LINE 口与路由器的 WAN 口相连接，路由器与交换机的 LAN 口连接起来，交换机与计算机网卡接口连接起来，如图 12-1 所示。

STEP 2 为了确保每台计算机的网卡驱动安装正常且计算机之间可以互相访问，需要通过命令测试，单击桌面左下角的“开始”按钮，选择“运行”选项，在打开的对话框中输入命令“ping 127.0.0.1 -t”，然后单击“确定”按钮，打开如图 12-2 所示的窗口表示安装正确。

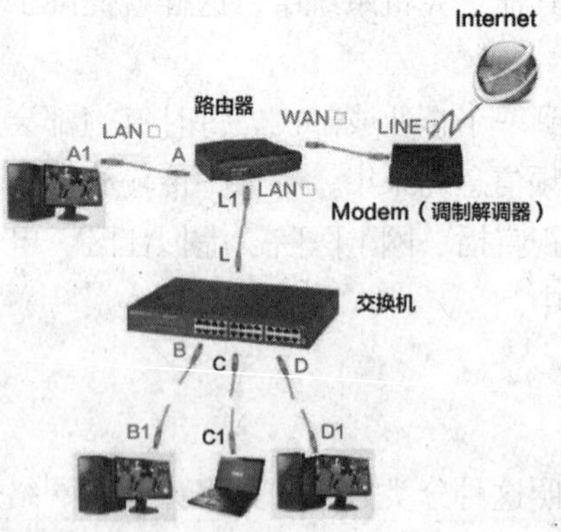

图 12-1

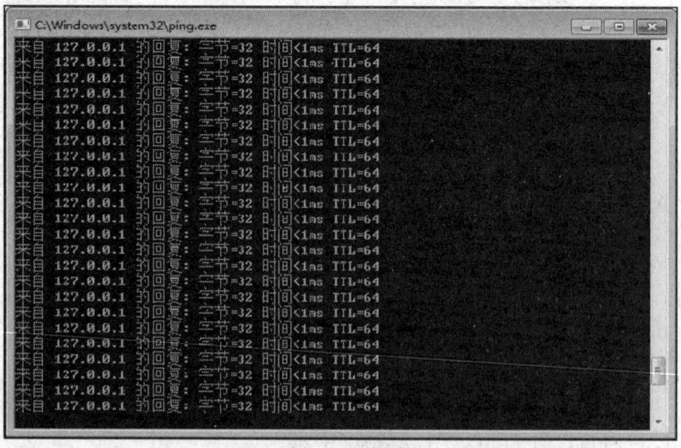

图 12-2

STEP 3 配置各计算机的 IP 地址，一般来说，局域网用户的 IP 地址推荐范围是“192.168.1.1”至“192.168.1.254”，每台计算机都应该指定在该范围内且唯一的 IP，子网掩码：“255.255.255.0”，其他各项按默认处理。IP 地址的设置方法是在桌面“网络”图标上单击鼠标右键，在弹出的快捷菜单中选择“属性”命令，在打开的窗口左侧单击“更改适配器设置”超链接，在打开的窗口中的“本地链接”图标上单击鼠标右键，在弹出的快捷菜单中选择“属性”命令，在打开的对话框中双击“Internet 协议版本 4（TCP/IP v4）”选项，打开设置对话框，输入 IP 地址和子网掩码，如图 12-3 所示。

STEP 4 每台计算机的 IP 配置完成后，需要进行计算机之间的连接与互通性测试。打开“运行”对话框，在任意一台计算机上通过命令“ping 192.168.1.x”（x 代表任意一台计算机 IP 最后一组数字，如：ping 192.168.1.103）进行测试，如果出现如图 12-4 所示的界面，说明网络已连接。至此整个局域网就组建完成。

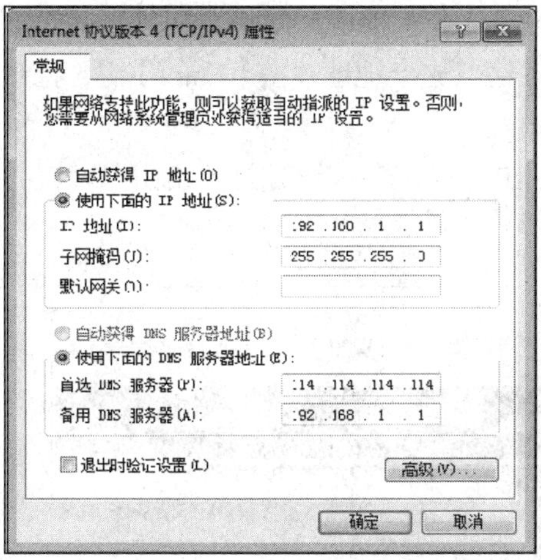

图 12-3

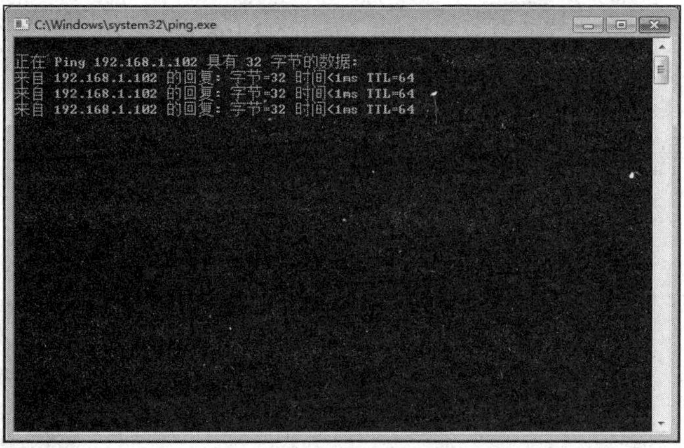

图 12-4

12.2.2 组建办公室无线网络

现代办公基本离不开网络应用，办公时可借助网络获取资料或与客户进行项目方面的交流等。如今，绝大多数的办公室都配置无线网络，无线网络避免了有限网络布线的麻烦，并且随着科技的进步，无线网络的覆盖范围、传输距离都不会影响正常办公，作为办公人员有必要对办公室无线网络的配置等知识进行了解和学习。

1. 连接无线路由器

设置无线网络

由于公司的外部网络已经搭建完成，接下来要做的便是连接无线路由器。无线路由器是配置办公室无线网络的基础，用来实现外部网络与计算机数据的传输。虽然在公司购买宽带时，有专门的工作人员连接好无线路由器，但是当出现无线路由器需要进行更换等情况时，即需要更新连接和设置无线路由器。下面将讲解无线路由器的连接知识，图 12-5 所示为无线路由器的连接示意图，在实际操作时，只需要将 WAN 端口与外部网络连接即可，一些大型公司会使用交换机对外部网络进行分配，一个无线路由器连接一个交换机的端口。LAN 端口则与计算机端连接，配置无线网络则不需要用数据线连接。

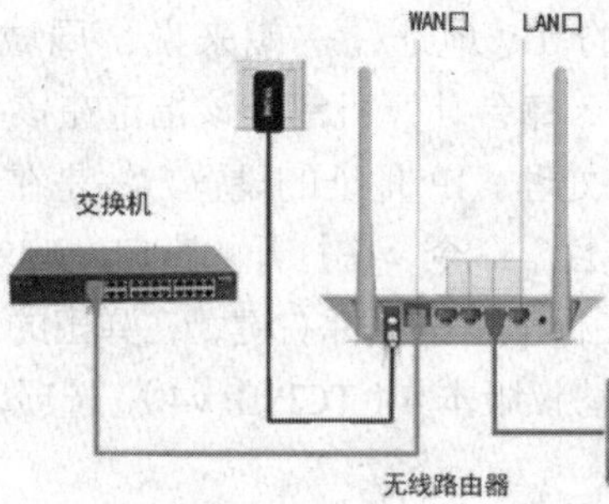

图 12-5

2. 连接无线网络

无线网络设置成功后，即可使用上网功能，但在此之前需要将办公室的其他计算机连接到无线网络中。下面介绍连接无线网络的具体方法。

STEP 1 无线路由器的底部一般标有无线路由器的默认登录地址、用户名和密码标签。无线路由器的登录地址通常为“192.168.1.1”。启动浏览器，输入这个地址并按【Enter】键，打开路由器的登录页面，如图 12-6 所示。

STEP 2 在登录界面中输入用户名和密码，然后单击“确定”按钮，打开路由器设置界面，在左侧单击“设置向导”超链接，如图 12-7 所示。

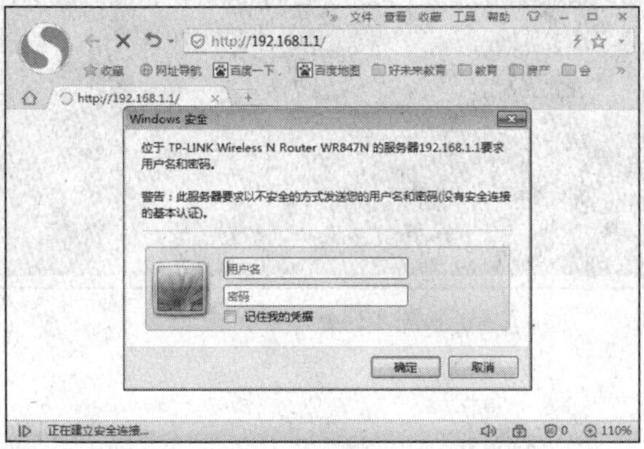

图 12-6

图 12-7

STEP 3 在页面中打开“设置向导”对话框，单击“下一步”按钮，如图 12-8 所示。

STEP 4 打开“设置向导-上网方式”对话框，单击选中“PPPoE（ADSL 虚拟拨号）”单选项，单击“下一步”按钮，如图 12-9 所示。

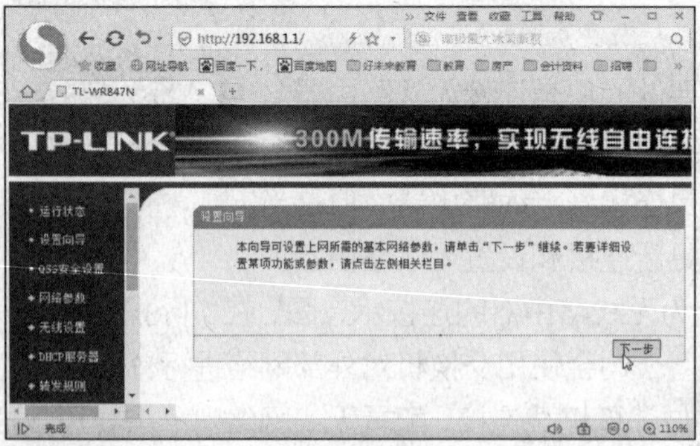

图 12-8

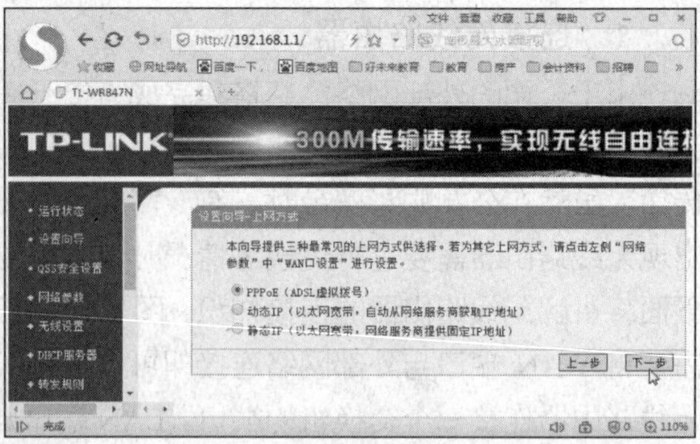

图 12-9

STEP 5 在打开的对话框的“上网账号”和“上网口令”文本框中分别输入宽带服务商提供的网络账号和密码，单击“下一步”按钮，如图 12-10 所示。

STEP 6 打开“设置向导-无线设置”对话框，在“无线状态”下拉列表框中选择“开启”选项，在“SSID”文本框中设置无线网络名称，如图 12-11 所示。

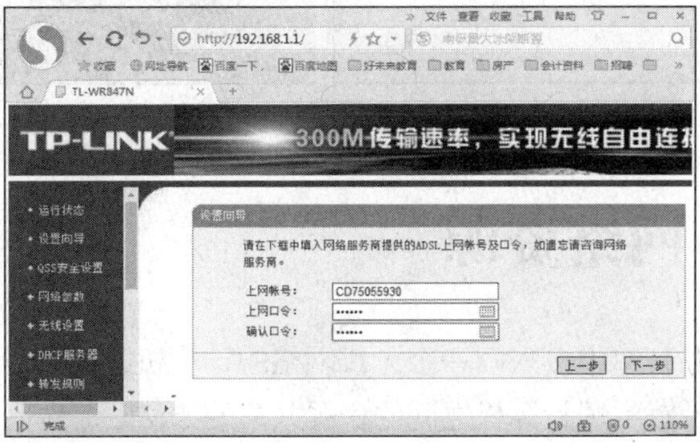

图 12–10

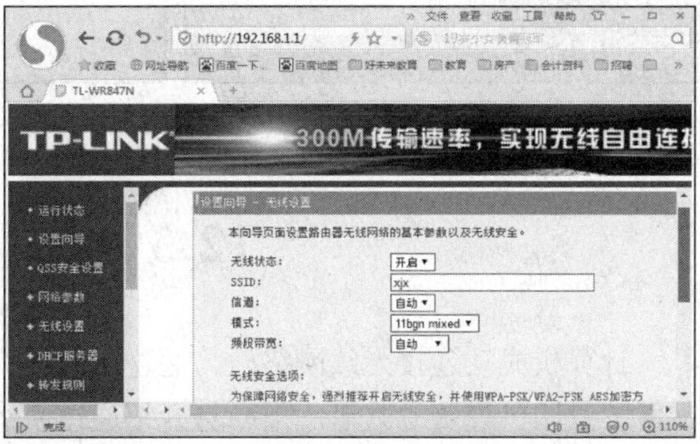

图 12–11

STEP 7 在页面下方的“无线安全选项”栏中单击选中“WPA-PSK/WPA2-PSK”单选项，然后在“PSK 密码”文本框中输入无线网络的密码，单击“下一步”按钮，如图 12-12 所示。

STEP 8 在打开的对话框中单击“完成”按钮完成设置，如图 12-13 所示，然后按路由器设备上的开关按钮，关闭路由器后重启路由器，使设置生效。

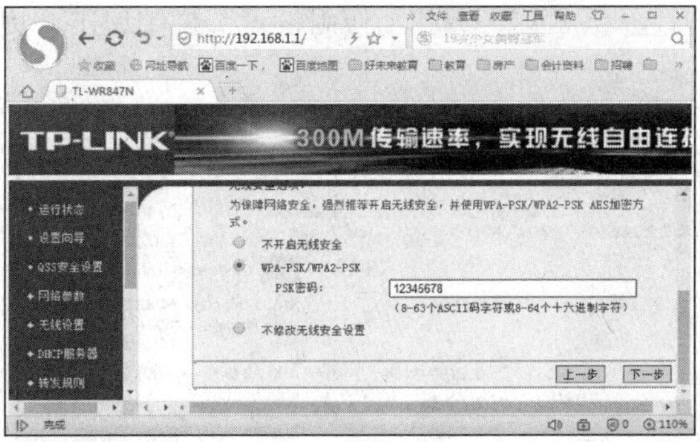

图 12–12

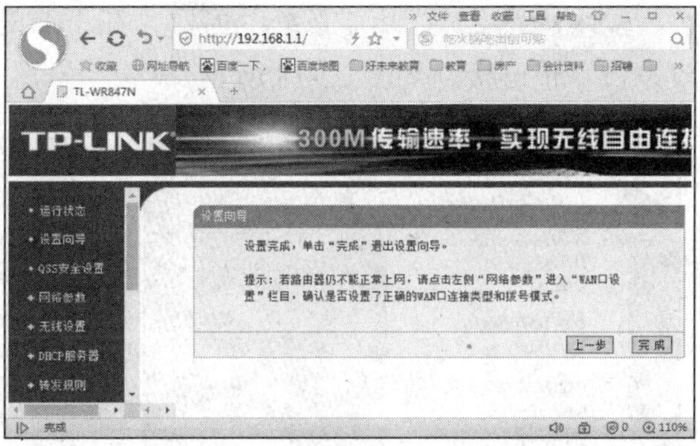

图 12–13

3. 连接无线网络

无线网络设置成功后，即可使用上网功能，此时需要将办公室的其他计算机连接到无线网络。下面介绍连接无线网络的方法。

连接无线网络

STEP 1 单击计算机桌面任务栏通知区域中的网络图标，在打开的界面中将显示计算机搜索到的无线网络，在设置的无线网络名称选项上单击，展开网络选项后，单击“连接”按钮，如图 12-14 所示。

STEP 2 打开“连接到网络”对话框，在“安全密钥”对话框中输入设置的无线密码，单击“确定”按钮连接网络，如图 12-15 所示。连接成功后图标变为样式，如图 12-16 所示。

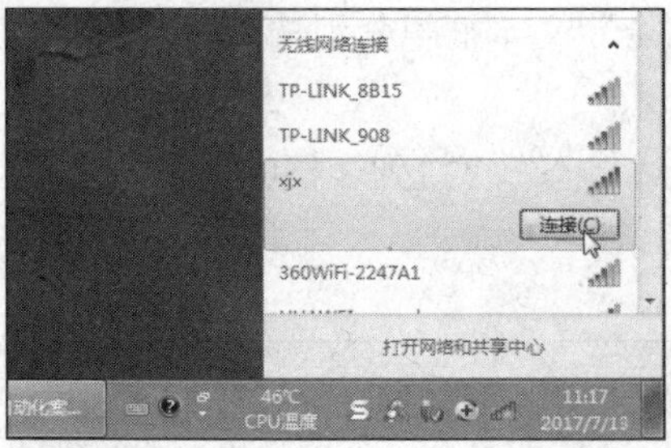

图 12-14

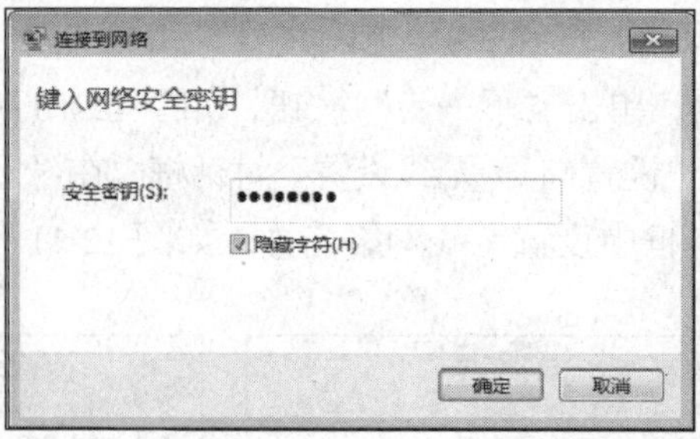

图 12-15

图 12-16

12.3　共享网络资源

计算机成功连接无线网络后，通过设置可在办公室中接入同一个无线网络的计算机之间实现文件、打印机等资源共享。下面将介绍通过系统设置实现计算机之间的资源共享的方法。

12.3.1　资源共享的准备工作

资源共享的准备工作

要实现办公资源的共享，首先需要将计算机设置为同一个工作组，然后在计算机中开启资源共享功能。下面介绍设置工作组并开启资源共享功能的方法。

STEP 1 在计算机桌面的"计算机"图标上单击鼠标右键，在弹出的快捷菜单中选择"属性"命令，如图 12-17 所示。

STEP 2 打开"系统"窗口，在下方的"计算机名称、域和工作组设置"栏中单击"更改设置"超链接，如图 12-18 所示。

图 12-17

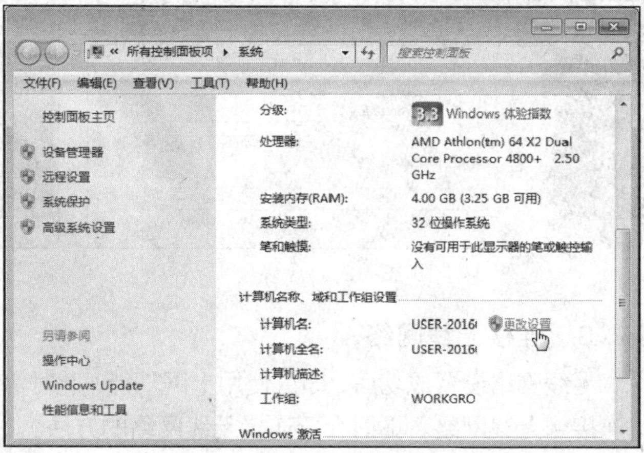

图 12-18

STEP 3 打开"系统属性"对话框，在"计算机名"选项卡中单击"更改"按钮，如图 12-19 所示。

STEP 4 打开"计算机名/域属性"对话框，在"计算机名"文本框中可自定义计算机名称，单击选中"工作组"单选项，在下方的文本框中将资源共享的计算机设置为同一个工作组，单击"确定"按钮，如图 12-20 所示。

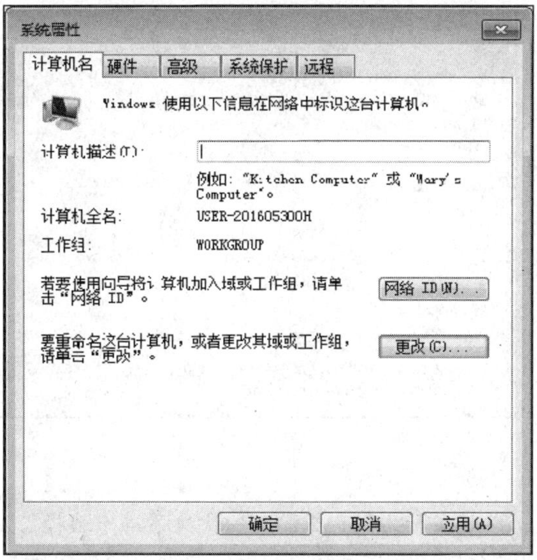

图 12-19

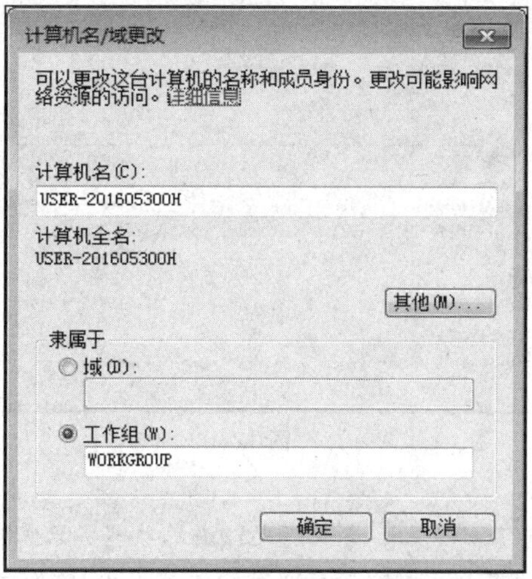

图 12-20

12.3.2 设置文件夹共享属性

完成资源共享的准备工作后，可为计算机中任意的文件夹设置共享属性，就可以快捷地实现计算机之间的资源共享。下面介绍设置文件夹共享属性的方法。

设置文件夹共享属性

STEP 1 在要共享的文件夹上单击鼠标右键，在弹出的快捷菜单中选择“共享”命令，在子菜单中选择“特定用户”命令，如图 12-21 所示。

STEP 2 打开“选择要与其共享的用户”对话框，在上方的列表框中选择一个用户名称（通常选择“Everyone”），然后单击“添加”按钮，如图 12-22 所示。

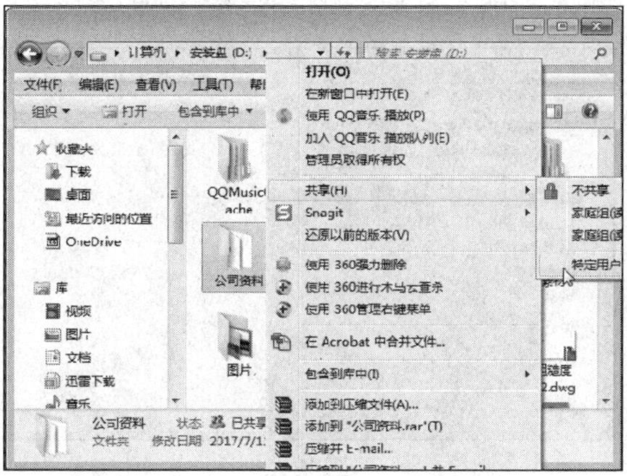

图 12-21

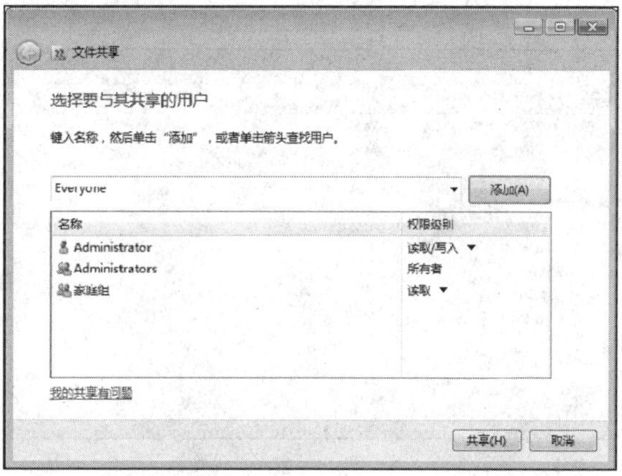

图 12-22

STEP 3 选择的用户将显示在下方的列表框中并且呈选择状态，单击“权限级别”栏中的下拉按钮，在弹出的下拉列表中选择访问权限，完成后单击“共享”按钮，如图 12-23 所示。

STEP 4 返回文件夹窗口中，选择共享的文件夹，在窗口下方显示文件夹已共享，如图 12-24 所示。

图 12-23

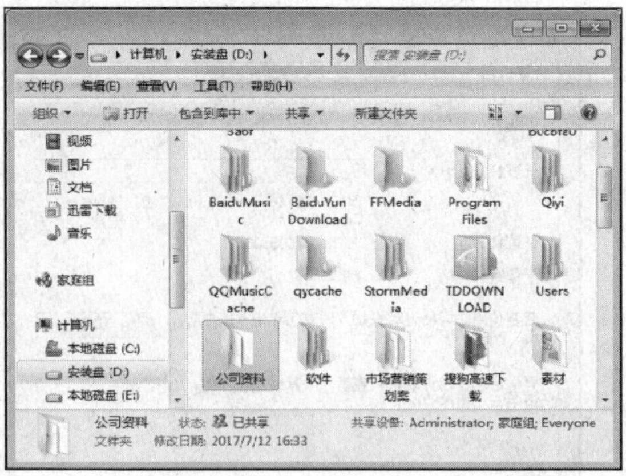

图 12-24

提示　要取消文件夹的共享，只需在文件夹上单击鼠标右键，在弹出的快捷菜单中选择“共享”命令，在子菜单中选择“不共享”命令，然后在打开的对话框中选择“停止共享”选项。

12.3.3 访问其他计算机

访问其他计算机

仅掌握设置共享文件夹的知识还不能达到利用局域网共享资源的目的，用户还需要学会怎样访问局域网中其他计算机中的共享文件夹。下面介绍在其他计算机中访问共享文件夹的具体方法。

STEP 1 双击桌面上的“网络”图标，打开“网络”窗口，在右侧窗口中显示了局域网中的所有计算机和其他设备，双击要访问的计算机图标，如图 12-25 所示。

STEP 2 在打开的窗口中显示了共享文件夹，显示“共享”字样的文件夹即是被访问计算机中的共享文件夹，如图 12-26 所示，双击共享的“资料”文件夹，即可查看其中的文件。

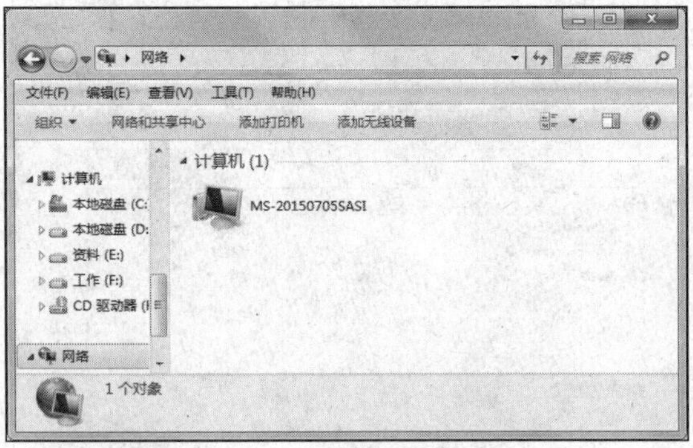

图 12-25

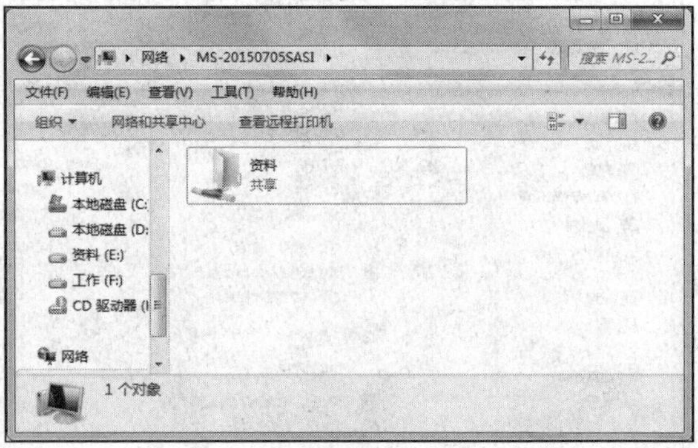

图 12-26

12.3.4 设置打印机共享

设置打印机共享

设置打印机共享的目的是为了使一个局域网中所有的办公人员都可以连接并使用该打印机，下面介绍设置打印机共享的具体方法。

STEP 1 在安装连接了打印机的计算机桌面单击“开始”按钮，在弹出的“开始”菜单中选择“控制面板”选项，打开“控制面板”窗口，在其中单击“设备和打印机”超链接，在打开窗口的“打印机和传真”栏中选择安装的打印机，然后在其图标上单击鼠标右键，在弹出的快捷菜单中选择“打印机属性”命令，如图 12-27 所示。

STEP 2 在打开的对话框中单击选中“共享这台打印机”复选框，并在“共享名”文本框中输入共享名称，这里保持默认设置，然后单击“确定”按钮，完成打印机共享，如图 12-28 所示。

图 12-27

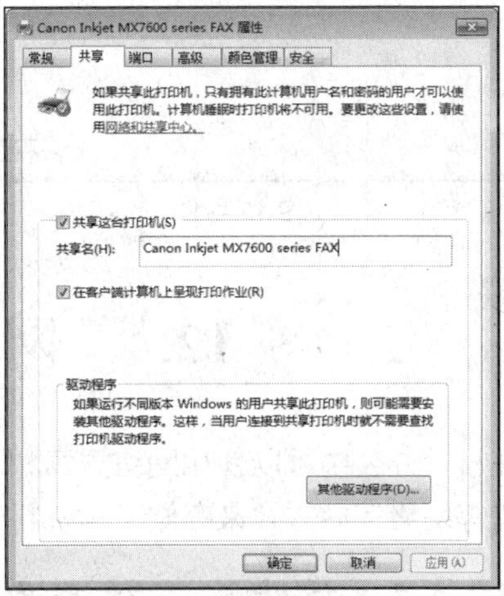

图 12-28

STEP 3 在同一局域网中需要连接共享打印机的计算机上打开“设备和打印机”窗口，在其中单击“添加打印机”按钮，打开“添加打印机”对话框，选择“添加网络、无线或 Bluetooth（蓝牙）打印机”选项，如图 12-29 所示。

STEP 4 计算机将自动搜索出网络中已经共享的打印机，选择该打印机，然后单击“下一步”按钮，如图 12-30 所示。

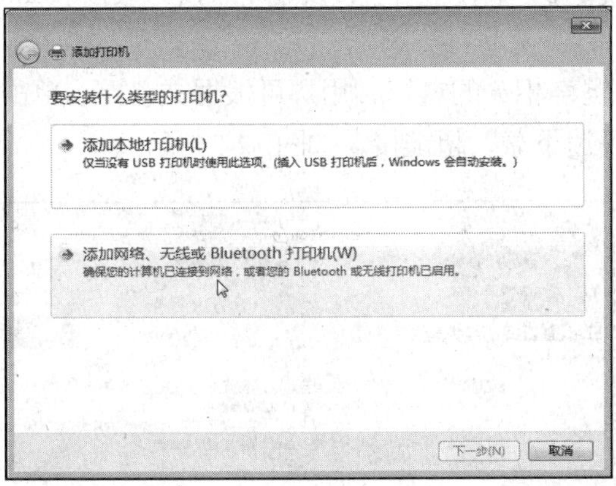

图 12-29

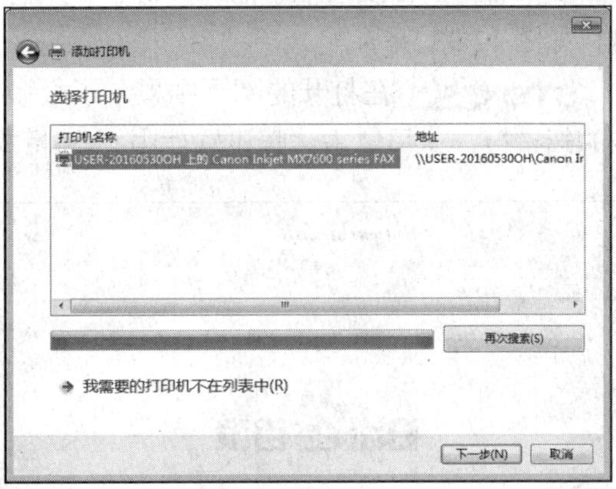

图 12-30

STEP 5 在打开的对话框中提示成功添加了打印机，在“打印机名称”文本框中可以设置打印机名称，完成后单击“下一步”按钮，如图 12-31 所示。

STEP 6 在打开的对话框中单击“打印测试页”按钮，可以通过打印测试纸张来测试打印机是否连接成功，单击“完成”按钮，完成共享打印机的连接，如图 12-32 所示。

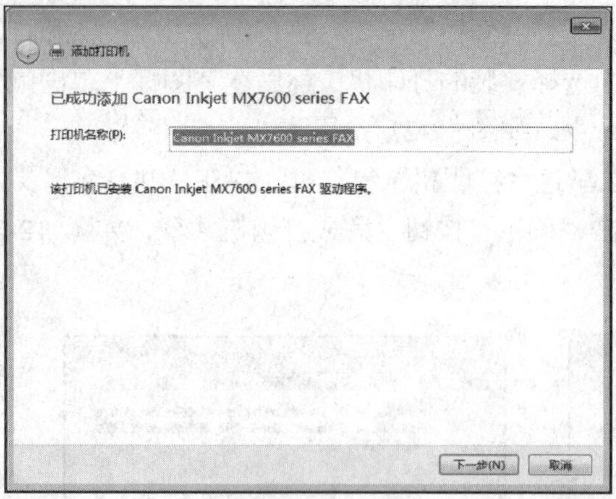

图 12-31

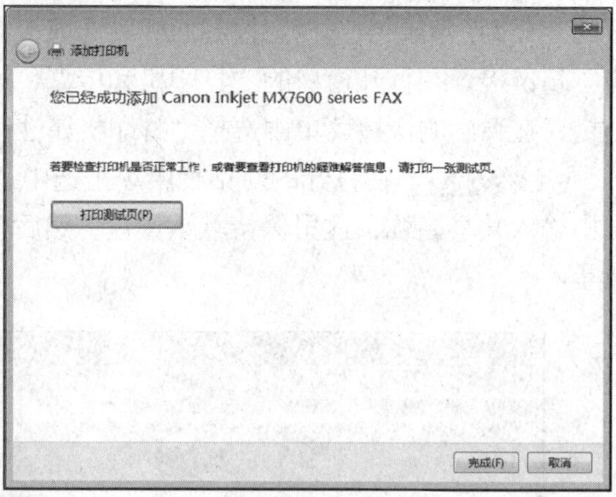

图 12-32

12.4　网络办公的日常操作

在日常办公中可以使用网络搜索和下载各种资料，也可以使用聊天工具进行交流，还可以使用网盘等网络存储方式来存储工作资料，或使用微信公众号发布消息进行宣传和推广等。

12.4.1　搜索和下载资源

搜索和下载资源

搜索信息是上网时的常用操作，在工作中遇到不明白的问题时，通过网络搜索可以快速获取答案。通过网络不仅可以搜索一些感兴趣的信息，还可以搜索众多知识性问题以及计算机上常用的软件程序等。目前提供搜索功能的搜索引擎很多，如百度、搜狗和必应等。下面介绍使用百度搜索信息的具体方法。

STEP 1 启动网页浏览器，在地址栏中输入“https://www.baidu.com”，按【Enter】键打开百度网首页。在搜索框中输入关键字，如输入“QQ 软件”，单击“百度一下”按钮或按【Enter】键，如图 12-33 所示。

STEP 2 在打开的网页中显示了众多与关键字相关的链接，用户可根据文字提示单击相应的超链接，这里单击“腾讯软件中心-海量软件高速下载”超链接，如图 12-34 所示。

图 12-33

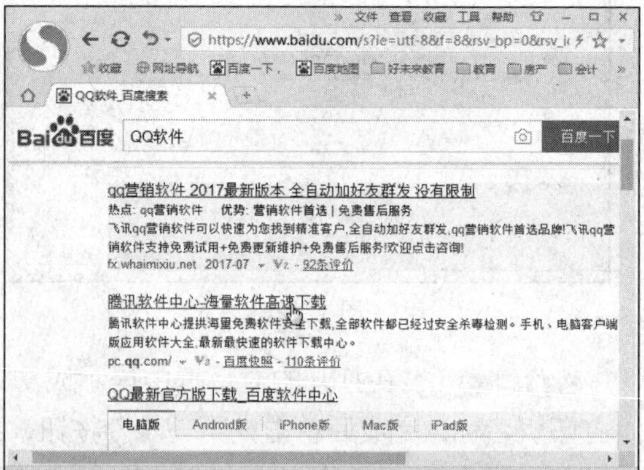

图 12-34

STEP 3 在打开的网页中找到下载的超链接，这里在 QQ 图标下面单击“高速下载”超链接，如图 12-35 所示。

STEP 4 打开腾讯软件的“极速下载器”界面，在其中单击“一键安装”按钮，如果需要设置安装软件的位置，可以单击“自定义安装”按钮，在打开的界面中进行设置，如图 12-36 所示。

图 12-35

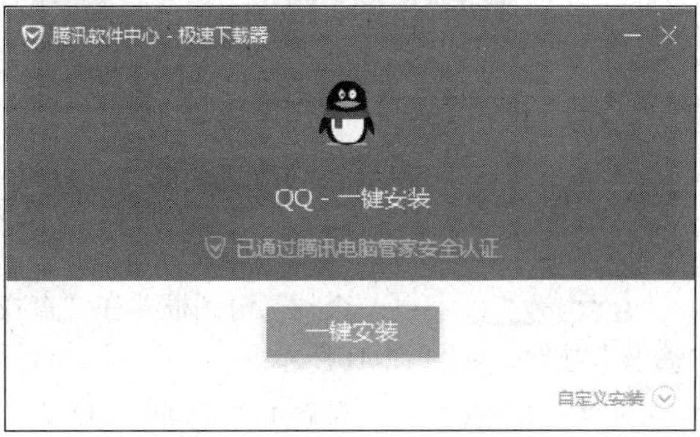

图 12-36

STEP 5 在打开的界面中开始进行下载，下载完成后，软件自动进行安装，如图 12-37 所示。

STEP 6 安装完成后，将会打开安装成功的提示界面，单击“完成”按钮完成安装，如图 12-38 所示。

图 12-37

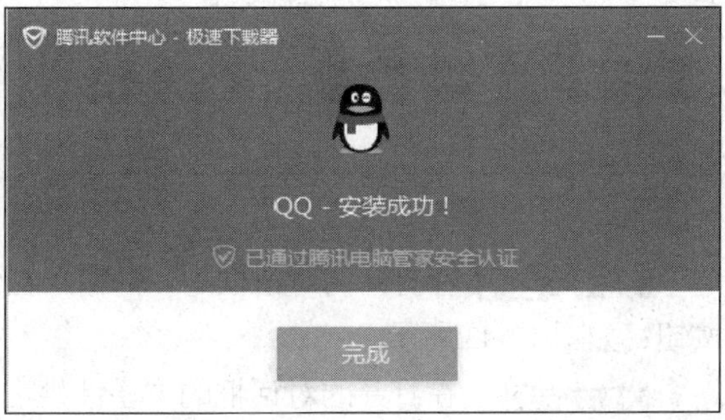

图 12-38

12.4.2 使用通信软件 QQ 交流和发送文件

使用通信软件 QQ 交流和发送文件

在计算机中安装了 QQ 软件并申请了 QQ 账号后，可以登录 QQ 将同事和客户添加为好友，即将他们添加为联系人，然后就可以在 QQ 中进行通讯交流以及文件的传送。下面介绍登录 QQ 添加好友，并发送信息和文件的具体操作方法。

STEP 1 在计算机桌面上单击“QQ”图标，启动 QQ 软件，在登录界面输入申请的 QQ 账号和注册时设置的登录密码，单击“登录”按钮，如图 12-39 所示。

STEP 2 登录后，在 QQ 主界面下方单击“加好友”按钮+，如图 12-40 所示。

图 12-39

图 12-40

STEP 3 打开“查找”对话框，在“查找”文本框中输入同事或客户的 QQ 账号，单击“查找”按钮，如图 12-41 所示。

STEP 4 界面中将显示搜索到的 QQ 信息，单击“+好友”按钮，如图 12-42 所示。

图 12-41

图 12-42

STEP 5 在打开的对话框的“请输入验证信息”文本框中输入验证信息，单击“下一步”按钮，如图 12-43 所示。

STEP 6 在打开的对话框的“备注姓名”文本框中输入对方的备注信息，在“分组”下拉列表框中选择“朋友”，然后单击“下一步”按钮，如图 12-44 所示。

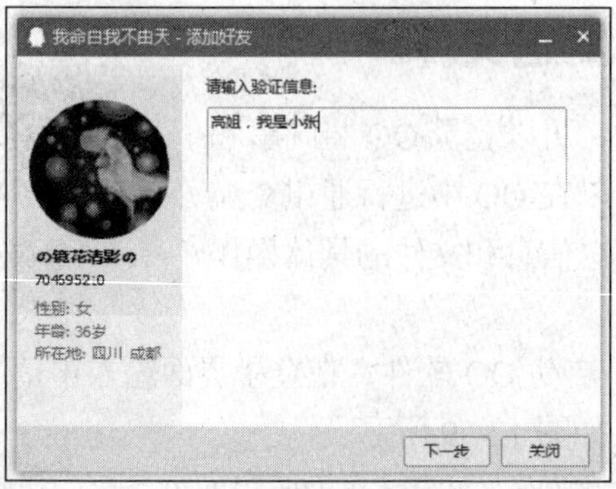

图 12-43

图 12-44

STEP 7 此时，将打开提示框提醒好友申请已发送成功，如图 12-45 所示。如果对方在线并同意添加好友，则会收到一个系统消息，单击任务栏通知区域闪动的好友 QQ 图标，将打开验证通过的提示框，在 QQ 主界面的“朋友”组中可查看到添加的 QQ 好友。

STEP 8 在 QQ 界面的“朋友”组中双击好友图标，如图 12-46 所示。

图 12-45

图 12-46

STEP 9 打开 QQ 会话窗口，在下方文本框中输入内容，然后单击“发送”按钮发送信息，如图 12-47 所示，发送的信息将显示在上方的窗格中，对方回复信息后，内容同样显示在上方的窗格中。

STEP 10 在 QQ 会话窗口中单击“传送文件”按钮，在弹出的下拉列表中选择“发送文件/文件夹”选项，如图 12-48 所示。

图 12-47

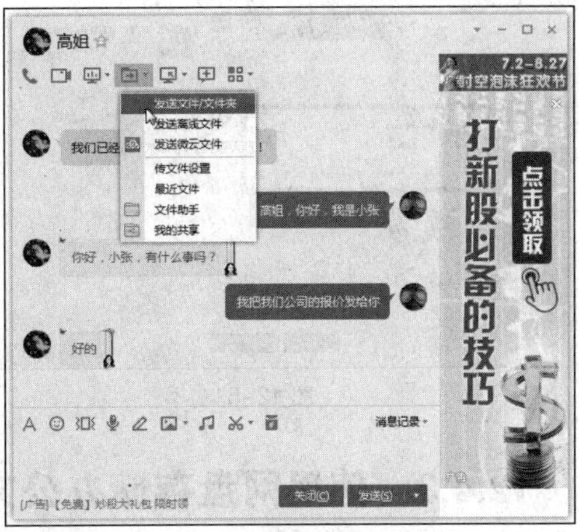

图 12-48

> **提示** 在 QQ 对话框的工具栏中单击“发送”按钮右侧的下拉按钮，在弹出的下拉列表中选择“按 Enter 键发送消息”选项，可通过按【Enter】键发送信息，选择“按 Ctrl+Enter 组合键发送消息”选项，可按【Ctrl+Enter】组合键发送信息。

STEP 11 打开“选择文件/文件夹”对话框，在其中选择要发送的文件，单击“发送”按钮，如图 12-49 所示。

STEP 12 在会话窗口右侧显示出传送文件的名称和进度，如图 12-50 所示，当对方接收后，将显示文件发送成功的信息提示。如果对方不在线，也可以单击“转离线发送”超链接，进行离线文件的发送。

图 12-49

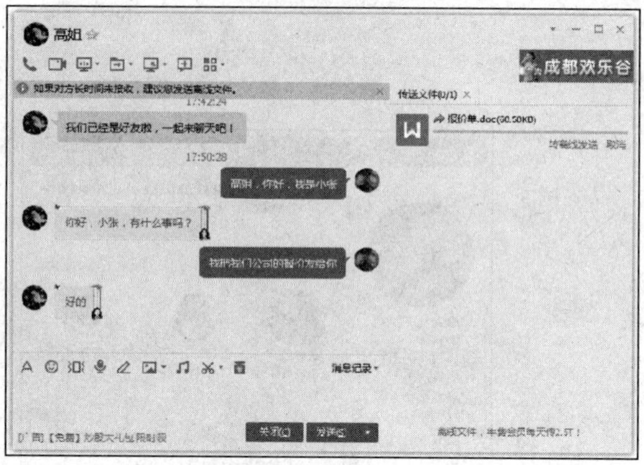

图 12-50

STEP 13 当好友发来文件时，在“传送文件”窗格中单击“另存为”超链接，如图 12-51 所示。

STEP 14 在打开的“另存为”对话框中选择文件的保存位置，单击“保存”按钮接收文件，如图 12-52 所示。

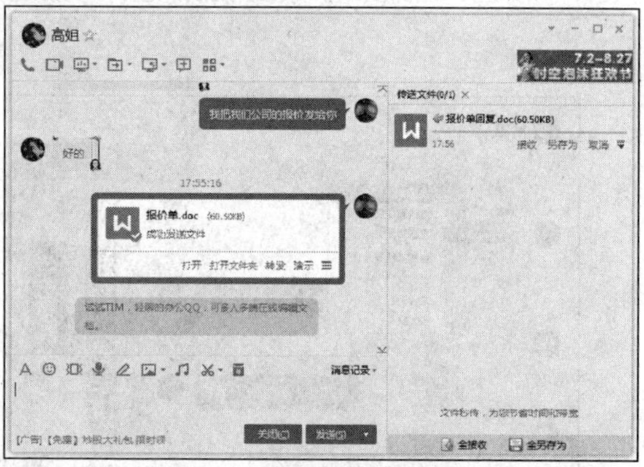

图 12-51

图 12-52

12.4.3 使用网盘存储办公文件

使用网盘存储办公文件

网盘可以理解为网络硬盘，其免费存储量能够达到几千 GB，在办公中，网盘主要用来备份文件。常见的网盘有百度网盘、115 网盘等，其使用方法相同，下面以办公中最常用的百度网盘为例进行介绍。

STEP 1 启动网页浏览器，在地址栏中输入“http://pan.baidu.com”，按【Enter】键打开百度网盘首页，如图 12-53 所示。

STEP 2 在打开的页面中单击 QQ 图标登录 QQ，使用 QQ 账号登录百度网盘，如图 12-54 所示。

图 12-53

图 12-54

STEP 3 打开百度网盘页面，单击“上传”按钮，在弹出的下拉列表中选择“上传文件”选项，如图 12-55 所示。

STEP 4 在打开的“打开”对话框中选择需要上传到网盘的文件，然后单击“打开”按钮，如图 12-56 所示。

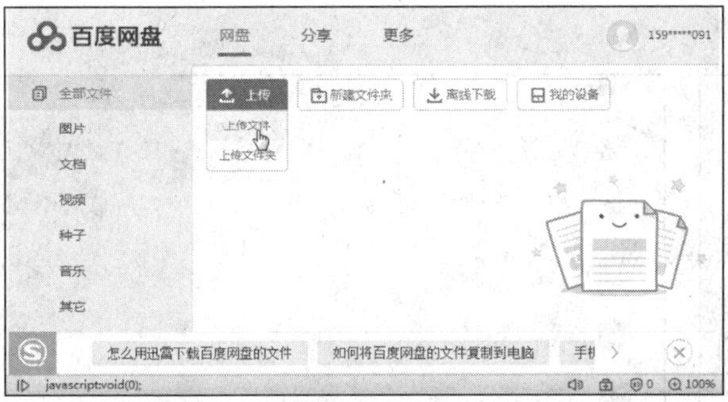

图 12-55

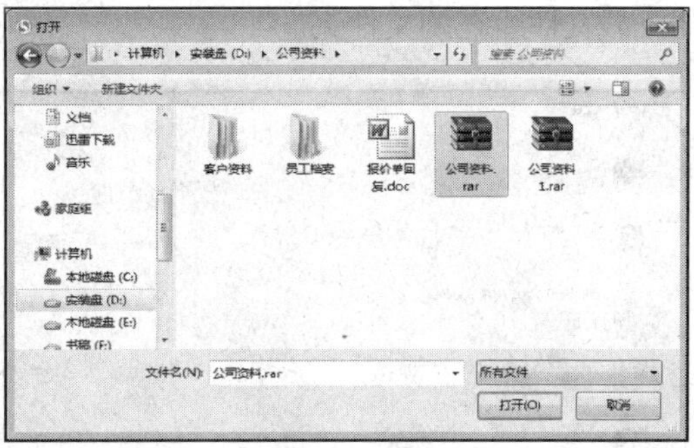

图 12-56

STEP 5 在打开的页面中开始上传文件到网盘中，并显示文件的大小和上传进度，如图 12-57 所示。

STEP 6 上传完成后将在页面中显示出上传的文件，如图 12-58 所示。

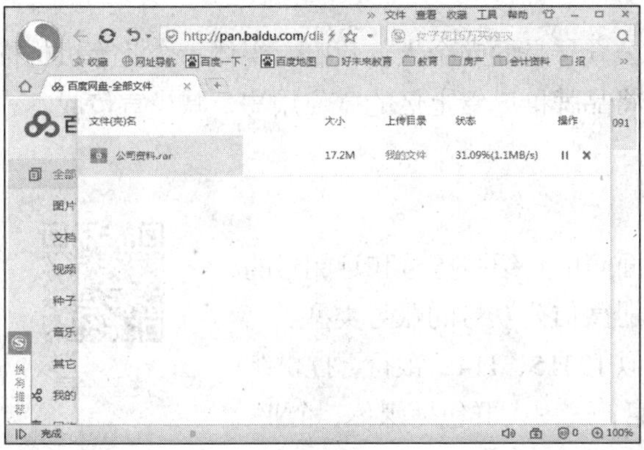

图 12-57

图 12-58

STEP 7 如果要下载网盘中的文件，可以登录网盘，在页面中单击选中文件名称左侧的复选框，然后单击“下载”按钮，如图 12-59 所示。

STEP 8 打开相应的下载对话框，设置好文件的保存位置后，单击“下载”按钮，如图 12-60 所示。

图 12-59

图 12-60

STEP 9 开始对网盘中的文件进行下载，如图 12-61 所示。

STEP 10 下载完成后，在界面中单击“打开文件夹”超链接，如图 12-62 所示，即可打开下载文件所在的文件夹。

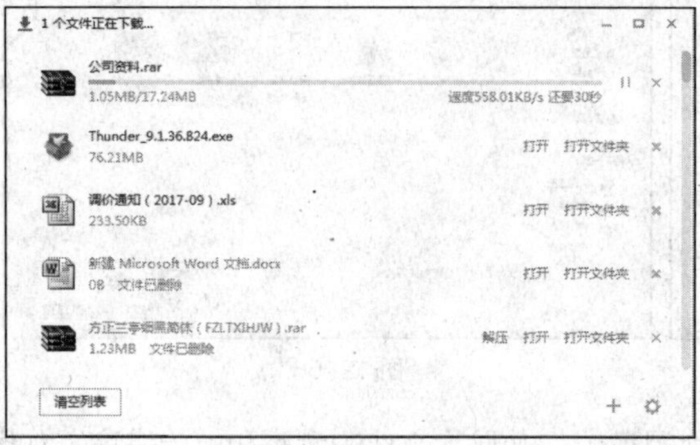

图 12-61

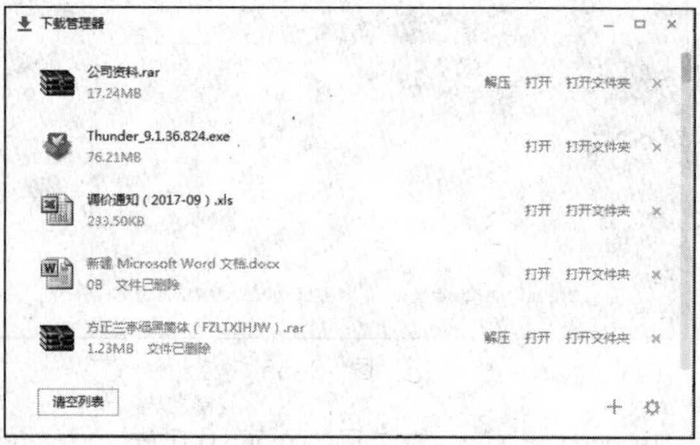

图 12-62

12.4.4 使用微信公众号发布信息

微信是近年来非常流行的社交软件，而微信公众号是面向个人、政府、媒体、企业等机构推出的合作推广业务，各个机构可以通过微信渠道将品牌推广给上亿的微信用户，减少宣传成本，提高品牌知名度，打造更具影响力的品牌形象。

1. 注册账号

注册账号

公众账号类型主要分为服务号和订阅号，下面简单介绍服务号和订阅号的作用和适用人群，帮助用户根据实际情况选择注册微信公众号的账号类型。

◎ 服务号：主要偏向于服务交互，功能类似 12315、114、银行，提供绑定信息，服务交互，每月可群发 4 条消息；适用人群包括媒体、企业、政府或其他组织。

◎ 订阅号：主要偏向于为用户传达资讯，功能类似于报纸杂志，为用户提供新闻信息或娱乐趣事，每天可群发 1 条消息；适用人群包括个人、媒体、企业、政府或其他组织。

> 提示 如果想用微信公众平台发布信息，做宣传推广服务，建议选择订阅号；如果想用微信公众平台进行商品销售，建议选择服务号，后续可认证和申请微信支付商户。

注册微信公众号时，可根据公众号的用途，具体选择对应的类型，它们的注册方法类似，只是在注册时提交的材料不同。下面介绍注册个人类型的公众账号的具体方法。

STEP 1 打开浏览器，在地址栏中输入微信公众平台官网地址“https://mp.weixin.qq.com”，按【Enter】键，在打开的网页中单击“立即注册”超链接，如图 12-63 所示。

STEP 2 在打开的注册页面填写邮箱（使用没有注册过微信账号的邮箱）、密码和验证码等信息，然后单击“注册”按钮，如图 12-64 所示。

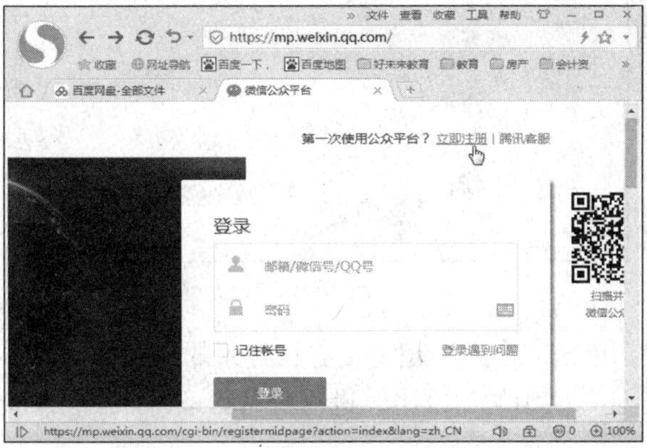

图 12-63

图 12-64

STEP 3 在打开的页面中提示需要登录邮箱激活公众平台账号。这里填写的是 QQ 邮箱账号，因此在 QQ 主界面中单击“登录邮箱”按钮，如图 12-65 所示。

STEP 4 进入 QQ 邮箱，在左侧窗格中单击“收件箱”选项卡，打开“收件箱”，单击微信团队发送的信件标题超链接，打开信件窗口，按照提示单击链接激活微信公众号，如图 12-66 所示。

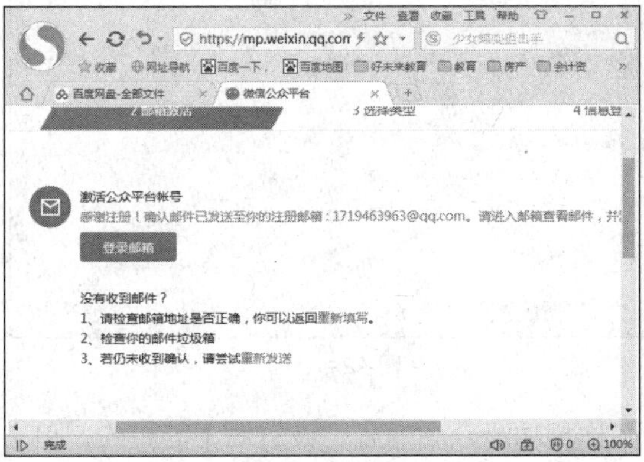

图 12-65

图 12-66

提示　在使用电子邮箱注册微信公众号时，一个邮箱只能注册一次，如果微信号绑定了邮箱，则该邮箱不能再注册微信公众号。

STEP 5 激活公众平台账号后，返回注册页面，提示选择公众号类型，这里选择注册“订阅号”，单击下方的“选择并继续”超链接，如图 12-67 所示。

STEP 6 打开提示对话框提示选择账号类型后不能再进行更改，单击“确定”按钮，如图 12-68 所示。

图 12-67

图 12-68

STEP 7 在打开的页面中选择账号类型，单击“个人”超链接。在打开的页面输入身份证信息，然后使用手机微信扫描“运营者身份验证”栏中的二维码，进行身份验证，如图 12-69 所示。

STEP 8 在“运营者手机号码”文本框中输入手机号，单击右侧的“获取验证码”按钮，再将手机短信获取的验证码输入“短信验证码”文本框中，单击“继续”按钮，如图 12-70 所示。

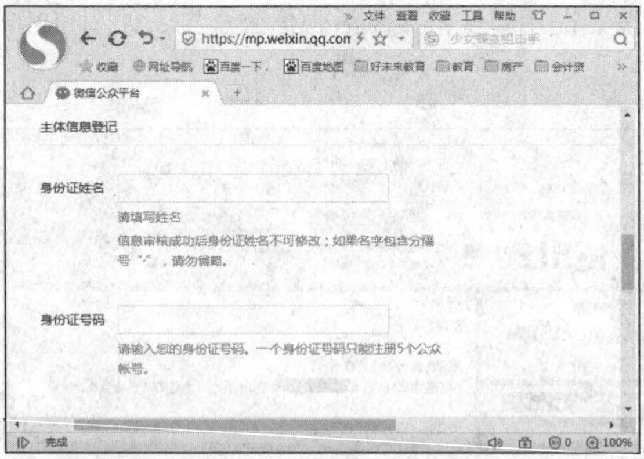

图 12-69

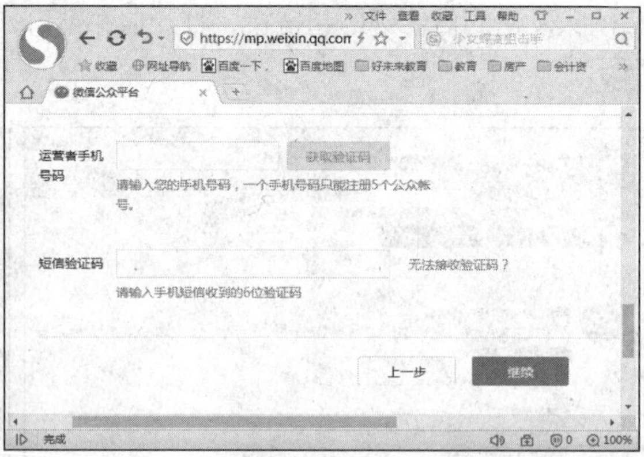

图 12-70

STEP 9 在打开的页面输入订阅号的账号名称和功能介绍内容，设置后不能更改，单击“确定”按钮，如图 12-71 所示。

STEP 10 在打开的页面中提示“信息提交成功”，表示完成微信公众号的注册，如图 12-72 所示。

图 12-71

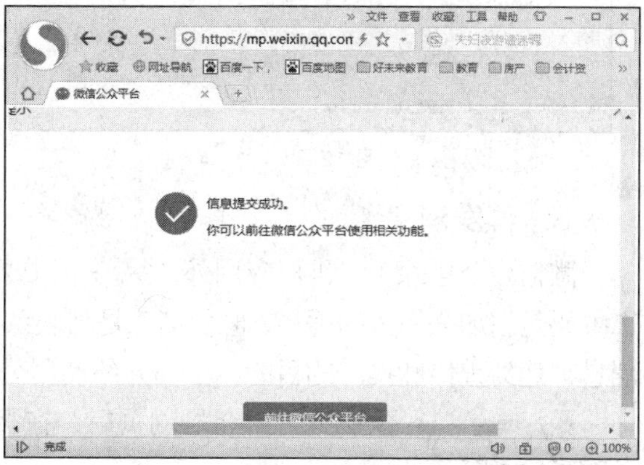

图 12-72

2. 生成二维码

生成二维码

微信用户关注公众号的主要方式是扫描公众号的二维码。下面在注册的微信公众号中下载二维码图片，将其打印到纸张上，供其他微信用户扫描关注使用。

STEP 1 启动浏览器，在地址栏中输入“mp.weixin.qq.com”，按【Enter】键，在微信公众号登录界面输入注册时填写的邮箱账号和密码，登录微信公众号页面，在主界面的左侧窗格中单击“公众号设置”超链接，如图 12-73 所示。

STEP 2 打开“公众号设置”界面，在“账号详情”选项卡中单击“二维码”栏中的“下载更多尺寸”超链接，如图 12-74 所示。

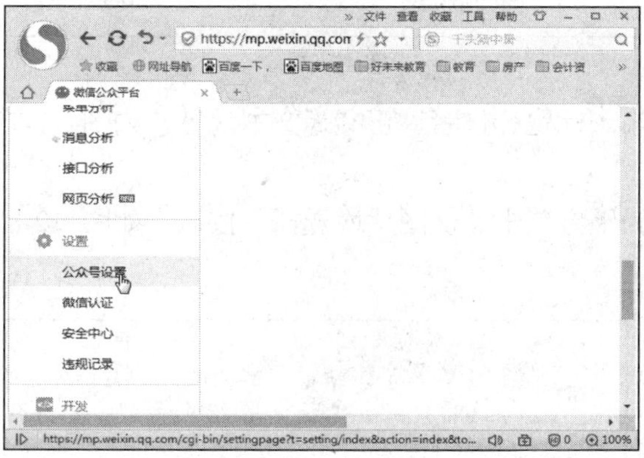

图 12-73

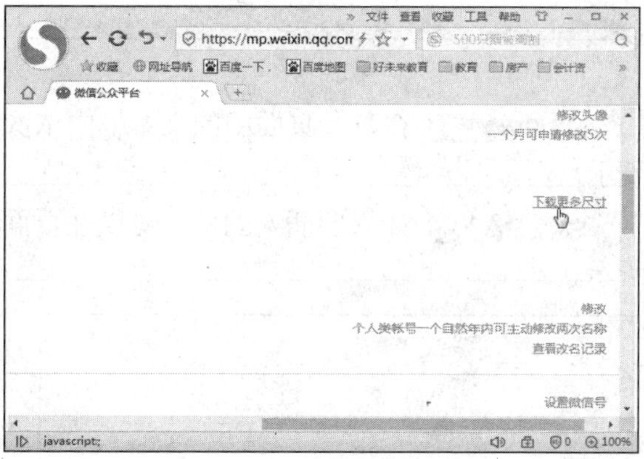

图 12-74

STEP 3 在打开的对话框中列出了二维码的尺寸选项，根据需要进行选择，如选择二维码边长和建议扫描距离等，然后单击对应的下载链接，如图 12-75 所示。

STEP 4 启动浏览器的下载功能，打开下载对话框，在其中设置保存位置后，单击“下载”按钮进行下载，如图 12-76 所示。下载二维码后，在保存位置可查看二维码图片，可将二维码图片插入 Word 等文档中打印输出。

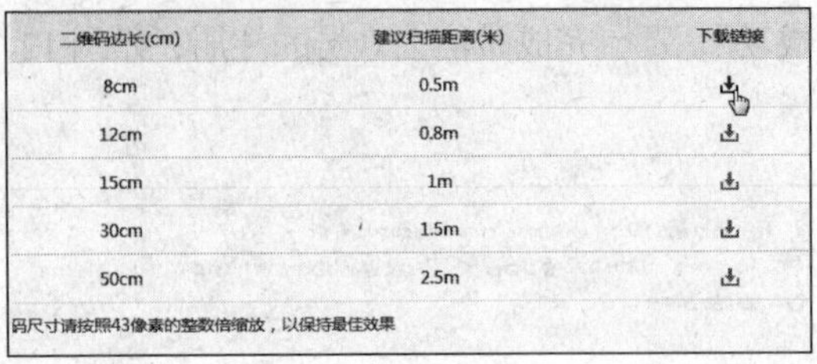

二维码边长(cm)	建议扫描距离(米)	下载链接
8cm	0.5m	
12cm	0.8m	
15cm	1m	
30cm	1.5m	
50cm	2.5m	

码尺寸请按照43像素的整数倍缩放，以保持最佳效果

图 12–75

图 12–76

3. 群发消息

群发消息

微信公众号除了二维码应用外，另一个重要的应用是发送信息。简单地讲，二维码是添加联系人的途径，群发消息是与联系人进行交流方法，即向用户推送消息，达到宣传和推广的目的，下面介绍使用公众号群发消息的具体操作。

STEP 1 登录微信公众号网页后，在页面中单击“新建群发”按钮，如图 12-77 所示。

STEP 2 在打开的界面的右侧单击“新建图文消息”超链接，打开新建图文的编辑页面，如图 12-78 所示。

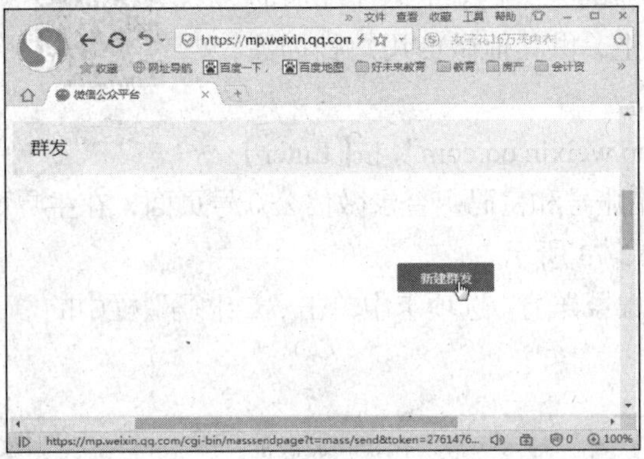

图 12–77

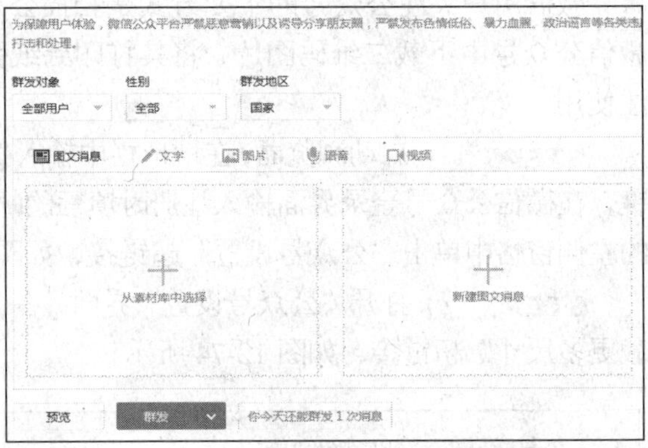

图 12–78

STEP 3 在打开页面中的文本框中依次输入标题、作者、正文等文本内容，如图 12-79 所示。

STEP 4 如果要插入图片，可以在页面的下方单击“从图片库选择”按钮，如图 12-80 所示。

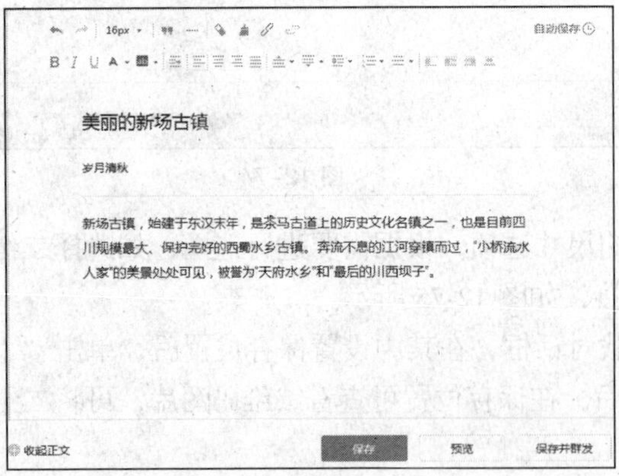

图 12–79

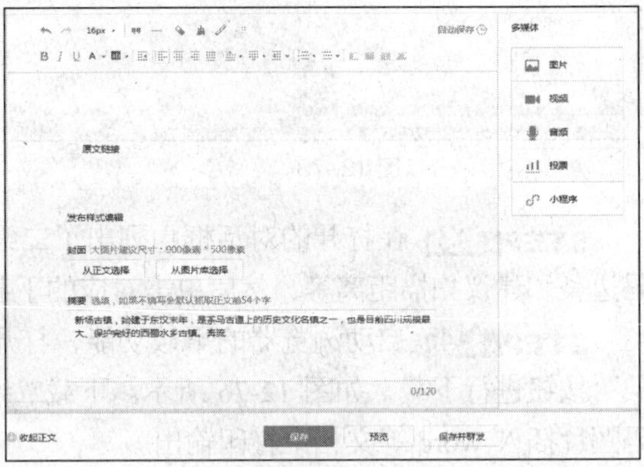

图 12–80

STEP 5 在打开的页面中单击“本地上传”按钮，如图 12-81 所示。

STEP 6 打开“打开”对话框，在其中选择想要使用的图片，单击“打开”按钮，将选择的图片上传到公众号，如图 12-82 所示。

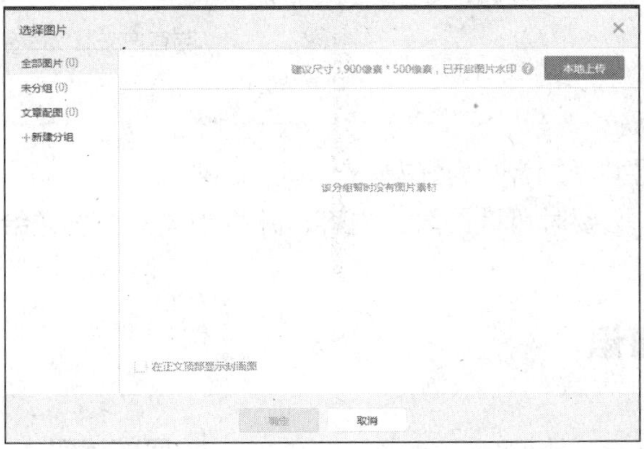

图 12-81

图 12-82

STEP 7 上传图片后，单击图文信息编辑页面下方的“保存”按钮，返回“群发功能”界面，可查看到添加的图文信息，在上方设置“群发对象、性别和群发地区”，然后返回主界面，在其中单击“群发”超链接，即可发送至关注了微信公众号的用户，如图 12-83 所示。

STEP 8 使用手机微信扫描二维码关注公众号，在其中即可看到发布的消息，如图 12-84 所示。

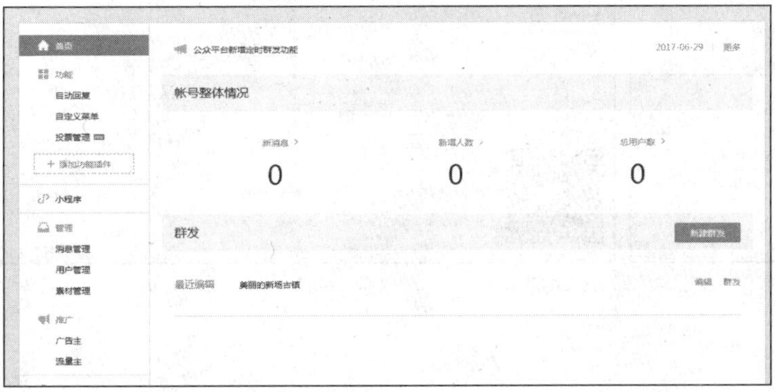

图 12-83

图 12-84

12.5 上机案例

12.5.1 与客户交流项目

案例目标

本案例要求使用 QQ 与客户进行交流，主要练习 QQ 的相关知识，包括发送即时消息、文件等操作。

与客户交流项目

操作思路

在进行本案例的操作时，应先登录 QQ 并将客户添加为好友，接着与客户进行文字交流，并给客户发送资料。

步骤提示

STEP 1 登录 QQ，查找客户的 QQ 账号并添加客户为好友。

STEP 2 就目前进行的项目进行交流，必要时可截图表达内容，并将相关文件发送给客户。

12.5.2 在网络中学习 Excel 知识

在网络中学习 Excel 知识

案例目标

本案例的目标是在 Excel Home 网站中学习 Excel 知识，Excel Home 也叫“Excel 之家”，是国内具有较大影响力的以研究与推广 Excel 为主的网站。通过本案例可练习使用浏览器浏览网页信息的操作，还可以强化学习 Excel 的操作知识。Excel Home 的网站页面如图 12-85 所示。

图 12-85

操作思路

本案例首先连接办公室无线网络，启动计算机中安装的任意一款浏览器，在地址栏输入“http://www.excelhome.net”，进入 Excel Home 网站主页浏览信息。

步骤提示

STEP 1 输入无线密码，连接办公室网络，然后启动浏览器。

STEP 2 在地址栏输入“http://www.excelhome.net”，进入 Excel Home 网站主页，根据需要单击相关的链接，如单击“Excel 图表图形”超链接，进入该分类主题页面，再单击相关链接，浏览使用 Excel 制作图表的操作知识。

12.6 课后习题

12.6.1 配置无线网络

练习知识要点

本练习是使用计算机配置无线网络，购买无线路由器后，连接并进入无线路由器，开启无线功能。然后在用户的手机中打开无线功能，输入密码连接无线网络，如果有多台计算机，可进行共享设置。通过练习熟悉无线网络的配置设置。

12.6.2 注册百度网盘和微信公众号

练习知识要点

本练习将启动浏览器，进入百度网盘登录页面，注册一个百度账号，然后登录到百度网盘，查看各项功能。根据需要自行注册一个微信公众号，可根据公司或个人的相关情况对公众号进行命名，通过本练习，使用户拥有自己的百度网盘和微信公众号，同时熟悉网盘、微信公众号的相关操作。

第13章 信息安全与系统优化

本章主要介绍计算机中对信息的保护以及对系统的优化等知识。网络的发展虽然使办公变得更加高效，但同时也给系统的安全带来了隐患。通过本章的学习，读者将掌握查杀病毒、查杀木马、修补系统漏洞以及清理和优化电脑等操作。

课堂学习目标

◎ 信息安全的重要性

◎ 计算机病毒的概念

◎ 网络安全的防护

◎ 系统优化

13.1 信息安全的重要性

随着信息化的发展，信息技术越来越融入我们的生活和工作，现代的生活方式也随着信息技术的发展，发生了质的变化，主要体现在以下几个方面。

◎ 购物：在以前人们购物都会选择逛街，而随着信息技术的发展，越来越多人选择网购。

◎ 社交：以前的远程交流主要通过写信，而随着信息技术的发展，短信、电话成为人与人之间沟通的主要渠道。随着微信、QQ 等社交软件的普及，人与人之间的交流也越来越方便，这也从侧面体现了信息技术的发展对生活的影响。

◎ 交易方式：从最早的以物易物，到后来以金钱作为等价物交换，再到现在的电子支付。信息技术的发展使人们的支付方式和支付习惯也产生了巨大的转变，目前很多大商场、超市都支持电子支付，大大方便了人们的生活。

当然，任何事情的发展都有两面性，信息化虽然有它便利的一面，但也存在着相当大的隐患。如在各类网站中，都需要用个人信息进行注册。在进行网络交易时也需要进行实名认证。这些个人信息都会存储在网络空间的服务器中，一旦网络服务器受到攻击，就会造成个人信息的泄露，有些不法分子就会利用这些个人信息进行诈骗。另外，随着网站数量的增加，各种类型的网站层出不穷，如果没有养成良好的网络浏览习惯，随意浏览各种网站，就会增加感染计算机病毒的几率，进而造成计算机内部各种资料的损坏或者丢失，甚至还会被黑客通过病毒盗取个人账户信息，给我们造成经济损失。所以随着信息化的普及，网络用户必须了解信息安全的重要性，更要注重信息安全的保护。

13.2 计算机病毒的概念

网络虽然为我们提供了便利，但也带来了风险，如计算机病毒造成的损害。为了更好地了解并防治计算机病毒，下面将具体介绍病毒的一些基本概念，包括病毒的定义、分类、特征及传播方式。

13.2.1 计算机病毒的定义、分类和特征

计算机病毒是危害计算机信息安全的主要“凶手”之一，不同的计算机病毒会给计算机的信息造成不同程度的损害，常常让人防不胜防。下面将具体介绍计算机病毒的定义、分类及其特征。

1. 病毒的定义

计算机病毒（Computer Virus）是编制者在计算机程序中插入的破坏计算机功能或者数据的代码，它能影响计算机使用，是能自我复制的一组计算机指令或者程序代码。

计算机病毒与医学上的“病毒”不同，计算机病毒不是天然存在的，而是利用计算机软件或硬件的缺陷和漏洞编制的一组指令集或程序代码。它能潜伏在计算机的存储介质（或程序）里，条件满足时即被激活，用修改其他程序的方法将自己精确复制或者侵入其他程序中，从而感染其他程序，对计算机资源进行破坏。

2. 病毒的分类

计算机病毒种类繁多，按照计算机病毒的特点及特性，可以有多种不同的分类方法。而根据不同的分类方法，同一种计算机病毒也可以属于不同的病毒种类。

根据病毒存在的媒体划分：

◎ 网络病毒：通过计算机网络传播感染网络中的可执行文件。

◎ 文件病毒：感染计算机中的文件（如：COM，EXE，DOC 等）。

◎ 引导型病毒：感染启动扇区（Boot）和硬盘的系统引导扇区（MBR）。

根据病毒传染渠道划分：

◎ 驻留型病毒：这种病毒感染计算机后，会把自身的内存驻留部分放在内存（RAM）中，这一部分程序挂接系统调用，再合并到操作系统中，它会一直处于激活状态，直到关机或重新启动。

◎ 非驻留型病毒：这种病毒在得到机会激活时并不感染计算机内存，一些病毒在内存中留有小部分，但是并不通过这一部分进行感染，这类病毒也被划分为非驻留型病毒。

根据破坏能力划分：

◎ 无害型：除了感染时会减少磁盘的可用空间外，对系统没有其他影响。

◎ 无危险型：这类病毒仅仅是减少内存、显示图像、发出声音及影像等。

◎ 危险型：这类病毒在计算机系统操作中会造成严重的错误。

◎ 非常危险型：这类病毒会删除程序、破坏数据、清除系统内存区和操作系统中重要的信息。

3. 病毒的特征

计算机病毒有别于普通的程序，它的特征主要表现在以下几个方面。

◎ 繁殖性：计算机病毒可以像生物病毒一样进行繁殖，当正常程序运行时，它也将运行并进行复制，是否具有繁殖、感染计算机的特征是判断计算机病毒的首要条件。

◎ 破坏性：计算机感染病毒后，可能会导致程序无法正常运行、把计算机内的文件删除或受到不同程度的损坏、破坏引导扇区及 BIOS、破坏硬件环境等。

◎ 传染性：计算机病毒的传染性是指计算机病毒通过修改其他的程序，将自身的复制品或其变体传染到其它无毒的对象上，这些对象可以是一个程序，也可以是系统中的某一个部件。

◎ 潜伏性：计算机病毒的潜伏性是指计算机病毒可以依附于其他媒介寄生，侵入后的病毒潜伏到条件成熟才发作，使电脑运行速度变慢。

◎ 隐蔽性：计算机病毒具有很强的隐蔽性，少数病毒可以通过病毒查杀软件检查出来。隐蔽性计算机病毒时隐时现、变化无常，这类病毒非常难以处理。

◎ 可触发性：编制计算机病毒的人，一般都为病毒程序设定了触发条件，例如系统时钟的某个时间或日期、系统运行了某些程序等。一旦条件满足，计算机病毒就会“发作”，使系统遭到破坏。

13.2.2 病毒的传播方式

网络中的计算机会感染计算机病毒的原因是病毒具有传播性，计算机病毒主要通过以下 3 种途径进行传播。

◎ 途径 1：通过不可移动的计算机硬件设备进行传播，这类病毒虽然极少，但破坏力却极强，目前尚没有较好的检测手段。

◎ 途径 2：通过移动存储介质传播，包括光盘、U 盘和移动硬盘等，在用户之间互相传送文件时造成病毒的扩散。

◎ 途径 3：通过计算机网络进行传播。计算机病毒附着在正常文件中通过网络进入其他系统，其传播速度呈几何级数增长，是目前病毒传播的首要途径。

13.3 网络安全的防护

随着网络技术的飞速发展，互联网把人们带进了一个更为宽阔的天地。人们通过网络提供的传播交流平台，尽情享受着丰富多彩的网络生活。然而许多网站上存在着越来越多令人烦恼不已的“网络污染”，如病毒、钓鱼网站和流氓软件等。因此使用网络时应该做好网络安全的防护，如使用杀毒软件查杀病毒，查找系统漏洞并更新程序等。

13.3.1 使用杀毒软件

使用杀毒软件

如果计算机不慎感染了病毒，个人资料和数据被窃取，那么可以使用杀毒软件对计算机中的文件进行检查，对检查出的病毒文件进行处理。下面介绍使用 360 杀毒软件对计算机中的病毒文件进行查杀的方法。

STEP 1 在计算机中安装好 360 杀毒后，打开该软件，在其主界面中选择扫描方式，这里单击“全盘扫描”按钮，对计算机中所有文件进行扫描，如图 13-1 所示。

STEP 2 在打开的界面中显示软件开始对计算机中的文件进行扫描，如图 13-2 所示。

图 13–1

图 13–2

STEP 3 对计算机中的文件扫描完成后，扫描到的病毒文件或者是对计算机产生威胁的对象将在界面中显示出来，这时可以单击右侧的“立即处理”按钮，如图 13-3 所示。

STEP 4 软件开始对计算机中的病毒文件或者威胁文件进行处理，完成后将打开提示界面，提示处理的数目等信息，单击“确定”按钮完成杀毒操作，如图 13-4 所示。

> **提示** 如果计算机出现了无法启动、经常死机、文件无法打开、内存不足、磁盘空间不足、数据丢失、运行速度慢、鼠标键盘锁死、文件来历不明、自动加载某些程序等情况，则说明其可能感染了病毒，最好使用杀毒软件进行查杀。比如“比特币勒索”病毒就是令用户计算机中的文件无法打开。

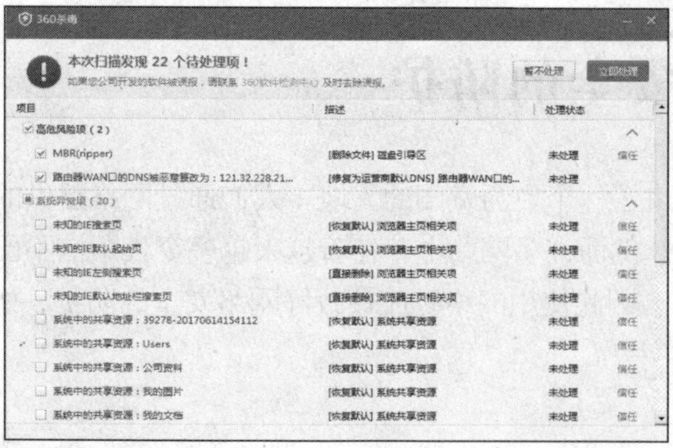

图 13-3

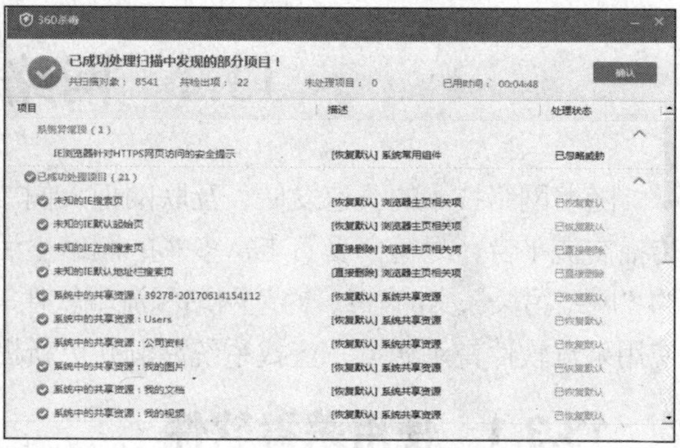

图 13-4

提示　加强防范意识可将遇到网络威胁的几率降到最低，达到抵御网络威胁的目的。在使用计算机连接网络时要做到定期升级杀毒软件、不随意浏览未知网站、不打开陌生的邮件、不随意下载软件等，同时做好数据的备份。

13.3.2　系统漏洞的修复

系统漏洞的修复

系统漏洞是指应用软件或操作系统中的缺陷或错误，其他人可能会通过在其中植入病毒，窃取计算机中的重要资料，甚至破坏系统。使用 360 安全卫士的漏洞修复功能可扫描并修复计算机中存在的漏洞。下面介绍使用 360 安全卫士扫描并修复漏洞的具体方法。

STEP 1 在 360 安全卫士界面中单击“系统修复”按钮，在“系统修复”界面中单击“单项修复”按钮，在弹出的下拉列表中选择“漏洞修复”选项，如图 13-5 所示。

STEP 2 软件开始对系统漏洞进行扫描，如图 13-6 所示。

图 13-5

图 13-6

STEP 3 扫描完成后在下面列表中显示出系统存在的漏洞选项，单击“一键修复”按钮，如图 13-7 所示。

STEP 4 软件开始对系统的漏洞进行修复，如图 13-8 所示，完成后重启计算机即可。

图 13-7

图 13-8

13.3.3 网页的安全防护

在使用网页浏览信息时，很可能会不慎打开钓鱼网站，或者被强制安装流氓软件等，导致计算机的安全受到威胁，因此需要做好网页安全的防护。

1. 钓鱼网站和流氓软件的危害

钓鱼网站是一种新型的网络诈骗方式，它是指使用各种欺骗手段，制作一些和真实网站的网址以及页面内容相似的网站，或者是利用网站服务器的漏洞在网页中插入木马程序，以此来骗取用户的账号和密码等私人信息，从而进行一些犯罪活动。

钓鱼网站的出现，给金融服务、电子商务行业的发展带来了严重的影响，它不仅危害公众利益，而且影响公众使用互联网的信心。一些非法人员将制作的经过伪装的钓鱼网站链接通过电子邮箱发送到各个用户邮箱中，如果用户通过链接打开钓鱼网站，并在其中输入账号和密码，不法分子即可盗取用户的个人信息，包括银行卡和信用卡等信息，给用户造成损失。

图 13-9 和 13-10 所示为两个框架相同，而内容不同的网站，其中图 13-9 是一个钓鱼网站，如果只看网页中的内容，很难分辨网站的真假，但是其网址和图 13-10 所示的正规网站的网址是有区别的，且该钓鱼网站会弹出一些非法广告，正规网站则不会。

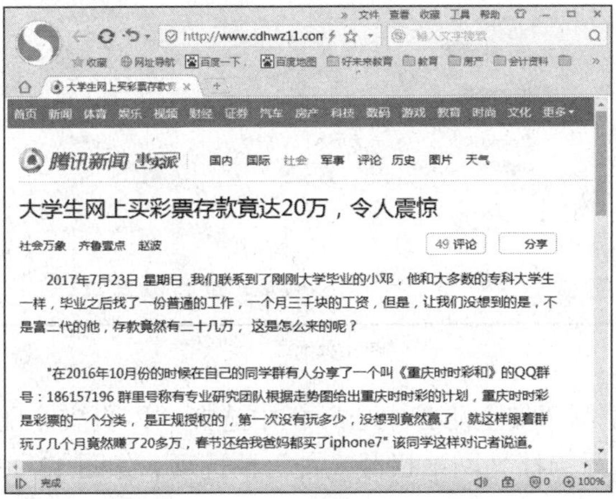

图 13-9

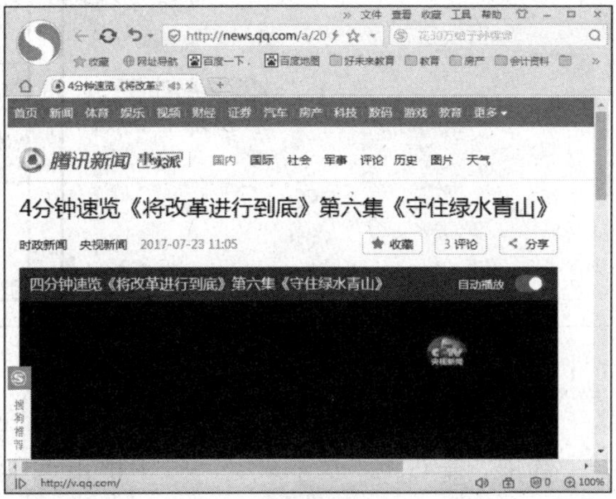

图 13-10

流氓软件也称为恶意软件，是指在未明确提示用户或未经用户许可的情况下，在用户计算机或其他终端上安装运行，侵犯用户合法权益的软件，主要具有如下特点。

◎ 强制安装：指在未明确提示用户或未经用户许可的情况下，在用户计算机或其他终端上安装软件的行为。

◎ 难以卸载：指未提供通用的卸载方式，或在不受其他软件影响、人为破坏的情况下，卸载后仍活动程序的行为。

◎ 浏览器劫持：指未经用户许可，修改用户浏览器或其他相关设置，迫使用户访问特定网站或导致用户无法正常上网的行为。

◎ 广告弹出：指未明确提示用户或未经用户许可的情况下，利用安装在用户计算机或其他终端上的软件弹出广告的行为。

◎ 恶意收集用户信息：指未明确提示或未经用户许可的情况下恶意收集用户信息的行为。

◎ 恶意卸载：指未明确提示、未经许可或误导、欺骗用户卸载非恶意软件的行为。

◎ 恶意捆绑：指在软件中捆绑已被认定为恶意软件的行为。

◎ 恶意安装：指在未经用户许可的情况下，强制在用户计算机里安装其他非附带的独立软件的行为。

2. 钓鱼网站和流氓软件的防护

钓鱼网站和流氓软件的防护

通过一些系统安全软件可以有效地对钓鱼网站进行识别，从而降低落入钓鱼网站圈套的几率。下面通过对 360 安全卫士进行设置，使之在打开网页时能够自动检测和识别钓鱼网站。

STEP 1 打开 360 安全卫士，在主界面中的左下角单击“防护中心”按钮，如图 13-11 所示。

STEP 2 在打开的界面中单击“安全设置”按钮，如图 13-12 所示。

图 13-11

图 13-12

STEP 3 打开 360 设置中心界面，在左侧“安全防护中心”栏中选择“网页安全防护”选项，在右侧“基本设置”栏中单击选中“开启挂马网站拦截功能”单选项，如图 13-13 所示。

STEP 4 在界面左侧选择“网络安全防护”选项，在右侧“网络安全防护”栏中单击选中“自动分析并拦截下列网络行为”复选框，将自动对未知网站的几项危险网络行为进行拦截，如图 13-14 所示。

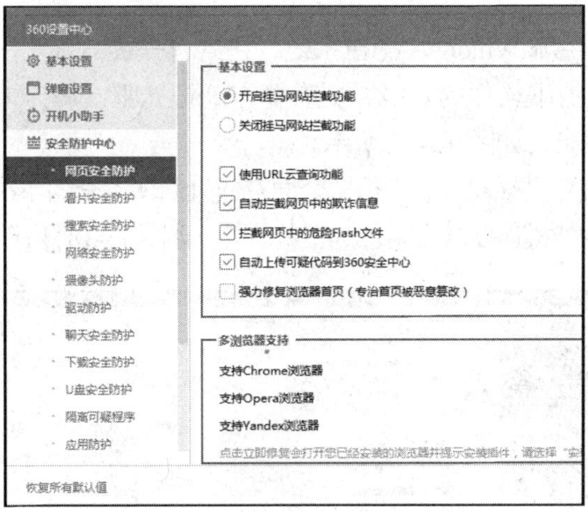

图 13-13

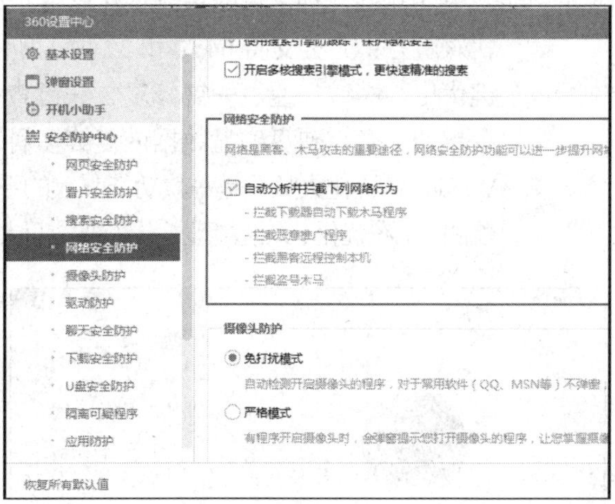

图 13-14

STEP 5 在界面左侧选择“隔离可疑程序”选项，在右侧“隔离可疑程序”“浏览器防护”“输入法防护”等栏中单击选中相应的复选框，开始对相应内容进行防护，如图 13-15 所示。

STEP 6 在界面左侧选择“下载安全防护”选项，在右侧“下载安全防护”“U 盘安全防护”栏中单击选中相应的复选框和单选项，开启对网络下载或文件传输的防护，如图 13-16 所示。

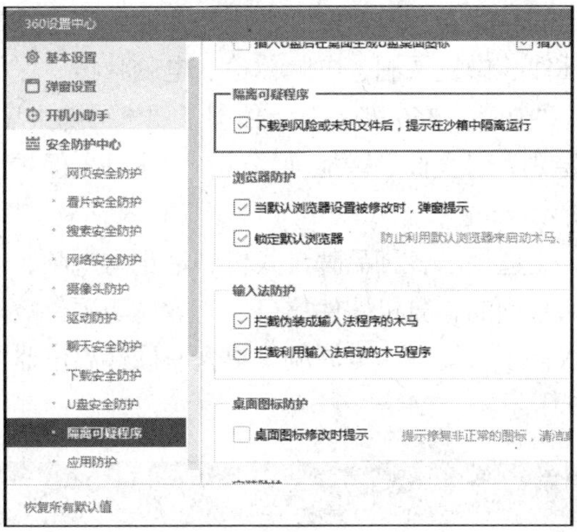

图 13-15

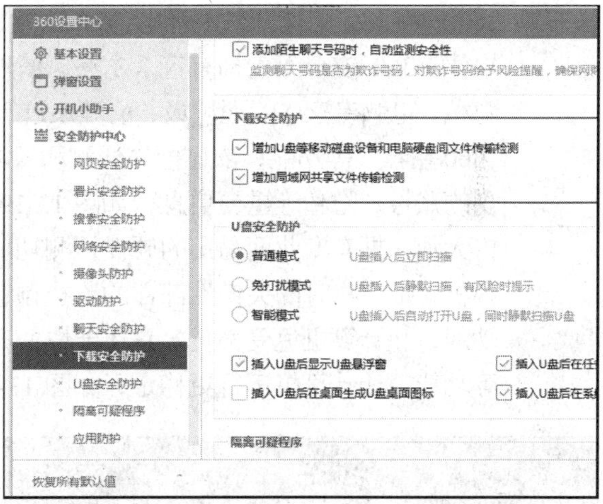

图 13-16

13.4 系统优化

计算机在使用一段时间后，硬盘中的文件会越来越多，运行的速度也越来越慢，这是因为系统中存放的垃圾文件太多造成运行空间的减少，或是启动程序太多造成系统运行速度减慢，因此需要定期对系统进行清理和优化。

13.4.1 系统优化的软件

目前对系统进行清理和优化的软件有很多种，很多都具有查杀木马程序、清理垃圾、修复漏洞等功能，下面介绍几种常用的系统优化软件。

◎ 软媒魔方：完美支持 64 位和 32 位的所有主流 Windows 操作系统，它具有一键清理、一键优化、一键加速、一键修复、一键查杀流氓软件的功能，更有魔方虚拟光驱、魔方 U 盘启动、魔方硬盘磁盘数据恢复等多种功能，如图 13-17 所示。

◎ Windows 优化大师：是一款功能强大的系统工具软件，它提供了全面有效且简便安全的系统检测、系统优化、系统清理、系统维护四大功能模块及数个附加的工具软件，如图 13-18 所示。

图 13-17

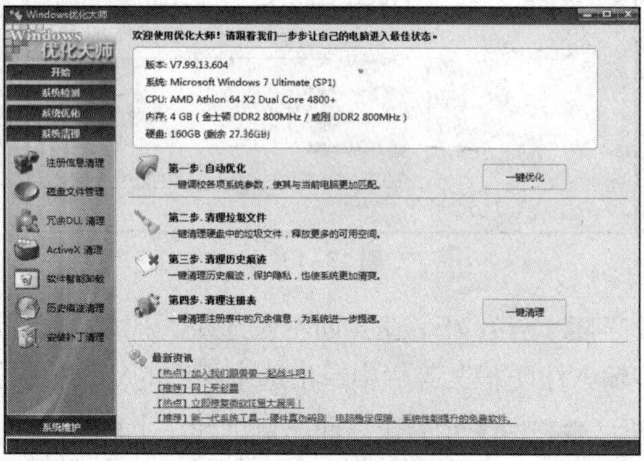

图 13-18

◎ 360 安全卫士：是一款由奇虎 360 公司推出的功能强、效果好、受用户欢迎的安全杀毒软件。360 安全卫士拥有查杀木马、清理插件、修复漏洞、电脑体检、电脑救援、保护隐私、电脑专家、清理垃圾、清理痕迹等多种功能。360 安全卫士独创了“木马防火墙”“360 密盘”等功能，依靠抢先侦测和云端鉴别，可全面、智能地拦截各类木马，保护用户的账号、隐私等重要信息，如图 13-19 所示。

◎ 鲁大师：拥有专业而易用的硬件检测功能，它适用于各种品牌台式机、笔记本电脑、兼容机，拥有实时的关键性部件的监控预警，全面的计算机硬件信息，有效预防硬件故障功能，让计算机免受困扰。它还能快速升级补丁，安全修复漏洞，更含有硬件温度监测等功能，让计算机运行更稳定，如图 13-20 所示。

图 13-19

图 13-20

◎ 超级兔子：具有辨别硬件真伪、安装硬件驱动、维护系统安全、安装系统补丁及软件升级、优化清理系统、清除系统垃圾、提升电脑速度、保护浏览器安全、监测危险程序、屏蔽广告弹窗、清理流氓软件、延长 SSD（固态硬盘）寿命、超大内存不浪费、有效提升系统速度等功能，如图 13-21 所示。

◎ 腾讯电脑管家：是腾讯公司推出的一款免费安全软件，能有效预防和解决计算机上常见的安全风险，它拥有云查杀木马、系统加速、漏洞修复、实时防护、网速保护、电脑诊所、健康小助手、强力卸载等功能，如图 13-22 所示。

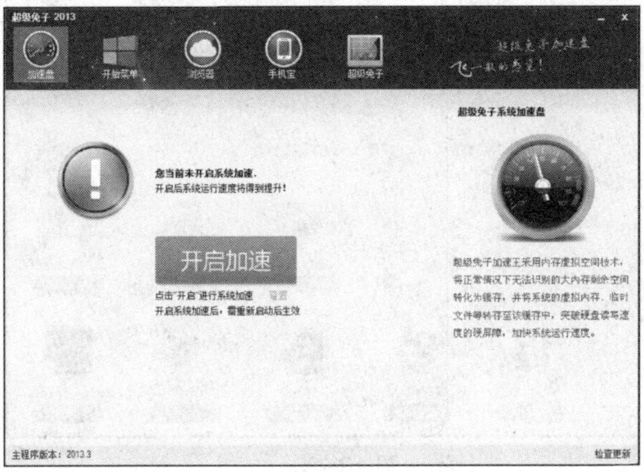

图 13-21

图 13-22

13.4.2 使用软件优化系统

当计算机系统中的垃圾文件过多时，就可能会影响系统的正常运行，系统运行、软件安装和运行、系统修复、文件管理等操作都会导致垃圾文件的产生，下面介绍使用计算机安全软件优化系统的方法。

使用软件优化系统

STEP 1 启动 360 安全卫士，在界面上方单击“电脑清理”按钮，在打开的“电脑清理”界面中单击“全面清理”按钮，如图 13-23 所示。

STEP 2 360 安全卫士自动对系统的各区域进行扫描，如图 13-24 所示。

图 13-23

图 13-24

STEP 3 扫描完成后，在界面下面的列表中将显示出系统的每个区域或者软件中扫描出的垃圾文件，需要清理则单击选中图标右下角的复选框，然后单击“一键清理”按钮，如图 13-25 所示。

STEP 4 软件开始对系统每个区域和软件的垃圾文件进行清理，如图 13-26 所示。

图 13-25

图 13-26

13.5 上机案例

13.5.1 系统状态体检与优化

系统状态体检与优化

案例目标

本案例将在用户的计算机中安装 360 安全卫士，然后使用 360 安全卫士对计算机进行体检与优化，保障计算机系统的安全运行，练习计算机防护软件的操作。

操作思路

完成本案例首先要启动“360 安全卫士”软件，然后进行电脑体检，再进行优化电脑操作，最后对计算机进行清理。

步骤提示

STEP 1 安装并启动 360 安全卫士，进入“电脑体检”界面，单击“立即体检”按钮对计算机进行体检，如图 13-27 所示，检测完成后单击“一键修复”按钮。

STEP 2 进入“优化加速”界面，软件自动对优化项目进行扫描，单击“立即优化”按钮，如图 13-28 所示。

图 13–27

图 13–28

STEP 3 进入“电脑清理”界面，单击“全面清理”按钮清理系统垃圾，如图 13-29 所示。

图 13–29

13.5.2 认识和使用电脑管家

认识和使用电脑管家

案例目标

本案例主要在计算机中下载安装电脑管家，并使用它对计算机进行杀毒、清理和优化等操作。

操作思路

在腾讯官方网站下载并安装电脑管家，先对计算机病毒进行查杀，然后对计算机垃圾文件进行清理，最后对计算机进行优化加速。

步骤提示

STEP 1 安装并启动电脑管家，在主界面下方单击“病毒查杀”按钮，如图 13-30 所示。

STEP 2 进入“病毒查杀”界面，单击“闪电杀毒”按钮旁的下拉按钮，在弹出的下拉列表中选择“全盘杀毒”选项，对计算机中的全部文件进行病毒的查杀，如图 13-31 所示。

图 13-30

图 13-31

STEP 3 在主界面下方单击“清理垃圾”按钮，进入“清理垃圾”界面，单击“立即体验”按钮开始清理垃圾文件，如图 13-32 所示。

STEP 4 在主界面下方单击“电脑加速”按钮，进入“电脑加速”界面，单击“一键扫描”按钮开始扫描，如图 13-33 所示。

图 13-32

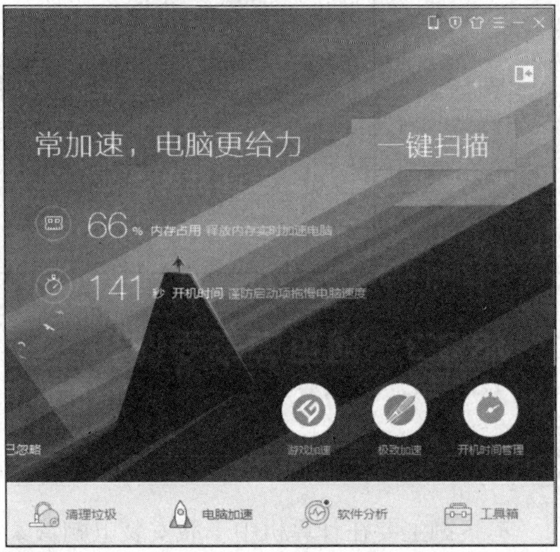

图 13-33

13.6 课后习题

13.6.1 使用鲁大师进行计算机体检

练习知识要点

本练习将在计算机中下载安装鲁大师软件，再使用其中的“硬件检测”功能对计算机的硬件进行检测和优化，如图 13-34 所示。

图 13-34

13.6.2 使用软媒魔方清理垃圾文件

练习知识要点

本练习将下载安装软媒魔方软件对系统中的垃圾文件进行清理，以保证系统盘有足够的空间支持计算机的正常运行。在软媒魔方界面中单击“清理大师”按钮，在打开的界面中单击“系统瘦身”按钮，开始查找系统盘中的垃圾文件，如图 13-35 所示。

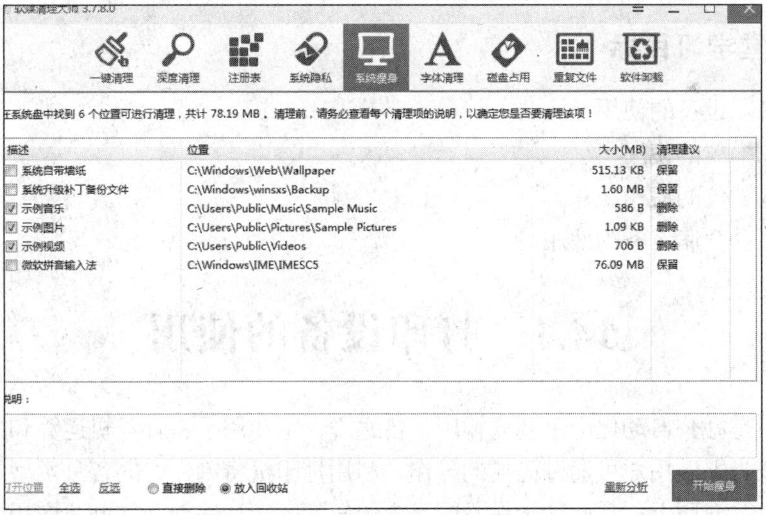

图 13-35

第14章 常用办公设备的使用

本章主要介绍一些日常办公设备的相关操作。包括打印设备、扫描仪、投影仪和移动存储设备U盘、移动硬盘以及录音笔的具体使用方法。通过本章的学习，读者可以掌握常用办公设备的使用方法，提高办公效率。

课堂学习目标

- ◎ 打印设备的使用
- ◎ 扫描仪的使用
- ◎ 投影仪的使用
- ◎ 移动存储设备的使用

14.1 打印设备的使用

打印机是办公自动化中重要的输出设备之一，主要用于将计算机运算和处理后的结果输出到纸张上。用户可通过简便的操作，利用打印机将制作好的各种类型的文档输出到纸张或有关介质上，从而便于在不同场合传送、阅读和保存。在办公应用中不仅要学会使用 Word 等办公软件通过打印机打印出文档内容，还应该对打印机设备的安装、维护等使用方法有足够的了解，从而更利于自动化办公的顺利开展。

14.1.1 打印机的类型

打印机几乎是自动化办公的必备设备，通常在办公中都需要将一些文件进行打印输出。目前家用和办公最常用的是喷墨打印机和激光打印机。下面对打印机的类型及其结构进行介绍，以帮助用户更加直观地掌握打印机的使用。

1. 喷墨打印机

喷墨打印机是一种经济型非击打式的高品质打印机，同时也是一款性价比较高的彩色图像输出设备。因其强大的彩色功能和较低的价格，在现代办公领域颇受青睐。

喷墨打印机将墨水喷到纸张上形成点阵图像，打印机主要由喷头与墨盒、清洁单元、小车单元和送纸单元 4 部分组成，其外观与结构示意图如图 14-1 所示。喷墨打印机的特点是体积小、操作简单方便、打印速度快、工作噪音低和分辨率高。

2. 激光打印机

与喷墨打印机相比，激光打印机是使用硒鼓粉盒里的碳粉形成图像。激光打印机分为黑白激光打印机和彩色激光打印机，分别用于打印黑白和彩色页面，如果是彩色激光打印机，其价格比喷墨打印机更昂贵，成像更复杂。其优势在于技术更成熟、性能更稳定、打印速度和输出质量更高。图 14-2 所示为激光打印机的外观与结构示意图。

图 14–1

图 14–2

提示　在选购喷墨打印机时，应从墨滴控制、打印精度、耗材成本和打印速度 4 个方面进行考虑，除此之外还应注意是否能直接打印照片。

14.1.2　安装本地打印机

安装本地打印机

不管是何种类型的打印机，其使用方法大同小异。用数据线将打印机与一台计算机连接后，首先需要安装打印机的驱动程序。通常情况下，可通过以下 3 种方式获取打印机的安装程序：系统自带的相应型号的打印机驱动程序；购买打印机时附带的驱动程序安装光盘；从打印机品牌官方网站下载相应型号的打印机的驱动程序。

不管安装哪一种途径获得的驱动程序，操作方法都类似。其中安装通过光盘和下载方式获得的驱动程序较简单，且与安装软件程序相同，然后进行其他设置。下面介绍使用系统自带的驱动程序安装打印机的具体操作。

STEP 1 选择【开始】/【设备和打印机】菜单命令，打开“设备和打印机”窗口，在工具栏中单击“添加打印机”按钮，如图 14-3 所示。

STEP 2 打开如图 14-4 所示的向导对话框，选择该对话框中的“添加本地打印机”选项。

图 14–3

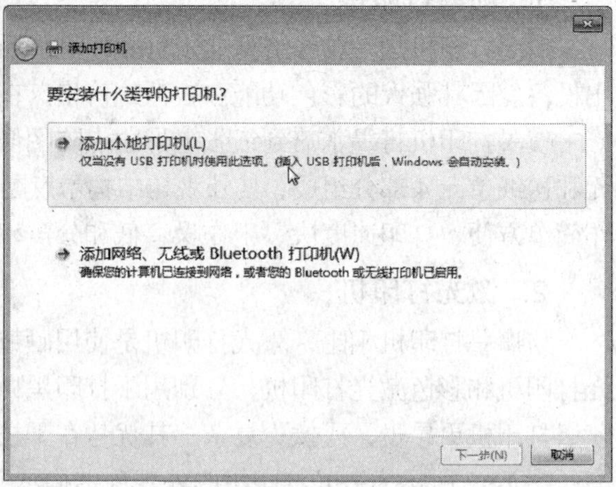

图 14–4

STEP 3 打开“选择打印机端口”对话框，单击选中“使用现有的端口”单选项，在其下拉列表中选择一个端口选项，这里选择默认的 LPT1 端口，单击“下一步”按钮，如图 14-5 所示。

STEP 4 打开“安装打印机驱动程序”对话框，选择使用打印机的厂商和型号，在“厂商”列表框中选择“Canon”选项，在“打印机”列表框中选择“canon Inkjet MX7600 series FAX”选项，单击“下一步”按钮，如图 14-6 所示。

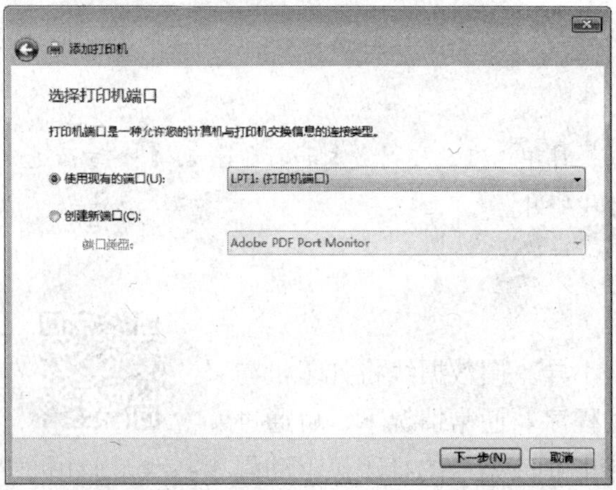

图 14–5

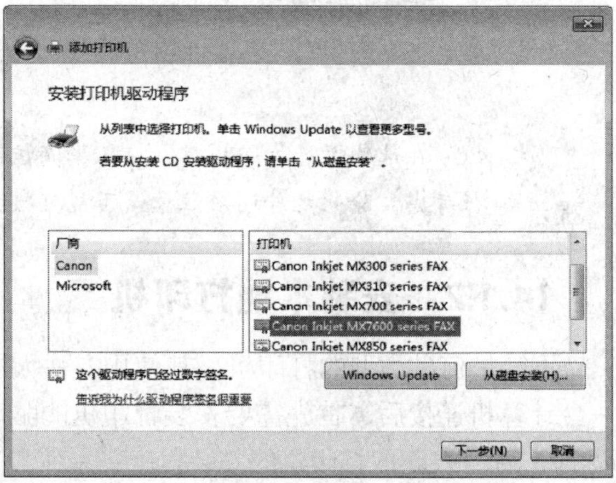

图 14–6

STEP 5 打开“输入打印机名称”对话框，在“打印机名称”文本框中可自定义安装的打印机的名称，这里保持默认名称，单击“下一步”按钮，如图 14-7 所示。

STEP 6 系统开始安装打印机的驱动程序，如图 14-8 所示。

STEP 7 安装完成后，将打开“打印机共享”对话框，选择打印机是否共享，这里单击选中“不共享这台打印机”单选项，单击“下一步”按钮，如图 14-9 所示。

STEP 8 在打开的对话框中提示已成功添加打印机的对话框，单击“完成”按钮，完成安装，如图 14-10 所示。

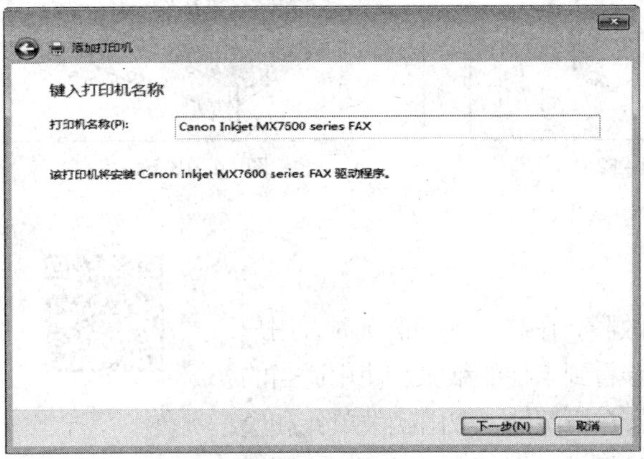

图 14-7

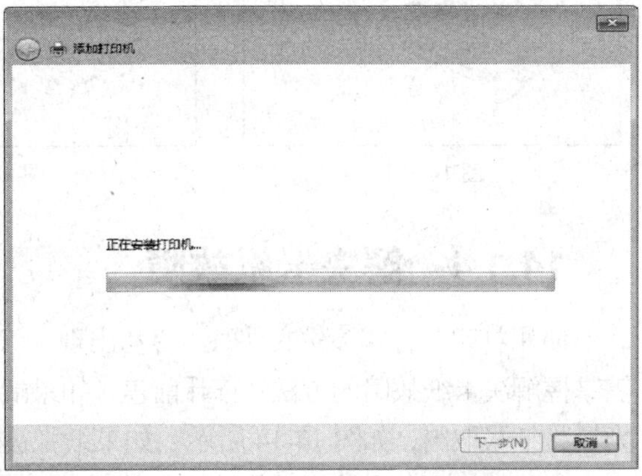

图 14-8

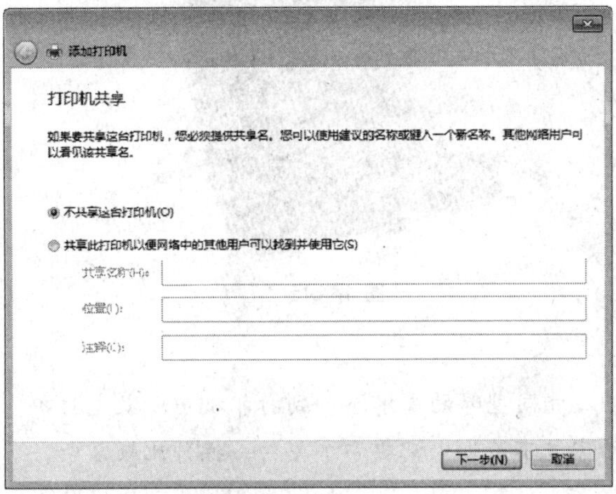

图 14-9

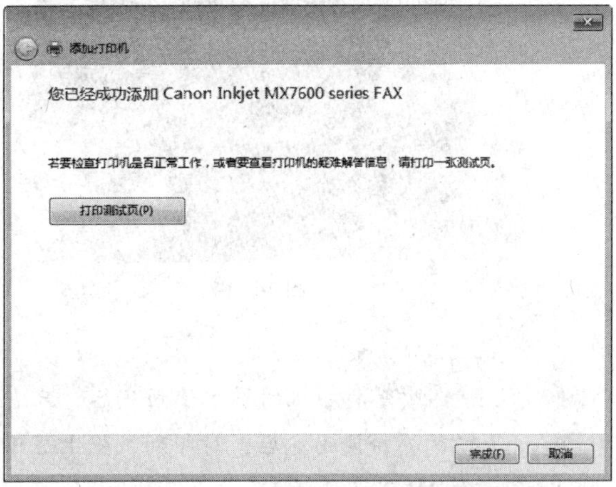

图 14-10

提示　安装好本地打印机，开启共享功能并允许共享打印机后，可通过网络安装方式为同一个工作组的其他计算机添加打印机，使这些计算机能够共同使用这台打印机。

14.1.3 添加纸张

添加纸张

在纸盒中放入纸张后，打印机在打印时会自动从纸盒中获取纸张。下面介绍添加纸张的具体操作。

STEP 1 将纸盒从设备中完全拉出，如图 14-11 所示。按下导纸释放杆，然后滑动导向板以适合纸张大小，并确保其牢固地插入插槽中，如图 14-12 所示。

STEP 2 将纸张放入纸盒中，确保纸张的厚度位于最大纸张限量标记之下，如图 14-13 所示。将纸盒牢固地装回设备中，确保其完整地置于打印机中。

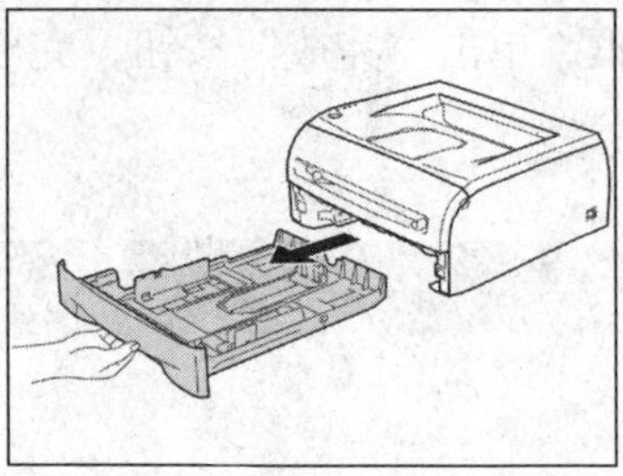

图 14-11

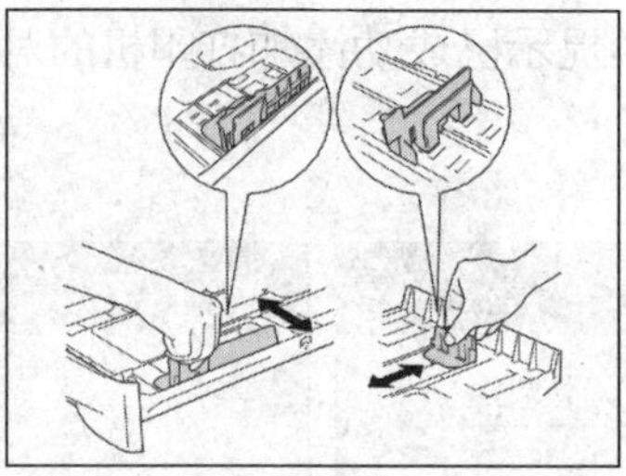

图 14-12

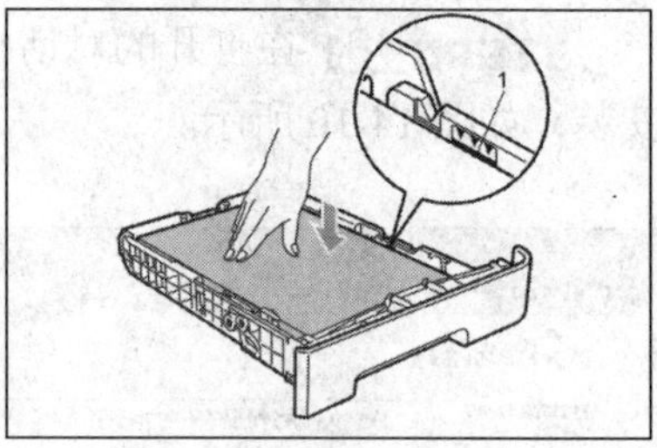

图 14-13

14.1.4 解决卡纸故障

解决卡纸故障

使用打印机打印多份文件时，容易出现卡纸故障，在遇到这种情况时，用户需掌握解决卡纸故障的方法：打开前盖，如果能够看到卡住的纸张，使用适当的力量将纸张取出，如图 14-14 所示；如果纸张被卡在更深处，取出硒鼓单元和墨粉盒组件，按下蓝色锁杆并将墨粉盒从硒鼓单元中取出，然后拖出卡住的纸张，如图 14-15 所示。

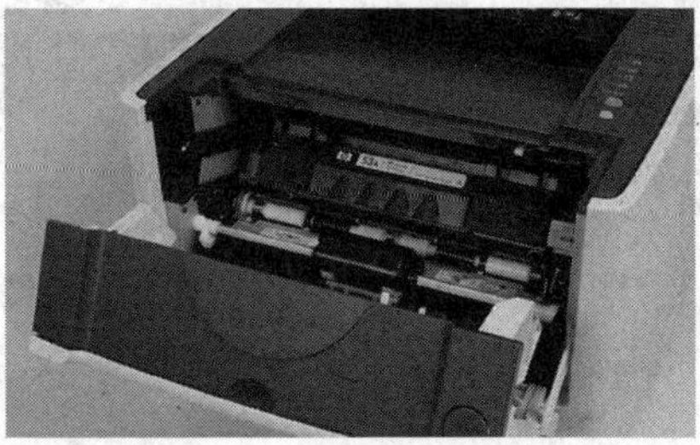

图 14-14

图 14-15

提示

喷墨打印机的墨水使用完后，只需购买相同型号的墨水添加到打印机中。激光打印机的墨粉使用完后，打印到纸张上显示的字迹不清晰，需要添加墨粉，操作比较复杂，需请专业人士添加。

14.1.5 多功能一体化打印机的使用

多功能一体化打印机是打印机和复印机等设备的结合，已逐步取代单独的复印机设备。图 14-16 所示为常见一体化打印机的外观图，其具有打印和复印的功能，在办公中被广泛应用，其中打印部分与打印机的组成相同。

多功能一体化打印机的使用

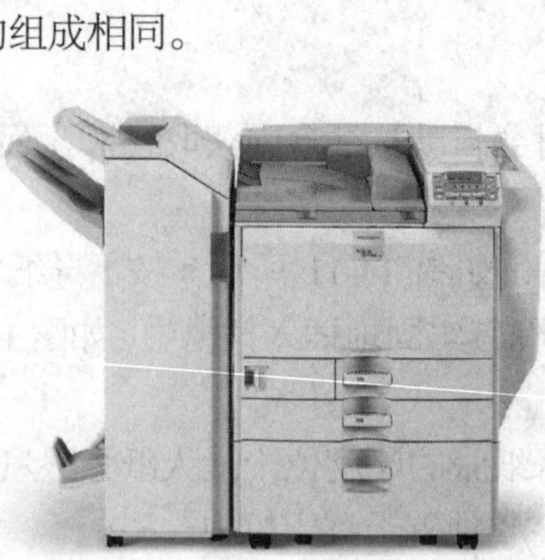

图 14-16

使用一体机的复印功能可以快捷地复制出多份文件，复印方法非常简单。下面介绍复印纸张文件的具体操作。

STEP 1 小心向外拉动，打开进纸盘，如图 14-17 所示。

STEP 2 向前移动进纸导向板锁定杆，调整导向板的位置使之与纸张尺寸匹配，如图 14-18 所示。

图 14–17

图 14–18

STEP 3 将纸装入纸盘，如图 14-19 所示，注意装纸前应该弄平卷曲的纸张。

STEP 4 让纸张与进纸导向板轻轻接触，然后将锁定杆移回原位，如图 14-20 所示。

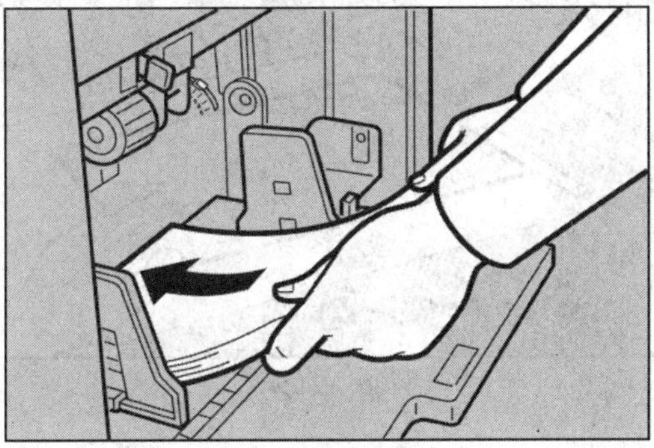

图 14–19

图 14–20

STEP 5 小心地向外拉动，打开输出纸盘，如图 14-21 所示。

STEP 6 抬起纸张输出导向板，将宽度调整到纸张尺寸，如图 14-22 所示。

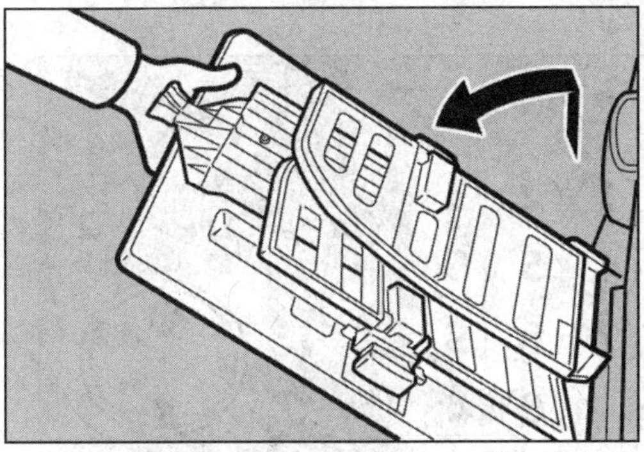

图 14–21

图 14–22

STEP 7 抬起纸张输出纸盘尾部的挡板，如图 14-23 所示，角度至少需要 30° 。

STEP 8 调整挡板的位置，使其与输出纸张的尺寸相同，如图 14-24 所示。

图 14-23

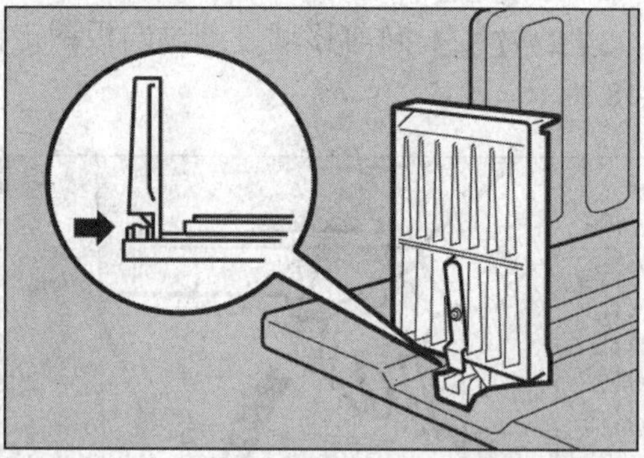

图 14-24

STEP 9 抬起曝光玻璃盖，如图 14-25 所示。

STEP 10 将原稿面朝下放置在曝光玻璃上，原稿与左刻度标记对齐，如图 14-26 所示。

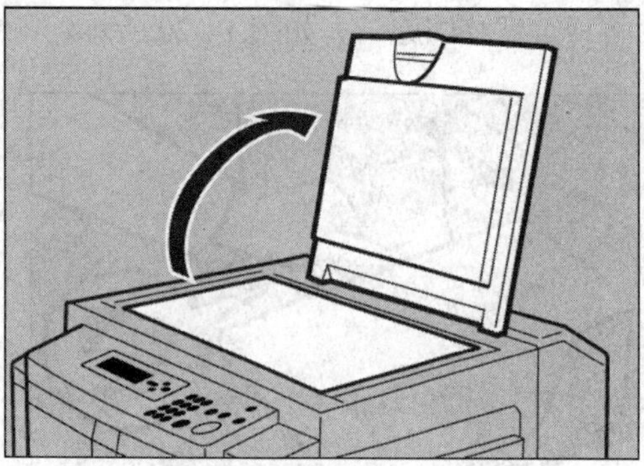

图 14-25

图 14-26

STEP 11 在控制面板中按制版模式选择键使其亮起，按【启动】键开始制版，如图 14-27 所示。

STEP 12 按印刷模式选择键使其亮起，按数字键输入印刷的数量，按【启动】键，开始打印，如图 14-28 所示。

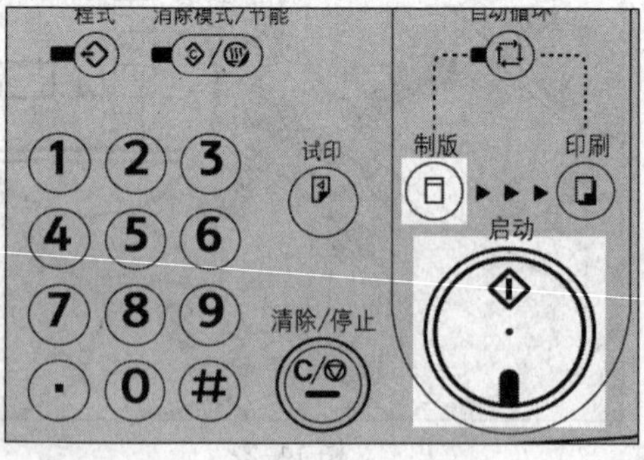

图 14-27

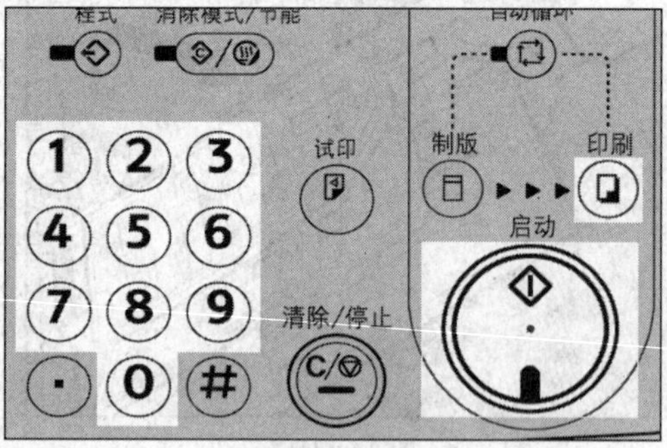

图 14-28

14.2 扫描仪的使用

扫描仪是一种捕获图像，并将图像转换为计算机可以显示、编辑、储存和输出的数字化输入设备。自动化办公普遍使用平板式扫描仪，这种扫描仪占用体积小，便于放置，操作便捷。图 14-29 所示为平板式扫描仪的外观图，图 14-30 与图 14-31 所示是扫描仪连接计算机与连接电源的示意图。与打印机的使用相同，扫描仪也需要安装驱动程序，驱动程序的获取方法及安装与打印机驱动程序的获取方法及安装相似。

图 14–29

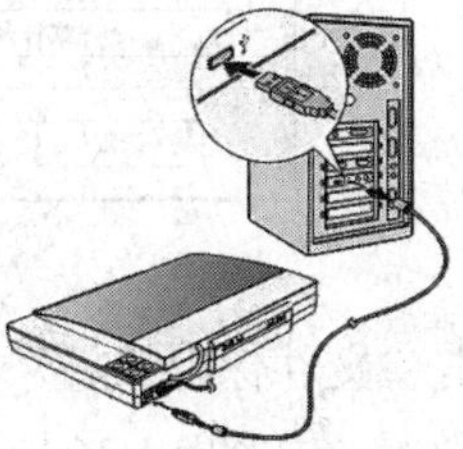
图 14–30

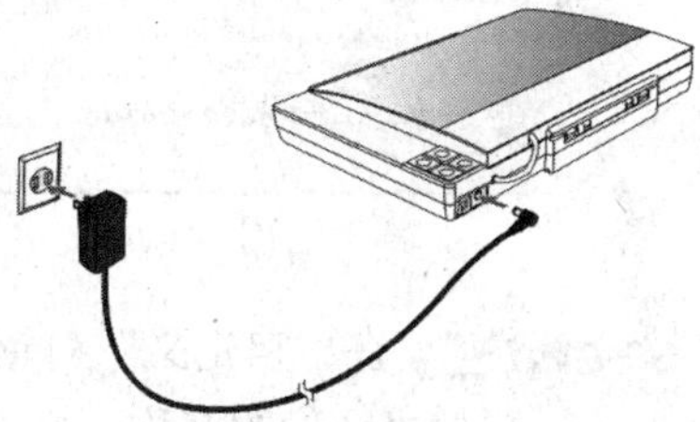
图 14–31

14.2.1 扫描文件

连接扫描仪并安装驱动程序后，即可开始对所需文件进行扫描，然后将扫描结果保存到计算机中。办公应用中通常将一些发票、印有公章的文件和其他文档扫描为图片格式，将其保存并发送给同事或客户查看。虽然不同品牌的扫描仪其扫描界面有所差异，但是其工作方式和操作方法相似。下面介绍使用爱普生扫描仪扫描文件的具体操作。

STEP 1 打开扫描仪盖，将需要扫描的文件放在文件台内，需要扫描的面朝下，将文件抚平，如图 14-32 所示。盖上扫描仪盖，以免文稿页面移动，如图 14-33 所示。

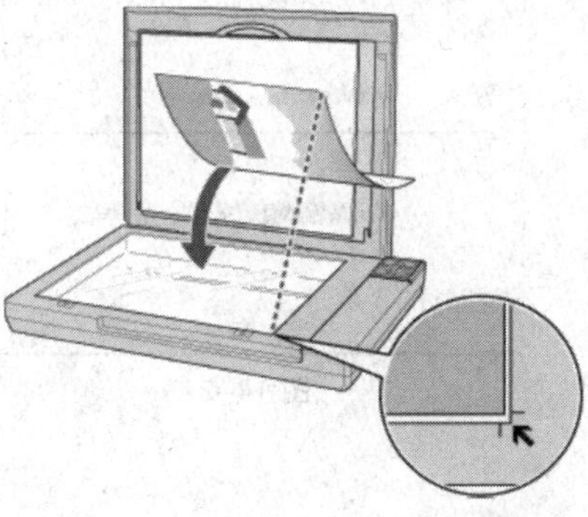
图 14–32

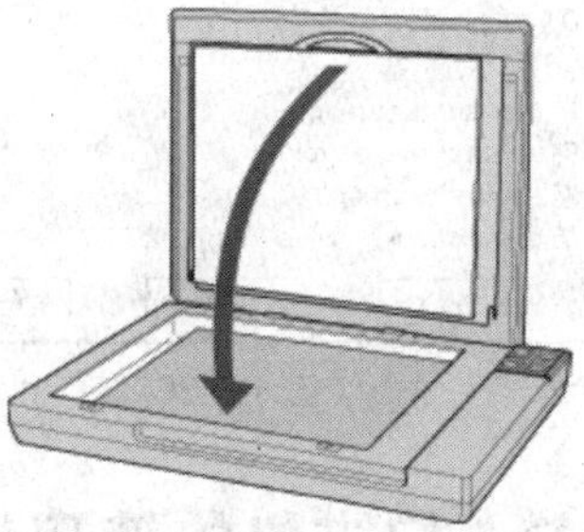
图 14–33

STEP 2 按下扫描仪的电源按钮启动扫描仪设备，选择【开始】/【扫描仪】菜单命令，在系统控制区中选择扫描仪选项，打开扫描仪软件的扫描对话框。

STEP 3 在“模式”列表框中选择“全自动模式”选项，单击“自定义”按钮，如图 14-34 所示，在打开的“自定义”对话框中可设置分辨率、去杂质或色彩翻新等，其中，分辨率越高图像越清晰，需要的扫描时间越长，如图 14-35 所示。

图 14-34

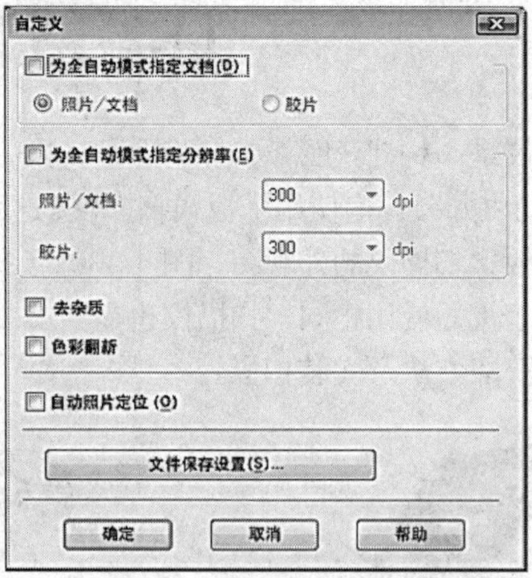

图 14-35

STEP 4 在“自定义”对话框中单击“文件保存设置”按钮，将打开“文件保存设置”对话框，设置扫描图像的名称、格式和保存路径，如图 14-36 所示。

STEP 5 单击“确定”按钮，返回扫描对话框，单击“扫描”按钮，开始扫描文件，如图 14-37 所示。扫描完成后将生成扫描文件的预览图。扫描的图像文件将被保存到设置的位置中，如果没有设置文件保存位置，图像将以默认格式保存在“我的文档”文件夹中。

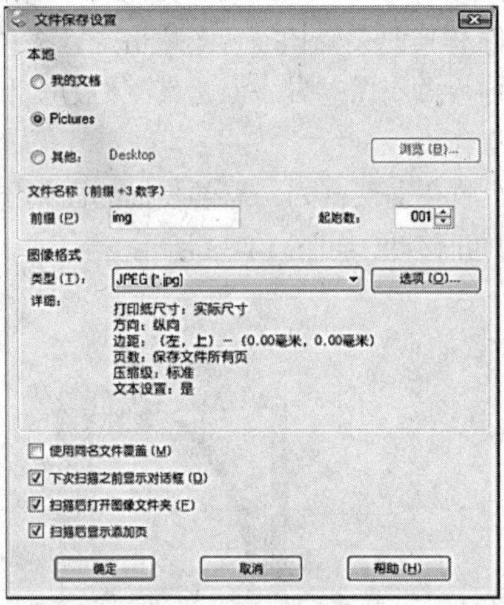

图 14-36

图 14-37

14.2.2 扫描仪的使用注意事项

使用扫描仪的过程中还应注意以下 5 点。

◎ 应避免震动和碰撞扫描仪，在室内搬运时应小心平稳；需要长距离搬运时，必须先复位固定螺栓。

◎ 避免将物品放在扫描板玻璃和外盖上。

◎ 扫描时，如原稿不平整，可轻压上盖，注意不可过于用力。

◎ 应保持扫描仪的清洁，扫描仪板上如有污垢，可用软布蘸少量酒精擦拭。

◎ 不要拆开扫描仪或给一些部件加润滑油。

14.3 投影仪的使用

投影仪是用于放大显示图像的投影装置，在办公应用中与计算机连接，将计算机中的图像转换成高分辨率的图像投放在屏幕上，具有高分辨率、高清晰度和高亮度等特点。投影仪被广泛应用于教学、移动办公、讲座演示和商务活动中。投影仪一般可分为两种，即便携式投影仪，如图 14-38 所示；吊装式投影仪，如图 14-39 所示。

图 14-38

图 14-39

14.3.1 安装投影仪

安装投影仪

投影仪的投影方式有多种，主要有桌上正投、吊装正投、桌上背投和吊装背投 4 种。其中桌上正投和吊装正投是办公过程中使用最多的投影方式。无论使用哪种方式进行投影，都必须对投影的角度进行适当的调整，所以首先可将投影仪安装好，使其正对投影屏幕，再通过投影仪的操作面板上的按键，调整投影角度和投影大小。

◎ 桌上正投：投影机位于屏幕的正前方，如图 14-40 所示，是放置投影机最常用的方式，安装快速并具移动性。

◎ 吊装正投：投影机倒挂于屏幕正前方的天花板上，如图 14-41 所示。

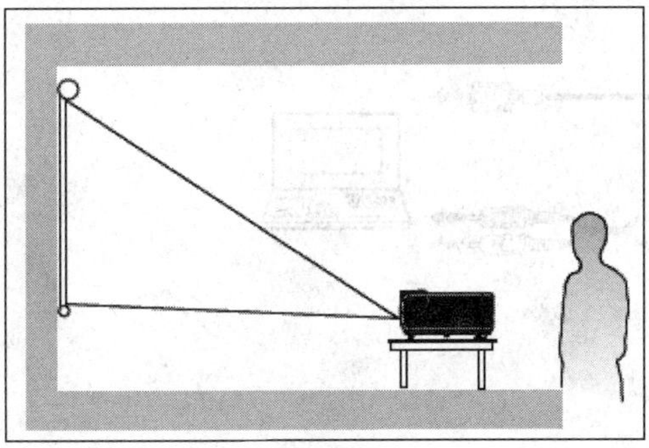

图 14-40

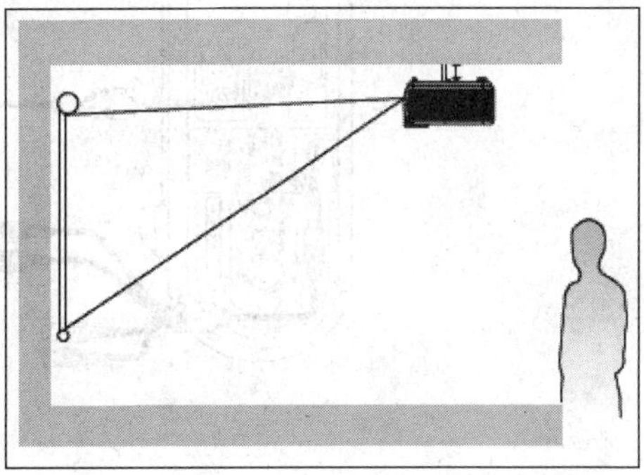

图 14-41

◎ 桌上背投：投影机位于屏幕的正后方，如图 14-42 所示，此安装位置需要一个专用的投影屏幕。

◎ 吊装背投：投影机倒挂于屏幕正后方的天花板，如图 14-43 所示，此安装位置需要一个专用的投影屏幕和投影机天花板悬挂安装套件。

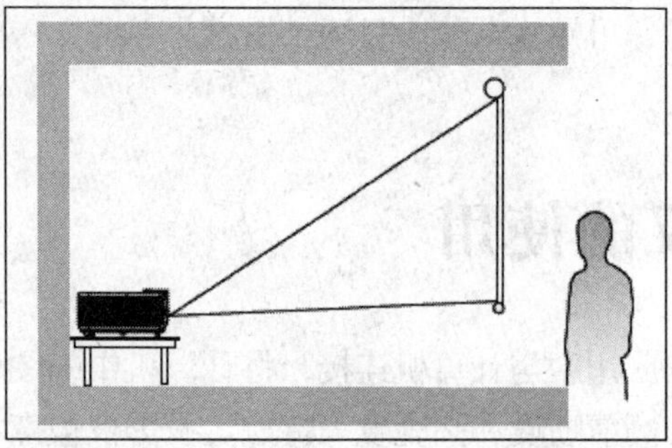

图 14-42

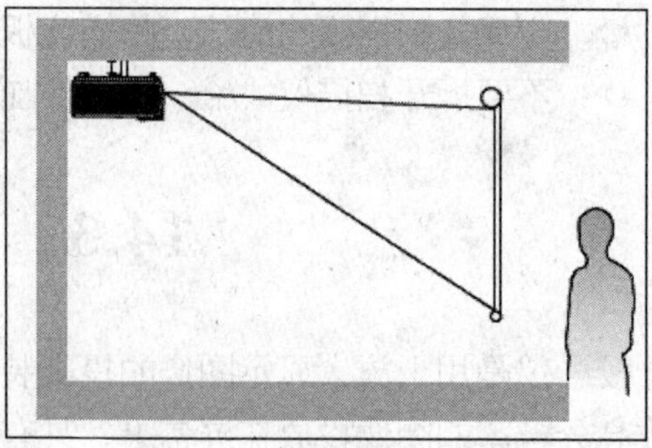

图 14-43

安装投影仪时要注意镜头和屏幕之间的距离，屏幕的大小不同，其数值也有相应变化，可参考表 14-1 中的参数进行调整，实际操作中应根据需要和实际情况进行调整。

表 14-1　镜头和屏幕间距的参数设置

屏幕尺寸/m	40	80	100	150	200	250	300
最小距离/m	1.2	2.3	2.9	4.4	5.9	7.3	8.8
最大距离/m	1.4	2.8	3.6	5.4	7.2	9.0	10.7

14.3.2　连接投影仪

连接投影仪

将投影仪连接到计算机上，即可将计算机中的画面投射到投影屏幕上。下面介绍连接投影仪的具体操作。

STEP 1 关闭设备，将随机的 HD D-sub15 芯电缆两端分别连接在投影仪与计算机对应的端口上。

STEP 2 将 A/V 连接适配器的输入端连接到投影仪上，并在输出端连接音频电缆的输入端，然后将音频电缆的输出端连接到计算机对应的端口上，具体操作如图 14-44 所示。

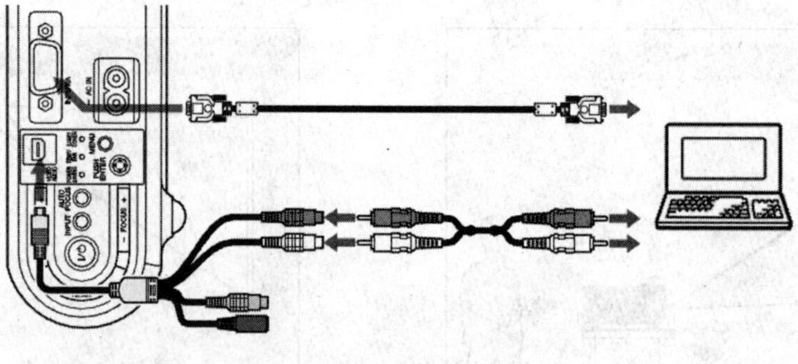

图 14-44

14.3.3　使用投影仪

使用投影仪

投影仪安装完成后即可开始使用，在投影过程中可根据投影效果进行相应的调试。下面介绍使用投影仪的具体操作。

STEP 1 连接设备，当指示灯亮起时，表示投影仪进入待机状态，按下【开机】键打开设备。

STEP 2 使投影仪与投影屏幕垂直（不能垂直时可稍微调整角度，最大 10° ），同时按投影仪上的调节按键，调整投影仪高度，如图 14-45 所示。

STEP 3 切换所连接的装置向投影仪输出信号，根据计算机类型的不同，可能需要按下某个功能键来切换计算机的输出，如图 14-46 所示。

STEP 4 按操作面板上的【Wide】键放大投影尺寸，按【Tele】键减小投影尺寸，适当情况下，可将投影仪移至离投影屏幕更远的地方，进一步放大影像。

STEP 5 当图像不太清晰时，可在操作界面上按下相应的按键调整焦距。

图 14-45

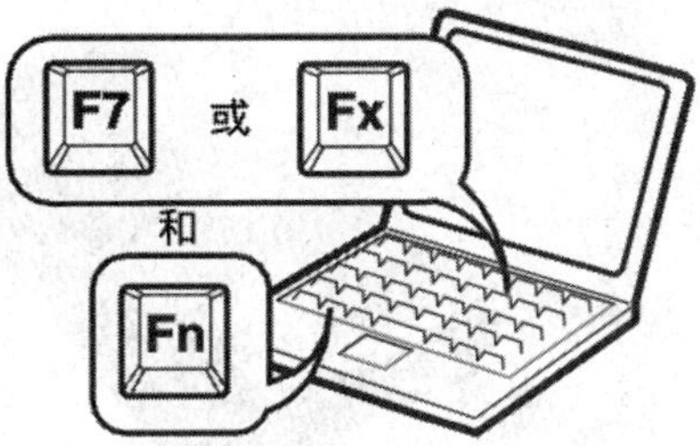

图 14-46

14.3.4 故障排除

在使用投影仪时，经常会出现各种故障以及不能使用的情况，在表 14-2 中总结了几种投影仪常见故障和解决办法。

表 14-2　投影仪常见故障和解决办法

故障现象	产生原因	排除方法
灯泡不亮	灯泡钨丝烧断	更换同种规格的灯泡
	灯泡接触不良	检查灯脚与灯座、电源接触点是否接牢
	与灯泡有关的开关接触不良	更换开关或将开关修好
	保险丝烧断	更换相同规格的保险丝
图像模糊	放映镜头位置没有调好	调节镜头位置的高低
	灯泡离聚光灯太近	通过色边调节器调节灯泡与聚光灯的距离
图像缺损	聚光镜、反光镜或灯泡位置不正	调好聚光镜、反光镜和灯泡的位置
	物镜偏离主轴，部分光线未通过	调整物镜位置，使光束通过其中心
图像部分模糊	螺纹透镜变形	更换新的螺纹透镜
	光程差太大	尽量减少光程差
	放映物镜偏斜、不平行	调节物镜位置，使其与螺纹透镜平行

14.4　移动存储设备的使用

办公常用的移动存储设备主要是指移动硬盘和 U 盘，图 14-47 所示为移动硬盘，图 14-48 所示为 U 盘，它们都属于即插即用型硬件，即不用安装驱动程序可直接连接到计算机使用。移动硬盘和 U 盘主要用于存储和传输文件，即将硬盘中的文件传送到计算机中，或将计算机中的文件传送到硬盘中。U 盘具有体积小巧、外观别致、易于携带和支持热插拔的特点，在日常生活和工作中的使用频率较高；移动硬盘可看做大型的 U 盘，其存储空间更大，二者的使用方法相同。下面以在计算机中使用 U 盘为例进行介绍。

图 14-47

图 14-48

14.4.1　使用 U 盘和移动硬盘

使用 U 盘和移动硬盘

移动存储设备使用 USB 接口，将接口与计算机主机中的端口连接，即可自动安装驱动程序，然后对移动存储设备进行管理和使用。移动硬盘和 U 盘的连接方式和存储类似，下面介绍连接 U 盘并存储文件的具体操作。

STEP 1 将 U 盘连接到已启动的计算机主机的 USB 接口中，系统将自动提示正在安装驱动程序，稍等片刻后，将提示已成功安装程序，在桌面的通知区域中将显示成功安装 U 盘的图标，如图 14-49 所示。

STEP 2 在桌面上双击“计算机”图标，打开“计算机”窗口便可查看添加的硬件，如图 14-50 所示，双击该选项可打开 U 盘窗口，查看其中存储的文件。

图 14-49

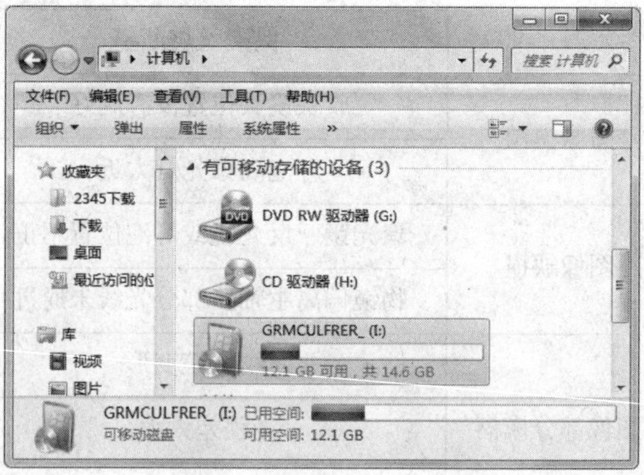

图 14-50

STEP 3 双击桌面上的“计算机”图标，打开“计算机”窗口，依次双击打开要传输文件的存储位置。

STEP 4 选择目标文件，选择【编辑】/【复制】菜单命令或按【Ctrl+C】组合键复制文件，如图 14-51 所示。

STEP 5 打开 U 盘窗口，选择【编辑】/【粘贴】菜单命令或按【Ctrl+V】组合键，将文件粘贴到 U 盘中，并显示复制进度，如图 14-52 所示。

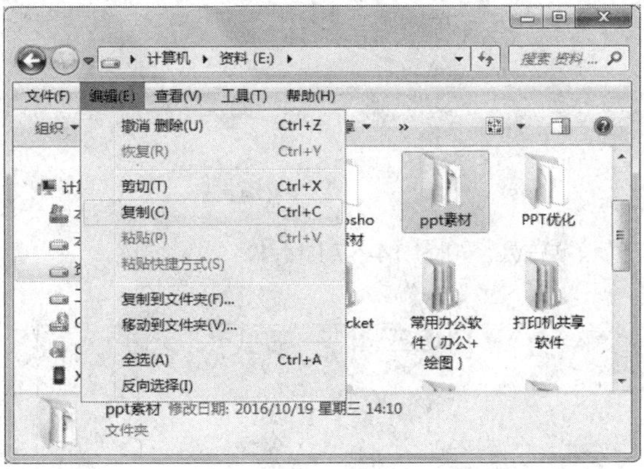

图 14-51

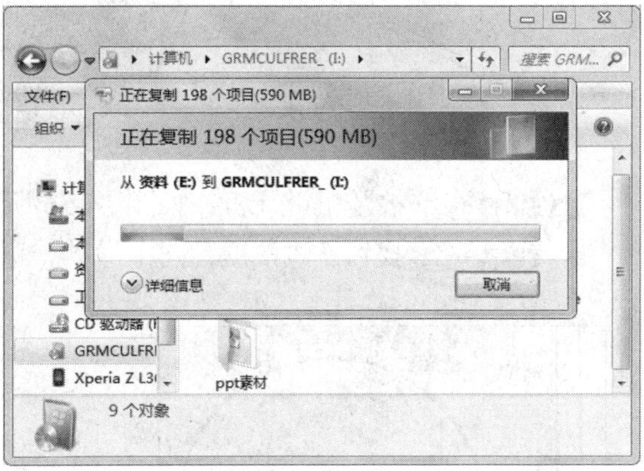

图 14-52

STEP 6 复制的文件将成功存放到 U 盘中。关闭 U 盘窗口，在通知区域单击 U 盘图标，在弹出的列表中选择 U 盘对应的弹出选项。然后从 USB 接口拔出 U 盘，如图 14-53 所示。

STEP 7 系统提示可以安全移除硬件后，可将 U 盘从计算机的 USB 接口拔出，如图 14-54 所示。

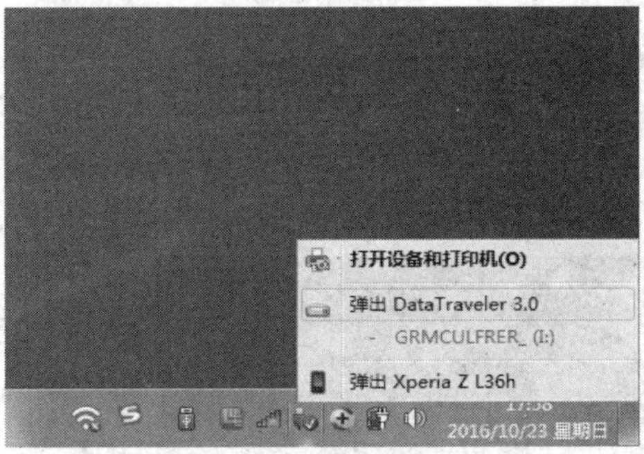

图 14-53

图 14-54

14.4.2 使用录音笔

数码录音笔通过对模拟信号（主要是音频信号）的采样、编码将模拟信号通过数模转换器转换为数字信号，并进行一定的压缩后进行保存。录音笔除了可以广泛应用于各种办公领域外，还可以应用到学生的学习生活中。下面介绍使用三星 YP-VP1 录制音频的具体操作。

使用录音笔

STEP 1 按箭头方向推开电池盖，然后按正确极性放入电池，接着按箭头方向盖上电池盖，如图 14-55 所示。

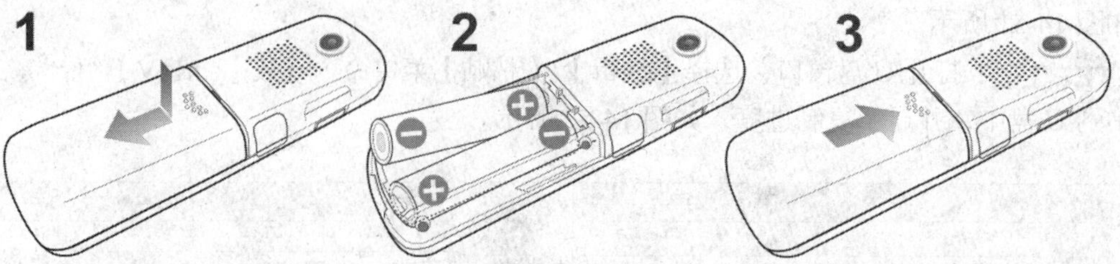

图 14–55

STEP 2 按开机键开机，如图 14-56 所示。

STEP 3 找到模式按键，向下滑动，进入会议模式，如图 14-57 所示。

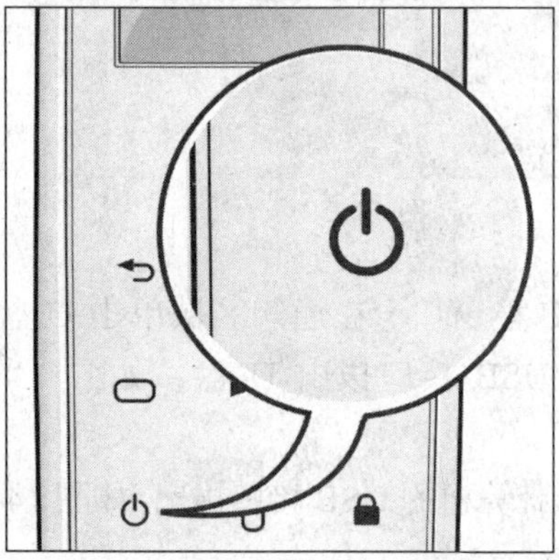
图 14–56

图 14–57

STEP 4 在主屏幕菜单中选择“语音录音”菜单命令，按【FOLDER】键选择一个文件夹作为语音文件的保存位置，然后按住【REC】键开始录音，如图 14-58 所示。

STEP 5 在录音过程中按【上】和【下】键控制音量，如图 14-59 所示。

图 14–58

图 14–59

14.5 上机案例

14.5.1 扫描并打印业务合同

案例目标

公司与合作公司谈成了一笔业务，合作公司要求公司先起草一份合同初稿，并将其扫描，以图片形式传送给对方，再经双方协商洽谈，修改确定合同条款，最后将合同最终稿打印出来，便于正式签订合同。本案例涉及使用扫描仪和打印机等办公设备的相关知识。

操作思路

本案例涉及扫描合同和打印合同两部分。首先将扫描合同文件，再将 U 盘插入计算机，利用网络传送给对方，确认无误后，再打印合同。

步骤提示

STEP 1 打开扫描仪的电源，打开盖板，将合同的第一页放在原稿台上（左下角对齐）。

STEP 2 放下盖板，执行扫描操作开始扫描合同的第一页。

STEP 3 打开盖板，取出第一页合同，放入第二页，放下盖板，执行相同的操作，扫描合同的第二页。使用相同的方法，扫描合同的其他内容，完成后取出合同的最后一页。

STEP 4 将所有图片压缩为一个压缩文件，通过文件传输软件将文件发送给对方。

STEP 5 确定合同内容后，打开编写合同的 Word 文档，选择【文件】/【打印】菜单命令，打开“打印”对话框，打印两份合同。

14.5.2 复印员工身份证并打印员工入职登记表

案例目标

本案例要求复印新员工的身份证证件。身份证等证件复印要进行双面复印，并打印“员工入职登记表”表格，登记员工基本信息。

操作思路

本案例分为两部分。首先，对身份证进行双面复印，然后打印员工入职登记表，让员工填写基本信息。

步骤提示

STEP 1 启动一体机，打开盖板，将身份证的正面朝下放置在扫描玻璃上，放下盖板，按【复印】键复印身份证正面。

STEP 2 完成后，再次打开盖板，将身份证反面朝下放置在扫描玻璃上，与复印身份证正面时放置的位置间隔一个以上的身份证证件宽度，按【复印】键复印身份证反面，完成双面复印。

STEP 3 完成后，将身份证原件取出交给新入职员工，然后打开保存在计算机中的“员工入职登记表”，设置页面后，选择【文件】/【打印】菜单命令打印表格。

14.6 课后习题

14.6.1 连接投影仪放映演示文稿

练习知识要点

本练习将使用数据线连接投影仪和计算机，然后打开投影仪的电源，调节投影仪高度，将其正对投影屏幕（没有帷幕，可以使用白色的墙壁，但是应避免墙壁周围出现强光源，以免影响投影图像的显示效果），然后在 PowerPoint 中打开演示文稿，再按【F5】键进行放映。

14.6.2 使用 U 盘存放效果文件

练习知识要点

本练习将使用 U 盘存放用户制作的 Word 文档、Excel 表格、PowerPoint 演示文稿的效果文件。首先在计算机中打开保存效果文件的位置，然后将 U 盘插入 USB 接口，复制效果文件，将文件粘贴到 U 盘中，可在 U 盘中新建一个文件夹存放。

第15章 综合案例——编辑年终总结报告

本章将以某公司制定的年终总结报告为背景，使用 Word、Excel、PowerPoint，分别创建年终部门总结文档，订单、发货和库存数据表格以及年终总结演示文稿。通过本案例的制作，再次熟悉 3 种办公软件的基本使用方法，以及它们之间交互调用数据的方法。

课堂学习目标

◎ 制作年终总结文档

◎ 制作电子表格

◎ 制作年终总结演示文稿

◎ 嵌入表格和链接文档

15.1 实例目标

本案例将制作各部门的年终总结文档，并利用销售数据制作订单、库存和发货 3 个表格，然后利用文档和表格中的内容制作出年终总结演示文稿。各文档的最终效果如图 15-1 所示。

财务部年终总结

财务部在公司领导班子的正确指引下，理清思路、不断学习、求实奋进，在财务部的各项工作上实现了阶段性的成长和收获。下面就将财务部所做的各项工作在这里向各位领导和同仁一一汇报。

一、会计核算工作

众所周知，会计核算是财务部最基础也是最重要的工作，是财务人员安身立命的本钱，是各项财务工作的基石和根源。随着公司业务的不断扩张、随着公司走向精细化管理对财务信息的需要，如何加强会计核算工作的标准化、科学性和合理性，成为我们财务部向上进阶的新课题。为努力实现这一目标，财务部主要开展了以下工作：

1、建立会计核算标准规范，实现会计核算的标准化管理。财务部根据房地产项目核算的需要、根据纳税申报的需要、根据资金预算的需要，设计了一套会

业务部年终总结

为了应对2016年下半年工作的新局面，我部门规划及早下手，遵循精益求精、纵横发展等方向原则，并从以下几个方面加强下一年度的管理工作和业务开展工作：

1.加强对新员工的培训工作。

2.加强对新信息的贯彻学习。积极落实国家或行业动态当中新近颁布的相关文件政策，为公司顺利地过渡新旧模式的接替。通过不定时，不定量等形式，积极学习执行，主动将业务引流新规市场。

3.积极应变，认真学习，管理和引导并重。

4.严格执行公司的规章制度。一方面加强对自身职责要求，二是提高对每个成员的要求，明确公司和部门的管理具体规定，打好预防针。三是以专门专项的会议等形式去解决种种问题。

①财务部、业务部年终总结文档

序号	项目名称	主要工作
1	南京商业银行	合同拟定、货品清点、发货、售后接件
2	成都联合中学	补订函拟定、量体工作、货品清点整理
3	世纪联华商场	补订函拟定、量体工作、货品清点整理、售后接件
4	长春工商银行	送货、售后接件
5	华夏担保有限公司	函件拟定、货品整理、送货
6	安捷信设备有限公司	函件拟定、货品整理、送货
7	内蒙专卖店	函件拟定、货品整理
8	大连文化局	合同拟定、货品清点助理、售后货品整理
9	西岭风景区	函件拟定、货品清点整理、送货
10	红旗商场	合同拟定、货品清点助理、送货、售后货品整理
11	时代商场	合同拟定、货品清点助理、送货、售后接件
12	昆明专卖店	合同拟定、货品清点助理、送货、售后接件
13	宁夏红云公司	合同拟定、货品清点助理

库房库存服装明细

类别	品名	类别	单位	数量	备注
男士	男单西	西服上衣	件	7	
	男士套西	衣+裤	套	30	
	男士衬衣	衬衣	件	19	
		保暖衬衣	件	6	
女式服装	女单西	西服上衣	件	8	
	女套西	衣+裤	套	34	
		衣+裙	套	14	
		衣+裤+裙	套	5	
	女式衬衣	衬衣	套	75	
		保暖衬衣	套	1	
售后报废衬衣	男/女	衬衣	件	103	
		西裤	条	37	

②发货和库存表格

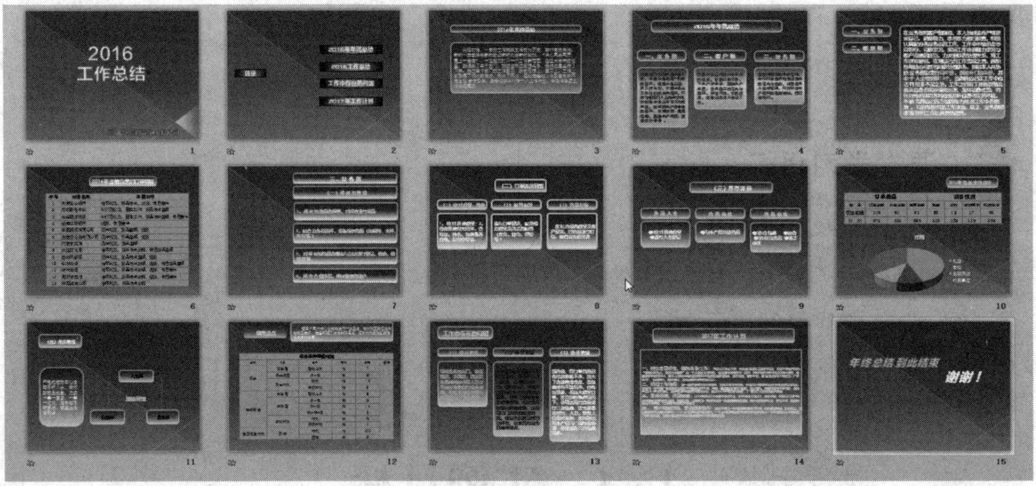

③年终总结报告演示文稿

图 15-1

15.2 专业背景

年终总结是对一年来的工作学习进行回顾和分析，从中找出经验和教训，引出规律性认识，以指导今后工作和实践活动的一种应用文体。年终总结的内容包括一年来的情况概述、成绩缺点、经验教训和今后的打算。年终总结的内容主要可以包括以下几个方面。

◎ 情况概述：年终总结必须有具体的概述和叙述，详略要清楚。内容主要是对工作的主客观条件、有利和不利条件以及工作的环境等进行分析。

◎ 成绩和缺点：这是总结的中心，目的就是要肯定成绩，找出缺点。成绩有哪些，表现在哪些方面，是怎样取得的；缺点有多少，表现在哪些方面，是什么性质的，怎样产生的，都应说清楚。

◎ 经验和教训：做过的工作总会有经验和教训。为便于今后的工作，须对以往工作的经验和教训进行分析，研究，概括，集中，并上升到理论的高度来认识。

◎ 今后的打算：根据今后的工作任务和要求，吸取前一年工作的经验和教训，明确努力方向，提出改进措施等。

15.3 实例分析

本案例是以某公司的年终总结报告为背景，首先由各部门制作部门的年终总结文档，然后根据公司的订单、库存和发货的数据制作出表格进行计算和分析，最后综合利用文档和表格数据创建演示文稿，以便在公司年会上对公司的整体成绩进行总结和分析。

15.3.1 公司各部门年终总结文档的制作

公司财务部、客户部和业务部都需要单独制定自己的年终总结文档，让各部门总结出自己部门一年中的成绩和不足。制作过程中可以先统一格式，各个部门再根据自己的情况进行制作，制作年终总结文档的具体思路如图 15-2 所示。

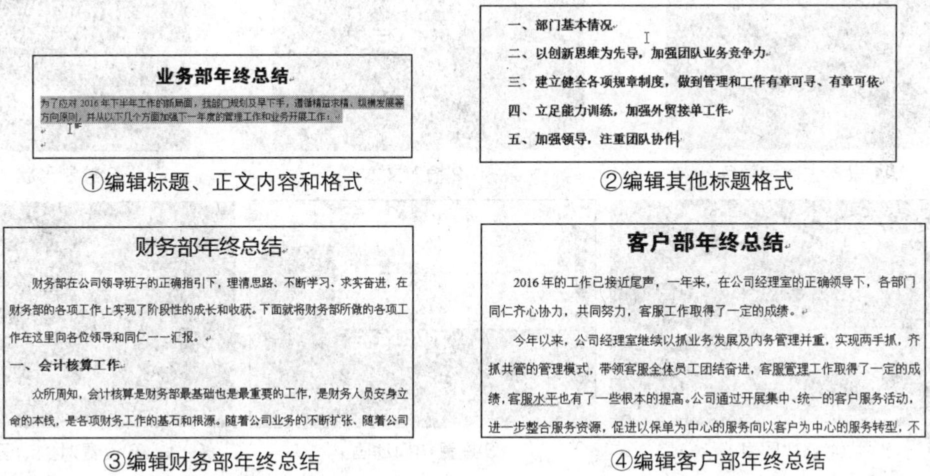

①编辑标题、正文内容和格式 ②编辑其他标题格式

③编辑财务部年终总结 ④编辑客户部年终总结

图 15-2

15.3.2 公司各种表格的制作

数据是反映公司业绩的最佳方式，在年终总结中用数据来进行比较和分析，能直观地看出各种问题，以此对来年的工作进行调整。因此制作数据表格是年终总结中很重要的一部分。本案例中需要制作订单明细、发货统计和库存明细 3 个表格，制作表格的具体思路如图 15-3 所示。

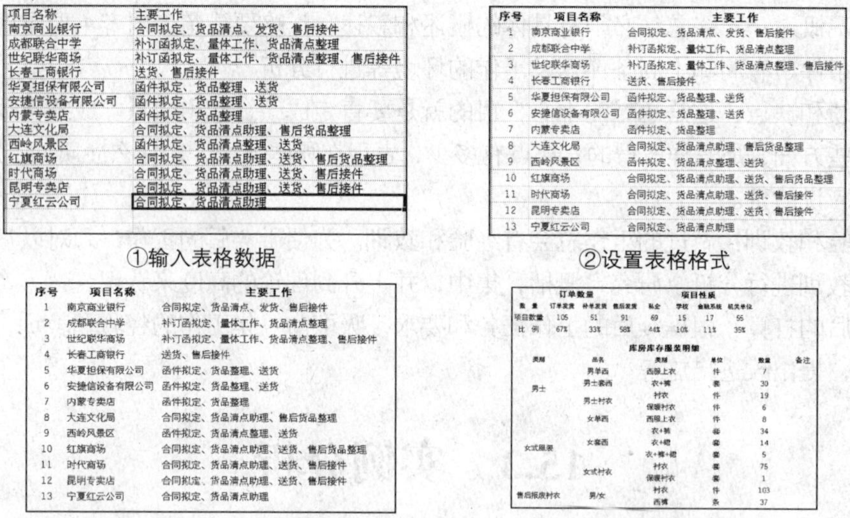

序号	项目名称	主要工作
1	南京商业银行	合同拟定、货品清点、发货、售后接件
2	成都联合中学	补订函拟定、量体工作、货品清点整理
3	世纪联华商场	补订函拟定、量体工作、货品清点整理、售后接件
4	长春工商银行	送货、售后接件
5	华夏担保有限公司	函件拟定、货品整理、送货
6	安捷信设备有限公司	函件拟定、货品整理、送货
7	内蒙专卖店	函件拟定、货品整理
8	大连文化局	合同拟定、货品清点助理、售后货品整理
9	西岭风景区	函件拟定、货品清点整理、送货
10	红旗商场	合同拟定、货品清点助理、送货、售后货品整理
11	时代商场	合同拟定、货品清点助理、送货、售后接件
12	昆明专卖店	合同拟定、货品清点助理、送货、售后接件
13	宁夏红云公司	合同拟定、货品清点助理

①输入表格数据　②设置表格格式

③设置单元格边框和底纹　④制作其他表格

图 15-3

15.3.3　公司年终总结演示文稿的制作

年终总结演示文稿是公司层面对一年中的各种工作进行的总结，其结构以公司各部门总结文档为基础，辅以公司各种销售和库存数据，通过简洁、清晰的内容进行放映和演讲。制作年终总结演示文稿的具体思路如图 15-4 所示。

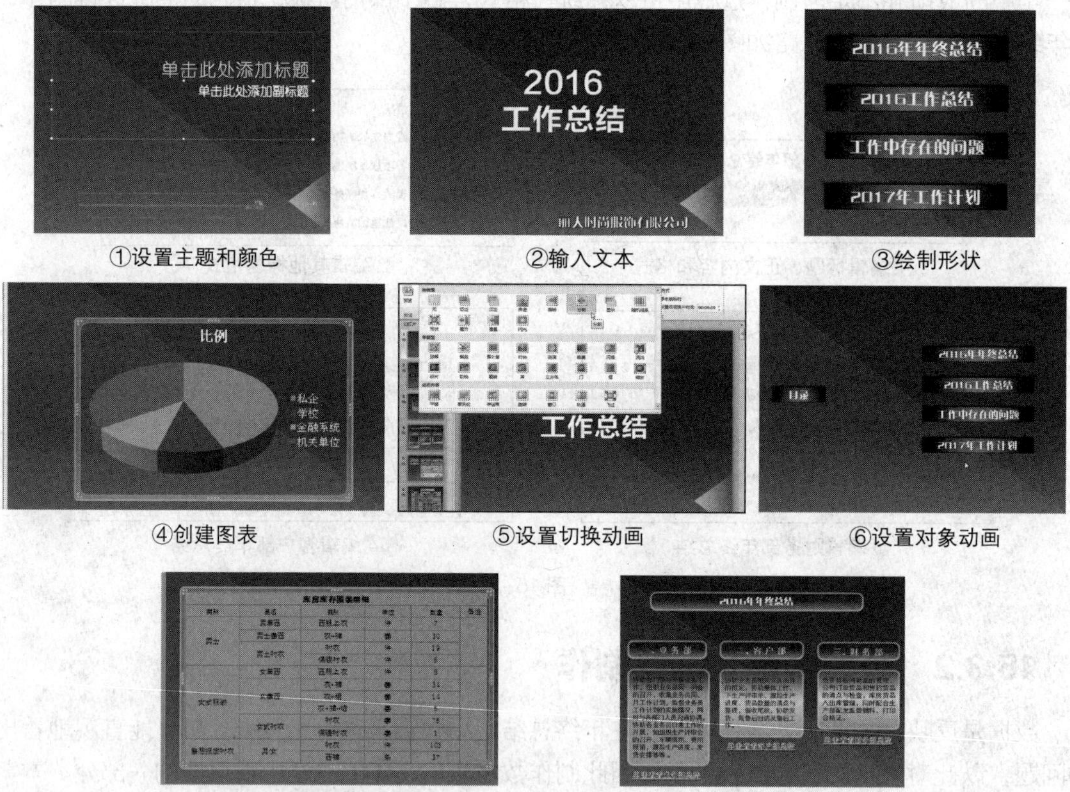

①设置主题和颜色　②输入文本　③绘制形状

④创建图表　⑤设置切换动画　⑥设置对象动画

⑦嵌入表格　⑧创建链接

图 15-4

15.4 制作过程

下面根据前面对案例的分析，详细介绍年终总结的具体制作过程和方法。

15.4.1 制作年终总结文档

制作年终总结文档

在制作“年终总结”演示文稿前可以先制作其中需要的文档和表格。下面使用 Word 程序制作年终总结相关的文档，然后使用 Excel 制作幻灯片中需要的各种电子表格。

在 Word 中制作文档不仅可设计文档的层次结构，而且能快速编辑文本并设置文本格式。下面介绍在 Word 中制作“业务部年终总结”“客户部年终总结”和“财务部年终总结”文档的具体操作。

STEP 1 启动 Word 程序，新建一篇文档并将其保存为“业务部年终总结”。在文档中输入“业务部年终报告”文本，并将其字体设置为“方正大黑简体，二号”，如图 15-5 所示。

STEP 2 在标题下面输入一段报告的文本，然后选择文本，在【开始】/【段落】组中单击“对话框启动器”按钮，如图 15-6 所示。

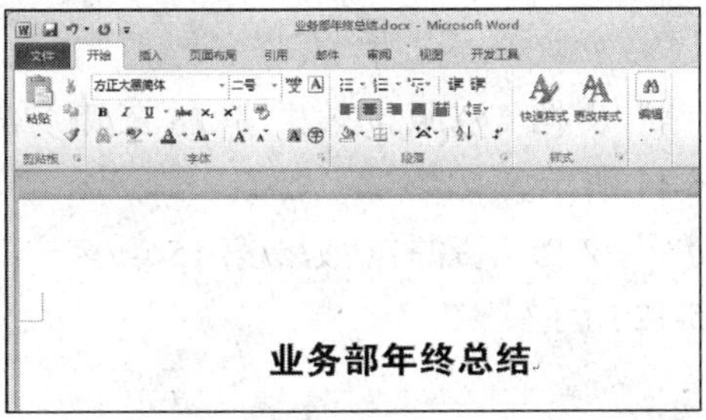

图 15-5

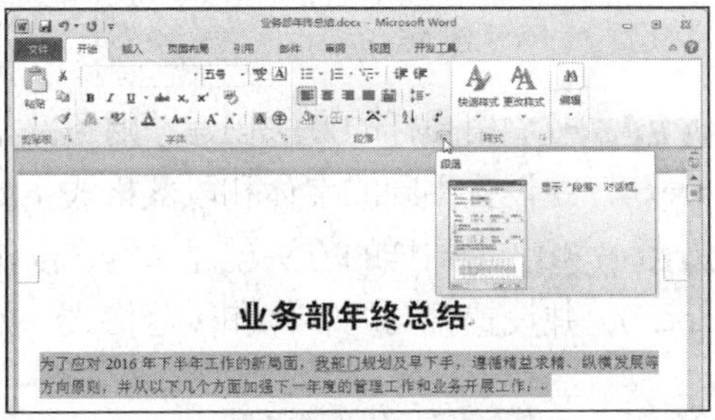

图 15-6

STEP 3 打开“段落”对话框，在“对齐方式”下拉列表框中选择“左对齐”选项，在“特殊格式”下拉列表框中选择“首行缩进”选项，在“磅值”数值框中输入“2 字符”，如图 15-7 所示。

STEP 4 在“行距”下拉列表框中选择“多倍行距”选项，在“设置值”数值框中输入“1.8”。完成后单击“确定”按钮，如图 15-8 所示。

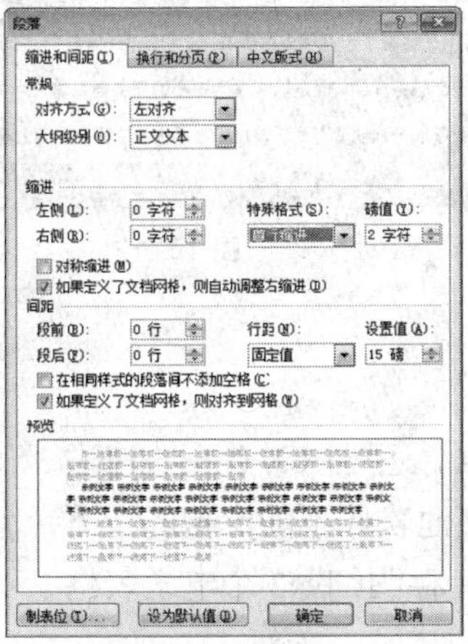

图 15-7

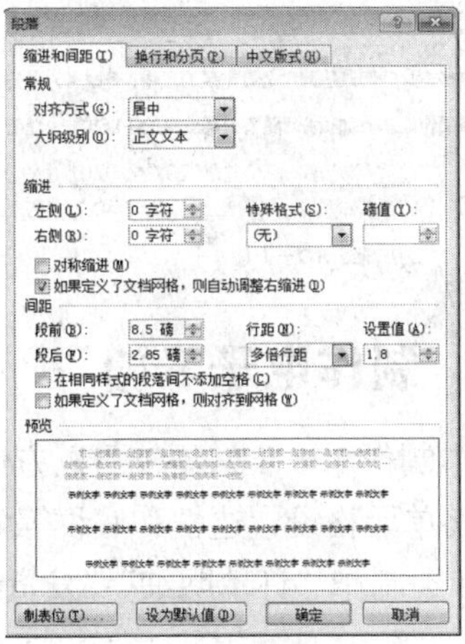

图 15-8

STEP 5 在页面中依次输入 5 个总结文档的标题，设置标题文本的字体格式为“宋体，四号，加粗”，如图 15-9 所示。

STEP 6 在各个标题中输入总结的正文文本，并设置与前面正文相同的文本和段落格式，完成文档的创建（资源包/效果/第 15 章/业务部年终总结.docx），如图 15-10 所示。

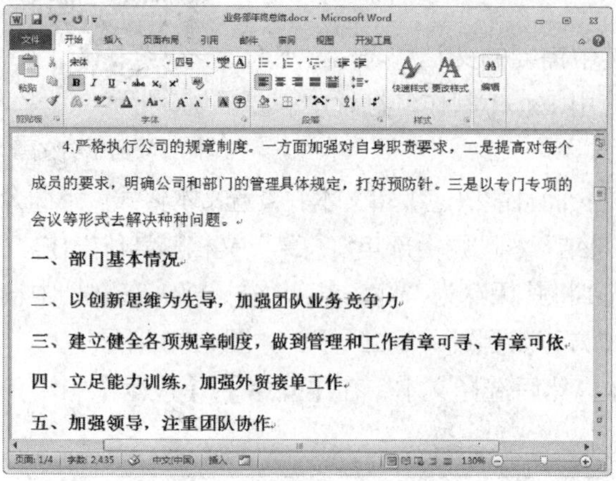

图 15-9

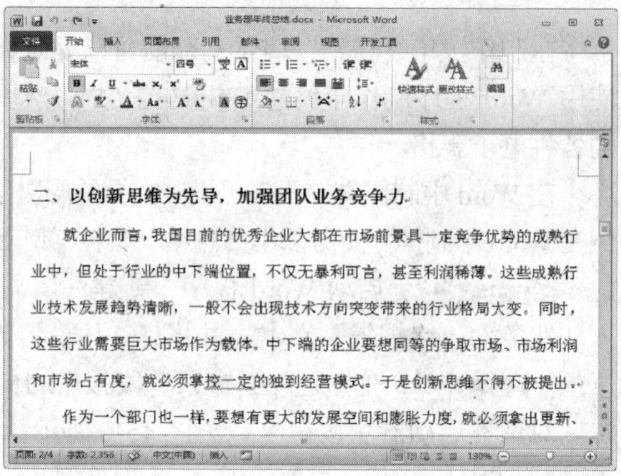

图 15-10

STEP 7 用同样的方法创建“财务部年终总结”文档（资源包/效果/第 15 章/财务部年终总结.docx），并设置相同的字体和段落格式，如图 15-11 所示。

STEP 8 用同样的方法创建“客户部年终总结”文档（资源包/效果/第 15 章/客户部年终总结.docx），并设置相同的字体和段落格式，如图 15-12 所示。

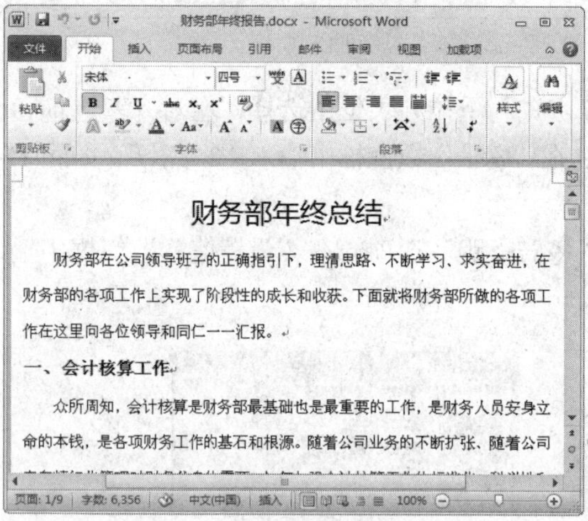

图 15-11

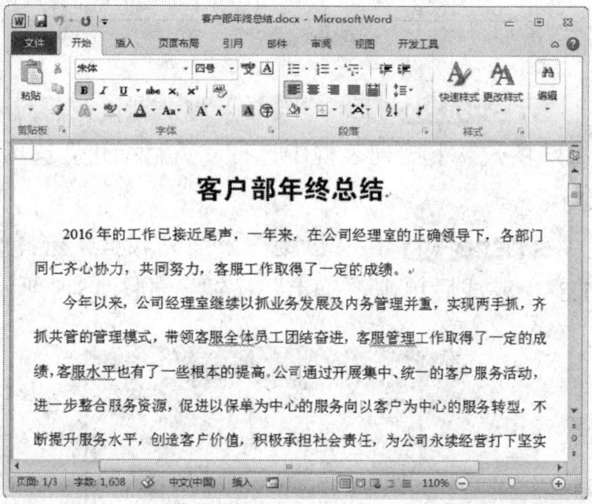

图 15-12

15.4.2 制作电子表格

在 Excel 中制作电子表格不仅可以方便地输入数据，还可以对数据快速进行计算，对表格单元格设置边框和底纹等效果，这是其他软件不能比拟的。下面介绍在 Excel 中制作“订单明细”“发货统计”和“库存明细”3 个电子表格的具体操作。

制作电子表格

STEP 1 启动 Excel 2010，新建一个工作簿，将其保存为“订单明细”，在 A1:C1 单元格区域中输入“序号”“项目名称”和“主要工作”文本，如图 15-13 所示。

STEP 2 分别在 A2 和 A3 单元格中输入“1”和“2”，然后选择 A2:A3 单元格区域，将鼠标光标移动到单元格右下角的控制柄上，然后向下拖动鼠标，到 A14 单元格后释放鼠标填充序号，如图 15-14 所示。

图 15–13

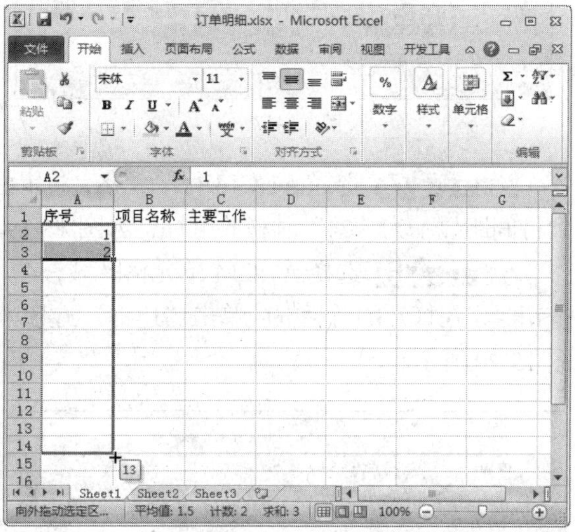

图 15–14

STEP 3 在 B2:B14 单元格区域中输入项目的名称，并调整单元格的列宽，如图 15-15 所示。

STEP 4 在 C2:C14 单元格区域中输入各个项目主要的工作内容，并调整单元格的列宽，如图 15-16 所示。

图 15–15

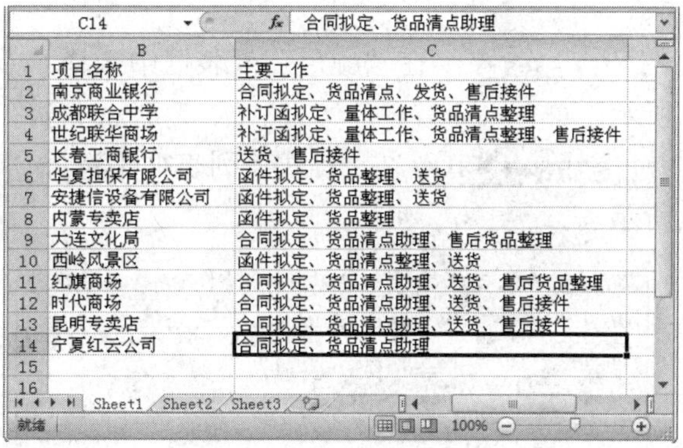

图 15–16

STEP 5 选择 A1:C1 单元格区域，将单元格中的字体格式设置为“黑体，16，加粗，居中对齐”，如图 15-17 所示。

STEP 6 选择 A2:C14 单元格区域，将单元格中的字体格式设置为“方正细等线简体，14”，选择 A2:A14 单元格区域，设置“居中”对齐方式，如图 15-18 所示。

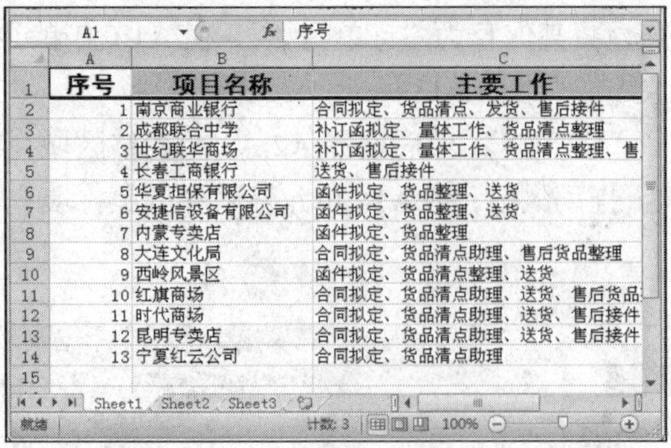

图 15-17

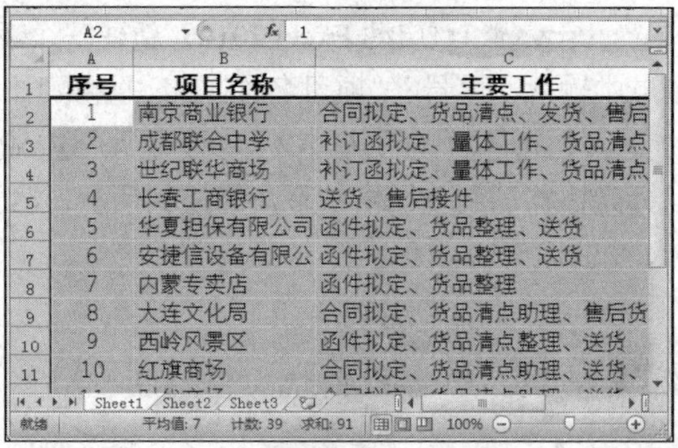

图 15-18

STEP 7 选择 A1:C14 行单元格，将鼠标光标移动到第 1 行和第 2 行之间并拖动鼠标，直到行间距显示为“24”时释放鼠标，如图 15-19 所示。

STEP 8 选择 A1:C14 单元格区域，在【开始】/【对齐方式】组中单击“对话框启动器”按钮，在打开的对话框中单击“边框”选项卡，在“样式”列表框中选择“粗线条”选项，如图 15-20 所示。

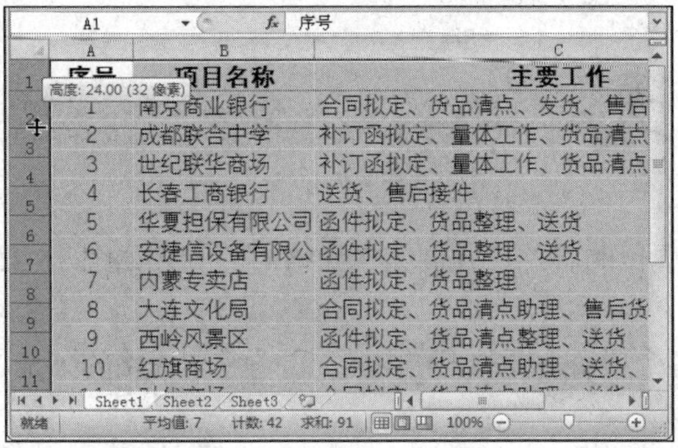

图 15-19

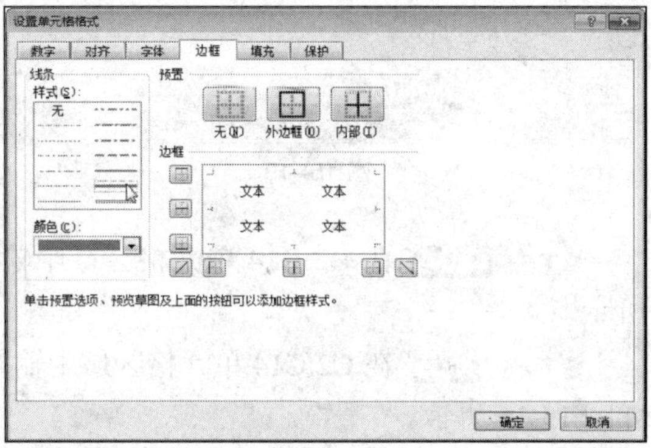

图 15-20

STEP 9 在“颜色”列表框中选择“茶色”选项，单击“外边框”按钮，如图 15-21 所示。

STEP 10 在“样式”列表框中选择“细线条”选项，单击“内部”按钮，如图 15-22 所示。

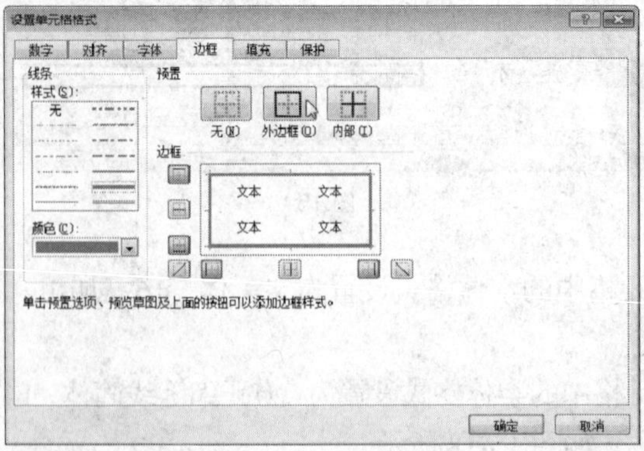

图 15-21

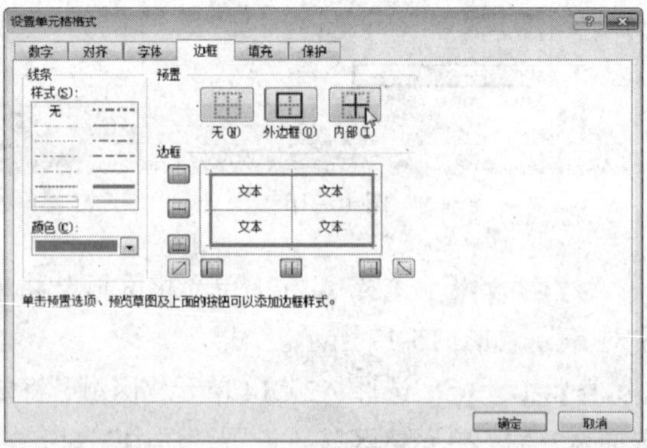

图 15-22

STEP 11 单击“填充”选项卡，在下面的颜色列表中选择一种颜色，单击“确定”按钮，如图 15-23 所示。

STEP 12 返回工作表中可以看到为表格设置的边框和底纹效果，完成表格的创建（资源包/效果/第 15 章/订单明细.xlsx），如图 15-24 所示。

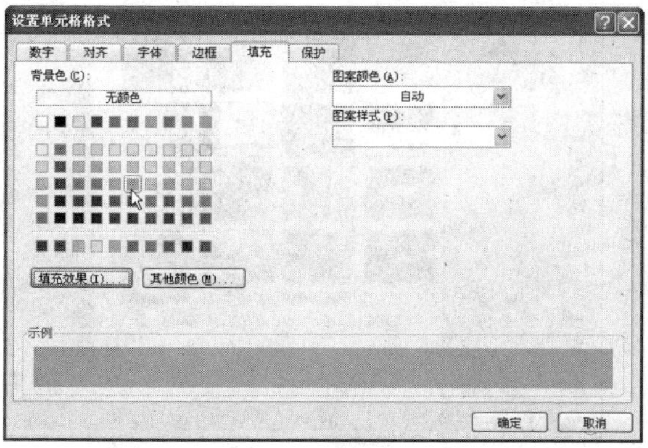

图 15-23

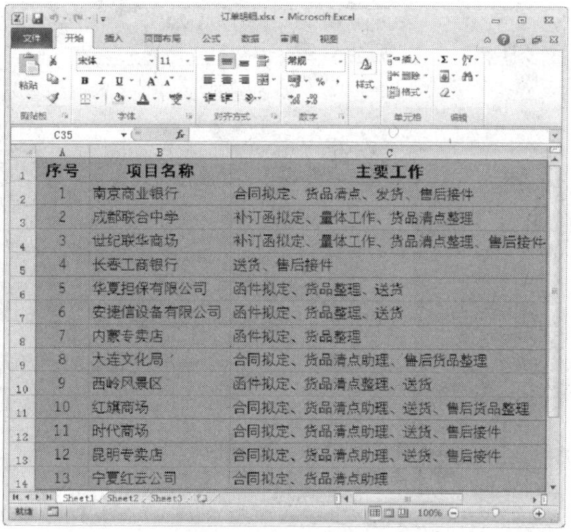

图 15-24

STEP 13 用同样的方法创建“发货统计”工作簿，并在其中输入文本，并设置文本的格式、边框和底纹效果（资源包/效果/第 15 章/发货统计.xlsx），如图 15-25 所示。

STEP 14 用同样的方法创建“库存明细”工作簿，并在其中输入文本，并设置文本的格式、边框和底纹效果（资源包/效果/第 15 章/库存明细.xlsx），如图 15-26 所示。

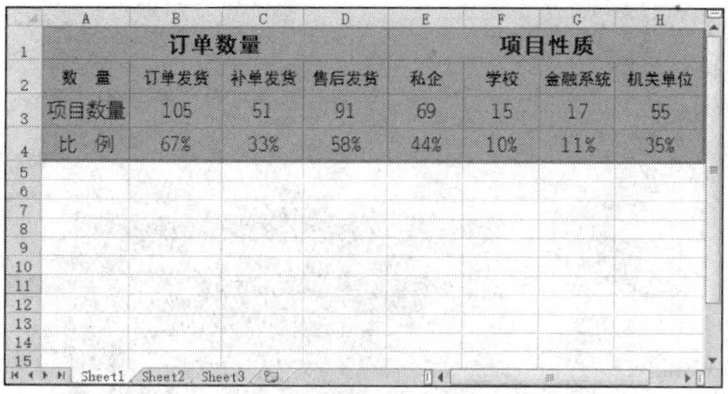

图 15-25

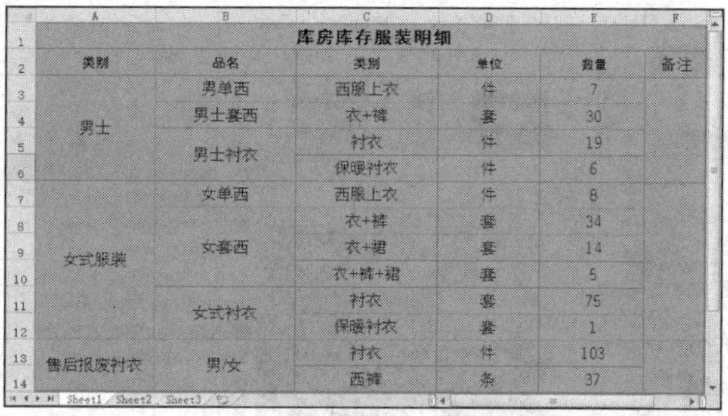

图 15-26

15.4.3 制作年终总结演示文稿

文档和电子表格制作完成后，就可以开始制作演示文稿。在演示文稿中创建多张幻灯片，并设置切换动画以及对象动画，最后将创建的文档链接到幻灯片中，将制作的电子表格嵌入到幻灯片中。

制作年终总结演示文稿

1. 制作第 1 张幻灯片

创建演示文稿，可以首先为其选择需要的主题，然后开始对每张幻灯片进行创建。下面介绍创建“年终总结”演示文稿的具体操作。

STEP 1 启动 Powerpoint 2010，新建一篇演示文稿，并将其保存为“年终总结”，如图 15-27 所示。

STEP 2 在【设计】/【主题】组中单击“主题”按钮，在弹出的下拉列表框中选择“活力”选项，如图 15-28 所示。

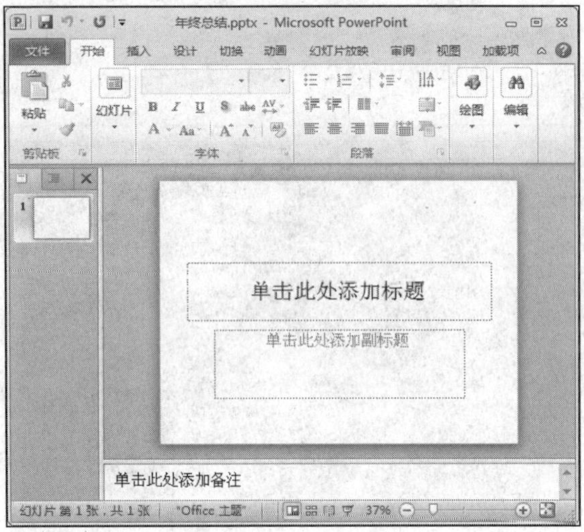

图 15-27

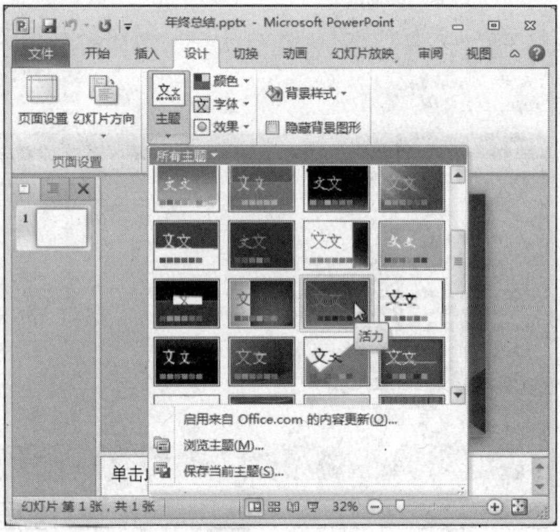

图 15-28

STEP 3 在【设计】/【主题】组中单击“颜色”按钮，在弹出的下拉列表中选择“穿越”选项，如图 15-29 所示。

STEP 4 在幻灯片中标题占位符中输入“2016 工作总结”文本，并设置其为两行显示，如图 15-30 所示。

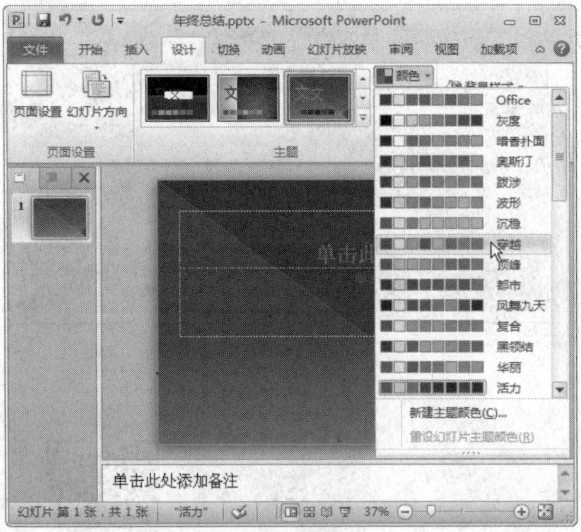

图 15-29

图 15-30

STEP 5 选择标题占位符中的文本，将其字体格式设置为“方正兰亭粗黑简体，72，白色，阴影效果”，如图 15-31 所示。

STEP 6 将副标题占位符移动到幻灯片的右下角，并在其中输入公司名称。选择文本，将其字体格式设置为“方正粗倩简体，30，白色，阴影效果”，如图 15-32 所示。

图 15-31

图 15-32

2. 制作其他幻灯片

完成演示文稿的首张幻灯片的制作后，可以继续制作其他的幻灯片。下面介绍在“年终总结”演示文稿中开始制作的具体操作。

STEP 1 新建一张幻灯片，在【插入】/【插图】组中单击“形状”按钮，在弹出的下拉列表中选择“圆角矩形”选项，如图 15-33 所示。

STEP 2 将鼠标光标移动到幻灯片中并拖动鼠标，到达合适的位置后释放鼠标，绘制一个圆角矩形，如图 15-34 所示。

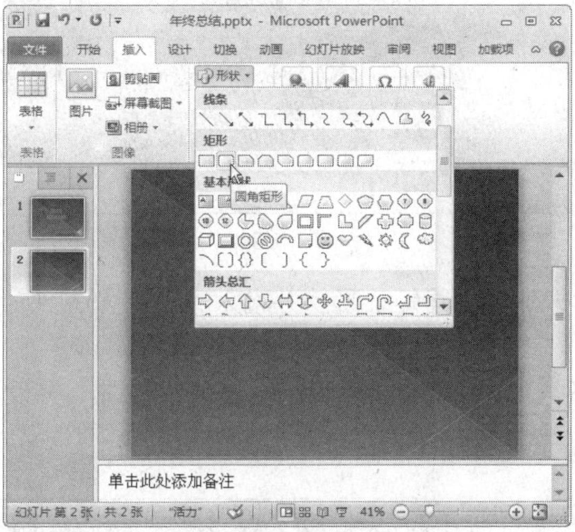

图 15-33

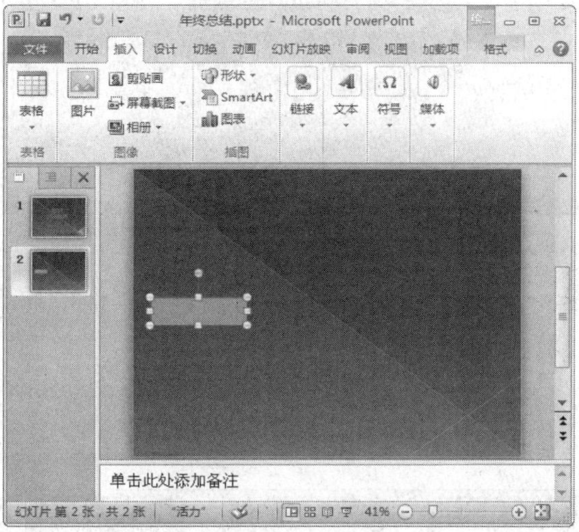

图 15-34

STEP 3 在圆角矩形上单击鼠标右键，在弹出的快捷菜单中选择“编辑文字”命令，在其中输入“目录”文本，并将其字体格式设置为“方正粗倩简体，24”，如图 15-35 所示。

STEP 4 在【绘图工具 格式】/【形状样式】组中的下拉列表框中任意选择一种样式，如图 15-36 所示。

STEP 5 用同样的方法创建其他几个圆角矩形，输入相应的文本并设置格式，如图 15-37 所示。

STEP 6 新建第 3 张幻灯片，在其中创建圆角矩形，并输入文本和设置格式，如图 15-38 所示。

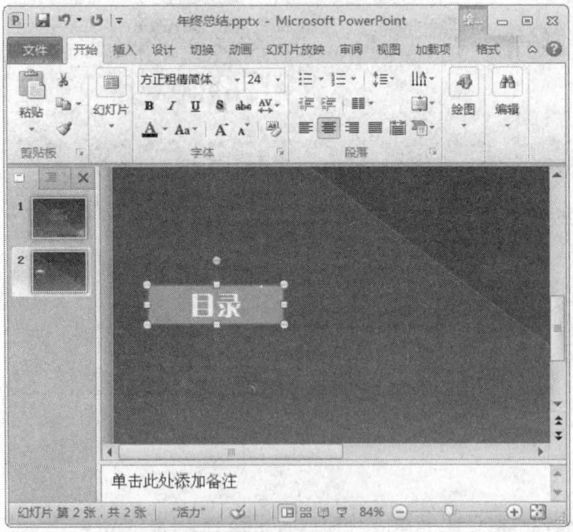

图 15-35

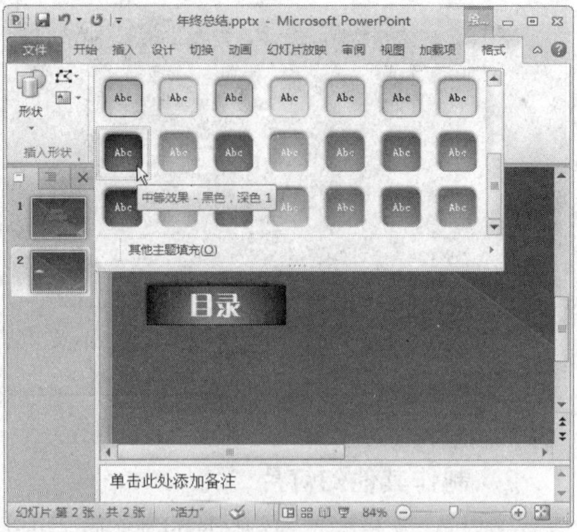

图 15-36

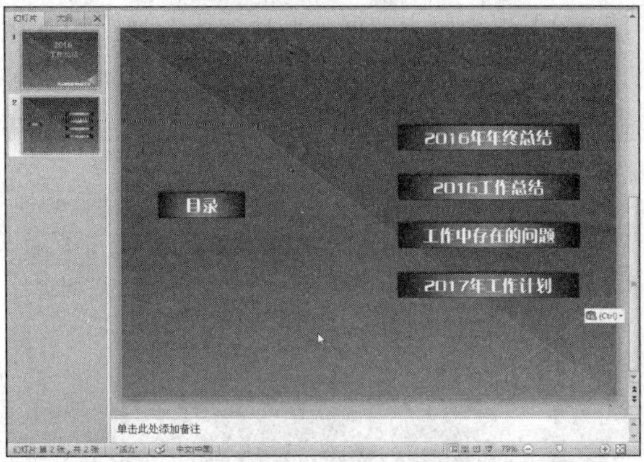

图 15-37

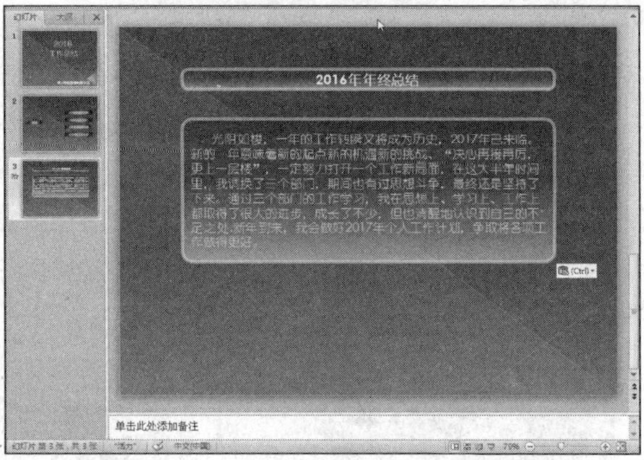

图 15-38

STEP 7 用同样的方法创建其他幻灯片，然后创建矩形形状并输入文本，如图 15-39 所示。

STEP 8 创建最后一张幻灯片，在其中输入“年终总结 到此结束 谢谢!”文本，并设置文本格式，如图 15-40 所示。

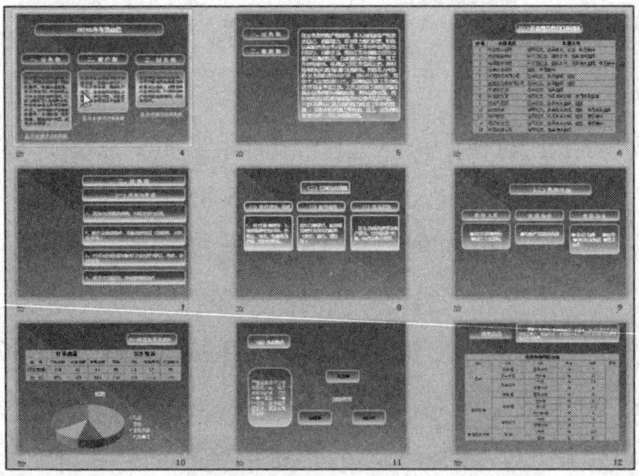

图 15-39

图 15-40

3. 在幻灯片中插入图表

在幻灯片中插入数据表格有时候不足以说明问题，因此常常会使用图表的形式来展示数据的走势。在 Powerpoint 中可以直接通过输入数据来创建图表。下面介绍在“年终总结”演示文稿中通过数据来创建图表的具体操作。

STEP 1 选择第 10 张幻灯片，在【插入】/【插图】组中单击“图表”按钮，如图 15-41 所示。

STEP 2 打开“插入图表”对话框，在左侧列表框中选择“饼图”选项，在中间列表框中选择“三维饼图”选项，单击“确定”按钮，如图 15-42 所示。

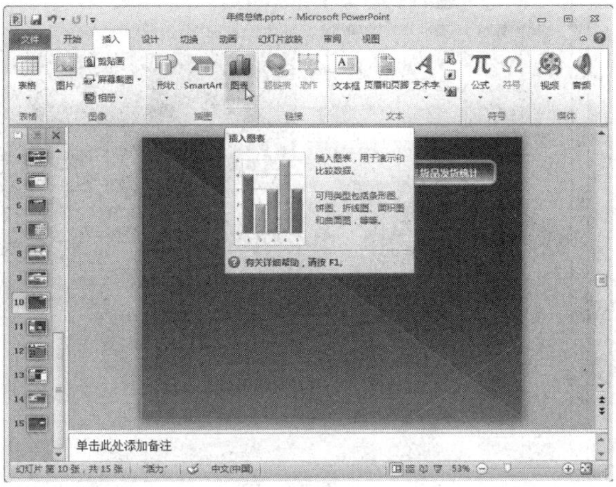

图 15-41

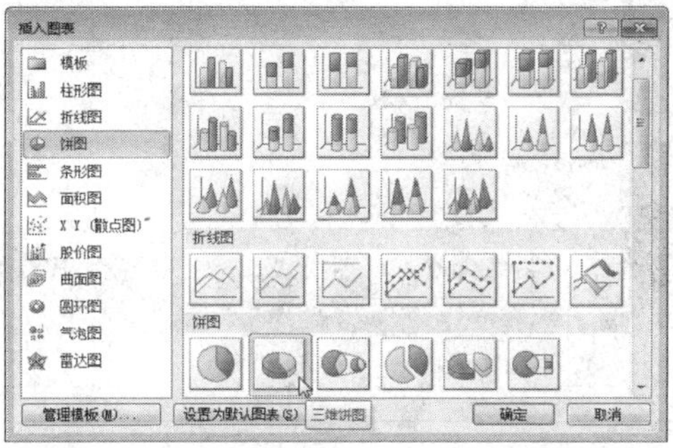

图 15-42

STEP 3 弹出 Excel 2010，在其中输入图表中需要的数据，然后关闭程序，如图 15-43 所示。

STEP 4 返回幻灯片中可以看到创建的三维饼图效果，如图 15-44 所示。

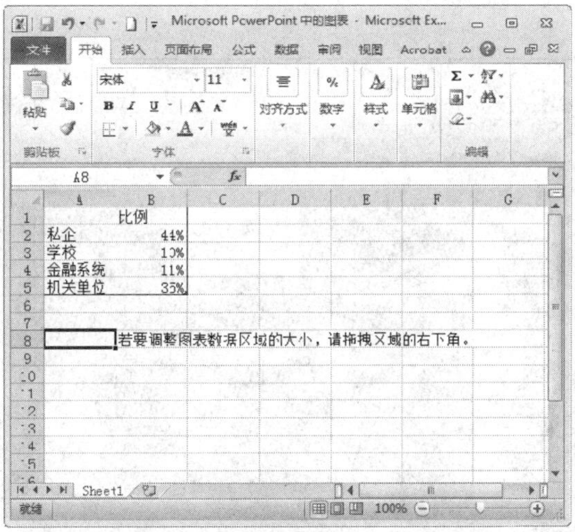

图 15-43

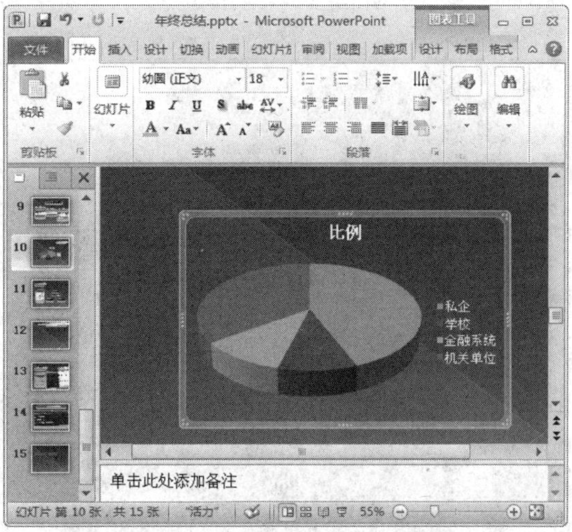

图 15-44

4. 设置幻灯片切换动画

为演示文稿的各张幻灯片设置切换动画，可以更加流畅地切换幻灯片。下面介绍在“年终总结”演示文稿中为幻灯片设置切换动画的具体操作。

STEP 1 选择第 1 幻灯片，在【切换】/【切换到此幻灯片】组中单击“切换方案”按钮，在弹出的下拉列表框中选择“分割”选项，如图 15-45 所示。

STEP 2 在【切换】/【切换到此幻灯片】组中单击“效果选项”按钮，在弹出的下拉列表中选择“上下向中央收缩”选项，如图 15-46 所示。

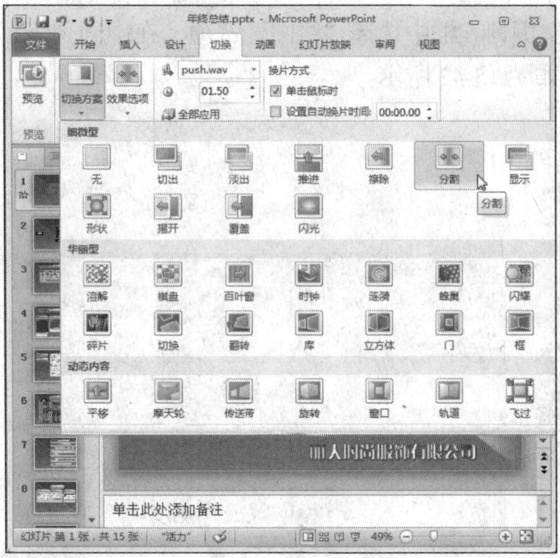

图 15-45

图 15-46

STEP 3 在【切换】/【计时】组的“声音”下拉列表框中选择“推动”选项，在“持续时间”数值框中输入“02.25”，切换方式设置为“单击鼠标时”，如图 15-47 所示。

STEP 4 依次选择其他幻灯片，分别为每张幻灯片设置不同的切换动画，并设置效果选项和计时方式，如图 15-48 所示。

图 15-47

图 15-48

5. 设置幻灯片对象动画

为幻灯片中的各个对象设置动画效果，可以使幻灯片更加生动。下面介绍在“年终总结”演示文稿为幻灯片对象设置并编辑动画效果的具体操作。

STEP 1 选择第 1 张幻灯片中的标题占位符。在【动画】/【动画】组中单击“动画样式”按钮，在弹出的下拉列表框中选择“进入”栏中的“缩放”选项，如图 15-49 所示。

STEP 2 在【动画】/【计时】组中设置动画的开始方式、持续时间等参数，在【动画】/【高级动画】组中单击“动画窗格”按钮，如图 15-50 所示。

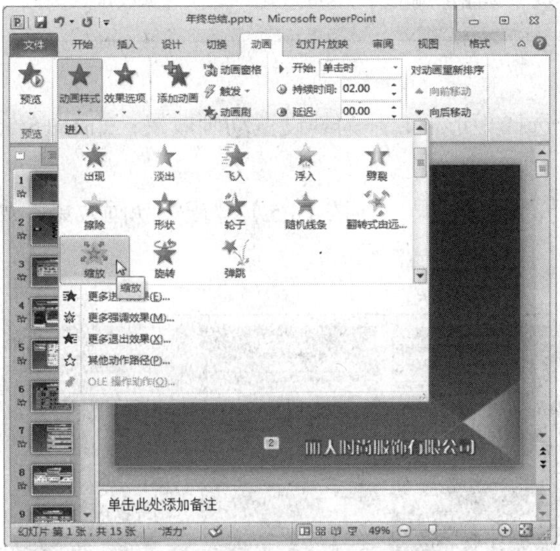

图 15-49

图 15-50

STEP 3 打开“动画窗格”，在列表中选择创建的动画，单击鼠标右键，在弹出的快捷菜单中选择“效果选项”命令，如图 15-51 所示。

STEP 4 打开“缩放”对话框，在“效果”选项卡中的“声音”下拉列表框中选择“单击”选项。单击“音量”按钮，可在弹出的界面中拖动滑块设置音量，如图 15-52 所示。

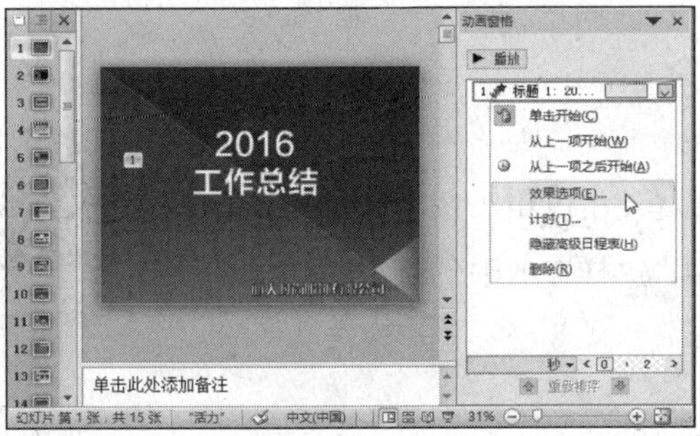

图 15-51

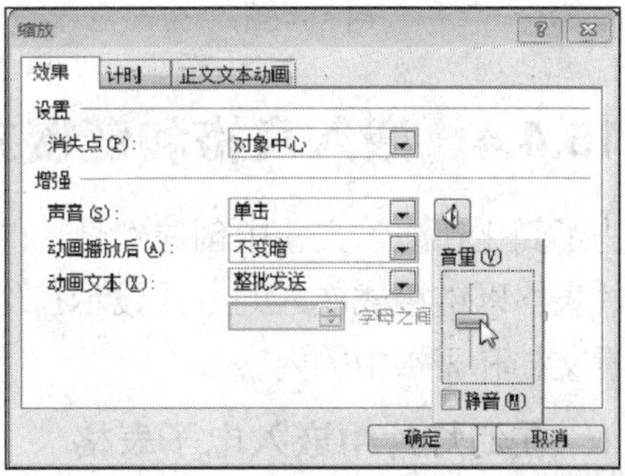

图 15-52

STEP 5 单击“计时”选项卡，在“期间”下拉列表框中选择“中速（2 秒）”选项。单击“确定”按钮，如图 15-53 所示。

STEP 6 返回幻灯片中可以看到创建动画的编号，用同样的方法选择副标题占位符，为其设置“随机线条”动画效果，如图 15-54 所示。

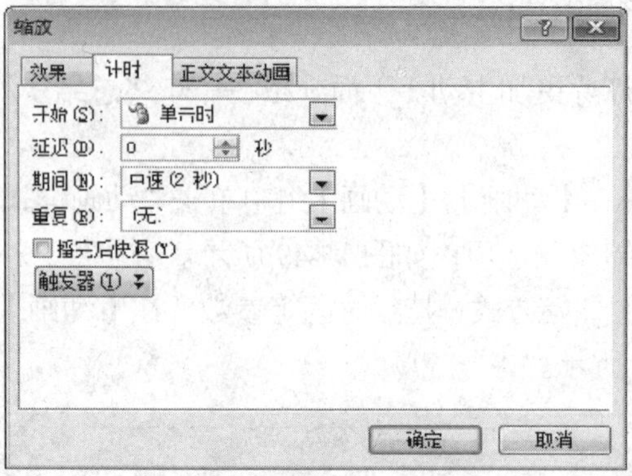

图 15-53

图 15-54

STEP 7 选择第 2 张幻灯片，在其中逐个选择矩形框，并为其设置动画效果，如图 15-55 所示。

STEP 8 使用同样的方法为其他幻灯片设置动画效果，并按【F5】键预览动画效果，如图 15-56 所示。

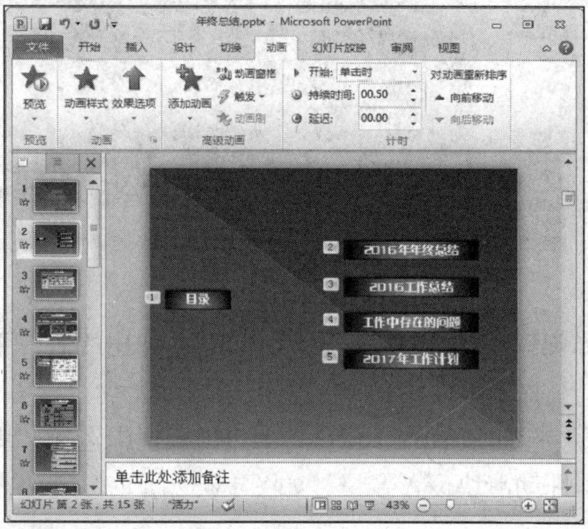

图 15-55

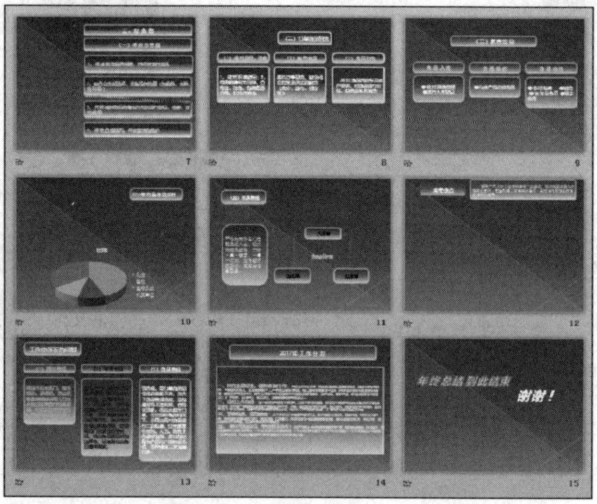

图 15-56

15.4.4　嵌入表格和链接文档

嵌入表格和链接文档

为了简化在演示文稿中创建幻灯片的各种操作，可以事先将一些制作好的文档或表格以链接或嵌入的方式显示在幻灯片中，这样在放映幻灯片时同样可以查看文档和表格中的内容。

1. 在幻灯片中嵌入电子表格

在幻灯片中可以将其他程序如 Excel 制作的表格嵌入到其中，并且嵌入的表格没有任何变动，只需稍稍改动即可使用。下面介绍在“年终总结”演示文稿的幻灯片中嵌入前面制作好的电子表格的具体操作。

STEP 1 选择第 6 张幻灯片，在【插入】/【文本】组中单击“对象”按钮，如图 15-57 所示。

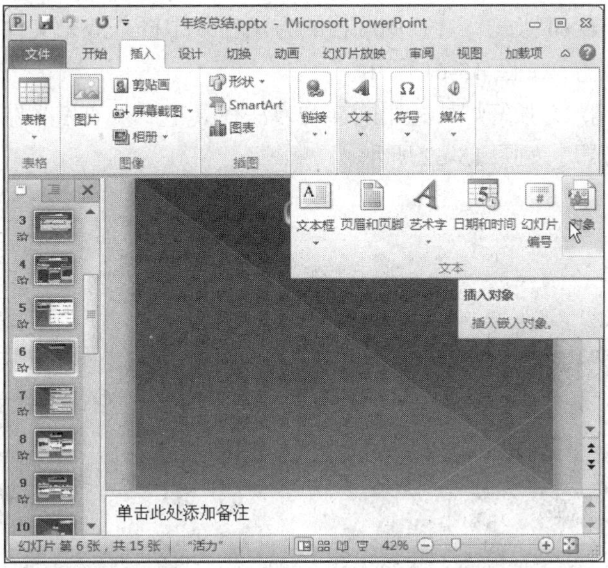

图 15-57

STEP 2 打开“插入对象”对话框，单击选中“由文件创建”单选项，单击“浏览”按钮，在打开的对话框中选择“订单明细”工作簿，单击“打开”按钮，然后单击“确定”按钮，如图 15-58 所示。

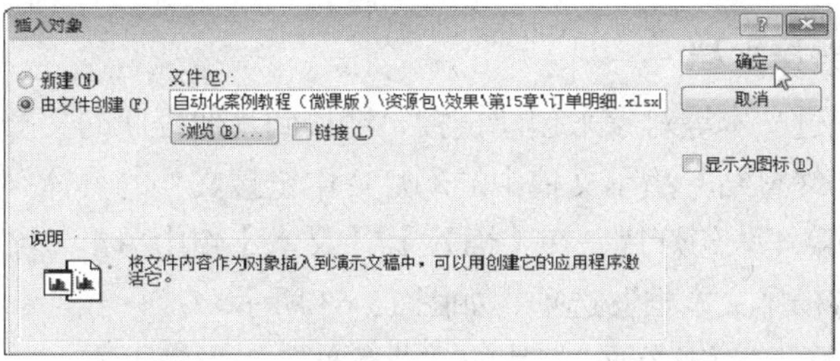

图 15-58

STEP 3 返回幻灯片中可以看到插入表格的效果，如图 15-59 所示。

STEP 4 将鼠标光标移动到表格的右下角，拖动边框放大表格，并调整表格的位置，如图 15-60 所示。

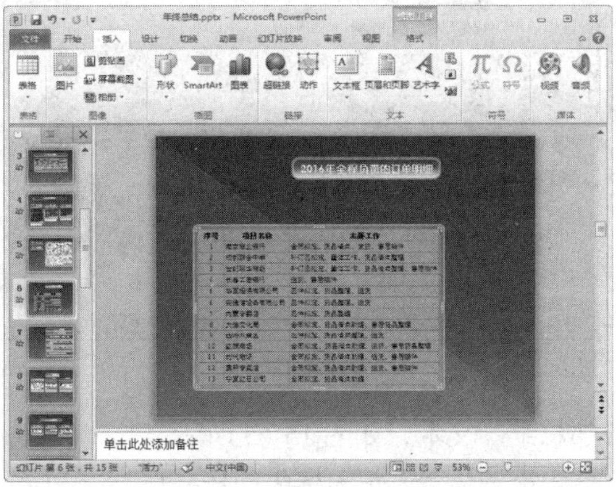

图 15-59

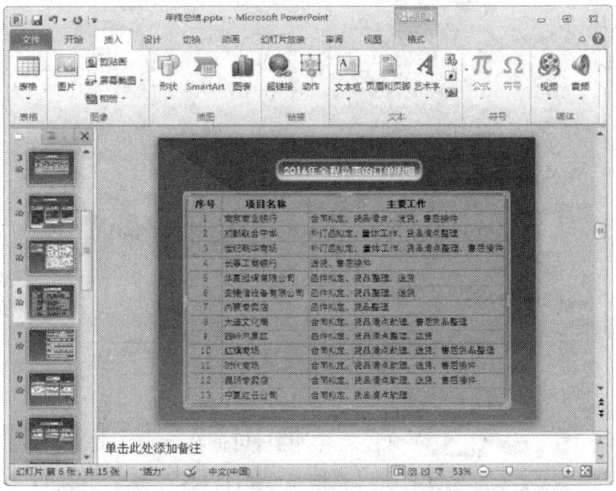

图 15-60

STEP 5 选择第 10 张幻灯片，用同样的方法在其中插入效果文件中的“发货统计”工作簿，并调整其大小和位置，如图 15-61 所示。

STEP 6 选择第 12 张幻灯片，用同样的方法在其中插入效果文件中的“库存明细”工作簿，并调整其大小和位置，如图 15-62 所示。

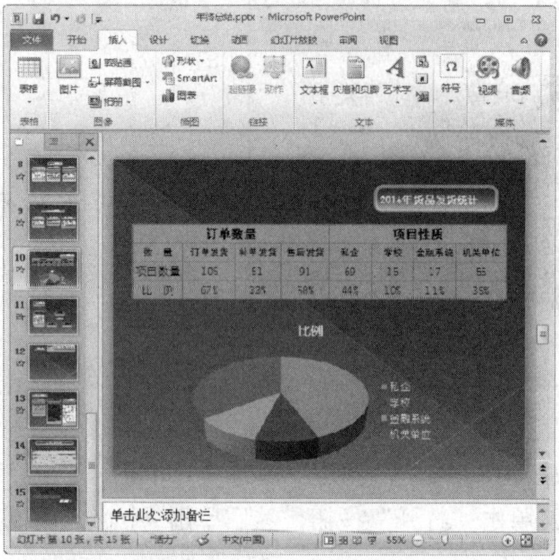

图 15-61

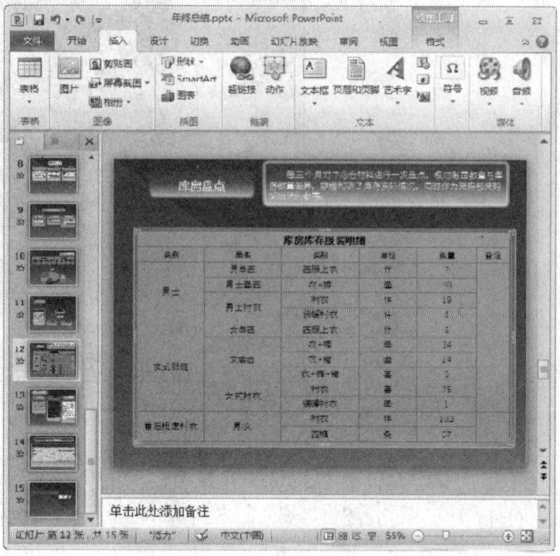

图 15-62

2. 在幻灯片中链接文档

在幻灯片中可以通过文本等对象来创建链接，链接到其他程序的文档。如链接 Word 制作的文档。下面介绍在“年终总结”演示文稿中的幻灯片中链接文档的具体操作。

STEP 1 选择第 4 张幻灯片，在【插入】/【文本】组中单击“文本框”下拉按钮，在弹出的下拉菜单中选择“横排文本框”选项，如图 15-63 所示。

STEP 2 将鼠标光标移动到幻灯片的“业务部”矩形框下方，并拖动鼠标绘制一个文本框，到适当的位置释放鼠标，如图 15-64 所示。

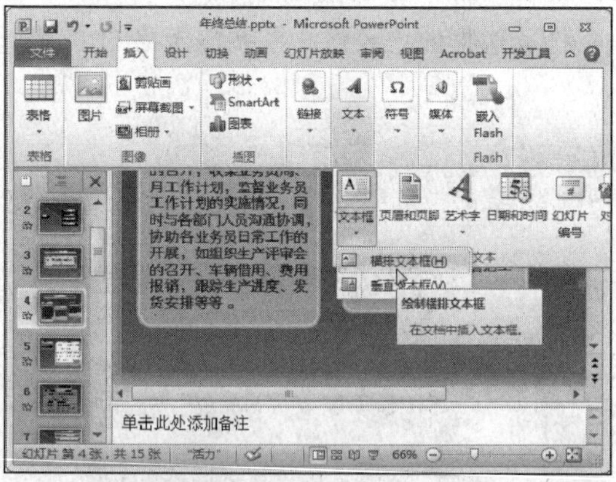

图 15-63

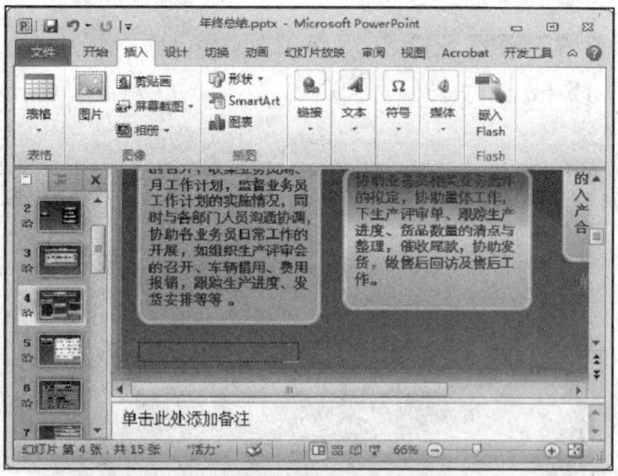

图 15-64

STEP 3 在文本框中输入“单击查看业务部总结”文本，如图 15-65 所示。

STEP 4 选择文本框中的文本，将其文本格式设置为“方正大标宋简体，18”，在【绘图

工具 格式】/【艺术字样式】组中单击“快速样式”按钮，在弹出的下拉列表中选择“填充-白色，投影”选项，如图 15-66 所示。

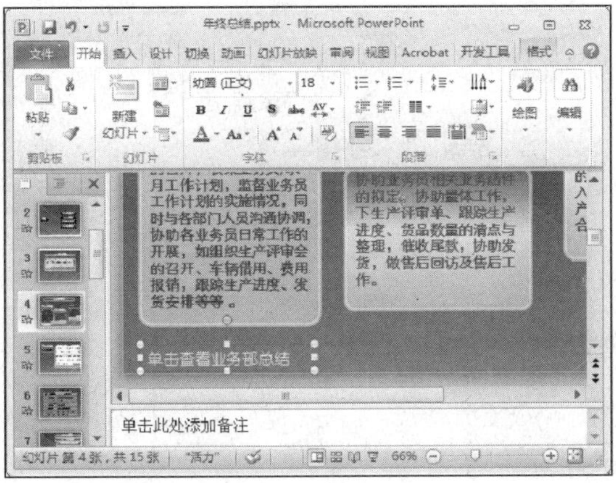

图 15-65

图 15-66

STEP 5 拖动鼠标选择“单击查看业务部总结”文本，在【插入】/【链接】组中单击“超链接”按钮，如图 15-67 所示。

STEP 6 打开“插入超链接”对话框，在其中单击“屏幕提示”按钮，如图 15-68 所示。

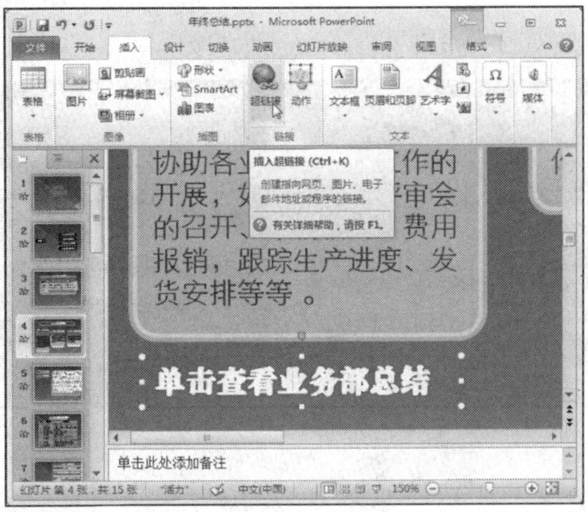

图 15-67

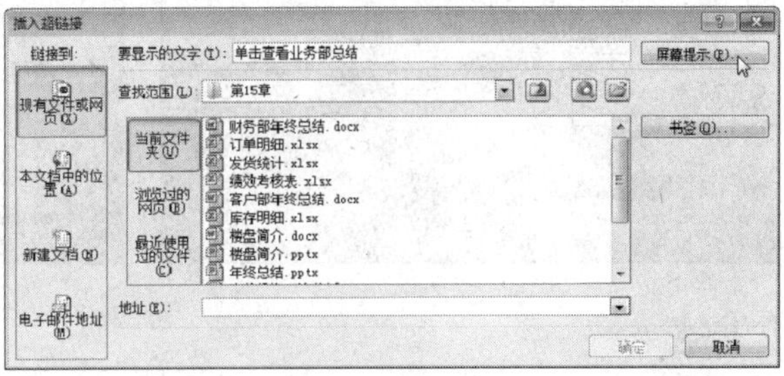

图 15-68

STEP 7 打开“设置超链接屏幕提示”对话框，在“屏幕提示文字”文本框中输入“查看业务部总结报告”文本。单击“确定”按钮，如图 15-69 所示。

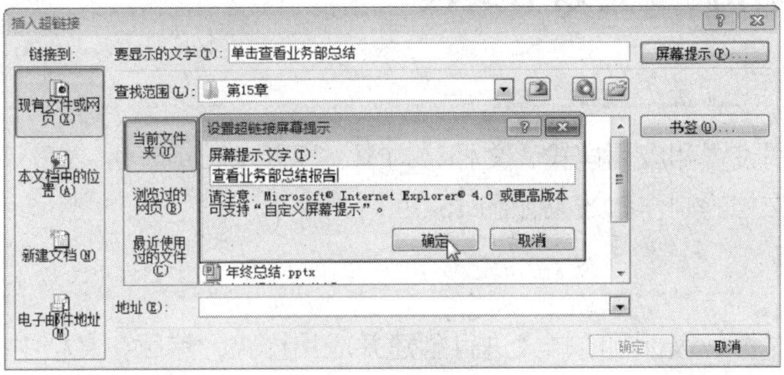

图 15-69

STEP 8 在“链接到”列表框中选择“现有文件或网页”选项。在“查找范围”下拉列表框中选择文件存放位置，在下面的列表框中选择“业务部年终总结.docx”选项，单击“确定”按钮，如图 15-70 所示。

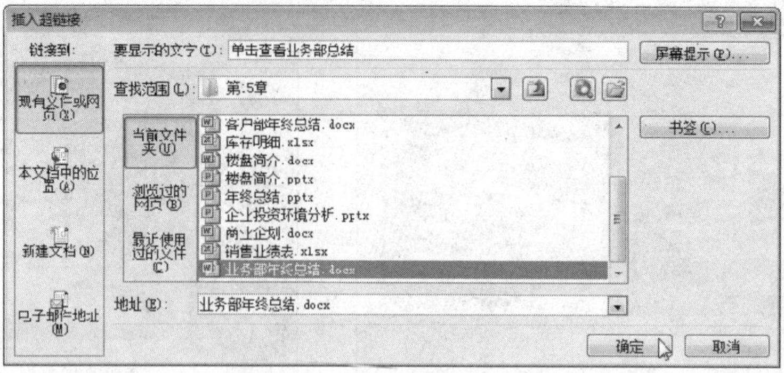

图 15-70

STEP 9 按【F5】键放映幻灯片，将鼠标光标移动到文本上时将显示提示信息，单击将打开“业务部年终报告”文档，如图 15-71 所示。

STEP 10 用同样的方法输入其他两个文本，并分别链接到“客户部年终总结.docx”和“财务部年终总结.docx”文档，如图 15-72 所示。至此完成“年终总结”演示文稿（资源包/效果/第 15 章/年终总结.pptx）的制作。

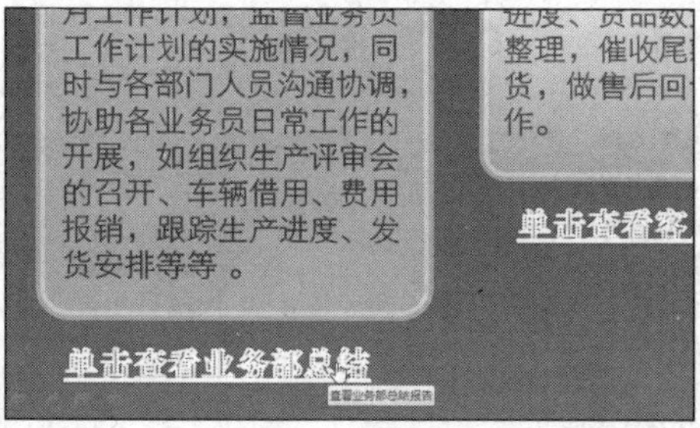

图 15-71

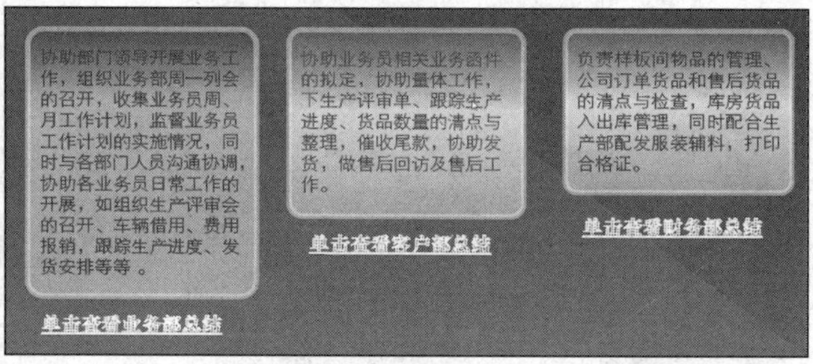

图 15-72

15.5 上机案例

15.5.1 制作商业企划书文档

案例目标

本案例主要使用设置和应用样式、文档结构图、插入 Excel 表格、插入图表及审阅文档等操作来完成商业企划文档的制作。效果如图 15-73 所示。

操作思路

在文档中首先对每一级标题的样式进行创建并应用样式，然后在文档中插入图片和 Excel 文件，最后在首页创建文档的目录。

效果所在位置

资源包/效果/第 15 章/商业企划.docx。

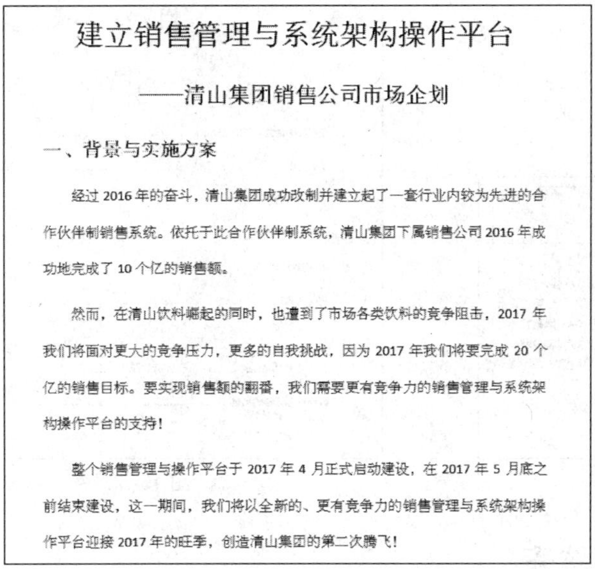

建立销售管理与系统架构操作平台

——清山集团销售公司市场企划

一、背景与实施方案

经过 2016 年的奋斗，清山集团成功改制并建立起了一套行业内较为先进的合作伙伴制销售系统。依托于此合作伙伴制系统，清山集团下属销售公司 2016 年成功地完成了 10 个亿的销售额。

然而，在清山饮料崛起的同时，也遭到了市场各类饮料的竞争阻击，2017 年我们将面对更大的竞争压力，更多的自我挑战，因为 2017 年我们将要完成 20 个亿的销售目标。要实现销售额的翻番，我们需要更有竞争力的销售管理与系统架构操作平台的支持！

整个销售管理与操作平台于 2017 年 4 月正式启动建设，在 2017 年 5 月底之前结束建设，这一期间，我们将以全新的、更有竞争力的销售管理与系统架构操作平台迎接 2017 年的旺季，创造清山集团的第二次腾飞！

图 15-73

制作商业企划书文档

步骤提示

STEP 1 打开素材文档（资源包/素材/第 15 章/商业企划.docx），为文本创建标题样式和正文样式，并应用样式，如图 15-74 所示。

STEP 2 利用插入对象的方式，在文档中插入 Excel 表格和图表（资源包/素材/第 15 章/销售情况.xlsx），如图 15-75 所示。

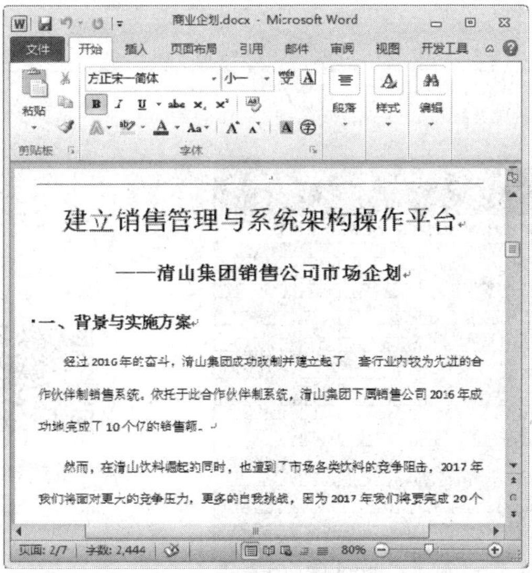

图 15-74

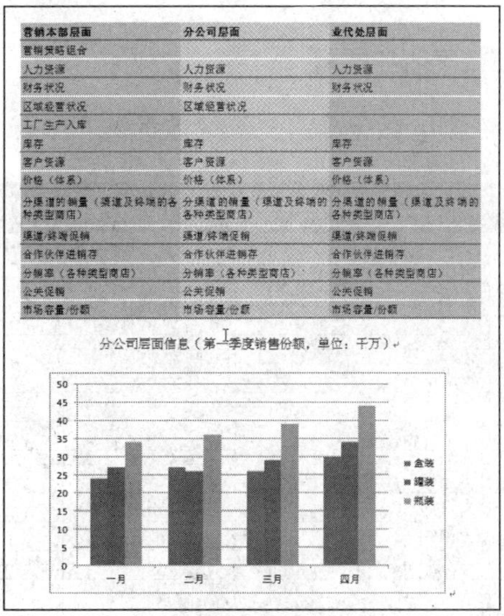

营销本部层面	分公司层面	业代处层面
营销策略组合		
人力资源	人力资源	人力资源
财务状况	财务状况	财务状况
区域经营状况	区域经营状况	
工厂生产入库		
库存	库存	库存
客户资源	客户资源	客户资源
价格（体系）	价格（体系）	价格（体系）
分渠道的销量（渠道及终端的各种类型商店）	分渠道的销量（渠道及终端的各种类型商店）	分渠道的销量（渠道及终端的各种类型商店）
渠道/终端促销	渠道/终端促销	渠道/终端促销
合作伙伴进销存	合作伙伴进销存	合作伙伴进销存
分销率（各种类型商店）	分销率（各种类型商店）	分销率（各种类型商店）
公共促销	公共促销	公共促销
市场容量/份额	市场容量/份额	市场容量/份额

图 15-75

STEP 3 插入图片（资源包/素材/第 15 章/效果图.jpg），结合文档的排版，设置图片的样式和对齐方式，如图 15-76 所示。

STEP 4 为文档标题插入目录，并为文档提取目录，如图 15-77 所示。

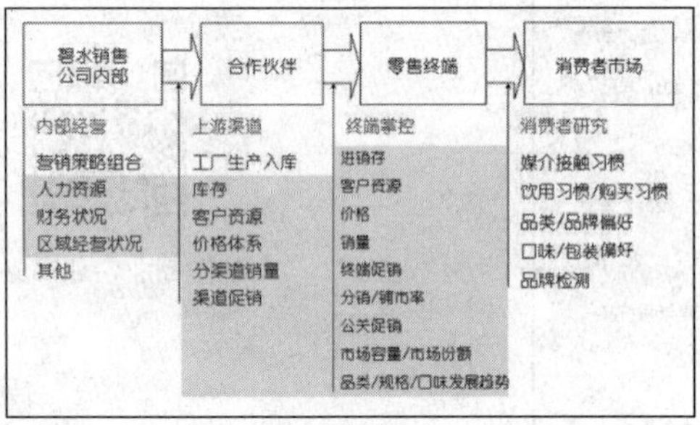

图 15-76

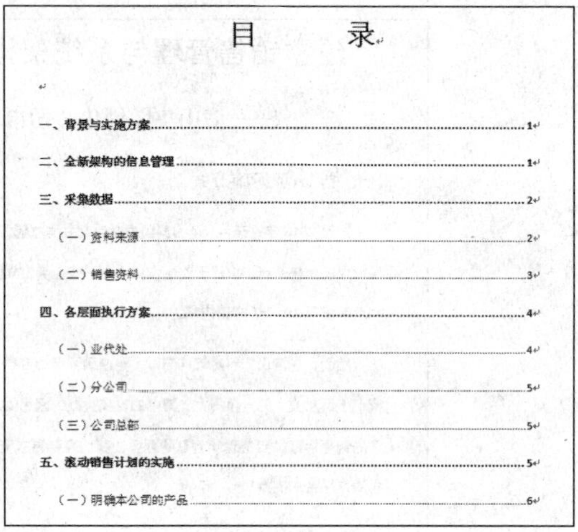
目　　录

一、背景与实施方案……1
二、全新架构的信息管理……1
三、采集数据……2
（一）资料来源……2
（二）销售资料……3
四、各层面执行方案……4
（一）业代处……4
（二）分公司……5
（三）公司总部……5
五、激动销售计划的实施……5
（一）明确本公司的产品……6

图 15-77

15.5.2　制作绩效考核表

案例目标

本案例主要在 Excel 中使用数据输入、计算等功能来完成绩效考核表的制作。效果如图 15-78 所示。

操作思路

首先创建工作簿，在其中输入数据并编辑数据格式，然后对数据进行计算，最后对数据进行排名。

效果所在位置

资源包/效果/第 15 章/绩效考核表.xlsx。

业务员绩效考核表

姓名	上月销售额	本月任务	本月销售额	计划回款额	实际回款额	任务完成率	评分	销售增长率	评语	回款完成率	评分	绩效奖金
王超	¥53,620.1	¥83,971.1	¥58,678.6	¥69,807.3	¥80,936.0	69.9%	69.9	9.4%	优秀	115.9%	115.9	¥1,464.4
郭呈瑞	¥73,854.1	¥54,631.8	¥80,936.0	¥53,620.1	¥96,111.5	148.1%	148.1	9.6%	优秀	179.2%	179.2	¥2,527.4
周羽	¥91,053.0	¥94,088.1	¥100,158.3	¥56,655.2	¥62,725.4	106.5%	106.5	10.0%	优秀	110.7%	110.7	¥1,703.7
刘梅	¥91,053.0	¥77,900.9	¥93,076.4	¥51,596.7	¥56,655.2	119.5%	119.5	2.2%	良好	109.8%	109.8	¥1,736.3
周敏	¥95,099.8	¥91,053.0	¥75,877.5	¥90,041.3	¥74,865.8	83.3%	83.3	-20.2%	差	83.1%	83.1	¥945.4
林晓华	¥59,690.3	¥98,134.9	¥72,842.4	¥83,971.1	¥52,608.4	74.2%	74.2	22.0%	优秀	62.7%	62.7	¥1,191.8
邓超	¥70,819.0	¥64,748.8	¥83,971.1	¥94,088.1	¥88,017.9	129.7%	129.7	18.6%	优秀	93.5%	93.5	¥1,813.6
李全友	¥88,017.9	¥56,655.2	¥89,029.6	¥53,620.1	¥76,889.2	157.1%	157.1	1.1%	良好	143.4%	143.4	¥2,262.7
宋万	¥95,099.8	¥99,146.6	¥76,889.2	¥57,666.9	¥97,123.2	77.6%	77.6	-19.1%	差	168.4%	168.4	¥1,557.6
刘红芳	¥59,690.3	¥95,099.8	¥84,982.8	¥94,088.1	¥88,017.9	89.4%	89.4	42.4%	优秀	93.5%	93.5	¥1,689.6
王翔	¥97,123.2	¥99,146.6	¥95,099.8	¥69,807.3	¥50,585.0	95.9%	95.9	-2.1%	合格	72.5%	72.5	¥1,247.2
张丽丽	¥69,807.3	¥51,596.7	¥61,713.7	¥72,842.4	¥65,760.5	119.6%	119.6	-11.6%	差	90.3%	90.3	¥1,400.2
孙洪伟	¥77,900.9	¥53,620.1	¥63,737.1	¥76,889.2	¥73,854.1	118.9%	118.9	-18.2%	差	96.1%	96.1	¥1,339.2
张晓伟	¥54,631.8	¥60,702.0	¥65,760.5	¥76,889.2	¥92,064.7	108.3%	108.3	20.4%	优秀	119.7%	119.7	¥1,863.3
张伟杰	¥91,053.0	¥53,620.1	¥59,690.3	¥76,889.2	¥50,585.0	111.3%	111.3	-34.4%	差	65.8%	65.8	¥811.7
罗玉林	¥90,041.3	¥75,877.5	¥91,053.0	¥91,053.0	¥101,170.0	120.0%	120.0	1.1%	良好	111.1%	111.1	¥1,741.8
宋科	¥84,982.8	¥79,924.3	¥100,158.3	¥100,158.3	¥69,807.3	125.3%	125.3	17.9%	优秀	69.7%	69.7	¥1,596.5
张婷	¥100,158.3	¥53,620.1	¥64,748.8	¥90,041.3	¥89,029.6	120.8%	120.8	-35.4%	差	98.9%	98.9	¥1,116.9
王晓涵	¥73,854.1	¥54,631.8	¥85,994.5	¥71,830.7	¥87,006.2	157.4%	157.4	16.4%	优秀	121.1%	121.1	¥2,212.3
赵子俊	¥56,655.2	¥96,111.5	¥97,123.2	¥65,643.5	¥77,900.9	101.1%	101.1	71.4%	优秀	140.0%	140.0	¥2,343.6
宋丹	¥67,783.9	¥101,170.0	¥51,596.7	¥55,643.5	¥88,017.9	51.0%	51.0	-23.9%	差	158.2%	158.2	¥1,210.7
张嘉轩	¥89,029.6	¥53,620.1	¥74,865.8	¥56,655.2	¥97,123.2	139.6%	139.6	-15.9%	差	171.4%	171.4	¥2,094.2
李琼	¥76,889.2	¥59,690.3	¥70,819.0	¥70,819.0	¥91,053.0	118.6%	118.6	-7.9%	合格	128.6%	128.6	¥1,794.9
陈锐	¥93,076.4	¥92,064.7	¥67,783.9	¥101,170.0	¥77,900.9	73.6%	73.6	-27.2%	差	77.0%	77.0	¥722.1
杜海强	¥58,678.6	¥51,596.7	¥61,713.7	¥55,643.5	¥91,053.0	119.6%	119.6	5.2%	优秀	163.6%	163.6	¥2,163.1

图 15-78

制作绩效考核表

步骤提示

STEP 1 录入表格的各项基础数据，表格标题、项目字段以及前 6 个字段下的基础数据，如图 15-79 所示。

STEP 2 通过设计公式和函数的方法，快速对各考核项目进行计算，利用得到的数据对绩效奖金的发放进行计算，如图 15-80 所示。

2	姓名	上月销售额	本月任务	本月销售额	计划回款额	实际回款额
3	王超	¥53,620.1	¥83,971.1	¥58,678.6	¥69,807.3	¥80,936.0
4	郭呈瑞	¥73,854.1	¥54,631.8	¥80,936.0	¥53,620.1	¥96,111.5
5	周羽	¥91,053.0	¥94,088.1	¥100,158.3	¥56,655.2	¥62,725.4
6	刘梅	¥91,053.0	¥77,900.9	¥93,076.4	¥51,596.7	¥56,655.2
7	周敏	¥95,099.8	¥91,053.0	¥75,877.5	¥90,041.3	¥74,865.8
8	林晓华	¥59,690.3	¥98,134.9	¥72,842.4	¥83,971.1	¥52,608.4
9	邓超	¥70,819.0	¥64,748.8	¥83,971.1	¥94,088.1	¥88,017.9
10	李全友	¥88,017.9	¥56,655.2	¥89,029.6	¥53,620.1	¥76,889.2
11	宋万	¥95,099.8	¥99,146.6	¥76,889.2	¥57,666.9	¥97,123.2
12	刘红芳	¥59,690.3	¥95,099.8	¥84,982.8	¥94,088.1	¥88,017.9
13	王翔	¥97,123.2	¥99,146.6	¥95,099.8	¥69,807.3	¥50,585.0
14	张丽丽	¥69,807.3	¥51,596.7	¥61,713.7	¥72,842.4	¥65,760.5
15	孙洪伟	¥77,900.9	¥53,620.1	¥63,737.1	¥76,889.2	¥73,854.1
16	张晓伟	¥54,631.8	¥60,702.0	¥65,760.5	¥76,889.2	¥92,064.7
17	张伟杰	¥91,053.0	¥53,620.1	¥59,690.3	¥76,889.2	¥50,585.0
18	罗玉林	¥90,041.3	¥75,877.5	¥91,053.0	¥91,053.0	¥101,170.0
19	宋科	¥84,982.8	¥79,924.3	¥100,158.3	¥100,158.3	¥69,807.3
20	张婷	¥100,158.3	¥53,620.1	¥64,748.8	¥90,041.3	¥89,029.6
21	王晓涵	¥73,854.1	¥54,631.8	¥85,994.5	¥71,830.7	¥87,006.2
22	赵子俊	¥56,655.2	¥96,111.5	¥97,123.2	¥55,643.5	¥77,900.9
23	宋丹	¥67,783.9	¥101,170.0	¥51,596.7	¥55,643.5	¥88,017.9
24	张嘉轩	¥89,029.6	¥53,620.1	¥74,865.8	¥56,655.2	¥97,123.2
25	李琼	¥76,889.2	¥59,690.3	¥70,819.0	¥70,819.0	¥91,053.0
26	陈锐	¥93,076.4	¥92,064.7	¥67,783.9	¥101,170.0	¥77,900.9
27	杜海强	¥58,678.6	¥51,596.7	¥61,713.7	¥55,643.5	¥91,053.0

图 15-79

任务完成率	评分	销售增长率	评语	回款完成率	评分	绩效奖金
69.9%	69.9	9.4%	优秀	115.9%	115.9	¥1,464.4
148.1%	148.1	9.6%	优秀	179.2%	179.2	¥2,527.4
106.5%	106.5	10.0%	优秀	110.7%	110.7	¥1,703.7
119.5%	119.5	2.2%	良好	109.8%	109.8	¥1,736.3
83.3%	83.3	-20.2%	差	83.1%	83.1	¥945.4
74.2%	74.2	22.0%	优秀	62.7%	62.7	¥1,191.8
129.7%	129.7	18.6%	优秀	93.5%	93.5	¥1,813.6
157.1%	157.1	1.1%	良好	143.4%	143.4	¥2,262.7
77.6%	77.6	-19.1%	差	168.4%	168.4	¥1,557.6
89.4%	89.4	42.4%	优秀	93.5%	93.5	¥1,689.6
95.9%	95.9	-2.1%	合格	72.5%	72.5	¥1,247.2
119.6%	119.6	-11.6%	差	90.3%	90.3	¥1,400.2
118.9%	118.9	-18.2%	差	96.1%	96.1	¥1,339.2
108.3%	108.3	20.4%	优秀	119.7%	119.7	¥1,863.3
111.3%	111.3	-34.4%	差	65.8%	65.8	¥811.7
120.0%	120.0	1.1%	良好	111.1%	111.1	¥1,741.8
125.3%	125.3	17.9%	优秀	69.7%	69.7	¥1,596.5
120.8%	120.8	-35.4%	差	98.9%	98.9	¥1,116.9
157.4%	157.4	16.4%	优秀	121.1%	121.1	¥2,212.3
101.1%	101.1	71.4%	优秀	140.0%	140.0	¥2,343.6
51.0%	51.0	-23.9%	差	158.2%	158.2	¥1,210.7
139.6%	139.6	-15.9%	差	171.4%	171.4	¥2,094.2
118.6%	118.6	-7.9%	合格	128.6%	128.6	¥1,794.9
73.6%	73.6	-27.2%	差	77.0%	77.0	¥722.1
119.6%	119.6	5.2%	优秀	163.6%	163.6	¥2,163.1

图 15-80

STEP 3 对绩效奖金进行排名，然后设置条件并筛选符合标准的数据记录，最后突出显示销售增长率小于 0 的数据记录，如图 15-81 所示。

任务完成率	评分	销售增长率	评语	回款完成率	评分	绩效奖金	奖金排名
148.1%	148.1	9.6%	优秀	179.2%	179.2	¥2,527.4	1
101.1%	101.1	71.4%	优秀	140.0%	140.0	¥2,343.6	2
157.1%	157.1	1.1%	良好	143.4%	143.4	¥2,262.7	3
157.4%	157.4	16.4%	优秀	121.1%	121.1	¥2,212.3	4
119.6%	119.6	5.2%	优秀	163.6%	163.6	¥2,163.1	5
139.6%	**139.6**	**-15.9%**	差	**171.4%**	**171.4**	**¥2,094.2**	6
108.3%	108.3	20.4%	优秀	119.7%	119.7	¥1,863.3	7
129.7%	129.7	18.6%	优秀	93.5%	93.5	¥1,813.6	8
118.6%	**118.6**	**-7.9%**	合格	**128.6%**	**128.6**	**¥1,794.9**	9
120.0%	120.0	1.1%	良好	111.1%	111.1	¥1,741.8	10
119.5%	119.5	2.2%	良好	109.8%	109.8	¥1,736.3	11
106.5%	106.5	10.0%	优秀	110.7%	110.7	¥1,703.7	12
89.4%	89.4	42.4%	优秀	93.5%	93.5	¥1,689.6	13
125.3%	125.3	17.9%	优秀	69.7%	69.7	¥1,596.5	14
77.6%	**77.6**	**-19.1%**	差	**168.4%**	**168.4**	**¥1,557.6**	15
69.9%	69.9	9.4%	优秀	115.9%	115.9	¥1,464.4	16
119.6%	**119.6**	**-11.6%**	差	**90.3%**	**90.3**	**¥1,400.2**	17
118.9%	**118.9**	**-18.2%**	差	**96.1%**	**96.1**	**¥1,339.2**	18
95.9%	**95.9**	**-2.1%**	合格	**72.5%**	**72.5**	**¥1,247.2**	19
51.0%	**51.0**	**-23.9%**	差	**158.2%**	**158.2**	**¥1,210.7**	20
74.2%	74.2	22.0%	优秀	62.7%	62.7	¥1,191.8	21
120.8%	**120.8**	**-35.4%**	差	**98.9%**	**98.9**	**¥1,116.9**	22
83.3%	**83.3**	**-20.2%**	差	**83.1%**	**83.1**	**¥945.4**	23
111.3%	**111.3**	**-34.4%**	差	**65.8%**	**65.8**	**¥811.7**	24
73.6%	**73.6**	**-27.2%**	差	**77.0%**	**77.0**	**¥722.1**	25

图 15-81

15.5.3 制作企业投资环境分析演示文稿

案例目标

本案例主要在 PowerPoint 中使用形状的绘制与编辑、文本框的使用和链接设置、插入背景音乐和动画效果等功能来完成企业投资环境分析演示文稿的制作。效果如图 15-82 所示。

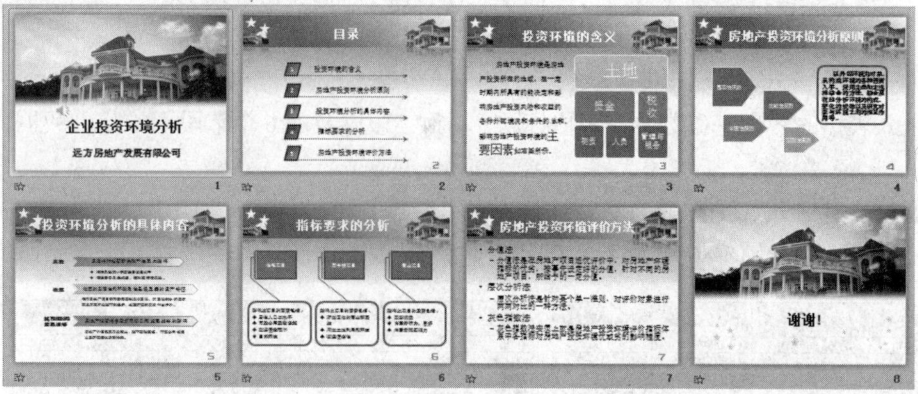

图 15-82

制作企业投资环境分析演示文稿

操作思路

首先根据提供的素材演示文稿进行幻灯片母版的制作，接着进行幻灯片文本的输入、SmartArt图形的插入和文本超链接的创建，最后设置声音和动画。

效果所在位置

资源包/效果/第 15 章/企业投资环境分析.pptx。

步骤提示

STEP 1 打开“企业投资环境分析”演示文稿（资源包/素材/第 15 章/企业投资环境分析.pptx）后，进入幻灯片母版编辑状态，在其中对幻灯片母版进行设计，包括插入并编辑图片（资源包/素材/第 15 章/房子.jpg）、绘制正五角星、添加并设置动画等，如图 15-83 所示。

STEP 2 制作“投资环境的含义”幻灯片，包括幻灯片版式的更改、占位符大小和位置的调整、文字的输入、SmartArt 图形的插入与编辑等，如图 15-84 所示。

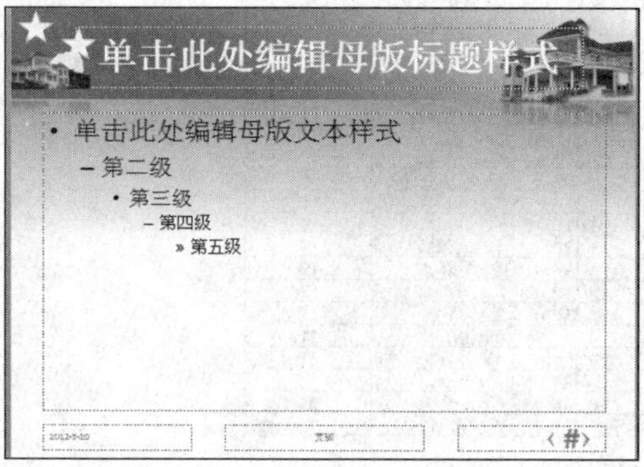

图 15-83

图 15-84

STEP 3 制作“指标要求的分析”幻灯片，包括插入并编辑线性标注 3、横排文本框、矩形以及圆角矩形等，然后再为文本内容添加超链接，如图 15-85 所示。

STEP 4 在第 1 张幻灯片中插入计算机中保存的音频文件（资源包/素材/第 15 章/背景音乐.wav），并对其进行编辑，然后将演示文稿另存为到指定文件夹中，完成演示文稿的制作，如图 15-86 所示。

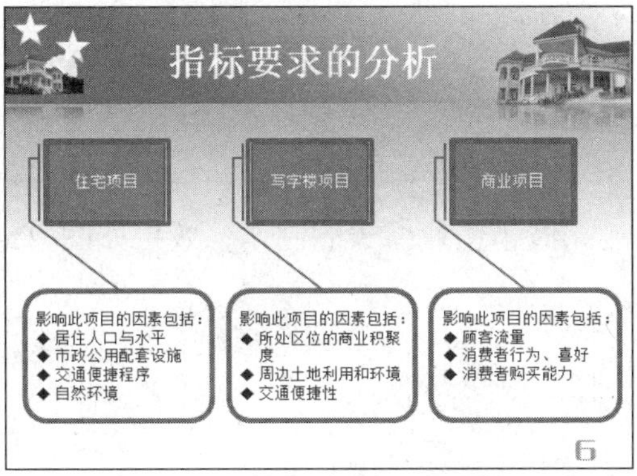

图 15-85

图 15-86

15.6 课后习题

15.6.1 制作楼盘简介文档和演示文稿

练习知识要点

本练习主要使用 Word 创建和编辑“楼盘简介”文档，然后使用文档中的内容完成演示文稿的制作。效果如图 15-87 所示。

效果所在位置

资源包/效果/第 15 章/楼盘简介.docx、楼盘简介.pptx。

图 15-87

15.6.2 制作销售业绩表格

练习知识要点

本练习主要使用 Excel 的数据编辑和计算功能完成销售业绩表的制作，效果如图 15-88 所示。

效果所在位置

资源包/效果/第 15 章/销售业绩表.xlsx。

销售业绩表							
区域	姓名	一季度	二季度	三季度	四季度	合计	等级
城南	黄雯雯	¥ 14,756.00	¥ 26,190.00	¥ 45,795.00	¥ 21,946.00	¥ 108,687.00	优
城北	李源	¥ 37,730.00	¥ 31,203.00	¥ 34,226.00	¥ 12,139.00	¥ 115,298.00	优
城南	刘建明	¥ 24,440.00	¥ 21,755.00	¥ 39,786.00	¥ 2,272.00	¥ 88,253.00	良
城东	罗海燕	¥ 14,444.00	¥ 8,218.00	¥ 41,698.00	¥ 9,577.00	¥ 73,937.00	良
城西	孙彬	¥ 19,745.00	¥ 22,967.00	¥ 14,576.00	¥ 12,700.00	¥ 69,988.00	良
城西	王望	¥ 1,263.00	¥ 10,714.00	¥ 10,980.00	¥ 20,286.00	¥ 43,243.00	差
城北	向东平	¥ 10,739.00	¥ 1,107.00	¥ 30,374.00	¥ 48,723.00	¥ 90,943.00	良
城南	游浩敏	¥ 42,365.00	¥ 10,336.00	¥ 30,988.00	¥ 20,638.00	¥ 104,327.00	优
城东	张雯	¥ 22,365.00	¥ 11,336.00	¥ 40,988.00	¥ 28,638.00	¥ 103,327.00	优
城西	张国栋	¥ 18,263.00	¥ 10,514.00	¥ 15,980.00	¥ 30,286.00	¥ 75,043.00	良

图 15-88